国家哲学社会科学成果文库

NATIONAL ACHIEVEMENTS LIBRARY
OF PHILOSOPHY AND SOCIAL SCIENCES

绿色发展绩效
与美丽中国建设道路

经验与理论

刘耀彬　著

社会科学文献出版社
SOCIAL SCIENCES ACADEMIC PRESS (CHINA)

图书在版编目（CIP）数据

绿色发展绩效与美丽中国建设道路：经验与理论 /
刘耀彬著 . -- 北京：社会科学文献出版社，2025.6.
（国家哲学社会科学成果文库）. -- ISBN 978-7-5228
-5156-3

Ⅰ. F124.5

中国国家版本馆 CIP 数据核字第 2025T3D654 号

·国家哲学社会科学成果文库·

绿色发展绩效与美丽中国建设道路：经验与理论

著　　者 / 刘耀彬

出 版 人 / 冀祥德
责任编辑 / 高　雁
责任印制 / 岳　阳

出　　版 / 社会科学文献出版社·经济与管理分社（010）59367226
　　　　　 地址：北京市北三环中路甲 29 号院华龙大厦　邮编：100029
　　　　　 网址：www.ssap.com.cn
发　　行 / 社会科学文献出版社（010）59367028
印　　装 / 北京盛通印刷股份有限公司

规　　格 / 开　本：787mm×1092mm　1/16
　　　　　 印　张：46　字　数：679 千字
版　　次 / 2025 年 6 月第 1 版　2025 年 6 月第 1 次印刷
书　　号 / ISBN 978-7-5228-5156-3
定　　价 / 198.00 元

读者服务电话：4008918866

《国家哲学社会科学成果文库》
出版说明

为充分发挥哲学社会科学优秀成果和优秀人才的示范引领作用，促进我国哲学社会科学繁荣发展，自 2010 年始设立《国家哲学社会科学成果文库》。入选成果经同行专家严格评审，反映新时代中国特色社会主义理论和实践创新，代表当前相关学科领域前沿水平。按照"统一标识、统一风格、统一版式、统一标准"的总体要求组织出版。

全国哲学社会科学工作办公室

2025 年 3 月

摘　要

全球气候变暖和极端天气频发致使人类生存和发展面临空前挑战，促进可持续发展已然成为全球共识。作为负责任的大国，中国高度重视绿色发展，建设美丽中国，促进人与自然和谐共生，维护全球共同利益，展现了推动构建人类命运共同体的大国担当，是全球气候治理的重要力量。党的二十大报告提出，"推动绿色发展，促进人与自然和谐共生"，亟待加快发展方式绿色转型。"十四五"规划指出，到 2035 年，中国"生态环境根本好转，美丽中国建设目标基本实现"；党的二十大报告提出，"从二〇三五年到本世纪中叶把我国建成富强民主文明和谐美丽的社会主义现代化强国"。《中共中央关于进一步全面深化改革 推进中国式现代化的决定》提出"聚焦建设美丽中国，加快经济社会发展全面绿色转型，健全生态环境治理体系，推进生态优先、节约集约、绿色低碳发展，促进人与自然和谐共生"。《中共中央 国务院关于加快经济社会发展全面绿色转型的意见》再次强调"推动经济社会发展绿色化、低碳化，是新时代党治国理政新理念新实践的重要标志，是实现高质量发展的关键环节，是解决我国资源环境生态问题的基础之策，是建设人与自然和谐共生现代化的内在要求"。美丽中国是生态文明建设成果的集中体现，是全面建设社会主义现代化强国的必由之路，绿色发展与美丽中国建设不仅是新时代实现经济、生态和社会可持续发展的必然要求，也是促进经济社会全面绿色转型的重要抓手，还是实现高质量发展和推进中国式现代化的重要途径，更是我国应对全球气候变化和落实联合国《2030 年可持续发展议程》的重要举措。因此，研究绿色发展绩效评估与美丽中国建设道路的理论、考评与政策路径问题，不仅有利于传播中国生态文明建设的话语体系，为全球可持续发展提供"中国方案"，也有助于科学、准确地评估绿色发展绩效与美丽中国建设水平，为两者考评提供参考标准，还有利于设计"双碳"目标和中国式现代化目标下不同的政策发展情景，为绿色发展绩效与美丽中国建设提供优化路径和政策保障。

本书坚持"问题提出—理论阐释—评估与考评—机制检验—政策模拟—路径优化"的研究思路。首先，阐述习近平生态文明思想，在梳理相关研究进展与回顾相关理论的基础上，提出"绿水青山就是金山银山"的公理化表达，重点构建从绿色发展绩效"三维度"到美丽中国建设"三生空间"的理论分析框架，并阐释其理论机制。其次，采用耦合协调度模型对绿色发展绩效的地区特征和产业特征进行评估与比较，在阐释其形成机理的基础上进行实证检验；采用政策梳理、政策评估以及经典案例分析法设计具有中国特色的绿色发展绩效考评机制。同时，采用耦合协调度模型和熵权法，分别从省域、城市和乡村层面对美丽中国建设水平进行评估与比较；在阐释美丽中国建设形成机理的基础上进行实证检验；采用政策梳理、政策评估以及经典案例分析法设计美丽中国建设的考评机制。再次，在提出绿色发展绩效影响美丽中国建设研究假设的基础上，分析绿色发展绩效与美丽中国建设的特征与事实，对绿色发展绩效对美丽中国建设的作用机制进行考察，进一步就绿色发展绩效对美丽中国建设的空间溢出效应进行检验。最后，在碳达峰碳中和三种政策情景和"人与自然和谐共生"的中国式现代化目标下，研究绿色发展绩效、美丽中国建设、绿色发展绩效与美丽中国建设协调发展的模拟情景，并结合国内外典型案例，采用象限图法、灰色关联度分析法以及马尔科夫链归纳分析绿色发展绩效与美丽中国建设的路径优化情况，为美丽中国建设提供路径优化和政策保障。

（1）依据"绿水青山就是金山银山"的公理化表达，绿色发展绩效是绿色发展水平、绿色发展效率和绿色发展结构的协同，美丽中国建设是生产空间、生活空间和生态空间的共生，绿色发展绩效"三维度"通过产业绿色化、资源配置等多种途径影响美丽中国建设"三生空间"。习近平生态文明思想是社会主义生态文明建设理论创新成果和实践创新成果的集大成者，是以人与自然和谐共生为价值导向、以"绿水青山就是金山银山"为核心理念的社会主义生态文明建设的最新成果。绿色发展绩效可以概括为绿色发展水平、绿色发展效率和绿色发展结构的协同，美丽中国建设可以概括为生产空间、生活空间和生态空间的共生，由此构建从绿色发展绩效"三维度"到美丽中国建设"三生空间"的分析框架；绿色发展水平提升促进生活空间宜居适度和生态空间山清水秀，绿色发展结构优化促进生活空间宜居适度，绿色发展效率提高促进生产空间集约高效和生活空间宜居适度，形成了绿色发展绩效影响美丽中国建设的理论机制。具体原因在于绿色发展绩效主要通过产业绿色化、资源配置效率、环境规制、人力资本积累、能源结构优化、消费结构优化、技术进步创新、资源利用有效、生产成本降低等促进美丽中国建设。

（2）绿色发展绩效在不同地区和不同产业方面存在差异，其考评应置于高质量发展框架之中，需兼顾共性特征、突出重点以及体现高质量发展的新要求。绿色发展绩效总体上呈现缓慢上升的阶段性变化趋势，不同地区的绿色发展绩效存在差异，东部、中部和西部地区发展不平衡。产业绿色发展绩效存在异质性，且地区发展不平衡；现阶段，经济增长对绿色发展水平、绿色发展效率及绿色发展结构具有正向影响，且这一影响在东部、中部和西部地区存在差异，经济增长主要通过环境规制、技术进步、资源配置效率分别对绿色发展水平、绿色发展效率、绿色发展结构产生影响，进而影响绿色发展绩效；中国绿色发展制度经过了五个阶段的演变，生态文明示范案例和高质量发展案例分别是习近平生态文明思想和习近平经济思想的生动实践，生态文明示范区政策能通过优化绿色发展结构提升绿色发展绩效；绿色发展绩效考评应置于高质量发展框架下，兼顾地区发展特色和产业发展特征，从省域、城市和农村三大角度以及农业、制造业、文化产业三大行业进行考评机制设计。绿色发展绩效考评在地区层面主要关注经济增长和环境保护，在产业层面主要关注产业绿色化，但不同地区、不同产业的绿色发展绩效考评重点存在差异。

（3）对于美丽中国建设水平，东部、中部和西部地区不平衡，人类活动通过技术创新、产业升级和环境治理三个机制实现，其考评设计应置于人与自然和谐共生的现代化框架下，需兼顾共性特征、突出重点以及体现中国式现代化的新要求。美丽中国建设水平总体上呈上升趋势，在不同角度下均处于协调度较低阶段，东部、中部和西部地区不平衡，呈现东部>中部>西部的格局，"三生空间"异质性明显。美丽中国省域与美丽中国城市的生产空间建设水平最低，美丽中国乡村的生态空间建设水平最低；人类活动强度对美丽中国建设水平的影响呈现先促进后抑制的倒"U"形趋势，且对东部、中部和西部地区的影响存在差异，人类活动强度对美丽中国建设水平的非线性作用主要通过技术创新、产业升级和环境治理三个机制体现；美丽中国建设政策经过了五个阶段的演变，政策效果显著。美丽中国建设评估案例是习近平生态文明思想的生动实践，是"绿水青山就是金山银山"价值转化的根本保证。山水林田湖草综合治理案例是中国式现代化的生态实践，表明现代化治理是我国经济发展的指导原则。美丽中国建设政策有效提升了美丽中国建设水平，因此需要将美丽中国建设考评置于人与自然和谐共生的现代化目标下，从省域、城市和乡村三大角度进行考评机制设计，在地区层面体现为人居整洁，兼顾不同方面的发展差异，突出重点。其中，美丽中国省域建设应重点考核生态优良，美丽中国城市建设应重点关注城市空气质量，美丽中国乡村建设应重点凸显生活富裕。此外，人与自然和谐共生的现代化对美丽中国建设提出考核生态产品供给的新要求。

（4）绿色发展绩效"三维度"显著推动美丽中国建设，且具有区域性和阶段性特征，绿色发展水平、绿色发展效率、绿色发展结构主要通过环境规制、资源利用有效等推动美丽中国建设。绿色发展绩效"三维度"对美丽中国建设的影响效果存在差异，主要通过要素流动、知识和技术溢出、产业转移和产业结构升级等机制实现。绿色发展水平、绿色发展效率、绿色发展结构分别从不同方面对美丽中国建设产生直接与间接影响；中国省域绿色发展绩效与美丽中国建设水平之间不仅存在正相关关系，而且在阶段上存在非线性关联；绿色发展绩效提升推动美丽中国建设，主要通过环境规制、资源利用有效、技术进步创新、生产成本降低、能源结构优化与消费结构优化等实现；绿色发展绩效"三维度"对美丽中国建设的空间溢出效应存在差异，主要通过要素流动、知识和技术溢出、产业转移和产业结构升级等机制实现。

（5）绿色发展绩效、美丽中国建设水平在"双碳"三种政策情景下均呈现波动提升态势，但在不同政策情景下绿色发展绩效、美丽中国建设水平的变化存在显著差异。在三种政策情景下，二者的耦合协调度呈大幅提升态势，都实现了优质协调，而在基准政策情景下可实现长期最优状态。碳达峰碳中和目标将倒逼政府和企业采取必要措施降低碳排放水平，同时通过环境保护等措施提高自然环境的碳吸纳能力，进而提高绿色发展绩效、推进美丽中国建设。

（6）国外绿色发展与美丽中国建设的途径和侧重点各有不同，各省区市绿色发展绩效与美丽中国建设路径均需要优化。本书采用典型案例分析法分析了绿色发展典型国家的发展路径以及美丽中国建设的省域、城市和乡村样板，发现法国应对气候变化主要是从自身发展需要出发，可借鉴其在全球可持续发展和降碳减污两个方面的贡献；欧盟"绿色新政"主要从政策的角度出发，可借鉴其在全球可持续发展、全球治理和绿色增长方面的经验；韩国"亲环境"农业政策主要是从政府和技术的角度出发，通过政府引导和智慧农业技术支撑相结合的手段促进农业绿色转型；美国实施"绿色能源"发展模式，主要侧重进行能源结构全面转型，从提高旧能源利用效率和开发新型能源两个方面进行能源的绿色化改造；通过对美丽中国"江西样板"建设、美丽城市"上海样板"建设和美丽乡村"丽水样板"建设进行经验总结，对其发展路径进行分析，为其他地区不同层面的美丽中国建设提供借鉴。在人与自然和谐共生的现代化目标下，绿色发展绩效通过加快绿色发展方式转型、推进环境污染防治等推动美丽中国建设。绿色发展绩效与美丽中国建设在协调发展过程中，通过降碳减污、扩绿增长等实现人与自然和谐共生的现代化。

绿色发展绩效与美丽中国建设路径分为三大类：第一类是协调-发展路径，第二类是不协调-不发展路径，第三类是不协调-发展路径。生态系统可持续是三类路径的共同的主要驱动因素，绿色转型是第一类和第三类路径的主要制约因素，环境污染防治是第二类路径的主要制约因素。人与自然和谐共生的现代化目标分为基本实现现代化和全面实现现代化两个阶段。在不同阶段目标下，各省区市绿色发展绩效与美丽中国建设路径存在差异。

目　录

CONTENTS

图目录

表目录

绪　论

一　研究的必要性和可行性

（一）新时代对绿色发展与美丽中国建设提出了新要求

1. 全球气候变暖使人类生存和发展面临空前挑战，促进可持续发展成为全球共识

绿色发展是实现美丽中国建设的重要途径，是我国积极应对全球气候变化和落实联合国《2030 年可持续发展议程》的重要举措。全球气候变暖使人类生存和发展面临空前挑战，人们不得不重新审视传统发展模式[1]。英国著名经济学尼古拉斯·斯特恩在《气候变化经济学——斯特恩报告》中指出"污染物的排放是气候变暖的元凶"[2]。

气候变暖引发的灾难性事件是人类违背自然规律、片面追求经济发展的必然结果[3]。2015～2019 年是有完整气象观测记录以来最暖的五个年份[4]。2019 年，全球平均温度较工业化前的水平高出约 1.1℃[5]。全球气候变暖在持

1　联合国政府间气候变化专门委员会（IPCC）第六次评估报告（AR6）第一工作组报告：《气候变化 2021：自然科学基础》，2022，https：//www.ipcc.ch/report/ar6。

2　N. Stern, *The Econometrics of Climate Change: The Stern Review* (Cambridge, England, UK: Cambridge University Press, 2011), p. 7.

3　联合国政府间气候变化专门委员会（IPCC）第六次评估报告（AR6）第二工作组报告：《气候变化 2022：影响、适应和脆弱性》，2022，https：//www.ipcc.ch/report/ar6。

4　联合国政府间气候变化专门委员会（IPCC）第六次评估报告（AR6）第三工作组报告：《气候变化 2022：减缓气候变化》，2022，https：//www.ipcc.ch/report/ar6。

5　中国气象局气候变化中心编著《中国气候变化蓝皮书（2020）》，科学出版社，2020。

续，而且有加速的趋势。自 19 世纪中叶以来，全球变暖趋势日益显著，尤其是 2008 年国际金融危机发生后，人们更深切地意识到气候变化引发的一系列危机都是人类社会发展模式导致的问题。为此，2008 年 10 月，联合国环境规划署提出了"全球绿色新政"和"发展绿色经济的倡议"。2011 年，联合国环境规划署发布的《迈向绿色经济：实现可持续发展和消除贫困的各种途径》报告指出，2011~2050 年，每年将全球生产总值的 2% 投资于 10 大主要经济部门可以加快向低碳、资源有效的绿色经济转型，这得到了世界各国的高度认同。由此可见，可持续发展已成为当今的潮流，不可抗拒。习近平主席在博鳌亚洲论坛 2010 年年会开幕式上指出，绿色发展和可持续发展是当今世界的潮流[1]。为了实现绿色发展、可持续发展以及永续发展，应该统筹经济增长、社会发展、环境保护。

党的十九大报告提出，加快生态文明体制改革，推进绿色发展，建设美丽中国，将绿色发展纳入"美丽中国"建设的实现途径[2]。事实上，全球气候变暖很大程度上源于世界碳排放量的增加[3]。从各地区排放情况来看，2020 年，亚太地区碳排放量在全球占比较大（见图 0-1）。2020 年，亚太地区碳排放量占全球总排放量的一半以上，达 52.0%。中国的占比为 30.7%，北美地区碳排放量占比为 16.6%，欧洲地区碳排放量占比为 11.1%[4]。21 世纪以来，我国碳排放量占世界碳排放总量的比重逐渐攀升至第一位，我国的绿色减排工作将在很大程度上影响全球生态环境保护。国际能源署认为，中国能源消费模式的转变是 2014 年全球碳排放量停止增长的重要

---

1 《习近平：携手推进亚洲绿色发展和可持续发展》，中国政府网，2010 年 4 月 10 日，https://www.gov.cn/ldhd/2010-04/10/content_1577863.htm。

2 《习近平：决胜全面建成小康社会 夺取新时代中国特色社会主义伟大胜利——在中国共产党第十九次全国代表大会上的报告》，中国政府网，2017 年 10 月 18 日，https://www.gov.cn/xinwen/2017-10/27/content_5234876.htm。

3 联合国政府间气候变化专门委员会（IPCC）第六次评估报告（AR6）第三工作组报告：《气候变化 2022：减缓气候变化》，2022，https://www.ipcc.ch/report/ar6。

4 《世界能源统计年鉴 2021》，英国石油公司，2021。

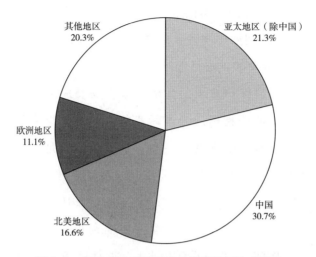

图 0-1　2020 年全球碳排放总量按地区构成情况

资料来源：《世界能源统计年鉴 2021》，英国石油公司，2021。

原因之一[1]。为此，绿色发展这一具有中国特色的环境保护理念与发展方式，是实现美丽中国建设的必由之路，必将深刻影响世界环境保护的发展进程，为中国赢得更多的国际话语权，使中国成为具有世界影响力且负责任的大国。此外，在国际上，无论是在理论上还是在实践中，生态环境保护更多的是注重技术与政策层面，2008 年国际金融危机之后更是间接促使发达国家凭借先进技术量身定制"绿色壁垒"，这成为一种新型的贸易保护主义。这对于寻求摆脱金融危机阴影但技术水平相对滞后的发展中国家而言无疑是雪上加霜[2]。2015 年，习近平主席在马尼拉举办的亚太经合组织工商领导人峰会上发表演讲时表示，中国将更加注重绿色发展，将把生态文明建设融入经济社会发展各方面和全过程，致力于实现可持续发展。将全面提高适应气候变化能力，

1　曹宏源：《去年全球碳排放量未增中国贡献大》，《中国电力报》2015 年 3 月 27 日。

2　王玉婧、刘学敏、张宏武：《重新认识绿色壁垒——基于循环经济发展模式的思考》，《特区经济》2007 年第 10 期。

坚持节约资源和保护环境的基本国策，建设天蓝、地绿、水清的美丽中国[1]。因此，绿色发展是实现美丽中国建设的重要途径，绿色发展和美丽中国建设是中国改善国内外经济环境的必然选择。

随着全球生态环境保护意识的觉醒，绿色发展成为时代潮流，绿色竞争力已经取代单纯的经济指标成为国际竞争力的重要组成部分。单纯地以经济增长来评估一个地区的发展成果和官员政绩显然是不科学的，是一种"增长癖"[2]。为此，国内外学者尝试将绿色发展理念融入发展评价中，相继提出生态需求指标（Ecological Requisite Index，ERI）、净福利经济指标（Net Economic Welfare，NEW）、可持续发展福利指标（Index of Sustainable Economic Welfare，ISEW）等一系列概念[3]，并对经济增长和环境压力之间的关系进行研究，逐步从传统经济增长核算中扣除环境污染带来的损失。此外，很多国家的研究机构在绿色 GDP 核算方面取得了一定成果，如 1994 年欧洲统计局开发了"欧洲环境的经济信息收集体系"[4]。中国自 2004 年正式开展绿色 GDP 核算的研究工作。尽管国内外理论界已经有相当丰富的研究成果，也有许多实验方案，但在官方实践中世界范围内目前还没有一个正式的、完整的绿色 GDP 核算体系[5]。作为全新的发展方式，绿色发展能够加快产业结构调整、减少环境污染、降低碳排放以及提升生态系统质量和多样性，进而构建生产发展、生活富裕、生态良好的美丽中国[6]。绿色发展与美丽中国建设，是破解发展难题、实现"十四五"时期发展目

1　《习近平：推进合作共赢 共促亚太繁荣》，中国政府网，2015 年 11 月 19 日，https：//www. gov. cn/xinwen/2015-11/19/content_2968635. htm。

2　N. G. Roegen, *The Entropy Law and the Economic Process*（Cambridge，MA，US：Harvard University Press，1971）.

3　王兴文、高兴国：《国内外绿色经济发展理论和实践研究综述》，《生产力研究》2016 年第 9 期；刘耀彬：《中国绿色发展效率与政策工具选择》，社会科学文献出版社，2021。

4　高敏雪、王彦：《环境经济核算再认识》，《统计研究》2000 年第 4 期。

5　王立彦：《环境成本与 GDP 有效性》，《会计研究》2015 年第 3 期。

6　杨华：《环境经济核算体系介绍及我国实施环境经济核算的思考》，《调研世界》2017 年第 11 期。

标、厚植发展优势的根本出路，是积极参与气候变化全球治理、实现全球可持续发展议程的中国实践[1]。通过绿色发展和美丽中国建设引领全球可持续发展，对于促进我国经济社会实现全面绿色发展尤为重要和迫切。因此，亟须构建一套符合中国特色的绿色发展绩效评估体系与美丽中国建设模式，为全球气候治理提供"中国方案"，为全球可持续发展提供"中国智慧"。

2. 绿色发展与美丽中国建设分别体现人与自然和谐共生的发展方式和发展目标，是实现人与自然和谐共生的中国式现代化的必然要求

绿色发展与美丽中国建设以及二者之间的协同状态都存在不平衡，这种不平衡不利于走可持续发展之路，也不利于美丽中国建设。党的二十大报告提出，要推动绿色发展，促进人与自然和谐共生，到 2035 年美丽中国目标基本实现[2]。党的二十届三中全会提出聚焦建设美丽中国，加快经济社会全面绿色转型。人与自然和谐共生是中国式现代化建设的重要特征。绿色发展是实现人与自然和谐共生的现代化的重要途径，美丽中国建设体现人与自然和谐共生的现代化的发展目标[3]。绿色发展与美丽中国建设都是既要发展经济，又要兼顾生态环境与社会治理，实现多领域融合发展。坚持"绿水青山就是金山银山"理念，加大生态系统保护力度，深入打好污染防治攻坚战，提高资源利用效率，形成绿色生产生活方式，建设美丽中国，为实现人与自然和谐共生的现代化提供指引[4]。同时，人与自然和谐共生的现代化既是摒弃传统粗放型发展方式，形成生态文明的思维方式、生产方式和生活方

1 《中华人民共和国国民经济和社会发展第十四个五年规划和 2035 年远景目标纲要》，中国政府网，2021 年 3 月 12 日，https：//www. gov. cn/xinwen/2021-03/13/content_5592681. htm。

2 《（受权发布）习近平：高举中国特色社会主义伟大旗帜 为全面建设社会主义现代化国家而团结奋斗——在中国共产党第二十次全国代表大会上的报告》，新华网，2022 年 10 月 16 日，https：//www. news. cn/politics/cpc20/2022-10/25/c_1129079429. htm。

3 俞海：《"中国式现代化"为何强调"人与自然和谐共生"》，《光明日报》2022 年 12 月 27 日。

4 《中华人民共和国国民经济和社会发展第十四个五年规划和 2035 年远景目标纲要》，中国政府网，2021 年 3 月 12 日，https：//www. gov. cn/xinwen/2021-03/13/content_5592681. htm。

式，也是追求走生产发展、生活富裕和生态良好之路的美丽中国建设的题中应有之义。建设人与自然和谐共生的现代化离不开绿色发展理念的引领和美丽中国建设道路选择，实现"两个一百年"奋斗目标，不能偏离绿色发展的轨道。

自生态文明建设正式实施以来，作为实现生态文明的重要途径，绿色发展已取得明显进展。然而，中国幅员辽阔，不同区域的资源禀赋与区位条件等差异巨大，使中国绿色发展的区域水平存在显著的不均衡。研究发现[1]，从空间来看，绿色发展水平较高的地区主要集中在东部地区，绿色发展处于中等水平的地区主要包括中部的绝大多数地区以及西部地区的四川省，而绿色发展水平较低的地区绝大多数分布在西部和中部地区的云南省和贵州省。从时间来看，2005~2019 年我国绿色发展水平整体较低，且呈上升的趋势，但绿色发展水平空间分布的不均衡并未随着时间的推移而发生根本性改善（见表 0-1）。由此可见，中国区域绿色发展水平的分布与东中西部地区经济发展水平分布大致吻合，表明绿色发展水平空间分布与区域经济发展和资源禀赋有很强的关联性，存在显著的区域不均衡，且这种不均衡随着时间的推移逐渐固化。美丽中国建设已经实施多年，取得的成就毋庸置疑，但从美丽中国建设的区域层面来看，存在较为明显的不均衡现象[2]。进一步计算显示，2005 年，包括北京、广东、福建、浙江、江苏等省市在内的东部沿海地区的美丽中国建设处于较高水平，而全国其他地区普遍处于中低水平；2019 年后，大部分地区的美丽中国建设水平得到提升，而西部地区的新疆、青海等省区市的美丽中国建设水平相对较低。由此可见，美丽中国建设水平的区域差距随着时间的推移进一步拉大。

1　刘耀彬：《中国绿色发展效率与政策工具选择》，社会科学文献出版社，2021。

2　刘耀彬：《中国绿色发展效率与政策工具选择》，社会科学文献出版社，2021。

表 0-1　2005 年与 2019 年全国 30 个省区市绿色发展水平与美丽中国建设水平指数变化情况

省区市	2005 年	2019 年	2005 年	2019 年
	绿色发展水平	绿色发展水平	美丽中国建设水平	美丽中国建设水平
北京	0.1064	0.2393	0.4686	0.5326
天津	0.1074	0.1466	0.3771	0.4532
河北	0.0374	0.0630	0.3483	0.4812
山西	0.0614	0.0777	0.3274	0.4585
内蒙古	0.0453	0.0910	0.3132	0.4406
辽宁	0.0860	0.0967	0.4036	0.4763
吉林	0.0537	0.0959	0.3660	0.4577
黑龙江	0.0452	0.0787	0.3538	0.4557
上海	0.1426	0.4193	0.3731	0.5000
江苏	0.0788	0.1402	0.4022	0.5088
浙江	0.0463	0.1115	0.4209	0.5216
安徽	0.0294	0.0739	0.3471	0.4724
福建	0.0664	0.0868	0.3992	0.4747
江西	0.0370	0.0721	0.3660	0.4759
山东	0.0596	0.0999	0.3904	0.5323
河南	0.0313	0.0710	0.3386	0.4889
湖北	0.0485	0.0779	0.3899	0.4783
湖南	0.0441	0.0661	0.3847	0.4937
广东	0.0798	0.1273	0.4534	0.5352
广西	0.0491	0.0602	0.3639	0.4734
海南	0.0329	0.0779	0.3345	0.4598
重庆	0.0483	0.0928	0.3515	0.4663
四川	0.0793	0.0905	0.3794	0.4913
贵州	0.0555	0.0628	0.3322	0.4565
云南	0.0494	0.0633	0.3612	0.4774
陕西	0.0449	0.0708	0.3634	0.4695
甘肃	0.0799	0.0863	0.2875	0.4195
青海	0.0777	0.1131	0.2702	0.3814
宁夏	0.0644	0.0951	0.2670	0.3994
新疆	0.0600	0.0944	0.2928	0.4181

注：30 个省区市不包含西藏、港澳台地区，全书同。

资料来源：笔者根据相关数据计算而得。

从绿色发展水平和美丽中国建设协同推进的角度来看，同样存在区域不平衡的问题。以 2014 年为例，对绿色发展水平和美丽中国建设水平进行聚类分析[1]。从分析结果中可以发现，仅广东省和浙江省的绿色发展和美丽中国建设同时处于高水平和较高水平梯度，其余省区市的绿色发展水平和美丽中国建设水平均不协同，如山东省的绿色发展水平较高，但美丽中国建设水平相对较低；福建省和江西省的美丽中国建设水平相对较高，而绿色发展水平则较低（见表 0-2）。可见，绿色发展水平和美丽中国建设水平的不协同在区域层面同样凸显。绿色发展绩效与美丽中国建设进程的空间分布不均衡不仅会造成资源的错配，不利于区域可持续发展，也与美丽中国建设的协调可持续发展之美相违背。

表 0-2　2014 年绿色发展水平与美丽中国建设水平的省级样本聚类分析

类别	绿色发展水平聚类结果	美丽中国建设水平聚类结果
第一类	江苏省、广东省	北京市、广东省
第二类	北京市、上海市、浙江省、山东省	福建省、江西省、江苏省、浙江省、重庆市
第三类	其他	其他

资料来源：笔者根据相关数据计算而得。

党的十九届五中全会提出，"十四五"时期生态文明建设要实现新进步和 2035 年要基本实现美丽中国建设目标的总体任务，将绿色发展的要求体现到经济社会发展的各领域各方面[2]。2021 年，《中华人民共和国国民经济和社会发展第十四个五年规划和 2035 年远景目标纲要》明确提出，把新发展理念完整、准确、全面贯彻发展全过程和各领域，切实转变发展方式，推动质量变革、效率变革、动力变革，实现更高质量、更有效率、更加公平、更可持续、更为安全的发展；同时提出 2035 年远景目标，要广泛形成绿色生产生活方式，

1　刘耀彬：《中国绿色发展效率与政策工具选择》，社会科学文献出版社，2021。

2　《中国共产党第十九届中央委员会第五次全体会议公报》，中国政府网，2020 年 10 月 29 日，https://www.gov.cn/xinwen/2020-10/29/content5555877.htm。

碳排放达峰后稳中有降，生态环境根本好转，美丽中国建设目标基本实现[1]。然而，各地区在自然环境和人文环境方面存在显著差异，不同地区对绿色发展和美丽中国的内涵在认识上存在较大差异，导致绿色发展实施效果并不理想以及美丽中国建设的进程并不协调，阻碍人与自然和谐共生的现代化的推进，探寻科学、客观并能指导我国生态文明建设的理论迫在眉睫。因此，亟须构建一套符合中国特色的绿色发展绩效评估方法和美丽中国建设理论，进一步拓展生态文明建设的理论体系。

3. 绿色发展效率与美丽中国建设水平不高，不仅会影响绿色发展绩效评估，还会影响美丽中国建设目标实现

绿色发展以高质量发展为底色，美丽中国建设以高质量发展为目标，绿色发展绩效评估与美丽中国建设道路选择是实现高质量发展的必要途径和抓手。效率对于节约投入成本、减少负产出从而实现资源的最大化利用、实现绿色发展和美丽中国建设目标具有十分关键的意义[2]。效率长期以来是绿色发展与美丽中国建设关注的焦点。一个非常关键的问题是：当前中国绿色发展效率究竟如何？研究发现[3]，东部地区的绿色全要素生产率增速比中部和西部地区高，但 2008 年之后，东部地区绿色全要素生产率的增长呈现缓慢下降的趋势；中部和西部地区的绿色全要素生产率增速普遍偏低，自 2009 年开始，中部和西部地区的绿色全要素生产率一直在 0 附近徘徊（见图 0-2）。可见，中部和西部地区的绿色全要素生产率长期处于相对无效率状态；东部地区的绿色全要素生产率虽然高于中部和西部地区，但进入新时代以来，其增长速度持续放缓。综上所述，中国绿色发展效率总体上还不高，未来还有进一步提升的空间。

1　《中华人民共和国国民经济和社会发展第十四个五年规划和 2035 年远景目标纲要》，中国政府网，2021年 3 月 12 日，https://www.gov.cn/xinwen/2021-03/13/content_5592681.htm。

2　陈晨：《以资源节约高效利用推动绿色发展》，《光明日报》2015 年 11 月 18 日。

3　刘耀彬：《中国绿色发展效率与政策工具选择》，社会科学文献出版社，2021。

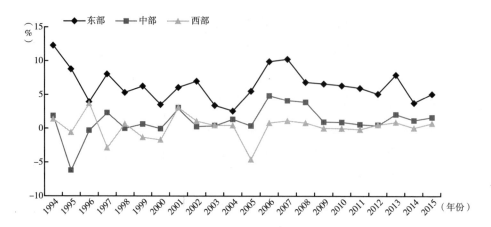

图 0-2　1994~2015 年东部、中部和西部地区绿色全要素生产率的阶段性演进情况

资料来源：刘耀彬《中国绿色发展效率与政策工具选择》，社会科学文献出版社，2021。

　　基于美丽中国建设投入产出的有关数据，四川大学"美丽中国"评价课题组[1]运用投入产出比对 2012 年美丽中国建设的投入产出效率进行分析后发现，美丽中国建设效率同样存在不高的问题。从均值来看，除广西、宁夏、山西等少数几个省区市外，其余各省区市普遍为 0.6~1.0（见图 0-3），表明美丽中国建设的投入大于产出回报，远未实现规模经济效应。综上所述，绿色发展与美丽中国建设均存在效率不高的问题。

　　中国经济进入新常态以来，面临一系列严峻挑战，如产能过剩、创新能力不足和财政金融风险增加等[2]。面对严峻的经济形势，人们开始反思长期以来的粗放型经济发展战略，寻找新的经济增长点和探索新的发展战略，绿色发展无疑成为重要的方略[3]。当下，我国已将绿色发展作为一种崭新的执政理念、发展战略与发展道路。党的十九大报告首次提出"高质量发展"，表明中

　　1　四川大学"美丽中国"评价课题组：《"美丽中国"省区建设水平（2012）研究报告》，人民网，2012年 12 月 3 日，https://media.people.com.cn/n/2012/1203/c40628-19776180-1.html。

　　2　国务院发展研究中心《进一步化解产能过剩的政策研究》课题组、赵昌文、许召元等：《当前我国产能过剩的特征、风险及对策研究——基于实地调研及微观数据的分析》，《管理世界》2015 年第 4 期。

　　3　许娟、陈英葵：《我国绿色经济发展现状与展望》，《可持续发展》2021 年第 3 期。

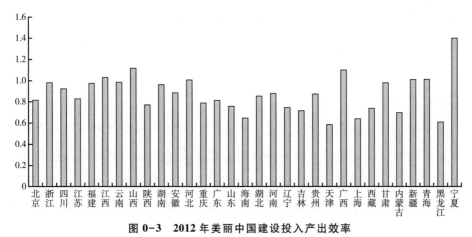

图 0-3　2012 年美丽中国建设投入产出效率

资料来源：四川大学"美丽中国"评价课题组《"美丽中国"省区建设水平（2012）研究报告》，人民网，2012 年 12 月 3 日，https：//media.people.com.cn/n/2012/1203/c40628-19776180-1.html。

国经济由高速增长阶段转向高质量发展阶段[1]。党的十九大报告提出的建立健全绿色低碳循环发展的经济体系为新时代经济高质量发展指明了方向，同时也提出了一个极为重要的时代课题。绿色发展是经济高质量发展的底色，也是重要途径。绿色发展是从供给侧推动可持续发展，能有效突破资源环境约束，破解经济发展中的生态环境难题，解决经济发展与保护生态环境之间的矛盾[2]。相对于粗放型发展模式，绿色发展模式意味着经济增长由传统要素驱动转向创新驱动，以大量"绿色动能"推动经济发展模式由"褐色"向"绿色"转型[3]。党的十八大首次提出生态文明建设的目标——"美丽中国"的概念[4]。党的二十大报告明确提出到 2035 年，广泛形成绿色生产生活方式，

1　《习近平：决胜全面建成小康社会 夺取新时代中国特色社会主义伟大胜利——在中国共产党第十九次全国代表大会上的报告》，中国政府网，2017 年 10 月 18 日，https：//www.gov.cn/xinwen/2017-10/27/content_5234876.htm。

2　徐成龙、庄贵阳：《供给侧改革驱动中国工业绿色发展的动力结构及时空效应》，《地理科学》2018 年第 6 期。

3　贯君、苏蕾：《双重环境规制下政府经济竞争对绿色高质量发展的影响》，《中国环境科学》2021 年第 11 期。

4　《坚定不移沿着中国特色社会主义道路前进 为全面建成小康社会而奋斗——在中国共产党第十八次全国代表大会上的报告》，中国人大网，2012 年 11 月 8 日，http：//www.npc.gov.cn/c2/c30834/202410/t20241017_440084.html。

碳排放达峰后稳中有降，生态环境根本好转，美丽中国目标基本实现[1]。美丽中国建设是对可持续发展观和科学发展观的延伸和创新，也是高质量发展的重要目标。可见，绿色发展绩效评估与美丽中国建设道路选择是实现高质量发展的必要途径和抓手。

随着绿色发展与美丽中国建设的概念与内涵等相关问题的研究不断取得进展，如何对绿色发展与美丽中国建设的状况实施有效的评估成为亟待解决的关键问题之一。目前，对绿色发展的评价主要分为以绿色发展指数为代表的绿色发展水平的评价和以测度模型为主的绿色发展效率的评价两个方面[2]，且均已取得较大的进展。然而，不同的学者采用的绿色发展评价方法差别较大，测算结果也各不相同。关于美丽中国建设评价指标体系最早且相对成熟的是四川大学"美丽中国"评价课题组发布的《美丽中国建设水平系列评估报告》，而后学者从不同视角对美丽中国建设水平进行评价，但评价结果并不一致。当前我国进入高质量发展阶段，根本在于提升经济发展的活力、创新力和竞争力。而经济发展的活力、创新力和竞争力都与绿色发展和美丽中国建设紧密相连、密不可分，离开绿色发展，经济发展便因丧失活水源头而失去活力；相反，离开美丽中国建设，经济发展的创新力和竞争力也就失去了根基和依托。绿色发展与美丽中国建设是我国从速度经济转向高质量发展的重要标志[3]。为此，探索一种较为客观与准确的方法对绿色发展绩效与美丽中国建设进行评估的需求愈发迫切。在绿色经济之后，绿色发展的概念被正式提出，环境绩效和绿色 GDP 绩效已不能满足新时代对于高质量发展目标的需要，绿色发展绩效的内涵不断拓展，并开始成为当前绿色发展评价领域探索

1　《（受权发布）习近平：高举中国特色社会主义伟大旗帜 为全面建设社会主义现代化国家而团结奋斗——在中国共产党第二十次全国代表大会上的报告》，新华网，2022 年 10 月 16 日，https://www. news. cn/politics/cpc20/2022-10/25/c_1129079429. htm。

2　刘耀彬：《中国绿色发展效率与政策工具选择》，社会科学文献出版社，2021。

3　王克：《牢记绿色发展使命 推动经济高质量发展》，人民论坛网，2019 年 9 月 20 日，https://www. rmlt. com. cn/2019/0920/557345. shtml？ from = singlemessage。

的新焦点。尤其是，针对绿色发展绩效与美丽中国建设的考评，中共中央办公厅国务院办公厅印发《生态文明建设目标评价考核办法》，国家发改委印发《美丽中国建设评估指标体系及实施方案》，这两个考核方案集中在省域大尺度空间范围推广应用，但行之有效的小尺度美丽中国建设以及对不同产业的绿色发展绩效考评尚不完善，亟须一套客观、有效、差异化的考评机制指导高质量发展。在高质量发展和中国式现代化建设目标下，探讨绿色发展绩效与美丽中国建设的考评体系和评价方法，对推进我国高质量发展和中国式现代化建设具有重要意义。因此，科学把握绿色发展绩效与美丽中国建设的考核体系与评价方法成为实现高质量发展的时代使命。

4. 绿色发展绩效与美丽中国建设道路具有区域特色，但典型示范与优化的政策体系亟待形成

绿色发展绩效与美丽中国建设是贯穿我国"五位一体"总体布局全过程，也是引领碳达峰碳中和目标实现的必由之路。随着生态文明建设体系的日渐成熟以及知识经济的不断完善，绿色经济、低碳经济、循环经济已不能完全满足新时代生态文明建设的需求，在采用可持续发展理念以及借鉴原有模式的基础上，绿色发展方式得以推广，推动人类由生态文明向知识文明过渡。从国内发展理念的演化情况来看，绿色发展最早起源于区域可持续发展，随着时代的发展，在区域可持续发展的基础上又发展出了"循环发展""和谐发展""可持续发展""低碳发展"等理念，最终形成绿色发展理念[1]。随着新发展理念的提出，绿色发展已成为中国式现代化建设的必然选择。

自"美丽中国"概念提出以来，除了全国范围的美丽中国建设之外，各省区市和地级市也开始酝酿本区域的美丽区域建设方案。2014年，国家生态文明先行示范区（第一批）正式批复，推出了更多美丽中国建设的区域样本。美丽中国建设的区域样本大体可分为美丽省域、美丽城市和美丽乡村。2015年4月，国务院印发《中共中央 国务院关于加快推进生态文明建设的意见》（以下简称

---

1 刘耀彬：《中国绿色发展效率与政策工具选择》，社会科学文献出版社，2021。

"《意见》"），其中对美丽省域和美丽城市提出总体要求、基本原则、主要目标等。在《意见》的总体框架下，福建、江西、贵州等第一批生态文明先行示范省以及其他一些省区市均结合本地情况制定了美丽省域的建设方案。鉴于各省区市的经济、社会、生态等发展状况差异较大，各省区市的建设方案侧重点均有不同（见表 0-3）。除此之外，一些专家学者对于美丽省域的建设也提出了各自的看法：林月云[1]分析了福建在生态文明建设中存在的问题，并分析了建设美丽福建的对策；罗贤宇[2]从民主路径、法治路径、文化路径等多维路径探讨如何实现福建生态文明建设的协同治理，提出建设机制活、产业优、百姓富、生态美的"美丽福建"样板；刘耀彬[3]从区域生态优势转化的视角，对"美丽江西"生态文明建设的条件进行了 SWOT 分析，并以此为基础提出了"美丽江西"的建设途径；潘家华和吴大华[4]研究了贵州省如何在新常态下实现生态转型和加快绿色发展进程，提出了"美丽贵州"的建设路径。

表 0-3　美丽中国省域建设典型方案

所属地区	样板名称	建设途径
东部	美丽福建	培育环境治理和生态保护市场主体；支持发展绿色金融；健全横向生态补偿机制；建立以绿色发展为导向的考核评价体系；划定城市开发边界、永久基本农田红线和生态保护红线；倡导绿色生活价值理念；积极推动武夷山建立国家公园体制试点；加大山水林田湖和海洋生态保护力度，加强自然保护区建设与管理；造林绿化，森林覆盖率继续保持全国首位
	美丽浙江	打造浙江海洋经济发展示范区，构建现代农业发展格局，构筑产业集聚大平台；推进"五水共治""四换三名""四边三化""三改一拆"行动组合；推进"下山移民"工程；开展大气污染防治行动；优化"诗画江南"人居环境；强化创新驱动发展；发展绿色循环低碳经济；弘扬具有浙江特色的人文精神

1　林月云：《生态文明建设视角下构建美丽福建的问题及对策分析》，《长春理工大学学报》（社会科学版）2014 年第 3 期。

2　罗贤宇：《"美丽福建"视域下生态文明建设协同治理探析》，《福建论坛》（人文社会科学版）2017 年第 2 期。

3　刘耀彬：《区域生态优势转化与生态文明建设》，社会科学文献出版社，2015。

4　潘家华、吴大华：《生态引领绿色赶超》，社会科学文献出版社，2015。

续表

所属地区	样板名称	建设途径
中部	美丽江西	完善并落实《江西省生态空间保护红线区划》《江西省湿地保护工程规划》《江西省生态文明建设目标评价考核办法》等生态法规;围绕"生态鄱阳湖、绿色农产品",重点打造"四绿一红"茶叶、"地方鸡"以及"鄱阳湖"水产品等一批绿色生态品牌;将节能降耗、低碳发展作为推进生态文明建设、转变发展方式的重要抓手;开展"净空""净水""净土"等生态环境治理工程
	美丽安徽	推行林长制、河长制,开展新安江流域生态补偿机制试点、新一轮巢湖治理;持续推进污染防治攻坚战;优化生态环境、发展生态经济、培育生态文化、完善体制机制;以"三河一湖一园一区"生态文明示范创建为引领,推进皖江生态文明示范区建设、淮河生态经济带建设等生态文明先行示范区建设;推进大黄山国家公园创建;依托大别山和江淮丘陵,构建皖西地区水资源保护绿色生态屏障
西部	美丽贵州	推进山地特色新型城市化建设;实施"四在农家·美丽乡村"六项行动计划;开展"百村示范、千村整治、万户提升"行动,打造100个省级综合示范村,建立多彩贵州、美丽乡村旅游品牌;以贵阳市贵安新区为核心创建国家级大数据产业发展聚集区;建设以仁怀市为核心的白酒产业带;建设中药材主产省和民族药业大省;构筑"两江"上游重要生态安全屏障;实施生态建设、水利建设、石漠化治理"三位一体"规划;强化生态法治建设
	美丽四川	推动成都平原经济区领先发展,加快川南经济区一体化发展;大力发展临港经济和通道经济,发展节能环保装备制造、页岩气开发利用、再生资源综合利用等新兴产业;加快培育、壮大川东北经济区,依托天然气、农产品等优势资源发展特色产业,建设川渝陕甘结合部区域经济中心;推动攀西经济区加强战略资源开发;建设川滇、秦巴、大小凉山等生态功能区;保护若尔盖湿地、石渠湿地、泸州长江湿地公园等生态湿地;着重开展三类污染物防治工程,优化居住环境

资料来源:笔者根据各省发布的生态文明建设方案整理而得。

　　绿色发展绩效与美丽中国建设贯穿我国"五位一体"总体布局全过程,绿色发展的核心是在资源与环境约束下实现经济、社会、生态效益的协调可持续发展,美丽中国建设的核心是按照生态文明的要求,通过经济、政治、文化、社会及生态文明"五位一体"建设,实现生态环境有效保护、自然资源永续利用、经济社会绿色发展、人与自然和谐共处的可持续发展目标。绿色发展绩效与美丽中国建设是中国实现碳达峰碳中和的必由之路。2006年后,

我国成为世界 CO_2 排放大国，应对气候变化成为基本实现社会主义现代化的最大挑战[1]。2020 年 9 月 22 日，习近平主席在第七十五届联合国大会一般性辩论上宣布，中国将提高国家自主贡献力度，采取更加有力的政策和措施，二氧化碳排放力争于 2030 年前达到峰值，努力争取 2060 年前实现碳中和[2]。无论对于整个世界还是对于中国自身而言，探索到 21 世纪中叶实现净零碳排放的战略路径意义都非常重大。本书旨在从"双碳"战略政策机制的视角分析绿色发展绩效与美丽中国建设的可能情景，并对不同"双碳"政策情景下的绿色发展绩效与美丽中国建设水平的协调发展道路进行模拟，提出优化绿色发展绩效和美丽中国建设协调发展的路径。因此，在"双碳"目标约束下，选取绿色发展绩效与美丽中国建设的协调发展道路是实现中国式现代化的必要途径。

（二）新时代绿色发展绩效评估与美丽中国建设的重大意义

1. 研究绿色发展绩效与美丽中国建设的理论框架和理论机制，有利于加快人类命运共同体的中国话语体系传播，为生态文明建设提供理论依据

绿色发展与美丽中国建设之路不仅成为促进我国经济社会全面绿色转型的必由之路，还成为应对全球气候变化并实现全球可持续发展议程的必然要求。为此，绿色发展与美丽中国建设分别作为中国新的发展方式和人地和谐共生的现代化目标，必将深刻影响世界环境保护进程和全球可持续发展进程。同时，绿色发展与美丽中国建设贯穿生态文明建设始终，经济社会的全面绿色转型，有助于建立清洁美丽的世界。人类命运共同体的宗旨之一便是建立清洁美丽的世界。为此，研究绿色发展绩效与美丽中国建设的理论框架，可为中国赢得国际话语权，彰显中国负责任大国的形象，为构建人类命运共同

1　胡鞍钢：《中国实现 2030 年前碳达峰目标及主要途径》，《北京工业大学学报》（社会科学版）2021 年第 3 期。

2　《习近平在第七十五届联合国大会一般性辩论上的讲话》，中国政府网，2020 年 9 月 22 日，https：//www. gov. cn/gongbao/content/2020/content_5549875. htm。

体贡献"中国力量"和"中国智慧"。

绿色发展和美丽中国建设均与生态文明建设有着紧密的关系。绿色发展是生态文明建设的巨大引擎，美丽中国建设是生态文明建设的应有之义。生态文明建设需要进一步衔接绿色发展与美丽中国建设，使生态文明建设的内涵更为丰富和具象，也更加具有时代意义。将绿色发展绩效与美丽中国建设纳入统一分析框架，既丰富了绿色发展的相关理论，又创新了生态文明建设理论体系。研究绿色发展绩效与美丽中国建设的理论框架和理论机制，不仅可以为经济社会全面绿色转型提供政策依据，也可以为生态文明建设提供理论依据。

2. 研究绿色发展绩效与美丽中国建设的评价方法和考评体系，有利于加快推动高质量发展，为构建人与自然和谐共生的现代化治理体系提供技术方案

"金山银山不如绿水青山"道出了保持良好生态环境的重要性，而"绿水青山就是金山银山"则指明了生态环境优势转化为增长动力的经济价值[1]。绿色发展强调因地制宜地将生态优势转化为经济优势，并通过技术创新、循环利用等实现资源高效利用，从而实现资源、环境与经济三者协调统一、相互促进的良性循环[2]。美丽中国建设强调要坚持山水林田湖草沙一体化保护和系统治理，协同推进降碳、减污、扩绿、增长，推进生态优先、节约集约、绿色低碳发展[3]，可以将美丽中国建设系统解构为生产空间、生活空间、生态空间三个子系统[4]。其中，生产空间体现的是美丽中国建设中的经济之美，它反映了经济发展的质量和态势，强调的是转变粗放型发展模式及优化三产结构；生活空间体现的是文化、社会、政治之美，它具体反映了公共服务建设、文

1　张云飞：《准确把握"绿水青山就是金山银山"的科学意蕴》，《中国环境报》2019 年 8 月 8 日。

2　黄茂兵：《将生态优势转化为经济优势推动绿色发展》，《广西日报》2022 年 2 月 17 日，第 007 版。

3　《（受权发布）习近平：高举中国特色社会主义伟大旗帜　为全面建设社会主义现代化国家而团结奋斗——在中国共产党第二十次全国代表大会上的报告》，新华网，2022 年 10 月 16 日，https://www.news.cn/politics/cpc20/2022-10/25/c_1129079429.htm。

4　方创琳、王振波、刘海猛：《美丽中国建设的理论基础与评估方案探索》，《地理学报》2019 年第 4 期。

化建设、民生建设等情况，强调的是提升政府公共服务能力和提高人民文化程度与生活水平；生态空间体现的是生态之美，反映了生态环境现状和治理程度，突出生态保护和环境治理的重要性[1]。当前中国经济已经进入高质量发展阶段，新阶段要求集约的发展方式、知识技术密集型的产业结构以及创新驱动发展[2]。人们将更加注重产品本身的使用价值而非其货币度量值，回归经济发展的本真性，关注的重点将回到产品质量是否合意、是否能够满足自身的真实需要上。高质量发展以人民美好生活需要为核心，既重视经济社会发展给人民带来的生活、生态等方面的客观获得，又强调实现以资源节约和环境友好为主要特征的绿色发展，以提升获得感、幸福感、安全感等方面的主观体验[3]。因此，提升绿色发展绩效和推进美丽中国建设是高质量发展的应有之义。

绿色发展是一种新的发展方式，美丽中国建设是人与自然和谐共生的现代化目标。可见，建成社会主义现代化强国必须有定形、成熟、有效的生态文明制度，保障生态环境治理工作的科学、持续运转，提升国家生态环境治理能力和治理水平。构建新时代绿色发展绩效和美丽中国建设评价新方法，将有助于绿色发展和美丽中国建设等复杂的现实问题转化为绩效考评和考核应用等可操作的技术问题，从而为绿色发展和美丽中国建设提供切实可行的实施方案，完善人与自然和谐共生的生态文明制度体系，推进生态领域国家治理体系和治理能力现代化，加快建成社会主义现代化强国[4]。

1　Y. T. Liang, Y. F. Hu, "Beautiful China Construction Evaluation Method Based on POIs: Case Study of the Inner Mongolia Autonomous Region", *ISPRS International Journal of Geo-Information* 10（8），2021，pp. 508–524；江东、林刚、付晶莹：《"三生空间"统筹的科学基础与优化途径探析》，《自然资源学报》2021 年第 5 期。

2　《习近平：决胜全面建成小康社会 夺取新时代中国特色社会主义伟大胜利——在中国共产党第十九次全国代表大会上的报告》，中国政府网，2017 年 10 月 18 日，https://www. gov. cn/xinwen/2017-10/27/content_5234876. htm。

3　翟坤周、侯守杰：《"十四五"时期我国城乡融合高质量发展的绿色框架、意蕴及推进方案》，《改革》2020 年第 11 期。

4　成长春：《完善促进人与自然和谐共生的生态文明制度体系》，《红旗文稿》2020 年第 5 期。

3. 研究"双碳"政策情景和人与自然和谐共生的现代化目标下绿色发展绩效与美丽中国建设的政策效果和路径优化，有助于推动我国全面实现绿色转型，为美丽中国建设道路选择提供实践指引

在"双碳"政策情景下，实现绿色发展，建设美丽中国，总体要求就是，推进经济社会全面绿色转型，完善生态文明领域统筹协调机制，建设人与自然和谐共生的现代化[1]。在"双碳"政策情景下，模拟不同政策情景下绿色发展绩效与美丽中国建设的政策效果，不仅有利于实现生产方式和发展方式的绿色转型，探索符合"双碳"目标的发展方式和生活方式，而且可以为美丽中国建设道路选择提供决策依据。

为了与时俱进地推进生态文明建设并将之上升为国家战略，逐步实现现代化的生态转向，党的十九大报告提出，坚持人与自然和谐共生，并对社会主义现代化强国的目标进行顶层设计和战略安排，首次将"美丽"作为现代化强国的目标和标志之一，这是新时代针对我国社会主要矛盾的变化做出的新的部署安排，也表明了我国要建设人与自然和谐共生的现代化的决心和信心[2]。党的二十大报告提出，促进人与自然和谐共生，从2035年到21世纪中叶把我国建成富强民主文明和谐美丽的社会主义现代化强国[3]。绿色发展与美丽中国建设成为现代化的重要内容，也成为实现人与自然和谐共生中国式现代化的必然要求。研究人与自然和谐共生目标下的绿色发展绩效与美丽中国建设的路径优化，既有利于推动我国全面实现绿色转型，又为美丽中国建设道路选择提供依据。

1　《（受权发布）习近平：高举中国特色社会主义伟大旗帜 为全面建设社会主义现代化国家而团结奋斗——在中国共产党第二十次全国代表大会上的报告》，新华网，2022年10月16日，https://www. news. cn/politics/cpc20/2022-10/25/c_1129079429. htm。

2　《习近平：决胜全面建成小康社会 夺取新时代中国特色社会主义伟大胜利——在中国共产党第十九次全国代表大会上的报告》，中国政府网，2017年10月18日，https://www. gov. cn/xinwen/2017-10/27/content_5234876. htm。

3　《（受权发布）习近平：高举中国特色社会主义伟大旗帜 为全面建设社会主义现代化国家而团结奋斗——在中国共产党第二十次全国代表大会上的报告》，新华网，2022年10月16日，https：//www. news. cn/politics/cpc20/2022-10/25/c_1129079429. htm。

二 研究目标与内容

（一）绿色发展绩效评估与美丽中国建设道路研究的核心目标

1. 构建绿色发展绩效与美丽中国建设道路的理论框架和分析方法，为生态文明建设提供"中国理论"

绿色发展绩效和美丽中国建设的新内涵需要上升到理论层面来解释，并进一步用中国话语体系来阐释。具体来说，要辨析区域可持续发展与绿色发展理论、生态文明与美丽中国建设理论、复合生态系统与技术创新理论，比较归纳绿色发展绩效与美丽中国建设的核心要义。基于绿色发展绩效是绿色发展水平、绿色发展效率和绿色发展结构的融合，将美丽中国建设概括为生产空间、生活空间和生态空间的共生融合，从而构建从绿色发展绩效的"三维度"到美丽中国建设的"三生空间"的分析体系，提出绿色发展与美丽中国建设的理论框架和分析方法。本书通过提出绿色发展绩效驱动美丽中国建设机理分析范式，为新时代中国实现全面绿色转型、建设生态文明提供经验证据。从绿色发展水平、绿色发展效率以及绿色发展结构"三维度"的角度检验绿色发展绩效与美丽中国建设两者的关系，考察绿色发展绩效影响美丽中国建设的中介机制，并进一步从空间溢出视角探讨绿色发展绩效对美丽中国建设的影响，目的在于佐证绿色发展能够赋能美丽中国建设，绿色发展是美丽中国建设的实现路径，美丽中国是绿色发展的最终目标。

2. 设计具有中国特色的绿色发展绩效与美丽中国建设评估指标体系与考评机制，为经济社会实现全面绿色转型、推动高质量发展提供"中国方案"

将绿色发展绩效分解为绿色发展水平、绿色发展效率、绿色发展结构三个维度，分别从区域和产业维度，借助时空分析方法，比较分析区域和产业绿色发展绩效的差异性和非均衡性特征；将美丽中国建设分解为生产空间、生活空间和生态空间，分别从省域、城市和乡村三个尺度进行比较分析；在分析绿色发展绩效与美丽中国建设典型案例的基础上，设计绿色发展绩效与美丽中国建设考评机制，为高质量发展和实现人与自然和谐共生的现代化提供应用标准，为绿色发展绩效评价和美丽中国建设道路选择提供方法支撑。

3. 模拟"双碳"政策情景和人与自然和谐共生现代化目标下的绿色发展绩效与美丽中国建设的协调发展路径，为应对全球气候变化和绿色低碳发展提出"中国道路"

在"双碳"政策情景下构建绿色发展绩效与美丽中国建设分析框架，设计三种不同政策情景，分别模拟不同政策情景下绿色发展绩效与美丽中国建设的变化，进而对两者的协同状况进行模拟分析，并提出路径选择；基于人与自然和谐共生的现代化目标，构建绿色发展绩效与美丽中国建设的分析框架，分析国外绿色发展和国内美丽中国建设的典型案例，采用象限图法以及灰色关联等分析方法，对绿色发展绩效与美丽中国建设路径进行总结归类，并提出优化路径。

（二）绿色发展绩效评估与美丽中国建设道路研究的主要内容

第一章，习近平生态文明思想的形成、内涵与进展。分析习近平生态文明思想的历史逻辑、理论逻辑和实践逻辑；探寻习近平生态文明思想的内涵，包括基本观点和内在联系；从价值遵循和核心理念两个方面探讨习近平生态文明思想的要义；总结习近平生态文明思想的进展。

第二章，绿色发展绩效与美丽中国建设的研究进展与理论分析。梳理绿色发展绩效、美丽中国建设以及绿色发展绩效与美丽中国建设关系的研究进展；回顾从区域可持续发展到绿色发展、从生态文明建设到美丽中国建设以及从复合生态系统理论到技术创新理论等理论脉络；在对"绿水青山就是金山银山"理论发展历程进行梳理的基础上，着重界定其科学内涵，并进行理论表达；重点对绿色发展绩效与美丽中国建设的概念进行界定，构建相应的分析框架并进行机制分析。

第三章，新时代绿色发展绩效评估与考评机制设计。分别从区域与产业两个层面对绿色发展绩效进行现状比较与量化评估，揭示其时空分异特征；分析绿色发展绩效的形成机理，并进行实证检验；对绿色发展制度的历史脉络进行梳理，在总结现有绿色发展绩效考核经验和检验生态文明示范区建设政策效果的基础上，设计高质量发展视角下绿色发展绩效的考评机制。

第四章，新时代美丽中国建设评估与考评机制设计。分别对新时代美丽省域、美丽城市以及美丽乡村建设水平进行现状比较与量化评估，揭示不同尺度下美丽中国建设的特征；分析美丽中国建设的形成机理，并进行实证检验；对美丽中国建设政策的历史脉络进行梳理，在总结现有美丽中国建设考核经验和检验"两山"理论转化创新实践基地建设效果的基础上，设计人与自然和谐共生的现代化视角下美丽中国建设的考评机制。

第五章，新时代绿色发展绩效对美丽中国建设的作用机制检验。从绿色发展水平、绿色发展效率以及绿色发展结构三个维度提出绿色发展绩效影响美丽中国建设的研究假说；进一步考察绿色发展绩效与美丽中国建设的特征与事实，并分别从绿色发展绩效的三个维度进行统计描述；构建实证检验模型，检验绿色发展绩效对美丽中国建设的作用机制；建立空间计量模型，检验绿色发展绩效对美丽中国建设的空间溢出效应，并分析其空间溢出机制。

第六章，新时代绿色发展绩效与美丽中国建设道路的模拟预测：基于碳达峰碳中和政策情景。在阐释"双碳"政策情景与分析框架的基础上，设计基准政策情景、适度政策情景以及强化政策情景并设置不同情景参数，分别对不同政策下绿色发展绩效与美丽中国建设的情景进行模拟，进而对绿色发展绩效与美丽中国建设水平的协同关系进行情景预测，得到不同"双碳"政策情景下的比较。

第七章，新时代绿色发展绩效与美丽中国建设道路的优化选择：基于人与自然和谐共生的现代化目标。对国外绿色发展与国内美丽中国建设的典型案例进行总结，得出实现人与自然和谐共生的现代化的经验启示；基于人与自然和谐共生现代化目标，构建绿色发展绩效与美丽中国建设的分析框架，对绿色发展绩效与美丽中国建设的协同发展路径进行归纳总结，并分析其驱动结构；在确定人与自然和谐共生的现代化目标的基础上，进一步对新时代绿色发展绩效与美丽中国建设道路进行预测，提出人与自然和谐共生现代化的优化途径。

第八章，主要结论、政策建议与研究展望。进行概括性总结，提出针对性建议，并进一步展望。

三 基本观点与重难点

（一）绿色发展绩效评估与美丽中国建设道路研究的基本观点

1. 绿色发展是美丽中国建设的行动指南，美丽中国建设是绿色发展的目标指向，两者共同构筑绿色生产力的生态根基

绿色发展追求的是和谐、效率和持续的经济增长和社会发展方式，是将发展和保护相结合的科学发展方式。绿色发展是充分考虑环境、资源问题的新型发展方式，并将美丽的环境、持续稳定的发展、安定公平的社会、幸福生活作为美丽中国建设的目标。绿色发展通过带动绿色文化、绿色政治、绿色社会的发展，最终改善人类的生存环境，提高人类的福利水平；美丽中国建设是围绕以生态文明建设为先导的"五大建设"全面绿色转型的目标进行的，指引和激励绿色发展朝着这一战略目标进发，包含中国未来发展的理念，是"生态之美""生产之美""生活之美"的有机统一。实现绿色发展，加快形成以人与自然和谐共生的现代化为导向的美丽中国建设新格局，有助于筑牢绿色生产力的生态根基。

2. 构建从绿色发展绩效"三维度"到美丽中国建设"三生空间"的理论分析框架，源于"绿水青山就是金山银山"，是顺应我国绿色化、低碳化高质量发展的时代诉求

绿色发展绩效是效率与结果的综合体，是以绿色发展水平为状态的充分发展、以绿色发展效率为动力的持续发展、以绿色发展结构为导向的协调发展，是绿色发展水平、绿色发展效率以及绿色发展结构的协同共进；美丽中国建设是我国"五位一体"总体布局落实到具有不同主体功能的国土空间上的新目标，其核心是生产空间、生活空间以及生态空间的和谐共生；我国经济社会发展已进入加快绿色化、低碳化的高质量发展阶段，推动绿色发展、

建设美丽中国是促进绿色化、低碳化高质量发展的内在要求。"绿水青山就是金山银山"要求产业生态化和生态产业化，构建从绿色发展绩效"三维度"到美丽中国建设"三生空间"的理论分析框架是中国走生产发展、生活富裕、生态良好的文明发展道路的内在要求。

3. 绿色发展绩效与美丽中国建设评估与考核应立足中国生态文明建设实践，以习近平生态文明思想为指引设计多维度、多尺度考评机制

中国区域存在自然资源禀赋差异以及经济水平差异，绿色发展绩效在中国区域呈现异质性特征。同时，中国产业发展水平以及属性存在差异，导致不同产业绿色发展绩效截然不同，绿色发展绩效考核有多个维度指标，需要从区域和产业维度来区别评价。美丽中国建设是生态文明建设能力与质量提升的综合过程，生态文明建设包括美丽省域建设、美丽城市建设和美丽乡村建设，需要针对不同区域尺度制定不同的评估指标体系及技术标准分别进行评估。绿色发展绩效实践指向高质量发展，绿色发展绩效考评机制应以习近平生态文明思想为指引，置于高质量发展框架下。美丽中国建设的目标是实现人与自然和谐共生的现代化，美丽中国建设考评机制应以习近平生态文明思想为指引，置于人与自然和谐共生的现代化框架下进行。

4. "双碳"对绿色发展绩效与美丽中国建设提出新要求，"双碳"政策成为推动绿色发展方式转型和美丽中国建设自主行动的重要抓手

推进经济社会全面绿色转型成为绿色低碳高质量发展的重要任务，"双碳"已成为美丽中国建设的重要抓手，以"双碳"目标引领产业结构绿色转型，发展方式低碳清洁，实现生产发展、生活富裕、生态良好的文明发展道路；"双碳"目标作用于生态文明建设，事关绿色发展方式转型与美丽中国建设目标的实现，要提升绿色发展绩效、推进美丽中国建设，应将绿色发展转型和美丽中国建设自主行动置于"双碳"政策之下。

5. 中国式现代化对绿色发展绩效与美丽中国建设提出新目标，全面推进降碳减污、扩绿增长、区域协同和资源高效集约是中国式现代化的应有之义

中国式现代化对绿色发展绩效与美丽中国建设提出新的要求，主要表现

在加快发展方式绿色转型，推进环境污染防治，提升生态系统多样性、稳定性和持续性以及积极稳妥推进"双碳"四个方面；人与自然和谐共生的现代化追求生产发展、生活富裕、生态良好的文明发展道路。绿色发展绩效与美丽中国建设在协同发展过程中，通过降碳减污、扩绿增长、区域协同和资源高效集约四种方式实现人与自然和谐共生的现代化。

（二）绿色发展绩效评估与美丽中国建设道路研究的重难点

1. 重点问题

本书的研究重点有以下几个方面。①用合适的中国话语体系来阐释绿色发展绩效与美丽中国建设的科学内涵、厘清两者的作用机制与理论分析框架既是重点问题，也是理论研究的迫切需要。厘清绿色发展绩效和美丽中国建设的内涵特征是促进中国高质量发展的首要问题，本书主要采用归纳演绎和系统解构的方法，阐释绿色发展绩效和美丽中国建设的科学内涵。具体来说，涉及两个方面：第一，在准确把握绿色发展和美丽中国建设的缘起和内涵的基础上，如何对新时代绿色发展绩效与美丽中国建设作用机制进行分析；第二，在绿色发展绩效与美丽中国建设作用机制分析的基础上，如何进一步提出绿色发展绩效与美丽中国建设的理论分析框架和分析方法。②绿色发展绩效和美丽中国建设的考评机制设计既是重点问题，也是实践应用的紧迫诉求，涉及四个方面：首先，关于绿色发展绩效的考评机制，在梳理绿色发展政策历史脉络的基础上，对绿色发展典型考评案例进行比较分析与归纳总结；其次，在评估生态文明示范区政策效果的基础上，设计高质量视角下绿色发展绩效考评机制；再次，关于美丽中国建设的评价体系，在梳理美丽中国建设政策历史脉络的基础上，对美丽中国建设考评案例进行比较分析与归纳总结；最后，在评估美丽中国建设效果的基础上，在人与自然和谐共生的现代化视角下设计美丽中国建设的考评机制。③提出"双碳"政策情景下和中国式现代化目标引领下绿色发展绩效与美丽中国建设的优化路径既是重点，也是政策研究的紧迫要求，具体涉及以下方面：第一，在构建"双碳"政策下绿色发展绩效与美丽中国建设分析框架的基础上，设计三种"双碳"政策情景，模拟绿色发展绩效变化、美丽中国建设水平的变化以及两者协同变化；第二，在中国式现代化建设目标牵引下，对绿色发展绩效与美丽中国建设路径进行归纳与优化。

2. 难点问题

①理论机制阐释方面，采用演绎分析和比较研究的方法对绿色发展绩效形成机理、美丽中国建设形成机理以及绿色发展绩效与美丽中国建设的作用机制进行阐释。②在不同方法实证检验方面，采用中介效应模型、门槛效应模型和工具变量法等分析绿色发展绩效对美丽中国建设的传导机制。③对绿色发展绩效与美丽中国建设的形成机制进行检验。④从区域尺度和产业维度切入设计绿色发展绩效考评机制，从美丽省域、美丽城市和美丽乡村三个尺度着眼设计美丽中国建设考评机制。⑤在"双碳"政策情景下进行绿色发展绩效与美丽中国建设框架构建，即采用情景分析法分别模拟不同"双碳"政策情景下绿色发展绩效、美丽中国建设水平以及两者协同关系的变化，评价不同政策情景的效果，进而在"双碳"目标下选择适宜中国绿色发展和美丽中国建设的政策设计。⑥在中国式现代化建设目标牵引下进行绿色发展绩效与美丽中国建设路径优化。

四　研究思路与方法

（一）研究思路

本书从绿色发展绩效评估和美丽中国建设道路选择两大重大实际问题导入，立足新时代绿色发展绩效评估与美丽中国建设道路的理论研究与实践检验。第一，梳理习近平生态文明思想的形成、内涵与进展，阐释"绿水青山就是金山银山"的发展历程、科学内涵以及理论表达，提出绿色发展绩效与美丽中国建设的新内涵；构建从绿色发展绩效"三维度"到美丽中国建设"三生空间"的理论分析框架，并阐释其理论机制。第二，从区域和产业两大视角，从绿色发展水平、绿色发展效率、绿色发展结构三个维度，分别对绿色发展绩效的区域特征和产业特征进行现状比较与量化评估；基于"污染天堂"假说和"波特假说"，阐释绿色发展绩效的形成机理，并进行实证检验；

在梳理绿色发展政策的历史脉络和分析生态文明建设目标评价考核办法等案例的基础上，对生态文明示范区政策效果进行检验，设计高质量发展视角下的绿色发展绩效考评机制。同时，从省域层面、城市层面和乡村层面的生产空间、生活空间、生态空间三个维度对美丽中国建设的区域发展特征进行现状比较与量化评估；基于技术创新理论与复合生态系统理论，阐释美丽中国建设的形成机理，并进行实证检验；在梳理美丽中国建设政策的历史脉络和分析美丽中国建设评估方案等案例的基础上，设计人与自然和谐共生的现代化视角下美丽中国建设的考评机制。第三，在提出绿色发展绩效影响美丽中国建设研究假说的基础上，分析绿色发展绩效与美丽中国建设的特征与事实，对绿色发展绩效影响美丽中国建设的作用机制进行考察，进一步就绿色发展绩效对美丽中国建设的空间溢出效应进行检验。第四，基于"双碳"政策情景，采用情景分析法分别预测三种情景下绿色发展绩效、美丽中国建设以及两者协同关系的变化，并分析其原因。第五，构建中国式现代化牵引下的绿色发展绩效与美丽中国建设分析框架，在总结国外绿色发展和国内美丽中国建设典型经验的基础上，采用象限图法与马尔科夫链对绿色发展绩效与美丽中国建设的路径进行归纳和比较，并对其影响因素进行分析。基于人与自然和谐共生的现代化目标，对绿色发展绩效与美丽中国建设的协调发展状态进行预测，并提出路径优化方案。

　　本书坚持"问题提出—理论阐释—评估与考评—机制检验—政策模拟—路径优化"的研究思路，即"坚持一条逻辑主线和三个着力点、明确三个核心问题、实现一个最终目标"，具体如下。第一，"坚持一条逻辑主线和三个着力点"是以绿色发展绩效如何影响美丽中国建设为总逻辑主线，以绿色发展绩效和美丽中国建设的理论分析框架、考评机制设计和政策道路选择为三个着力点。第二，"明确三个核心问题"指绿色发展绩效如何推动美丽中国建设以及如何进行理论机制检验，如何设计绿色发展绩效与美丽中国建设的考评机制，以及如何对新时代绿色发展绩效与美丽中国建设的协调发展路径进行政策模拟。第三，"实现一个最终目标"指提出绿色发展驱动美丽中国建设的理论分析框架与适用路径，拓展生态文明建设的中国话语体系，为全球可持续发展提供"中国方案"。本书研究思路如图 0-4 所示。

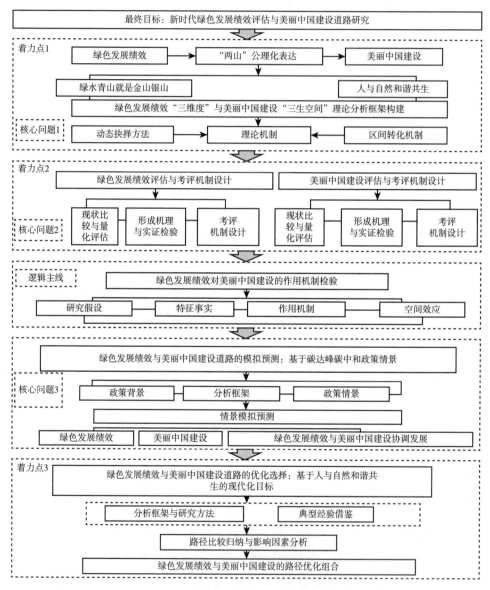

图 0-4 本书研究思路

资料来源：笔者绘制。

（二）研究方法

（1）采用归纳与演绎、结构分析与系统分析等方法进行框架构建和理论分析。本书归纳了从区域可持续发展到绿色发展的理论演变、从生态文明建设到美丽中国建设的理论嬗变、从复合生态系统理论到技术创新理论的演绎，通过总结与演绎得出绿色发展绩效与美丽中国建设的概念内涵，以及二者的关系，从而构建理论分析框架。同时，基于结构分析方法，将绿色发展绩效分解为绿色发展水平、绿色发展效率和绿色发展结构三个维度，阐释绿色发展绩效形成的理论机制。此外，在绿色发展结构内涵界定中，充分使用协同度法分析绿色发展水平与绿色发展效率的协同机理。基于复合生态系统对美丽中国建设进行分析，该模型由自然系统、社会系统和经济系统构成，基于美丽中国建设的生态文明、政治、经济、文化和社会五大方面，将自然子系统定义为"生态之美"子系统，对应生态空间建设；社会子系统定义为"政治之美"子系统、"文化之美"子系统和"社会之美"子系统，对应生活空间建设；将经济子系统定义为"经济之美"子系统，对应生产空间建设。

（2）采用统计分析、耦合协调度模型、典型案例、反事实检验以及归纳比较等方法进行量化评估与考评机制设计。在绿色发展绩效与美丽中国建设评估方面，采用熵值加权法对绿色发展"三维度"和美丽中国"三生空间"进行测度评价，采用 DEA 模型对绿色发展效率进行测度，采用耦合协调度模型对绿色发展结构进行评估分析，使用耦合协调度模型分别对绿色发展绩效与美丽中国建设水平进行评价。本书还使用系统分析方法和耦合协调度模型对美丽中国建设的"三生空间"水平特征进行分析。在绿色发展绩效与美丽中国建设考评机制设计的过程中，使用典型案例、反事实检验以及比较分析等多种方法。

（3）采用面板固定效应模型、中介效应模型、面板门槛模型以及空间杜宾模型等方法检验绿色发展绩效对美丽中国建设的作用机制。通过相关系数法和散点图探究绿色发展绩效与美丽中国建设的特征事实，并结合理论分析提出研究假设；基于绿色发展绩效对美丽中国建设的作用机制，采用面板固定效应模型对两者的直接效应进行检验，采用中介效应模型对两者的传导机制进行分析，使用面板门槛模型对两者的非线性关系进行考察。在分析绿色发展绩效对美丽中国建设的空间效应时，使用全局莫兰指数、局部莫兰指数以及空间杜宾模型测度其效果。

（4）采用情景模拟、耦合协调度等方法进行政策效果评价，采用经验借鉴法以及象限图法，提出绿色发展绩效与美丽中国建设协调发展的优化策略。运用情景分析法设计"双碳"政策情景下基准情景、适度情景以及强碳情景三种不同的政策情景，并使用弹性系数法对不同政策情景下绿色发展绩效和美丽中国建设水平进行预测。运用耦合协调度模型对不同政策情景下绿色发展绩效对美丽中国建设的影响进行模拟预测，得出"双碳"政策情景下绿色发展绩效与美丽中国建设协调发展的最优方案。采用经验借鉴法选取国外绿色发展和国内美丽中国建设的典型案例进行总结和分析，提出对中国绿色发展和美丽中国建设的经验启示。本书立足中国式现代化建设目标，采用象限图法和倒三角模型，对绿色发展绩效与美丽中国建设的路径进行归纳比较，提出绿色发展绩效与美丽中国建设协调发展的优化路径。

五　研究创新点

（一）学术创新

（1）构建从绿色发展绩效"三维度"到美丽中国建设"三生空间"的理论分析框架，为生态文明建设提供"中国理论"。将美丽中国建设目标与绿色发展途径有机结合，运用现有绿色发展过程中较为成熟的理论与方法破解美丽中国建设中的理论难题，为美丽中国建设乃至中国的生态文明建设提供一套可行的分析框架，丰富了中国生态文明建设的话语体系。

（2）提出绿色发展绩效对美丽中国建设的作用机制，为"两山"理论提供技术路线。绿色发展水平提升促进生活空间宜居适度和生态空间山清水秀，绿色发展结构优化促进生活空间宜居适度，绿色发展效率提高促进生产空间集约高效和生活空间宜居适度，这形成了绿色发展绩效影响美丽中国建设的作用机制，为中国生态文明理论完善提供了有力补充，深化了"两山"理论体系的应用。

（3）构建绿色发展绩效与美丽中国建设水平的评价方法和考评机制，为经济社会全面绿色转型，推动高质量发展提供"中国方案"。从绿色发展水平、绿色发展效率、绿色发展结构三维度构建绿色发展绩效的评价方法，基于"生产、生活、生态"三生空间构建美丽中国建设水平的评价方法，将绿色发展和美丽中国建设中复杂的现实问题转化为绩效评估可操作的技术问题，为新时代绿色发展与美丽中国建设评价提供技术和可行方案；设计高质量发展视角下绿色发展绩效考评机制、人与自然和谐共生的现代化目标下美丽中国建设考评机制，为中国生态文明建设提供行之有效的研究范式。

（4）构建"双碳"政策模拟工具并提出人与自然和谐共生的现代化目标下路径优化方法，为应对全球气候变化和绿色低碳发展提供"中国道路"。构建"双碳"情景下三种政策模拟工具组合，为绿色发展、美丽中国建设以及两者协同发展提供政策保障；提出人与自然和谐共生的现代化目标下绿色发展绩效与美丽中国建设水平协调发展道路优化组合，为协同推进降碳、减污、扩绿、增长提供方法与政策工具。

（二）应用价值

（1）绿色发展绩效与美丽中国建设水平评价为中国生态文明建设现状分析提供科学诊断。对全国、省域、城市、乡村层面的绿色发展绩效和美丽中国建设进行现状比较和量化评估，为多维度、多视角、全方位地诊断绿色发展与美丽中国建设现状提供科学依据。

（2）绿色发展绩效与美丽中国建设考评机制设计为中国生态文明实践提供应用标准。构建高质量视域下绿色发展绩效的考评体系和人与自然和谐共生的现代化目标下美丽中国建设的考评体系，进一步挖掘绿色发展绩效与美丽中国建设的关系，为经济社会实现全面绿色转型、高质量发展提供实践指向。

（3）"双碳"政策情景模拟为绿色发展绩效与美丽中国建设提供政策选

择。"双碳"政策实施会直接影响我国碳排碳汇及"双碳"目标实现的时间，还会影响我国绿色发展绩效及美丽中国建设愿景目标的实现，本书设计"双碳"政策情景下"基准、适度、强碳"三种不同情景，为制定绿色发展绩效与美丽中国建设政策提供依据。

（4）提出美丽中国建设道路优化组合方法，为实现人与自然和谐共生的现代化目标提供技术方案。美丽中国建设是中国式现代化的重要内容，绿色发展的推进与中国式现代化目标紧密相关，必须站在人与自然和谐共生的角度谋发展。本书利用象限图法和过程模型对绿色发展绩效与美丽中国建设道路进行优化选择，提出美丽中国建设的三种不同路径，并进行路径优化组合，为实现人与自然和谐共生的现代化提供技术方案。

第一章
习近平生态文明思想的形成、内涵与进展

第一节　习近平生态文明思想的形成

"天人合一"与"道法自然"是中国传统生态智慧对于人与自然关系的高度概括与提炼。新中国成立以来，中国历经 70 多年的生态文明建设实践与理论探索，将生态文明建设纳入政治、经济、社会、文化等全方位发展过程中，在借鉴国际可持续发展理念的基础上，逐渐摸索出我国建设生态文明的基本规律，形成了习近平生态文明思想，主要表现为"历史—理论—实践"三大逻辑。

一　历史沿革

习近平生态文明思想是从工业文明到生态文明转换过渡的历史必然选择。工业革命以来，以科技为主导的工业文明为人类创造了巨大财富，各国生产发展都经历了一个较长的黄金期。此阶段驱动要素以资本、劳动、能源、技术为主，机械化大生产、规模经济以及提高生产率是其典型特征。工业文明后期，经济高增长与资源枯竭矛盾凸显，工业发展进入瓶颈期，传统要素投入无法提高生产率，生态环境问题严峻。随着信息技术向实体经济的渗透，工业产业形态逐渐趋向多元化。提高资源利用效率和保护生态环境逐渐成为

共识。为此，我国从优化工业生产工艺、不断开发清洁能源等方面进行了诸多尝试，工业经济发展进入更清洁的阶段。在信息化冲击与生态问题的倒逼下，工业文明转化为更高层次的文明形态——生态文明。

工业文明向生态文明转换具有历史必然性，并且具有以下特征：一是提高生产率、促进资源合理使用以及治理污染成为工业发展的内在要求；二是将可增值的生态资产引入社会生产当中，为生产发展创造更多潜在价值；三是不可持续的工业文明转换为可持续的环境友好的生态文明成为可持续发展的必然要求；四是工业文明向生态文明转换是保障人民生活福祉的需要。生态文明具有包容性，因此需要实体经济支撑，在信息技术革命驱动下，工业文明在充分考虑生态环境的前提下满足可持续发展要求将成为生态文明的重要组成部分。新中国成立初期，建设工业文明的过程中存在粗放发展方式，引发了一些环境问题；之后的 60 年内经济社会发展迅速，但是也面临工业文明社会时期遇到的问题。习近平生态文明思想的提出是对以往道路的创新与发展，不仅能够指导中国的生态文明建设，对于其他国家也有重要的借鉴意义。

二 理论基础

习近平生态文明思想是马克思主义与中华优秀传统文化在生态文明建设领域深度融合的核心体现。马克思主义基本原理为习近平生态文明思想提供了研究范式。第一，生态文明建设中关于生产力和生产关系的论述以马克思主义哲学的唯物辩证法为方法指引。习近平总书记指出，"保护生态环境就是保护生产力、改善生态环境就是发展生产力"，将生态要素纳入生产力范畴，解放生态生产力和发展绿色生产力之间是辩证统一的关系[1]。第二，生态文明建设中关于发展方式和"两山"理论转化的相关论述以马克思主义政治经济

1　黄承梁：《着力推进习近平生态文明思想马克思主义整体性研究》，《环境与可持续发展》2019 年第6 期。

学中的劳动价值论为理论基础。习近平总书记指出"绿水青山就是金山银山"，推动绿色发展，促进经济社会的生态价值转化，其与劳动价值论一脉相承而又与时俱进。第三，生态文明是人类文明发展凝结的最新文明形态、理论体系，是在哲学、经济学等理论指导下的科学实践模式，是马克思主义科学社会主义的内在要求。习近平生态文明思想立足中国实际，形成中国理论，成为新时代建设生态文明的指导核心。马克思主义价值原则在于为全世界人民谋利益，习近平生态文明思想是从人民的长远利益出发，让人民享受更佳的生活环境，最终促进社会进步和民族兴盛。

中华优秀传统文化在生态文明理念形成过程中发挥重要作用，它是中华民族几千年来人民思想的共同价值凝结，其中儒家思想影响最为深刻，主要体现在三个方面。第一，"天人合一"体现为人与自然的辩证统一，二者之间的相互关系以和谐为目标[1]。"天人合一"理念深刻地影响了人们对人与自然的认知，这也是习近平生态文明思想反复提倡人与自然和谐相处、互利共生的起源。第二，儒家思想提倡"中道和谐"[2]，"两山"理念最初就源于此。在处理生态文明和经济发展矛盾之间关系的时候，需要充分考虑"中道和谐"的思想，不能过度砍伐、过度放牧，使生态无法可持续发展。第三，"以民为本"是儒家思想的一个重要核心，"民贵君轻""得民心须施仁政"[3]。生态文明建设紧紧围绕"以人民为中心"的发展思想，体现了中国共产党全心全意为人民服务的初心。正如习近平总书记所言，要让"良好生态环境成为人民生活质量的增长点"，综上所述，中国的传统文化强调了生态建设在文明发展中的重要作用，生态和文明是相辅相成、共同发展和共同进步的，需要树立正确的生态文明观、制定合理有效的政策法规，在全社会形成保护环境的氛围。

1　张云飞：《天人合一：儒学与生态环境》，四川人民出版社，1995。
2　陈明海：《儒家思想对新时代生态文明建设的启示》，《海南大学学报》（人文社会科学版）2020 年第 2 期。
3　陈明海：《儒家思想对新时代生态文明建设的启示》，《海南大学学报》（人文社会科学版）2020 年第 2 期。

三 实践探索

习近平生态文明思想体现了从生态环境治理、美丽中国建设到构建人类命运共同体的发展规律。从生态环境治理探索实践、可持续发展实践、中国特色社会主义生态文明早期探索到生态文明体系建设实践，生态始终贯穿中国经济发展全过程。在环境保护探索阶段，毛泽东同志提出"绿化祖国"，重视水利和林业建设；在环境保护立法阶段，邓小平同志在推动中国环境保护立法方面发挥了重要作用。1979 年颁布的《中华人民共和国环境保护法（试行）》是中国第一部综合性环境保护法律，标志着中国环境保护事业进入法治化轨道。从环境保护发展战略进入立法起步阶段，环境保护逐步形成全球共识。

进入贯彻实施可持续发展战略阶段，江泽民同志提出我国向世界承诺走可持续发展道路。党的十五大提出贯彻实施可持续发展战略。胡锦涛同志提出树立落实全面、协调、可持续发展的科学发展观。科学发展观点明了人与自然和谐共生的本质要求，成为美丽中国建设的必由之路。

在中国特色社会主义生态文明建设早期探索阶段，生态产品价值转化成为重点任务。习近平同志提出"绿水青山就是金山银山"。党的十八大将生态文明建设纳入"五位一体"总体布局。自生态文明建设被纳入国家总体布局以来，生态环境保护成为国家战略要求执行的重要任务，习近平生态文明思想开始指引中国迈向绿色高质量发展的现代化之路[1]。党的十九大在深入推进建设社会主义现代化的过程中，突出生态文明建设的重要地位，推动生态文明建设的力度前所未有；党的二十大对人与自然和谐共生提出新要求，生态文明建设的思想内涵进一步丰富。习近平生态文明思想充分抓住时代特征，应对时代问题，提出应对方案，切实推进人与自然的和谐发展。

从中国特色社会主义生态文明建设的实践谱系（见图 1-1）看，党中央以环

---

[1] 习近平：《保持生态文明建设战略定力 努力建设人与自然和谐共生的现代化》，《人民日报》2021 年 5 月 2 日。

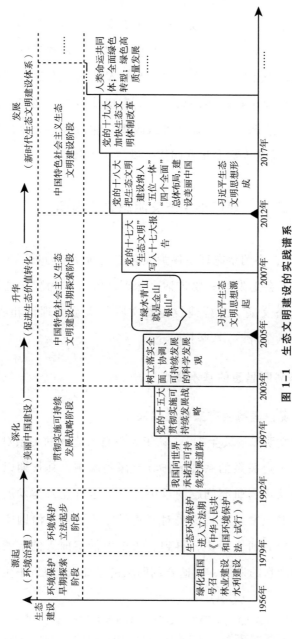

图 1-1 生态文明建设的实践谱系

资料来源：笔者根据相关资料整理绘制。

境治理问题为起点，以建设美丽中国为主线，以生态价值转化为发展面，以推动建设人类命运共同体为全球发展共识，进而架构起新时代生态文明建设的框架体系。当下，中国已形成了以习近平生态文明思想为指导、全面绿色转型的生产生活环境，各地区围绕"双碳"目标制定"减碳降污"的环境治理体系，扎实推动绿色技术创新，推动绿色高质量发展，在深入抓好生态文明建设的过程中，推动构建新发展格局，最终实现社会主义现代化的阶段目标。中国特色社会主义生态文明建设已进入改革深化阶段，为全球环境治理提供"中国方案"，为构建人类命运共同体提供"中国智慧"。

第二节　习近平生态文明思想的内涵

2018 年 5 月 18 日，全国生态环境保护大会正式确立了习近平生态文明思想。习近平总书记在大会上发表重要讲话，深刻回答了"为什么建设生态文明、建设什么样的生态文明、怎样建设生态文明"等重大理论和实践问题，其精髓集中体现在"八个观""八坚持"上。

一　习近平生态文明思想的基本观点

（一）深邃历史观：坚持生态兴则文明兴

历史过程表明，文明发展要生态[1]。认识人与自然之间的关系对于认识人类社会中的生产力与生产关系的系统运作具有深刻影响，其长期以来都是马克思主义在生态环境认识与研究问题的重中之重，是研究人类发展和文明演进的根基。习近平总书记素来重视历史对于建设完善理论、治国安邦理政的指导意义，从重视历史到研究历史，再到从历史中借鉴前人的宝贵经验，从对过去的总结中把握现在的发展，启迪开创明天的思路[2]。习近平生态文明思

---

[1]　习近平：《共谋绿色生活，共建美丽家园》，《人民日报》2019 年 4 月 29 日。

[2]　《习近平致第二十二届国际历史科学大会的贺信》，中国政府网，2015 年 8 月 23 日，http：//www. gov. cn/xinwen/2015-08/23/content_ 2918446. html。

想就是充分考虑人与自然的一体关系以及深邃历史观所蕴含的长远价值，提出生态兴则文明兴的重要论断，重点强调了生态建设发展与人类源远流长的文明长河之间的紧密联系。从原始文明到农耕时代再到工业蓬勃发展阶段，习近平生态文明思想不是对之前生态建设经验的简单重复，而是在工业文明升级到新文明阶段的深刻思考，总结出了生态文明建设的必然性，具有指导意义。

（二）科学自然观：坚持人与自然和谐共生

从辩证角度来看，人与自然当和谐共生[1]。在认知上，自然就是人类赖以生存和发展的基础。在实践上，虽然由技术驱动的内生增长能产生倍增效果，但资源环境作为经济发展的重要禀赋，依然扮演着重要角色。改进工业生产流程、优化生产技术、节约资源投入、提高资源利用效率，可以解决工业化阶段经济增长与环境保护之间的矛盾。坚持绿色引领，形成绿色增长体系，切实进行生态治理，根本上还是从理念和行动上逐渐形成绿色、低碳、可持续的生产生活方式[2]。

（三）绿色发展观：坚持"绿水青山就是金山银山"

"两山"理念是习近平总书记立足中国实践做出的重要论断，体现了生态利用与财富创造辩证统一的关系[3]。"两山"理念的内涵包括以下两个方面：一方面，生态环境禀赋创造价值；另一方面，通过经济效益反哺生态效益的提取与转化。如何实现"两山"转化？绿色发展观是处理好价值创造与生态利用之间关系的纽带。科学理解绿色发展观，实际是推动供给侧绿色化改革，全面实现生态产业化和产业生态化协调并进，化解生态利用与创造财富之间的矛盾，实现生态发展与经济效益双赢。

---

1 习近平：《论坚持人与自然和谐共生》，中央文献出版社，2022。

2 《习近平：推动形成绿色发展方式和生活方式 为人民群众创造良好生产生活环境》，中央纪委网站，2024 年 5 月 27 日，https://m.ccdi.gov.cn/content/71/ef/16951.html。

3 《树立"绿水青山就是金山银山"的强烈意识》，中国共产党新闻网，2018 年 1 月 3 日，http://theory.people.com.cn/n1/2018/0103/c416126-29743659.html。

（四）基本民生观：坚持良好生态环境是最普惠民生福祉

生态文明建设的核心任务是促进良好生态效益与民生福祉相互转化。生态文明建设过程体现以人民为中心、为人民谋福祉、为民族谋复兴的根本目标。早期人们追求物质生活富足，注重物质生活，但是随着生产力的不断提高，生态环境问题逐渐显露，社会主要矛盾发生变化，对高质量的生活环境的需要（包括生态环境和生态产品）尤为紧迫。将良好生态环境转化为社会福祉，提高人民幸福感，建设民生工程，体现了生态环境与民生品质的协调关系。良好的生态环境是人民能够享受的最普惠福祉，维护好生态环境，就是为人民谋福祉。守护好人民赖以生存的生态环境，是实现中华民族伟大复兴的基本条件[1]。

（五）整体系统观：坚持"山水林田湖草是生命共同体"

整体系统观主张注重整体与局部的协调统一，建立整体优化的系统治理体系。首要的是着眼整体生态总布局，从系统观念出发，不仅平衡人与自然之间的关系，而且注意发展过程中内部结构之间的协调推进，实际上是促进各生态系统与其内涵要素和谐发展，最终发挥整体效应，直至实现全局最优化。建立整体系统观，即"山水林田湖草是生命共同体"的基本理念，就是将自然中的所有要素组合起来，并将其看成整体生态系统，进行全面、系统的治理，不可偏废一方，保证生态系统稳定运行。习近平总书记提出要将环境治理工程看作民生大事，切实推动系统治理工作，要完成这个目标必须把环境治理这件事情放到复合生态系统中进行分析[2]。

（六）严密法治观：坚持用最严格制度和最严密法治手段保护生态环境

习近平总书记主张通过最严格制度、最严密法治[3]，维护生态自然的长期发展。为了推动生态文明建设进入有理可依的轨道，党的十八大以来，党中

1　习近平：《关于社会主义生态文明建设论述摘编》，中央文献出版社，2017。

2　刘耀彬、郑维伟：《习近平新时代中国特色社会主义生态文明思想：历史形成、逻辑主线及实践创新》，《湖南科技大学学报》（社会科学版）2018年第1期。

3　习近平：《推动我国生态文明建设迈上新台阶》，《求是》2019年第3期。

央出台了多项环境政策。习近平生态文明思想强调建立健全系统性、完备性、可行性的环境保护治理体系，又十分关注政策的落实情况，从源头寻找问题的本质特征，对于危害生态环境的企业以及个人，给予严厉的法律制裁。政府作为宏观调控中"有形的手"，在生态文明建设中发挥统领作用，要保证政府在生态文明建设过程中的核心地位，以最严格制度和最严密法治加大保障力度，推动治理朝着彻底、全面改革的方向前进，以最快的速度推动生态文明建设取得成效。

（七）全民行动观：坚持建设美丽中国全民行动

建立全民行动观，共同建设美丽中国。将以人为本贯彻到生态文明建设的整个过程中，发挥人的重要作用，带动引导全中国人民共同建设美丽中国。将全民共同建设美丽生态提升到生态建设总体布局的层面，推动全体人民共同行动，为建设美丽中国贡献力量。实现环境信息透明化、全民参与渠道多样化、管理机制健全化，助推形成全民共建生态文明社会的氛围。广大人民群众是全面深入推进新时代新发展阶段生态文明建设的实践主体，他们不仅是整个社会环境系统运行的受益者，也是社会环境的保卫者与建设者，全体人民团结起来，有助于将习近平生态文明思想渗透到地区、社区、家庭和个人，深化生态文明系统理念的全面教育，使人民担当起建设美丽中国的主体责任。

（八）共赢全球观：坚持共谋全球生态文明建设

构建人类命运共同体呼吁国际社会合力攻坚生态文明建设。2021年4月22日，习近平主席在"领导人气候峰会"上指出合作才能更好摆脱当前环境治理困境。中国生态文明建设为全球碳达峰碳中和做出突出贡献，中国生态文明建设的经验为各国提供了借鉴。中国的生态治理体系在全球舞台上焕发出新活力，显著提升了国际话语权，为全球可持续发展提供样板方案。中国充分发挥特色理论的优势，在"一带一路"建设中融入习近平生态文明思想，率先提出"绿色丝绸之路"建设，为全球建设生态文明贡献中国力量与中国智慧。

二　习近平生态文明思想的内容概述

习近平生态文明思想可以概括为八大观点，各个观点在不同历史背景下提出，分别对应不同阶段生态文明建设要求，使生态文明建设总体布局的各个环节紧密相连。梳理习近平生态文明思想各个观点提出的历史阶段和具体内涵，习近平生态文明思想八大观点的逻辑演进如图1-2所示。

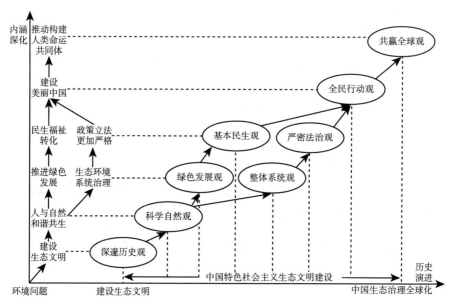

图1-2　八大观点的逻辑演进

资料来源：笔者绘制。

习近平生态文明思想源于对环境问题的思考。由图1-2可以看出，中国环境治理历经多个发展过程。从对环境问题的识别开始，中国一直在探索环境治理办法，最终提出生态文明建设方案，从此进入中国特色社会主义生态文明建设时期。从中国环境治理策略的内涵深化过程可以看出，环境治理推动了中国生态文明建设。以习近平同志为核心的党中央将"人与自然和谐共生"理念上升为社会共识，使正确的生态自然理念成为生态文明建设的基础，这一过程涉及多个层面：倡导绿色生产生活方式，推动绿色发展，构建生态环境治理系统，实施供给侧结构性改革；推动生态文明建设成果向民生福祉转化，并以严密的法治巩固生态文明建设成果，形成系统的生态文明治理体系；以美丽中国建设为中国生态文明建设的基本蓝图，指引全体人民共同奋斗；倡导构建人类命运共同体，是中国生态文明建设走向全球化的标志，这也是生态文明建设的最终走向[1]。总体而言，生态文明建设"八观"分别体现了生态文明建设的形成过程、理念认知、自然与经济的辩证关系、治理观念、价值导向、制度保障、基本目标与最终目标。

第三节 习近平生态文明思想的核心

一 价值遵循

人与自然和谐共生是习近平生态文明思想的价值目标和归宿。首先，和谐共生要求人与自然协调发展，人类的一切活动都要以实现人与自然、社会与生态系统的和谐为前提。其次，人类作为生态系统的一部分，自身发展应当始终与自然保持一种互利互惠的关系，唯有如此，才能实现人与自然整体的和谐共生[2]。最后，人的实践劳动受到自然界的制约。人类在与自然界进行物质交换时，虽能在一定程度上发挥自身的主观能动性，但具体方式和内容受自然条件制约，这便更加要求建立新型的、系统的、整体的生态思维方式。人与自然新型生态关系的建立，也标志着生态伦理观的升级。西方浅层生态学仅仅依托经济的增长进行技术改良，进而对生态进行治理。"两山相融"说将"绿水青山"和"金山银山"画上了等号，这更新了我们关于自然资源无价的传统认识，打破了简单将发展与保护对立起来的思维束缚，同时指明了保护生态环境与促进经济发展之间的关系——既要在保护中发展，更要在发

---

1 刘耀彬、易容、姜俐君等：《习近平生态文明思想形成逻辑、内涵演进与最新进展》，《华东经济管理》2022 年第 11 期。

2 杨沂霖：《习近平"绿水青山就是金山银山"理念研究》，重庆师范大学硕士学位论文，2021。

展中保护，如此就不会进入经济增长与生态保护此消彼长的循环中。着力向"借助绿水青山实现金山银山"的更高阶段过渡，本质也是从"浅生态学"向"深生态学"的跃进。

党的十九大报告首次提出"坚持人与自然和谐共生"的重要论断，不仅摒弃了长期以来片面强调经济发展而忽视生态环境的错误做法，还蕴含着尊重自然、谋求人与自然和谐发展的价值理念。党的二十大报告明确提出，站在人与自然和谐共生的高度来谋划发展，是高质量发展的内在要求。中国式现代化的一个重要特征就是人与自然和谐共生。作为生态思想的重要组成部分，不论是继承和弘扬中国传统生态智慧，还是掀开新时代人与自然关系的新篇章，习近平生态文明思想都旗帜鲜明地强调了经济发展与生态环境的协调共生，例如"天人合一"与"道法自然"就是中国传统生态智慧中对于人与自然关系的高度概括与凝练。与传统生态智慧不同的是，习近平生态文明思想既突出了人与自然和谐发展的重要性，又强调了经济发展与生态建设的辩证统一性。可以说，该思想恰是在总结传统生态价值基础上提出的一种超越传统价值理念的科学论断，和谐共生的价值理念就是对传统生态价值的扬弃。习近平生态文明思想不仅以人与自然和谐共生为价值遵循，还对蕴含和谐共生传统的生态价值理念有所超越和提升。

二　核心理念

"绿水青山就是金山银山"是习近平生态文明思想的核心理念，是指导我国生态文明建设的重要法宝。"绿水青山就是金山银山"既突出了人与自然和谐发展的重要性，又强调了经济发展与生态建设的辩证统一性。可以说，该理念是在总结传统生态价值基础上提出的一种超越传统价值理念的科学论断[1]，不仅以美丽中国建设为目标指向，还对蕴含和谐共生的传统生态价值理念进行了超越和提升，要求发展方式的绿色变革。

1　杨沂霖：《习近平"绿水青山就是金山银山"理念研究》，重庆师范大学硕士学位论文，2021。

"两山"理念凸显生命共同体的系统性，指向美丽中国建设。生命共同体倡导新型生态关系，根本宗旨在于尊重自然、顺应自然和维系人与自然和谐共生关系，强调走生态文明发展道路的必要性和重要性。生命共同体的核心是关爱自然界和生命，强调人的发展与外部世界的良性循环。"两山"理念强调构建人与自然生命共同体的重要性，要求我们从生命共同体这一整体观出发，只有守住山青水绿、天蓝地洁的良好环境，统筹自然生态的系统治理，才能让生命共同体生生不息，建成美丽中国。"两山"理念中无论是"两山顾此失彼"还是"两山相融合"阶段，目的都是为人类营造更好的生活环境，谋求更高的生活质量，从而建设更美丽的中国。在实际中，是将"绿水青山"这一生态环境与人类看作生命共同体，像保护眼睛一样保护生态环境，像对待生命一样对待生态环境。基于此，我国的生态文明建设才能协同推进，提升生态系统的稳定性和服务功能。

"两山"理念筑牢高质量发展的绿色根基，倡导发展方式绿色转型。人与自然的关系不再是"人类中心主义"。"两山"理念摒弃了"人统治自然界""人即万物之尺度"的观念，强调人、自然、社会的协调发展，倡导人要尊重和敬畏自然这一正确的生态伦理观，并且进一步明确了在高质量发展中人类对待自然应该持有的态度和采用的方式，即进一步尊重自然规律和其他物种的权利。"两山"理念不是极端的"生态中心主义"，而是在对象性实践过程中，尊重自然、顺应自然、保护自然，保护自然界的一切生命，正视人与自然生态的特殊关系，以人为本，探索人与自然和谐相处之道。通过全面绿色转型、走绿色高质量发展之路，才能逐步解决人与自然之间的矛盾。

第四节　习近平生态文明思想的进展

习近平生态文明思想始于环境问题识别，以建设美丽中国为基本目标，以生态文明改革为具体举措，大力推进绿色发展和系统治理，建立严密的法治体系保障生态文明建设成果向民生福祉转化。生态文明建设是中国在新时代的一项长期根本任务。当前，产业经济处于新旧动能转换阶段，国际社会对中国"双碳"进程保持高度关注，绿色转型面临较大技术难度，高质量发展的各项机制还未完全建成，生态文明的各项制度体系有待完善。要以生态文明建设为统领，协调人与自然的关系，坚持从保护和治理两端双线建设；要以绿色为产业发展的主基调，推动绿色化变革覆盖经济全过程，推动产业链低碳和循环利用，将现代化经济体系孕育成生态友好型、可持续利用的全新结构，将最新理论渗透到经济社会建设的各个维度。当前，习近平生态文明思想有七大最新进展，具体分析如下。

一　理念是全面绿色转型、人与自然和谐共生

《中华人民共和国国民经济和社会发展第十四个五年规划和 2035 年远景目标纲要》中提出了全面绿色转型的总体思路和要求，即 2025 年要实现生态文明建设取得新进步，2035 年要广泛形成绿色生产生活方式，到 2050 年建成美丽中国。党的二十届三中全会指出，聚焦建设美丽中国，加快经济社会发展全面绿色转型，健全生态环境治理体系，推进生态优先、节约集约、绿色低碳发展，促进人与自然和谐共生。《中共中央 国务院关于加快经济社会发展全面绿色转型的意见》明确提出加快经济社会发展全面绿色转型，形成节约资源和保护环境的空间格局、产业结构、生产方式、生活方式，全面推进美丽中国建设，加快构建人与自然和谐共生的现代化。只有通过全面绿色转型，才能在新发展阶段建设好人与自然和谐共生的现代化，必须以习近平生态文明思想为纲，完整、准确、全面贯彻新发展理念，以实现经济社会发展全过程的全面绿色转型[1]。解放和发展生产力是社会主义的根本任务，全面绿色转型是引领新时代生产力在自然和社会双重维度实现生态化解放和发展[2]。推动

---

[1]　习近平：《论把握新发展阶段、贯彻新发展理念、构建新发展格局》，中央文献出版社，2021。

[2]　黄志斌、高慧林：《生产力双重维度的生态化解放与发展》，《江淮论坛》2021 年第 5 期。

全面绿色转型，需要统筹安排科技创新体系实现绿色生态转变，驱动绿色科技成果有效转化为清洁生产力[1]。新发展阶段下推进全面绿色转型，环境保护是基础，科技创新是支撑，动能转换是引领，低碳循环是关键，生态碳汇是关注重点，节能减排是根本，最终目标是形成绿色发展的生产生活方式、产业结构和空间格局[2]。

二 抓手是推动实现"双碳"目标，实现全球命运共同体的大国担当与构建话语体系

碳达峰碳中和是未来 40 年内中国要努力实现的宏伟目标。将碳达峰碳中和纳入经济社会发展全局，是习近平生态文明思想立足新发展阶段、应对全球发展大势做出的重大决策。"双碳"目标加速了中国能源系统革命、产业结构升级，使我国的国际贸易竞争力持续提高，为中国经济高质量增长注入了新的活力[3]。"双碳"目标使我们面临新的内涵、使命和任务：大力推动能源生产革命与消费革命，探索能源与能源经济可持续绿色发展新道路[4]；推动生活消费端减碳，创新消费模式、激发内需潜力、提高居民生活品质是实现"双碳"目标的主要依托[5]。中国要实现碳达峰，前提是控制能源消费总量及增长率，推动能源绿色化，推动城乡居民消费电气化，实现减污降碳协同，推动建设世界最大的碳市场，提升碳汇和碳交易能力[6]。"双碳"目标对于资本市场的影响力逐渐加强，绿色金融以及碳交易蓬勃发展，绿色信贷规模不

---

1 黄志斌、高慧林：《生产力双重维度的生态化解放与发展》，《江淮论坛》2021 年第 5 期。

2 郭新春：《新发展阶段全面绿色转型的六个维度》，《人民论坛》2021 年第 15 期。

3 王灿：《碳中和愿景下的低碳转型之路》，《中国环境管理》2021 年第 1 期。

4 方时姣、朱云峰：《碳达峰碳中和视域下能源经济发展论析》，《新疆师范大学学报》（哲学社会科学版）2022 年第 3 期。

5 薄凡、庄贵阳：《"双碳"目标下低碳消费的作用机制和推进政策》，《北京工业大学学报》（社会科学版）2022 年第 1 期。

6 胡鞍钢：《中国实现 2030 年前碳达峰目标及主要途径》，《北京工业大学学报》（社会科学版）2021 年第 3 期。

断扩大，因此需要加快构建绿色金融体系，大幅提高气候投资，以市场主体带动"双碳"目标逐步实现。

三 关键是技术上融合交叉，构建绿色技术创新体系

绿色技术创新体系是实现高质量发展的重要支撑，成为当前全球竞争的重要抓手[1]，具有低消耗、低污染、益生态、促环境等特征。以企业为主体的绿色创新活动不仅会驱动发展模式的低碳、循环、可持续变革，而且会推动自然、经济、社会三大系统的循环发展。要推动构建绿色技术创新体系，推动产业绿色技术共振，促进人与自然和谐共生[2]。要促进各个领域的技术交叉融合，推进智能生态、数字生态、绿色生态建设，打造制度完善、要素齐全、开放协作的绿色生态，以产业为技术创新融合的载体，着力推动产业绿色化和绿色产业化。

四 重点是构建新发展格局，推动绿色高质量发展

习近平生态文明思想从经济、社会和哲学层面对生态文明建设提出了新要求。从国家战略来看，在于着力推动"五位一体"协调发展；从国际视野来看，在于着力促进国内大循环融入全球大循环；从国内宏观经济来看，在于着力推动构建新发展格局；从产业层面来看，在于着力贯彻新发展理念，切实推动产业链各端实现绿色转型；从经济增长目标和实现路径来看，在于着力以绿色高质量发展为目标[3]。推动绿色高质量发展的当前任务是要推动经济发展方式转变，在发展方式转变的基础上进一步提高发展质量和发展效率，促进发展动力

---

1 《国家发展改革委　科技部关于构建市场导向的绿色技术创新体系的指导意见》，中国政府网，2019年4月15日，https://www.gov.cn/zhengce/zhengceku/2019-09/29/content_5434807.htm。

2 李华晶：《绿色技术与创新创业管理：企业如何促进人与自然和谐共生》，《研究与发展管理》2021年第4期。

3 黄守宏：《加快构建新发展格局 推动"十四五"时期高质量发展》，《行政管理改革》2021年第5期。

变革，最终目标是建立现代化经济体系[1]。推进高质量发展绿色化，打通绿色发展循环通道，从而推进城乡融合高质量发展[2]。

五　根本是严密的制度保障，推进生态环境治理现代化

习近平总书记在 2018 年全国生态环境保护大会上提出要加大力度推进生态文明建设。党的二十届三中全会提出深化生态文明体制改革，必须完善生态文明基础体制，实施分区域、差异化、精准管控的生态环境管理制度，健全生态环境监测和评价制度；健全生态环境治理体系，推进生态环境治理责任体系、监管体系、市场体系、法律法规政策体系建设；健全绿色低碳发展机制，实施和构建支持绿色低碳发展的财税、金融、投资、价格政策和标准体系，发展绿色低碳产业，健全绿色消费激励机制，促进绿色低碳循环发展经济体系建设。2024 年 10 月，习近平总书记在省部级主要领导干部学习贯彻党的二十届三中全会精神专题研讨班开班式上强调，守正创新是进一步全面深化改革必须牢牢把握、始终坚守的重大原则。要坚持继续完善和发展中国特色社会主义制度、推进国家治理体系和治理能力现代化的改革总目标，始终朝着总目标指引的方向前进，该改的坚决改，不该改的不改[3]。当前，中国逐渐形成以"四梁八柱"为核心的基本制度体系，在逐步推进包含生态文化、生态经济、目标责任、生态文明制度、生态安全的"五大体系"建设中，逐步向以"七个体系"为主要目标的现代化生态治理体系靠近[4]。推进生态环境治理现代化，是对接全面建成社会主义现代化强国的题中应有之义，要以制度建设为根本保障，推动生态文明建设朝着建设繁荣、清洁、美丽的新世界前进。

1　卢福财、刘建、李冀恺：《论习近平关于经济发展的重大理论创新》，《当代财经》2021 年第 7 期。

2　翟坤周、侯守杰：《"十四五"时期中国城乡融合高质量发展的绿色框架、意蕴及推进方案》，《改革》2020 年第 11 期。

3　习近平：《进一步全面深化改革中的几个重大理论和实践问题》，《求是》2025 年第 2 期。

4　田翠琴：《加快新时代生态文明制度建设步伐》，《中国社会科学报》2022 年 2 月 23 日。

六 目标是美丽中国建设，构建绿色智慧的数字生态文明

《中共中央 国务院关于全面推进美丽中国建设的意见》指出，建设美丽中国是全面建设社会主义现代化国家的重要目标，是实现中华民族伟大复兴中国梦的重要内容，具体来说包括以下内容：深化人工智能等数字技术应用，构建美丽中国数字化治理体系，建设绿色智慧的数字生态文明；实施生态环境信息化工程，加强数据资源集成共享和综合开发利用；加快建立现代化生态环境监测体系，健全天空地海一体化监测网络，加强生态质量监督监测，推进生态环境卫星载荷研发；加强温室气体、地下水、新污染物、噪声、海洋、辐射、农村环境等监测能力建设，实现降碳、减污、扩绿协同监测全覆盖；提升生态环境质量预测预报水平；实施环境守法行动，实行排污单位分类执法监管，大力推行非现场执法，加快形成智慧执法体系。

七 动力是培育新质生产力，推进现代化产业体系建设

习近平总书记在中共中央政治局第十一次集体学习时指出，绿色发展是高质量发展的底色，新质生产力本身就是绿色生产力。牢固树立和践行绿水青山就是金山银山的理念，坚定不移走生态优先、绿色发展之路。加快绿色科技创新和先进绿色技术推广应用，做强绿色制造业，发展绿色服务业，壮大绿色能源产业，发展绿色低碳产业和供应链，构建绿色低碳循环经济体系。要及时将科技创新成果应用到具体产业和产业链上，改造提升传统产业，培育壮大新兴产业，布局建设未来产业，完善现代化产业体系。要围绕发展新质生产力布局产业链，提升产业链供应链韧性和安全水平，保证产业体系自主可控、安全可靠。

第五节 小结

本章主要对习近平生态文明思想的历史逻辑、理论逻辑和实践逻辑进行

梳理分析。总结习近平生态文明思想的基本观点，并厘清习近平生态文明思想的内在联系。在提出习近平生态文明思想的价值遵循和核心理念的基础上，对习近平生态文明思想的最新进展进行分析，具体如下。

（1）习近平生态文明思想，主要表现为"历史—理论—实践"三大逻辑。在历史逻辑层面，习近平生态文明思想体现从工业文明到生态文明转换过渡的历史必然性；在理论逻辑层面，习近平生态文明思想是马克思主义与中华优秀传统文化在生态文明建设领域深度融合的核心体现；在实践逻辑层面，习近平生态文明思想体现了由生态环境治理、美丽中国建设到构建人类命运共同体的发展规律。

（2）习近平生态文明思想的基本观点集中体现在"八个观"和"八坚持"上，各个环节紧密联系。基本观点如下：深邃历史观，坚持生态兴则文明兴；科学自然观，坚持人与自然的和谐共生；绿色发展观，坚持"绿水青山就是金山银山"；基本民生观，坚持良好生态环境是最普惠民生福祉；整体系统观，坚持"山水林田湖草是生命共同体"；严密法治观，坚持用最严格制度和最严密法治手段保护生态环境；全民行动观，坚持建设美丽中国全民行动；共赢全球观，坚持共谋全球生态文明建设。内在联系体现在：深邃历史观诠释了生态文明建设的形成过程，科学自然观是生态文明建设在理念认知上的转化，绿色发展观体现了生态文明建设在自然与经济关系方面的协调统一，整体系统观体现了生态文明建设在生态系统维度的治理观念，基本民生观体现了生态文明建设"以人为本"的价值导向，严密法治观体现了生态文明建设制度保障的重要作用，全民行动观体现了中国特色社会主义生态文明建设的基本目标，共赢全球观体现了生态文明建设的最终目标。

（3）习近平生态文明思想的核心要义包括价值遵循与核心理念两个部分。习近平生态文明思想以人与自然和谐共生为价值目标和归宿，以"绿水青山就是金山银山"为核心理念，是指导我国生态文明建设的重要法宝。"两山"理念凸显生命共同体的系统性，指向美丽中国建设。"两山"理念筑牢高质量发展的绿色根基，倡导发展方式绿色转型。

（4）习近平生态文明思想有七大最新进展。理念是全面绿色转型、人与自然和谐共生；抓手是推动实现"双碳"目标，实现人类命运共同体的大国担当与构建话语体系；关键是技术上融合交叉，构建绿色技术创新体系；重点是构建新发展格局，推动绿色高质量发展；根本是严密的制度保障，推进生态环境治理现代化；目标是美丽中国建设，建设绿色智慧的数字生态文明；动力是培育新质生产力，推进现代化产业体系建设。

第二章
绿色发展绩效与美丽中国建设的研究进展与理论分析

第一节　绿色发展绩效与美丽中国建设的研究进展

一　绿色发展绩效的研究进展

（一）绿色发展的概念与内涵相关研究

绿色发展绩效源于对绿色发展结果和效率的刻画[1]，探究绿色发展绩效的概念与内涵，首先要对绿色发展的概念与内涵进行梳理[2]。绿色发展的萌芽，可以从 2003 年党的十六届三中全会通过的《中共中央关于完善社会主义市场经济体制若干问题的决定》正式提出"科学发展观"算起，区域可持续发展、和谐发展、科学发展等新发展理念不断深入人心[3]。2011 年，《全国主体功能区规划》强调生态文明建设和绿色发展理念，提出"绿色中国"的概念和

1　宋建波等：《建设绿色绩效评价体系 促进全面绿色转型发展》，《光明日报》2022 年 4 月 18 日。

2　袁华锡、封亦代、余泳泽：《制造业集聚促进抑或阻碍绿色发展绩效？——来自长江经济带的证据》，《经济地理》2022 年第 6 期；C. Feng et al.，"Green Development Performance and Its Influencing Factors：A Global Perspective，" *Journal of Cleaner Production* 144（3），2017，pp. 114-156。

3　《中共中央关于完善社会主义市场经济体制若干问题的决定》，中国政府网，2003 年 10 月 14 日，https：//www.gov.cn/gongbao/content/2003/content_62494. htm。

"绿色现代化"的国家发展目标[1]。绿色发展概念的正式提出，是在 2010 年 6 月 7 日中国科学院第十五次院士大会、中国工程院第十次院士大会上胡锦涛同志的讲话中。2010 年 10 月，党的十七届五中全会研究了国民经济和社会发展第十二个五年规划的建议等问题，其中新增了"绿色发展，建设资源节约型、环境友好型社会"一章，至此"绿色发展"思想正式确立[2]。随后，2015 年 10 月，党的十八届五中全会提出了"创新、协调、绿色、开放、共享"的新发展理念。2017 年 10 月，党的十九大报告对绿色发展的建设路径进行了进一步补充说明，并将绿色发展纳入"美丽中国建设"的实现途径。《中华人民共和国国民经济和社会发展第十四个五年规划和 2035 年远景目标纲要》提出，"构建生态文明体系，促进经济社会发展全面绿色转型，建设人与自然和谐共生的现代化"[3]。2022 年 10 月，党的二十大报告提出，推动绿色发展，促进人与自然和谐共生，同时指出高质量发展是全面建设社会主义现代化国家的首要任务。绿色发展是实现中国式现代化建设的重要途径，必须完整、准确、全面贯彻新发展理念，同时从加快发展方式绿色转型，深入推进环境污染防治，提升生态系统多样性、稳定性、持续性以及推进"双碳"四个方面阐释绿色发展的时代内涵[4]。2024 年 1 月，习近平总书记在中共中央政治局第十一次集体学习时强调，要加快发展新质生产力，扎实推进高质量发展。绿色发展是高质量发展的底色，新质生产力本身就是绿色生产力。必须加快发展方

1　娄峰、侯慧丽：《基于国家主体功能区规划的人口空间分布预测和建议》，《中国人口·资源与环境》2012 年第 11 期。

2　《中央关于国民经济和社会发展十二五规划的建议》，中国政府网，2010 年 10 月 18 日，https：//www. gov. cn/jrzg/2010-10/27/content_ 1731694_ 2. htm。

3　《中华人民共和国国民经济和社会发展第十四个五年规划和 2035 年远景目标纲要》，中国政府网，2021 年 3 月 12 日，https：//www. gov. cn/xinwen/2021-03/13/content_ 5592681. htm；李春艳：《绿色发展评价与测度的演变——学理与实践的思考》，重庆社会科学网，2021 年 4 月 1 日，https：//www. cqass. net. cn/zjsy/news/2021-4/476_ 4433. shtml。

4　《（受权发布）习近平：高举中国特色社会主义伟大旗帜 为全面建设社会主义现代化国家而团结奋斗——在中国共产党第二十次全国代表大会上的报告》，新华网，2022 年 10 月 16 日，https：//www. news. cn/politics/cpc20/2022-10/25/c_ 1129079429. htm。

式绿色转型，助力实现碳达峰碳中和[1]。可见，政府对于绿色发展绩效的概念认识是逐步深入的过程，与其产生的时代背景和现实问题密切相关，梳理结果如表2-1所示。

表 2-1　关于绿色发展概念认识的比较

节点	来源	年份	主题	主要观点
党的十八大前	《中国 21 世纪议程——中国 21 世纪人口、环境与发展白皮书》	1994	区域可持续发展	将可持续发展定义为中国未来发展的必然选择，并提出"目前中国作为一个发展中国家，就必须把发展国民经济放在首位"
	党的十六届三中全会	2003	和谐发展	从"统筹人与自然和谐发展""坚持以人为本，树立全面、协调、可持续的发展观，促进经济社会和人的全面发展"等角度阐释了和谐发展理念
	党的十七大	2007	科学发展观	将科学发展观解释为"第一要务是发展，核心是以人为本，基本要求是全面协调可持续发展，根本方法是统筹兼顾"
	胡锦涛在中国科学院第十五次院士大会、工程院第十次院士大会上的讲话	2010	绿色发展	首次将绿色发展定义为：发展环境友好型产业，降低能耗和物耗，保护和修复生态环境，发展循环经济和低碳技术，使经济社会发展与自然相协调
党的十八大后（新时代）	党的十八大	2012	生态文明建设	提出"把生态文明建设放在突出地位，融入经济建设、政治建设、文化建设、社会建设各方面和全过程"，"坚持节约资源和保护环境的基本国策，坚持节约优先、保护优先、自然恢复为主的方针，着力推进绿色发展、循环发展、低碳发展，形成节约资源和保护环境的空间格局、产业结构、生产方式、生活方式"

1　《习近平在中共中央政治局第十一次集体学习时强调：加快发展新质生产力 扎实推进高质量发展》，中国政府网，2024 年 2 月 1 日，https://www.gov.cn/yaowen/liebiao/202402/content_6929446.htm。

续表

节点	来源	年份	主题	主要观点
党的十八大后（新时代）	《中共中央 国务院关于加快推进生态文明建设的意见》	2015	绿色发展	从绿色化的角度看待绿色发展，并将"绿色化"归为"五化同步"建设的重要内容
	党的十八届五中全会	2015	绿色发展	将绿色发展列入五大新发展理念，倡导坚持节约资源和保护环境的基本国策，走生产发展、生活富裕、生态良好的文明发展道路，加快建设资源节约型、环境友好型社会，形成人与自然和谐发展现代化建设新格局
	《中共中央关于制定国民经济和社会发展第十三个五年规划的建议》	2015	绿色发展	将绿色发展扩展到促进人与自然和谐共生、加快建设主体功能区、推动低碳循环发展、全面节约和高效利用资源、加大环境治理力度和筑牢生态安全屏障六个方面
	习近平主席在亚太经合组织工商领导人峰会上发表的演讲	2015	绿色发展	提出"中国将更加注重绿色发展，把生态文明建设融入经济社会发展各方面和全过程，致力于实现可持续发展，全面提高适应气候变化能力，坚持节约资源和保护环境的基本国策，建设天蓝、地绿、水清的美丽中国"
	党的十九大	2017	绿色发展	从加快建立绿色生产和消费的法律制度和政策导向，建立健全绿色低碳循环发展的经济体系，构建市场导向的绿色技术创新体系，构建清洁低碳、安全高效的能源体系，实现生产系统和生活系统循环链接，倡导简约适度、绿色低碳的生活方式等方面对绿色发展的内涵进行了扩展，并将其纳入美丽中国建设的实现途径
	《中华人民共和国国民经济和社会发展第十四个五年规划和2035年远景目标纲要》	2021	绿色发展	从"两山"理念的视角看待绿色发展，坚持"绿水青山就是金山银山"理念，坚持尊重自然、顺应自然、保护自然，坚持节约优先、保护优先、自然恢复为主，实施可持续发展战略，完善生态文明领域统筹协调机制，构建生态文明体系，推动经济社会发展全面绿色转型，建设美丽中国。将绿色发展概括为三个方面，即完善生态安全屏障体系、构建自然保护地体系以及健全生态保护补偿机制

续表

节点	来源	年份	主题	主要观点
党的 十八大后 （新时代）	党的二十大	2022	绿色发展	提出绿色发展是实现人与自然和谐共生的中国式现代化建设的重要动力。要推进美丽中国建设，从绿色发展的四个方面入手，协同推进降碳、减污、扩绿、增长，推进生态优先，节约集约、绿色低碳发展。由此可见，绿色发展过程与高质量发展目标并行不悖
	中共中央政治局第十一次集体学习	2024	高质量发展	绿色发展是高质量发展的底色，新质生产力本身就是绿色生产力。必须加快发展方式绿色转型

资料来源：笔者整理。

通过对绿色发展与生态经济、低碳经济、循环经济、绿色经济等概念的梳理，发现它们同根同源，但又各自具有丰富的内涵[1]。其中，绿色发展与生态经济、低碳经济、循环经济、绿色经济等都源于天人合一观、自然辩证法和可持续发展，但低碳经济和循环经济更强调经济系统内的生产技术变革；生态经济和绿色经济则更注重宏观经济发展模式的转变、强调经济与生态系统的协调，特别关注这两大系统的有机结合；而绿色发展既是上述相关概念的延续，更重要的是在上述概念基础上的升华[2]。从发展观层面看绿色发展是可持续发展观、和谐发展观、科学发展观的延续与传承[3]，绿色发展要求在形成节约资源和保护环境的空间格局、产业结构、生产方式、生活方式的基础上，强调人与自然和谐共生，强调生态文明这一制度建设[4]。关于绿色发展绩

1　邹博清：《绿色发展、生态经济、低碳经济、循环经济关系探究》，《当代经济》2018 年第 23 期。

2　熊瑶：《环境规制、绿色发展绩效与经济高质量发展——基于中国省级面板数据的分析》，南昌大学硕士学位论文，2020。

3　陈澄、付伟：《国内绿色发展研究综述》，《经贸实践》2017 年第 9 期。

4　陈明华、刘文斐、王山等：《黄河流域绿色发展绩效评价、差异分解及驱动因素》，《中国人口·资源与环境》2022 年第 4 期；W. W. Li et al., "Does Producer Services Agglomeration Improve Urban Green Development Performance of the Yangtze River Economic Belt in China?" *Ecological Indicators* 145（3），2022, pp. 223-256。

效概念的研究，目前主要从三个方面展开，其代表性文献比较结果如表 2-2
所示。

表 2-2　关于绿色发展绩效概念与内涵的部分代表性文献

代表作者	内涵特征	主要内容
解蕾等（2022）	水平维度阐释	基于 DPSIR 模型，从驱动力、压力、状态、影响和响应 5 个层面构建了省域绿色发展水平的指标体系
岳书敬和高鹏（2022）	效率视角定义	构建包含非期望产出的超效率 SBM 模型来测度长江经济带各城市的绿色发展效率
陈明华等（2022）		基于投入要素和期望产出、非期望产出构建 Luenberge 指数来测度绿色发展绩效
吴传清和黄磊（2018）	水平—效率综合视角定义	测算工业绿色发展水平和工业绿色发展效率耦合协调度以此来表征绿色发展绩效
袁华锡、封亦代、余泳泽（2022）		从"水平—效率—福利"维度综合评估绿色发展绩效

资料来源：笔者整理。

（1）从水平维度阐释绿色发展绩效。关于绿色发展的研究主要集中在宏
观层面[1]，国际上知名的评价体系主要有绿色增长监测体系、绿色经济衡量框
架、生态效率指标、加利福尼亚绿色创新体系和环境绩效指数等[2]。国内的相
关研究主要有资源环境综合绩效指标、中国绿色发展指数、中国绿色转型发
展评价指标体系，往往基于指数方法展开[3]。如解蕾等[4]基于 DPSIR 模型，从
驱动力、压力、状态、影响和响应 5 个层面构建了省域绿色发展水平的指标体
系，以绿色发展水平代表绿色发展绩效。赵永双等[5]从资源节约、环境友好、

　　1　X. L. Cui et al., "Spatiotemporal Evolutions and Driving Factors of Green Development Performance of Cities in the Yangtze River Economic Belt," *Ecological Informatics* 66（7），2021, pp. 25–56.

　　2　National Institute of Statistics and Geography of Mexico（INEGI），"Green Growth Indicators for Mexico," 2011.

　　3　刘冰、张磊：《山东绿色发展水平评价及对策探析》，《经济问题探索》2017 年第 7 期。

　　4　解蕾、姚扬、但智钢等：《基于 DPSIR 模型的省域绿色发展绩效评价》，《环境工程技术学报》2022 年第 5 期。

　　5　赵永双、孙瑜、张帆等：《中国农业绿色发展绩效测度与提升路径研究》，《湖北农业科学》2022 年第 11 期。

绿色供应和经济效益 4 个维度，运用熵值法构建了中国农业绿色发展绩效指标评价体系。

（2）从效率视角定义绿色发展绩效。绿色发展的本质是提高生态效率，绿色创新是提高生态效率的着力点。把握和分析从传统经济增长到绿色发展的转变过程，需要将以经济产出为单一目标的传统生产效率转变为以经济价值和生态价值高水平协同创造为目标，同时考虑将生态环境作为生产要素投入和产出的生态效率[1]。从本质来看，生态效率包含资源节约和环境友好两方面内容，可以分解为经济效率和环境效率两个维度。经济效率反映了投入资源创造经济价值的效率，衡量了经济增长与资源节约的状况；而环境效率反映了以污染物排放为环境代价产出产品和服务的效率，可以用环境效率衡量经济增长对环境友好的程度[2]，学者们往往采用投入产出的方式来衡量[3]。如岳书敬和高鹏[4]构建了包含非期望产出的超效率 SBM 模型来测度长江经济带各城市的绿色发展效率，以此来衡量绿色发展绩效。陈明华等[5]基于投入要素和期望产出、非期望产出构建 Luenberge 指数来测度绿色发展绩效，将绿色发展效率定义为绿色发展绩效。

（3）从水平-效率综合视角定义绿色发展绩效。现有研究往往注重构建绿色发展评价指标体系，论证其对经济发展的影响或促进作用，或者是基于生产函数构建模型，通过构建包括资源能源投入及非期望产出在内的投入产出体系[6]，测算

1　L. Y. He et al., "Construction of a Green Development Performance Index of Industrial Enterprises: Based on the Empirical Study of 458 Listed Industrial Enterprises in China," *Ecological Indicators* 132（5），2021，pp. 77-90.

2　王文平：《以绿色创新推动绿色发展：绩效、路径及政策选择》，《中国特色社会主义发展研究院研究报告》2016 年第 23 期。

3　刘耀彬：《中国绿色发展效率与政策工具选择》，社会科学文献出版社，2021。

4　岳书敬、高鹏：《城市群空间网络结构对绿色发展绩效的影响研究——基于长江经济带城市群的分析》，《学术论坛》2022 年第 4 期。

5　陈明华、刘文斐、王山等：《黄河流域绿色发展绩效评价、差异分解及驱动因素》，《中国人口·资源与环境》2022 年第 4 期。

6　W. Li et al., "Green Development Performance of Water Resources and Its Economic-related Determinants," *Journal of Cleaner Production* 239（C），2019，pp. 254-290.

其绿色发展效率[1]。只有结合水平与效率两个维度评价绿色发展才能科学认识绿色发展绩效，而二者往往被人为地割裂开来[2]。吴传清和黄磊[3]测算长江经济带工业绿色发展水平和工业绿色发展效率耦合协调并以此来表征长江经济带绿色发展绩效。袁华锡等[4]从"水平—效率—福利"维度综合评估绿色发展绩效，认为绿色发展水平、绿色发展效率和绿色发展福利是绿色发展绩效的具体表现。

（二）绿色发展绩效的测度与评价方法相关研究

关于绿色发展绩效的测度与评价方法主要集中在绿色发展水平和绿色发展效率两个方面，其代表性文献比较结果如表 2-3 所示。

表 2-3　关于绿色发展绩效测度与评价方法的部分代表性文献

类型	作者	维度	处理方法
绿色发展水平	墨西哥国家地理和统计研究所	生产、贸易、消费	层次分析法
	美国加州政府	低碳经济、能源效率、绿色科技创新、绿色经济政策	TOPSIS 评价法
	向书坚和郑瑞坤（2013）	绿色生产指数、绿色消费、生态健康	线性综合法、非线性综合加权法
	王勇等（2018）	资源利用、环境治理、环境质量、生态保护、增长质量和绿色生活	层次分析法
绿色发展效率	卢丽文等（2016）	包含非期望产出的全要素生产率	数据包络分析法
	任宇飞等（2017）	包含非期望产出的全要素生产率	数据包络分析法
	刘亦文等（2021）	包含非期望产出的全要素生产率	随机前沿法
	张可云和张江（2022）	包含非期望产出的全要素生产率	数据包络分析法

资料来源：笔者整理。

1　林珊珊、陈清：《长江经济带绿色发展的效率评估与提升路径》，《科技与管理》2021 年第 2 期。

2　袁华锡、刘耀彬：《金融 D 集聚与绿色发展——基于水平与效率的双维视角》，《科研管理》2019 年第 12 期。

3　吴传清、黄磊：《长江经济带工业绿色发展绩效评估及其协同效应研究》，《中国地质大学学报》（社会科学版）2018 年第 3 期。

4　袁华锡、封亦代、余泳泽：《制造业集聚促进抑或阻碍绿色发展绩效？——来自长江经济带的证据》，《经济地理》2022 年第 6 期。

（1）使用综合指标法测度绿色发展绩效。在绿色发展核算指标体系的构建中，绿色指数、绿色增长监测指标体系、生态效率指标体系、环境可持续性指标体系、绿色城市指数（GCI）等体现了国内绿色发展指标体系逐步完善并加以运用的过程[1]。向书坚和郑瑞坤[2]根据生态经济系统物质流动的原理与绿色经济的关系，采用指标法构建了中国绿色经济发展指数，并运用"十一五"时期的数据进行验证，得出中国绿色经济发展处于低水平发展阶段的结论。李晓西等[3]基于社会经济可持续发展和生态资源环境可持续发展两大维度，构建了"人类绿色发展指数"，测算了123个国家绿色发展指数。北京工商大学世界经济研究中心和遂宁绿色经济研究院连续发布了2007~2016年中国273个城市经济增长绿色发展程度指数[4]。江西绿色发展指数课题组[5]结合江西省的经济社会发展现状，运用专家赋权法和层次分析法，从绿色环境、绿色生产、绿色生活、绿色政策四个维度构建了江西省以及各地市的绿色发展指数来表征绿色发展效率，并对2013~2015年江西省及下属各地市的绿色发展指数进行了测度。

（2）从投入产出的视角测度绿色发展绩效，多以包含非期望产出的全要素生产率表征。李斌等[6]以及何爱平和安梦天[7]研究环境规制与绿色发展的关系，多数采用DEA-SBM方法测算绿色创新效率、生态效率、绿色全要素生产率或绿色发展效率等，并基于此研究环境规制对经济发展和生态保护协调发

1　S. Cutter et al.，"Social Vulnerability to Environmental Hazards，" *Hazards，Vulnerability，and Environmental Justice* 115（6），2006，pp. 115-132；李晓西、刘一萌、宋涛：《人类绿色发展指数的测算》，《中国社会科学》2014年第6期。

2　向书坚、郑瑞坤：《中国绿色经济发展指数研究》，《统计研究》2013年第3期。

3　李晓西、刘一萌、宋涛：《人类绿色发展指数的测算》，《中国社会科学》2014年第6期。

4　金灿：《绿色经济将全面改变中国未来》，《经济参考报》2008年8月1日；刘耀彬、袁华锡、邵翠：《基于不同空间尺度的绿色发展现状与过程比较分析》，《科技管理研究》2019年第14期。

5　江西绿色发展指数课题组：《江西绿色发展指数绿色皮书（2014~2016）》，经济科学出版社，2017。

6　李斌、彭星、欧阳铭珂：《环境规制、绿色全要素生产率与中国工业发展方式转变——基于36个工业行业数据的实证研究》，《中国工业经济》2013年第4期。

7　何爱平、安梦天：《地方政府竞争、环境规制与绿色发展效率》，《中国人口·资源与环境》2019年第3期。

展的影响效应。孙振清等[1]采用 SBM 方向性距离函数和 Malmquist-Luenberger 指数衡量中国工业绿色发展绩效。岳书敬和高鹏[2]采用非期望超效率 SBM 模型，分别测算长江经济带城市群的空间网络结构和绿色发展绩效。陈明华等[3]采用基于 MinDS 模型的 Global-Luenberger 指数对黄河流域城市绿色发展绩效进行测算。杜莉和马遥遥[4]运用全局超效率 SBM 模型测算 35 个共建"一带一路"国家的绿色发展绩效。

（三）绿色发展绩效考评的相关研究

绿色绩效评价并不是全新概念，为了不同的评价目标，不同的制定主体设计了不同的绿色绩效评价体系。问题的关键是如何使绿色绩效评价体系实现全局化、系统化，真正服务于我国经济社会的全面绿色转型。总体来看，绿色绩效评价体系应有以下两个转变[5]：一是由立足国际共性问题的绿色绩效评价转变为符合中国特色的绿色绩效评价；二是由局部零散的绿色绩效评价转变为全局系统的绿色绩效评价。现有研究主要从区域和产业两个维度建立绿色发展绩效考评体系，并尝试开展评价，其代表性文献比较结果如表 2-4 所示。

1　孙振清、成晓斐、谷文姗：《异质性环境规制对工业绿色发展绩效的影响》，《华东经济管理》2021 年第 8 期。

2　岳书敬、高鹏：《城市群空间网络结构对绿色发展绩效的影响研究——基于长江经济带城市群的分析》，《学术论坛》2022 年第 4 期。

3　陈明华、刘文斐、王山等：《黄河流域绿色发展绩效评价、差异分解及驱动因素》，《中国人口·资源与环境》2022 年第 4 期。

4　杜莉、马遥遥：《"一带一路"沿线国家的绿色发展绩效及驱动因素研究》，《四川大学学报》（哲学社会科学版）2022 年第 1 期。

5　宋建波等：《建设绿色绩效评价体系 促进全面绿色转型发展》，《光明日报》2022 年 4 月 18 日，第 6 版。

表 2-4　关于绿色发展绩效考评体系的部分代表性文献

作者	维度	主要内容
赵永双等（2022）	全国	中国农业绿色发展绩效考评体系
解蕾等（2022）	各省区市、地区	省域绿色发展绩效考评体系
《生态文明建设目标评价考核办法》（2016）		各地区绿色发展指数
李玉洁等（2022）	工业、企业	企业绿色发展绩效考评体系建立
《工业绿色发展规划（2016—2020年）》		我国工业绿色化绩效考评体系建立
周俊姗（2020）	湖北省 17 个城市	建立绿色发展绩效指标体系以及绿色发展绩效考评体系

资料来源：笔者整理。

（1）从区域层面进行考评。从国家到地方分层次建设绿色发展绩效考评体系，需要以一套科学的标准和逻辑串联起局部零散的绿色发展绩效考评体系，使绿色发展绩效考评体系充分反映全面绿色转型规划的层次布局，使评价和目标紧密联系在一起，将底层目标与顶层目标合理拆解，减轻绿色评价负担，提高绿色评价效率[1]。解蕾等[2]运用驱动力—压力—状态—影响—响应（DPSIR）模型构建了符合新时代特征的省域绿色发展绩效考评体系，以贵州省为例对其绿色发展水平进行了评估。周俊姗[3]针对政府绩效评价体系中绿色发展绩效应该如何构建指标体系以及绿色发展绩效应该如何进行评估的问题，针对湖北省 17 个城市的绿色发展绩效建立了考评体系。也有根据国家政策和文件要求制定相应的考评标准的，如 2016 年中共中央办公厅、国务院办公厅印发的《生态文明建设目标评价考核办法》，该办法主要评估各地区资源利

1　宋建波等：《建设绿色绩效评价体系 促进全面绿色转型发展》，《光明日报》2022 年 4 月 18 日，第 6 版。

2　解蕾、姚扬、但智钢等：《基于 DPSIR 模型的省域绿色发展绩效评价》，《环境工程技术学报》2022 年第 5 期。

3　周俊姗：《基于 SBM 超效率模型对绿色发展绩效的评估——以湖北省各地级市环境支出为例》，《改革与开放》2020 年第 7 期。

用、环境治理、环境质量、生态保护、增长质量、绿色生活、公众满意程度等方面的变化趋势和动态进展，生成各地区绿色发展指数[1]。

（2）从产业层面进行考评。绿色绩效评价要渗透到空间格局、产业结构、生产方式、生活方式等方面，对绿色规划、绿色设计、绿色投资、绿色建设、绿色生产、绿色流通、绿色生活、绿色消费的各环节领域做出全面评价[2]。赵永双等[3]采用熵值法从资源节约、环境友好、绿色供应和经济效益4个维度构建中国农业绿色发展绩效考评体系，对全国农业绿色发展水平进行了考评。李玉洁等[4]基于绿色发展的要求，从财务、客户和内部业务流程等4个维度构建轨道交通产业链企业绿色绩效考评体系，对深圳市地铁集团有限公司这一全产业链企业进行了实证分析。还有根据国家政策和文件的要求制定相应的考评标准的，工业和信息化部制定了《工业绿色发展规划（2016—2020年）》，据此对我国工业绿色化进行考核评价[5]。

（四）绿色发展绩效影响因素的相关研究

梳理绿色发展绩效的影响因素，可将这些因素分为经济发展与经济结构、环境规制、技术进步及其他因素等方面[6]。现有研究往往从政策、环境、科技创新三个角度对绿色发展绩效的影响因素进行阐释和检验，其代表性文献的比较结果如表2-5所示。

1　《中共中央办公厅 国务院办公厅印发〈生态文明建设目标评价考核办法〉》，中国政府网，2016年12月22日，https://www.gov.cn/zhengce/2016-12/22/content_ 5151555. htm。

2　宋建波等：《建设绿色绩效评价体系 促进全面绿色转型发展》，《光明日报》2022年4月18日。

3　赵永双、孙瑜、张帆等：《中国农业绿色发展绩效测度与提升路径研究》，《湖北农业科学》2022年第11期。

4　李玉洁、贺正楚、潘红玉：《产业链企业的绿色发展绩效评价》，《数学的实践与认识》2022年第3期。

5　《工业和信息化部关于印发工业绿色发展规划（2016—2020年）的通知》，中华人民共和国工业和信息化部网站，2016年6月30日，https://www. miit. cn/jgsj/jns/wjfb/art/2020/art_ d66bb56744d9433d827bdb571de9a250. html。

6　高赢：《中国八大综合经济区绿色发展绩效及其影响因素研究》，《数量经济技术经济研究》2019年第9期。

表 2-5　关于绿色发展绩效影响因素的部分代表性文献

作者	视角	主要内容
高苇等（2018）	政策角度	环境规制强度与矿业绿色发展水平之间存在"U"形非线性关系，命令控制型和市场激励型环境规制对矿业绿色发展表现出先抑制后促进的直接效应
宋德勇等（2017）		利用面板模型检验环境规制与绿色经济效率之间呈倒"U"形关系
梁敏等（2022）		中国绿色产业政策的出现源于当前社会发展对于协调经济增长与环境保护的需求，需要建立政策协同机制实现绿色发展
任晓刚等（2022）	环境角度	农业生态环境治理能力以及生态与发展协同能力的提升能促进绿色发展绩效的提升
赵领娣等（2019）		城镇化对生态脆弱、环境敏感的大西北和黄河中游两大综合经济区绿色发展绩效的影响巨大
关海玲和武祯妮（2020）	科技创新角度	在环境规制影响绿色全要素生产率的过程中，技术进步而非技术效率变动是关键

资料来源：笔者整理。

（1）从政策角度研究绿色发展绩效的形成机制。环境规制影响绿色发展绩效的研究。环境规制对绿色发展绩效影响的方向和程度有不确定性。环境规制一方面有助于企业加快应用绿色清洁技术，减少对环境的破坏；另一方面有可能使企业在进行技术开发、设备引进、污染处理时，承担一定的成本，抑制经济发展。在环境规制实施的初期，环境规制越强，抑制经济发展导致绿色发展效率降低的效应越强，而在中后期，环境规制则会推动绿色生产、绿色消费，提升绿色水平[1]。高苇等[2]根据环境规制强度与矿业绿色发展水平之间存在"U"形非线性关系的现状，检验了命令控制型和市场激励型环境规

1　高赢：《中国八大综合经济区绿色发展绩效及其影响因素研究》，《数量经济技术经济研究》2019 年第 9 期。

2　高苇、成金华、张均：《异质性环境规制对矿业绿色发展的影响》，《中国人口·资源与环境》2018 年第 11 期。

制对矿业绿色发展表现出先抑制后促进的直接效应。宋德勇等[1]基于环境规制与绿色发展效率关系的假设，利用 Super-SBM-DEA 模型重新估算了我国1997~2013 年的绿色经济效率，并用面板模型检验了环境规制与绿色经济效率之间的 "U" 形关系。郭俊华和周丹萍[2]采用倾向得分匹配和双重差分模型相结合的方法，检验了国家创新型城市政策对城市绿色发展绩效的影响及具体的影响渠道。孙振清等[3]为探究环境规制与工业绿色发展绩效间的关系及内在影响机制，从线性关系和非线性关系两个角度进行了检验。许玲燕等[4]研究了正式与非正式环境规制对新型农业经营主体绿色发展行为及绩效的影响效应和作用路径。

（2）从环境角度研究绿色发展绩效的形成机制。经济绿色发展受环境管制、技术创新水平、财政支出等多重因素的影响。地方政府财政激励使地方纳税大户在环境治理中形成较强的议价能力，导致污染加剧[5]。由于增值税分成下降，地方政府面临财政压力，倾向于依赖国有企业扩大工业规模，导致污染水平上升，而政府往往通过环境保护财政支出影响环境规制行为，促进经济增长。总体而言，环境保护财政支出通过促进工业企业绿色生产转型和公众绿色生活方式转变而影响经济系统中生产和消费的效率，从而提升经济绿色发展绩效水平[6]。梁敏等[7]认为环境不确定性越高，高管环保认知对企业整合利用能力和重

1　宋德勇、邓捷、弓媛媛：《我国环境规制对绿色经济效率的影响分析》，《学习与实践》2017 年第 3 期。

2　郭俊华、周丹萍：《国家创新型城市政策对城市绿色发展绩效的影响——基于技术创新、资源依赖的中介作用》，《软科学》2021 年第 10 期。

3　孙振清、成晓斐、谷文姗：《异质性环境规制对工业绿色发展绩效的影响》，《华东经济管理》2021 年第 8 期。

4　许玲燕、张端端、杜建国：《环境规制与新型农业经营主体绿色发展绩效——基于有调节的中介效应分析》，《中国农业资源与区划》2023 年第 2 期。

5　席鹏辉：《财政激励、环境偏好与垂直式环境管理——纳税大户议价能力的视角》，《中国工业经济》2017 年第 11 期。

6　张腾飞、杨俊：《绿色发展绩效的环境保护财政支出效应评价及政策匹配》，《改革》2019 年第 5 期。

7　梁敏、曹洪军、王小洁：《高管环保认知、动态能力与企业绿色创新绩效——环境不确定性的调节效应》，《科技管理研究》2022 年第 4 期。

构转变能力的影响效应越强。任晓刚等[1]分析了农业生态环境治理能力以及生态与发展协同能力提升之间的关系，认为农业领域的绿色发展能够促进绿色发展绩效的提升。赵领娣等[2]测算发现，城镇化对生态脆弱、环境敏感的大西北和黄河中游两大综合经济区的绿色发展绩效影响巨大。

（3）从科技创新角度研究绿色发展绩效的形成机制。技术进步对经济增长有一定的贡献已被理论证实，因此技术进步能否对绿色发展效率产生影响受到了较多的关注[3]。关海玲和武祯妮[4]考察了促进区域间绿色全要素生产率提升的关键因素，发现在环境规制影响绿色全要素生产率的过程中，技术进步是关键。丁黎黎等[5]通过对 11 个沿海地区海洋经济绿色生产率进行测度和对驱动因素进行分析发现，技术进步作为最主要的影响因素极大地推动了绿色生产率的提高。周五七[6]通过构建全局 DEA 模型和利用曼奎斯特-卢恩伯格指数法对中国工业行业的绿色全要素生产率进行了测度和分解，结果发现技术进步和技术效率对绿色全要素生产率的影响效应不同，其中技术进步是绿色全要素生产率增长的关键动力。袁华锡等[7]在研究制造业集聚对绿色发展绩效影响的过程中，采用面板门槛模型检验三大中间变量是否存在非线性特征，

1　任晓刚、李冠楠、王锐：《农业绿色发展支持政策的问题、成因与路径》，《新视野》2022 年第 1 期。

2　赵领娣、袁田、赵志博：《城镇化对绿色发展绩效的门槛效应研究——以大西北、黄河中游两大经济区城市为例》，《干旱区资源与环境》2019 年第 9 期。

3　郭俊华、周丹萍：《国家创新型城市政策对城市绿色发展绩效的影响——基于技术创新、资源依赖的中介作用》，《软科学》2021 年第 10 期；Z. J. Pei et al.，"Macroeconomic Uncertainty, High-level Innovation, and Urban Green Development Performance in China," *China Economic Review* 55, 2019, pp. 33-65。

4　关海玲、武祯妮：《地方环境规制与绿色全要素生产率提升——是技术进步还是技术效率变动?》，《经济问题》2020 年第 2 期。

5　丁黎黎、刘少博、王晨等：《偏向性技术进步与海洋经济绿色全要素生产率研究》，《海洋经济》2019 年第 4 期。

6　周五七：《效率增进与技术进步对绿色生产率增长的影响——来自中国 36 个两位数工业行业的实证》，《统计与信息论坛》2014 年第 4 期。

7　袁华锡、封亦代、余泳泽：《制造业集聚促进抑或阻碍绿色发展绩效？——来自长江经济带的证据》，《经济地理》2022 年第 6 期。

发现技术溢出效应的作用明显。赵领娣等[1]探究了城镇化对大西北和黄河中游两大综合经济区绿色发展绩效的影响效果，发现技术的中介效应明显。

（五）绿色发展绩效相关政策研究

学术界关于绿色发展政策的研究，涵盖绿色发展政策的路径、绿色发展的政策工具和政策执行的效果评价等方面，其代表性文献如表 2-6 所示。

表 2-6　关于绿色发展政策的部分代表性文献

分类角度	作者	主要内容
绿色发展政策的路径	赵永利（2017）；宋琳琳（2018）；童莉霞（2018）	人与自然和谐发展，政府、市场和人民等有序调动；强化生态治理理念、建立城市绿色发展政策网络共同体、完善城市绿色发展政策评估环节；我国一系列节能减排、绿色环保政策措施对助推产业转型，发展绿色消费、绿色贸易，促进生态文明起到积极作用
绿色发展的政策工具	许标文等（2019）；郑新业和吴悠（2018）；胡凯川（2018）	农业绿色发展政策工具；创新政策工具；绿色发展政策工具
政策执行的效果评价	周英男等（2018）；李志青等（2018）；李健和李宁宁（2021）；顾明瑞等（2021）	构建中国绿色增长政策评估指标体系，评估验证结构模型的有效性；梳理并评估重庆环境经济政策；构建京津冀绿色发展系统模型，动态仿真政策工具实施效果；构建中国经济—资源—环境的动态模型，对政策进行仿真

资料来源：笔者整理。

（1）绿色发展政策的路径研究主要涉及政策的执行和完善。建设绿色发展绩效政策体系不仅是为了评价，还要让政策产生引导价值，促进全面绿色转型，以评价促转型。这就要求在执行绿色发展政策时，将政策效果融入绿色绩效评价体系中[2]。赵永利[3]对我国生态文明建设视野下的绿色发展路径进行研究，认为绿色发展的动力来源于政府、市场和人民大众，只有实施一系

1　赵领娣、袁田、赵志博：《城镇化对绿色发展绩效的门槛效应研究——以大西北、黄河中游两大经济区城市为例》，《干旱区资源与环境》2019 年第 9 期。

2　宋建波等：《建设绿色绩效评价体系 促进全面绿色转型发展》，《光明日报》2022 年 4 月 18 日。

3　赵永利：《我国生态文明建设视野下的绿色发展研究》，吉林大学硕士学位论文，2017。

列有序的调动，才能使资源配置更加有效和合理。宋琳琳[1]基于政策网络理论提出城市绿色发展的有效路径选择，即推进城市绿色低碳可持续发展要强化生态治理理念、建立城市绿色发展政策网络共同体、完善城市绿色发展政策评估环节。童莉霞[2]认为，我国出台的一系列支持节能减排、绿色环保的政策措施对产业转型、绿色消费、绿色贸易生态文明建设起到了积极的推动作用。

（2）政策工具研究主要涉及这些政策工具在经济社会等各方面的应用。绿色低碳发展是一个综合性问题，要统筹用好绿色低碳发展的六大政策工具，主要包括法治、行政、经济、市场、社会和国际合作。从政策工具维度看，命令型工具使用频率较高，激励型和劝诫型工具使用明显不足；从政策工具-产品全生命周期维度看，绿色绩效政策大致呈倒"U"形分布，政策工具集中作用于消费环节，且以命令型工具为主，暂未构建起丰富多元、均衡适配的政策体系[3]。许标文等[4]以农业绿色发展内涵为切入点，从提高经济效率、改善环境效率两方面介绍了农业绿色发展政策工具，并分析了欧美国家农业绿色发展在资源环境、绿色补贴及资源节约等方面的政策工具应用。郑新业和吴悠[5]从创新政策工具角度，提出构建能源体系绿色发展价格机制的创新路径。胡凯川[6]对现有的绿色发展政策工具进行了梳理，并基于中国绿色发展政策工具体系，对江西省绿色发展政策工具的执行现状进行评估，同时就政策进行了模拟情景。

（3）政策执行的效果评价主要涉及政策的绩效评估。构建绿色发展绩效

1　宋琳琳：《完善城市绿色发展政策的有效路径——基于政策网络理论的分析》，《沈阳干部学刊》2018年第4期。

2　童莉霞：《完善中国绿色发展政策的方向》，《经济》2018年第8期。

3　陈凯、李思楠：《基于政策工具和产品全生命周期的绿色消费政策文本分析》，《南京工业大学学报》（社会科学版）2022年第1期。

4　许标文、王海平、林国华：《欧美农业绿色发展政策工具的应用及其启示》，《福建农林大学学报》（哲学社会科学版）2019年第1期。

5　郑新业、吴悠：《促进能源体系绿色发展的价格机制创新》，《价格理论与实践》2018年第4期。

6　胡凯川：《绿色发展政策工具的模拟研究》，南昌大学硕士学位论文，2018。

评价体系首先要明确宏观、中观、微观各层次主体实现全面绿色转型的目标任务和评价重点，目标任务由高到低层层分解降维，评价重点则由高到低、由虚转实。绿色发展绩效政策实施要做到切实可行，以降低绿色发展绩效评价成本，提高被评价主体的主观能动性[1]。周英男等[2]通过指标海选和专家调查法确定中国绿色增长政策评估指标体系，并采用回归分析法构建了指标体系之间的关联关系模型，以新环保法评估验证结构模型的有效性。李志青等[3]对环境经济政策体系进行归类，即分为环境公共财政、绿色金融、交易与市场、环保产业以及配套与监督5大类政策，并对其进行评估。李健和李宁宁[4]基于系统动力学构建京津冀绿色发展系统模型，分别从产业结构、绿色信贷、能源税收、碳税、碳交易机制、科技6个政策维度出发并赋予一定政策调控因子，并对不同政策工具的实施效果进行动态仿真。顾明瑞等[5]采用系统动力学方法构建了中国经济—资源—环境的动态模型，并对5种典型发展模式进行政策仿真，进而对不同模式未来的发展趋势进行分析。

二 美丽中国建设的研究进展

（一）美丽中国建设概念与内涵相关研究

美丽中国建设缘起于人与自然和谐共生的要求[6]。"美丽中国"的概念最先出现在党的十八大报告中，这个概念的提出基于生态系统失衡、环境污染严重、自然资源紧张等一系列严峻问题[7]，在社会主义经济、政治、文化、社

1　宋建波等：《建设绿色绩效评价体系 促进全面绿色转型发展》，《光明日报》2022年4月18日。

2　周英男、侯慧、周学飞等：《中国绿色增长政策评估指标体系研究》，《管理现代化》2018年第3期。

3　李志青、毛佳睿、王继：《重庆市环境经济政策的绩效评估与政策建议》，《上海城市管理》2018年第1期。

4　李健、李宁宁：《京津冀绿色发展政策模拟及优化研究》，《大连理工大学学报》（社会科学版）2021年第4期。

5　顾明瑞、王帆、王舒鸿：《基于系统动力学的中国绿色发展政策仿真研究》，《中国环境管理》2021年第3期。

6　万军、王金南、李新等：《2035年美丽中国建设目标及路径机制研究》，《中国环境管理》2021年第5期。

7　Z. Chen et al.，"Quantitative Prediction and Evaluation of Geothermal Resource Areas in the Southwest Section of the Mid-Spine Belt of Beautiful China，" *International Journal of Digital Earth* 15（1），2022.

会建设的各方面和全过程将生态文明建设摆在突出位置，需要"努力建设美丽中国，实现中华民族永续发展"[1]。在党的十八届五中全会上，"美丽中国"被纳入"十三五"规划，"美丽中国"建设被描述为"坚持绿色富国、绿色惠民，为人民提供更多优质生态产品，推动形成绿色发展方式和生活方式，协同推进人民富裕、国家富强、中国美丽"[2]。党的十九大报告再次强调，要建设美丽中国，把坚持人与自然和谐共生作为基本方略，提出"人与自然是生命共同体，人类必须尊重自然、顺应自然、保护自然"，"我们要建设的现代化是人与自然和谐共生的现代化，既要创造更多物质财富和精神财富以满足人民日益增长的美好生活需要，也要提供更多优质生态产品以满足人民日益增长的优美生态环境需要"[3]。党的二十大报告指出，要推进美丽中国建设，坚持山水林田湖草沙一体化保护和系统治理，统筹产业结构调整、污染治理、生态保护、应对气候变化，协同推进降碳、减污、扩绿、增长，推进生态优先、节约集约、绿色低碳发展[4]。归纳可见，美丽中国建设经历了四个阶段，分别是"初步酝酿"阶段、"明确提出"阶段、"纳入规划"阶段以及"发展完善"阶段。关于美丽中国建设概念的形成，主要来源于两个方面。

（1）中央对美丽中国建设概念的定义。党的十六届三中全会提出了科学发展观这一重大战略思想，其中"统筹人与自然和谐发展"是科学发展观的一个基本点，是党的生态文明建设思想在解答"人与自然"关系方面的体现。

1　《坚定不移沿着中国特色社会主义道路前进 为全面建成小康社会而奋斗——在中国共产党第十八次全国代表大会上的报告》，中国人大网，2012 年 11 月 8 日，http：//www. npc. gov. cn/c2/c30834/202410/t20241017_440084. html。

2　万军、王金南、李新等：《2035 年美丽中国建设目标及路径机制研究》，《中国环境管理》2021 年第 5 期；秦昌波、苏洁琼、肖旸等：《美丽中国建设评估指标库设计与指标体系构建研究》，《中国环境管理》2022 年第 6 期。

3　《习近平：决胜全面建成小康社会 夺取新时代中国特色社会主义伟大胜利——在中国共产党第十九次全国代表大会上的报告》，中国政府网，2017 年 10 月 18 日，https：//www. gov. cn/xinwen/2017-10/27/content_5234876. htm。

4　《（受权发布）习近平：高举中国特色社会主义伟大旗帜 为全面建设社会主义现代化国家而团结奋斗——在中国共产党第二十次全国代表大会上的报告》，新华网，2022 年 10 月 16 日，https：//www. news. cn/politics/cpc20/2022-10/25/c_1129079429. htm。

新时代以来，随着人们物质生活水平的进一步提高，人们对于精神文明和生态文明的需求愈发凸显，对于未来的生活提出了美好的愿景。在这样的背景下，美丽中国建设被正式提出[1]。在 2012 年 11 月党的十八大报告中，胡锦涛提出，"面对资源约束趋紧、环境污染严重、生态系统退化的严峻形势，必须树立尊重自然、顺应自然、保护自然的生态文明理念，把生态文明建设放在突出地位，融入经济建设、政治建设、文化建设、社会建设各方面和全过程，努力建设美丽中国，实现中华民族永续发展"[2]。在 2015 年 10 月召开的党的十八届五中全会上，美丽中国建设被纳入"十三五"规划中。2017 年 10 月，党的十九大报告指出"加快生态文明体制改革，建设美丽中国"，将生态文明体制改革作为美丽中国建设的重要内容[3]。2018 年 5 月，习近平总书记在全国生态保护大会上强调，要把解决突出生态环境问题作为民生发展的优先领域。坚决打赢蓝天保卫战是重中之重，要以空气质量明显改善为刚性要求，强化联防联控，基本消除重污染天气，还老百姓蓝天白云、闪烁繁星[4]。2022 年10 月，党的二十大报告指出，中国式现代化是人与自然和谐共生的现代化，尊重自然、顺应自然、保护自然，是全面建设社会主义现代化国家的内在要求。必须牢固树立和践行绿水青山就是金山银山的理念，站在人与自然和谐共生的高度谋划发展[5]。2023 年 7 月，习近平总书记在全国生态保护大会上强

1　《中共中央关于完善社会主义市场经济体制若干问题的决定》，中国政府网，2003 年 10 月 14 日，https：//www. gov. cn/gongbao/content/2003/content_62494. htm。

2　《坚定不移沿着中国特色社会主义道路前进 为全面建成小康社会而奋斗——在中国共产党第十八次全国代表大会上的报告》，中国人大网，2012 年 11 月 8 日，http：//www. npc. gov. cn/c2/c30834/202410/t20241017_440084. html。

3　《习近平：决胜全面建成小康社会 夺取新时代中国特色社会主义伟大胜利——在中国共产党第十九次全国代表大会上的报告》，中国政府网，2017 年 10 月 18 日，https：//www. gov. cn/xinwen/2017-10/27/content_5234876. htm。

4　《习近平：坚决打好污染防治攻坚战 推动生态文明建设迈上新台阶》，中国政协网，2018 年 5 月 21 日，http：//www. cppcc. gov. cn/zxww/2018/05/21/ARTI1526862320616544. shtml。

5　《（受权发布）习近平：高举中国特色社会主义伟大旗帜 为全面建设社会主义现代化国家而团结奋斗——在中国共产党第二十次全国代表大会上的报告》，新华网，2022 年 10 月 16 日，https：//www. news. cn/politics/cpc20/2022-10/25/c_1129079429. htm。

调，要全面推进美丽中国建设，加快推进人与自然和谐共生的现代化[1]。2023年12月，《中共中央 国务院关于全面推进美丽中国建设的意见》提出，以高品质生态环境支撑高质量发展，加快形成以实现人与自然和谐共生的现代化为导向的美丽中国建设新格局，筑牢中华民族伟大复兴的生态根基[2]。代表性观点如表2-7所示。

表 2-7　中央对美丽中国建设的认识

名称	年份	主要内容
党的十六届三中全会	2003	提出"统筹人与自然和谐发展"是科学发展观统筹兼顾的一个基本点，是党的生态文明建设思想在解答"人与自然"关系方面的体现
党的十八大	2012	首次提出"美丽中国"的概念："面对资源约束趋紧、环境污染严重、生态系统退化的严峻形势，必须树立尊重自然、顺应自然、保护自然的生态文明理念，把生态文明建设放在突出地位，融入经济建设、政治建设、文化建设、社会建设各方面和全过程，努力建设美丽中国，实现中华民族永续发展"
党的十八届五中全会	2015	提出"生态环境质量总体改善，主要污染物排放总量大幅减少；以提高环境质量为核心，实行最严格的环境保护制度；形成人与自然和谐发展现代化建设新格局，推进美丽中国建设"，并将美丽中国建设纳入"十三五"规划
党的十九大	2017	提出"加快生态文明体制改革，建设美丽中国"，并指出"我们要建设的现代化是人与自然和谐共生的现代化，既要创造更多物质财富和精神财富以满足人民日益增长的美好生活需要，也要提供更多优质生态产品以满足人民日益增长的优美生态环境需要。必须坚持节约优先、保护优先、自然恢复为主的方针，形成节约资源和保护环境的空间格局、产业结构、生产方式、生活方式，还自然以宁静、和谐、美丽"
全国生态环境保护大会	2018	加大力度推进生态文明建设、解决生态环境问题，坚决打好污染防治攻坚战，推动中国生态文明建设迈上新台阶
党的十九届五中全会	2020	广泛形成绿色生产生活方式，碳排放达峰后稳中有降，生态环境根本好转，美丽中国建设目标基本实现

---

[1] 《习近平在全国生态环境保护大会上强调：全面推进美丽中国建设 加快推进人与自然和谐共生的现代化》，中国政府网，2023年7月18日，https：//www. gov. cn/yaowen/liebiao/202307/content_6892793. htm？type＝11。

[2] 《中共中央 国务院关于全面推进美丽中国建设的意见》，中国政府网，2023年12月27日，https：//www. gov. cn/gongbao/2024/issue_11126/202401/content_6928805. html。

续表

名称	年份	主要内容
党的十九届六中全会	2021	要坚持人与自然和谐共生，协同推进人民富裕、国家强盛、中国美丽。只要我们沿着总书记指引的方向坚定前行，持之以恒、久久为功，就一定能够实现美丽中国宏伟目标
党的二十大	2022	到2035年，广泛形成绿色生产生活方式，碳排放达峰后稳中有降，生态环境根本好转，美丽中国目标基本实现。尊重自然、顺应自然、保护自然，是全面建设社会主义现代化国家的内在要求，必须牢固树立和践行绿水青山就是金山银山的理念，站在人与自然和谐共生的高度谋划发展
全国生态环境保护大会	2023	全面推进美丽中国建设，加快推进人与自然和谐共生的现代化
《中共中央 国务院关于全面推进美丽中国建设的意见》	2023	以高品质生态环境支撑高质量发展，加快形成以实现人与自然和谐共生现代化为导向的美丽中国建设新格局，筑牢中华民族伟大复兴的生态根基

资料来源：笔者整理。

（2）学者对于美丽中国建设概念的探讨。对"美丽中国"概念阐释相对完善的是四川大学"美丽中国"评价课题组，其在《美丽中国建设水平系列评估报告》中提出"美丽中国"概念模型，认为美丽中国是环境之美、时代之美、生活之美、社会之美、百姓之美的总和。该概念是世界视野、国家高度和百姓感受的统一，是中国价值、中国目标和中国道路的统一。建设美丽中国，核心就是要按照生态文明要求，通过生态文明、经济、政治、文化和社会"五位一体"的建设，实现人民对"美好生活"的追求[1]。李建华和蔡尚伟[2]对于"美丽中国建设"进行了补充解释，认为美丽中国建设的内涵包括三个层次，即生态文明的自然之美、融入生态文明理念后的物质文明的科学发展之美、精神文明的人文化成之美、政治文明的民主法治之美、社会生活的和谐幸福之美。

---

[1]　四川大学"美丽中国"评价课题组：《"美丽中国"省区建设水平（2012）研究报告》，人民网，2012年12月3日，https://media.people.com.cn/n/2012/1203/c40628-19776180-1.html。

[2]　李建华、蔡尚伟：《"美丽中国"的科学内涵及其战略意义》，《四川大学学报》（哲学社会科学版）2013年第5期。

　　Wan[1] 以及 Marinelli[2] 对于"美丽中国建设"也进行了论述。此外，许瑛[3]认为美丽中国是生态文明基础上的人美、社会美、环境美的综合，建设美丽中国的本质是在人与自然和谐发展的基础上更好更快地发展。张伟[4]提出"美丽中国战略"的观点，认为它的提出是加快生态文明建设、转变经济发展方式的重要手段，是正确处理人与自然之间关系的正确抉择。刘於清[5]从价值传承、价值创新、自觉三个维度对美丽中国进行了阐述，并提出了调整人的心态是美丽中国建设的思想基础。秦书生和胡楠[6]认为美丽中国是包含了可持续发展、绿色发展、良好的生态环境、人民生态幸福因素在内的一种社会形态和国家状态。秦书生和胡楠[7]又指出，生态环境的自然之美是美丽中国建设的基本前提，人与自然的和谐之美是美丽中国建设的本质要求。

　　学者们还从不同的角度对美丽中国建设进行了探讨与研究。李建华和蔡尚伟[8]研究认为，以国家新时代"五位一体"布局为基础，美丽中国建设的内涵包括自然之美，物质、精神和政治之美以及社会生活之美。夏东民和罗健[9]坚持以人为本理念，认为美丽中国应该包括对应生态美、心灵美以及社会美的人与自然、人自身以及人与人之间的和谐之美。金瑶梅[10]基于人地关系理论认为人与自然应进行平

　　1　J. R. Wan, "The Philosophical Wisdom and Action Implications of 'Beautiful China'," *Social Sciences in China* 34 (4), 2013.

　　2　M. Marinelli, "How to Build a 'Beautiful China' in the Anthropocene— The Political Discourse and the Intellectual Debate on Ecological Civilization," *Journal of Chinese Political Science* 23 (3), 2018.

　　3　许瑛：《"美丽中国"的内涵、制约因素及实现途径》，《理论参考》2013 年第 2 期。

　　4　张伟：《美丽中国战略的内涵、缘起及实施路径探讨》，《济南大学学报》（社会科学版）2013 年第 3 期。

　　5　刘於清：《"美丽中国"的价值维度及实现路径》，《桂海论丛》2014 年第 1 期。

　　6　秦书生、胡楠：《习近平美丽中国建设思想及其重要意义》，《东北大学学报》（社会科学版）2016 年第 6 期。

　　7　秦书生、胡楠：《美丽中国建设的内涵分析与实践要求——关于习近平美丽中国建设重要论述的思辨》，《环境保护》2018 年第 10 期。

　　8　李建华、蔡尚伟：《"美丽中国"的科学内涵及其战略意义》，《四川大学学报》（哲学社会科学版）2013 年第 5 期。

　　9　夏东民、罗健：《"美丽中国"内涵的哲学思考》，《河南社会科学》2014 年第 6 期。

　　10　金瑶梅：《绿色发展视野下的美丽中国》，《社会科学家》2018 年第 1 期。

等对话，进而将美丽中国划分为自然本色之美、自然人化之美、人类德性之美、人类健康之美、"天人"和谐之美 5 个层次。刘海猛等[1]认为美丽中国有广义和狭义之分，广义的美丽中国重点强调贯彻落实"五位一体"的总体战略布局，而狭义的美丽中国则侧重经济、社会和生态的协调可持续发展。葛全胜等[2]认为，美丽中国建设就是在特定时期内将国家经济建设、社会建设和生态建设落实到具有不同主体功能的国土空间上，实现生态环境有效保护、自然资源永续利用、经济社会绿色发展、人与自然和谐共处的可持续发展目标，建成天蓝地绿、山清水秀、强大富裕、人地和谐的可持续发展强国。代表性文献如表 2-8 所示。

表 2-8　关于美丽中国建设概念和内涵的部分代表性文献

作者	概念	主要内容
四川大学"美丽中国"课题组	美丽中国建设	美丽中国是环境之美、时代之美、生活之美、社会之美、百姓之美的总和，建设美丽中国，核心是按照生态文明要求，通过生态文明、经济、政治、文化及社会"五位一体"的建设，实现人民对"美好生活"的追求
李建华和蔡尚伟（2013）		美丽中国的内涵包括三个层次，即生态文明的自然之美，融入生态文明理念后的物质文明的科学发展之美，精神文明的人文化成之美、政治文明的民主法治之美，以及社会生活的和谐幸福之美
夏东民和罗健（2014）		美丽中国应该包括对应生态美、心灵美以及社会美的人与自然、人自身以及人与人之间的和谐之美
金瑶梅（2018）		把美丽中国划分为自然本色之美、自然人化之美、人类德性之美、人类健康之美、"天人"和谐之美 5 个层次
刘海猛等（2019）		美丽中国有广义和狭义之分，二者的相同点在于均对国家经济发展规律进行了科学把握，形成了国家战略新格局新内涵；二者的不同之处在于，广义的美丽中国重点强调贯彻落实"五位一体"的总体战略布局，而狭义的美丽中国侧重经济、社会和生态的协调可持续发展
葛全胜等（2020）		在特定时期内，将国家经济建设、社会建设和生态建设落实到具有不同主体功能的国土空间上，实现生态环境有效保护、自然资源永续利用、经济社会绿色发展、人与自然和谐共处的可持续发展目标，形成天蓝地绿、山清水秀、强大富裕、人地和谐的可持续发展强国

1　刘海猛、方创琳、李咏红：《城镇化与生态环境"耦合魔方"的基本概念及框架》，《地理学报》2019 年第 8 期。
2　葛全胜、方创琳、江东：《美丽中国建设的地理学使命与人地系统耦合路径》，《地理学报》2020 年第 6 期。

（二）美丽中国建设水平测度的相关研究

美丽中国作为中国生态文明建设的目标，与生态文明建设一脉相承，就是要把自然与文明结合起来，既让人民在优美的生态环境中享受丰富的物质文明和精神文明，也要让自然生态在现代化的社会治理体系下更加宁静、和谐、美丽。"美丽中国"建设可以被看作落实联合国可持续发展目标（Sustainable Development Goals，SDGs）的中国实践[1]。因此，系统论的方法、统计学的方法往往被应用于美丽中国建设水平的测度中，代表性文献如表2-9所示。

表 2-9　关于美丽中国建设水平测度的部分代表性文献

作者	维度	方法
谢炳庚等（2015）	生态位、生态位宽度及生态位空间分异三个维度	主成分分析法
熊元斌等（2017）	美丽环境生态位子系统、美丽经济生态位子系统、美丽生活生态位子系统三大子系统	生态位理论
时朋飞等（2017）	生态环境、经济发展和社会文化三个子系统	耦合协调模型

资料来源：笔者整理。

（1）基于生态位理论、全球可持续发展理论等，采用指标法等方法构建美丽中国建设水平测度模型。国内外研究机构和专家学者对美丽中国建设的科学内涵、进程目标、评估方法、指标体系、任务路线、推进思路等进行了深入研究[2]，科学系统评价美丽中国建设现状，识别美丽中国建设过程中面临的关键问题，是当前美丽中国建设的重要方向[3]。谢炳庚等[4]基于2002~2012

1　方创琳、王振波、刘海猛：《"美丽中国"建设的理论基础与评估方案探索》，《地理学报》2019年第4期。

2　Y. T. Liang, Y. F. Hu, "Beautiful China Construction Evaluation Method Based on POIs: Case Study of the Inner Mongolia Autonomous Region", *ISPRS International Journal of Geo-Information* 10（8），2021；万军、王金南、李新等：《2035年美丽中国建设目标及路径机制研究》，《中国环境管理》2021年第5期。

3　马延吉、王宗明、王江浩等：《典型区"美丽中国"全景评价指标体系构建思路》，《遥感技术与应用》2020年第2期。

4　谢炳庚、陈永林、李晓青：《基于生态位理论的"美丽中国"评价体系》，《经济地理》2015年第12期。

年湖南省各市区样本数据，运用主成分分析法，系统构建了"美丽中国"评价模型。熊元斌等[1]采用长江经济带 11 个省市 2011～2015 年数据，基于生态位理论，运用生态位模型对美丽中国建设水平进行了测度。

（2）基于区域产业视角，对美丽中国区域建设水平进行了评价和预测分析。区域产业转移一方面促进了地区产业的协同发展，另一方面也给部分产业承接区域带来了显著的环境问题。美丽中国建设是生态文明建设内在的有机组成部分，可以作为美丽中国评价指标体系中对经济发展方式的一种阶段性评估[2]。时朋飞等[3]基于旅游产业视角分析了区域美丽中国建设状况，运用加权 TOPSIS 法评价了长江经济带 11 个省市美丽中国的区域建设水平，并运用灰色 GM（1，1）模型预测了该区域美丽中国旅游业耦合协调度未来 10 年的变化轨迹。吕小明和黄森[4]基于人与自然和谐共生的美丽中国建设背景，采用 SBM-Undesirable 模型和空间计量模型对 2006～2015 年中国工业省际数据进行测算。研究表明，中国工业整体发展并没有达到绿色安全有效的水平，绿色效率呈波动下降的趋势。

（3）基于"三生空间"理论将"美丽中国"分解为生态环境、经济发展和社会文化三个子系统。党的十八大提出了将优化国土空间开发格局作为生态文明建设的首要举措，以及"促进生产空间集约高效、生活空间宜居适度、生态空间山清水秀"的目标要求[5]。因此，"三生空间"统筹优化的技术路径应以美丽中国建设愿景为目标导向，以人地耦合系统理论为核心，系统构建

1　熊元斌、时朋飞、李星明：《长江经济带"美丽中国"建设水平动态研究》，《华东经济管理》2017 年第 9 期。

2　高卿、骆华松、王振波等：《美丽中国的研究进展及展望》，《地理科学进展》2019 年第 7 期。

3　时朋飞、李星明、熊元斌：《区域美丽中国建设与旅游业发展耦合关联性测度及前景预测——以长江经济带 11 省市为例》，《中国软科学》2018 年第 2 期。

4　吕小明、黄森：《"美丽中国"背景下中国区域产业转移对工业绿色效率的影响研究——基于 SBM-undesirable 模型和空间计量模型》，《重庆大学学报》（社会科学版）2018 年第 4 期。

5　《坚定不移沿着中国特色社会主义道路前进 为全面建成小康社会而奋斗——在中国共产党第十八次全国代表大会上的报告》，中国人大网，2012 年 11 月 8 日，http://www.npc.gov.cn/c2/c30834/202410/t20241017_440084.html。

识别与优化国土空间的理论体系与技术框架[1]。时朋飞等[2]根据三个子系统的耦合协调互动关系构建了耦合协调模型，对 2005～2015 年长江经济带"美丽中国"建设水平的时空演化特征进行了分析。丁陈颖等[3]以浙江省农业农村厅发布的 1500 个美丽乡村为样本，通过分析美丽乡村分布特征、演化趋势及美丽乡村建设的活力因子，提出美丽乡村"三生融合"的发展路径：划清生态底线、建立生态保障，推动产业转型、实现产村相融，提升生活品质、优化空间结构，平衡三生需求、调整三生复合结构。

（三）美丽中国建设考评的相关研究

美丽中国建设考核评价指标体系是其理论和内涵的具体化表征，也是其建设水平评价的主要依据。近年来，针对经济社会发展不同阶段存在的生态环境问题，中央和地方政府相继提出了生态文明建设考核目标体系、绿色发展指标体系、高质量发展指标体系、循环经济发展评价指标体系等指标体系，这些指标体系具有不同的阶段性、逻辑性和目标取向，但均可为美丽中国建设考评指标体系的构建提供重要支撑[4]。美丽中国建设的考评往往从区域层面以及人与自然和谐的现代化角度展开，其代表性文献如表 2-10 所示。

表 2-10　关于美丽中国建设考评体系的部分代表性文献

作者	维度	主要内容
马延吉等（2020）	松花江流域、黑河流域和长江中下游平原	从天蓝、地绿、水清、人和四方面构建美丽中国建设的评价体系

1　Y. T. Liang, Y. F. Hu, "Beautiful China Construction Evaluation Method Based on POIs: Case Study of the Inner Mongolia Autonomous Region," *ISPRS International Journal of Geo-Information* 10（8），2021；江东、林刚、付晶莹：《"三生空间"统筹的科学基础与优化途径探析》，《自然资源学报》2021 年第 5 期。

2　时朋飞、熊元斌、邓志伟等：《长江经济带"美丽中国"建设水平动态研究——基于生态位理论视角》，《资源开发与市场》2017 年第 11 期。

3　丁陈颖、唐根年、纪烨楠等：《美丽乡村"三生空间"融合发展的路径研究——以浙江省为例》，《乡村科技》2021 年第 24 期。

4　高卿、骆华松、王振波等：《美丽中国的研究进展及展望》，《地理科学进展》2019 年第 7 期。

续表

作者	维度	主要内容
方创琳等（2019）	我国 341 个地级市	运用联合国发展指数测评方法从生态环境、绿色发展、社会和谐、体制完善、文化传承 5 个维度构建美丽中国建设的考评体系
高峰等（2019）	全国	构建以联合国 2030 年可持续发展目标为基础，以地球大数据、网络数据及统计数据等多源数据为支撑的美丽中国考评体系

资料来源：作者整理。

（1）美丽中国建设的考评研究主要以区域为案例。党的十九大指出要加快生态文明体制改革，建设美丽中国。综合来看，美丽中国与 SDGs 内涵同根同源，发展方向具有一致性，涵盖了"天蓝、地绿、水清、人和"各个维度[1]。马延吉等[2]以我国典型区域美丽中国建设为案例，以松花江流域、黑河流域和长江中下游平原为研究对象，从天蓝、地绿、水清和人和四方面构建美丽中国建设评价体系，为经济社会可持续发展提供科学依据和决策支持。方创琳等[3]运用联合国发展指数测评方法，从生态环境、绿色发展、社会和谐、体制完善、文化传承 5 个维度构建美丽中国建设的考评体系，选取我国341 个地级市为评价对象进行评价。高峰等[4]阐述了美丽中国的科学内涵和关键评价维度，构建了以联合国 2030 可持续发展目标为基础，以地球大数据、网络数据及统计数据等多源数据为支撑的美丽中国考评体系，对全国做出评价。

1　魏彦强、李新、高峰等：《联合国 2030 年可持续发展目标框架及中国应对策略》，《地球科学进展》2018 年第 10 期；高峰、赵雪雁、宋晓谕等：《面向 SDGs 的"美丽中国"内涵与评价指标体系》，《地球科学进展》2019 年第 3 期。

2　马延吉、王宗明、王江浩等：《典型区"美丽中国"全景评价指标体系构建思路》，《遥感技术与应用》2020 年第 2 期。

3　方创琳、王振波、刘海猛：《美丽中国建设的理论基础与评估方案探索》，《地理学报》2019 年第 4 期。

4　高峰、赵雪雁、宋晓谕等：《面向 SDGs 的"美丽中国"内涵与评价指标体系》，《地球科学进展》2019年第 3 期。

（2）美丽中国建设的考评往往要与中国式现代化目标结合起来进行。从可持续发展理论的角度看，实现人与自然和谐共生的现代化是美丽中国建设的核心要义与理论之基[1]。邓琳[2]认为现代化必须是美丽中国的现代化，现代化包含美丽的鲜明特征。在实现现代化的奋斗方向上，应把美丽中国建设作为一个重要目标。陆军等[3]认为，美丽中国建设是社会主义现代化强国的重要目标之一，是中国式现代化的基本内涵和重要表征，他们在总结美丽中国建设成效的基础上，提出推进加快发展方式转型，如绿色转型，推进国家重大战略绿色发展，推动环境污染防治，打造美丽宜居城乡，提升生态系统多样性、稳定性和持续性，推进碳达峰碳中和，构建生态环境风险防控体系，共建清洁美丽世界 8 个方面的重点任务。帅志强和蔡尚伟[4]根据国家政策和文件的要求制定相应的考评标准，将美丽乡村定义为经济、政治、文化、社会和生态文明协调发展。

（四）美丽中国建设的形成机制研究

美丽中国建设是一项系统工程，统筹推动美丽中国建设各领域工作，需要遵循美丽中国建设的整体性特点，协同共进[5]。现有文献主要从三个方面研究美丽中国建设形成机制，代表性文献如表 2-11 所示。

（1）从技术进步的视角研究美丽中国建设的形成机制。一些文献探索了技术进步对美丽中国某些方面（如生产、生活、生态）产生的影响，进而测

---

1 万军、王金南、李新等：《2035 年美丽中国建设目标及路径机制研究》，《中国环境管理》2021 年第 5 期。

2 邓琳：《现代化与美丽中国的辩证关系》，《社会主义论坛》2019 年第 1 期。

3 陆军、秦昌波、肖旸等：《新时代美丽中国的建设思路与战略任务研究》，《中国环境管理》2022 年第 6 期。

4 帅志强、蔡尚伟：《〈美丽乡村建设指南〉国家标准颁布实施的意义、作用及执行》，《生态经济》2016 年第 3 期。

5 陆军、秦昌波、肖旸等：《新时代美丽中国的建设思路与战略任务研究》，《中国环境管理》2022 年第 6 期。

表 2-11   关于美丽中国建设形成机制的部分代表性文献

作者	视角	主要内容
杨莉莎等（2019）	技术进步视角	二氧化碳减排主要依赖技术进步的推动
陈利锋（2019）		环保技术进步从长短期来看，都对经济社会和生态发展有利
姚士谋（2022）	环境规制视角	产业集聚会带来环境污染减缓效应，从而引发环境规制政策的创新，最终影响产业集聚水平，对美丽中国建设产生深远影响
赵长太和张磊（2020）		环境规制力度小等问题影响美丽中国建设
吴道友和廖中举（2014）		需求拉动要素、技术推动要素和环境规制要素是出版产业环境创新的驱动力
黄晓媚（2021）	产业升级视角	相当长的一段时期内，我国经济发展主要以 GDP 来衡量，忽视了环境、推动产业升级、大力发展绿色产业、用绿色产业推动绿色高质量发展可以实现美丽中国建设

资料来源：笔者整理。

度其对美丽中国建设整体水平的影响[1]。杨莉莎等[2]在研究中国碳减排影响因素时发现，我国 2005~2015 年主要依赖技术进步推动二氧化碳减排。陈利锋[3]基于一般均衡模型，探究了环保技术进步对生态质量以及宏观经济的影响，结果显示，环保技术进步从长短期来看都对经济社会发展和生态改善有利，会促进生产发展、就业增加和环境质量提升。徐淑红[4]实证研究后认为，科技

1　Y. D. Hua et al., "Exploring the Interaction Relationship between Beautiful China-SciTech Innovation Using Coupling Coordination and Predictive Analysis: A Case Study of Zhejiang," *Environment, Development and Sustainability* 24 (10), 2021; Z. Y. Zhang et al., "Spatio-Temporal Evolution and Influencing Factors of High Quality Development in the Yunnan-Guizhou, Region Based on the Perspective of a Beautiful China and SDGs," *Land* 11 (6), 2022.

2　杨莉莎、朱俊鹏、贾智杰：《中国碳减排实现的影响因素和当前挑战——基于技术进步的视角》，《经济研究》2019 年第 11 期。

3　陈利锋：《环境保护税与环保技术进步的宏观经济效应》，《南方金融》2019 年第 11 期。

4　徐淑红：《中国科技进步对居民福利影响的实证研究》，《云南财经大学学报》2020 年第 5 期。

进步对居民的福利存在显著的正影响。郑慧等[1]利用 Malmquist-Luenberger 指数对生态效率进行分解，探寻其变化的内在驱动因素，研究发现技术进步是提升区域生态效率的关键因素。李鹏[2]应用可计算一般均衡模型（CGE）模拟了山西省在绿色技术进步条件下实施 SO_2 减排对该地区经济的影响，结果显示，建设生态文明，绿色技术进步是根本手段。

（2）从环境规制的视角研究美丽中国建设的形成机制。目前研究环境规制对美丽中国建设影响的文献相对缺乏，但结论大部分支持环境规制可以促进生态文明建设，环境规制是美丽中国建设的一大助力[3]。姚士谋[4]研究发现，产业集聚具有环境污染减缓效应，从而引发环境规制政策的创新，最终影响产业集聚水平，对美丽中国建设产生深远影响。赵长太和张磊[5]认为，美丽中国建设是绿色发展的目标，绿色发展是美丽中国建设的思想引领。我国绿色发展成效显著，但绿色发展不平衡、不充分，主要原因在于环境规制力度小，绿色发展效率低下。姚镕波和张婵[6]认为，城乡污染转移是农村环境治理的重要一环，更是农业现代化和新农村建设发展过程中一个亟待解决的难题，提出要逐步缩小城乡环境规制势差，促进城乡间的环境公平正义。吴道友和廖中举[7]认为，需求拉动要素、技术推动要素和环境规制要素是出版产业环境创新的驱动力。

（3）从产业升级的视角研究美丽中国建设的形成机制。现有文献主要从

1　郑慧、贾珊、赵昕：《新型城镇化背景下中国区域生态效率分析》，《资源科学》2017 年第 7 期。

2　李鹏：《绿色转型中技术进步促进生态文明建设的机制及政策研究》，对外经济贸易大学博士学位论文，2018。

3　Sa-Bum Seo, "The Importance of Landscape Design that Contribute to the Formation of Beautiful Country and City—Based on Public Transportation Systems Design," *Journal of the Korean Society of Civil Engineers* 60 (5), 2012.

4　姚士谋：《以产业集聚高质量发展助推美丽中国建设——评〈产业集聚、环境污染与环境规制研究〉》，《南京理工大学学报》（社会科学版）2022 年第 2 期。

5　赵长太、张磊：《"美丽中国"建设视域下的绿色发展问题》，《濮阳职业技术学院学报》2020 年第 5 期。

6　姚镕波、张婵：《"美丽中国"语境下城乡污染转移问题之浅谈》，《上海商业》2020 年第 5 期。

7　吴道友、廖中举：《出版产业环境创新驱动要素及实施路径研究》，《中国出版》2014 年第 8 期。

产业比较的视角出发研究如何利用产业升级促进美丽中国建设[1]。黄晓媚[2]认为，推动产业升级、大力发展绿色产业、用绿色产业推动绿色高质量发展可以实现美丽中国建设。张野和赵新生[3]认为在美丽乡村建设的大背景下，推动乡村旅游产业升级有助于实现美丽乡村建设。

（五）美丽中国建设实现路径相关研究

美丽中国是实现中华民族伟大复兴中国梦的重要内容，是中国特色社会主义现代化建设的重要目标。美丽省域、美丽城市、美丽城镇、美丽乡村、美丽河湖、美丽海湾、"无废城市"等成为推进美丽中国建设的重要载体[4]。关于美丽中国建设实现路径的研究，现有文献主要从以下四个方面展开，其代表性文献如表 2-12 所示。

表 2-12　关于美丽中国建设路径的部分代表性文献

作者	视角	主要内容
吴江华和郝永平（2018）	美丽中国内涵视角	美丽中国建设要强化生态文明的宣传教育，构建完备的生态保护法规体系，发挥绿色经济的引擎驱动效应，尤其是要注重突出美丽中国建设的民族生态文化禀赋，强化中国在国际上的生态话语权
肖平（2018）		实现美丽中国建设，创新发展方式是基础，加强生态保护是关键，发展科学技术是核心，完善生态制度是保障
龙云安和陈国庆（2018）	区域产业视角	应搭建绿色科技创新资源平台和构建各具特色的区域绿色金融发展模式实现绿色金融发展，进而通过产业升级推进美丽中国建设

1　L. S. Pier, "The Beautiful Country: Tourism and the Impossible State of Destination Italy ," *Annals of Tourism Research* 58, 2016.

2　黄晓媚：《推动绿色发展理念 打造美丽中国》，《现代商贸工业》2020 年第 25 期。

3　张野、赵新生：《美丽乡村建设对乡村旅游转型升级的作用力研究》，《农业经济》2018 年第 9 期。

4　万军、王金南、李新等：《2035 年美丽中国建设目标及路径机制研究》，《中国环境管理》2021 年第 5 期。

续表

作者	视角	主要内容
杨卫军（2013）	政策保障角度	建立新的经济社会发展评价体系和干部考核体系是美丽中国建设的关键路径之一
张伟（2013）		完善生态文明的体制与机制，完善绿色经济政策和技术创新政策，开拓生态环境项目融资渠道，完善有关法律，强化环境监管、执法力度及社会监督等是实现美丽中国建设的关键任务
赵国龙和殷晨曦（2021）	碳达峰碳中和角度	从外部防范转型、工业模式转型、能源体制转型、发展模式转型四个层面出发，探索效率与责任并重的精准化、系统化内生治理之路，为"双碳"目标情景下的大气污染治理提供理论依据

资料来源：笔者整理。

1. 基于美丽中国内涵提出的实现路径

关于美丽中国的建设路径，党的十九大报告从推进绿色发展、着力解决突出环境问题、加大生态系统保护力度、改革生态环境监管体制等方面进行了较为全面的论述[1]。除此之外，许多学者基于美丽中国的政治、经济、文化、社会、生态文明五个方面提出了美丽中国的建设路径。刘於清[2]认为要实现美丽中国建设的目标，应当通过形成生态文明的价值共识，调整人的心态、转变经济发展方式、推动科技创新与绿色技术发展、强化生态文明制度设计四大途径来实现。李周[3]指出美丽中国建设的优先任务是优化开放格局、发展绿色经济、保护生态系统、扩大生态修复范围、优化体制机制、开展生态文明教育，并提出应采取渐进性、本土化、朴实化、综合性策略。陈晓晖[4]强调

1　《习近平：决胜全面建成小康社会 夺取新时代中国特色社会主义伟大胜利——在中国共产党第十九次全国代表大会上的报告》，中国政府网，2017 年 10 月 18 日，https://www. gov. cn/xinwen/2017-10/27/content_5234876. htm。

2　刘於清：《"美丽中国"的价值维度及实现路径》，《桂海论丛》2014 年第 1 期。

3　李周：《建设美丽中国实现永续发展》，《经济研究》2013 年第 2 期。

4　陈晓晖：《"美丽中国"生态文明观培育探析》，《生态经济》2013 年第 8 期。

生态文明观在美丽中国建设中的作用，指出要通过宣传、教育、倡导等方式培育生态意识，进而为美丽中国建设奠定思想基础。陆玉珍[1]认为美丽中国建设需要通过树立绿色发展理念、完善生态文明制度体系、补齐生态文明短板、全民共建并参与国际合作等途径来实现。吴江华和郝永平[2]认为美丽中国建设要强化生态文明的宣传教育，构建完备的生态保护法规体系，发挥绿色经济的引擎驱动效应，尤其是要注重突出美丽中国的民族生态文化禀赋，增强中国在国际上的生态话语权。肖平[3]认为在实现美丽中国建设的过程中，创新发展方式是基础、加强生态保护是关键、发展科学技术是核心、完善生态制度是保障。

2. 基于区域和产业视角提出的实现路径

鉴于产业升级和区域生态文明建设在美丽中国建设中是不可或缺的尝试，李建华和蔡尚伟[4]基于区域和产业视角提出了美丽中国建设的路径。张惠远[5]指出了长江经济带建设在美丽中国建设中的关键作用，并提出长江经济带生态环境建设路径，即打造美丽中国建设的"绿腰带"。时朋飞等[6]基于"三生空间"理论将美丽中国分解为三个子系统，根据子系统的耦合协调互动关系构建了耦合协调模型，研究发现长江经济带不同区域因三个子系统耦合度和耦合协调度不同而应当采取不同的发展路径。龙云安和陈国庆[7]基于对我国2008~2016年绿色金融与产业关联度的实证分析认为，应促进绿色金融助力传统产业的绿色转型升级、完善绿色金融与绿色产业政策的对接、搭建绿色科

1　陆玉珍：《"美丽中国"的科学内涵、战略意义及实践路径》，《中共南京市委党校学报》2018 年第 1 期。

2　吴江华、郝永平：《"美丽中国"的生态战略研究》，《经济研究导刊》2018 年第 7 期。

3　肖平：《新时代美丽中国的实现路径探析》，《贵阳市委党校学报》2018 年第 2 期。

4　李建华、蔡尚伟：《"美丽中国"的科学内涵及其战略意义》，《四川大学学报》（哲学社会科学版）2013 年第 5 期。

5　张惠远：《加快打造美丽中国的"绿腰带"——〈长江经济带生态环境保护规划〉解读》，《环境保护》2017 年第 15 期。

6　时朋飞、熊元斌、邓志伟等：《长江经济带"美丽中国"建设水平动态研究——基于生态位理论视角》，《资源开发与市场》2017 年第 11 期。

7　龙云安、陈国庆：《"美丽中国"背景下我国绿色金融发展与产业结构优化》，《企业经济》2018 年第 4 期。

技创新资源平台和构建各具特色的区域绿色金融发展模式实现绿色金融发展，进而通过产业升级推进美丽中国建设。

3. 基于政策保障视角提出的实现路径

政策工具是美丽中国建设向预期目标前进的重要保障。万军等[1]基于政策保障视角提出了美丽中国建设的实现路径。杨卫军[2]指出建立新的经济社会发展评价体系和干部考核体系是美丽中国建设的关键路径之一。张伟[3]认为，完善生态文明体制与机制，完善绿色经济政策和技术创新政策，开拓生态环境项目融资渠道，完善有关法律，强化环境监管、执法力度及社会监督等是实现美丽中国建设的关键任务。

4. 基于"双碳"视角提出的实现路径

"双碳"目标是实现绿色高质量发展、实现人与自然和谐共生的现代化和美丽中国建设的必然要求，是顺应生态环境发展趋势、推动经济方式升级的迫切需要[4]。锚定"双碳"目标，需要将长期绿色低碳发展战略纳入美丽中国建设总体框架，制定灵活的低碳发展战略目标和实施策略，夯实国家战略科技力量和低碳前沿技术，深化生态环境领域的国际合作等[5]。陈丁等[6]基于利益相关者理论，从政府、企业和消费者三大视角梳理了体制机制障碍、意识障碍、技术障碍、资源障碍四重挑战，阐述了碳中和目标下中国制造业绿色转型的四大路径：因地制宜、分类施策制定环境规制措施，加快建立多效环境制度与工具体系，加快建立绿色制造管理体系，持续推

1　万军、王金南、李新等：《2035 年美丽中国建设目标及路径机制研究》，《中国环境管理》2021 年第 5 期。

2　杨卫军：《从可持续发展到建设美丽中国：党的生态文明建设思想的演进与实现路径》，《探索》2013 年第 4 期。

3　张伟：《美丽中国战略的内涵、缘起及实施路径探讨》，《济南大学学报》（社会科学版）2013 年第 3 期。

4　于贵瑞、郝天象、朱剑兴：《中国碳达峰、碳中和行动方略之探讨》，《中国科学院院刊》2022 年第 4 期。

5　曹叶、宋凤轩：《锚定"双碳"目标 建设美丽中国》，中国社会科学网，2022 年 10 月 8 日，https：//www.cssn.cn/skgz/202210/t20221008_ 5545673. shtml。

6　陈丁、苟路瑶、吴一凡：《我国工业绿色发展转型研究》，《环渤海经济瞭望》2022 年第 4 期。

动形成绿色消费体系。张瑾华和陈强远[1]立足秋冬治霾的瓶颈期，比较分析英国、美国以及欧盟的大气污染治理模式，厘清我国大气污染形成的综合性、复杂性、特殊性特征，分析治理过程中所面临的挑战，反思我国绿色发展模式的转型机遇，深入探讨国际大气污染治理经验对我国的经验借鉴与政策启示。赵国龙和殷晨曦[2]从外部防范转型、工业模式转型、能源体制转型、发展模式转型四个层面出发，探索效率与责任并重的精准化、系统化内生治理之路，为"双碳"目标情景下的大气污染治理提供理论依据和内生治理模式。

三　绿色发展绩效与美丽中国建设道路的关系研究进展

1. 绿色发展是美丽中国建设的理念先导

绿色发展是一种方式，是美丽中国建设的理念先导[3]。从美丽中国建设的含义来看，美丽中国建设的核心要义就是走绿色发展之路。从美丽中国"五美"的角度来看，美丽中国建设的"五美"均体现了绿色发展的基本内涵[4]。美丽中国之美大致可以分成五个方面[5]，如人类与自然和谐之美、协调可持续的科学发展之美、人民和谐幸福之美、生态制度保障的政治文明之美、生态文化先进之美。从系统观看绿色发展，绿色发展是保持经济与环境、经济系统与生态系统协调的经济、社会、生态文明三位一体的新型可持续发展道路[6]。从这

1　张瑾华、陈强远：《碳中和目标下中国制造业绿色转型路径分析》，《企业经济》2021 年第 8 期。

2　赵国龙、殷晨曦：《碳达峰碳中和目标背景下大气污染内生治理模式》，《企业经济》2021 年第 8 期。

3　陈泓亮、薛程：《坚持绿色发展理念 全力建设美丽海河》，《中国水利》2017 年第 24 期；靳媛媛：《美丽中国建设的产业哲学研究》，湖南大学博士学位论文，2019；曾鹏：《绿色发展理念视阈下美丽中国建设研究》，武汉大学硕士学位论文，2017。

4　张彩玲、王鸿：《"美丽中国"建设视域下绿色发展理念研究》，《东北财经大学学报》2017 年第 6 期。

5　曾鹏：《绿色发展理念视阈下美丽中国建设研究》，武汉大学硕士学位论文，2017；Z. Chen et al., "Quantitative Prediction and Evaluation of Geothermal Resource Areas in the Southwest Section of the Mid-Spine Belt of Beautiful China," *International Journal of Digital Earth* 15（1），2022；J. N. Wang, "Beautiful China, Green Olympics," *Environmental Science and Ecotechnology* 11，2022。

6　胡鞍钢、周绍杰：《绿色发展：功能界定、机制分析与发展战略》，《中国人口·资源与环境》2014 年第 1 期。

一定义来看，绿色发展的关键是实现人与人、人与社会、人与自然之间的和谐、均衡、共同发展[1]。人与自然的和谐之美就是要尊重自然、顺应自然、保护自然，建立"人与自然的命运共同体"，实现人与自然和谐发展的美丽中国建设[2]。可见，人与自然的和谐之美传承自绿色发展的经济与生态环境的协调发展。绿色发展由可持续发展演化而来，要求实现过去发展、现在发展、未来发展和永续发展的统一[3]。因此，可持续发展是绿色发展的必由之路，而协调可持续的科学发展之美，在于强调保护环境就是保护生产力，改善环境就是发展生产力，将实现可持续发展作为建设的内在要求[4]。可见，协调可持续的科学发展之美与绿色发展的可持续发展方式一脉相承。绿色发展最终立足实现人的全面发展，人民和谐幸福之美就是要以人为本，在提高人民物质生活水平的同时丰富人民的精神生活，处理好人与人之间的关系，建设和谐社会[5]。

通过绿色发展实现人的全面发展与人民和谐幸福之美异曲同工[6]。绿色发展作为一种福利型的健康发展模式，追求的不仅是经济的增长，而且更加关注社会福利的增加以及是否能够协调健康发展。绿色发展具有极强的普惠性和外部性，因此需要完善的制度支撑和政策保障[7]。生态制度保障的政治文明

1　陈端计：《绿色发展：中国"十二五"发展转型升级的必然选择》，《经济问题探索》2011年第8期。

2　陆玉珍：《"美丽中国"的科学内涵、战略意义及实践路径》，《中共南京市委党校学报》2018年第1期。

3　刘思华：《科学发展观视域中的绿色发展》，《当代经济研究》2011年第5期。

4　陆玉珍：《"美丽中国"的科学内涵、战略意义及实践路径》，《中共南京市委党校学报》2018年第1期。

5　夏东民、罗健：《"美丽中国"内涵的哲学思考》，《河南社会科学》2014年第6期。

6　汪青松、佘超：《人类共同价值的历史演进、现实依据与实践进路》，《毛泽东邓小平理论研究》2021年第5期。

7　袁华锡、封亦代、罗翔勇等：《制造业集聚如何影响区域绿色发展福利？》，《中国人口·资源与环境》2022年第5期；钟水映、冯英杰：《中国省际间绿色发展福利测量与评价》，《中国人口·资源与环境》2017年第9期；L. D. Ma et al., "Can Green Economy and Ecological Welfare Achieve Synergistic Development？The Perspective of th 'Two Mountains' Theory," *International Journal of Environmental Research and Public Health* 19 (11), 2022; X. P. Wang, Y. M. Li, "Research on Measurement and Improvement Path of Industrial Green Development in China: A Perspective of Environmental Welfare Efficiency," *Environmental Science and Pollution Research International* 27 (prepublish), 2020; Isljamovic et al., "Colouring the Socio-economic Development into Green: I-distance Framework for Countries' Welfare Evaluation," *Quality & Quantity: International Journal of Methodology* 49 (2), 2015。

之美要求用相关政治手段和力量为经济利益、社会利益和生态利益的平衡发展保驾护航，妥善处理好人与自然、人与社会、人与人之间的矛盾，从而构建理治社会，为美丽中国建设提供重要的制度保障[1]。因此，不论是绿色发展还是美丽中国建设，制度保障均是不可或缺的一环。从绿色发展系统来说，绿色文化是绿色发展内在的精神资源，培育绿色意识、传播绿色文化理念、开发绿色文化产品可以促进环境保护与生态建设的交流、提升绿色文化资源价值、促进绿色文化产业发展[2]。生态文化先进之美则需要在全社会加强生态文明教育与传播，促进人民生活方式的生态转向，共同支撑美丽中国建设[3]。绿色发展为美丽中国建设增添华彩[4]，从生态文化体系建设的角度来说，绿色文化的发展与传播正是建设生态文化先进之美的需求所在。综上所述，绿色发展是美丽中国的理念先导，美丽中国建设的"五美"均能在绿色发展的概念、内涵与实现路径中找到理论依据（见图2-1）。

2. 美丽中国建设是绿色发展的目标

关于"美丽中国是绿色发展的目标"这一论断，逯原[5]进行了研究，对绿色发展与美丽中国的内涵与作用机制进行了阐释。他认为通过绿色发展，经济得以持续健康增长，从而带动绿色文化、绿色政治、绿色社会的发展，最终改善人类生存环境，提高人民生活水平。绿色发展是充分考虑环境资源问题的新型发展方式，并将美丽的环境、持续稳定的发展、安定公平的社会、人们的幸福生活作为绿色发展的最终目标，这就是美丽中国的丰富内涵（见图2-2）。吴茵茵[6]从绿色发展和美丽中国建设的路径出发，认为绿色发展是生态文明建设的重要途径，而生态文明建设是实现美丽中国建设不可或缺的

1　曾鹏：《绿色发展理念视阈下美丽中国建设研究》，武汉大学硕士学位论文，2017。

2　王玲玲、张艳国：《"绿色发展"内涵探微》，《社会主义研究》2012年第5期。

3　曾鹏：《绿色发展理念视阈下美丽中国建设研究》，武汉大学硕士学位论文，2017。

4　刘发为、朱金宜：《绿色发展，为美丽中国添华彩》，《中国产经》2022年第5期。

5　逯原：《走绿色发展之路，建设美丽中国》，《现代经济信息》2013年第23期。

6　吴茵茵：《"美丽中国"视野下的绿色发展研究》，西南石油大学硕士学位论文，2015。

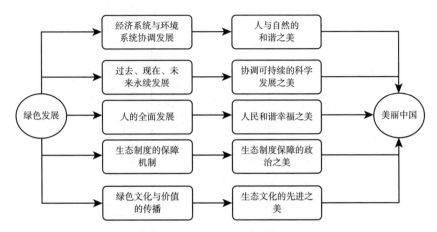

图 2-1　"绿色发展是美丽中国的理念先导"示意

资料来源：笔者整理。

重要部分，因此美丽中国是绿色发展的目标。曾鹏[1]认为绿色化就是美丽中国建设的关键驱动力，通过建设"绿色综合体"，最终将指向美丽中国建设。向宝惠[2]基于生态文明的视角对这一观点进行阐述，认为生态文明建设是促进"天蓝""地绿""水净"等美丽中国建设的必要条件，因此，美丽中国是生态文明建设的目标指向。总的来说，美丽中国用简单易懂的方式概括了中国未来发展的宏伟目标，包含中国未来发展的理念，是自然之美、发展之美、百姓之美的有机统一，而这也是追求经济、环境协调可持续发展，最终实现人的全面发展的目标。可见，绿色发展作为我国新发展理念之一，为实现美丽中国建设的目标描绘了新的画卷[3]。

四　研究评述

（1）当下，相关研究对绿色发展绩效与美丽中国建设的概念解释较多，

1　曾鹏：《绿色发展理念视阈下美丽中国建设研究》，武汉大学硕士学位论文，2017。

2　向宝惠：《加强旅游业生态文明建设，实现美丽中国》，《旅游学刊》2016 年第 10 期。

3　余璐：《绿色发展描绘美丽中国新画卷》，《中国环境监察》2021 年第 1 期。

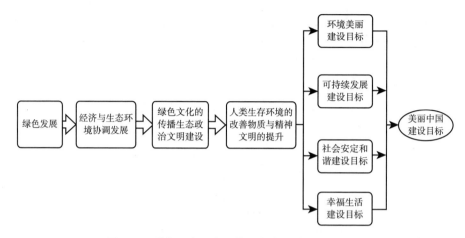

图 2-2　"美丽中国建设是绿色发展的目标"示意

理论分析和机制检验亟待系统展开。从现有研究来看，关于绿色发展绩效的理解和评价主要停留在水平和效率两个维度，鲜有文献讨论绿色发展的结构问题。然而，绿色发展本身是一个复杂的系统，系统间的结构和系统内部结构都深刻影响绿色发展绩效。本书在关注绿色发展水平和绿色发展效率两个维度的基础上，进一步考虑绿色发展绩效的结构性特征，以期全面科学评估中国绿色发展绩效。

美丽中国建设是为应对国内生态形势、实现经济社会转型发展提出的中国式现代化建设的战略目标之一。目前，关于美丽中国建设的概念和概念模型已经开发，为美丽中国建设评价和机制研究提供了范式。许多研究在此基础上对环境之美、时代之美、生活之美、社会之美、自然之美进行了更加深入的分析，但从小尺度的推广和内容的广度来讲都存在明显的局限性。本书基于复合生态系统的视角，提出从生产空间、生活空间和生态空间（以下简称"三生空间"）研究美丽中国建设，这种复合型空间模式有利于多尺度全面评价美丽中国建设水平。

从现有研究看，有关绿色发展绩效与美丽中国建设评价的逻辑主线依然不清晰，而两者的作用机制亟须厘清。当前，关于绿色发展和美丽中国建设的研究主要包括区域绿色发展与美丽中国建设水平的评价、区域绿色发展与美丽中国实现路径的选择。这些研究的不足之处主要体现在两方面：一是现有研究主要针对绿色发展或美丽中国建设各自系统进行内涵界定以及影响因素或影响效果分析，鲜有学者将绿色发展绩效与美丽中国建设纳入统一分析框架系统研究两者之间的作用关系和空间关联关系；二是现有研究往往忽略了绿色发展绩效影响美丽中国建设的中介机制，两者之间的中介传导机制存在"黑箱"。学者主要定性阐释绿色发展的生态环境效应，但针对绿色发展绩效影响美丽中国建设的定量分析仍不多。

因此，需要进一步建立研究绿色发展绩效与美丽中国建设的系统分析框架和方法体系：①科学界定绿色发展绩效与美丽中国的概念和内涵特征，客观回答绿色发展绩效与美丽中国建设的历史背景、发展阶段以及发展动力机制；②建立一套完整的分析框架，分别从水平、效率和结构三个维度对绿色发展绩效进行系统刻画，从"三生空间"对美丽中国建设进行系统集成。③厘清绿色发展绩效与美丽中国建设的逻辑关系，构建两者之间的理论分析框架和检验模型。

（2）绿色发展绩效评估和美丽中国建设考评成为研究热点，而考评体系设计亟待系统完善。绿色发展绩效测算方法较为成熟，不同学者根据研究目标的不同，采用不同的模型进行测度。但是，绿色发展绩效评价的维度较为单一，大多数学者采用非参数法来衡量绿色发展绩效，也有学者采用综合指标体系方法测度绿色发展水平，还有学者从水平-效率综合的维度构建绿色发展绩效总指数。从水平、效率和结构三个维度综合分析绿色发展绩效的研究相对较少。更为重要的是，大多数研究采用熵值法、超效率 DEA 等定量方法，也有少量研究采用专家访谈、德尔菲法等定性方法，采用弹性分析法和耦合协调度模型考评绿色发展绩效的研究则相对较少。最后，现有研究大多从区域或者产业的单一维度分析技术路线，从区域和产业层面提出绿色发展绩效考评体系的研究尚处于起步阶段。

关于美丽中国建设评价，大部分研究采用定性和定量相结合的方法进行阐释，且大部分学者从复合生态系统理论切入，采用系统研究方法的文献比较缺乏。本书将美丽中国建设分解为"美丽环境、美丽经济、美丽生活"三大维度，其中美丽环境反映生态环境之美，美丽经济反映经济发展之美，美丽生活反映政治社会文化之美，三者分别对应生态空间、生产空间和生活空间的"三生空间"。因此，可将美丽中国建设分解为生态、生产和生活三个主要方面，用耦合协调度模型考评美丽中国建设水平。

因此，需要进一步建立绿色发展绩效与美丽中国建设的考评体系。①从不同区域尺度和典型产业维度入手，从绿色发展水平、绿色发展效率、绿色发展结构三个维度评价绿色发展绩效，以期全方位把握绿色发展绩效，从不同区域尺度，如省域、城市以及乡村尺度切入，构建生态、生产和生活的"三生空间"评价美丽中国建设水平；②结合绿色发展和美丽中国建设演变阶段理论，从区域和产业两个维度综合分析绿色发展绩效与美丽中国建设水平的时空差异，以期全方位客观把握绿色发展绩效与美丽中国建设状态与困境；③对绿色发展绩效和美丽中国建设的方法论和评价测度标准进行系统化归纳，科学设计绿色发展绩效与美丽中国建设的考评体系，推广和验证定量研究结论。

（3）对绿色发展绩效和美丽中国建设的道路进行定性探讨，在"双碳"政策和中国式现代化目标下，对绿色发展绩效与美丽中国建设协同发展进行情景模拟和路径优化。针对如何运用政策工具为绿色发展过程提供保障，不少专家学者提出了自己的看法，如外贸政策的运用、财税与考核政策的运用、产业政策的运用、微观机制的设计，但是现有研究也存在一些有待提升的地方。第一，现有文献的政策研究趋于同质化，没有考虑到不同类型政策的特点，鲜有研究从"双碳"政策和人地和谐共生现代化目标的视角考虑绿色发展绩效与美丽中国建设的协同情景；第二，学界并未对绿色发展和美丽中国建设政策实施的效果进行深入的研究，对绿色发展政策与美丽中国建设政策交互效果的评价较为缺乏；第三，现有研究普遍采用定性方法研究绿色发展绩效提升和美丽中国建设，对于政策工具的定量评价较少；第四，现有成果对于政策实施对绿色发展和美丽中国建设的长远影响考虑不足。

因此，首先需要进一步拓展绿色发展绩效与美丽中国建设的政策评估体系：①在梳理绿色发展政策与美丽中国建设政策的发展过程中，应当充分考虑该类型政策的特征以及优缺点，尤其是政策情景和阶段性特征；②应进行绿色发展与美丽中国建设的政策效果分析，并更多地采用定量分析方法，使分析评价更具科学性；③进行政策情景模拟时不仅要考虑绿色发展绩效与美丽中国建设的非线性关系，还需要考虑长期影响，如"双碳"政策影响和人地和谐共生的现代化目标约束，这种长期动态政策模拟是一个重要的前瞻性研究方向。

其次，需要进一步探索绿色发展绩效与美丽中国建设的差异路径：①对于区域绿色发展的研究应当更多地体现区域和产业差异，突出区域特色与产业特色，对于美丽中国建设的研究应更多体现省域、城市以及乡村差异，对于区域美丽中国实现路径的选择应当更多地考虑区域的资源要素禀赋；②区域与区域之间的联动效应、区域内部要素之间的关联与协调度是未来区域绿色发展研究的一个方向；③对区域绿色发展和美丽中国建设的经验总结应提升到更高的层次，使我国绿色发展和美丽中国建设经验上升为"中国理论"和生态文明建设的自主知识体系，以便更好地推广和示范。

最后，需要进一步优化绿色发展绩效和美丽中国建设的情景模拟方法：①设计"双碳"目标下三种政策情景，分别模拟不同政策情景下绿色发展绩效与美丽中国建设的变化，进而对两者的协同状况进行分析，提出路径选择；②基于人与自然和谐共生现代化目标，构建绿色发展绩效与美丽中国建设的分析框架，分析国外绿色发展和国内美丽中国建设的典型案例，采用复杂系统处理方法对绿色发展绩效与美丽中国建设路径进行优化，提出优化策略。

第二节　绿色发展绩效与美丽中国建设的理论回顾

一　从区域可持续发展到绿色发展的理论回顾

（1）从区域可持续发展到绿色发展体现的是发展方式的转变，根本是发展理念的变化。可持续发展作为新的发展模式，为人类的生存发展提供了一个新的路径[1]。绿色低碳循环、生态文明建设以及人与自然和谐共生的现代化分别为绿色发展的主要原则、价值取向和基本抓手[2]。人类在工业革命后形成了一种传统的发展观，即增长过程中强调资本积累、能源和初级产品的高消耗。后来在经济发展、城市环境压力并行的形势下，人类对"增长＝发展"的模式产生怀疑并逐渐考虑生态环境与经济发展的协调问题。1987 年，联合国世界环境与发展委员会发表《我们共同的未来》，正式提出了可持续发展的概念，并以可持续发展为主题，对环境和经济发展方面的问题进行了全面论述，受到全世界的广泛关注。1992 年，可持续发展倡议在联合国环境与发展大会上得到参会者的广泛赞同，大会明确将环境和发展紧密联系在一起，提出可持续发展战略。改革开放以来，中国经济实现了高速增长，但生态环境也逐步恶化，保护生态环境成为人民群众日益增长的强烈诉求。2017 年，党的十九大报告指出，要着力推进绿色发展、循环发展、低碳发展，"形成节约资源和保护环境的空间格局、产业结构、生产方式、生活方式"，从源头上扭转生态环境恶化趋势，为人民创造良好生产生活环境，为全球生态安全作出贡献，阐明了中国实现绿色发展的目标和实现方式[3]。2022 年党的二十大报告

---

[1]　谢欣圆、朱婧：《区域可持续发展管理政策试点研究进展与展望》，《当代经济》2022 年第 9 期。

[2]　黄茂兴、叶琪：《马克思主义绿色发展观与当代中国的绿色发展——兼评环境与发展不相容论》，《经济研究》2017 年第 6 期。

[3]　《习近平：决胜全面建成小康社会 夺取新时代中国特色社会主义伟大胜利——在中国共产党第十九次全国代表大会上的报告》，中国政府网，2017 年 10 月 18 日，https：//www. gov. cn/xinwen/2017-10/27/content_5234876. htm。

指出，要推动绿色发展，促进人与自然和谐共生。这就意味着必须牢固树立和践行绿水青山就是金山银山的理念，站在人与自然和谐共生的高度谋划发展[1]。

可持续发展向绿色发展的转变是可持续发展理念的中国化。可持续发展是传统经济增长方式的转变，注重经济、资源和环境相协调，使经济利益与环境利益相统一，兼顾短期利益与长远利益。绿色发展在理论和实践上的探索本质上是可持续发展理念的丰富和升华，是可持续发展的一种高级形态和最新阶段。

（2）从区域可持续发展到绿色发展体现的是动力的转变，其本质是价值观的变化。绿色发展与可持续发展在思想上是一脉相承的，既是对可持续发展的继承，也是可持续发展中国化的理论创新，更是中国特色社会主义应对全球生态环境恶化客观现实的重大理论贡献，符合历史演进规律[2]。可持续发展理论是在传统发展模式的基础上产生的，代表着人类关注经济发展与生态环境的协调发展问题。可持续发展是人类社会发展的重要战略理论，其核心是强调"代内公平、代际公平"。可持续发展不否定经济增长，强调寻求绿色产业等新增长点有质量的增长。它关乎现在和未来的发展，涉及经济、生态与社会三者的协调统一，要求人类在追求经济发展的同时，关注生态环境和社会的公平，最终实现人类的全面发展。可持续发展理论不是简单的环境保护理论，而是将环境保护和经济社会发展有机结合起来、关乎人类经济社会全面发展的战略性理论。

绿色发展在汲取中华传统文化和世界优秀文化精华的基础上，以生态文明理念为理论基础，开创了人类未来发展的崭新模式[3]。绿色发展要解决人类

1　《（受权发布）习近平：高举中国特色社会主义伟大旗帜 为全面建设社会主义现代化国家而团结奋斗——在中国共产党第二十次全国代表大会上的报告》，新华网，2022 年 10 月 16 日，https://www. news. cn/politics/cpc20/2022-10/25/c_1129079429. htm。

2　李萌：《中国"十二五"绿色发展的评估与"十三五"绿色发展的路径选择》，《社会主义研究》2016 年第 3 期。

3　谷树忠、王兴杰：《绿色发展经济学：对绿色发展的诠释》，《中国经济时报》2016 年 3 月 11 日。

在发展过程中出现的各种资源环境问题，更加注重生态文明建设和经济转型。《中国人类发展报告 2002：绿色发展必选之路》提出了让绿色发展成为一种选择，中国应该抛弃走以牺牲环境为代价高速发展经济的道路，选择一条以保护环境为前提的绿色发展之路[1]。

（3）从区域可持续发展到绿色发展体现的是内容的转变，其核心是发展路径的变化。可持续发展理论主要包含两方面含义：一是满足当代人的需要，为当代人提供可持续的需求；二是不对满足后代需求的能力构成危害，在满足当代人需求的同时，兼顾后代的发展，考虑后代对资源的永续利用。1987年，世界环境与发展委员会在《我们共同的未来》中正式提出"可持续发展"的概念，将可持续发展定义为"既满足当代人的需要，又不对后代人满足其需要的能力构成危害的发展"[2]。2002 年，联合国可持续发展世界首脑会议上发布了《约翰内斯堡可持续发展宣言》，阐述了可持续发展的"三支柱"（Three Pillars）或"三重底线"（Triple Bottom Line）的概念，即可持续发展的关键在于实现环境保护、经济发展与社会平等三者的平衡，形成统一的全球目标。

绿色发展是在生态环境容量和资源承载力的约束下，凸显环境保护重要性的一种新型发展模式[3]。绿色发展不仅将环境资源作为社会经济发展的内在要素，而且将经济活动过程和结果的绿色化和生态化作为主要内容，同时将实现经济、社会和环境的可持续发展作为目标导向。世界银行、国务院发展研究中心联合课题组在《2030 年的中国：建设现代、和谐、有创造力的社会》中提出，绿色发展主要通过创造绿色产品、绿色技术、绿色投资以及改变消费和环保行为，摆脱对资源的过度依赖进而促进增长。这一概念包含三层含义：其一，经济增长可以与碳排放逐渐脱钩；其二，绿

1　李晓西、刘一萌、宋涛：《人类绿色发展指数的测算》，《中国社会科学》2014 年第 6 期。

2　世界环境与发展委员会：《我国共同的未来》，王之佳等译，吉林人民出版社，1997。

3　王心：《绿色发展理念下生态文明的建设原则与方式——评〈新时代生态文明建设与绿色发展〉》，《世界林业研究》2022 年第 3 期。

色发展可以驱动经济增长；其三，经济增长与绿色发展之间可以形成相互促进的良性循环。

二　从生态文明建设到美丽中国建设的理论回顾

（1）美丽中国建设是生态文明理念的落实，生态文明理念指导美丽中国建设。从理论上说，生态系统是一个牵一发动全身的巨大生态系统。地球是一个巨大的生态系统，生活在地球上的人类是地球生态系统的重要一份子，受人地关系的制约，人类从事生产生活必须遵循自然规律和生态规律[1]。党的十八大以来，以习近平同志为核心的党中央高度重视经济增长与环境污染并存的现实困境，深刻反思粗放发展模式导致的生态环境问题，强调要大力推进生态文明建设，推进绿色低碳发展，努力建设美丽中国，实现中华民族永续发展[2]。习近平总书记创造性地提出"绿水青山就是金山银山"理念。"绿水青山就是金山银山"，就是将绿色、生态作为经济发展的基石和底色。绿色发展就是将生态优势转为发展优势，推动生态产业化和产业生态化，加快建设人与自然和谐共生的现代化[3]。生态文明建设理念彰显了生态自然观、生态经济观、生态民生观、生态系统观、生态法治观、生态世界观等丰富的绿色发展内涵。

美丽中国建设的目标主要是实现天蓝、地绿、水清和人和，实现"三生空间"的协调发展，因此在推进美丽中国建设的过程中要继承和落实生态文明建设理念，指导美丽中国建设[4]。美丽中国建设在生产空间融入了生态文明建设理念，即在经济建设中注重协调经济增长与环境保护之间的关系，推动可持续发展；美丽中国建设在生活空间融入了生态文明建设理念，即在文化

1　赵武生、石培基：《基于生态系统服务的兰西城市群复合生态系统耦合协调关系研究》，《中国环境科学》2022年第12期。

2　郑挺颖：《绿水青山就是金山银山》，《环境与生活》2021年第11期。

3　裴士军：《"双碳"目标下"绿水青山就是金山银山"理念的三维认知探新》，《云南社会科学》2023年第1期。

4　万军、路路、张晓婧等：《美丽中国建设地方实践评估与展望》，《中国环境管理》2022年第6期。

建设、社会建设和政治建设中贯彻"两山"理念，统筹中西部发展，推动区域经济相协调，构建覆盖城乡的基本公共服务体系，解决突出的民生问题，实现人与社会的和谐之美、生态文明体制之美；美丽中国建设在生态空间融入了生态文明建设理念，即在发展中坚持保护生态环境，保障绿水青山，实现人与自然的和谐共生，最终实现美丽中国建设的目标[1]。

（2）美丽中国建设在生态文明建设中升华拓展，是生态文明建设追求的目标。生态文明是社会文明的重要组成部分，它与物质文明、政治文明和精神文明密不可分。生态文明为其他几种文明提供生态基础，其他几种文明是生态文明的重要保障。生态文明追求人与自然协调发展，并主张构建循环经济模式，对物质文明提出更高的生态要求，主张新的发展方式。美丽中国建设意在实现天蓝、地绿、水清、人和，促使生态文明建设理念升华拓展[2]。

2012 年 11 月，党的十八大从新的历史起点出发，做出"大力推进生态文明建设"的战略决策，从 10 个方面绘制生态文明建设的宏伟蓝图。党的十八大报告提出，建设生态文明是中华民族永续发展的千年大计[3]。面对资源约束趋紧、环境污染严重、生态系统退化的严峻形势，必须树立尊重自然、顺应自然、保护自然的生态文明理念，将生态文明建设放在突出地位，融入经济建设、政治建设、文化建设、社会建设各方面和全过程，努力建设美丽中国，实现中华民族永续发展。生态文明建设就是将可持续发展提升到绿色发展高度，为后人"乘凉"而"种树"，从绿色发展出发再到美丽中国建设是我国在生态环境保护方面又迈出的坚定一步。美丽中国建设是生态文明建设的接续发展，是在生态文明建设的基础上提出的更加宏大的目标，是我国应该坚持

1　王金南、秦昌波、苏洁琼等：《美丽中国建设目标指标体系设计与应用》，《环境保护》2022 年第 8 期。

2　王金南：《全面开启人与自然和谐共生的美丽中国建设新征程——为美丽中国建设专题作序》，《中国环境管理》2022 年第 6 期。

3　《坚定不移沿着中国特色社会主义道路前进 为全面建成小康社会而奋斗——在中国共产党第十八次全国代表大会上的报告》，中国人大网，2012 年 11 月 8 日，http://www.npc.gov.cn/c2/c30834/202410/t20241017_440084.html。

的理想追求[1]。

（3）美丽中国建设是生态文明建设的中国式现代化之路，也是全面绿色转型的必然结果。党的十九大报告提出，决胜全面建成小康社会，开启全面建设社会主义现代化国家新征程。以习近平同志为核心的党中央，在综合分析国内国际形势和国内发展条件的基础上，提出从 2020 年到 21 世纪中叶中国式现代化分两个阶段的发展战略。中国式现代化既有世界现代化的普遍特征，更有独特之处[2]。党的二十大报告提出我国的现代化是人与自然和谐共生的现代化[3]。生态文明建设要推动绿色发展，而中国式现代化要实现的是人与自然和谐共生的现代化，现阶段实现美丽中国建设就是实现人与自然和谐共生的现代化，因此美丽中国建设就是生态文明建设的中国式现代化之路[4]。

在生态文明建设的过程中，随着时代的发展，我国提出到 2030 年和 2060 年分别实现碳达峰和碳中和的目标。在此情景下，我国生态文明建设需要从理论角度提出更为符合国情与实际的中国现代化之路[5]。我国在全面绿色转型的背景下，通过绿色发展实现美丽中国建设是全面绿色转型的必然结果。

三　从复合生态系统理论到技术创新理论的理论回顾

（1）复合型生态系统理论更关注生态系统之间的相互作用，而技术创新理论更强调绿色创新的原动力。20 世纪以来，城市化进程逐渐加快。据 1997 年联合国人居中心预测，到 2030 年全世界将有 60% 以上的人口居住于城市，

1　陈海波：《美丽中国建设迈出重大步伐》，《光明日报》2022 年 10 月 22 日。

2　《习近平：决胜全面建成小康社会 夺取新时代中国特色社会主义伟大胜利——在中国共产党第十九次全国代表大会上的报告》，中国政府网，2017 年 10 月 18 日，https：// www. gov. cn/xinwen/2017－10/27/content_5234876. htm。

3　《（受权发布）习近平：高举中国特色社会主义伟大旗帜 为全面建设社会主义现代化国家而团结奋斗——在中国共产党第二十次全国代表大会上的报告》，新华网，2022 年 10 月 16 日，https：// www. news. cn/politics/cpc20/2022－10/25/c_1129079429. htm。

4　闻言：《推进美丽中国建设的根本遵循》，《人民日报》2022 年 4 月 7 日。

5　陆军、秦昌波、肖旸等：《新时代美丽中国的建设思路与战略任务研究》，《中国环境管理》2022 年第 6 期。

2050 年世界城市化水平将达到 61%。因此，城市化已成为人类历史发展的必然[1]。与此同时，环境问题日益突出，人类面临社会发展、经济增长和生态保护不可调和的矛盾，"社会—经济—自然复合生态系统"的概念应运而生[2]，具体包括自然子系统、经济子系统以及社会子系统。①自然子系统由生物地球化学循环过程以及以太阳能为基础的能量转换过程主导。由金（矿物质和营养物）、木（植物、动物和微生物）、水（水资源和水环境）、火（能和光、大气和气候）、土（土壤、土地和景观）等基本关系组成。②经济子系统由商品流和价值流主导，由生产者、流通者、消费者、还原者和调控者五类功能实体相辅相成的基本关系耦合而成。③社会子系统由体制网和信息流主导，即由社会的知识网、体制网和文化网三类功能网络组成。三个子系统间通过生态流、生态场在一定的时空尺度内耦合，形成一定的生态格局和生态秩序[3]。

　　绿色发展中复合生态系统理论解释主要体现在以下几个方面[4]。①在复合生态系统中，将不同系统、不同要素以及不同子系统之间的非线性耦合关系界定为生态系统关系。从绿色发展的现实特征来分析，绿色发展的投入产出效率并不能被视为传统意义上的线性投入产出关系，而应当是一个循环增值的非线性过程。从这一点来说，二者均表达了非线性的关系[5]。②在复合生态系统中，将自然子系统、经济子系统、社会子系统相互作用、相互关联、相互耦合界定为系统间的相互作用。从绿色发展的各组成要素来看，绿色发展依托自然生态系统提供的物质和能量推动经济系统和社会系统的正常运转，

　　1　赵庆海、费利群、马兆龙：《世界城市发展的未来趋势及对我国的昭示》，《开发研究》2008 年第 2 期；曹新向、司艳宇：《城市水系生态系统服务功能研究》，《国土与自然资源研究》2005 年第 2 期。

　　2　马世骏、王如松：《社会-经济-自然复合生态系统》，《生态学报》1984 年第 1 期。

　　3　王如松、欧阳志云：《社会-经济-自然复合生态系统与可持续发展》，《中国科学院院刊》2012 年第 3 期。

　　4　J. G. Liu et al., "Complexity of Coupled Human and Natural Systems," Science 317, 2009, pp. 1513-1516; E. A. Ostrom, "General Framework for Analyzing Sustainability of Social - ecological System," Science 325 (5939), 2007, pp. 419-422.

　　5　刘耀彬：《中国绿色发展效率与政策工具选择》，社会科学文献出版社，2021。

人类的经济生产和减排调控等活动反过来会影响自然生态系统，对自然生态系统和社会经济系统的各个子要素产生反馈影响。因此，对于绿色发展来说，研究绿色发展要素之间的耦合性和协调性十分必要[1]。③复合生态系统起初开放性不强，其与外界进行的能量与物质交换不多。随着经济活动规模的逐渐扩大，系统的开放性越来越强。同样，由于绿色发展自身的复杂性和多维性是前所未有的，并鉴于绿色发展是一个价值增值的过程，绿色发展系统必须是一个不断向外扩张的开放式系统[2]。

美丽中国建设的实质就是注重生态文明建设与政治、经济、文化和社会建设的相互联系与融合，重建人与自然的和谐、实现人与自然的共同发展[3]。参考谢依娜等[4]在《中国美丽乡村建设的复合生态系统理念探析》一文中基于美丽中国建设的"生态之美、政治之美、经济之美、文化之美和社会之美"五大方面，将自然子系统定义为生态之美子系统，将社会子系统定义为政治之美子系统、文化之美子系统和社会之美子系统，将经济子系统定义为经济之美子系统，将美丽中国建设作为五个子系统相互结合的复合生态系统来考虑，从而构建美丽中国的复合生态系统机制框架（见图2-3）。可见，在实现绿色发展和美丽中国建设的过程中，创新是第一动力，实现创新发展有助于推动绿色发展绩效和美丽中国建设水平的提升。当然，这个过程也会促进环境规制优化、产业升级等，进而推动绿色发展绩效和美丽中国建设水平的提升[5]。

（2）复合生态系统理论强调生态过程之间的相互作用，而技术创新理论

1　葛全胜、方创琳、江东：《美丽中国建设的地理学使命与人地系统耦合路径》，《地理学报》2020年第6期。

2　岳书敬、高鹏：《城市群空间网络结构对绿色发展绩效的影响研究——基于长江经济带城市群的分析》，《学术论坛》2022年第4期。

3　万军、王金南、李新等：《2035年美丽中国建设目标及路径机制研究》，《中国环境管理》2021年第5期。

4　谢依娜、刘云根、赵乐静：《中国美丽乡村建设的复合生态系统理念探析》，《西南林业大学学报》（社会科学）2017年第6期。

5　万军、路路、张晓婧等：《美丽中国建设地方实践评估与展望》，《中国环境管理》2022年第6期；秦昌波、苏洁琼、肖旸等：《美丽中国建设评估指标库设计与指标体系构建研究》，《中国环境管理》2022年第6期。

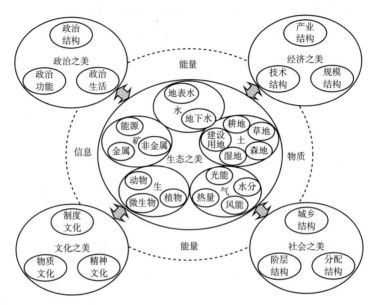

图 2-3　美丽中国复合生态系统机制框架

资料来源：笔者绘制。

突出变量间的因果关系。1912 年，约瑟夫·A. 熊彼特在《经济发展理论》中提出动态发展理论，即创新理论。他认为，技术进步源于技术的发明和创新，内生的技术研发和创新是技术进步和经济长远增长的重要推动力，企业通过研发（R&D）支出推动技术创新，将技术创新成果转化为生产力，从而推动经济发展，这是技术进步最真实和直接的体现。他进一步指出，技术进步除了最初的技术创新和溢出外，还包括技术的转移和扩散[1]。因此一般认为，技术进步主要通过两种途径实现，即研发与技术转移和扩散。前者指通过研究与开发促进技术进步，后者指通过外商投资或跨区域合作实现技术转移和扩散来促进技术进步[2]。通过绿色发展促进技术进步，进而进一步推动美丽中国

1　〔美〕《熊彼特经济发展理论》，邹建平译，中国画报出版社，2012。

2　李娜：《现代增长理论中的技术进步》，《当代经济》2023 年第 1 期。

建设，这对产业升级和环境规制的中介效应同样适用[1]。

外部性又称为溢出效应、外部效应或外部经济。从经济学的视角来看，外部性的实质就是一种经济力量对另一种经济力量产生的非市场化影响[2]。具体而言，当经济主体（包括厂商和个人）在展开一项经济活动时，会对除它以外的经济主体和社会产生影响（包括有利影响和不利影响），但因此给其他经济主体带来的收益和损失都不由该经济主体获得和承担。外部性可分为正外部性和负外部性，当给其他经济主体和社会带来损失时，称为负外部性[3]；当给其他经济主体和社会带来收益时，称为正外部性[4]。环境问题说到底也是外部性问题，厂商在生产过程中的污染物排放在增加自身污染处理成本的同时也会给社会环境带来无须厂商承担的负向影响[5]。同样，当厂商通过技术创新和技术引进等手段对整个生产流程进行优化时，其自身在享受生产效率提高、排污成本下降、经济利润提升等正向效益的同时，也会对经济环境产生正向影响，使整个经济社会发展更加绿色化，这对于美丽中国建设目标的实现而言也是积极的[6]。

（3）复合生态系统理论强调的是生态子系统之间内在的相互作用，而技术创新理论则更注重对外部环境和政策的作用进行阐释。复合生态系统理论认为所有的子系统之间即系统内部之间都存在一定的联系，一个子系统的变化会引起其他子系统的变化。绿色发展水平、绿色发展效率和绿色发展结构

1　钟海媛：《绿色发展绩效对美丽中国建设水平的影响效应——基于不同技术进步的比较分析》，南昌大学硕士学位论文，2021；熊瑶：《环境规制、绿色发展绩效与经济高质量发展——基于中国省级面板数据的分析》，南昌大学硕士学位论文，2020。

2　E. J. Mishan, "The Postwar Literature on Externalities: An Interpretative Essay," *Journal of Economic Literature* 9 (1), 1971, pp. 1–28.

3　R. U. Ayres, A. V. Kneese, "Production, Consumption, and Externalities," *The American Economic Review* 59 (3), 1969, pp. 282–297.

4　王冰、杨虎涛：《论正外部性内在化的途径与绩效——庇古和科斯的正外部性内在化理论比较》，《东南学术》2002 年第 6 期。

5　王晓亮、杨裕钦、曾春媛：《生态环境利益相关者的界定与分类——基于环境外部性视角》，《环境科学导刊》2013 年第 3 期。

6　钟海媛：《绿色发展绩效对美丽中国建设水平的影响效应》，南昌大学硕士学位论文，2021。

是绿色发展绩效的三大子系统，这三大子系统是相互联系的，任何一个子系统发生变化必将使其他子系统随之变化[1]。在美丽中国建设这个系统中，生产空间、生活空间和生态空间是其子系统，这三个子系统相互关联并相互作用[2]。技术创新理论更注重外部环境和政策的作用，比如技术进步将促进绿色发展绩效和美丽中国建设水平提升，在这个过程中，环境规制等政策也必不可少，环境规制的优化将促进绿色发展绩效和美丽中国建设水平提升[3]。

第一，目前对于绿色发展绩效概念与内涵的解析主要从经济系统、自然系统和社会系统三个系统出发，而区域可持续发展理论和绿色发展理论，有助于丰富绿色发展绩效的概念与内涵。对绿色发展绩效和绿色发展水平、绿色发展效率与绿色发展结构关系的解析，以及对绿色发展绩效形成机理的阐释，对揭示绿色发展绩效与美丽中国建设二者关系及其形成机理等都有所帮助[4]。第二，探究生态文明建设理论及美丽中国建设理论，有助于丰富美丽中国建设的概念与内涵，从"五美"到"三生空间"的解析，对于美丽中国建设机理的产生，以及绿色发展绩效与美丽中国建设的机理和政策评价都有所帮助[5]。第三，探究从复合生态系统理论到技术创新理论的发展，将有助于厘清绿色发展绩效与美丽中国建设二者的关系，即绿色发展绩效提升如何推动美丽中国建设[6]，以及为绿色发展绩效影响美丽中国建设的实证研究提供理论支持。

1　方创琳、王振波、刘海猛：《美丽中国建设的理论基础与评估方案探索》，《地理学报》2019 年第 4 期。

2　时朋飞、熊元斌、邓志伟等：《长江经济带"美丽中国"建设水平动态研究——基于生态位理论视角》，《资源开发与市场》2017 年第 11 期。

3　钟海媛：《绿色发展绩效对美丽中国建设水平的影响效应——基于不同技术进步的比较分析》，南昌大学硕士学位论文，2021；熊瑶：《环境规制、绿色发展绩效与经济高质量发展——基于中国省级面板数据的分析》，南昌大学硕士学位论文，2020。

4　刘耀彬：《中国绿色发展效率与政策工具选择》，社会科学文献出版社，2021。

5　张彩玲、王鸿：《"美丽中国"建设视域下绿色发展理念研究》，《东北财经大学学报》2017 年第 6 期。

6　曾鹏：《绿色发展理念视阈下美丽中国建设研究》，武汉大学硕士学位论文，2017。

第三节 "两山"理念的公理化表达

一 "两山"理念的发展历程

2025 年是"绿水青山就是金山银山"理念（以下简称"两山"理念）提出的 20 周年。从时间维度及论述层次来看，可以将其发展历程大致分为三个阶段。在 1985 年习近平提出"保护环境，消除污染""宁肯不要钱，也不要污染"观点时，"两山"理念已然萌芽；2005 年，习近平正式提出"两山"的科学论断；2015 年，中央文件正式纳入"两山"理念；2017 年，"两山"理念被确立为世界环境日的中国主题。经过 30 余年实践与经验的积累沉淀，"两山"理念由萌芽到形成再到成熟，逐步成为一个富有深厚内涵的理论体系。

（1）"两山"理念萌芽阶段（1985~2004 年）

习近平同志在河北省、福建省、浙江省工作期间，将对"两山"理念的初步认识付诸实践，不仅加深了对"绿水青山"和"金山银山"的理解，还带动了地方生态与经济的协同发展。1985 年，习近平任河北省正定县委书记，在任期间主持制定的《正定县经济、技术、社会发展总体规划》充分体现了对经济、人民与生态环境关系的认识。保持良好的生态环境是经济发展及现代化建设的重要支点，也是人民进行生产活动的必然要求。因此，为保持生态平衡，习近平强调："宁肯不要钱，也不要污染。"要做到在适度利用自然资源的同时保护好环境，避免污染"搬家"。1989 年，时任福建省宁德地委书记的习近平同志面对闽东地区山海各半、林深木旺的现实地理条件认识到，要想发展闽东经济潜力在于山，兴旺在于林。森林不仅拥有重要的生态意义，还可以成为"钱库"和"粮库"，在一定条件下可以实现生态效益与经济效益的双赢。因此要"靠山吃山"，必须将振兴林业作为发展闽东经济的重要战略。在组织多次工作会议后，习近平同志带领宁德当地群众积极投身开垦荒地、兴植荒坡、开发荒山中，组织建设生态农业，将林业发展作为推动闽东经济发展的重要载体。

20世纪90年代，福建长汀水土流失现象严重，由于当地长期过量使用化肥和农药，渗透到土地层的化学物质在造成土质退化的同时通过雨水流进江河湖海，使水环境微生物失去平衡。在最严重的时期，长汀水土流失面积高达全县面积的31.5%，部分地区已经出现山体荒漠、水质污染严重、土地肥力下降现象。对此，习近平同志五下长汀，针对"八山一水一分田"的现实困境，提出"大封禁、小治理""草木—沼果"循环养殖的指导意见，力抓茂林、肥田、富民生态农业工程建设，在后期不断坚持下，长汀治理水土流失面积110余万亩，整体森林覆盖率上升到79.8%，使长汀真正达到"绿洲"级生态家园。进入21世纪，时任福建省省长的习近平同志为国家"一控双达标"任务交出完美答卷，亲自召开福建全省污染整治大会，采取积极的治理污染、清洁生产、保护环境行动，经过严格的督查和不懈努力，福建省环境污染整治和环保工作效果达到国家要求。整治污染行动结束后，习近平同志顺势推动了福建省林权制度的进一步改革，这项改革从种林、护林、用林三方面协同发展。习近平同志任职福建期间，福建省整体森林覆盖率保持全国第一，生态环境得到显著改善。在《全面推进生态省建设，争创协调发展新优势》报告中，习近平强调，要想做到人与自然和谐相处的经济繁荣就得做到生态效益与经济效益相统一，只有循环地利用自然资源才能实现山川秀美、人居舒适。

2002年，习近平同志调任浙江省委，在浙江省第十一次党代会上提出建设"绿色浙江"的生态目标，实现资源与人口、经济与环境的共同协调发展。在不懈努力下，2003年浙江省正式成为全国第五个生态省建设试点。此时，习近平对于"两山"理念的设想已初具雏形。

（2）"两山"理念形成阶段（2005~2016年）

习近平同志调任浙江省后，陆续对浙江各地展开生态调研工作。2005年，习近平同志赴湖州市安吉县天荒坪镇余村考察时，首次提出了"绿水青山就是金山银山"的科学论断。他提出，既要"绿水青山"，也要"金山银山"，其实"绿水青山就是金山银山"，它本身就有含金量。习近平同志在明确"绿水青山"和"金山银山"指向后，第一次从对立统一角度对两者关系进行了论述，于8月24日在《浙江日报》上发表《绿水青山也是金山银山》，文中写道："绿水青山可带来金山银山，但金山银山却买不到绿水青山。绿水青山与金山银山既会产生矛盾，又可辩证统一。"[1] 2006年，发表《从"两座山"看生态环境》一文，进一步指出："我们追求人与自然的和谐、经济与社会的和谐，通俗地讲，就是要'两座山'：既要金山银山，又要绿水青山。这'两座山'之间是有矛盾的，但又可以辩证统一。"[2] 不仅如此，他还将"两座山"的关系分为三个阶段：第一阶段是用"绿水青山"去换"金山银山"；第二阶段是既要"金山银山"，也要"绿水青山"；第三阶段是"绿水青山"本身就是"金山银山"。正是对这三个阶段的理解与把握建构成了习近平同志主政浙江时期"两山"理念的核心内容。

习近平同志主政浙江时期，正是浙江省资源供需失衡、矛盾突出时期，面临这种"成长的烦恼"和"制约的疼痛"。作为经济大省的浙江，若想实现经济发展新目标只有搞好产业转型升级，从根本上转变经济增长方式，才能建设成为具有竞争力的"绿色浙江"。习近平同志连续走访调研杭州、丽水、衢州等地，总结浙江省现有及潜在优势后，以"绿水青山"与"金山银山"形象地表达了生态环境与经济发展的辩证关系，同时倡导组织了一系列循环经济工作，有序推进了浙江省生态建设中心环节。首先是2005年启动"发展循环经济'991'行动计划"，即促进循环经济九大领域与载体发展，支持浙江省产业转型升级工作顺利进行。其次是继2004年第一轮"'811'环境污染整治行动"（简称"'811'行动"）后，于2008年展开的第二轮"811"行动，此次"811"行动重点由防治工业污染转向防治农业及生活领域污染，目的是基本实现经济

1　习近平：《之江新语》，浙江人民出版社，2007。
2　习近平：《之江新语》，浙江人民出版社，2007。

社会发展与资源环境承载力相适应，同时使改善人民生活与提高生态环境质量相适应。

2010 年，浙江省委通过了《中共浙江省委关于推进生态文明建设的决定》，提出要坚持走生态立省之路，致力于将浙江省打造成为"富饶秀美、和谐安康"的生态大省，这份文件标志着浙江省生态文明建设进入新篇章。同年 12 月，浙江省深化美丽乡村建设行动全面启动，从美丽乡容、创业增收、乡风文明角度出发，打造"四美三宜"美丽乡村。其中，浙江省安吉县认真贯彻落实"绿水青山就是金山银山"理念，立足自身制定了循环的、和谐的生态之路，形成了从自然的"绿水青山"到产业、文化、社会的"金山银山"，建构了生态文明建设路上的一座里程碑，成为其他县域生态文明建设典范的"安吉模式"。

2013 年，习近平同志先后多次阐述"两座山"之间的辩证关系。2013 年 5 月，党的十八届中央政治局第六次集体学习时，习近平总书记强调了正确处理好经济发展与生态环境保护关系的重要性。同年 9 月，习近平主席出访哈萨克斯坦时发表了关于"绿水青山与金山银山"的重要演讲，说道："我们既要绿水青山，也要金山银山。宁要绿水青山，不要金山银山，而且绿水青山就是金山银山。"[1] 演讲后，他耐心回答了学生的提问，再次强调了"绿水青山"是良好且美丽的生态环境，也是与生态环境相关联的生态产品；"金山银山"是经济的发展，也是与经济发展相关联的民生福祉。因此，处理好"绿水青山"和"金山银山"的关系，就是既要实现生态经济化，也要实现经济生态化。同年 11 月，习近平同志将"绿水青山就是金山银山"理念提升到了系统论高度，在党的十八届三中全会上的讲话中说道："山水林田湖是一个生命共同体。"意思即为人、田、水、山、土、树为一个完整的自然循环体，因此，必须遵循自然规律，保护好绿水青山。2014 年，习近平总书记参加十二届全国人大二次会

1　《绿水青山就是金山银山——关于大力推进生态文明建设》，人民网，2016 年 5 月 9 日，http：//theory. people. com. cn/n/2014/0711/c40531-25267092. html。

议贵州代表团审议时系统论述了"绿水青山"与"金山银山"之间的辩证关系，他强调道，要找准思路，处理好"绿水青山"与"金山银山"的关系，因为"绿水青山"既是自然财富，又是社会财富和经济财富。

经过此阶段发展，习近平同志不仅指出了"两座山"的明确指向，还清晰地阐明与论证了二者的辩证统一关系，将抽象的理论形象化展现，使其成为促进浙江省生态文明建设与经济发展的重要战略。

2015年是习近平同志提出"绿水青山就是金山银山"这一科学论断的18周年，也是中国生态文明建设的标志性年份。同年3月，中央政治局会议将"坚持绿水青山就是金山银山"理念正式写入中央文件。此后，习近平同志在各大会议及讲话中多次阐述"绿水青山与金山银山"理念，强调处理好环境保护和经济发展的关系，不仅是实现可持续发展的内在要求，更是推进国家现代化建设的重大原则之一。同年5月，习近平总书记考察浙江省舟山市，发现当地村民通过发展乡村旅游、农产品等特色产业，将自然环境的优势转换为经济实效，收入相较以往明显增加。习近平总书记赞扬其为"美丽的经济"，是"绿水青山就是金山银山"的最佳印证。同年11月，习近平总书记在中央扶贫开发工作会议上提到，通过改革创新，一些生态环境基础较薄弱且相对贫困的地方实现生态脱贫，要让绿水青山转化为金山银山，带动贫困人口增加经济收入。

2016年1月，习近平同志在贯彻党的十八届五中全会精神专题研讨班上的讲话中指出："环境就是民生，青山就是美丽，蓝天也是幸福，绿水青山就是金山银山。"同年5月，习近平总书记赴黑龙江考察时提出："要按照绿水青山就是金山银山、冰天雪地也是金山银山的思路，摸索接续产业发展路子。"只要守好"绿水青山"就一定能收获"金山银山"。同年9月，在二十国集团工商峰会（G20峰会）开幕式上，习近平主席向参会的二十国代表阐释了"绿水青山就是金山银山"的观点，我们保护环境就是在保护现有及未来的生产力，改善生态环境不仅可以促进生产力转型升级，还能使人民生活更加美好。同年11月，在亚太经合组织工商领导人峰会上，习近平主席阐述了"绿水青山就是金山银山"理念对于推动绿色低碳循环发展、坚持可持续发展战略的重要意义，呼吁各国建设天蓝、地绿、水清的美丽国家。

在这一阶段，习近平在各类重要讲话中多次提及"绿水青山就是金山银山"理念，在理念内涵方面，进一步认识到"绿水青山"本身就是"金山银山"之外，更能创造"金山银山"；在实践探索方面，将该理念内涵与各省市实际情况充分结合，具体分析具体实施。总之，随着认识的深化和实践发展，"绿水青山就是金山银山"理念在此时期得到了完善。

（3）"两山"理念成熟阶段（2017年至今）

2017年1月，习近平主席在联合国日内瓦总部发表演讲指出："我们不能吃祖宗饭、断子孙路，用破坏性方式搞发展。绿水青山就是金山银山。我们应该遵循天人合一、道法自然的理念，寻求永续发展之路。"2017年10月，党的十九大宣告中国特色社会主义发展已进入新时代，生态文明建设被提升为中华民族永续发展的千年大计。[1] 同月，《中国共产党章程》总纲中增写要增强"绿水青山就是金山银山"意识，这代表着"绿水青山就是金山银山"理念正式被写入《中国共产党章程》。

2018年，习近平总书记将"绿水青山就是金山银山"理念与治理海、湖、河实践活动相结合。4月，在庆祝海南建省创办经济特区30周年大会上，习近平总书记针对海南省全面深化改革发表了重要演讲，其中提到海南要为全国生态文明建设做出表率。为此，治理好海洋环境，维护好海洋整体生态状况，牢固树立和全面践行"绿水青山就是金山银山"理念是实现发展的关键。除了在海南省的实践探索，2018年，习近平总书记在深入推动长江经济带发展座谈会上指出，推动长江经济带发展必须从根本上理解生态环境保护与经济发展的辩证关系。经济结构转型的成功与否决定着生态环境保护的成效，因此，要从辩证统一的角度把握"绿水青山"与"金山银山"，而处理好

1　《习近平：决胜全面建成小康社会 夺取新时代中国特色社会主义伟大胜利——在中国共产党第十九次全国代表大会上的报告》，中国政府网，2017年10月18日，https：//www. gov. cn/xinwen/2017－10/27/content_5234876. htm。

"绿水青山"与"金山银山"的关系，就是在发展中实行保护、在保护中实现发展。在 2018 年 5 月召开的全国生态环境保护大会上，习近平总书记提出了新时代推进生态文明建设的六项原则，将树立和坚持"绿水青山就是金山银山"理念为原则之一。

2019 年，习近平主席秉持实现联合国 2030 年可持续发展目标的态度，在国际会议上多次提及"绿水青山就是金山银山"理念。同年 6 月，在向世界环境日全球主场活动贺信中，习近平主席倡导世界各国重视生态文明建设，中国坚持"绿水青山就是金山银山"的重要理念，为保护地球家园，建设美丽世界做出了表率。

2020 年，习近平总书记对"绿水青山就是金山银山"理念的实践活动进行了分析，进一步深化了理念内涵。同年 3 月，时隔 15 年，习近平总书记再次来到浙江省安吉县余村，看到践行"绿水青山就是金山银山"理念的余村，已经走出了一条生态美、产业兴、百姓富的可持续发展之路，习近平总书记提倡全国各省区市向余村学习，将"绿水青山就是金山银山"理念与建设美丽乡村充分结合，因为"绿水青山"与美丽乡村建设是一种内在相互联系和互促共进的发展模式。同年 6 月，习近平总书记在宁夏视察，指出牢固树立"绿水青山就是金山银山"理念，与统筹规划山水林田湖草系统、优化国土空间开发格局密不可分。同年 10 月，习近平总书记听取吉林省委工作汇报后，要求将树立"绿水青山就是金山银山"理念与实施乡村振兴战略具体结合，以加快发展绿色农业、推进农村产业升级和生态工程建设。10 月 29 日，中共第十九届中央委员会第五次全体会议公报强调了坚持"绿水青山就是金山银山"理念，对于尊重自然、保护自然具有重要意义。为促进经济的绿色转型，应持续改善环境质量，走节约优先、保护优先的生态之路，只有全面提高资源利用效率，才能促进绿色低碳发展，维持生态系统稳定性。

2022 年 10 月，党的二十大报告指出，大自然是人类赖以生存发展的基本条件。尊重自然、顺应自然、保护自然，是全面建设社会主义现代化国家的内在要求。必须牢固树立和践行绿水青山就是金山银山的理念，站在人与自然和谐共生的高度谋划发展。2023 年 7 月，习近平总书记在全国生态环境保护大会上指出，必须以新时代中国特色社会主义生态文明思想为指导，正确处理几个重大关系：一是高质量发展和高水平保护的关系；二是重点攻坚和协同治理的关系；三是自然恢复和人工修复的关系；四是外部约束和内生动力的关系；五是"双碳"承诺和自主行动的关系。要着力提升生态系统多样性、稳定性、持续性，加大生态系统保护力度，切实强化生态保护修复监管，拓宽绿水青山转化金山银山的路径，为子孙后代留下山清水秀的生态空间。

经过这一阶段发展，习近平总书记关于"绿水青山就是金山银山"的理念体系得到完善与升华，逐渐成为习近平生态文明思想举足轻重的部分。在实践探索上，逐渐成为各省区市生态文明建设的行动指导。对于国家总体布局而言，为建设美丽乡村、美丽中国，实现中华民族永续发展的千年大计提供了重要指引。对于世界而言，对全球生态治理及环境保护，建设美丽世界具有重要价值。

二 "两山"理念的科学内涵

1. "绿水青山"是关于生态保护的一种形象表述，指向的是良好的生态环境

从狭义的角度来说，"绿水青山"主要是指人类长久以来开展生产生活活动的生态环境和可利用的自然资源。具体而言，"绿水青山"不仅可以表示为人类可以直接利用、消耗的自然资源和物质资源，具有为人类提供物质资源的生产属性，还可以表示为人类间接感受及消费的满足精神层面的生态环境，兼具满足人类审美需求的生态属性，包括碧蓝的天空、清澈的水资源、优良的空气质量、肥沃的土地土壤、生态产品等[1]。从经济学的角度来说则有两个内涵：第一，"绿水青山"不仅是直观上的生态环境，而且是经济系统使用或

---

1 王金南、苏洁琼、万军：《"绿水青山就是金山银山"的理论内涵及其实现机制创新》，《环境保护》2017 年第 11 期。

利用前的生态环境，换言之，"绿水青山"所属范畴是生态环境本身而非实施了活动经济的生态环境；第二，我们常说的"绿水青山"通常是指生态环境优良的地方，与此相对应的通常是非货币化的生态服务价值。

2. "金山银山"是关于经济发展的一种形象表述，指向的是经济增长

"金山银山"是能满足人们美好生活所需的各种有价值产品的统称和代称[1]。具体来说，主要是指国内生产总值的增长、居民可支配收入的增多，但这里的经济发展不同于单纯的经济增长，实际指向的是人类在尊重自然、顺应自然的前提下实现经济效益的提升[2]。因为"金山银山"必须指向绿色可持续的经济发展，这样才能从根本上解决经济增长与生态环境的矛盾，才能让人民群众既看得见山又望得见水，同时还能促进收入水平的进一步提高，在为人民带来福祉的同时做到真正生态利民。"金山银山"也有两层含义：其一，获得"金银财宝"之类的直接性财富，是价值的货币表现形式[3]；其二，所拥有的健康或精神层面的情趣和审美。若从宏观或微观角度来说，宏观的"金山银山"是生态环境提供的为各类生态系统服务而得到的直接性经济价值；微观的"金山银山"则主要是指经济系统利用生态环境而得到的收益或收入。

3. "绿水青山就是金山银山"是生态优势向经济优势的转化论，指明了生态优势向经济优势的转化路径

"两山"理念的实质是要实现生态经济化和经济生态化的统一。经济生态化，即我们创造的财富和价值都是绿色的、环境友好的，在创造 GDP 的同时注重保护和修复环境；生态经济化是指在开发自然的同时将环境资源转变为人们看得见的财富和经济收入。深刻理解"两山"理念必须结合时代发展需要从价值层面解读"绿水青山"为什么就是"金山银山"。①"绿水青山"具有经济价值。人类的财富总量不仅包括已有的 GDP，还包括能转化为 GDP

1　黎祖交：《关于树立和践行"两山"理念的十个观点》，《中国生态文明》2018 年第 5 期。

2　金佩华、杨建初、贾行甦：《"绿水青山就是金山银山"理念研究》，中共中央党校出版社，2021。

3　钟华：《"绿水青山就是金山银山"理念的解析》，华北电力大学（北京）硕士学位论文，2020。

的生态资源。也就是说，人类的财富不仅包括生态环境、自然资源，而且自然资源与自然价值是一切财富的源泉，"绿水青山"在一定的条件下可以转化成"金山银山"[1]。②"绿水青山"具有社会民生价值。"良好生态环境是最公平的公共产品，是最普惠的民生福祉。"[2]"绿水青山"具有很高的民生价值，良好的生活环境是人民健康快乐生活的基本保证，也是人们享受的美好生活的组成部分。人类对大自然的需要和向往决定了"绿水青山"既是人们生活不可或缺的重要组成部分，也是人们追求和向往的重要内容。实现"绿水青山"需要以满足人民对良好生态环境的需求统筹规划和安排，树立建设"绿水青山"的生态环境目标可以为社会发展和治理提供正确的方向，为找出发展中存在的问题提供参照，为未来发展划定明确的底线，因此"绿水青山"具有民生价值[3]。③"绿水青山"具有生态价值。"绿水青山"不仅是指山和水，而且指由人与自然构成的和谐的生态系统，而生态系统中包含各类物种。大自然中丰富且功能各异的物种构建了复杂稳定平衡而正常运行的系统，一旦生态系统遭到破坏平衡将会被打破，并造成严重后果。"绿水青山"中除了蕴含丰富的物种，构成生态系统，且具有生态价值外，其构成的环境也会为生活在其中的物种提供栖息之所，具有保护的作用，这也是"绿水青山"的生态价值之一。最后，"绿水青山"的生态价值还体现在它具有自我净化和稀释缓冲污染的功能上，人类在生产实践中产生的一定量的污染排放到大自然中，会被大自然自行分解稀释，对环境起到净化治愈的作用。人类自身也是自然的组成部分，人与自然之间的关系是小与大、局部与整体的关系，只有大环境运转正常，作为自然局部的人类才能正常生产生活。因此，良好的生态环境具有生态价值体现的是人与自然的和谐共处，体现的是供养与被供养的关系。

1　卢国琪：《"两山"理论的本质：什么是绿色发展，怎样实现绿色发展》，《观察与思考》2017 年第10 期。

2　光明日报评论员：《良好生态环境是最普惠的民生福祉》，《光明日报》2014 年 11 月 7 日。

3　钟华：《"绿水青山就是金山银山"理念的解析》，华北电力大学（北京）硕士学位论文，2020。

4. 绿色发展是"两山"理念的践行方式[1]，美丽中国建设是"两山"理念的目标导向

绿色发展是全局性、根本性、长远性的发展战略。从经济学角度对绿色发展进行定义，是"以市场为导向、以传统产业为基础、以经济与环境和谐发展为目的而发展起来的崭新的经济发展方式，是产业经济为适应人类环保与健康需要而产生并表现出来的一种发展状态"[2]。这样的经济发展方式是以生态文明为价值取向，积极转变传统发展方式、生产方式、消费观念等，努力实现经济、社会的可持续发展，追求绿色经济、绿色政治、绿色文化、绿色生态文明、绿色社会的"五位一体"协调发展，最后表现为绿色增长、绿色财富与绿色福利的增加，是"两山"理念的生动实践。"两山"理念的预期目标是实现经济和生态长期、协调、可持续发展，建成美丽中国。绿色发展将环境资源作为经济发展的内在要素，在不降低环境质量和不破坏自然的前提下发展经济，控制经济活动的各个过程和环节，同时实现"经济增""生态绿"，坚持走生产发展、生活富裕、生态良好的文明发展之路，目标在于建成美丽中国。因此，"两山"理念的实质是实现人与自然协调发展、经济发展与生态文明建设统筹推进。

三　"绿水青山就是金山银山"的理论表达

1. "绿水青山就是金山银山"的动态抉择

进行"绿水青山就是金山银山"的理论推导，首先要明确"绿水青山就是金山银山"辩证统一关系的演进历程。关于"绿水青山"与"金山银山"关系的抉择一共经历了三个阶段。

第一阶段："两山"取重。此阶段用部分"绿水青山"替代"金山银

1　王玥：《"绿水青山就是金山银山"的马克思生态哲学解读》，西南财经大学硕士学位论文，2019。

2　杨正莲：《绿色经济：引领世界经济复苏的新引擎?》，中国新闻网，2009 年 9 月 23 日，https：//www.chinanews.com.cn/cj/cj-gncj/news/2009/09-23/1881651.shtml。

山"，即牺牲一定的生态环境来换取经济增长，因此在实现经济发展的同时，也带来了生态环境的破坏。20世纪八九十年代，国家投入了大量的生产要素促进经济发展，这种粗放型的经济增长方式使污染物排放量日益增多。这一阶段，由于以经济增长为先导，环境相对而言被放在次要位置，用"绿水青山"换取了短暂的"金山银山"，导致生态破坏，遇到发展困境[1]。

第二阶段："两山"兼得。在本阶段，以"绿水青山"为代表的生态产品与以"金山银山"为代表的其他类产品之间的关系是互补的，当两者出现矛盾无法兼顾时，宁要"绿水青山"，不要"金山银山"。由于第一阶段的粗放型经济增长方式没有过多考虑环境的实际承载能力，造成的环境污染愈加严重。为此，人们开始意识到治理污染和保护环境的重要性，产生了对优良环境的强烈需求，发展观念处于转变之中，既要"金山银山"，也要"绿水青山"。"绿水青山"与"金山银山"既互补又兼顾。

第三阶段："两山"相融。"绿水青山"可以源源不断地带来"金山银山"，"绿水青山就是金山银山"。在实际中，不能只看到二者的对立，更要看到二者的相互依存与统一。良好的生态环境可以促进经济增长，生态价值可以创造经济价值，生态优势就是经济优势，这一阶段的"绿水青山"与"金山银山"之间是和谐统一的关系，实现了全局观念上的"绿水青山"与"金山银山"的共同发展。因此，只要有"绿水青山"就不愁没有"金山银山"，因为生态环境不仅是人类赖以生存的根本，也可以无限创造与焕发自身价值，以保护"绿水青山"为前提、以"绿水青山"为坚实基础才能换来"金山银山"。

以上三个阶段印证了"绿水青山"与"金山银山"是动态的具有多重意蕴的发展理念，二者不仅指向生态环境与经济增长的辩证关系，更蕴含着人与自然、人民美好生活与生态文明建设之间的辩证关系。图2-4中的曲线递增部分（经济发展初期），标志着经济发展初期牺牲"绿水青山"争取"金山银山"，此时经济增长和环境污染正相关，且经济增长以粗放模

1　王玥：《"绿水青山就是金山银山"的马克思生态哲学解读》，西南财经大学硕士学位论文，2019。

式为主，经济增长消耗大量资源，但人们已开始意识到治理污染和保护环境的重要性，产生了对优良环境的强烈需求，注重绿色发展。在"两山"兼得理念指导下，开始注重生态环境承载力并着手治理污染问题，"金山银山"与"绿水青山"呈线性相关关系。当面临资源约束与经济发展的矛盾时，选择宁要"绿水青山"，不要"金山银山"。随着进入高质量发展阶段，国家开始调整产业结构，第三产业占比逐渐提高，高耗能、高污染工业占比降低，经济发展促进科技水平的提高，为治理环境污染提供了充分的技术支持，加上环境治理投资加大，环境质量开始改善。同时，"绿水青山"转化为"金山银山"，增加生态产品有效供给，保护"金山银山"，对"绿水青山"的牺牲也变少（见图2-4曲线下降阶段）。

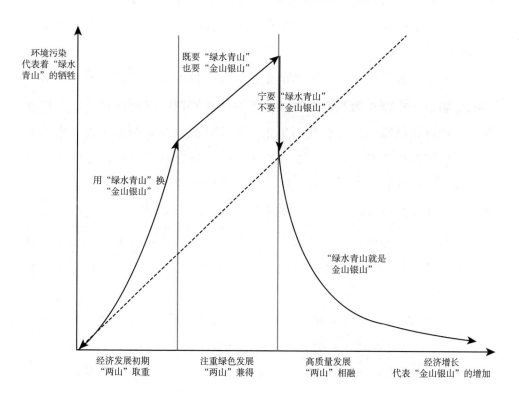

图 2-4　"两山"理念动态抉择示意

资料来源：笔者绘制。

2. "绿水青山就是金山银山" 的区间转化机制

农业时代的生态关系注重人对自然环境的适应，工业时代的生态关系主要表现为人对自然的主动开发，而生态文明时代的生态关系则强调人与自然和谐共生[1]，知识时代需要对 "绿水青山就是金山银山" 的转化机制进行进一步探索。"绿水青山就是金山银山" 的区间转化机制如图 2-5 所示。图 2-5 横轴 X_1 表示对经济效率的需求，纵轴 X_2 表示对生态效率的需求。U_1、U_2、U_3、U_4 代表在不同时代追求两种效率的满足程度，用公式 u（X_{1t}，X_{2t}）表示，其中，t 表示时间。FB/AG 代表不同生产技术和资源禀赋约束下追求两种效率的预算线。用公式 $I=P_{1t} \times X_1+P_{2t} \times X_2$ 表示，其中，I 表示现有的财富与技术支撑，P_1 代表经济效率的价格，P_2 代表生态效率的价格。虚线 $1+\varepsilon$ 表示 "两山" 转化上界，直线 $1-\varepsilon$ 表示 "两山" 转化下界。直线 1 表示 "绿水青山" 就是 "金山银山"。

（1）农业时代。随着生产力的发展，人们逐渐从原始的采集、狩猎等寻找食物的方式转化为饲养和种植，农业逐步兴起。农业出现后，人们改变了依赖自然恩赐的人与自然的关系。农业时代主要资源是土地、水、生物、气候等自然资源。人在农业生产实践中依靠自己的活动使天然产品增殖，人们对自然界具有主动权。因此，农业很快成为基本的生产部门。农业时代的物质需求有限，生产技术约束导致无差异曲线为 U_1（见图 2-5），由于人与自然的关系主要表现为人与地的关系，此阶段追求生态效率，故农业时代 "两山" 转化上界为 $1+\varepsilon$，转化区间为（1，$1+\varepsilon$），转化变动轨迹为 OA 线。

（2）工业时代。工业革命的兴起，以人力为主的手工工场基本上被机器工厂取代，极大地推动了社会经济的发展和技术的进步，生产力、人民生活水平以及市场需求逐步提高。此时的无差异曲线与预算线都向外移动。技术

---

[1]　韦仕芳、杨旭、申雯清：《建立健全文化生态机制是乡村高质量发展的必然》，《贵州民族报》2021 年11 月 12 日。

进步导致无差异曲线增大为 U_2（见图 2-5），由于人与自然的关系主要表现为牺牲一定的生态环境来换取经济增长，此阶段追求经济效率，忽视生态效率，故工业时代"两山"转化下界为 $1-\varepsilon$，转化区间为 $(1-\varepsilon，1)$，转化变动轨迹为 ab 曲线。

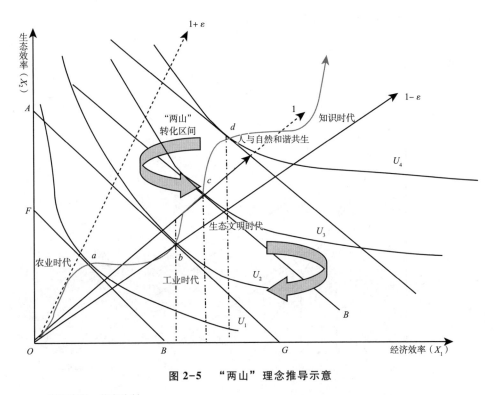

图 2-5　"两山"理念推导示意

资料来源：笔者绘制。

（3）生态文明时代。社会主义生态文明作为人类文明的一种形式，以尊重和维护生态环境为主旨、以可持续发展为依据和着眼点[1]。人类从整体利益出发，尊重自然、保护自然，注重提高生态环境质量，使现代经济社会发展建立在生态系统良性循环的基础之上，以有效地解决人类经济社会活动的需

1　何自力：《改革开放 40 年中国经济发展模式形成的基本经验》，《政治经济学评论》2018 年第 6 期。

求同自然生态环境系统供给之间的矛盾[1]，促进经济、社会、自然协同发展。随着我国主要矛盾变化、人们对物质产品和环境产品有更高的追求，以及生产技术的进步，无差异曲线向外扩张，变为 u_3 和 u_4，此阶段追求"两山"转化，故生态文明时代"两山"转化上界为 $1+\varepsilon$，下界为 $1-\varepsilon$，转化区间为 $(1-\varepsilon，1+\varepsilon)$，转化变动轨迹为 bcd 曲线。

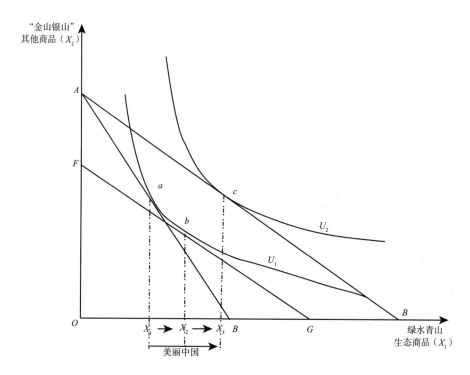

图 2-6 "两山"转化机制

资料来源：笔者绘制。

"两山"转化本质上是通过绿色发展方式转变，促进美丽中国建设。生态文明是继农耕文明、工业文明之后更高级的文明形态，然而其内涵偏于抽象。而绿色发展则是生态文明理念的升级版，是生态文明建设的重要途径，即从

---

1 杨开忠：《习近平生态文明思想实践模式》，《城市与环境研究》2021年第1期。

理念层次上升至价值范畴。具体而言，绿色发展将生态文明提升到前所未有的高度，不仅在经济社会发展中实现生产与生活方式的绿色化，更为重要的是使之成为一种中国式的价值取向，而构建"美丽中国"是生态文明建设的目标所在。"两山"转化的公理化表达如图 2-6 所示。横轴表示指代绿水青山的生态商品 X_1，纵轴表示代表"金山银山"的其他商品 X_2。预算线 AB 和无差异曲线 U_1 的切点是指在有约束的情况下，购买时能达到最大化效用的点。AB 表示：$I = P_{1t} \times X_1 + P_{2t} \times X_2$，$U_1$ 表示：$u(X_{1t}, X_{2t})$，其中，I 表示收入，t 表示时间，P_1 表示生态商品价格，P_2 表示其他商品价格。根据无差异曲线与预算约束线相结合的分析，追求两种效率的均衡是无差异曲线与预算约束线相切之点 a。当其中一种生态商品价格（X_1）降低时，其他因素不变，预算线由 B 点转动到 G 点。此时替代效应为 x_1x_2，收入效应为 x_2x_3，总效应 x_1x_3，为生态商品价格变动导致消费者满足程度变动，此即"绿水青山"变为"金山银山"的过程，即美丽中国建设的过程。

（4）知识文明时代。知识资源成为引领发展的主要因素，知识创新与应用成为经济增长、社会进步与可持续发展乃至人的全面发展的核心要素与主要方式[1]。知识作为新资源，具有共享普惠、无限增值的本质特征[2]，克服了传统物质资源具有的排他性和消耗性的固有缺陷，并能引导物质资源可持续利用。同样的知识资源能够为不同的人群同时使用，随着使用人数的增加，知识的价值实现增值[3]，将为人类社会发展提供永不枯竭、可持续发展的资源保障。知识文明时代，"两山"转换的区间范围更大。

综上所述，"两山"转化总体区间变化如图 2-7 所示。

1　廖兴：《以创新人才培养为导向的高校研究型教学模式构建》，《黑龙江高教研究》2022 年第 4 期。

2　刘英基：《制度质量、知识资本与工业绿色生产效率提升》，《科技进步与对策》2018 年第 11 期。

3　王一飞、孙立梅：《基于知识转移的企业协同进化研究》，《科技进步与对策》2010 年第 24 期。

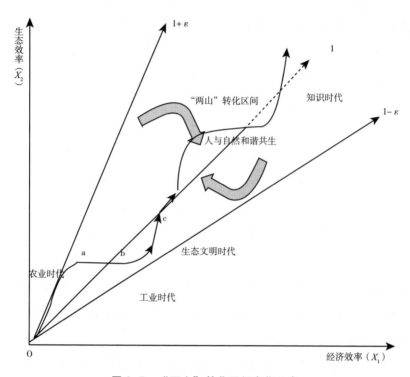

图 2-7　"两山"转化区间变化示意

资料来源：笔者绘制。

第四节　绿色发展绩效与美丽中国建设的理论机制

一　绿色发展绩效与美丽中国建设的概念与内涵

（一）绿色发展绩效的概念与内涵

1. 概念辨析

绿色发展绩效是绿色发展水平、绿色发展效率和绿色发展结构的协同共进。对于绿色发展绩效的认识，涉及从环境绩效到绿色 GDP 绩效再到绿色发展绩效的演进[1]。尽管现有研究多从绿色发展水平或绿色发展效率来衡量绿色

1　宋建波等：《建设绿色绩效评价体系 促进全面绿色转型发展》，《光明日报》2022 年 4 月 18 日。

发展绩效，但是从绩效本身的含义出发，绿色发展绩效不应等同于绿色发展水平或绿色发展效率[1]。绩效一词，最早出现于管理学中，泛指组织、团队或个人在一定的资源、条件和环境下完成任务的出色程度，是对目标实现程度及达成效率的衡量与反馈，它包含"绩""效"两个方面[2]。因此，从管理学角度来看，绿色发展绩效就是用来反映绿色发展完成程度和达成效率的指标，它以特定主体的绿色行为为对象，旨在评价其在一定时间内所完成的绿色发展目标的状况及所达成目标的效率[3]。那么，从这个概念来说，衡量绿色发展绩效就不是对单一的绿色发展水平、绿色发展效率或绿色发展结构的测度评价，而是应既体现绿色发展水平又体现绿色发展效率，是对水平、效率和结构的综合衡量[4]。基于此，笔者认为绿色发展绩效兼具绿色发展的"绩"和"效"。事实上，绿色发展绩效是指全社会在绿色发展模式驱动下所产生的客观效果的总和。它的具体表现是绿色发展的水平变化、绿色发展的效率迁移和绿色发展的结构调整（见图 2-8）。本书将绿色发展绩效视作绿色发展水平、绿色发展效率和绿色发展结构的综合体进行测度与分析。

2. 内涵阐释

绿色发展绩效系统是在自然系统、经济系统和社会系统的作用下孕育的一个交互系统，它与经济、社会、文化相互渗透、相互作用。根据前文分析，为了更为直观地反映绿色发展绩效系统三要素的内在联系，参考相关研究成果[5]，本书绘制了绿色发展绩效系统作用模型（见图 2-9）。

①自然系统以绿色发展水平为基础，同时受到绿色发展效率和绿色发展

1　解蕾、姚扬、但智钢等：《基于 DPSIR 模型的省域绿色发展绩效评价》，《环境工程技术学报》2022 年第 5 期。

2　车帅：《"节能低碳"政策能否实现企业绩效双赢》，《财经科学》2022 年第 9 期；宋建波等：《建设绿色绩效评价体系 促进全面绿色转型发展》，《光明日报》2022 年 4 月 18 日。

3　袁华锡、刘耀彬：《金融集聚与绿色发展——基于水平与效率的双维视角》，《科研管理》2019 年第 12 期。

4　刘耀彬：《中国绿色发展效率与政策工具选择》，社会科学文献出版社，2021。

5　胡鞍钢、周绍杰：《绿色发展：功能界定、机制分析与发展战略》，《中国人口·资源与环境》2014 年第 1 期。

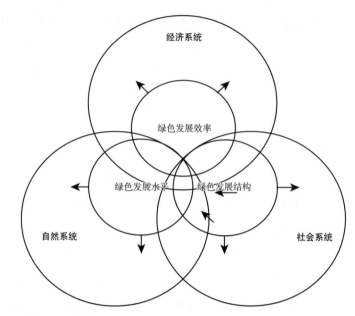

图 2-8　绿色发展绩效的"新三圈模型"概念

资料来源：笔者绘制。

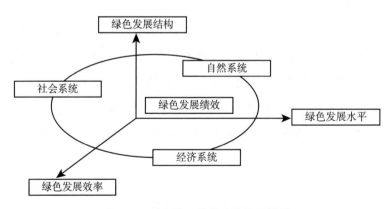

图 2-9　绿色发展绩效系统作用模型

结构的影响。自然系统的气候条件、生态环境、地理位置、水资源、土地资
源的组合为绿色发展奠定了基底，经济系统则以绿色发展效率为基础，同时
受到绿色发展水平和绿色发展结构的影响。同时，经济系统可以通过科学技

术发展、人力资本增加和资源配置优化等途径提高绿色发展效率，而效率的提高是驱动绿色发展绩效提高的根本途径和方法。社会系统则以绿色发展结构为基础，同时受到绿色发展水平和绿色发展效率的影响。人类社会发展的根本目的在于提高人类福祉，即增加就业、促进消费、提高福祉和改善人居环境，推进社会系统的演化。

绿色发展水平、绿色发展效率和绿色发展结构三个子系统基于结构性的交互影响，形成了评价绿色发展绩效的复杂系统。显然，绿色发展绩效的结构性不仅表现在内容上，还表现在时间上的结构性演变（非线性生长过程）、空间上的结构性变迁（不平衡变化）[1]。

②在绿色发展绩效"新三圈模型"中，绿色发展水平是基础，绿色发展效率是动力，绿色发展结构是绿色发展水平和绿色发展效率之间关系的表达。在明确自然系统、经济系统与社会系统的交互作用后，本书基于系统科学理论和自组织理论，建立绿色发展绩效的空间系统作用模型，分析绿色发展水平、绿色发展效率、绿色发展结构之间的内在关联以及它们对绿色发展绩效产生作用的内在机理。其中，自然系统、经济系统和社会系统分别以绿色发展水平、绿色发展效率、绿色发展结构为其发展的主导方向[2]。绿色发展水平为提高绿色发展效率奠定了物质基础，绿色发展效率的提高又可以为提高绿色发展水平创造条件，产生科技支撑、提供人力资本等作用。绿色发展效率提高的结果是绿色发展结构的丰富，绿色发展结构的丰富又为进一步提高绿色发展效率创造了环境，原因在于绿色发展效率提升可以在很大程度上刺激劳动力的生产积极性，有利于提高劳动生产率。绿色发展结构的丰富还依赖绿色发展水平的提高。同时，伴随着绿色发展结构的丰富，公众的环保意识会增强，认识到自然系统承载力有限的事实，这会反过来约束人类对自然系

1　刘耀彬：《中国绿色发展效率与政策工具选择》，社会科学文献出版社，2021。

2　刘耀彬：《中国绿色发展效率与政策工具选择》，社会科学文献出版社，2021。

统的过度开发利用，从而保持生态系统平衡[1]。

③绿色发展绩效评估模型处于系统的中心位置，绿色发展水平、绿色发展效率和绿色发展结构不仅对绿色发展绩效产生直接作用，还会产生间接作用，传导于自然系统、经济系统和社会系统，形成"新三圈"交互模型，产生正向反馈和负向反馈。绿色发展水平-绿色发展效率-绿色发展结构的正向反馈作用表现为"增益-支撑-响应"的过程，其负向反馈作用表现为"胁迫-抑制-损耗"的过程[2]。

（二）美丽中国建设的概念与内涵

1. 概念辨析

美丽中国是国土空间的整体，是对生态空间、生产空间、生活空间的合理规划，要求实现生态空间山清水秀、生产空间集约高效、生活空间宜居适度的目标。现有研究对于美丽中国建设的认识是从早期的生态文明建设、可持续发展演化而来的。可以将生态产品供给系统看成具有特定结构和层次并且有序的整体，因此可将美丽中国建设看成由多个子系统组成的综合性系统[3]。美丽中国建设具有十分丰富的科学内涵，其作为生态文明建设目标的文学隐喻，不仅是为了表达建设"天更蓝、水更美、空气更加洁净、山河更加美丽"的生态环境，同时也形象而充分地表现出中国式现代化的全新视境[4]。目前，学者从不同的角度就美丽中国的内涵进行了定义，从基本的自然生态

1　钟海媛：《绿色发展绩效对美丽中国建设水平的影响效应——基于不同技术进步的比较分析》，南昌大学硕士学位论文，2021；熊瑶：《环境规制、绿色发展绩效与经济高质量发展——基于中国省级面板数据的分析》，南昌大学硕士学位论文，2020。

2　杨角：《中国绿色城镇化发展水平评价及实现路径研究》，西北大学博士学位论文，2020；张可云、张江：《城市群多中心性与绿色发展效率——基于异质性的城镇化空间布局分析》，《中国人口·资源与环境》2022年第2期。

3　四川大学"美丽中国"评价课题组：《"美丽中国"省区建设水平（2012）研究报告》，人民网，2012年12月3日，https：//media.people.com.cn/n/2012/1203/c40628-19776180.html。

4　万俊人：《美丽中国的哲学智慧与行动意义》，《中国社会科学》2013年第5期。

之美到物质发展之美再上升至社会和谐之美，体现出美丽中国所包含的生态、物质和精神要素。第一，从资源环境和安全生态角度看，美丽中国内涵包括资源节约保护、自然生态保育、环境质量改善、地球环境安全等内容[1]。第二，从人地关系的角度看，美丽中国建设是人与自然、人与自身以及人与人之间的和谐之美[2]。第三，从生态系统的角度看，美丽中国应包括经济发展、社会文化、环境保护三个维度的内容[3]。第四，从人与自然和谐共生的现代化角度看，美丽中国的内涵由表及里分为 3 个美丽层级。美丽中国建设本质是发展的高质量、内在机制是制度的现代化，即标志美、内核美、支撑美[4]。有鉴于此，本书基于生态位理论将美丽中国建设系统分解为生产空间、生活空间、生态空间三个子系统。"三生空间"结构的优化和功能的提升是美丽中国建设状态提升的重要体现，当然，"三生空间"状态的可持续也是美丽中国建设的题中应有之义（见图 2-10）。

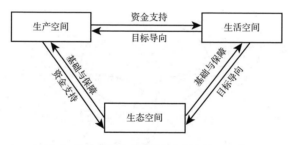

图 2-10　美丽中国建设子系统关系示意

资料来源：笔者绘制。

1　王金南、蒋洪强、张惠远等：《推进生态文明　建设美丽中国——迈向美丽中国的生态文明建设战略框架设计》，《环境保护》2012 年第 23 期。

2　李建华、蔡尚伟：《"美丽中国"的科学内涵及其战略意义》，《四川大学学报》（哲学社会科学版）2013 年第 5 期；夏东民、罗健：《"美丽中国"内涵的哲学思考》，《河南社会科学》2014 年第 6 期；金瑶梅：《论美丽中国的五重维度》，《思想理论教育》2018 年第 7 期。

3　谢炳庚、向云波：《美丽中国建设水平评价指标体系构建与应用》，《经济地理》2017 年第 4 期。

4　万军、王倩、李新等：《基于美丽中国的生态环境保护战略初步研究》，《环境保护》2018 年第 22 期。

2. 内涵阐释

美丽中国建设是由多个子系统组成的综合性系统，本书基于生态位理论将美丽中国建设系统分解为生产空间、生活空间、生态空间三个子系统（见图 2-11）。其中，生产空间体现的是美丽中国建设的经济之美，它反映了经济发展的质量和态势，强调的是转变粗放型发展模式及优化三产结构；生活空间体现的是文化、社会、政治之美，它反映了公共服务建设、文化建设、民生建设等情况，强调的是提升政府公共服务能力和提高人民文化程度与生活水平；生态空间体现的是生态之美，它反映了生态环境现状和治理程度，突出生态保护和环境治理的重要性[1]。三个子系统间相互联系、相互影响、相互制约，形成了美丽中国建设的独特内涵[2]。

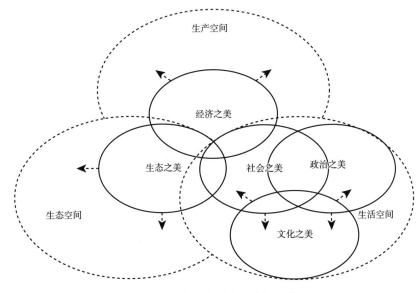

图 2-11　美丽中国建设内涵示意

资料来源：笔者绘制。

---

[1]　谢炳庚、向云波：《美丽中国建设水平评价指标体系构建与应用》，《经济地理》2017 年第 4 期。

[2]　四川大学"美丽中国"评价课题组：《"美丽中国"省区建设水平（2012）研究报告》，人民网，2012年 12 月 3 日，https://media.people.com.cn/n/2012/1203/c40628-19776180.html。

①生产空间是美丽中国建设的关键，对生活空间、生态空间的状况起决定性作用。美丽中国建设的经济之美，反映了经济发展的质量和态势，强调的是转变粗放型发展模式及优化三产结构。经济发展质量的提高，将为美丽中国建设提供坚实的经济基础，现阶段供给侧结构性改革等措施实施的目的是提高经济的发展质量及扭转经济发展的态势，使经济朝着平稳向好的态势发展。转变粗放型的发展模式是实现美丽中国建设在经济发展的过程中十分重要的一个环节，唯有实现发展模式转变才能使经济发展更加绿色化。三产结构优化是为了减少高耗能产业，为绿色产业提供更多的制度保障。在实现经济绿色发展的过程中，生产空间是协同生活空间、生态空间的动力，唯有发展经济才能促进生活空间、生态空间的发展。

②生态空间是美丽中国建设的基础，为生产空间、生活空间提供保障。生态空间体现的是美丽中国建设的生态之美，反映了生态环境现状和治理程度，突出生态保护和环境治理的重要性。生态空间的好坏直接影响生产空间和生活空间的发展，如果生态空间遭到破坏，那么生产空间和生活空间的发展将无从谈起。良好的生态环境是生产空间的基本底线，是生活空间的根本保障。

③生活空间是美丽中国建设的目的，旨在让人民生活得更加幸福和谐美好。生活空间体现的是美丽中国建设的社会之美、政治之美和文化之美，它具体反映了公共服务建设、文化建设、民生建设等情况，强调的是提升政府公共服务能力和提高人民文化程度与生活水平。生活空间所包含的内容是人民生活的基础，唯有公共服务建设、文化建设和民生建设等实现了优质发展，才能创造一个好的生活空间，最终实现人民生活更加幸福美好的美丽中国建设目标。

二　绿色发展绩效与美丽中国建设的分析框架

美丽中国建设是人与自然和谐共生的空间图景，是生态文明建设的目标。绿色发展绩效提升是一种生态机制与生态进化的过程，对构建人与自然和谐发展的美丽中国空间图景具有重要的推动作用。在绿色发展绩效对美丽中国建设影响的模型中，绿色发展绩效对美丽中国建设系统施加的压力既有直接的，也有间接的。

（1）绿色发展是一种方式，可以体现在绿色财富、绿色增长和绿色福利的提升上，一系列活动可以影响绿色发展绩效。经济系统、社会系统和自然系统的共生性形成了绿色增长、绿色财富和绿色福利的耦合关系[1]。绿色发展自然会带来绿色财富的增长、绿色增长效率的提升和绿色福利水平的提升。绿色增长是绿色发展的基础支撑，代表经济系统内经济发展水平的提升，为绿色福利和绿色财富提供经济条件和保障。绿色福利是绿色发展的最终目标，代表社会系统中福利的可持续性，通过提高居民收入水平，促进生态环境改善，为绿色增长与绿色财富提供创新基础和动能[2]。绿色财富是绿色发展的根本保障，代表生态系统中生态水平的提升，为绿色增长和绿色福利提供物质基础和自然环境承载力边界。在实现绿色财富增长、绿色增长效率提升和绿色福利提升的过程中，投资活动、生产活动、消费活动和社会活动可以带动绿色发展绩效的提升。

（2）天蓝、地绿、水清和人和是美丽中国建设的重要体现，其中最重要的是生产、生活和生态空间协同共生，所以"三生空间"可以作为美丽中国建设的直接抓手。美丽中国建设就是着力于生活空间、生产空间和生态空间三者和谐共生，以实现"三生空间"结构的优化、健康持续发展，最终实现"三生空间"功能提升的目的。"三生空间"功能提升主要是通过经济、社会和生态三者的不断协调发展来实现生态环境持续改善、经济发展集约高效和社会文化和谐共生的统一[3]。其中，生态环境是前提和基础，只有实现生态环境的持续改善才能促进经济和社会文化的发展；当然，经济发展也可以为生

1　胡鞍钢、周绍杰：《绿色发展：功能界定、机制分析与发展战略》，《中国人口·资源与环境》2014 年第 1 期。

2　周亮、车磊、周成虎：《中国城市绿色发展效率时空演变特征及影响因素》，《地理学报》2019 年第 10 期。

3　谢炳庚、陈永林、李晓青：《基于生态位理论的"美丽中国"评价体系》，《经济地理》2015 年第 12 期。

态环境持续改善以及社会文化和谐共生提供资金支持和物质保障；社会文化的和谐共生也为生态环境持续改善和经济发展集约高效提供精神动力和目标导向[1]，三者协同发展最终实现美丽中国建设的目标，即实现天蓝、地绿、水清和人和[2]。

（3）绿色发展是行动和方式，美丽中国建设是目标，绿色发展绩效通过提升水平、效率和调整结构影响"三生空间"，以实现美丽中国建设的目标。绿色发展绩效包括绿色发展水平、绿色发展效率和绿色发展结构。绿色发展绩效的提升必然包括水平、效率和结构三者的协同发展，其实质就是绿色发展水平、绿色发展效率和绿色发展结构的高效协同和集约有效。绿色发展是实现美丽中国建设的途径[3]，即通过绿色发展绩效的提升促进美丽中国建设的"三生空间"的优化，使生活空间宜居适度、生产空间集约高效和生态空间山清水秀，实现生活空间、生产空间和生态空间和谐共生、健康可持续发展，即实现"三生空间"结构的优化和功能的提升，最终实现美丽中国建设的目标[4]。

综上所述，绿色发展绩效可以概括为绿色发展水平、绿色发展效率和绿色发展结构的协同共进，美丽中国建设可以概括为生产空间、生活空间和生态空间的共生融合，由此架构起从绿色发展绩效的"三维度"到美丽中国建设"三生空间"的分析框架（见图 2-12）。

1　熊元斌、时朋飞、李星明：《长江经济带"美丽中国"建设水平动态研究》，《华东经济管理》2017 年第 9 期。

2　高峰、赵雪雁、宋晓谕等：《面向 SDGs 的"美丽中国"内涵与评价指标体系》，《地球科学进展》2019 年第 3 期。

3　王连芳、吴文春：《绿色发展——建设美丽中国的重要途径》，《河北科技师范学院学报》（社会科学版）2016 年第 3 期。

4　《习近平：决胜全面建成小康社会 夺取新时代中国特色社会主义伟大胜利——在中国共产党第十九次全国代表大会上的报告》，中国政府网，2017 年 10 月 18 日，https://www. gov. cn/xinwen/2017−10/27/content_5234876. htm。

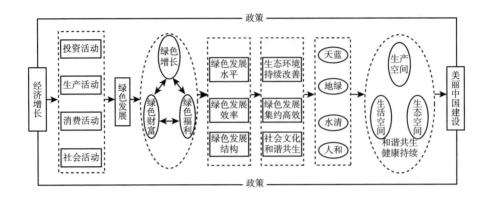

图 2-12　绿色发展绩效对美丽中国建设的分析框架

三　绿色发展绩效对美丽中国建设的作用机制分析

（1）绿色发展水平提升促进生活空间宜居适度和生态空间山清水秀。根据环境库兹涅茨曲线假设，经济增长通过规模效应、结构效应、技术效应三种途径影响环境质量[1]。当经济发展到足够高的水平时，结构效应、技术效应超过了规模效应，自然会出现环境质量从初期恶化到最终好转的倒"U"形发展曲线[2]。在绿色发展的过程中，产业的绿色转型对于产业升级、供给侧结构性改革都尤为重要，产业绿色化推动绿色全要素生产率提高，促进结构效应和技术效应的提升，进而推动生活空间的优化及生态空间的协调[3]。

1　陈浩、罗力菲：《环境规制对经济高质量发展的影响及空间效应——基于产业结构转型中介视角》，《北京理工大学学报》（社会科学版）2021 年第 6 期。

2　G. M. Grossman, A. B. Krueger, "Environmental Impact of a North American Free Trade Agreement," NBER Working Paper 3914, 1991; T. Panayotou, "Empirical Tests and Policy Analysis of Environmental Degradation at Different Stages of Economic Development," Technology and Employment Programme Working Paper WP238, 1993; S. Dinda, "A Theoretical Basis for the Environmental Kuznets Curve," *Ecological Economics* 53, 2005, pp. 403-413; P. Markus, "Technical Progress, Structural Change, and the Environmental Kuznets Curve," *Ecological Economics* 42 (2), 2002, pp. 381-389.

3　何兴邦：《技术创新与经济增长质量——基于省际面板数据的实证分析》，《中国科技论坛》2019 年第 10 期。

根据资源优化配置理论，资源的稀缺性要求人们用最少的资源耗费获取最佳的效益[1]。在市场经济体制下，市场机制是资源配置的主导力量[2]，但客观上也存在不足。在绿色发展水平提升的过程中，必然伴随着资源的合理配置，对资源配置进行帕累托改进，会对企业绿色发展起促进作用[3]。对生态进行合理规划可以促进生态空间山清水秀，对人们生产生活的物质进行合理配置可以促进生活空间宜居适度。在资源配置的过程中，资源节约效应也能促进生活空间宜居适度和生态空间山清水秀。根据波特假说，适当的环境规制会激励企业进行更多的创新活动，创新带来的补偿效应会弥补由严格环境规制带来的机会成本[4]。政府为实现绿色发展绩效目标，会加大环境保护监管力度，强化法律法规，而严格的环境规制会倒逼企业进行技术革新，加强节能减排等绿色技术的研发，最终推动技术进步[5]。

根据希克斯的引致创新假设，环境使用成本要素相对价格的变化会使企业减少使用昂贵的环境要素，刺激产品创新和过程创新以降低生产成本，企业的主动选择将激发技术效应的正向影响。可见，环境规制效应将促进美丽中国建设的生活空间宜居适度和生态空间山清水秀[6]。

（2）绿色发展结构优化可以促进生活空间宜居适度。根据人力资本理论，人力资本表现为蕴含于人身上的各种生产知识、劳动与管理技能以及健康素质的存量总和[7]。在绿色发展结构优化的过程中，人力资本的积累是不可避免

---

[1]　李蕾蕾、盛丹：《地方环境立法与中国制造业的行业资源配置效率优化》，《中国工业经济》2018年第7期。

[2]　宋马林、金培振：《地方保护、资源错配与环境福利绩效》，《经济研究》2016年第12期。

[3]　方登科：《浅析企业绿色发展的人力资源优化配置研究》，《商场现代化》2020年第14期。

[4]　王丽霞、陈新国、姚西龙：《环境规制政策对工业企业绿色发展绩效影响的门槛效应研究》，《经济问题》2018年第1期；张倩、曲世友：《环境规制对企业绿色技术创新的影响研究及政策启示》，《中国科技论坛》2013年第7期。

[5]　陈晓红、蔡思佳、汪阳洁：《我国生态环境监管体系的制度变迁逻辑与启示》，《管理世界》2020年第11期。

[6]　耿子健、蔺丹：《数字经济、技术创新与绿色全要素生产率》，《现代管理科学》2022年第6期。

[7]　余泳泽、杨晓章：《技术进步的原因及性质——基于分工和外部性的理论分析框架》，《产业经济评论》2016年第3期。

的要素。人力资本的投资是最高收益投资，没有对人的大量投资，经济增长乃至创建现代文明就不可想象。人力资本理论的核心是提高人口质量，而教育投资是关键。人口和劳动力的先天能力是平衡的，但后天获得的能力却相差甚远，人口和劳动力质量的差别主要取决于后天的能力。教育在改善人口质量方面起很大作用，教育能够促进一个人能力（包括技能、技术、文化水平和管理能力等）的提升。苏科、周超[1]的研究显示，随着长江经济带人力资本水平的不断提升，科技创新对于绿色全要素生产率的正向作用得到更为充分的发挥。

人的素质的提升对促进生活空间宜居适度有极大的作用。当然，在美丽中国建设过程中，能源是一大投入。借鉴 Copeland 和 Taylor[2] 构建的工业环境污染排放的供给-需求均衡理论，环境污染会直接影响作为社会生态成本的环境质量[3]。高效的能源投入可以促进发展，能源结构的优化以及在一定的资源和技术条件下使能源投入比例趋于合理，可以达到提高能源开发利用效益的目的。在生活空间中，消费不可避免，消费结构优化升级的典型特征就是传统物质型消费占比下降和新型服务型消费占比上升[4]。在这个过程中，优化能源消费结构会减轻环境的压力，使传统物质性消费占比将下降，减轻资源压力。

（3）绿色发展效率提高可以促进生产空间集约高效和生活空间宜居适度。技术进步长期以来都被认为是经济发展的内生动力，并且对经济发展和资源环境改善发挥重要的作用。现有研究在探索技术进步和绿色发展之间的关系时多将技术进步看作影响绿色发展水平和绿色发展效率的因素，认为技术进步在提升绿色发

1　苏科、周超：《人力资本、科技创新与绿色全要素生产率——基于长江经济带城市数据分析》，《经济问题》2021 年第 5 期。

2　B. R. Copeland, M. S. Taylor, "Trade, Growth, and the Environment," *Journal of Economics Literature* 42, 2004, pp. 7-71.

3　李科、袁玮鸿、罗晶等：《中国工业绿色增长效率的测算及其变化特征》，《经济地理》2022 年第 4 期。

4　陈冲、吴炜聪：《消费结构升级与经济高质量发展：驱动机理与实证检验》，《上海经济研究》2019 年第 6 期。

展绩效上发挥重要的作用[1]。同样，绿色发展效率也会对技术进步产生影响[2]。

　　根据环境库茨涅兹曲线理论，当经济发展水平和人均收入水平逐渐提高时，环境质量会先恶化后改善，其原因之一就是随着生活水平和收入水平的提升，人们的需求会逐渐由单纯的经济增长和获得高收入的需求转变为更加注重生活品质和生活环境的环境质量需求，而政府为满足人民群众日益增长的对良好环境质量的需求，会通过制定相关政策、提高环境标准、鼓励技术创新等方式刺激生产技术的提升和生产方式的改进和创新，进而推动技术进步[3]。在绿色发展的早期，人们对良好环境质量的需求还不高，政府对污染排放的管控不严，相关的法律法规和政策体系也不完善，绿色发展更多的是以扩大生产带来的规模效应为主，对技术进步的激励较小；但是随着绿色发展效率的提升，人们越来越注重环境质量和生活品质，为进一步提升绿色发展效率和满足人民群众对良好环境的需求，政府会实施更加严格的环境保护政策，企业出于消费者需求和政策压力会不断改革创新生产技术和污染治理技术，以清洁技术代替肮脏技术，从而使绿色发展的技术效应超过规模效应，在改善环境的同时推动技术进步[4]。在绿色发展效率提升的过程中，资源是企业的重要投入，效率是投入产出比，提升资源利用效率对于促进生产至关重要，同时也是减少浪费和污染、提升生活质量的必由之路。由于在生产过程中，外部性会对

---

[1]　徐建中、王曼曼：《制造业集聚、技术进步与绿色创新绩效——对我国省际面板数据的实证分析》，《科技进步与对策》2019 年第 12 期。

[2]　李光龙、江鑫：《绿色发展、人才集聚与城市创新力提升——基于长三角城市群的研究》，《安徽大学学报》（哲学社会科学版）2020 年第 3 期。

[3]　G. M. Grossman, A. B. Krueger, "Environmental Impact of a North American Free Trade Agreement," NBER Working Paper 3914, 1991; T. Panayotou, "Empirical Tests and Policy Analysis of Environmental Degradation at Different Stages of Economic Development," Technology and Employment Programme Working Paper WP238, 1993; S. Dinda, "A Theoretical Basis for the Environmental Kuznets Curve," *Ecological Economics* 53, 2005, pp. 403–413; Markus Pasche, "Technical Progress, Structural Change, and the Environmental Kuznets Curve," *Ecological Economics* 42 (2), 2002, pp. 381–389.

[4]　何兴邦：《技术创新与经济增长质量——基于省际面板数据的实证分析》，《中国科技论坛》2019 年第 10 期。

环境造成影响，特别是经济产出的负外部性会给环境带来较大的损失，因此在生产的过程中控制生产成本很有必要，在向更高水平的集约型增长路径迈进的过程中，除了促进 TFP 提高外，经济产出的负外部环境效应也是一个需要控制的因素[1]，即成本降低对于促进生活空间宜居适度和生产空间集约高效有利，最终促进美丽中国建设。

综上，绿色发展水平提升促进生活空间宜居适度和生态空间山清水秀，绿色发展结构优化促进生活空间宜居适度，绿色发展效率提高促进生产空间集约高效和生活空间宜居适度，这是绿色发展绩效与美丽中国建设的理论机制。具体原因在于绿色发展绩效主要是通过产业绿色化、资源配置优化、环境规制、人力资本积累、能源结构优化、消费结构优化、技术进步创新、资源利用有效、生产成本降低等途径促进美丽中国建设（见图 2-13）。

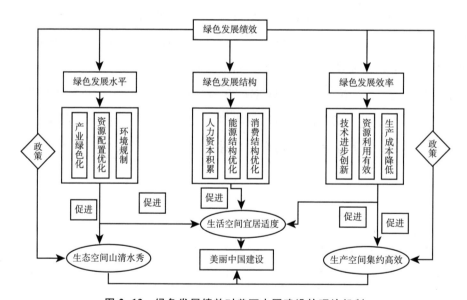

图 2-13　绿色发展绩效对美丽中国建设的理论机制

资料来源：笔者自制。

1　余泳泽、杨晓章：《技术进步的原因及性质——基于分工和外部性的理论分析框架》，《产业经济评论》2016 年第 3 期。

第五节 小结

本章运用文献比较法对绿色发展绩效与美丽中国建设的研究进展和相关理论进行了回顾，对"绿水青山就是金山银山"的发展历程、科学内涵以及理论进行推导。采用归纳法和比较法界定绿色发展绩效与美丽中国建设内涵，并在此基础上采用结构分析法构建绿色发展绩效与美丽中国建设的理论分析框架，进而对其理论机制进行归纳概括。小结如下。

（1）梳理绿色发展绩效与美丽中国建设的研究进展，着重对绿色发展绩效与美丽中国建设的关系进行回顾，把握当前研究热点，破解亟待解决的问题。具体如下：第一，现有研究对绿色发展绩效与美丽中国建设的概念解释较多，亟待展开理论分析和机制检验；第二，现有研究中绿色发展绩效评估和美丽中国建设考评成为热点，需要完善考评体系设计；第三，现有研究对绿色发展绩效和美丽中国建设的道路进行了大量的定性探讨，在"双碳"政策和中国式现代化建设目标约束下，亟待对绿色发展绩效与美丽中国建设协同发展的情景模拟和路径优化进行创新。总体而言，绿色发展是美丽中国建设的理念先导，美丽中国建设是绿色发展的实现目标。

（2）从区域可持续发展到绿色发展、从生态文明建设到美丽中国建设、从复合生态系统到技术创新都体现了学术界和实践界对绿色发展绩效与美丽中国建设的新认知和构建的新发展理念。本章梳理和回顾了从区域可持续发展到绿色发展理论、从生态文明建设理念到美丽中国建设理论、从复合生态系统理论到技术创新理论的发展脉络。具体如下：第一，从区域可持续发展到绿色发展体现了发展方式、发展动力和发展内容的转变，其内核是发展理念的深化，其实质是运行机制的变化，其本质是价值观的变化；第二，从生态文明建设到美丽中国建设体现了理念的升华、道路的拓展和绿色转型的必然，反映出指导思想、建设目标和建设道路的变化；第三，从复合生态系统理论到技术创新理论反映了从强调相互作用转向强调绿色创新的源泉动力、突出变量间的因果关系以及更注重外部环境和政策的作用解释。总体而言，绿色发展绩效提升是动力和发展方式的转变，美丽中国建设是绿色发展的目标和结果。

（3）梳理"绿水青山就是金山银山"理念的发展历程，界定"绿水青山就是金山银山"理念的科学内涵，着重对"绿水青山就是金山银山"进行理论推导。具体如下。第一，"绿水青山就是金山银山"理念演变分为三个阶段：萌芽阶段、形成阶段和成熟阶段，逐步成为一个富有深刻内涵的思想体系。第二，"绿水青山"是关于生态保护的一种形象表述，指向的是良好的生态环境；"金山银山"是关于经济发展的一种形象表述，指向的是经济增长。"绿水青山就是金山银山"体现的是生态优势向经济优势的转化论，指明了生态优势向经济优势的转化路径；绿色发展是"两山"理念的践行方式，美丽中国建设是"两山"理念的目标导向。第三，关于"绿水青山"与"金山银山"关系的抉择一共经历了以下三个阶段，即"两山"取重阶段、"两山"兼得阶段以及"两山"相融阶段。"绿水青山就是金山银山"的转化机制在不同发展阶段存在显著差异。农业时代偏好生态效率，工业时代偏好经济效率，生态文明时代偏好两者的转化效率，并且存在转化区间，而在知识时代两者的转化空间和效率需要进一步探索。

（4）科学阐释绿色发展绩效和美丽中国建设的概念与内涵，构建从绿色发展绩效"三维度"到美丽中国建设"三生空间"的理论分析框架，剖析绿色发展绩效与美丽中国建设的理论机制，为后文提供坚实的理论支撑。在对绿色发展绩效和美丽中国建设的概念与内涵进行界定的基础上，采用结构分析法提出绿色发展绩效和美丽中国建设的理论分析框架，进而对其理论机制进行归纳概括。具体如下：第一，绿色发展绩效的概念是绿色发展水平、绿色发展效率和绿色发展结构的协同共进，而美丽中国建设是生产空间、生活空间以及生态空间的和谐共生；第二，绿色发展绩效的提升可以促进美丽中国建设的"三生空间"的优化，使生活空间宜居适度、生产空间集约高效和生态空间山清水秀，实现生活空间、生产空间和生态空间和谐共生、健康可持续发展，即实现"三生空间"结构的优化和功能的提升，由此构建从绿色发展绩效"三维度"到美丽中国建设"三生空间"的理论分析框架；第三，绿色发展绩效主要通过产业绿色化、资源配置优化、环境规制、人力资本积累、能源结构优化、消费结构优化、技术进步创新、资源利用有效、生产成本降低等途径促进美丽中国建设，从而构建绿色发展绩效与美丽中国建设的理论机制。

第三章
新时代绿色发展绩效评估与考评机制设计

绿色发展绩效是绿色发展水平、绿色发展效率和绿色发展结构的协同共进，绿色发展绩效评估能为考核评价提供科学依据。绿色发展绩效的形成机理研究事关绿色发展动力来源和机制的识别。同时，绿色发展绩效考评机制设计能够为我国高质量发展和经济社会全面绿色转型提供指引。为此，本章在对绿色发展绩效评估的基础上，阐释其形成机理并进行实证检验，目的是为绿色发展绩效考评机制设计提供服务。

第一节　绿色发展绩效的现状比较与量化评估

绿色发展在区域和产业层面的表现具有差异性[1]，研究绿色发展绩效的区域特征和产业特征可以为绿色发展提供差异化路径。本部分将绿色发展绩效分为绿色发展水平、绿色发展效率和绿色发展结构三个维度，分别从区域和产业层面对绿色发展绩效进行评估。

一　区域层面的绿色发展绩效评估与比较

中国的行政区划由省级行政区、地级行政区、县级行政区、乡级行政区组

---

[1] 李子豪、毛军：《地方政府税收竞争、产业结构调整与中国区域绿色发展》，《财贸经济》2018 年第 12 期；李琳、楚紫穗：《我国区域产业绿色发展指数评价及动态比较》，《经济问题探索》2015 年第 1 期；高红贵、赵路：《长江经济带产业绿色发展水平测度及空间差异分析》，《科技进步与对策》2019 年第 12 期。

成[1]。由于不同区域的经济增长水平和环境保护的政策目标不同，以及区域资源禀赋、产业结构、历史文化、创新能力等存在差异，绿色发展绩效存在异质性，故本部分分别从省域、城市和农村三个层面选取代表性样本对其绿色发展绩效进行评估并展开比较分析。

（一）省域绿色发展绩效评估与比较

（1）指标与方法。①省域绿色发展水平的评价指标体系与研究方法。借鉴刘明广[2]、蔡绍洪[3]以及王勇等[4]的研究，构建省域绿色发展水平评价指标体系，该指标体系包括绿色增长、生态保护、绿色治理3个一级指标，具体如表3-1所示。

表3-1　省域绿色发展水平评价指标体系

目标层	一级指标	二级指标	单位	符号
绿色发展水平	绿色增长	人均GDP	元	正向
		经济密度	万元/km²	正向
		第三产业增加值比重	%	正向
	生态保护	自然保护区面积占国土面积比重	%	正向
		森林覆盖率	%	正向
	绿色治理	建成区绿化覆盖率	%	正向
		城市人均绿地面积	公顷/万人	正向
		工业污染治理完成投资总额占GDP比重	%	正向

以2005~2019年全国30个省区市的面板数据为样本，数据主要来源于《中国统计年鉴》、《中国能源统计年鉴》以及《中国环境统计年鉴》，部分缺失数据用插值法补齐。

1　李堃：《中国地方税体系改革研究》，吉林大学博士学位论文，2015。

2　刘明广：《中国省域绿色发展水平测量与空间演化》，《华南师范大学学报》（社会科学版）2017年第3期。

3　蔡绍洪、魏媛、刘明显：《西部地区绿色发展水平测度及空间分异研究》，《管理世界》2017年第6期。

4　王勇、李海英、俞海：《中国省域绿色发展的空间格局及其演变特征》，《中国人口·资源与环境》2018年第10期。

权重是评价的关键，相关研究常采用主观赋权法、专家打分法以及层次分析法等权重方法，由于主观性较强，容易导致评价结果有偏[1]。熵值法是一种客观赋权方法，数值离散程度越大，对综合评价值的影响越大[2]。在熵值法的使用中，数值变异程度由信息熵来度量，信息熵越大，意味着携带的信息量越小，说明权重越小；反之则相反。熵值法计算步骤如下：

首先，数据标准化。采用极差法进行标准化处理，n 为样本个数，m 为指标个数。那么，

正向指标：

$$x_{ij} = \frac{a_{ij} - \min(a_j)}{\max(a_j) - \min(a_j)}(i = 1,2,\cdots,n;j = 1,2,\cdots,m) \tag{3-1}$$

负向指标：

$$x_{ij} = \frac{\max(a_j) - a_{ij}}{\max(a_j) - \min(a_j)}(i = 1,2,\cdots,n;j = 1,2,\cdots,m) \tag{3-2}$$

其次，计算指标比重：

$$p_{ij} = \frac{x_{ij}}{\sum_{i=1}^{n} x_{ij}}(i = 1,2,\cdots,n;j = 1,2,\cdots,m) \tag{3-3}$$

再次，计算指标信息熵值：

$$E_j = -\frac{1}{\ln n}\sum_{i=1}^{n} p_{ij}\ln p_{ij}(i = 1,2,\cdots,n;j = 1,2,\cdots,m) \tag{3-4}$$

最后，确定指标权重：

$$W_j = \frac{1 - E_j}{\sum_{j=1}^{m}(1 - E_j)}(j = 1,2,\cdots,m) \tag{3-5}$$

1　高海秀：《中国牧草生产者和植决策行为研究》，中国农业科学院博士学位论文，2020。

2　D. Hou et al. , "Evaluation and Analysis on the Green Development of China's Industrial Parks Using the Long-tail Effect Model," *Journal of Environmental Management* 248, 2019, pp. 209-288.

综上，确定各地区综合得分：

$$s_i = \sum_{j=1}^{m} W_j x_{ij} (i = 1,2,\cdots,n; j = 1,2,\cdots,m) \qquad (3-6)$$

②省域绿色发展效率的评价指标体系与研究方法。参考于善波和张军涛[1]以及吴磊等[2]的研究，选取劳动力投入、资本投入和能源投入刻画投入。劳动力投入用单位就业人员数表示，资本投入用全社会固定资产投资总额表示，能源投入用分地区能源消费总量表示；期望产出用经济收入指标刻画，经济收入用人均地区生产总值（GDP）表示；非期望产出用工业二氧化硫排放总量、工业废水中污染物排放量化学需氧量、工业固体废弃物产生量三个指标刻画，详细指标如表 3-2 所示。在测算省域绿色发展效率的过程中，利用熵权法构建环境污染指数作为非期望产出，数据来源和研究样本与省域绿色发展水平一致。

表 3-2　省域绿色发展效率评价指标体系

目标层	一级指标	二级指标	单位
投入	劳动力投入	单位就业人员数	万人
	资本投入	全社会固定资产投资总额	亿元
	能源投入	分地区能源消费总量	万吨标准煤
期望产出	经济收入	人均地区生产总值（GDP）	元
非期望产出	工业三废	工业二氧化硫排放总量	吨
		工业废水中污染物排放量化学需氧量	吨
		工业固体废弃物产生量	万吨

DEA 方法是一种非参数前沿面效率分析方法，DEA 模型主要包括 SBM 模型、交叉效率模型和超效率 DEA 模型等[3]。为了解决评价过程中的松弛问题，

1　于善波、张军涛：《长江经济带省域绿色全要素生产率测算与收敛性分析》，《改革》2021 年第 4 期。

2　吴磊、贾晓燕、吴超等：《异质型环境规制对中国绿色全要素生产率的影响》，《中国人口·资源与环境》2020 年第 10 期。

3　杨骞、刘鑫鹏：《中国区域创新效率的南北差异格局：2001-2016》，《中国软科学》2021 年第 12 期；范巧、郭爱君：《一种嵌入空间计量分析的全要素生产率核算改进方法》，《数量经济技术经济研究》2019 年第 8 期。

估计决策单元的超效率值，以解决模型中多个决策单元效率值为 1 的难题，本章采用非期望产出的超效率 SBM 模型和全域 Malmquist 指数来测算省域绿色发展效率。这种方法可以在投入产出数据的基础上，以非射线方式估计数值。m 种投入，q_1 种期望产出（y^g）和 q_2 种非期望产出（y^b）的 n 个决策单元的超效率 SBM 模型如下：

$$
\min\rho = \frac{1 + \dfrac{1}{m}\displaystyle\sum_{i=1}^{m} s_i^{-}/x_{ik}}{1 - \dfrac{1}{q_1 + q_2}\left(\displaystyle\sum_{r=1}^{q_1} s_r^{g+}/y_{rk}^{g} + \displaystyle\sum_{r=1}^{q_2} s_t^{b-}/y_{rk}^{b}\right)}
$$

$$
\begin{aligned}
s.t.\quad & \sum_{j=1,j\neq k}^{n} x_{ij}\lambda_j - s_i^{-} \leqslant x_{ik} \\
& \sum_{j=1,j\neq k}^{n} y_{rj}\lambda_j + s_r^{g+} \geqslant y_{rk}^{g} \\
& \sum_{j=1,j\neq k}^{n} y_{tj}^{b}\lambda_j - s_t^{b-} \leqslant y_{tk}^{b}
\end{aligned}
\qquad (3-7)
$$

$$
1 - \frac{1}{q_1 + q_2}\left(\sum_{r=1}^{q_1} s_r^{g}/y_{rk}^{g} + \sum_{r=1}^{q_2} s_r^{b}/y_{rk}^{b}\right) > 0
$$

$$
s^{-}, s^{b}, s^{g}, \lambda \geqslant 0; i = 1,2,\cdots,m; r = 1,2,\cdots,q; j = 1,2,\cdots,n(j \neq k)
$$

在式（3-7）中，x_{ik}、y_{rk}^{g}、y_{tk}^{b} 分别为第 k 个决策单元 DMU 的第 i 种投入、第 r 种期望产出、第 t 种非期望产出，s 是松弛量，λ 为权重向量，ρ 为目标函数。$\min\rho$ 为综合效率（TE），综合效率是纯技术效率（PTE）和规模效率（SE）的乘积，表示为 $TE = PTE \times SE$。纯技术效率反映技术水平的生产效率，规模效率反映生产率的效率。在非期望产出存在的情况下，当 $\min\rho = 1$ 时，$s^{-} = s^{b} = s^{g} = 0$，决策单元 DMU 有效率。

Malmquist 指数模型。Malmquist 指数可为测算绿色发展效率变化（$Tfpch$）提供便利。在考察技术进步变化（$Techch$）的情况下，可以将技术效率变化（$Effch$）分解为纯技术效率变化（$Pech$）和规模效率变化（$Sech$）。具体公式如下：

$$M_t(x^t, y^t, x^{t+1}, y^{t+1}) = \frac{D_c^{t+1}(x^{t+1}, y^{t+1})}{D_c^t(x^t, y^t)}, M_{t+1}(x^t, y^t, x^{t+1}, y^{t+1}) = \frac{D_c^{t+1}(x^{t+1}, y^{t+1})}{D_c^t(x^t, y^t)}$$

$$M_t(x^t, y^t, x^{t+1}, y^{t+1})$$

$$= \frac{D_v^{t+1}(x^{t+1}, y^{t+1})}{D_v^t(x^t, y^t)} \times \left[\frac{D_v^t(x^t, y^t)}{D_v^{t+1}(x^t, y^t)} \frac{D_v^t(x^{t+1}, y^{t+1})}{D_v^{t+1}(x^{t+1}, y^{t+1})} \right]^{1/2} \times \left[\frac{\dfrac{D_c^t(x^{t+1}, y^{t+1}) / D_v^t(x^{t+1}, y^{t+1})}{D_c^t(x^t, y^t) / D_v^t(x^t, y^t)} \times}{\dfrac{D_c^{t+1}(x^{t+1}, y^{t+1}) / D_v^{t+1}(x^{t+1}, y^{t+1})}{D_c^{t+1}(x^t, y^t) / D_v^{t+1}(x^t, y^t)}} \right]^{1/2}$$

$$= Pech \times Techch \times Sech$$

$$(3 - 8)$$

其中，设 (x^t, y^t) 和 (x^{t+1}, y^{t+1}) 分别是 t 期和 $t+1$ 期的投入产出关系，其从 (x^t, y^t) 到 (x^{t+1}, y^{t+1}) 的变化是生产率的变化。$D_c^t(x^t, y^t)$、$D_c^{t+1}(x^{t+1}, y^{t+1})$ 为距离函数。$Techch$ 表示技术进步变化，是生产前沿面的移动对生产率变化的贡献程度。$Sech$ 为规模效率变化，表示规模经济对生产率的影响。$Pech$ 为纯技术效率变化，是假定变动规模报酬下的技术效率变化。PTE 大于 1，表示综合生产率提高；PTE 小于 1，表示综合生产率下降。若 PTE 的组成部分的变化率大于 1，则认为其是 PTE 水平提高的根本原因；反之，若小于 1，则是 PTE 水平下降的根本原因。

③省域绿色发展结构的评价指标体系与研究方法。省域绿色发展结构是对省域绿色发展水平和省域绿色发展效率二者关系的表达，以耦合度模型来描述省域绿色发展水平与省域绿色发展效率两个系统发展中序参量协同的强弱、彼此影响程度[1]。将省域绿色发展结构分解为省域绿色发展水平与省域绿色发展效率两个子系统。指标选取与数据来源同上。

耦合度模型能反映省域绿色发展水平和省域绿色发展效率的作用强度和作用方向，通过构建省域绿色发展水平和省域绿色发展效率耦合度模型测度省域绿色发展结构，计算公式如下：

---

[1] 吴传清、黄磊：《长江经济带工业绿色发展绩效评估及其协同效应研究》，《中国地质大学学报》（社会科学版）2018 年第 3 期。

$$C = \frac{\sqrt{L \times E}}{(L + E)/2}$$

$$(3 - 9)$$

在式（3-9）中，L 为绿色发展水平；E 为绿色发展效率；C 为两者耦合度，即绿色发展结构，其取值范围为 $[0, 1]$。C 值越大，两个系统的耦合发展就越协调，表明两个系统间的相互作用越强，反之则越弱。当 $C=0$ 时，表明系统处于无序状态，两个子系统的发展方向和结构呈无序性；当 $C=1$ 时，表明系统处于完全有序状态，两个子系统形成良性共振。根据 C 值的大小，可以将系统的耦合度分为几个阶段[1]。当 $0<C\leqslant0.3$ 时，系统处于低水平耦合阶段，表明绿色发展结构不优化；当 $0.3<C\leqslant0.5$ 时，系统处于拮抗阶段，表明绿色发展结构基本优化；当 $0.5<C\leqslant0.8$ 时，系统处于磨合阶段，表明绿色发展结构次优；当 $0.8<C\leqslant1$ 时，系统处于高水平耦合阶段，表明绿色发展结构优化。

④省域绿色发展绩效的评价指标体系与研究方法。省域绿色发展绩效是省域绿色发展的结果和效率，可以将其分解为省域绿色发展水平、省域绿色发展效率与省域绿色发展结构三个部分，利用耦合协调度模型得到综合指数。指标选取与数据来源同上。

在协同学中，协同度主要是对系统之间各要素相互协同、相互配合程度的测度，即系统由无序走向有序的程度[2]，本章通过构建耦合协调度模型对省域绿色发展绩效进行综合评价。参考吴玉鸣和张燕[3]的研究，构建省域绿色发展水平、省域绿色发展效率和省域绿色发展结构的耦合协调度模型，模型计算过程如下：

$$C = \frac{3 \times \sqrt[3]{U_1 \times U_2 \times U_3}}{U_1 + U_2 + U_3}$$

$$(3 - 10)$$

1　谢炳庚、陈永林、李晓青：《耦合协调模型在"美丽中国"建设评价中的运用》，《经济地理》2016 年第 7 期。

2　邹圆：《绿色发展对美丽中国建设协同发展的效应测度及预测》，南昌大学硕士学位论文，2021。

3　吴玉鸣、张燕：《中国区域经济增长与环境的耦合协调发展研究》，《资源科学》2008 年第 1 期。

在式（3-10）中，U_1、U_2、U_3 分别是绿色发展水平指数、绿色发展效率指数和绿色发展结构指数，C 代表三个子系统的耦合协调度，其取值范围为 $[0, 1]$。C 值越大，则三个系统的耦合发展就越协调，表明三个系统间的相互作用越强，反之则越弱。由于绿色发展绩效三个子系统的发展水平各异，有可能存在三者评价指数均低而耦合协调度高的情况，从而使结果产生偏误。为避免此类情况引入协调发展度，构建绿色发展绩效三个子系统的耦合协调度模型，进一步分析绿色发展绩效三个子系统的耦合协调度。

$$D = (C \times T)^{1/3} \tag{3-11}$$

$$T = \alpha U_1 + \beta U_2 + \gamma U_3 \tag{3-12}$$

D 是系统间的耦合协调度，数值越大，表明系统的耦合协调度越高。T 是三个系统的综合评价值，令 $\alpha=\beta=\gamma=1/3$，表明绿色发展水平系统、绿色发展效率系统和绿色发展结构系统具有同等重要的影响。借鉴廖重斌[1]的研究，本章将绿色发展绩效三个子系统的耦合协调度划分为 3 个区间、10 个阶段（见表 3-3）。

表 3-3　耦合协调度阶段和区间划分

D 的取值范围	耦合协调度阶段	耦合协调度区间
0.000~0.099	极度失调	
0.100~0.199	严重失调	不可接受
0.200~0.299	中度失调	
0.300~0.399	轻度失调	
0.400~0.499	濒临失调	勉强接受
0.500~0.599	勉强协调	
0.600~0.699	初级协调	
0.700~0.799	中级协调	可接受
0.800~0.899	良好协调	
0.900~1.000	优质协调	

1　廖重斌：《环境与经济协调发展的定量评判及其分类体系——以珠江三角洲城市群为例》，《热带地理》1999 年第 2 期。

（2）省域绿色发展水平、省域绿色发展效率、省域绿色发展结构分维度结果分析。①省域绿色发展水平的结果分析。省域绿色发展水平指数如表3-4所示。从表中可以看出，2005年全国绿色发展水平指数为0.062，此后总体呈上升趋势，2014年和2015年呈下降趋势，分别为0.091和0.089，2019年达到峰值。2005~2019年全国绿色发展水平指数均值为0.081，全国绿色发展水平指数从2005年的0.062增至2019年的0.105，增幅为70%，表明全国绿色发展水平整体不高，但发展速度较快。总体来看，绿色发展水平呈现"上升—下降—上升"的阶段性变化特征，提升趋势明显。此发现与王勇等[1]提出的我国绿色发展水平整体呈上升趋势的研究结论相似。可能的原因是：在考察期内，中国经济经历了从高速增长向高质量发展的变化，随着质量变革、效率变革以及动力变革的深入推进，绿色发展水平呈现阶段性波动上升特征。特别是党的十八大以来，生态文明建设成为"五位一体"重要战略布局之一，我国政府高度关注污染防治和发展清洁技术，制定实施了"污染防治攻坚战""大气污染防治十条""水污染防治二十条"[2]，在新发展理念和"两山"理念的指引下，绿色发展水平大幅提升。

表3-4　2005~2019年省域绿色发展水平指数

年份	全国	东部	中部	西部
2005	0.062	0.077	0.044	0.059
2006	0.063	0.074	0.046	0.064
2007	0.068	0.080	0.056	0.065
2008	0.067	0.083	0.049	0.065
2009	0.070	0.090	0.050	0.065

1　王勇、李海英、俞海：《中国省域绿色发展的空间格局及其演变特征》，《中国人口·资源与环境》2018年第10期。

2　范庆泉、储成君、高佳宁：《环境规制、产业结构升级对经济高质量发展的影响》，《中国人口·资源与环境》2020年第6期。

年份	全国	东部	中部	西部
2010	0.069	0.091	0.047	0.062
2011	0.072	0.098	0.048	0.065
2012	0.077	0.104	0.051	0.068
2013	0.096	0.142	0.060	0.076
2014	0.091	0.117	0.061	0.087
2015	0.089	0.120	0.064	0.077
2016	0.095	0.127	0.069	0.082
2017	0.096	0.133	0.070	0.079
2018	0.100	0.139	0.074	0.080
2019	0.105	0.146	0.077	0.084
均值	0.081	0.108	0.058	0.072
变异系数	0.185	0.236	0.189	0.128
标准差	0.015	0.025	0.011	0.009

图 3-1 呈现了 2005~2019 年省域绿色发展水平指数时序变化趋势。从发展现状来看，2019 年东部地区绿色发展水平指数超过 0.100，远高于全国绿色发展水平指数均值。值得注意的是，中部和西部地区一直低于全国均值，表明全国绿色发展水平呈现较大的地区差距，东部、中部和西部地区绿色发展水平不平衡，其数值大小为东部>西部>中部，区域内部基本处于固化态势。对此现象的可能解释是，相对于中部和西部地区，东部地区要素禀赋丰裕，创新能力较强，绿色转型速度较快。就增长幅度而言，东部地区 11 个省区市绿色发展水平指数从 2005 年的 0.077 增至 2019 年的 0.146，增幅为 90.0%，整体上看 11 个省区市均呈快速上升态势，波动幅度比较稳定，变异系数基本维持在 0.300 以内。中部地区从 2005 年的 0.044 增至 2019 年的 0.077，增幅为 75%；西部地区从 2005 年的 0.059 增至 2019 年的 0.084，增幅为 42.4%。东部地区绿色发展水平指数增速最快，中部地区绿色发展水平增速适中，西部地区绿色发展水平增速最慢。就增长差距而言，西部地区绿色发展水平差距出现收敛态势，而东部与中部地区增长差距逐步扩大。综上，东部、中部

和西部地区绿色发展水平整体呈波动上升趋势，但区域差距显著，该发现与王勇等[1]的研究结论基本一致，即中国省域绿色发展水平存在显著地域差异，经济发展水平较高的东部沿海地区绿色发展水平也较高。可见，提升西部和中部地区的绿色发展水平对于提高全国绿色发展水平以及实现全面绿色转型意义重大。

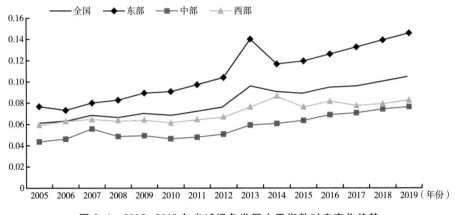

图 3-1　2005~2019 年省域绿色发展水平指数时序变化趋势

　　②省域绿色发展效率的结果分析。2005~2019 年省域绿色发展效率指数均值及其分解如图 3-2 所示。由图可见，在样本期内，除 2006 年、2009 年、2012 年以及 2014 年绿色发展效率指数低于 1.000 外，其他年份均大于 1.000，从 2005 年的 1.001 增至 2019 年的 1.044，增幅为 4.30%。这表明绿色发展效率指数增幅不大，绿色发展不充分。总体来看，绿色发展效率呈波动上升趋势，但增长幅度有限。从效率分解来看，2017 年以来绿色发展效率指数有所下滑，说明近年来我国绿色发展效率不充分，其中绿色技术效率指数低于1.000，是引致绿色发展效率下降的主要原因。进一步，从图 3-2 中可以看出，多数年份绿色技术进步指数大于绿色技术效率指数，说明绿色全要素生

　　1　王勇、李海英、俞海：《中国省域绿色发展的空间格局及其演变特征》，《中国人口·资源与环境》2018 年第 10 期。

产率水平提高的主要原因是技术进步，该研究发现与王兵和侯冰清[1]的研究结论一致。可见，随着创新驱动发展战略的深入实施，我国绿色创新技术有所进步，技术创新能力不断增强。

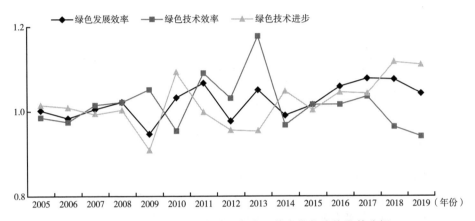

图 3-2　2005~2019 年省域绿色发展效率指数均值及其分解

表 3-5 呈现了 2005 年、2010 年、2015 年和 2019 年全国 30 个省区市绿色发展效率指数测算结果。由表可知，2010 年仅四川和安徽两省绿色发展效率较高，2015 年辽宁绿色发展效率较高，而 2019 年北京、云南、上海、安徽、福建和海南等省区市绿色发展效率较高，其他大部分省区市整体不高。这说明在经济高质量发展背景下，提升绿色发展效率的需求尤为迫切。截至 2019 年，绿色发展效率中高区间地区主要集中在长江经济带 11 个省区市，特别是安徽、云南较高，在长江经济带附近形成中高效率集聚区；东北地区绿色发展效率整体偏低，形成低效率集聚区，区域绿色发展效率不平衡问题突出。可能的原因是：长江经济带经济发展水平和一体化程度较高，人才吸引能力强，技术创新能力突出，在"共抓大保护，不搞大开发"政策背景下，地区环境联防联治和清洁技术集中使用，实施节能减排，降低治污成本，因

　　1　王兵、侯冰清：《中国区域绿色发展绩效实证研究：1998—2013——基于全局非径向方向性距离函数》，《中国地质大学学报》（社会科学版）2017 年第 6 期。

此绿色发展效率整体高于其他地区。东北地区经济发展优势不明显，绿色创新能力不高，节能减排技术较弱，绿色发展效率提升动力不足[1]。总体来说，绿色发展效率位于高区间的省区市较少，区域分布不均衡，区域差距较为突出。

表 3-5 2005 年、2010 年、2015 年、2019 年全国 30 个省区市绿色发展效率指数测算结果

省区市	2005 年	2010 年	2015 年	2019 年
北京	1.1192	0.9630	1.0209	1.2045
天津	1.0120	0.9936	0.9818	0.7037
河北	0.9438	1.0335	0.9700	0.9291
山西	1.1655	1.0620	0.9595	0.9436
内蒙古	1.0711	1.0600	1.0848	0.9428
辽宁	0.9091	1.0443	1.1693	0.9774
吉林	0.9736	1.0678	1.0593	0.8192
黑龙江	0.9303	1.0031	1.0215	0.8475
上海	0.8055	0.9382	1.0384	1.2006
江苏	0.9889	1.0443	1.0420	1.0863
浙江	1.0222	1.0345	1.0070	1.0563
安徽	0.9182	1.1140	1.0121	1.1920
福建	0.8861	0.9872	1.0195	1.1779
江西	0.9605	1.0635	0.9876	1.0672
山东	0.9307	1.0139	0.9967	0.9669
河南	0.9445	1.0565	1.0063	1.1094
湖北	0.9657	1.0389	1.0401	1.1190
湖南	0.9170	1.0376	1.0386	1.0138
广东	1.0586	0.9463	0.9899	1.0275
广西	0.9591	1.0507	0.9980	0.9812
海南	1.0468	0.9991	0.9991	1.2167
重庆	0.9262	1.0263	1.0775	1.1375
四川	0.9222	1.1154	1.0452	1.0949
贵州	1.1442	1.0692	1.0577	1.0910

---

1 吴传清、黄磊：《长江经济带工业绿色发展绩效评估及其协同效应研究》，《中国地质大学学报》（社会科学版）2018 年第 3 期。

续表

省区市	2005 年	2010 年	2015 年	2019 年
云南	0.9033	1.0202	1.0005	1.3282
陕西	1.0590	1.0790	0.9776	1.0212
甘肃	1.1106	1.0438	0.9571	1.0147
青海	1.2284	1.0844	1.0237	0.9685
宁夏	1.1786	1.0283	1.0187	1.0170
新疆	1.0403	1.0692	0.9223	1.0592

③省域绿色发展结构的结果分析。2005~2019 年省域绿色发展结构指数如表 3-6 所示。由表可知，2005 年全国绿色发展结构指数为 0.458，此后波动上升，2014 年达到 0.542，2015 年下降至 0.528，2016~2017 年与 2015 年基本持平，2019 年达到峰值 0.556。整体来看，绿色发展结构指数大致呈现"上升—下降—稳定—上升"的阶段性变化特征。结合发展实际来看，2005~2019 年我国资源环境约束日益趋紧[1]，使绿色发展结构出现波动上升的态势。2005~2019 年全国绿色发展结构指数均值为 0.504，全国绿色发展结构指数从 2005 年的 0.458 上升到 2019 年的 0.556，增幅为 21.3%，表明全国绿色发展结构水平整体不高，绿色发展结构指数提升缓慢，总体处于次优状态。绿色发展水平与效率不匹配，可能是由于有为政府的政策激励与有效市场的自发作用之间存在矛盾。可见，亟须处理好政府与市场的关系，推动绿色发展水平与绿色发展效率协同发展，加快绿色发展结构优化进程。

表 3-6　2005~2019 年省域绿色发展结构指数

年份	全国	东部	中部	西部
2005	0.458	0.507	0.403	0.448
2006	0.463	0.491	0.415	0.471

1　李雪娇、何爱平:《绿色发展的制约因素及其路径拿捏》,《改革》2016 年第 6 期。

续表

年份	全国	东部	中部	西部
2007	0.475	0.507	0.440	0.468
2008	0.468	0.513	0.414	0.462
2009	0.491	0.536	0.435	0.486
2010	0.469	0.533	0.401	0.454
2011	0.474	0.540	0.397	0.463
2012	0.503	0.568	0.431	0.491
2013	0.532	0.598	0.463	0.517
2014	0.542	0.615	0.459	0.531
2015	0.528	0.590	0.469	0.508
2016	0.529	0.582	0.480	0.513
2017	0.531	0.599	0.470	0.507
2018	0.538	0.611	0.493	0.498
2019	0.556	0.623	0.513	0.519
均值	0.504	0.561	0.446	0.489
变异系数	0.068	0.080	0.080	0.054
标准差	0.034	0.045	0.036	0.027

图3-3呈现了2005~2019年省域绿色发展结构指数时序变化趋势。由图可知，东部地区绿色发展结构指数始终高于全国均值，处于磨合阶段、次优水平区间，而中部和西部地区的绿色发展结构指数均低于全国均值，处于拮抗阶段、基本优化水平区间。这表明东部地区绿色发展水平和绿色发展效率能够协同推进，而中部和西部地区的绿色发展水平和绿色发展效率则需要进一步协同耦合。就增长差距而言，东部和西部地区的差距从2005年的0.059增至2019年的0.104，东部与中部和西部地区的绿色发展结构差距逐渐扩大，而中部和西部地区的绿色发展结构差距逐步缩小。这说明推动中部和西部地区绿色发展结构优化，对促进区域绿色协调发展尤为重要。综上可见，三大地区绿色发展结构呈波动上升趋势，但区域差异显著，其数值大小呈现东部>西部>中部的格局。

（3）省域绿色发展绩效的综合结果分析。①整体趋势分析。表3-7呈现了

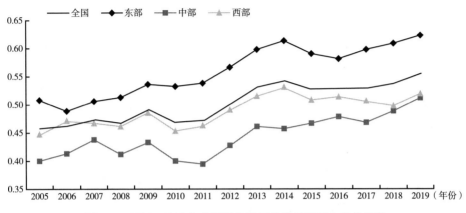

图 3-3　2005~2019 年省域绿色发展结构指数时序变化趋势

2005~2019 年省域绿色发展绩效指数。由表可知，2005 年全国绿色发展绩效指数为 0.667，此后波动上升，2013 年达到 0.707，2014~2015 年与 2013 年一致，自 2016 年缓慢上升，2019 年达到峰值 0.724。从整体发展趋势来看，全国绿色发展绩效大致呈现"上升—稳定—上升"的阶段性变化特征。2005~2019 年全国绿色发展绩效指数均值为 0.694，从数值大小来看，全国绿色发展绩效整体不高，由初级协调进入中级协调阶段，远低于优质协调水平。绿色发展绩效的阶段变化特征与前文测算的绿色发展结构与绿色发展水平整体相似，可能原因是近年来生态文明建设取得实效，产业结构不断优化，经济增长方式逐步向绿色发展方式转型[1]，绿色发展方式转型切实推动了绿色发展绩效提升，但生态文明建设任重道远，亟须通过全面实施绿色转型、促进绿色增长、增加绿色财富以及提升绿色福利，推动绿色发展绩效总体提升。

表 3-7　2005~2019 年省域绿色发展绩效指数

年份	全国	东部	中部	西部
2005	0.667	0.688	0.635	0.670
2006	0.668	0.684	0.638	0.673

1　杨志江、文超祥：《中国绿色发展效率的评价与区域差异》，《经济地理》2017 年第 3 期。

续表

年份	全国	东部	中部	西部
2007	0.678	0.694	0.657	0.677
2008	0.676	0.697	0.646	0.677
2009	0.676	0.701	0.644	0.675
2010	0.678	0.705	0.645	0.675
2011	0.685	0.716	0.650	0.680
2012	0.688	0.721	0.651	0.681
2013	0.707	0.750	0.669	0.693
2014	0.707	0.731	0.673	0.708
2015	0.707	0.738	0.677	0.697
2016	0.714	0.745	0.686	0.703
2017	0.716	0.750	0.693	0.700
2018	0.721	0.754	0.696	0.706
2019	0.724	0.758	0.698	0.708
均值	0.694	0.722	0.664	0.688
变异系数	0.029	0.036	0.033	0.021
标准差	0.020	0.026	0.022	0.014

②分区域比较。2005~2019年省域绿色发展绩效指数时序变化趋势如图3-4所示。由图可知，东部地区绿色发展绩效指数始终高于全国均值，而中部和西部地区绿色发展绩效指数总体低于全国均值，且中部地区最低。结合表3-7可见，东部地区绿色发展绩效指数整体呈上升趋势，从2005年的0.688增至2019年的0.758，由初级协调水平进入中级协调水平阶段，中部和西部地区整体缓慢上升。通过横向比较可以发现，东部、中部和西部地区的绿色发展绩效差距扩大，如东部和西部地区的差距从2005年的0.018增至2019年的0.050，中部和西部地区差距缩小，中部和西部地区的差距从2005年的0.035降至2019年的0.010。总之，东部、中部和西部地区的绿色发展绩效存在差异，即东部地区绿色发展绩效最高，处于中级协调发展水平阶段，而中部和西部地区绿色发展绩效则处于初级协调发展

水平阶段。就这种差距的趋势而言，东部和西部地区差距扩大，而中部和西部地区差距缩小。可能的原因是：与中部和西部地区相比，东部地区环境规制以及技术创新能力具有比较优势，其绿色增长、绿色福利以及绿色财富具有比较优势因而绿色发展水平较高，推动绿色发展绩效相对较快提升。

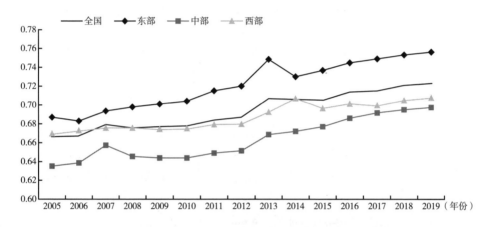

图 3-4　2005~2019 年省域绿色发展绩效指数时序变化趋势

（3）分省域比较。为进一步剖析各省区市绿色发展绩效的状况，本章截取了 2005 年、2010 年、2015 年、2019 年全国 30 个省区市的绿色发展绩效指数进行分析，测算结果如表 3-8 所示。从发展现状来看，上海、北京、江苏、广东、天津、青海、天津、江苏等省区市的绿色发展绩效始终保持较高水平。贵州、云南、陕西、广西、河北、江西、黑龙江等省区市绿色发展绩效相对较低。从发展过程来看，浙江、山东、重庆呈现明显的上升趋势。此外，山西、贵州等省区市呈不太明显的缓慢上升趋势，大部分省区市呈小幅波动发展。可能的原因是东部沿海省区市经济增长、资源禀赋、技术创新以及区位优势明显，绿色发展水平较高，推进绿色发展绩效处于领先水平。

表 3-8 **2005 年、2010 年、2015 年和 2019 年全国 30 个省区市绿色发展绩效指数测算结果**

省区市	2005 年	2010 年	2015 年	2019 年
北京	0.741	0.761	0.798	0.843
天津	0.737	0.736	0.777	0.753
河北	0.620	0.618	0.663	0.674
山西	0.680	0.672	0.687	0.697
内蒙古	0.644	0.681	0.722	0.715
辽宁	0.707	0.694	0.730	0.723
吉林	0.659	0.671	0.699	0.714
黑龙江	0.639	0.676	0.717	0.694
上海	0.758	0.815	0.860	0.913
江苏	0.701	0.703	0.745	0.772
浙江	0.645	0.667	0.719	0.743
安徽	0.595	0.617	0.654	0.702
福建	0.677	0.653	0.694	0.720
江西	0.620	0.632	0.664	0.694
山东	0.668	0.676	0.715	0.726
河南	0.602	0.604	0.658	0.694
湖北	0.647	0.652	0.671	0.705
湖南	0.636	0.636	0.667	0.682
广东	0.705	0.713	0.733	0.757
广西	0.648	0.643	0.674	0.671
海南	0.611	0.725	0.682	0.709
重庆	0.645	0.665	0.702	0.726
四川	0.698	0.681	0.695	0.721
贵州	0.669	0.650	0.656	0.680
云南	0.647	0.644	0.666	0.689
陕西	0.643	0.668	0.675	0.690
甘肃	0.707	0.696	0.696	0.712
青海	0.709	0.711	0.736	0.741
宁夏	0.686	0.708	0.736	0.723
新疆	0.673	0.680	0.707	0.724

（二）城市绿色发展绩效评估与比较

（1）指标与方法。①城市绿色发展水平的评价指标体系与研究方法。借鉴张欢等[1]以及舒成等[2]的研究，构建城市绿色发展水平评价指标体系，具体如表 3-9 所示。

表 3-9　城市绿色发展水平评价指标体系

目标层	一级指标	二级指标	单位	符号
绿色发展水平	绿色增长	人均 GDP	元	正向
		经济密度	万元/km^2	正向
		第三产业增加值比重	%	正向
	生态保护	人均工业烟（粉）尘排放量	吨	负向
		人均工业废水排放总量	吨	负向
		人均工业二氧化硫排放量	吨	负向
	绿色治理	人均公园绿地面积	平方米	正向
		建成区绿地率	%	正向
		一般工业固体废物综合利用率	%	正向
		污水处理厂集中处理率	%	正向

长江经济带覆盖上海、江苏、浙江等 11 个省区市，总面积约为 205.23 万平方公里，约占全国的 21.4%，人口和生产总值均占全国的 40% 以上。推动长江经济带的发展是以习近平同志为核心的党中央做出的重大决策，是关系国家发展全局的重大战略[3]。2018 年 11 月，中共中央、国务院明确要求充分发挥长江经济带区位优势，以"共抓大保护、不搞大开发"为导向，以"生态优先、绿色发展"为引领，依托长江黄金水道，推动长江上中下游地区的协调发展和沿江地区的高质量发展。长江经济带作为我国生态优先绿色发展

1　张欢、罗畅、成金华等：《湖北省绿色发展水平测度及其空间关系》，《经济地理》2016 年第 9 期。

2　舒成、朱沛阳、许波：《江西省绿色发展水平测度与空间分异分析》，《经济地理》2021 年第 6 期。

3　吴晓华、王继源：《推动长江经济带高质量发展系列宣传文章 1 推动长江经济带成为引领经济高质量发展主力军》，中华人民共和国国家发展和改革委员会网站，2021 年 12 月 17 日，https：//www. ndrc. gov. cn/wsdwhfz/202112/t20211217_1308268. html。

的主战场，城市及城市群作为长江经济带主体发展形态，以长江经济带城市
为研究样本，能够洞察我国绿色发展水平协同演变的整体状况。鉴于长江上
游和中游的节点城市是湖北省宜昌市，长江中游和下游的节点城市是江西省
九江市，借鉴邹圆[1]的研究，将长江经济带 108 个城市划分为上游城市、中游
城市和下游城市。测度城市绿色发展水平的方法是熵值加权法，计算方法同
上。主要数据来源于《中国城市统计年鉴》、各省区市统计年鉴、各地级市国
民经济和社会发展统计公报等，缺失数据用插值法补齐。

　　②城市绿色发展效率的评价指标体系与方法。借鉴吴磊等[2]以及善波和
张军涛[3]的研究，选取劳动力投入、资本投入和能源投入刻画投入指标。劳
动力投入用单位就业人员数表示，资本投入用全社会固定资产投资总额表
示，能源投入用全社会用电量表示。期望产出用经济收入指标刻画，经济收
入用人均地区生产总值（GDP）表示。非期望产出用工业三废刻画，采用工
业废水排放量、工业废气排放量、工业二氧化硫排放量 3 个指标，具体指标
如表 3-10 所示。数据说明及数据来源同上。采用超效率 SBM-ML 指数测度，
具体测算步骤同上。

表 3-10　城市绿色发展效率指标体系

目标层	一级指标	二级指标	单位
投入	劳动力投入	单位就业人员数	万人
	资本投入	全社会固定资产投资总额	亿元
	能源投入	全社会用电量	万千瓦时
期望产出	经济收入	人均地区生产总值（GDP）	亿元
非期望产出	工业三废	工业废水排放量	万吨
		工业废气排放量	吨
		工业二氧化硫排放量	吨

1　邹圆：《绿色发展对美丽中国建设协同发展的效应测度及预测》，南昌大学硕士学位论文，2021。

2　吴磊、贾晓燕、吴超等：《异质型环境规制对中国绿色全要素生产率的影响》，《中国人口·资源与环
境》2020 年第 10 期。

3　于善波、张军涛：《长江经济带省域绿色全要素生产率测算与收敛性分析》，《改革》2021 年第 4 期。

③城市绿色发展结构的评价指标体系与研究方法。城市绿色发展结构描述城市绿色发展水平与城市绿色发展效率两个子系统协同的强弱以及彼此影响程度。指标选取与数据来源同上，采用耦合度模型测算。

④城市绿色发展绩效的评价指标体系与研究方法。城市绿色发展绩效包括城市绿色发展水平、城市绿色发展效率以及城市绿色发展结构三个子系统。子系统指标体系同上，采用耦合协调度模型测算。

（2）城市绿色发展水平、城市绿色发展效率和城市绿色发展结构分维度结果分析。①城市绿色发展水平的结果分析。2005~2019 年长江经济带城市绿色发展水平指数时序变化趋势如图 3-5 所示。由图可知，2005 年和 2006 年，除下游外，长江经济带城市绿色发展水平指数都低于 0.1，在保持整体上升的同时 2007~2010 年低于 0.15，"十一五"期间提升较快。2011~2015 年，长江经济带城市绿色发展水平指数快速增长，特别是 2013 年经济进入新常态后，突破 0.15，并保持整体上升的趋势。"十三五"期间，长江经济带城市绿色发展水平增速较快。考察期内，长江经济带城市绿色发展水平整体处于快速上升状态。该发现与黄跃和李琳[1]的研究结论不谋而合，考察期内中国城市群绿色发展水平波动上升。可能的原因是，自 2016 年《长江经济带发展规划纲要》正式发布以来，从多个维度推动长江经济带的快速转型和发展，主要包括大力保护长江生态环境、加快构建综合立体交通走廊、推动产业转型升级、加速推进新型城镇化发展以及推动区域创新协调发展等。在习近平总书记提出的"共抓大保护，不搞大开发"的指导方针下，长江经济带的生态环境保护取得了一定的成效[2]。

由图 3-5 可知，2005~2019 年长江经济带下游城市绿色发展水平指数从 0.12 增至 0.29，中游城市从 0.08 增至 0.19，上游城市从 0.07 增至 0.18。分区域城市绿色发展水平与整体发展趋势基本保持一致，下游城市最高，说明

1　黄跃、李琳：《中国城市群绿色发展水平综合测度与时空演化》，《地理研究》2017 年第 7 期。

2　潘家华：《新中国 70 年生态环境建设发展的艰难历程与辉煌成就》，《中国环境管理》2019 年第 4 期。

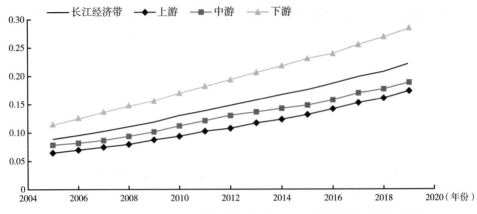

图3-5　2005～2019年长江经济带城市绿色发展水平指数时序变化趋势

长江经济带下游城市较高的经济发展水平会对整体的绿色发展水平提升发挥促进作用。从发展差距来看，2005～2019年，下游城市与中上游城市差距越来越大，出现极化趋势。2005～2013年，中游城市与上游城市差距扩大；2014～2019年，中上游城市间的差距呈现收敛态势。综上可见，上中下游城市绿色发展水平都呈波动上升的趋势，区域发展不平衡，其数值呈现下游>中游>上游的格局。

②城市绿色发展效率的结果分析。图3-6呈现了长江经济带城市绿色发展效率指数均值及其分解。由图可知，除2005年、2009年、2013年以及2017年城市绿色发展效率指数低于1.000外，样本期内其他年份均大于1.000，意味着城市绿色发展效率波动明显，从2005年的0.97增至2019年的1.07，增幅为10.3%。这表明城市绿色发展效率有所提升，但提升动力不足，配置效率不高。从效应分解来看，绿色技术进步呈波动下降趋势，而绿色技术效率呈波动上升趋势。在考察期内，绿色技术效率指数从2005年的0.889增至2019年的1.300，增幅为46.2%；绿色技术进步指数从2005年的1.104降至2019年的0.826。这种结果综合反映了城市绿色发展效率提高的主要原因是技术效率提升。不难理解，随着长江经济带区域一体化程度的加深，资源配置效率和技术效率不断提升。分阶段来看，2015～2018年绿色技术效率持续下

降，而绿色技术进步波动上升，说明近年来绿色技术效率不充分问题突出。总体来看，长江经济带城市绿色发展效率呈波动上升趋势，提升幅度不明显。研究发现与周亮等[1]的研究结论基本一致，城市绿色发展效率提升较为明显，时序上呈现波动增加的阶段性演变特征。

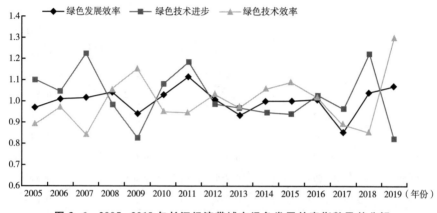

图 3-6　2005~2019 年长江经济带城市绿色发展效率指数及其分解

③城市绿色发展结构的结果分析。长江经济带城市绿色发展结构指数如表 3-11 所示。由表可知，2005 年长江经济带城市绿色发展结构指数为 0.536，此后逐年上升，2018 年大幅下降，降至 0.715，2019 年增至 0.726。2005~2019 年长江经济带城市绿色发展结构指数均值为 0.638，从 2005 年的 0.536 增至 2019 年的 0.726，增幅为 35.4%。总体来看，城市绿色发展结构呈现"上升—下降—缓慢上升"的阶段性变化特征，整体上升趋势明显且处于次优水平。结合发展实际来看，近年来长江经济带资源环境约束日益趋紧，"三期叠加"的阶段性特征明显，使绿色发展结构出现波动，亟须通过加快产业结构转型升级推动结构优化[2]。

1　周亮、车磊、周成虎：《中国城市绿色发展效率时空演变特征及影响因素》，《地理学报》2019 年第 10 期。

2　吴传清、黄磊：《长江经济带工业绿色发展绩效评估及其协同效应研究》，《中国地质大学学报》（社会科学版）2018 年第 3 期。

表 3-11　2005~2019 年长江经济带城市绿色发展结构指数

年份	长江经济带	下游	中游	上游
2005	0.536	0.585	0.521	0.487
2006	0.540	0.603	0.518	0.482
2007	0.555	0.621	0.527	0.501
2008	0.567	0.635	0.542	0.504
2009	0.606	0.664	0.578	0.564
2010	0.605	0.670	0.591	0.536
2011	0.603	0.673	0.575	0.545
2012	0.642	0.712	0.622	0.571
2013	0.674	0.744	0.648	0.611
2014	0.671	0.734	0.654	0.606
2015	0.684	0.753	0.661	0.619
2016	0.695	0.755	0.666	0.650
2017	0.754	0.797	0.736	0.717
2018	0.715	0.771	0.698	0.662
2019	0.726	0.776	0.710	0.678
均值	0.638	0.700	0.616	0.582
变异系数	0.111	0.098	0.117	0.127
标准差	0.071	0.068	0.072	0.074

　　图 3-7 呈现了 2005~2019 年长江经济带城市绿色发展结构指数时序变化趋势。分区域来看，2019 年下游地区绿色发展结构指数超过 0.700，远高于整个长江经济带均值。值得注意的是，中上游地区一直低于长江经济带均值，表明长江经济带绿色发展结构呈现较大的地区差距，上中下游绿色发展结构不平衡，区域内部基本处于固化态势，下游地区绿色发展结构指数最高。就增长幅度而言，下游地区 11 个省区市从 2005 年的 0.585 增至 2019 年的 0.776，增幅为 32.6%，波动幅度比较稳定，变异系数为 0.098，低于中上游地区；中游地区从 2005 年的 0.521 增至 2019 年的 0.710，增幅为 36.2%；上游地区从 2005 年的 0.487 增至 2019 年的 0.678，

增幅为 39.2%。上游地区增速最快，其次为中游地区，下游地区增速最慢。由于下游地区的增长动力提前释放，其增速慢于中上游地区。总之，上中下游地区绿色发展结构指数整体呈波动上升趋势，但区域差异显著，其数值大小呈现下游>中游>上游的格局。

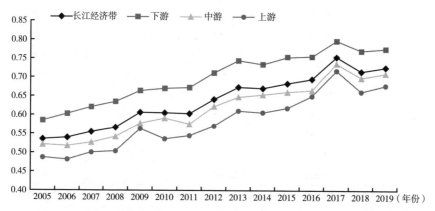

图 3-7　2005~2019 年长江经济带城市绿色发展结构指数时序变化趋势

（3）城市绿色发展结构的综合结果分析。①整体趋势分析。2005~2019年长江经济带城市绿色发展绩效指数如表 3-12 所示。从数值大小来看，2005年长江经济带城市绿色发展绩效指数为 0.701，此后逐年上升，2019 年增至 0.813，增幅为 16.0%。这表明长江经济带城市绿色发展绩效整体较高，但提升速度较慢，亟须加快绿色转型步伐。2005~2019 年长江经济带城市绿色发展绩效指数均值为 0.758，表明考察期内城市绿色发展绩效处于中级协调阶段。总体来看，长江经济带城市绿色发展绩效呈现缓慢上升的阶段性变化特征，经历由中级协调进入良好协调阶段的变化。

表 3-12　2005~2019 年长江经济带城市绿色发展绩效指数

年份	长江经济带	下游	中游	上游
2005	0.701	0.731	0.692	0.672
2006	0.711	0.742	0.699	0.682
2007	0.719	0.753	0.706	0.690

年份	长江经济带	下游	中游	上游
2008	0.729	0.764	0.716	0.698
2009	0.732	0.765	0.721	0.699
2010	0.747	0.779	0.735	0.716
2011	0.758	0.789	0.750	0.727
2012	0.761	0.791	0.752	0.731
2013	0.764	0.794	0.754	0.736
2014	0.774	0.806	0.761	0.747
2015	0.780	0.812	0.766	0.756
2016	0.787	0.818	0.776	0.761
2017	0.785	0.817	0.772	0.759
2018	0.803	0.834	0.788	0.780
2019	0.813	0.843	0.797	0.791
均值	0.758	0.789	0.746	0.730
变异系数	0.045	0.042	0.044	0.050
标准差	0.034	0.033	0.033	0.036

②分区域比较。图 3-8 呈现了 2005~2019 年长江经济带城市绿色发展绩效指数时序变化趋势。2019 年下游地区绿色发展绩效指数超过 0.800，远高于长江经济带均值，处于良好协调阶段。这可能与下游地区经济发展程度高、技术创新能力突出有关。值得注意的是，中上游地区一直低于均值，表明长江经济带城市绿色发展绩效呈现较大的地区差距，上中下游地区绿色发展水平不平衡，区域内部基本处于固化态势，下游地区绿色发展绩效指数最高。就增长幅度而言，下游地区 11 个省区市绿色发展绩效指数从 2005 年的 0.731 增至 2019 年的 0.843，增幅为 15.3%，上升速度缓慢，而且波动幅度比较稳定，变异系数为 0.042，低于上游地区；中游地区从 2005 年的 0.692 增至 2019 年的 0.797，增幅为 15.2%；上游地区从 2005 年的 0.672 增至 2019 年的 0.791，增幅为 17.7%。比较发现，上游地区绿色发展绩效指速最快，上中下游地区绿色发展绩效差距收敛，这可能与长

江经济带区域一体化程度加深，要素的跨区流动与配置缩小了区域绿色发展差距有关。综上分析可见，中下游地区绿色发展绩效呈波动上升趋势，上中下游数值大小表现为下游＞中游＞上游的格局，但区域差距呈现收敛态势。

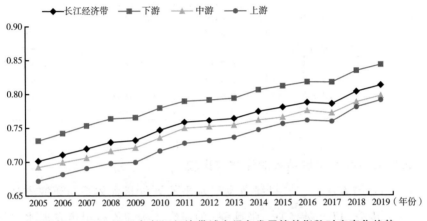

图 3-8　2005~2019 年长江经济带城市绿色发展绩效指数时序变化趋势

③分城市比较。为进一步剖析长江经济带省会城市（直辖市）绿色发展绩效的状况，表 3-13 呈现了 2005 年、2010 年、2015 年和 2019 年省会城市（直辖市）绿色发展绩效指数的测算结果。从省会城市与非省会城市对比分析发现，2005~2019 年，上海的绿色发展绩效指数一直保持在 0.87 以上，南京则从 0.8475 增至 0.9481。武汉、成都、南京、杭州等省域经济比较发达的省会城市，绿色发展绩效也不断提升。可见，省会城市（直辖市）的绿色发展绩效普遍高于周边普通地级市；结合非省会城市的观测结果发现，在 108 个城市样本中，上海、重庆、南京、杭州、武汉、成都六大城市发挥了对周边地区以点带面的辐射带动作用，在提升自身绿色发展绩效的同时，也带动了周边地区绿色发展绩效的提升。绿色发展绩效水平越高的城市对周边城市的辐射带动作用越明显。

表 3-13　2005 年、2010 年、2015 年和 2019 年长江经济带省会城市（直辖市）绿色发展绩效指数测算结果

城市	2005 年	2010 年	2015 年	2019 年
上海	0.8777	0.9338	0.9600	1.0039
南京	0.8475	0.8773	0.9267	0.9481
武汉	0.7854	0.8494	0.8843	0.8699
杭州	0.7810	0.8426	0.9140	0.9319
合肥	0.7802	0.8178	0.8902	0.9267
成都	0.7666	0.8277	0.7947	0.8436
南昌	0.7633	0.7952	0.8091	0.8166
长沙	0.7594	0.8140	0.8381	0.8752
贵阳	0.7409	0.8198	0.7659	0.8153
重庆	0.6973	0.7719	0.6939	0.7476

（三）农村绿色发展绩效的评估与比较

（1）指标与方法。①农村绿色发展水平的评价指标体系与研究方法。借鉴程莉和文传浩[1]以及苟兴朝、张斌儒[2]的研究，构建农村绿色发展水平评价指标体系（见表 3-14）。

表 3-14　农村绿色发展水平评价指标体系

目标层	一级指标	二级指标	指标单位	指标符号
农村绿色发展水平	绿色增长	农村居民人均可支配收入	元/人	正向
		人均农林牧渔业总产值	亿元/万人	正向
	生态保护	湿地面积占国土面积比例	%	正向
		自然保护区占辖区面积的比重	%	正向
	绿色治理	水土流失治理面积	千公顷	正向
		人均造林面积	公顷/万人	正向

资料来源：韩磊、刘长全：《乡村振兴背景下中国农村发展进程测评及地区比较》，《农村经济》2018 年第 12 期；程莉、文传浩：《长江经济带乡村绿色发展水平研判及其多维解释》，《南通大学学报》（社会科学版）2019 年第 4 期；余威震、罗小锋、薛龙飞等：《中国农村绿色发展水平的时空差异及驱动因素分析》，《中国农业大学学报》2018 年第 9 期。

1　程莉、文传浩：《乡村绿色发展与乡村振兴：内在机理与实证分析》，《技术经济》2018 年第 10 期。

2　苟兴朝、张斌儒：《黄河流域乡村绿色发展：水平测度、区域差异及空间相关性》，《宁夏社会科学》2020 年第 4 期。

本书选取 2005~2019 年全国 30 个省区市农村地区面板数据作为样本。原始数据主要来自《中国农村统计年鉴》、《中国能源统计年鉴》以及 EPS 统计数据平台。个别缺失的数据采用插值法补齐,农村绿色发展水平的测算方法同省域绿色发展水平的测算方法一致。

②农村绿色发展效率的评价指标体系与研究方法。借鉴谢里和王瑾瑾[1]的研究,从投入产出的角度系统地建立了农村绿色发展效率评价指标体系(见表 3-15)。选择绿色资源、绿色劳动力和绿色技术 3 个一级指标,其中,绿色资源是指能够带来经济价值的资源,选取森林覆盖率、人均发电量 2 个三级指标衡量。绿色劳动力是指能够促进绿色发展绩效提升的劳动力,选择农村居民家庭劳动力受教育程度衡量。绿色技术是指能够减少环境污染或者节约资源和能源的技术。选择人均农业机械年末拥有量和太阳能热水器面积 2 个三级指标衡量。绿色产出是指通过绿色投入得到的节约资源、保护环境的产出,包含经济产出和环境产出,分别用人均农林牧渔产值和水土流失治理面积衡量。农村绿色发展效率数据来源同上,测算方法与城市绿色发展效率一致。

表 3-15 农村绿色发展效率评价指标体系

目标层	一级指标	二级指标	三级指标	单位	计算方法
投入	绿色资源	森林资源	森林覆盖率	%	森林面积/土地面积
		能源	人均发电量	千瓦时/人	农村发电量/农村人口数
	绿色劳动力	劳动力素质	农村居民家庭劳动力受教育程度	%	农村居民家庭高中文化程度劳动力所占比重
	绿色技术	绿色生产技术	人均农业机械年末拥有量	千瓦时/人	农村机械总动力人数/农村人口数
		绿色生活技术	太阳能热水器面积	万平方米	农村太阳能热水器面积
产出	绿色产出	经济产出	人均农林牧渔产值	元/人	农林牧渔产值总产值/农村人口数
		环境产出	水土流失治理面积	千公顷	农村地区水土流失治理面积

---

1 谢里、王瑾瑾:《中国农村绿色发展绩效的空间差异》,《中国人口·资源与环境》2016 年第 6 期。

③农村绿色发展结构的评价指标体系与研究方法。指标体系来源于农村绿色发展水平与农村绿色发展效率，利用耦合度模型测算农村绿色发展结构。

④农村绿色发展绩效的评价指标与研究方法。指标体系由农村绿色发展水平与农村绿色发展效率构成，数据来源保持不变，计算方法同上。

（2）分维度结果分析。①农村绿色发展水平的结果分析。2005～2019年农村绿色发展水平指数如表3-16所示。由表可知，2005年全国农村绿色发展水平指数为0.125，此后逐年上升，2013～2016年基本持平，自2017年快速上升，2019年达到峰值0.242。总体来看，农村绿色发展水平呈现波动上升的阶段性变化特征，上升趋势明显。2005～2019年全国农村绿色发展水平指数均值为0.181，全国农村绿色发展水平指数从2005年的0.125增至2019年的0.242，增幅为93.6%，反映出农村绿色发展水平整体不高，但发展速度较快。研究发现与谢里和王瑾瑾[1]的研究结论一致，即从全国层面来看，农村绿色发展水平整体呈上升趋势。

表3-16　2005～2019年农村绿色发展水平指数

年份	全国	东部	中部	西部
2005	0.125	0.129	0.100	0.139
2006	0.122	0.131	0.105	0.127
2007	0.135	0.135	0.113	0.151
2008	0.147	0.144	0.125	0.166
2009	0.158	0.149	0.133	0.186
2010	0.162	0.150	0.141	0.188
2011	0.177	0.169	0.151	0.202
2012	0.184	0.179	0.160	0.206
2013	0.202	0.204	0.167	0.225
2014	0.207	0.210	0.178	0.225

1　谢里、王瑾瑾：《中国农村绿色发展绩效的空间差异》，《中国人口·资源与环境》2016年第6期。

续表

年份	全国	东部	中部	西部
2015	0.205	0.213	0.179	0.214
2016	0.209	0.219	0.184	0.217
2017	0.219	0.223	0.189	0.236
2018	0.227	0.234	0.198	0.241
2019	0.242	0.246	0.209	0.261
均值	0.181	0.182	0.156	0.199
变异系数	0.210	0.224	0.222	0.196
标准差	0.038	0.041	0.035	0.039

表 3-16 显示，2019 年西部地区农村绿色发展水平指数为 0.261，远高于全国均值。值得注意的是，中部地区一直低于全国均值，表明全国农村绿色发展水平表现出较大的地区差距，东部、中部和西部地区农村绿色发展水平不平衡，区域内部基本处于固化态势，中部地区农村绿色转型需求尤为迫切。就增长幅度而言，中部地区增长最快。东部地区农村绿色发展水平指数从 2005 年的 0.129 增至 2019 年的 0.246，增幅为 90.7%。从整体水平看，东部、中部和西部地区农村绿色发展水平都呈快速上升态势，变异系数基本维持在 0.2 左右，东部地区农村绿色发展水平波动幅度比中部和西部地区都大。中部地区农村绿色发展水平指数从 2005 年的 0.100 增至 2019 年的 0.209，增幅为 109%；西部地区农村绿色发展水平指数从 2005 年的 0.139 增至 2019 年的 0.261，增幅为 87.8%。图 3-9 呈现了 2005~2019 年农村绿色发展水平指数时序变化趋势，结合图可知东部与西部地区农村绿色发展水平差距缩小。综上结果可见，东部、中部和西部地区农村绿色发展水平整体呈波动上升趋势，但地区发展不平衡，具体表现为西部>东部>中部。图 3-9 呈现了 2005~2019 年农村绿色发展水平指数时序变化趋势。

②农村绿色发展效率的结果分析。2005~2019 年农村绿色发展效率均值及

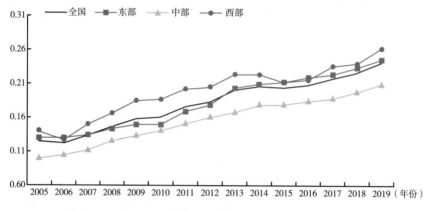

图 3-9 2005~2019 年农村绿色发展水平指数时序变化趋势

其分解如图 3-10 所示。由图可知，2013 年前农村绿色发展效率指数波动幅度较大，2013 年后波动范围为 0.9~1.1，整体波幅较小。在整个考察期内，多数年份农村绿色发展效率指数在 1.0 以上波动，说明农村绿色发展效率较高，但提升动力不足。从效率分解来看，多数年份绿色技术进步指数大于绿色技术效率指数，说明绿色发展效率提高的主要原因是技术进步。这主要在于随着农业农村现代化的推进，农村采用更多节能技术，技术创新能力不断增强。2013~2015 年，绿色技术效率小幅上升，绿色技术效率提升成为农村绿色发展效率提升的驱动因素，这主要源于农村地区利用新型技术治理污染，生态环境有所改善，从而加快了绿色发展进程[1]。但多数年份绿色技术效率较低，说明农村绿色技术效率发展并不充分。

2005 年、2010 年、2015 年和 2019 年全国 30 个省区市农村绿色发展效率指数测算结果如表 3-17 所示。由表可知，2005 年，甘肃、广西等西部地区农村绿色发展效率较高，整体高于中部和东部地区，主要原因在于中部和东部地区城镇化率较高。截至 2019 年，农村绿色发展效率较高的省区市有甘肃、重庆、上海等，多数省区市农村绿色发展效率得到提升，低效率地区相对减

---

1 张蕴萍、栾菁：《数字经济赋能乡村振兴：理论机制、制约因素与推进路径》，《改革》2022 年第 5 期。

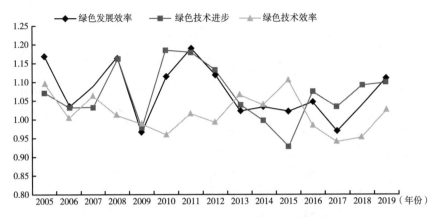

图 3-10　2005~2019 年农村绿色发展效率指数均值及其分解

少。这表明我国农村绿色发展效率变化趋势是由西部地区较高转变为东部、中部和西部地区协调发展的格局。从数值大小看，位于 1.26 及以上的仅有上海、重庆以及内蒙古，反映出全国农村绿色发展效率整体不高，且区域发展不平衡。

表 3-17　2005 年、2010 年、2015 年和 2019 年全国 30 个省区市
农村绿色发展效率指数测算结果

省区市	2005 年	2010 年	2015 年	2019 年
北京	1.1466	1.1600	0.7333	1.0423
天津	1.1253	1.0673	0.9451	1.0889
河北	1.2013	1.1835	1.0375	1.0843
山西	1.0877	1.1993	1.0326	1.0784
内蒙古	1.1991	1.0903	1.0679	1.3035
辽宁	1.1924	1.0886	1.0600	1.1009
吉林	1.1421	1.0994	1.0310	1.0418
黑龙江	1.1536	1.1439	1.0527	1.0917
上海	0.9825	1.5276	0.8880	1.2600
江苏	1.1512	1.0622	1.0652	1.1358
浙江	1.1060	1.0534	1.0016	1.0799
安徽	1.1009	0.9923	0.8807	1.0173

省区市	2005 年	2010 年	2015 年	2019 年
福建	1.0663	1.1983	1.0070	1.1294
江西	1.2066	1.1650	1.0365	1.0240
山东	1.1496	1.1614	1.0089	0.9980
河南	1.2560	1.1396	1.0652	1.0656
湖北	1.1758	1.1596	1.2035	0.9860
湖南	1.2203	1.0163	1.0463	1.0860
广东	1.2618	1.1579	1.0612	1.0193
广西	1.2852	1.1403	1.0412	1.1215
海南	1.0572	1.3028	1.0881	1.0534
重庆	1.1982	1.1323	1.0104	1.4774
四川	1.2369	1.0658	1.1201	1.0822
贵州	1.1960	1.0546	1.1948	1.1600
云南	1.2249	1.0272	1.0274	1.1909
陕西	1.2101	0.7982	1.1029	1.1205
甘肃	1.3609	0.7903	0.9616	1.0904
青海	1.1442	1.1869	0.9418	1.1229
宁夏	1.2254	1.0853	0.9947	1.0399
新疆	1.0523	1.1455	1.0068	1.1560

③农村绿色发展结构的结果分析。表 3-18 呈现了 2005～2019 年农村绿色发展结构指数。由表可见，2005 年全国农村绿色发展结构指数为 0.573，此后逐年上升，2013～2016 年基本持平，保持在 0.730 左右，自 2017 年快速上涨。全国农村绿色发展结构指数由 2005 年的 0.573 增至 2019 年的 0.757，增幅为 32.1%。这表明农村绿色发展结构指数处于缓慢上升的次优状态。2005～2019 年全国均值为 0.684，处于磨合发展阶段。这意味着全国农村绿色发展结构整体不优化，结构优化速度较慢，亟须加快农村地区绿色转型步伐。

表 3-18　2005~2019 年农村绿色发展结构指数

年份	全国	东部	中部	西部
2005	0.573	0.586	0.534	0.589
2006	0.597	0.606	0.575	0.604
2007	0.608	0.618	0.582	0.617
2008	0.612	0.608	0.582	0.638
2009	0.674	0.665	0.633	0.712
2010	0.650	0.643	0.630	0.672
2011	0.656	0.637	0.635	0.691
2012	0.683	0.673	0.666	0.704
2013	0.729	0.751	0.688	0.736
2014	0.732	0.736	0.702	0.748
2015	0.734	0.744	0.706	0.743
2016	0.735	0.744	0.712	0.743
2017	0.765	0.774	0.743	0.771
2018	0.757	0.760	0.736	0.769
2019	0.757	0.757	0.727	0.778
均值	0.684	0.687	0.657	0.701
变异系数	0.095	0.098	0.101	0.091
标准差	0.065	0.067	0.066	0.064

　　图 3-11 呈现了 2005~2019 年农村绿色发展结构指数时序变化趋势。由图可见，2019 年西部地区农村绿色发展结构指数为 0.778，远高于全国均值 0.684。值得注意的是，中部地区绿色发展结构指数一直低于全国均值，表明全国农村绿色发展结构表现出较大的地区差距，东部、中部和西部地区存在不平衡，区域内部基本处于固化态势，中部地区农村绿色转型需求尤为迫切。就增长幅度而言，东部地区农村绿色发展结构指数从 2005 年的 0.586 增至 2019 年的 0.757，增幅为 29.2%；中部地区从 2005 年的 0.534 增至 2019 年的 0.727，增幅为 36.1%；西部地区从 2005 年的 0.589 增至 2019 年的 0.778，增幅为 32.1%。结合表 3-18 可知，2017 年以后中

部与东部和西部地区农村绿色发展结构差距扩大，2017年后西部地区农村绿色发展结构持续上升，而中部和东部地区农村绿色发展结构则出现下降趋势。

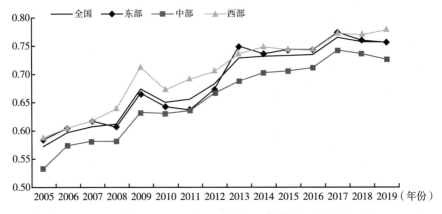

图 3-11　2005~2019 年农村绿色发展结构指数时序变化趋势

（3）农村绿色发展绩效的综合结果分析。①整体趋势分析。本书利用耦合协调度模型对2005~2019年农村绿色发展绩效指数进行测度，结果如表3-19所示。2005年全国农村绿色发展绩效指数为0.752，此后逐年上升，2013~2016年农村绿色发展绩效指数几乎持平，自2017年快速上涨，2019年达到峰值0.834。这一趋势表明，农村绿色发展绩效呈现波动上升的阶段性变化特征，从中级协调阶段向良好协调阶段演变。2005~2019年全国农村绿色发展绩效指数均值为0.792，全国农村绿色发展绩效指数从2005年的0.752增至2019年的0.834，增幅为10.9%，表明农村绿色发展绩效水平整体较高，但提升速度较慢。

表 3-19　2005~2019 年农村绿色发展绩效指数

年份	全国	东部	中部	西部
2005	0.752	0.752	0.732	0.765
2006	0.744	0.750	0.730	0.747
2007	0.758	0.754	0.742	0.773

续表

年份	全国	东部	中部	西部
2008	0.772	0.769	0.759	0.784
2009	0.769	0.762	0.758	0.784
2010	0.781	0.772	0.768	0.800
2011	0.796	0.798	0.780	0.807
2012	0.797	0.798	0.783	0.808
2013	0.804	0.802	0.787	0.818
2014	0.809	0.812	0.795	0.818
2015	0.808	0.812	0.795	0.814
2016	0.813	0.819	0.798	0.817
2017	0.814	0.816	0.796	0.825
2018	0.822	0.828	0.805	0.829
2019	0.834	0.838	0.818	0.841
均值	0.792	0.792	0.776	0.802
变异系数	0.035	0.037	0.035	0.033
标准差	0.027	0.030	0.027	0.026

②分区域比较。图 3-12 呈现了 2005～2019 年农村绿色发展绩效指数时序变化趋势。2019 年，西部地区农村绿色发展绩效指数为 0.841，远高于全国均值 0.792。值得注意的是，中部地区农村绿色发展绩效指数一直低于全国均值，表明东部、中部和西部地区农村绿色发展绩效整体呈波动上升趋势，但地区发展不平衡，数值大小表现为西部＞东部＞中部，区域内部基本处于固化态势，中部地区农村绿色转型需求尤为迫切。就区域差距而言，东部与西部地区农村绿色发展绩效差距缩小，但中部与东部和西部地区农村绿色发展绩效差距依然较大。可见，提升中部地区农村绿色发展绩效对于推动全国农村绿色发展以及区域农村绿色协调发展极为重要。

③分省域比较。为进一步剖析全国农村绿色发展绩效状况，本书截取了 2005 年、2010 年、2015 年和 2019 年全国 30 个省区市的农村绿色发展

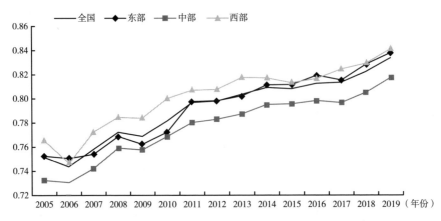

图 3-12　2005~2019 年农村绿色发展绩效指数时序变化趋势

绩效进行分析，测算结果如表 3-20 所示。从发展速度看，内蒙古农村绿色发展绩效指数提升速度最快，由 2005 年的 0.852 增至 2019 年的 0.911，农村绿色发展绩效指数居全国首位。就发展现状而言，截至 2019 年，上海、内蒙古、青海、黑龙江、甘肃、四川等省区市农村地区绿色发展绩效总体高于其他省区市。这表明现阶段西部地区农村绿色发展绩效整体较高，而中部和东部地区农村绿色发展绩效提升较慢。农村绿色发展绩效呈现西部>东部>中部的格局。可能的原因是，西部地区拥有丰富的农业资源与生态资源，随着天然保护林工程等生态项目的开展，农村绿色发展潜力得到了充分展现[1]。此外，西部地区长期得到国家政策扶持，在提升农村绿色发展绩效方面具有相对的政策优势。东部地区则由于具有地理区位优势，多采用集约型经济增长方式，为新农村建设、生态农业发展等提供了技术、资金和制度支持。因此，中部地区农村需要加快绿色转型的步伐，提升农村绿色发展绩效，以缩小与东部和西部地区的差距。

1　余威震、罗小锋、薛龙飞等：《中国农村绿色发展水平的时空差异及驱动因素分析》，《中国农业大学学报》2018 年第 9 期。

表 3-20　2005~2019 年全国 30 个省区市农村绿色发展绩效指数测算结果

省区市	2005 年	2010 年	2015 年	2019 年
北京	0.724	0.728	0.768	0.802
天津	0.779	0.782	0.830	0.850
河北	0.762	0.781	0.791	0.819
山西	0.747	0.784	0.790	0.824
内蒙古	0.852	0.893	0.883	0.911
辽宁	0.803	0.832	0.844	0.864
吉林	0.764	0.790	0.811	0.815
黑龙江	0.778	0.823	0.839	0.865
上海	0.863	0.835	0.872	0.907
江苏	0.761	0.778	0.842	0.854
浙江	0.717	0.746	0.805	0.830
安徽	0.662	0.706	0.759	0.781
福建	0.668	0.718	0.796	0.826
江西	0.724	0.770	0.799	0.817
山东	0.767	0.790	0.811	0.823
河南	0.721	0.750	0.763	0.791
湖北	0.741	0.772	0.817	0.836
湖南	0.717	0.750	0.784	0.813
广东	0.709	0.749	0.787	0.826
广西	0.688	0.723	0.752	0.777
海南	0.723	0.754	0.784	0.819
重庆	0.722	0.773	0.800	0.829
四川	0.788	0.808	0.837	0.857
贵州	0.671	0.713	0.804	0.807
云南	0.744	0.787	0.808	0.837
陕西	0.774	0.813	0.805	0.824
甘肃	0.833	0.825	0.845	0.868
青海	0.810	0.866	0.836	0.907
宁夏	0.801	0.804	0.794	0.820
新疆	0.736	0.798	0.789	0.819

二　分产业绿色发展绩效评估与分析

依据配第克拉克定理，随着经济的发展，国民收入和劳动力会由第一产业向第二产业向第三产业转移[1]。由于我国产业发展阶段和要素禀赋存在异质性，产业绿色发展绩效存在差异，需要就产业进行对比分析，为经济转型给出科学的建议。本部分依次选取农业、制造业和文化产业分别作为三次产业的代表，对其绿色发展绩效展开评价。

（一）农业绿色发展绩效评估与比较

（1）指标与方法。①农业绿色发展水平的评价指标体系与研究方法。借鉴周静[2]以及李菲菲等[3]的研究，从产出效益、环境友好和资源节约三个维度构建综合指标体系，具体指标与指标说明详见表3-21。产出效益维度选取单位耕地面积产出强度（土地生产率）、农业劳动生产率2个二级指标测度；环境友好维度选取农作物化肥施用强度、农作物农药施用强度2个二级指标测度；资源节约维度选取单位播种面积农机总动力、农业用电强度2个二级指标测度。

表3-21　农业绿色发展水平评价指标体系

一级指标	二级指标	计算方法	单位	符号
产出效益	单位耕地面积产出强度（土地生产率）	农业增加值/耕地面积	万元/公顷	正向
	农业劳动生产率	农业增加值/农业就业人	元/人	正向

1　张辉、闫强明、黄昊：《国际视野下中国结构转型的问题、影响与应对》，《中国工业经济》2019年第6期。呼倩、夏晓华、黄桂田：《中国产业发展的流动劳动力工资增长效应——来自流动人口动态监测的微观证据》，《管理世界》2021年第10期。

2　周静：《长江经济带农业绿色发展评价、区域差异分析及优化路径》，《农村经济》2021年第12期。

3　李菲菲、周霞、周玉玺：《环渤海地区农业绿色发展水平评价与区域差异分析》，《中国农业资源与区划》2023年第3期。

续表

一级指标	二级指标	计算方法	单位	符号
环境友好	农作物化肥施用强度	化肥施用量/农作物播种面积	kg/hm²	负向
	农作物农药施用强度	农药施用量/农作物播种面积	kg/hm²	负向
资源节约	单位播种面积农机总动力	农机总动力/农作物播种面积	kW/hm²	负向
	农业用电强度	农业耗电量/农业总产值	kW/万元	负向

本书选取全国 30 个省区市 2005~2019 年的农业作为研究样本。原始数据主要来自 2006~2020 年《中国农村统计年鉴》、《中国能源统计年鉴》以及 EPS 统计数据平台。对于个别年份数据缺失采用均值法补齐，农业绿色发展水平的测算方法同上。

②农业绿色发展效率的评价指标与研究方法。借鉴刘亦文等[1]的研究，选取农业播种面积、农业机械总动力以及农业就业人数 3 个二级指标刻画投入，选取农业增加值刻画期望产出、选取农业碳排放总量刻画非期望产出。其中，农业碳排放总量的估算是以化肥、农药、柴油、农业灌溉等作为碳排放源，选取化肥和农药使用量、农用柴油使用量、农业有效灌溉面积等数据进行测度，具体指标如表 3-22 所示。

表 3-22　农业绿色发展效率评价指标体系

目标层	一级指标	二级指标	单位	指标计算方法
投入	土地	农业播种面积	%	森林面积/土地面积
	机械动力	农业机械总动力	千瓦时/人	农村机械总动力/农村人口数
	劳动	农业就业人数	万人	地区第一产业就业人数×（农业增加值/第一产业增加值）
期望产出	正向产出	农业增加值	亿元	农业增加值
非期望产出	负向产出	农业碳排放总量	万吨	综合测度

1　刘亦文、欧阳莹、蔡宏宇：《中国农业绿色全要素生产率测度及时空演化特征研究》，《数量经济技术经济研究》2021 年第 5 期。

选取全国 30 个省区市 2005～2019 年的农业作为研究样本。原始数据主要来自 2006～2020 年《中国农村统计年鉴》。农业绿色发展效率的评估方法同上，采用超效率 SBM-Malmquist 指数测度。

③农业绿色发展结构的评价指标体系与研究方法。农业绿色发展结构评价指标体系来源于农业绿色发展水平与农业绿色发展效率，利用耦合度模型测算农业绿色发展结构，计算方法同上。

④农业绿色发展绩效的评价指标体系与研究方法。农业绿色发展绩效评价指标体系由农业绿色发展水平与农业绿色发展效率构成，数据来源保持不变，计算方法同上。

（2）分维度结果分析。①农业绿色发展水平分析。2005～2019 年农业绿色发展水平指数如表 3-23 所示。由表可知，2005～2008 年，农业绿色发展水平指数缓慢提升，2008 年和 2009 年几乎持平，主要是由于 2008 年的国际金融危机对农业绿色发展转型造成一定的影响；2009～2016 年快速提升，2017 年出现小幅下降，2019 年达到峰值 0.189。2005～2019 年农业绿色发展水平增幅为 78.3%，意味着农业现代化和机械化应用水平提高，农业绿色发展水平提升较快[1]。整体来看，农业绿色发展水平处于长期波动、快速提升的良好态势。该研究发现与李菲菲等[2]的研究结论基本相符，即农业绿色发展水平整体呈现递增态势。究其原因是，近年来，我国在农业转型升级、结构调整等方面进行了很多探索，但仍然存在农产品供求结构失衡、要素配置不合理、农民收入增长乏力等问题。为应对这些问题，中共中央、国务院 2016 年底颁布了《中共中央 国务院关于深入推进农业供给侧结构性改革加快培育农业农村发展新动能的若干意见》，2017 年是农业供给侧改革开局之年，短期内受到政策冲击，农业绿色发展水平出现小幅下降。

---

[1]　王德智：《货币政策支持农业绿色发展的路径研究》，《宏观经济管理》2022 年第 4 期。

[2]　李菲菲、周霞、周玉玺：《环渤海地区农业绿色发展水平评价与区域差异分析》，《中国农业资源与区划》2023 年第 3 期。

表 3-23　2005~2019 年农业绿色发展水平指数

年份	全国	东部	中部	西部
2005	0.106	0.116	0.100	0.099
2006	0.108	0.122	0.101	0.099
2007	0.114	0.131	0.104	0.103
2008	0.121	0.143	0.109	0.107
2009	0.124	0.149	0.111	0.108
2010	0.136	0.170	0.119	0.114
2011	0.145	0.184	0.126	0.121
2012	0.152	0.194	0.131	0.126
2013	0.160	0.205	0.138	0.132
2014	0.163	0.214	0.136	0.131
2015	0.167	0.221	0.139	0.134
2016	0.175	0.232	0.145	0.140
2017	0.171	0.222	0.141	0.143
2018	0.179	0.234	0.145	0.150
2019	0.189	0.249	0.150	0.157
均值	0.147	0.186	0.126	0.124
变异系数	0.188	0.239	0.139	0.151
标准差	0.028	0.044	0.018	0.019

2005~2019 年农业绿色发展水平指数时序变化趋势如图 3-13 所示。由图可知，东部地区农业绿色发展水平指数增速最快，增幅为 114.7%，且农业绿色发展水平指数最高为 0.249，始终高于全国均值，而中部和西部地区农业绿色发展水平指数远低于全国均值，且演变趋势基本一致。这表明农业绿色发展水平出现东部、中部和西部地区梯度分布格局，东部地区最高，中部和西部地区均低于全国均值。具体来看，2017 年前，中部地区高于西部地区，2017 年后西部地区超过中部地区。从区域差距变化来看，东部与中部和西部地区差距扩大，出现极化趋势，中部与西部地区差距基本保持不变，说明我国农业绿色发展水平存在区域发展不平衡、发展速度不一致的情况。

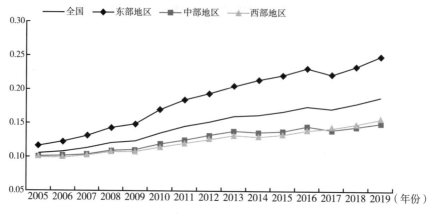

图 3-13　2005～2019 年农业绿色发展水平指数时序变化趋势

②农业绿色发展效率的结果分析。本书运用超效率 SBM 模型和 Malmquist 指数对全国农业绿色发展效率进行测度。图 3-14 为 2005～2019 年农业绿色发展效率指数均值及其分解。由图可知，在考察期内，农业绿色发展效率波动上涨，大多数年份指数大于 1，但农业绿色发展效率增幅（12.6%）不大，说明农业绿色发展效率较高，但提升动力不足。为了进一步考察农业绿色发展效率变动的原因，将绿色发展效率分解为绿色技术进步和绿色技术效率。结果发现，绿色技术进步和绿色发展效率基本反向变化，均存在一定程度的波动，2005～2019 年多数年份绿色技术进步指数大于 1，生产技术有所进步、技术创新能力不断增强，说明农业绿色效率提高的主要原因在于技术进步。在样本期内，多数年份绿色技术效率的变化低于绿色发展效率和绿色技术进步。TFP 总体大于 TC 和 EC，且 TC 超过 EC，说明在这期间生产技术的进步速度较快，农业技术创新能力不断增强；2017 年前，绿色技术效率指数在 1 附近小幅波动，而 2017 年后波动下降，反映出当前农业绿色技术效率发展不充分是农业绿色发展效率提升缓慢的主要原因。

2005～2019 年农业绿色发展效率指数时序变化趋势如图 3-15 所示。从图中可以看出，2006～2019 年，东部地区农业绿色发展效率指数整体波动上升，增幅为 25.5%；西部地区农业绿色发展效率指数整体波动上升，增幅为

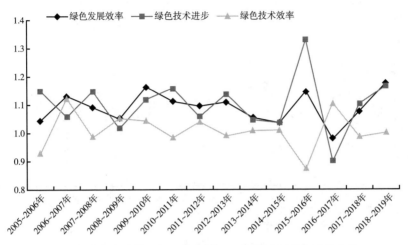

图 3-14　2005~2019 年农业绿色发展效率指数均值及其分解

9.3%；中部地区出现基本持平趋势。这表明农业绿色发展效率提升动力不足。值得注意的是，2016 年后，三大地区绿色发展效率出现小幅下降，中部和西部地区农业绿色发展效率不充分的问题尤为突出。这可能与中部和西部地区承接东部地区产业转移，过多依赖附加值较低、环境污染较为严重的工业有关，导致绿色发展效率相对较低。进一步分区域比较分析，结果不仅显示农业绿色发展效率存在区域发展不平衡情况，还存在绿色发展效率整体不充分的问题。

　　③农业绿色发展结构的结果分析。2006~2019 年农业绿色发展结构指数如表 3-24 所示。2006~2015 年，农业绿色发展结构指数从 0.576 增至 0.667，2016~2019 年波动幅度较大，呈现倒"U"形增长趋势，2017 年达到峰值0.687。可能的原因在于 2016 年农业部与财政部联合制定关于调整完善农业三项补贴政策，对农业绿色发展结构形成冲击，加之 2017 年全面开展农业供给侧改革，农业高质量发展成为改革目标，使农业绿色发展结构出现波动[1]。从增速来看，2006~2019 年农业绿色发展结构指数增幅为 16.8%，2006~2015 年

---

[1]　付伟、罗明灿、陈建成：《农业绿色发展演变过程及目标实现路径研究》，《生态经济》2021 年第 7 期。

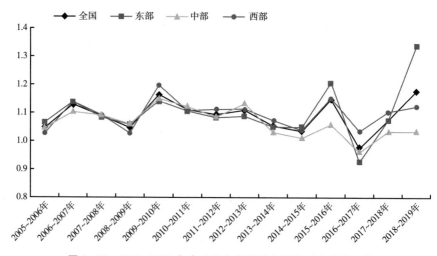

图 3-15　2005~2019 年农业绿色发展效率指数时序变化趋势

农业绿色发展结构指数增幅为 15.8%，与整个样本期的分析结果相似；2016~2019 年农业绿色发展结构指数（增幅为-2.0%）相对于前期下降幅度较大，表明农业绿色发展结构协调度亟待提高。整体来看，我国农业绿色发展水平处于长期波动、稳步提升的良好态势，处于次优状态。

表 3-24　2006~2019 年农业绿色发展结构指数

年份	全国	东部	中部	西部
2006	0.576	0.591	0.567	0.566
2007	0.568	0.589	0.561	0.551
2008	0.588	0.618	0.573	0.569
2009	0.603	0.633	0.587	0.585
2010	0.596	0.640	0.581	0.563
2011	0.621	0.665	0.599	0.593
2012	0.636	0.683	0.618	0.603
2013	0.645	0.694	0.622	0.614
2014	0.658	0.709	0.639	0.621
2015	0.667	0.715	0.647	0.635
2016	0.654	0.691	0.649	0.620
2017	0.687	0.737	0.669	0.651

年份	全国	东部	中部	西部
2018	0.671	0.711	0.653	0.646
2019	0.673	0.700	0.662	0.654
均值	0.632	0.670	0.616	0.605
变异系数	0.063	0.071	0.061	0.057
标准差	0.040	0.048	0.038	0.035

2006~2019 年农业绿色发展结构指数时序变化趋势如图 3-16 所示。由图可知，东部地区农业绿色发展结构指数均值为 0.670，高于全国均值 0.632；中部与西部地区农业绿色发展结构指数均值分别为 0.616 和 0.605，低于全国均值。这意味着农业绿色发展结构出现东部、中部和西部地区梯度分布格局，东部地区农业绿色发展结构指数最高，中部地区次之，西部地区最低，且区域差距出现收敛态势。就增速而言，2006~2019 年，东部地区增幅为 18.4%，中部为 16.8%，西部为 15.5%，农业绿色发展结构指数增速的格局是东部>中部>西部。从差距变化来看，2006~2015 年，东部与西部地区农业绿色发展结构指数的差距逐步扩大，出现极化趋势；2016~2019 年，东部与中部和西部地区农业绿色发展结构指数差距缩小，且中部与西部地区农业绿色发展结构指数的差距逐步缩小，出现收敛态势。这说明，近年来中部和西部地区利用全面绿色转型契机，大力推广农业机械化，大量使用农业清洁技术，农业绿色发展结构不断优化[1]。

（3）农业绿色发展绩效的综合结果分析。采用耦合协调度模型对 2006~2019 年我国农业绿色发展绩效进行评价，得到农业绿色发展绩效指数（见表 3-25）。①整体趋势分析。由表可得，2006~2009 年农业绿色发展绩效指数从 0.735 增至 0.749，增速缓慢。"十一五"期间，我国农业生产技术相对落后，

---

[1]　张宽、邓鑫、沈倩岭等：《农业技术进步、农村劳动力转移与农民收入——基于农业劳动生产率的分组 PVAR 模型分析》，《农业技术经济》2017 年第 6 期。

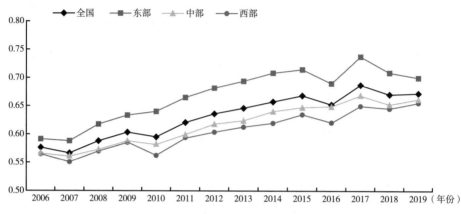

图 3-16　2006~2019 年农业绿色发展结构指数时序变化趋势

农业发展模式较为粗放，转型较慢，尽管受到国际金融危机冲击，但影响不明显。2009~2016 年，农业绿色发展绩效指数均值从 0.749 增至 0.789。农村产业开始走特色发展道路，农村三产融合发展新活力迸发[1]，同时，政府重视农旅融合，树立可持续发展理念，有利于农村产业发展的"提质增效"[2]。2016~2019 年农业绿色发展绩效波动上升，呈现"U"形增长趋势。2017 年达到谷值 0.777，农业绿色发展效率与农业绿色发展水平下滑是 2017 年农业绿色发展绩效下降的主要原因[3]。2017 年后，农业供给侧改革全面进行，农业现代化技术与机械化的推广使用使农业绿色发展绩效指数快速上涨，2019 年达到最大值 0.797，处于中级协调状态。总之，在考察期内，我国农业绿色发展绩效处于"缓慢—快速—波动上升"的中级协调态势。就增速而言，2006~2019 年农业绿色发展绩效增幅仅为 8.4%。分时间段看，2006~2009 年农业绿色发展绩效指数增幅为 1.9%，2010~2016 年农业绿色发展绩效指

1　金丽馥、王婕：《乡村振兴视阈下农村三产融合发展与促进农民增收——以江苏省为例》，《江苏农业科学》2021 年第 21 期。

2　胡平波、钟漪萍：《政府支持下的农旅融合促进农业生态效率提升机理与实证分析——以全国休闲农业与乡村旅游示范县为例》，《中国农村经济》2019 年第 12 期。

3　肖华堂、薛蕾：《我国农业绿色发展水平与效率耦合协调性研究》，《农村经济》2021 年第 3 期。

数增幅为 3.4%，2017~2019 年农业绿色发展绩效指数增幅仅为 2.6%。这表明农业绿色发展绩效提升较慢，需加快农业提质增效，推动农业高质量发展。

表 3-25　2006~2019 年农业绿色发展绩效指数

年份	全国	东部	中部	西部
2006	0.735	0.746	0.731	0.728
2007	0.744	0.755	0.737	0.737
2008	0.748	0.763	0.741	0.739
2009	0.749	0.766	0.742	0.737
2010	0.763	0.783	0.753	0.751
2011	0.768	0.790	0.759	0.754
2012	0.773	0.795	0.762	0.759
2013	0.779	0.802	0.770	0.764
2014	0.777	0.803	0.764	0.761
2015	0.779	0.806	0.764	0.763
2016	0.789	0.818	0.772	0.773
2017	0.777	0.796	0.764	0.769
2018	0.788	0.810	0.771	0.778
2019	0.797	0.824	0.775	0.785
均值	0.769	0.790	0.757	0.757
变异系数	0.024	0.030	0.019	0.022
标准差	0.019	0.024	0.014	0.017

②分区域比较。图 3-17 呈现了 2006~2019 年农业绿色发展绩效指数时序变化趋势。由图可知，东部地区农业绿色发展绩效指数均值为 0.790，高于全国均值 0.769，经历了由良好协调到中级协调的转变。中部与西部地区均值分别为 0.757 和 0.757，低于全国均值。这表明农业绿色发展绩效呈梯度分布格局，东部地区农业绿色发展绩效指数最高，中部和西部地区低于全国均值，且 2016 年前西部地区农业绿色发展绩效指数最低，2016 年后西部超过中部地区。就增速而言，2006~2019 年，东部地区农业绿色发展绩效指数增幅为 10.5%、中部为 6.0%、西部为 7.8%，农业绿色发展绩效增速呈现东部>西

部>中部的态势。从差距变化来看，2006~2015年，东部与中部和西部地区农业绿色发展绩效差距逐步扩大，出现极化趋势，而中部与西部地区农业绿色发展绩效差距呈收敛趋势。2016年后，东部、中部和西部地区农业绿色发展绩效差距扩大，出现极化趋势，与前文农业绿色发展水平与农业绿色发展效率特征相符。一方面，表明农业绿色发展绩效区域不平衡情况依然存在，主要源于农业绿色发展水平与农业绿色发展效率不平衡，东部地区拥有相对丰裕的自然条件与相对成熟的农业生产技术，农业绿色发展绩效发展较快，而中部和西部地区气候地形条件以及生产方式处于弱势地位[1]。另一方面，要警惕农业绿色发展绩效出现的区域极化，加快提升中部和西部地区农业绿色发展水平和农业绿色发展效率，促进农业绿色发展绩效区域协调发展。

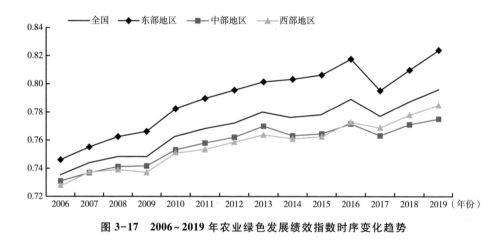

图 3-17　2006~2019 年农业绿色发展绩效指数时序变化趋势

　　③分省域比较。为进一步剖析全国农业绿色发展绩效状况，本书测算了 2006 年、2010 年、2015 年以及 2019 年全国 30 个省区市的农业绿色发展绩效指数，结果如表 3-26 所示。由表可知，广东、福建、江苏等的农业绿色发展绩效呈现稳步上升趋势，与农业绿色发展水平和农业绿色发展结构基本保持一致；北京的农业绿色发展绩效处于中等偏上水平，但由于土地面积小，城镇化水平

1　方创琳、王岩、方袁雯：《中国城市脆弱性的综合测度与空间分异特征》，《地理学报》2015 年第 2 期。

较高，农业绿色发展绩效呈下滑趋势。吉林、辽宁以及黑龙江农业绿色发展绩效提升较慢。中部地区的江西、湖北以及湖南也呈现不同程度的上升态势。截至 2019 年，农业绿色发展绩效相对低的地区为北京、吉林、山西、甘肃等省区市，农业绿色发展绩效较好的地区有广东、福建、江苏、海南、浙江、贵州、重庆和四川等省区市。综上可见，全国农业绿色发展绩效均在持续上升，但各省区市之间的农业绿色发展绩效差异明显。

表 3-26　2006 年、2010 年、2015 年和 2019 年全国 30 个省区市农业绿色发展绩效指数测算结果

省区市	2006 年	2010 年	2015 年	2019 年
北京	0.713	0.768	0.760	0.705
天津	0.697	0.722	0.758	0.762
河北	0.718	0.755	0.766	0.779
山西	0.705	0.727	0.722	0.742
内蒙古	0.733	0.749	0.747	0.761
辽宁	0.733	0.758	0.777	0.770
吉林	0.738	0.742	0.749	0.742
黑龙江	0.732	0.746	0.759	0.779
上海	0.754	0.784	0.782	0.786
江苏	0.746	0.785	0.828	0.835
浙江	0.746	0.784	0.805	0.820
安徽	0.725	0.744	0.751	0.761
福建	0.764	0.800	0.838	0.852
江西	0.736	0.744	0.783	0.794
山东	0.719	0.752	0.772	0.791
河南	0.732	0.761	0.765	0.787
湖北	0.731	0.771	0.780	0.798
湖南	0.750	0.792	0.807	0.799
广东	0.869	0.940	0.970	1.135
广西	0.743	0.748	0.775	0.799
海南	0.748	0.763	0.813	0.831
重庆	0.735	0.766	0.789	0.816
四川	0.734	0.772	0.790	0.811
贵州	0.723	0.739	0.781	0.819
云南	0.729	0.730	0.754	0.783

续表

省区市	2006 年	2010 年	2015 年	2019 年
陕西	0.724	0.752	0.764	0.796
甘肃	0.721	0.736	0.735	0.744
青海	0.707	0.742	0.742	0.762
宁夏	0.713	0.738	0.743	0.756
新疆	0.741	0.786	0.768	0.785

（二）制造业绿色发展绩效评估与比较

（1）指标与方法。①制造业绿色发展水平的评价指标体系与研究方法。借鉴陈姗姗[1]研究，从经济资源、生态环境和技术创新三方面构建相应的评价指标体系，具体指标见表 3-27。

表 3-27　制造业绿色发展水平评价指标体系

一级指标	二级指标	单位	方向
经济资源	制造业平均用工人数	万人	正向
	制造业资产总额	亿元	正向
	制造业利润总额	亿元	正向
生态环境	制造业二氧化硫排放量	吨	负向
	工业固体废弃物综合利用率	%	正向
	制造业废水排放量	吨	负向
技术创新	制造业专利申请受理数	件	正向
	制造业专利申请授权数	件	正向
	制造业 R&D 人员全时当量	人年	正向

本部分以 2013~2019 年全国 30 个省区市的制造业面板数据为样本。需要说明的是制造业统计口径 2013 年发生变化，故将研究起始年份确定为 2013 年。主要数据来源于《中国统计年鉴》、《中国工业统计年鉴》、《中国环境统计年鉴》以及各省区市统计年鉴和统计公报、EPS 数据库等。同时，

1　陈姗姗：《长江经济带制造业绿色发展水平的评价研究》，华东交通大学硕士学位论文，2021。

为了兼顾数据的可获得性，部分省区市制造业三废排放量、专利申请数量、R&D 人员及内部经费支出、污染治理投资额和综合能源消费量等数据无法直接获取，本书参照李新安和李慧[1]的做法，根据省区市数据和规模以上制造业产值占规模以上工业的产值比重，折算出制造业的相关数据，缺失数据运用插值法补齐。

②制造业绿色发展效率的评价指标体系与研究方法。借鉴雷玉桃等[2]以及肖静等[3]构建指标的思路，选取制造业绿色发展效率投入产出指标体系，具体如表 3-28 所示。依据超效率 SBM 模型和 Malmquist-Luenberger 指数模型，构建包含投入、期望产出、非期望产出的评价指标体系，通过 MaxDEA Pro 软件进行测量。

表 3-28 制造业绿色发展效率评价指标体系

目标层	一级指标	二级指标	单位
投入	劳动投入	制造业平均用工人数	万人
	资本投入	制造业全社会固定资产投资	亿元
	能源投入	分地区能源消费总量	万吨标准煤
期望产出	经济收入	制造业主营业务收入	亿元
非期望产出	工业三废	工业废水排放量	吨
		工业废气排放量	吨
		固体废弃物产生量	万吨

资料来源：数据说明及数据来源同上。

③制造业绿色发展结构的评价指标体系与研究方法。制造业绿色发展结构包含制造业绿色发展水平与制造业绿色发展效率两大系统，指标选取与数据来源同上，采用耦合度模型测算。

---

1 李新安、李慧：《中国制造业绿色发展的时空格局演变及路径研究》，《区域经济评论》2021 年第 4 期。

2 雷玉桃、张淑雯、孙菁靖：《环境规制对制造业绿色转型的影响机制及实证研究》，《科技进步与对策》2020 年第 23 期。

3 肖静、曾萍、任鸽：《如何提升制造业绿色转型绩效？——基于 TOE 框架的组态研究》，《科学学研究》2022 年第 12 期。

④制造业绿色发展绩效的评价指标体系与研究方法。制造业绿色发展绩效的指标体系由绿色发展水平与绿色发展效率指标构成。指标选取、数据来源以及测算方法同上。

（2）分维度结果分析。①制造业绿色发展水平的结果分析。根据上述指标体系，本书采用熵权法对 2013～2019 年制造业绿色发展水平指数进行测度，结果如表 3-29 所示。2013～2019 年全国制造业绿色发展水平指数均值为0.197，全国制造业绿色发展水平指数从 2013 年的 0.166 增至 2019 年的0.221，增幅为 33.1%，反映了 2013 年以来制造业绿色发展水平整体提升较慢，而加快制造业转型升级对高质量发展至关重要，尤其要注重制造业绿色转型。总体来看，制造业绿色发展水平逐年缓慢提升。

表 3-29　2013～2019 年制造业绿色发展水平指数

年份	全国	东部	中部	西部
2013	0.166	0.277	0.133	0.078
2014	0.173	0.286	0.141	0.082
2015	0.188	0.316	0.151	0.087
2016	0.204	0.344	0.165	0.094
2017	0.208	0.351	0.167	0.095
2018	0.218	0.372	0.173	0.096
2019	0.221	0.377	0.175	0.098
均值	0.197	0.332	0.158	0.090
变异系数	0.111	0.120	0.104	0.087
标准差	0.022	0.040	0.016	0.008

2013～2019 年制造业绿色发展水平指数时序变化趋势如图 3-18 所示。由图可知，2013～2019 年，东部地区制造业绿色发展水平指数增速最快，增幅为36.1%，且均值为 0.332，始终高于全国均值；而中部和西部地区制造业绿色发展水平指数远低于全国均值，中部地区制造业绿色发展水平指数增幅为31.6%，西部地区增幅为 25.6%。制造业绿色发展水平呈现东部>中部>西部的梯度分布格局。从区域差距变化来看，图 3-18 显示东部地区制造业绿色发

展水平与中部和西部地区差距扩大，出现极化趋势；中部与西部地区绿色发展水平差距基本保持不变，说明我国制造业绿色发展水平存在区域发展不平衡问题，且有加剧趋势。原因是经济发展水平高的地区往往可以利用当地的资金和人才技术优势，提升优势产业产能，转变产业发展结构，促进制造业向高端制造业转型和发展；西部地区经济技术相对落后，倾向于走资源依赖型的产业发展模式，制造业转型升级动力不强，加之承接东部地区的产业转移，其制造业绿色发展水平提升较慢[1]，意味着西部地区应加快制造业的绿色技术改造，缩小与东部地区制造业绿色发展的差距。

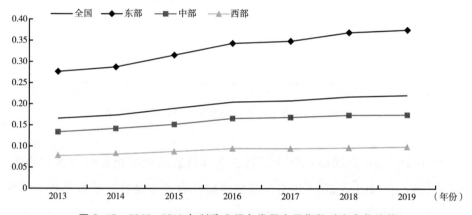

图 3-18　2013~2019 年制造业绿色发展水平指数时序变化趋势

②制造业绿色发展效率的综合结果分析。图 3-19 为 2013~2019 年制造业绿色发展效率指数均值及其分解。由图可知，大多数年份指数大于 1，表明制造业绿色发展效率较高，但增幅仅为 7.3%，说明制造业绿色发展效率提升动力不足、效率不充分问题相对突出。从效率分解来看，2013~2019 年多数年份绿色技术进步指数大于 1，且与绿色发展效率指数的变化基本保持一致，意味着制造业生产技术有所进步，技术创新能力不断增强。在样本期内，多数年

1　江露薇、刘国新、王静：《我国装备制造业的地区差距与产业布局的空间关联性——基于生态位理论的分析》，《科研管理》2020 年第 9 期；原源、李国平、孙铁山等：《中国制造业各行业大类的区域转移特征与聚类研究》，《经济地理》2015 年第 10 期。

份绿色技术效率的变化低于 Malmquist 指数和绿色技术进步的变化，且 *TC* 超过 *EC*；2017 年前，绿色技术效率指数在 1 附近小幅波动，2017 年后，绿色技术效率波动下降，表明制造业绿色技术效率发展不充分，是制造业绿色发展绩效提升缓慢的主要原因。

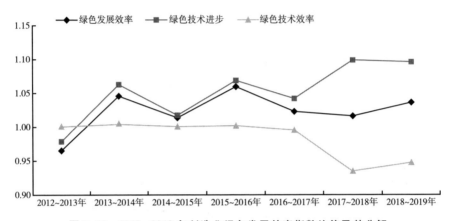

图 3-19　2013~2019 年制造业绿色发展效率指数均值及其分解

　　图 3-20 呈现了 2013~2019 年制造业绿色发展效率指数时序变化趋势。由图可以看出，2013~2019 年东部和西部地区制造业绿色发展效率指数整体波动上升，增幅分别为 10.6% 与 10.0%，而中部地区绿色发展效率出现持平趋势。大多数年份，东部地区制造业绿色发展效率指数高于中部和西部地区。这不仅说明制造业绿色发展效率存在区域不平衡，还表现出整体不充分的态势。该发现与李新安和李慧[1]的研究结论相似。值得注意的是，2016 年后中部和西部地区绿色发展效率出现小幅下降，制造业绿色发展效率不充分问题尤为突出。这可能是因为中部和西部地区承接东部地区产业转移，过多依赖附加值较低、环境污染较为严重的工业实现增长，进而导致绿色发展效率相对较低。

　　③制造业绿色发展结构的结果分析。根据上述指标体系，本书利用耦合

1　李新安、李慧：《中国制造业绿色发展的时空格局演变及路径研究》，《区域经济评论》2021 年第 4 期。

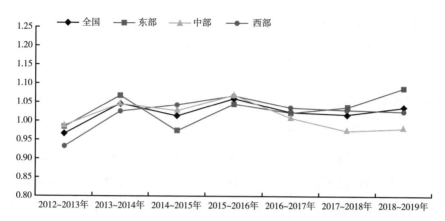

图 3-20　2013~2019 年制造业绿色发展效率指数时序变化趋势

度模型计算出各地区制造业绿色发展结构指数，如表 3-30 所示。由表可知，2013~2019 年全国制造业绿色发展结构指数均值为 0.658，全国制造业绿色发展结构指数从 2013 年的 0.643 增至 2019 年的 0.677，处于磨合阶段，增幅为 5.3%。总体来看，全国制造业绿色发展结构指数逐年提高，呈缓慢上升趋势，说明制造业绿色发展结构指数整体提升较慢，应加快优化制造业绿色发展结构，推动制造业绿色发展绩效提升。

表 3-30　2013~2019 年制造业绿色发展结构指数

年份	全国	东部	中部	西部
2013	0.643	0.773	0.633	0.519
2014	0.633	0.758	0.630	0.510
2015	0.653	0.794	0.647	0.516
2016	0.660	0.796	0.654	0.527
2017	0.667	0.795	0.674	0.535
2018	0.675	0.803	0.687	0.537
2019	0.677	0.802	0.690	0.543
均值	0.658	0.789	0.660	0.527
变异系数	0.025	0.022	0.037	0.023
标准差	0.016	0.017	0.025	0.012

2013~2019 年制造业绿色发展结构指数时序变化趋势如图 3-21 所示。由图可知，东部地区制造业绿色发展结构指数均值为 0.789，始终高于全国均值，而中部和西部地区制造业绿色发展结构指数远低于全国均值。由此可见，制造业绿色发展结构呈现明显的梯度分布格局，制造业绿色发展结构指数东部最高、中部次之、西部最低。就增长率而言，2013~2019 年东部地区增幅为 3.8%，中部地区增幅为 9.0%，西部地区增幅为 4.6%。从区域差距变化来看，东部与中部地区制造业绿色发展结构指数差距缩小，而中部与西部地区制造业绿色发展结构指数差距扩大，说明我国制造业绿色发展结构存在区域不协调问题。

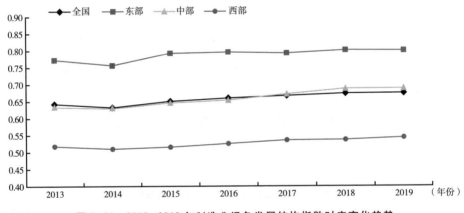

图 3-21 2013~2019 年制造业绿色发展结构指数时序变化趋势

（3）制造业绿色发展绩效的综合结果分析。根据上述指标体系，本书利用耦合协调度模型对 2013~2019 年制造业绿色发展绩效进行测度，结果如表 3-31 所示。①从发展趋势来看，2013~2019 年全国制造业绿色发展水平指数均值为 0.773，全国制造业绿色发展绩效指数从 2013 年的 0.756 增至 2019 年的 0.784，处于中级协调发展阶段，说明制造业绿色发展绩效整体水平较高，但增幅仅为 3.7%，2016~2019 年增长较慢。制造业绿色发展绩效缓慢提升，处于中级协调发展阶段。结合前文研究发现，2016 年以来制造业绿色发展效率出现小幅下滑，其中绿色技术效率没有发挥作用，这不仅佐证了绿色发展效率不充分是阻碍制造业绿色发展绩效提升的重要因素，还意味着加快制造业绿色技术创新和提升绿色技术效率对制造业绿色转型尤为重要[1]。

表 3-31　2013~2019 年制造业绿色发展绩效指数

年份	全国	东部	中部	西部
2013	0.756	0.824	0.754	0.689
2014	0.764	0.831	0.762	0.699
2015	0.769	0.836	0.767	0.704
2016	0.781	0.850	0.778	0.714
2017	0.778	0.847	0.774	0.712
2018	0.781	0.854	0.776	0.712
2019	0.784	0.857	0.779	0.714
均值	0.773	0.843	0.770	0.706
变异系数	0.014	0.015	0.012	0.014
标准差	0.010	0.013	0.009	0.010

②分区域比较。表 3-31 显示，东部地区制造业绿色发展绩效指数均值为 0.843，始终高于全国均值，依据前文定义，其位于良好协调可接受区间；中部地区绿色发展绩效指数从 2013 年的 0.754 增至 2019 年的 0.779，始终位于中级协调可接受区间；而西部地区绿色发展绩效指数从 2013 年的 0.689 增至 2019 年的 0.714，经历了由初级协调到中级协调的演变。中部和西部地区制造业绿色发展绩效指数远低于全国均值，且距优质协调区间还有很大差距。制造业绿色发展绩效出现东部、中部和西部地区梯度分布格局，即东部>中部>西部。就增长率而言，2013~2019 年，东部地区制造业绿色发展绩效指数增幅为 4.0%，中部地区增幅为 3.3%，而西部地区增

1　曲小瑜、秦续天：《基于 tsQCA 方法的制造业绿色技术创新能力多元提升路径研究》，《科技管理研究》2022 年第 19 期。

幅为 3.6%。从区域差距变化来看，图 3-22 呈现了制造业绿色发展绩效指数时序变化趋势。由图可知，东部、中部和西部地区绿色发展绩效指数差距基本保持不变。这说明我国制造业绿色发展绩效区域不协调问题突出，长期以来形成东部恒强、西部恒弱的固化格局。

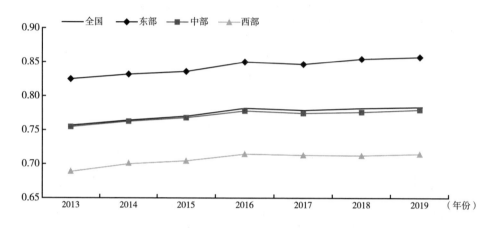

图 3-22　2013~2019 年制造业绿色发展绩效指数时序变化趋势

③分省域比较。为进一步剖析各省区市制造业绿色发展绩效的状况，本书截取了 2013 年、2015 年、2017 年以及 2019 年全国 30 个省区市的制造业绿色发展绩效进行测算，结果表 3-32 所示。从表中可以看出，广东与江苏的制造业绿色发展绩效指数分别由 2005 年的 0.947 增至 2019 年的 1.003 和 0.947，一直维持在优质协调区间。浙江的发展速度较快，由良好协调区间进入优质协调区间。北京、上海、山东以及河南等省区市一直处于良好协调区间。内蒙古、甘肃、青海、宁夏和新疆等省区市一直维持在初级协调区间。山西、贵州和云南发展速度较慢，由初级协调区间进入中级协调区间。由此可见，我国制造业绿色发展绩效整体水平不高，大部分省区市制造业绿色发展绩效处于中级协调及以下，省区市之间制造业绿色发展绩效差距较大，发展不平衡问题依然突出。

表 3-32 2013 年、2015 年、2017 年、2019 年全国 30 个省区市制造业绿色发展绩效指数测算结果

省区市	2013 年	2015 年	2017 年	2019 年
北京	0.815	0.834	0.860	0.875
天津	0.779	0.793	0.791	0.781
河北	0.748	0.781	0.796	0.801
山西	0.686	0.682	0.702	0.703
内蒙古	0.675	0.679	0.674	0.673
辽宁	0.778	0.753	0.778	0.791
吉林	0.731	0.726	0.719	0.719
黑龙江	0.708	0.710	0.705	0.704
上海	0.826	0.847	0.860	0.865
江苏	0.947	0.958	0.948	0.947
浙江	0.884	0.901	0.923	0.938
安徽	0.793	0.823	0.833	0.837
福建	0.799	0.815	0.840	0.849
江西	0.728	0.748	0.762	0.781
山东	0.896	0.904	0.892	0.884
河南	0.820	0.847	0.844	0.832
湖北	0.797	0.812	0.826	0.842
湖南	0.767	0.789	0.804	0.813
广东	0.947	0.948	0.977	1.003
广西	0.711	0.735	0.740	0.731
海南	0.649	0.658	0.651	0.694
重庆	0.751	0.776	0.775	0.777
四川	0.779	0.798	0.817	0.822
贵州	0.668	0.695	0.697	0.708
云南	0.666	0.681	0.705	0.719
陕西	0.733	0.756	0.766	0.774
甘肃	0.661	0.667	0.675	0.669
青海	0.637	0.640	0.656	0.645
宁夏	0.656	0.658	0.646	0.652
新疆	0.640	0.660	0.683	0.686

（三）文化产业绿色发展绩效评估与比较

（1）指标与方法。①文化产业绿色发展水平的评价指标体系与研究方法。

借鉴陆建栖和任文龙[1]的研究，选取经济资源、生态环境和技术创新 3 个一级指标进行测度，文化产业三废参照张涛和武金爽[2]的研究，具体指标如表 3-33 所示。

表 3-33　文化产业绿色发展水平评价指标体系

一级指标	二级指标	单位	方向
经济资源	规模以上文化产业从业人员	万人	正向
	规模以上文化产业资产总计	亿元	正向
	规模以上文化产业利润总额	亿元	正向
生态环境	文化产业二氧化硫排放量	吨	负向
	文化产业固体废弃物产生量	万吨	负向
	文化产业废水排放量	吨	负向
技术创新	国内文化及相关产业专利授权量	件	正向
	国内文化及相关产业专利发明量	件	正向

本书以全国 30 个省区市的文化产业为研究对象。相关数据来自《中国文化及相关产业统计年鉴》（2013~2020 年）以及《中国环境统计年鉴》（2013~2020 年）。需要说明的是，《中国文化及相关产业统计年鉴》自 2013 年开始公布，且文化产业统计口径 2013 年以后发生变化，故文化产业绿色发展水平的研究期间是 2013~2019 年。文化产业绿色发展水平通过熵值法测算，具体算法同上。

②文化产业绿色发展效率的评价指标体系与研究方法。借鉴张涛和武金爽[3]以及王家庭和梁栋[4]的研究，构建文化产业绿色发展效率评价指标体系（见表 3-34）。文化产业绿色发展效率采用超效率 SBM-Malmquist 指数测算，数据来源同上。

1　陆建栖、任文龙：《数字经济推动文化产业高质量发展的机制与路径——基于省级面板数据的实证检验》，《南京社会科学》2022 年第 5 期。

2　张涛、武金爽：《中国文化产业绿色发展效率的空间网络结构及影响机理研究》，《地理科学》2021 年第 4 期。

3　张涛、武金爽：《中国文化产业绿色发展效率的空间网络结构及影响机理研究》，《地理科学》2021 年第 4 期。

4　王家庭、梁栋：《中国文化产业效率的时空分异与影响因素》，《经济地理》2021 年第 4 期。

表 3-34 文化产业绿色发展效率评价指标体系

目标层	一级指标	二级指标	单位
投入	劳动投入	规模以上文化产业从业人员	万人
	资本投入	规模以上文化产业资产总计	亿元
	技术投入	规模以上文化制造业专利申请	件
期望产出	经济收入	规模以上文化产业营业务收入	亿元
非期望产出	生态环境	文化产业废水排放量	吨
		文化产业废气排放量	吨
		文化产业固体废弃物产生量	万吨

③文化产业绿色发展结构的评价指标体系与研究方法。文化产业绿色发展结构包括文化产业绿色发展水平与文化产业绿色发展效率两个子系统，采用耦合度模型进行测算，指标选取与数据来源同上。

④文化产业绿色发展绩效的评价指标体系与研究方法。文化产业绿色发展绩效指标体系由文化产业绿色发展水平与文化产业绿色发展效率指标体系构成。采用耦合协调度模型进行测度，指标选取与数据来源同上。

（2）分维度结果分析。①文化产业绿色发展水平的结果分析。2013～2019年文化产业绿色发展水平指数测度结果如表 3-35 所示。总体来看，2013～2019 年全国文化产业绿色发展水平指数均值为 0.121，全国文化产业绿色发展水平指数从 2013 年的 0.088 增至 2019 年的 0.153，增幅为 73.9%。这说明文化产业绿色发展水平逐年提高，呈快速上升趋势。可能的原因是文化产业被视为一种天然的绿色产业，有助于解决经济发展所带来的自然物质资源损耗的问题。与传统产业相比，文化产业更加注重非物质资源和可持续性资源的开发和利用[1]。它通过提供文化产品和服务，在满足人们精神文化需求的同时，减少了自然资源的消耗。文化产业的发展可以促进创意产业和知识经济

---

[1] 毕浩浩：《论长江文化的时代价值及其创造性转化》，《学习与实践》2021 年第 5 期；范建华、秦会朵：《"十四五"我国文化产业高质量发展的战略定位与路径选择》，《云南师范大学学报》（哲学社会科学版）2021 年第 5 期。

的兴起，推动经济转型和可持续发展。因此，文化产业的发展为非物质资源和可持续性资源的有效利用提供了更好的机会。随着经济由高速增长转变为高质量发展，文化产业绿色发展水平的提升空间也变大[1]。

表 3-35　2013~2019 年文化产业绿色发展水平指数

年份	全国	东部	中部	西部
2013	0.088	0.167	0.057	0.033
2014	0.094	0.176	0.062	0.035
2015	0.107	0.204	0.069	0.038
2016	0.122	0.233	0.076	0.044
2017	0.136	0.262	0.082	0.048
2018	0.146	0.282	0.089	0.052
2019	0.153	0.298	0.092	0.053
均值	0.121	0.232	0.075	0.043
变异系数	0.211	0.222	0.179	0.192
标准差	0.026	0.052	0.013	0.008

表 3-35 显示，东部、中部和西部地区文化产业绿色发展水平指数分别由2013 年的 0.167、0.057 和 0.033 增至 2019 年的 0.298、0.092 和 0.053，表明东部、中部和西部地区文化产业绿色发展水平均呈上升趋势。其中，东部地区文化产业绿色发展水平指数均值为 0.232，远高于全国均值 0.121，处于领先水平。中部和西部地区文化产业绿色发展水平指数持续低于全国均值，西部地区文化产业绿色发展水平指数最低。文化产业绿色发展显示出较大的地区差距，其指数呈现东部>中部>西部的梯度格局特征，反映出东部、中部和西部地区文化产业绿色发展不平衡。图 3-23 呈现了 2013~2019 年文化产业绿色发展水平指数时序变化趋势。由图可知，东部与中部和西部地区文化产业绿色发展水平差距扩大，中部与西部地区差距保持稳定。这可能是因为市场

1　张涛、武金爽：《中国文化产业绿色发展效率的空间网络结构及影响机理研究》，《地理科学》2021 年第 4 期。

化的要素流动使优质要素不断集聚，加大了区域内部各省区市的文化产业效率差异。东部地区拥有文化产业转型发展的良好基础，故文化产业绿色发展水平提升较快[1]。

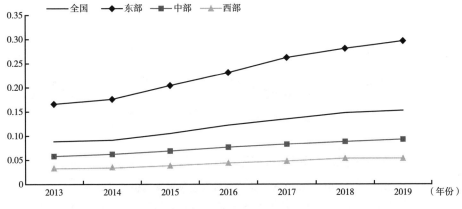

图 3-23　2013~2019 年文化产业绿色发展水平指数时序变化趋势

②文化产业绿色发展效率的结果分析。图 3-24 为 2013~2019 年文化产业绿色发展效率指数均值及其分解。总体而言，大多数年份文化产业绿色发展效率指数大于 1，但增长几乎持平。这说明文化产业绿色发展效率较高，但提升动力不足、效率不充分问题突出。从效率分解来看，绿色技术进步和绿色技术效率均存在一定程度的波动，2013~2019 年多数年份绿色技术进步指数与绿色技术效率指数大于 1，生产技术有所进步，技术创新能力不断增强，但绿色技术进步与 2013 年相比有所降低，而绿色技术效率指数相对上涨30.7%。这说明在考察期内，文化产业绿色发展效率水平提高的主要原因是绿色技术效率提升。2017 年后绿色发展效率提升依赖绿色技术效率提升。可能的原因是自 2017 年《国家"十三五"时期文化发展改革规划纲要》印发以来，通过增加优秀精神文化产品和优质文化服务的供给，社会文化环境得

1　王家庭、梁栋：《中国文化产业效率的时空分异与影响因素》，《经济地理》2021 年第 4 期。

以净化，文化产业发展质量和效益得到大幅提升[1]，推动形成绿色发展方式和生活方式。

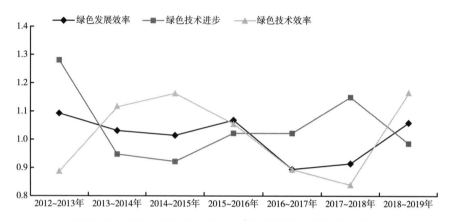

图 3-24　2013~2019 年文化产业绿色发展效率均值及其分解

2013~2019 年文化产业绿色发展效率指数时序变化趋势如图 3-25 所示。由图可知，2013~2019 东部地区整体波动较小，中部和西部地区波动较大。分区域比较分析不仅表明文化产业绿色发展效率区域发展不平衡，而且说明绿色发展效率发展不充分。值得注意的是，2016 年后中部和西部地区绿色发展效率出现小幅下降，中部和西部地区文化产业绿色发展效率不充分问题尤为突出。

③文化产业绿色发展结构的结果分析。表 3-36 呈现了 2013~2019 年文化产业绿色发展结构指数。由表可知，2013~2019 年全国文化产业绿色发展结构均值为 0.525，文化产业绿色发展结构指数从 2013 年的 0.464 增至 2019 年的 0.551，增幅为 18.8%。总体来看，文化产业绿色发展结构指数呈缓慢上升趋势。这说明随着经济由高速增长向高质量发展转变，文化产业绿色发展结构协调程度整体提升较慢。可见，加快文化产业结构优化

1　洪银兴、刘伟、高培勇等：《"习近平新时代中国特色社会主义经济思想"笔谈》，《中国社会科学》2018 年第 9 期。

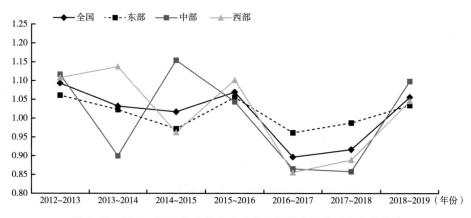

图 3-25　2013~2019 年文化产业绿色发展效率指数时序变化趋势

对文化产业高质量发展尤为重要，实现全面绿色转型，文化产业绿色转型是题中应有之义。

表 3-36　2013~2019 年文化产业绿色发展结构指数

年份	全国	东部	中部	西部
2013	0.464	0.621	0.425	0.334
2014	0.488	0.638	0.472	0.351
2015	0.508	0.676	0.454	0.380
2016	0.516	0.681	0.482	0.376
2017	0.567	0.715	0.547	0.434
2018	0.578	0.726	0.574	0.435
2019	0.551	0.714	0.528	0.406
均值	0.525	0.681	0.497	0.388
变异系数	0.081	0.059	0.108	0.100
标准差	0.042	0.040	0.054	0.039

表 3-36 显示，东部地区文化产业绿色发展结构均值为 0.681，远高于全国均值 0.525，处于领先地位。中部和西部地区文化产业绿色发展结构指数低

于全国均值，西部地区（0.388）最低。尽管东部、中部和西部地区文化产业绿色发展结构指数呈波动上升趋势，但区域发展不平衡，表现出东部>中部>西部的格局。就增长速度而言，考察期内中部和西部地区文化产业绿色发展结构指数增幅大于20%，高于东部地区。为刻画考察期间文化产业绿色发展结构的演变趋势，本书绘制了2013～2019年文化产业绿色发展结构指数时序变化趋势，如图3-26所示。可以看出，东部与中部和西部地区文化产业绿色发展结构指数差距扩大，中部与西部地区文化产业绿色发展结构指数差距保持稳定，表明文化产业绿色发展结构存在区域发展不平衡问题。

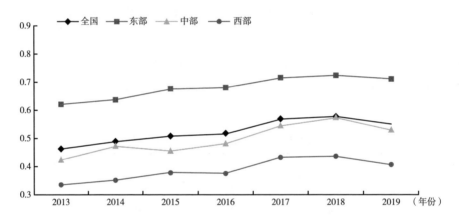

图3-26 2013～2019年文化产业绿色发展结构指数时序变化趋势

（3）文化产业绿色发展绩效的综合结果分析。利用耦合协调度模型对2013～2019年文化产业绿色发展绩效指数进行测度，结果如表3-37所示。①总体来看，2013～2019年全国文化产业绿色发展绩效均值为0.696，依据前文耦合协调度阶段划分，处于初级协调阶段。全国文化产业绿色发展绩效指数从2013年的0.674增至2019年的0.718，增幅为6.5%，文化产业绿色发展绩效呈缓慢上升趋势，由初级协调迈入中级协调阶段。结合前文对其三个子系统的分析，可以初步判断绿色发展效率不充分致使其绿色转型动力不足，进而导致绿色发展绩效提升缓慢。提升文化产业绿色发展绩效、推动文化产业绿色发展水平和效率提升、结构优化，对文化产业高质量发展尤为重要[1]。

表 3-37　2013~2019 年文化产业绿色发展绩效指数

年份	全国	东部	中部	西部
2013	0.674	0.755	0.658	0.606
2014	0.677	0.760	0.657	0.609
2015	0.689	0.772	0.677	0.614
2016	0.702	0.787	0.684	0.629
2017	0.702	0.791	0.682	0.627
2018	0.709	0.801	0.687	0.635
2019	0.718	0.805	0.702	0.642
均值	0.696	0.782	0.678	0.623
变异系数	0.023	0.025	0.024	0.022
标准差	0.016	0.019	0.016	0.014

　　②分区域比较。由表 3-37 可知，东部地区文化产业绿色发展绩效指数均值为 0.782，远高于全国均值 0.696，居于领先地位，处于中级协调发展阶段。中部和西部地区文化产业绿色发展绩效指数低于全国均值，西部地区文化产业绿色发展绩效指数均值（0.623）最低，处于初级协调阶段。为了进一步探讨文化产业绿色发展绩效的时空变化，本书绘制了 2013~2019 年文化产业绿色发展绩效指数时序变化趋势（见图 3-27）。可以发现，东部、中部和西部地区文化产业绿色发展绩效显示出较大的差距，区域发展不平衡，文化产业绿色发展绩效具体呈现为东部>中部>西部的格局。就增长速度而言，2013~2019 年三大地区文化产业绿色发展绩效指数的增幅均为 6% 左右，表明文化产业绿色发展绩效整体提升较慢，绿色转型动力不足。

　　1　李凤亮、古珍晶：《"双碳"视野下中国文化产业高质量发展的机遇、路径与价值》，《上海师范大学学报》（哲学社会科学版）2021 年第 6 期。

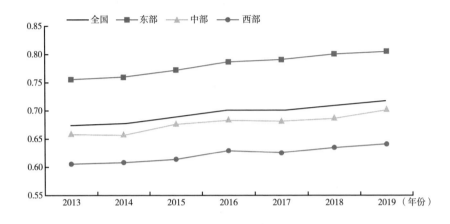

图 3-27 2013~2019 年文化产业绿色发展绩效指数时序变化趋势

③分省域比较。为进一步剖析各省区市文化产业绿色发展绩效，表 3-38 呈现了 2013 年、2015 年、2017 年以及 2019 年全国 30 个省区市文化产业绿色发展绩效指数测算结果。就增长速度而言，文化产业绿色化发展绩效存在三种发展趋势：快速增长、稳步增长和负增长，区域发展不平衡显著。文化产业绿色化发展绩效指数增长较快的省区市有陕西、湖北、四川和北京，增幅在 10% 以上。文化产业绿色化发展绩效提升速度较慢的省区市有宁夏、广西与内蒙古等，其大部分位于西部地区。内蒙古、海南、青海等省区市文化产业绿色化发展绩效出现负增长。从发展现状来看，截至 2019 年广东文化产业绿色化发展绩效较高，北京和浙江文化产业绿色发展绩效指数大于 0.9，位于优质协调发展阶段。文化产业绿色发展绩效处于良好协调发展阶段的省区市有江苏、上海、山东以及福建，其他大部分省区市处于中等协调及以下阶段。总之，区域文化产业绿色发展绩效形成东高西低格局，与前文分析基本一致。同时，文化产业绿色发展绩效整体水平较低，提速较慢，未来有很大的提升空间。

表 3-38　2013 年、2015 年、2017 年和 2019 年全国 30 个省区市
文化产业绿色发展绩效指数测算结果

省区市	2013 年	2015 年	2017 年	2019 年
北京	0.827	0.834	0.884	0.923
天津	0.674	0.711	0.681	0.722
河北	0.644	0.654	0.668	0.682
山西	0.580	0.587	0.595	0.609
内蒙古	0.590	0.590	0.562	0.587
辽宁	0.651	0.643	0.655	0.666
吉林	0.590	0.632	0.632	0.602
黑龙江	0.620	0.602	0.584	0.640
上海	0.793	0.826	0.853	0.838
江苏	0.869	0.891	0.899	0.893
浙江	0.833	0.859	0.898	0.917
安徽	0.678	0.700	0.729	0.744
福建	0.722	0.747	0.773	0.802
江西	0.654	0.683	0.684	0.722
山东	0.775	0.807	0.823	0.815
河南	0.725	0.752	0.767	0.750
湖北	0.686	0.715	0.731	0.790
湖南	0.729	0.743	0.739	0.760
广东	0.916	0.925	0.961	0.992
广西	0.636	0.636	0.630	0.659
海南	0.603	0.597	0.608	0.602
重庆	0.667	0.664	0.682	0.713
四川	0.678	0.709	0.749	0.777
贵州	0.581	0.607	0.615	0.626
云南	0.600	0.627	0.641	0.659
陕西	0.637	0.659	0.697	0.714
甘肃	0.572	0.570	0.581	0.592
青海	0.568	0.532	0.557	0.566
宁夏	0.567	0.575	0.576	0.570
新疆	0.568	0.584	0.606	0.601

第二节　绿色发展绩效的形成机理与实证检验

一　理论分析与研究假设

（一）经济增长对绿色发展绩效的直接影响

复合生态系统是由经济、社会和自然三大子系统相互作用、相互关联、相互耦合所构成的整体[1]。绿色发展是一个典型的复合生态系统，反映了经济系统、社会系统和自然系统间的耦合协同，绿色发展的"三圈模型"由此得出。其中，绿色福利是绿色发展的目标，绿色财富则是实现绿色福利和绿色增长的基础，绿色增长是实现绿色福利增进和绿色财富积累的手段。绿色发展的"三圈模型"反映了经济系统、社会系统和自然系统之间的共生性和相互作用机制[2]。从经济系统和自然系统的交互关系来看，它们之间的正向互动体现在自然系统为经济系统提供了物质基础，包括能源、矿产资源、林木产品等初级生产投入品和生活消费品。经济增长有助于提高对自然系统的投入能力，进而为维护自然系统的功能和生产能力提供保障。从经济系统和社会系统的正向交互关系来看，经济发展有助于促进人力资本投资（教育和健康）和各项公共服务投入，从而促进社会发展。人力资本的增长又是经济增长的创新基础，各项公共服务建设水平的提升有助于促进社会公平和社会和谐，使更多的资源投入经济增长中，而不是用于解决社会冲突[3]。

1　马世骏、王如松：《社会-经济-自然复合生态系统》，《生态学报》1984 年第 1 期。

2　胡鞍钢、周绍杰：《绿色发展：功能界定、机制分析与发展战略》，《中国人口·资源与环境》2014 年第 1 期。

3　洪大用：《经济增长、环境保护与生态现代化——以环境社会学为视角》，《中国社会科学》2012 年第 9 期；胡鞍钢、周绍杰：《绿色发展：功能界定、机制分析与发展战略》，《中国人口·资源与环境》2014 年第 1 期。

从机制上来看，绿色增长是实现绿色财富积累和绿色福利提升的必要条件，也是绿色发展的核心所在。实现绿色发展的关键在于实现有效的绿色增长。首先，在经济系统中，经济活动是自然资本、实体资本和人力资本共同作用的结果。经济增长涉及消费品（包括产品和服务）、中间投入品（用于生产活动）和投资性投入品（用于形成实体资本或改善自然资本状况）。在经济活动中，经济增长通过制度创新实现对应的外部性管理，即通过有效的管理措施（规制或制度）对生产和消费活动产生的污染物排放进行管理，以减少对生态环境的负面影响并促进资源减量化。其次，经济增长通过技术创新实现绿色生产和绿色消费。绿色生产指的是各个生产部门（如农业、建筑业、制造业和服务业）的生产活动实现低能耗（降低生产过程中的能源消耗）、低物耗（降低对自然资源和中间投入品的使用强度）和低排放（减少生产过程中产生的污染物排放）。加强绿色技术创新和研发是实现绿色生产和绿色消费的技术基础。经济增长促进绿色技术进步，有助于实现低能耗和低排放的消费活动[1]。最后，经济增长的稳定性对资源错配具有显著影响。经济波动与企业生产率密切相关，异常的生产率波动会导致企业实际资本投入偏离最优投资决策，进而提高行业内企业间的资本错配程度，加剧要素市场的扭曲。这不仅使本应被淘汰的落后产能仍然赢利，也会阻碍相对更有效率的企业进入市场，影响产业结构升级，还会使企业倾向于通过增加有形要素投入或寻求超额利润削弱企业创新动力，从而限制绿色发展进程[2]。

此外，根据环境库兹涅茨曲线，经济增长对环境质量具有重要的影响，随着经济不断增长，环境污染由低趋高，达到某个临界点后，环境污染又由高趋

1　胡鞍钢、周绍杰：《绿色发展：功能界定、机制分析与发展战略》，《中国人口·资源与环境》2014 年第 1 期。

2　刘朝、赵志华、步晓宁：《资本动态投入、生产率波动与资本错配》，《南开经济研究》2018 年第 1 期；盖庆恩、朱喜、程名望等：《要素市场扭曲、垄断势力与全要素生产率》，《经济研究》2015 年第 5 期；张杰、周晓艳、李勇：《要素市场扭曲抑制了中国企业 R&D？》，《经济研究》2011 年第 8 期。

低，使环境质量逐步得到改善[1]。可见，经济增长对绿色发展绩效不仅存在正向影响，在不同阶段也可能存在负向影响。据此，本书提出如下假设：

H1：经济增长对绿色发展绩效存在影响，并且这种影响具有阶段性。

（二）经济增长对绿色发展绩效的间接影响

经济增长有助于提升环境规制强度、加强技术创新及优化资源配置效率，环境规制的加强会影响绿色发展水平，技术进步会影响绿色发展效率，资源配置效率的改变会影响绿色发展结构。本书以此为启示，将绿色发展绩效分解为绿色发展水平、绿色发展效率和绿色发展结构三个维度，分别从环境规制、技术进步和资源配置三个角度分析经济增长对绿色发展绩效的间接影响（见图3-28）。

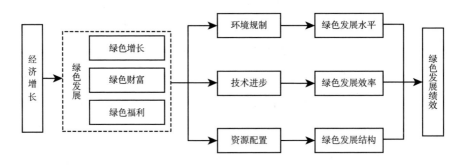

图3-28　绿色发展绩效的理论机制

（1）环境规制效应。严峻的大气、水和土壤污染等生态环境问题制约着社会经济的高质量发展[2]，为应对粗放型经济发展模式带来的环境污染，我国

1　G. M. Grossman, A. B. Krueger, "Environmental Impact of a North American Free Trade Agreement ," NBER Working Paper 3914, 1991; T. Panayotou, "Empirical Tests and Policy Analysis of Environmental Degradation at Different Stages of Economic Development," Technology and Employment Programme, Working Paper WP238, 1993; S. Dinda, "A Theoretical Basis for the Environmental Kuznets Curve," *Ecological Economics* 53, 2005, pp. 403 – 413; Markus Pasche, "Technical Progress, Structural Change, and the Environmental Kuznets Curve," *Ecological Economics* 42 (2), 2002, pp. 381 – 389.

2　陈诗一、陈登科：《雾霾污染、政府治理与经济高质量发展》，《经济研究》2018年第2期。

出台了《中华人民共和国环境保护法》《中华人民共和国大气污染防治法》等多项环境法规[1]。在生态环境监管领域，传统的属地环境管理模式不足以应对环境污染跨域流动，在以经济增长为核心的政绩考核机制下，治理流动性污染的"代价"致使地方政府对责任认知不清晰，污染的负外部性极大地制约了生态环境监管的效果，区域环境规制应运而生，大大促进了地方环保能力的提升[2]。"波特假说"表明，适当的环境规制可以促使企业进行更多的创新活动，更加专注于绿色技术研发，在提高企业研发积极性的基础上进一步提升技术创新能力，加大对绿色技术研发的资金投入，促进绿色技术研发攻关和推广应用，推动传统产业智能化改造，提高企业的生产力，从而抵消由环境保护带来的成本和提升赢利能力，从而促进清洁生产和资源节约高效利用，不断提升绿色经济发展水平[3]。

（2）技术创新效应。随着知识经济的崛起和科技全球化潮流的兴起，创新能力对于实现经济社会发展目标起到了至关重要的作用。如今，创新已成为衡量一个国家核心竞争力的重要因素[4]。经济增长对技术创新起到了明显的促进作用。在劳动力投入的过程中，通过正规教育、培训以及在职学习等方式培养的科技人才正在不断增加。在物质资本积累的过程中，研究、发明、创新等活动对于形成技术创新能力至关重要。这些方面的发展一方面为企业提供了更多的技术人才资源，另一方面提升了企业的科技研发能力，促进技术创新[5]。根据技术创新理论，技术创新可以促进企业不断引进先进核心技术

1　汪劲：《环保法治 30 年：中国的成就与问题》，《环境保护》2008 年第 21 期。

2　陈晓红、蔡思佳、汪阳洁：《我国生态环境监管体系的制度变迁逻辑与启示》，《管理世界》2020 年第 11 期。

3　王丽霞、陈新国、姚西龙：《环境规制政策对工业企业绿色发展绩效影响的门限效应研究》，《经济问题》2018 年第 1 期；张倩、曲世友：《环境规制对企业绿色技术创新的影响研究及政策启示》，《中国科技论坛》2013 年第 7 期。

4　范斐、杜德斌、李恒等：《中国地级以上城市科技资源配置效率的时空格局》，《地理学报》2013 年第 10 期。

5　余泳泽、杨晓章：《技术进步的原因及性质——基于分工和外部性的理论分析框架》，《产业经济评论》2016 年第 3 期。

和增强自身技术创新能力，将落后的制造业逐步改造为高端制造业，促使生产技术升级和产业链价值提升，提高产品质量，从而实现技术进步[1]。为此，一方面，可以通过技术偏向效应改变要素相对边际产出，有效改善现有生产技术，提高资源利用效率，驱动企业实现绿色生产，引发要素流动提升生产率水平，进而促进绿色发展效率提升[2]；另一方面，通过开发清洁技术不断取代传统技术，降低单位产出的污染排放和要素投入，削弱生产对自然与环境的影响，催生绿色生产工艺[3]，优化产业结构，延长并拓宽产业链，促进绿色发展效率提升[4]。

（3）资源配置效应。资源错配问题和能源利用效率低下是环境污染产生的重要原因之一[5]，由于环境污染具有负外部性，低生产效率的企业通过低成本获取环境资源，从而获得市场生存的机会，阻碍了资源向高生产效率的企业流动，导致更严重的资源错配问题[6]。经济增长一定程度上代表了当前经济形势良好，在良好的经济形势下，企业的金融借贷和要素市场也更加活跃。此时，企业可以扩大生产规模，实现规模报酬递增，进一步提高资源的流动性，从而提高资源配置效率[7]。在资源配置理论中，资源作为社会经济活动中人力、物力和财力的总和，是社会经济发展的基本物质条件。在经济社会发展的一定阶段，资源总是表现出相对稀缺性。随着经济的增长，自然资源因

1　赵领娣、张磊、徐乐等：《人力资本、产业结构调整与绿色发展效率的作用机制》，《中国人口·资源与环境》2016 年第 11 期。

2　何兴邦：《技术创新与经济增长质量——基于省际面板数据的实证分析》，《中国科技论坛》2019 年第 10 期；齐绍洲、林屾、崔静波：《环境权益交易市场能否诱发绿色创新？——基于我国上市公司绿色专利数据的证据》，《经济研究》2018 年第 12 期。

3　王林辉、王辉、董直庆：《经济增长和环境质量相容性政策条件——环境技术进步方向视角下的政策偏向效应检验》，《管理世界》2020 年第 3 期。

4　岳立、闫慧贞：《黄河流域技术进步对资源型城市绿色发展影响》，《科学学研究》2023 年第 9 期。

5　宋马林、金培振：《地方保护、资源错配与环境福利绩效》，《经济研究》2016 年第 12 期。

6　李蕾蕾、盛丹：《地方环境立法与中国制造业的行业资源配置效率优化》，《中国工业经济》2018 年第 7 期。

7　廖常文、张治栋：《稳定经济增长、产业结构升级与资源错配》，《经济问题探索》2020 年第 11 期。

其稀缺性而价格上升[1]，由于市场经济条件的作用，社会降低了对自然资源的需求，市场机制不断完善，对资源进行自动调节，对有限且相对稀缺的资源进行合理配置，不断提高资源的利用效率。同时，这也促进了低耗能、低污染技术的研发，促进绿色发展结构优化，以最少的资源消耗生产出数量更合适的商品，在获得经济效益的同时，进一步促进环境质量改善[2]。据此，本研究提出如下假设：

H2：经济增长能通过环境规制、技术进步和资源配置间接促进绿色发展绩效的提升。

二　特征与事实

（一）变量选取与数据来源

（1）变量选择。①被解释变量。被解释变量包括绿色发展水平（GDL）、绿色发展结构（GDS）、绿色发展效率（GDE）。借鉴刘明广[3]、蔡绍洪[4]以及王勇等[5]的研究，构建省域绿色发展水平指标体系，对绿色发展水平进行测度；借鉴于善波和张军涛[6]以及吴磊等[7]的研究，构建投入产出指标体系测度绿色发展效率；而绿色发展结构由耦合协调度模型测度得到，具体算法同上。

②解释变量。解释变量为经济增长（G），采用人均GDP表示。

1　蔡宁、郭斌：《从环境资源稀缺性到可持续发展：西方环境经济理论的发展变迁》，《经济科学》1996年第6期。

2　李延凯、韩廷春：《金融生态演进作用于实体经济增长的机制分析——透过资本配置效率的视角》，《中国工业经济》2011年第2期。

3　刘明广：《中国省域绿色发展水平测量与空间演化》，《华南师范大学学报》（社会科学版）2017年第3期。

4　蔡绍洪、魏媛、刘明显：《西部地区绿色发展水平测度及空间分异研究》，《管理世界》2017年第6期。

5　王勇、李海英、俞海：《中国省域绿色发展的空间格局及其演变特征》，《中国人口·资源与环境》2018年第10期。

6　于善波、张军涛：《长江经济带省域绿色全要素生产率测算与收敛性分析》，《改革》2021年第4期。

7　吴磊、贾晓燕、吴超等：《异质型环境规制对中国绿色全要素生产率的影响》，《中国人口·资源与环境》2020年第10期。

③中介变量。环境规制（*ER*）采用工业污染治理投资完成额占 GDP 比重来度量[1]；技术进步（*GTI*）采用科学技术财政支出来衡量[2]；资源配置（*RA*）借鉴白俊红和刘守英[3]的研究，采用劳动力错配指数表示。

④控制变量。第一，政府干预（*GV*）。地方政府为获得较高的经济增长率可能加大对经济发展较快的地区的财政支出，同时政府也可以利用税收和转移支付等方法来实现再分配，进而影响绿色发展绩效，本书运用扣除财政支出中科教支出占 GDP 比重来衡量[4]。第二，财政教育支出（*PE*）。教育是立国之本、强国之基，增加对教育的财政投入才能留有充足的资金升级硬件设施、提高教育水平，培养更出色的创新型人才，进一步提高绿色发展绩效，本书运用财政支出教育事业经费占 GDP 的比重作为财政教育支出的衡量指标[5]。第三，宏观调控能力（*MC*）。作为国家宏观调控的重要工具，财政政策能够根据经济社会发展情况，准确把握调控的方向、力度和节奏，增强调控的前瞻性、针对性和有效性，从而有效推动经济社会的持续健康发展，提升绿色发展绩效，本书采用一般财政预算支出占 GDP 的比重来衡量宏观调控能力[6]。第四，产业结构高级化（*TS*）。产业结构的优化有助于促使各产业间比例趋向合理、发展更加协调，提高资源利用效率，促使生产更加清洁、更加环保，进一步提升绿色发展绩效，本书运用第三产业产值与第二产业产值之比来衡量[7]。

（2）数据来源。本书采用 2005～2019 年全国 30 个省区市的面板数据作为研究样本。数据来源于国家统计局网站、《中国统计年鉴》、《中国环境统计年鉴》和各省市统计年鉴（2005～2020 年），个别缺失数据采用插值法补齐。

1　刘荣增、何春：《环境规制对城镇居民收入不平等的门槛效应研究》，《中国软科学》2021 年第 8 期。

2　郭庆旺、吕冰洋、张德勇：《财政支出结构与经济增长》，《经济理论与经济管理》2003 年第 11 期。

3　白俊红、刘宇英：《对外直接投资能否改善中国的资源错配》，《中国工业经济》2018 年第 1 期。

4　房逸靖、李静、司深深：《政府干预、创新驱动与区域人才配置》，《科技进步与对策》2023 年第 3 期。

5　周波、苏佳：《财政教育支出与代际收入流动性》，《世界经济》2012 年第 12 期。

6　郭庆旺、吕冰洋、张德勇：《财政支出结构与经济增长》，《经济理论与经济管理》2003 年第 11 期。

7　崔木花：《安徽省产业结构演变的生态环境效应》，《经济地理》2020 年第 8 期。

（二）特征事实分析

在对经济增长与绿色发展绩效之间的关系进行分析之前，有必要把握主要变量的特征与事实，为后文计量验证奠定基础。首先，通过观察表3-39中各变量面板数据的描述性统计可以发现，绿色发展水平、绿色发展效率和绿色发展结构的均值分别为0.081、1.024和0.504，均大于各自对应的中位数，表明绿色发展水平和绿色发展效率较高、绿色发展结构较优。经济增长的均值为4.261，大于中位数3.755，表明经济发展水平较高；经济增长的标准差为2.706，表明经济增长波动差异明显。此外，中介变量和控制变量的描述性统计结果也表明部分变量发展较优，并呈现明显的波动性，数据结果无明显异常，可以进行计量分析[1]。

表 3-39　变量描述性统计

变量	统计值	均值	标准差	最大值	中位数	最小值
GDL	450	0.081	0.050	0.443	0.069	0.029
GDE	450	1.024	0.143	3.405	1.021	0.316
GDS	450	0.504	0.099	0.921	0.487	0.319
G	450	4.261	2.706	16.422	3.755	0.505
ER	450	11.805	1.015	14.164	11.903	8.178
GTI	450	0.836	1.288	11.688	0.393	0.005
RA	450	0.411	0.402	3.047	0.333	0.001
GV	450	0.185	0.085	0.555	0.170	0.065
MC	450	0.224	0.098	0.628	0.207	0.079
PE	450	0.037	0.015	0.112	0.033	0.014
TS	450	1.057	0.596	5.169	0.889	0.500

其次，利用Pearson相关系数分析核心解释变量与被解释变量之间是否存在相关性（见表3-40）。由表可知，经济增长（G）与绿色发展水平（GDL）、

1　李俊青、李双建、赵旭霞：《社会信任、收益率波动与银行风险》，《财贸经济》2017年第11期。

绿色发展效率（GDE）和绿色发展结构（GDS）之间的相关系数 r 在 1% 的显著性水平上分别为 0.708、0.139 和 0.704，均大于 0 小于 1，表明经济增长与绿色发展水平、绿色发展效率、绿色发展结构在 1% 的显著性水平上存在正相关关系。

表 3-40　Pearson 相关性分析结果

变量	GDL	GDE	GDS	G
GDL	1			
GDE	0.0670	1		
GDS	0.908 ***	-0.137 ***	1	
G	0.708 ***	0.139 ***	0.704 ***	1

注：*** p<0.01。

此外，进一步绘制散点图直观揭示解释变量与被解释变量之间的数据变化趋势，分析结果如图 3-29 所示。由图可知，2005~2019 年省域绿色发展水平、绿色发展效率、绿色发展结构随着经济增长的加快而呈现不断上升的态势，即经济增长越快，绿色发展水平、绿色发展效率越高，绿色发展结构越优。

三　实证检验

（一）模型构建

为了检验经济增长是否直接影响绿色发展绩效，构建如下回归方程：

$$GD_{it} = \alpha + \beta G_{it} + \gamma X_{it} + \varepsilon_{it} \tag{3-13}$$

其中，GD_{it} 为被解释变量绿色发展水平（GDL）、绿色发展效率（GDE）和绿色发展结构（GDS）；G_{it} 为解释变量经济增长（G），X 为一系列控制变量；ε 为随机扰动项。

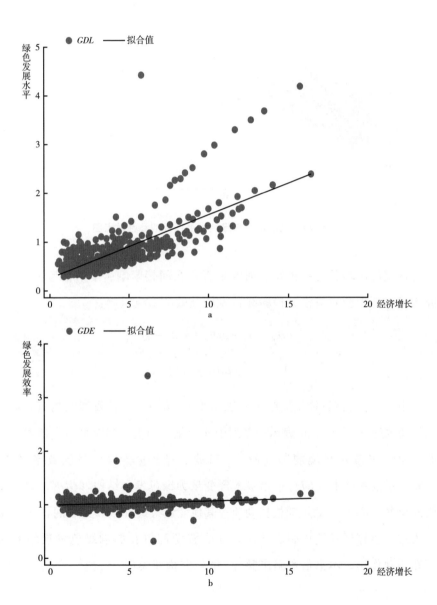

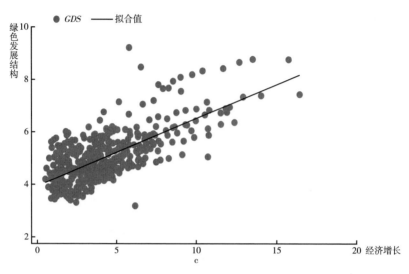

图 3-29　经济增长与绿色发展绩效的线性散点图

为探究经济增长对绿色发展绩效是否存在间接影响，本书借鉴 Hayes[1] 的研究构建以下中介效应模型检验绿色发展绩效的形成机制：

$$GD_{it} = \alpha_0 + \beta_0 M_{it} + \gamma_0 X_{it} + \varepsilon_{it} \tag{3-14}$$

$$M_{it} = \alpha_1 + \beta_1 G_{it} + \gamma_1 X_{it} + \varepsilon_{it} \tag{3-15}$$

其中，GD_{it} 为被解释变量绿色发展水平（GDL）、绿色发展结构（GDS）和绿色发展效率（GDE）。M 表示一系列中介变量，当被解释变量为绿色发展水平（GDL）时，M 表示环境规制（ER）；当被解释变量为绿色发展效率（GDE）时，M 表示技术进步（GTI）；当被解释变量为绿色发展结构（GDE）时，M 表示资源配置（RA）。ε 表示随机扰动项。其他变量与式（3-13）中的含义一致。

为进一步探讨环境规制、技术进步、资源配置在影响绿色发展绩效时是否存在相互作用，本书借鉴温忠麟等[2] 的研究构建模型：

1　A. F. Hayes, *Introduction to Mediation, Moderation, and Conditional Process Analysis: A Regression-based Approach*（Guilford Publications, 2017）.

2　温忠麟、张雷、侯杰泰：《有中介的调节变量和有调节的中介变量》，《心理学报》2006 年第 3 期。

$$M_{it} = \alpha_2 + \beta_2 G_{it} + \varphi_2 M_{it}^{'} + \lambda_2 G_{it} M_{it}^{'} + \gamma_2 X_{it} + \varepsilon_{it} \tag{3-16}$$

$$GD_{it} = \alpha_3 + \beta_3 M_{it} + \varphi_3 M_{it}^{'} + \lambda_3 M_{it} M_{it}^{'} + \gamma_3 X_{it} + \varepsilon_{it} \tag{3-17}$$

其中，MM'表示两个不相同中介变量的乘积，M'为环境规制（ER），M为技术进步（GTI）或资源配置（RA）。GD_{it}为绿色发展效率（GDE）和绿色发展结构（GDS），当M为技术进步（GTI）时，GD_{it}为绿色发展效率（GDE）；当M为资源配置（RA）时，GD_{it}为绿色发展结构（GDS）。ε表示随机扰动项。其他变量与式（3-13）中的含义一致。

（二）实证检验

（1）基准回归结果。表3-41报告的是式（3-13）的基准回归结果，其中模型（1）和模型（4）为经济增长对绿色发展水平的影响效果检验，模型（2）和模型（5）为经济增长对绿色发展效率的影响效果检验，模型（3）和模型（6）为经济增长对绿色发展结构的影响效果检验。从表中第（1）列与第（4）列可以看出，经济增长系数在1%的显著性水平上为正，表明经济增长有利于推动绿色发展水平提升；从表3-41中第（2）列与第（5）列回归结果可以看出经济增长系数均在1%的显著性水平上为正，表明经济增长能显著推动绿色发展效率提升；而表3-41中第（3）列与第（6）列中经济增长系数在1%的显著性水平上为正，表明经济增长能显著促进绿色发展结构优化。以上结果总体表明经济增长对绿色发展绩效具有提升作用，假设H1得到验证，可能原因是经济增长通过适当的环境规制促进了企业技术创新能力的提升，技术进步有效改善了现有生产技术，同时资源配置的优化也提高了自然资源的使用效率，进一步促进了绿色发展绩效的提升[1]。无论是否加入控制变量，经济增长变量估计系数显著性水平不变，表明结果是稳健的。

从控制变量来看，观察第（4）~（6）列回归结果，第（4）列中产业结构高级化的系数在1%的显著性水平上为正，表明产业结构高级化会在一定程度上

---

[1]　胡鞍钢、周绍杰：《绿色发展：功能界定、机制分析与发展战略》，《中国人口·资源与环境》2014年第1期。

促进绿色发展水平的提升。第（5）列中宏观调控能力的系数在10%的显著性水平上为负，表明宏观调控的过度干预会在一定程度上阻碍绿色发展效率的提升。第（6）列中宏观调控能力的系数在5%的显著性水平上为正，表明宏观调控能力的提升将显著促进绿色发展结构的优化。政府干预和财政教育支出的系数在5%的显著性水平上为负，表明政府的过度干预和财政教育支出过多会影响绿色发展结构的优化，可能原因是政府财政支出有限，增加财政教育支出可能会减少其他财政支出。我国财政教育投入还存在教育投资使用效率低下、教育投入不平衡等问题，不利于绿色发展结构的优化[1]。

表 3-41　基准回归结果

变量	（1）	（2）	（3）	（4）	（5）	（6）
	GDL	GDE	GDS	GDL	GDE	GDS
G	0.008 ***	0.015 ***	0.017 ***	0.007 ***	0.022 ***	0.014 ***
	（15.38）	（4.13）	（15.28）	（8.53）	（3.86）	（7.93）
GV				−0.317	4.362	−1.867 **
				（−0.70）	（1.55）	（−2.16）
MC				0.295	−4.718 *	2.001 **
				（0.68）	（−1.73）	（2.40）
PE				−0.530	3.988	−1.951 **
				（−1.21）	（1.45）	（−2.32）
TS				0.017 ***	0.002	0.005
				（3.10）	（0.08）	（0.50）
常数项	0.043 ***	0.961 ***	0.431 ***	0.042 ***	1.028 ***	0.408 ***
	（15.86）	（57.14）	（83.12）	（6.48）	（25.21）	（32.64）
样本量	450	450	450	450	450	450

注：*** $p<0.01$，** $p<0.05$，* $p<0.1$；括号内数值为对应的 t 值。

（2）内生性检验。尽管采用固定效应面板数据模型估计的结果表明经济增长能促进绿色发展绩效的提升，但由于内生性问题回归结果存在偏误，可

---

[1]　吴磊、贾晓燕、吴超等：《异质型环境规制对中国绿色全要素生产率的影响》，《中国人口·资源与环境》2020 年第 10 期。

能来自以下方面：一是反向因果关系；二是遗漏变量；三是测量误差[1]。本书的内生性问题可能主要是由反向因果关系和遗漏变量偏差导致的，因为绿色发展水平、绿色发展效率、绿色发展结构的提高反过来可能会促进经济增长，并且绿色发展水平、绿色发展效率、绿色发展结构是多种因素共同作用的综合结果，有些因素难以测量，因此难免遗漏重要变量。为了尽量缓解该内生性问题的不利影响，本书借鉴顾新锋等[2]的研究，采用经济增长的一阶滞后项作为工具变量，使用有限信息最大似然法（LIML）对2005~2019年全国30个省区市面板数据进行回归分析，以解决内生性问题，结果如表3-42所示。

表3-42模型估计结果显示，Cragg-Donald Wald F统计量均大于显著性水平10%对应的临界值，表明不存在弱工具变量问题。从估计结果来看，经济增长的系数均在显著性水平上为正，表明考虑可能存在的内生性问题后，经济增长对绿色发展水平、绿色发展效率、绿色发展结构提升的作用仍然稳健。

表3-42 内生性检验结果

变量	(1)	(2)	(3)
	GDL	GDE	GDS
G	0.008 ***	0.015 **	0.017 ***
	(0.00102)	(0.00643)	(0.00193)
GV	−0.182	5.168 *	−2.220 **
	(0.492)	(3.106)	(0.931)
MC	0.156	−5.489 *	2.321 ***
	(0.475)	(3.001)	(0.900)
PE	−0.437	5.505 *	−2.535 ***
	(0.463)	(2.921)	(0.876)
TS	0.015 ***	0.028	−0.007
	(0.00602)	(0.0380)	(0.0114)

---

1 王宇、李海洋：《管理学研究中的内生性问题及修正方法》，《管理学季刊》2017年第3期。

2 顾新锋、简涛、何友等：《协方差矩阵结构的广义近似最大似然估计》，《应用科学学报》2013年第6期。

续表

变量	(1)	(2)	(3)
	GDL	GDE	GDS
常数项	5367.100 [16.38]	5367.100 [16.38]	5367.100 [16.38]
样本量	420	420	420

注：*** p<0.01，** p<0.05，* p<0.1；小括号内数值为对应的 t 值，中括号内数值表示弱工具变量检验的 10% 显著性水平的临界值。

（3）稳健性检验。为了保证研究结果的可靠性，本书分别通过调整研究时间区间和剔除部分省区市数据来进行稳健性检验，结果分别如表 3-43 和表 3-44 所示。

①变更时间区间。2008 年前后，受国际金融危机的影响，各地区经济及生态环境发生了较大改变[1]，对绿色发展水平、绿色发展效率、绿色发展结构也产生了较大的影响。因此，本书在基础回归的基础上剔除 2008 年前数据进行稳健性检验，结果如表 3-43 所示。从回归结果可以看出，经济发展系数与基准回归结果基本一致，表明基准回归结果比较稳健。

表 3-43 变更时间区间的稳健性检验结果（剔除 2008 年前数据）

变量	(1)	(2)	(3)
	GDL	GDE	GDS
G	0.008 *** (6.74)	0.023 *** (3.02)	0.014 *** (6.46)
GV	0.478 (0.76)	7.954 * (1.93)	-2.411 ** (-2.06)
MC	-0.445 (-0.74)	-8.256 ** (-2.09)	2.618 ** (2.34)

---

1 黄建欢、吕海龙、王良健：《金融发展影响区域绿色发展的机理——基于生态效率和空间计量的研究》，《地理研究》2014 年第 3 期。

续表

变量	(1)	(2)	(3)
	GDL	GDE	GDS
PE	0.090	5.878*	-1.960**
	(0.17)	(1.69)	(-1.98)
TS	0.013*	0.019	-0.004
	(1.88)	(0.42)	(-0.30)
常数项	0.040***	1.067***	0.375***
	(3.45)	(14.06)	(17.44)
样本量	360	360	360

注：*** $p<0.01$，** $p<0.05$，* $p<0.1$；括号内数值为对应的 t 值。

②变更样本区间。考虑到北京、上海、江苏这三个省区市经济增长速度较快，因此剔除北京、上海、江苏重新进行回归，结果如表 3-44 所示，从回归结果中可以发现经济增长系数与基准回归结果基本一致，表明基准回归结果比较稳健。

表 3-44　变更样本区间的稳健性检验结果（剔除北京、上海、江苏）

变量	(1)	(2)	(3)
	GDL	GDE	GDS
G	0.005***	0.019***	0.012***
	(6.22)	(3.13)	(6.54)
GV	-0.579	2.837	-2.167**
	(-1.24)	(0.88)	(-2.16)
MC	0.662	-3.038	2.412**
	(1.48)	(-0.98)	(2.51)
PE	-0.754*	2.727	-2.173**
	(-1.69)	(0.88)	(-2.26)
TS	-0.0006	0.008	-0.001
	(-0.10)	(0.20)	(-0.10)
常数项	0.037***	0.999***	0.378***
	(6.26)	(24.33)	(29.64)
样本量	405	405	405

注：*** $p<0.01$，** $p<0.05$，* $p<0.1$；括号内数值为对应的 t 值。

（4）异质性检验。鉴于我国东部、中部和西部地区的绿色发展绩效差异较大，存在区域发展不平衡不充分问题[1]，绿色发展绩效表现为东部>中部>西部的梯度格局。关于我国东部、中部和西部地区经济发展对绿色发展水平、绿色发展效率、绿色发展结构的影响是否存在差异的问题，本书以传统区域划分为标准，对回归结果进行区域异质性检验，结果如表 3-45、表 3-46 和表 3-47 所示。

从区域异质性结果来看，绿色发展水平、绿色发展效率、绿色发展结构的东部、中部和西部地区经济增长系数均显著为正，表明我国东部、中部和西部地区经济增长能够显著提升绿色发展水平、绿色发展效率、绿色发展结构，但经济增长系数大小存在差异。对于绿色发展水平，东部地区经济增长系数最高、中部地区次之、西部地区最低，可能原因是东部地区近年来以绿色发展为方式、以美丽中国建设为目标，积极响应国家绿色发展号召，经济增长水平较高，因此对绿色发展水平提升作用较大；而中部和西部地区的经济增长较东部地区而言还未取得显著成效，仍处于起步阶段，因此对绿色发展水平的促进作用较弱[2]。针对绿色发展效率，经济增长系数中部地区最高、东部地区次之、西部地区最低，原因在于绿色发展效率作为绿色发展绩效结果的表征，中部地区增长系数大体现出经济增长对绿色发展效率的影响具有明显的边际递减趋势，中部地区的经济增长相对较弱，因此在中部地区经济增长对绿色发展效率的提升作用极其明显[3]。这表明经济增长对绿色发展结构的优化在东部地区最为明显，可能是因为东部地区经济增速较快，发展结构亟待升级，经济增长大大促进了绿色发展结构的优化[4]。总体结果表明经济增长对绿色发展水平、绿色发展效率、绿色发展结构的正向影响存在区域不平衡。

1　杨志江、文超祥：《中国绿色发展效率的评价与区域差异》，《经济地理》2017 年第 3 期。

2　余泳泽、杨晓章、张少辉：《中国经济由高速增长向高质量发展的时空转换特征研究》，《数量经济技术经济研究》2019 年第 6 期。

3　王巧、佘硕、曾婧婧：《国家高新区提升城市绿色创新效率的作用机制与效果识别——基于双重差分法的检验》，《中国人口·资源与环境》2020 年第 2 期。

4　冯曦明、张仁杰：《产业结构变迁、绿色生态效率与区域经济增长》，《统计与决策》2021 年第 21 期。

表 3-45　绿色发展水平异质性分析结果

变量	(1)	(2)	(3)
	东部	中部	西部
G	0.008***	0.006***	0.005***
	(4.20)	(8.50)	(6.37)
控制变量	是	是	是
常数项	0.039**	0.034***	0.057***
	(2.48)	(7.50)	(9.31)
样本量	180	135	135

注：*** $p<0.01$，** $p<0.05$；括号内数值为对应的 t 值。

表 3-46　绿色发展效率异质性分析结果

变量	(1)	(2)	(3)
	东部	中部	西部
G	0.023*	0.029***	0.014**
	(1.89)	(3.23)	(2.14)
控制变量	是	是	是
常数项	0.962***	1.063***	1.034***
	(10.37)	(18.74)	(22.17)
样本量	180	135	135

注：*** $p<0.01$，** $p<0.05$，* $p<0.1$；括号内数值为对应的 t 值。

表 3-47　绿色发展结构异质性分析结果

变量	(1)	(2)	(3)
	东部	中部	西部
G	0.015***	0.014***	0.015***
	(4.48)	(5.10)	(5.14)
控制变量	是	是	是
常数项	0.430***	0.350***	0.451***
	(16.61)	(19.17)	(22.42)
样本量	180	135	135

注：*** $p<0.01$；括号内数值为对应的 t 值。

（5）影响机制检验。为进一步研究经济增长对绿色发展水平、绿色发展效率、绿色发展结构的作用机制，本书从环境规制、技术进步、资源配置三个方面分别对绿色发展水平、绿色发展效率及绿色发展结构进行中介效应检验，检验结果如表 3-48、表 3-49 和表 3-50 所示。

表 3-48 报告的是经济增长对绿色发展水平的中介效应分析结果。从环境规制的中介传导机制来看，表中第（1）列经济增长系数在 1% 的显著性水平上为正，表明经济增长能够有效推动环境规制，第（2）列环境规制系数在 1% 的显著性水平上为正，表明环境规制能够有效推动绿色发展水平的提升，这与郝淑双[1]的研究中环境规制对绿色发展水平具有显著影响的结论相吻合，可能原因是经济增长带来的相关环境问题促使各地政府环境规制能力有所提升，而环境规制又使企业创新活动能力增强，进一步促进了绿色发展水平的提升。

表 3-48　环境规制的中介效应检验结果

变量	（1）	（2）	（3）	（4）
	ER	GDL	ER	GDL
G	0.068 *** (4.86)		0.071 *** (-3.29)	
ER		0.014 *** (-6.31)		0.014 *** (-6.67)
GV			9.445 (-0.90)	-1.013 ** (-2.22)
MC			-5.172 (0.51)	0.886 ** (2.00)
PE			8.944 (-0.87)	-0.338 (-0.75)
TS			-0.536 *** (4.14)	0.048 *** (10.28)
常数项	11.510 *** (-174.95)	-0.093 *** (-3.37)	11.150 *** (-73.07)	-0.136 *** (-5.64)
样本量	450	450	450	450

注：*** $p<0.01$，** $p<0.05$；括号内数值为对应的 t 值。

1　郝淑双：《中国绿色发展水平时空分异及影响因素研究》，中南财经政法大学博士学位论文，2018。

表 3-49 报告的是经济增长对绿色发展效率的中介效应分析结果。从技术进步的中介传导机制来看，表中第（1）列经济增长系数在 1% 的显著性水平上为正，表明经济增长能够有效推动技术进步，第（2）列技术进步系数在 5% 的显著性水平上为正，表明技术进步能够有效推动绿色发展效率的提升，这与李雪松和曾宇航[1]的研究认为技术进步有利于促进绿色发展效率提升的结论相吻合，可能原因是经济增长通过加大科研资金和科技人才投入，促进了技术进步，提高了资源的使用效率，进一步提升了绿色发展效率。

表 3-49　技术进步的中介效应检验结果

变量	（1）	（2）	（3）	（4）
	GTI	GDE	GTI	GDE
G	0. 356 ***		0. 358 ***	
	（20. 71）		（14. 32）	
GTI		0. 018 **		0. 017 *
		（2. 51）		（1. 88）
GV			−107. 700 ***	4. 959
			（−8. 83）	（1. 60）
MC			100. 500 ***	−5. 291 *
			（8. 53）	（−1. 78）
PE			−84. 310 ***	6. 227 **
			（−7. 09）	（2. 19）
TS			−0. 004	0. 058 *
			（−0. 03）	（1. 87）
常数项	−0. 682 ***	1. 009 ***	−0. 138	0. 985 ***
	（−8. 53）	（110. 47）	（−0. 78）	（25. 05）
样本量	450	450	450	450

注：*** p<0. 01，** p<0. 05，* p<0. 1；括号内数值为对应的 t 值。

表 3-50 报告的是经济增长对绿色发展结构的中介效应分析结果。从资源配置的中介传导机制来看，表中第（1）列经济增长系数在 1% 的显著性水平

---

[1]　李雪松、曾宇航：《中国区域创新型绿色发展效率测度及其影响因素》，《科技进步与对策》2020 年第 3 期。

上为负，表明经济增长能够有效改善资源错配，第（2）列资源配置系数在
1%的显著性水平上为负，表明资源错配的减少能够有效推动绿色发展结构的
优化，这与杜宇等[1]的研究认为经济增长会加快推动要素的再配置，进一步强
化污染减排，提升生态治理成效的结论相吻合，可能原因在于经济增长通过
提升人力资本和资本资源的流动性，改善市场资源要素的配置结构，提高了
自然资源的利用效率，进一步优化了绿色发展结构。

表 3-50　资源配置的中介效应检验结果

变量	（1）	（2）	（3）	（4）
	RA	GDS	RA	GDS
G	-0.034*** (-11.31)		-0.024*** (-5.25)	
RA		-0.156*** (-8.55)		-0.075*** (-3.95)
GV			9.967*** (4.39)	-2.120** (-2.29)
MC			-9.611*** (-4.38)	2.201** (2.46)
PE			8.898*** (4.02)	-0.713 (-0.80)
TS			-0.074*** (-2.68)	0.041*** (4.33)
常数项	0.556*** (39.76)	0.568*** (72.13)	0.573*** (17.43)	0.416*** (24.23)
样本量	450	450	450	450

注：***$p<0.01$，**$p<0.05$；括号内数值为对应的 t 值。

（6）进一步分析。借鉴宋马林和王舒鸿[2]以及李蕾蕾和盛丹[3]的研究，环
境规制对技术进步和资源配置均存在影响，环境规制会推动政府从低层次的

1　杜宇、吴传清、邓明亮：《政府竞争、市场分割与长江经济带绿色发展效率研究》，《中国软科学》
2020 年第 12 期。

2　宋马林、王舒鸿：《环境规制、技术进步与经济增长》，《经济研究》2013 年第 3 期。

3　李蕾蕾、盛丹：《地方环境立法与中国制造业的行业资源配置效率优化》，《中国工业经济》2018 年第 7 期。

发展模式向高层次的发展模式转变，促进环保技术大发展，加快高新技术产业的升级，进一步提升绿色发展效率；环境规制还会通过"成本效应"和"技术效应"影响市场资源配置，进一步优化绿色发展结构。因此，为探讨经济增长在对绿色发展效率、绿色发展结构影响的过程中，环境规制与技术进步、资源配置间是否存在相互作用，本书将环境规制作为调节变量进行实证检验，检验结果如表3-51和表3-52所示。

表3-51报告的是以环境规制为调节变量，探究环境规制对技术进步作用的调节效应检验结果。第（1）列和第（2）列表示的是环境规制对经济增长到技术进步的调节效应检验，结果显示经济增长系数及交互项系数均在1%的显著性水平上为正，表明环境规制会扩大经济增长对技术进步的正向影响，有助于促进技术进步，实现绿色发展效率的快速提升。第（3）列和第（4）列表示的是环境规制对技术进步到绿色发展效率的调节效应检验，从其结果来看技术进步系数与环境规制交互项系数并不显著，表明环境规制在技术进步促进绿色发展效率提升的过程中不会产生较大影响。上述结果表明，环境规制对技术进步的中介效果存在作用，环境规制会扩大经济增长对技术进步的影响，这与张成等[1]的研究认为环境规制对技术进步具有显著影响的结论相吻合，可能原因是环境规制推动了产业由低层次发展模式向高层次发展模式转变，进而增强了经济增长对技术进步的影响。

表3-51　环境规制对技术进步的调节效应检验结果

变量	(1)	(2)	(3)	(4)
	GTI	GTI	GDE	GDE
G	0.356 *** (14.06)	0.335 *** (13.42)		
GTI			0.018 * (1.90)	0.022 * (1.85)

1　张成、陆旸、郭路等：《环境规制强度和生产技术进步》，《经济研究》2011年第2期。

续表

变量	（1）	（2）	（3）	（4）
	GTI	*GTI*	*GDE*	*GDE*
ER	0.021	−0.022	−0.004	−0.003
	（0.37）	（−0.41）	（−0.30）	（−0.28）
G×ER		0.056 ***		
		（5.19）		
ER×GTI				−0.004
				（−0.58）
控制变量	是	是	是	是
常数项	−0.373	−0.141	1.029 ***	1.032 ***
	（−0.57）	（−0.22）	（6.81）	（6.82）
样本量	450	450	450	450

注：*** $p<0.01$，* $p<0.1$；括号内数值为对应的 t 值。

表 3-52 报告的是以环境规制为调节变量，探究环境规制对资源配置作用的调节效应检验结果。第（1）列和第（2）列表示的是环境规制对经济增长到资源配置的调节效应检验，从其结果来看经济增长系数与环境规制交互项系数在 5% 的显著性水平上为负，表明环境规制会促进经济增长对资源错配的改善，有助于促进资源的优化配置，实现绿色发展结构的优化。第（3）列和第（4）列表示的是环境规制对资源配置到绿色发展结构的调节效应检验结果，从其结果来看资源配置系数与环境规制交互项系数均在 5% 的显著性水平上为负，表明环境规制会强化资源优化配置对绿色发展结构的优化。上述结果表明，环境规制对资源配置优化的中介效果存在作用，环境规制会增强经济增长对资源配置优化的影响，并进一步增强资源配置优化对绿色发展结构优化的影响，这与韩超等[1]的研究认为环境规制对改善资源错配具有显著影响的结论相吻合，可能原因是环境规制引导环境污染行业内资本要素向高生产

1　韩超、张伟广、冯展斌：《环境规制如何"去"资源错配——基于中国首次约束性污染控制的分析》，《中国工业经济》2017 年第 4 期。

率企业流动，同时提高了高生产率企业的市场份额，有助于解决资源错配问题，并进一步促进绿色发展结构的优化。

表 3-52 环境规制对资源配置的调节效应检验结果

变量	（1）	（2）	（3）	（4）
	RA	RA	GDS	GDS
G	-0.023 *** (-4.94)	-0.021 *** (-4.50)		
RA			-0.058 *** (-3.31)	-0.078 *** (-3.95)
ER	-0.016 (-1.54)	-0.012 (-1.16)	0.031 *** (8.16)	0.032 *** (8.22)
G×ER		-0.005 ** (-2.43)		
ER×RA				-0.020 ** (-2.19)
控制变量	是	是	是	是
常数项	0.754 *** (6.17)	0.733 *** (6.02)	0.056 (1.20)	0.068 (1.45)
样本量	450	450	450	450

注：*** $p<0.01$，** $p<0.05$；括号内数值为对应的 t 值。

第三节 新时代绿色发展绩效考评机制设计

新时代绿色发展绩效考评事关生态文明建设成效和高质量发展，科学合理、行之有效的绿色发展绩效考评机制设计有利于发现全面绿色转型过程中的突出问题，更好地指导高质量发展。但现有关于绿色发展绩效的考评研究相对不足，尽管地方各级政府依据区域经济环境目标实施了绿色发展绩效考评，但考核标准截然不同，推广应用存在难点。更重要的是，2021 年《生态文明建设考核目标体系》废止，绿色发展考核被统一纳入高质量发展体系之中[1]。为此，本节在梳理新时代绿色发展制度历史脉络的基础上，选取绿色发展绩效的典型案例进行比较分析，并对生态文明试点政策效果进行评价，最后提出高质量发展视角下绿色发展绩效考评体系。

一　新时代绿色发展制度的脉络梳理

我国在经济转型过程中不可避免地会遇到人与自然的矛盾。我国绿色发展制度大概经历五个阶段。

（1）环境保护阶段（20世纪50~80年代）。在国内污染频发和国际污染后果严重的情况下，我国开始了绿色发展制度的建设。1972年召开第一次全国环境保护会议，1973年通过《关于保护和改善环境的若干规定》（国内最早的环保法律文件），明确提出要统筹兼顾环境保护与经济发展。1974年国务院环境保护领导小组成立，各地区陆续建立环保机构[2]。1979年通过了《中华人民共和国环境保护法（试行）》，结束了环境保护无法可依的时代。1983年全国第二次环境保护会议将保护环境确定为基本国策。20世纪80年代制定了基本的环保法律和政策措施，共计12部环境法律和127件地方性法规[3]。

（2）区域可持续发展阶段（20世纪90年代至2000年）。20世纪90年代，随着工业化进程的加速，自然资源、生态环境与经济增长的矛盾在区域层面激化。1992年，我国制定了《环境与发展十大对策》。该政策要求各级政府和相关部门在制定和执行发展战略时，必须编制环境保护规划，并将环境保护目标和措施切实纳入国民经济和社会发展中长期规划以及年度计划。此外，也应将相关的污染防治费用纳入各级政府的预算，以确保

1　《中共中央组织部关于改进推动高质量发展的政绩考核的通知》《关于废止部分规章和行政规范性文件的决定》。

2　汪劲主编《中国环境法原理》，北京大学出版社，2006。

3　周宏春、季曦：《改革开放三十年中国环境保护政策演变》，《南京大学学报》（哲学·人文科学·社会科学版）2009年第1期。

规划的有效实施。这一政策首次将环境保护指标明确纳入国民经济和社会发展规划中，并明确规定了编制环境保护规划的硬性要求[1]。受1992年联合国提出的可持续发展理念启发，我国结合自己所面临的区域非均衡发展矛盾，创新性地提出了"区域可持续发展"战略。1994年，国务院通过了《中国21世纪议程——中国21世纪人口、环境与发展白皮书》，首次将可持续发展战略纳入经济和社会发展的长远规划，标志着绿色发展开始加速，进入"追赶"阶段，也表明了我国的绿色意识已从单一的环境保护领域延伸到区域协调发展方面。1997年，党的十五大将可持续发展战略确定为我国"现代化建设中必须实施"的战略，标志着中国可持续发展观和可持续发展战略正式确立[2]。

（3）科学和谐发展阶段（21世纪初至2011年）。2002年，在区域可持续发展理念的基础上，结合中国传统文化中"协和万邦""道法自然""天人合一"等思想，党的十六大报告正式提出了"和谐发展"理念[3]。党的十六届三中全会明确提出了"统筹人与自然和谐发展"和"坚持以人为本，树立全面、协调、可持续的发展观，促进经济社会和人的全面发展"的理念。21世纪以来，随着工业化、城镇化、市场化和国际化的深入发展，以及粗放型经济增长方式弊端的日益明显，城乡差距、区域差距以及经济社会发展之间的不协调现象也日渐突出。为了解决这些新矛盾，在融合了区域可持续发展和和谐发展等理念之后，2003年党的十六届三中全会通过了《中共中央关于完善社会主义市场经济体制若干问题的决定》，科学发展观被正式提出，并于党的十七大被写入党章，在党的十八大上被列入党的指导思想。2005年7月，国务院发布了《关于加快发展循环经济的若干意

1　王金南、秦昌波、万军等：《国家生态环境保护规划发展历程及展望》，《中国环境管理》2021年第5期。

2　《江泽民在中国共产党第十五次全国代表大会上的报告》，中国政府网，1997年9月12日，https://www.gov.cn/test/2008-07/11/content_1042080.htm。

3　《江泽民在中国共产党第十六次全国代表大会上的报告》，中国政府网，2002年11月8日，https://www.gov.cn/test/2008-08/01/content_1061490.htm。

见》。2005 年 10 月，党的十六届五中全会通过了《中共中央关于制定国民经济和社会发展第十一个五年规划的建议》，要求全面推行清洁生产，实现低投入、低消耗、低排放和高效率的节约型增长方式。同时，探索发展循环经济，开展循环经济试点，健全相应法律法规。强调强化节约意识，鼓励生产和使用节能节水产品，发展节能省地型建筑，形成健康文明、资源节约的消费模式[1]。

随着新发展理念，如区域可持续发展、和谐发展和科学发展理念的深入推广，绿色发展的理念逐渐形成。2009 年，《国家主体功能区规划（2009-2020）》首次提出了"绿色中国"的概念，这表达了我国追求"绿色现代化"的发展目标，标志着绿色发展理论开始形成。在此之后，以区域可持续发展理念为主线，"绿色发展"理念吸纳借鉴了生态经济、绿色经济、低碳经济、循环经济等理论，于 2010 年 6 月 7 日被正式提出，胡锦涛在中国科学院第十五次院士大会、中国工程院第十次院士大会上发表了相应讲话。2010 年10 月，中共中央政治局十七届五中全会讨论了国民经济和社会发展第十二个五年规划的建议等问题，新增了一章内容，即"绿色发展，建设资源节约型、环境友好型社会"，从而正式确立了"绿色发展"理念。

（4）生态文明创建阶段（2012~2016 年）。2012 年 10 月，党的十八大报告提出"坚持绿色发展、循环发展、低碳发展"和"建设美丽中国"蓝图[2]。随后，2014 年 6 月，国家发展改革委、财政部等六部门公示生态文明先行示范区建设名单（第一批）[3]。2015 年 3 月，中共中央政治局召开会议，审议通

1　《中共中央关于制定"十一五"规划的建议（全文）》，中国政府网，2005 年 10 月 19 日，https://www.gov.cn/ztzl/2005-10/19/content_79386.htm；杨开忠：《习近平生态文明思想实践模式》，《城市与环境研究》2021 年第 1 期。

2　《坚定不移沿着中国特色社会主义道路前进　为全面建成小康社会而奋斗——在中国共产党第十八次全国代表大会上的报告》，中国人大网，2012 年 11 月 8 日，http://www.npc.gov.cn/c2/c30834/202410/t20241017_440084.html。

3　《关于生态文明先行示范区建设名单（第一批）的公示》，中国政府网，2014 年 6 月 5 日，https://www.gov.cn/xinwen/2014-06/05/content_2694273.htm。

过《中共中央 国务院关于加快推进生态文明建设的意见》。该文件要求将生态文明建设融入经济、政治、文化、社会建设的各个方面和全过程，协同推进新型工业化、城镇化、信息化、农业现代化和绿色化，坚定地树立"两山"理念，并切实开展生态文明建设工作。绿色发展被视为"五化同步"建设的重要内容。2015 年 9 月，中共中央、国务院发布了《生态文明体制改革总体方案》。该方案旨在加快建立系统完整的生态文明制度体系，推进生态文明建设，增强生态文明体制改革的系统性、整体性和协同性[1]。2015 年 10 月，党的十八届五中全会提出了创新、协调、绿色、开放、共享五大新发展理念，其中绿色发展被确定为未来中国经济社会发展的重要指导理念。同时，在审议通过的《中共中央关于制定国民经济和社会发展第十三个五年规划的建议》中，绿色发展概念被扩展至促进人与自然的和谐共生、加快建设主体功能区、推动低碳循环发展等六个方面[2]，绿色发展成为新时代中国建设现代化强国的必然选择。2015 年 11 月，习近平主席在马尼拉举办的亚太经合组织工商领导人峰会上对新时代绿色发展进行了高度概括性的定义。2016 年，中共中央办公厅、国务院办公厅印发了《生态文明建设目标评价考核办法》。这项考核办法依据绿色发展指标体系进行年度评估，主要评估各地区在资源利用、环境质量、绿色生活和公众满意度等方面的变化趋势和动态进展，以此形成各地区绿色发展指数[3]。2016 年 8 月，中共中央印发《关于设立统一规范的国家生态文明试验区的意见》。

（5）高质量发展阶段（2017 年至今）。2017 年 10 月，党的十九大报告进一步阐述了绿色发展的建设路径，将其纳入美丽中国建设的实现途径，并首

1　《中共中央 国务院印发〈生态文明体制改革总体方案〉》，中国政府网，2015 年 9 月 21 日，http：//www. gov. cn/gongbao/content/2015/content_2941157. htm。

2　《中共中央关于制定国民经济和社会发展第十三个五年规划的建议》，中国政府网，2015 年 10 月 29 日，https：//www. gov. cn/xinwen/2015-11/03/content_5004093. htm。

3　《中共中央办公厅 国务院办公厅印发〈生态文明建设目标评价考核办法〉》，中国政府网，2016 年 12 月 22 日，https：//www. gov. cn/gongbao/content/2017/content_5160203. htm。

次提出建设的途径，并首次提出了"高质量发展"的概念[1]。高质量发展的核心在于经济的活力、创新力和竞争力。这些都与绿色发展密切相关，两者紧密相连、不可分割。如果脱离了绿色发展，经济发展就失去了源头活水；如果脱离了绿色发展，经济发展的创新力和竞争力也将失去根基和支持。绿色发展是我国经济从高速增长转向高质量发展的重要标志。习近平总书记指出，生态环境问题根本上是发展方式和生活方式问题，要从根本上解决生态环境问题，必须贯彻创新、协调、绿色、开放、共享的新发展理念[2]。作为新发展理念之一，绿色发展立足新发展理念的整体，强调绿色发展与创新发展、协调发展、开放发展、共享发展的相互作用，它是全方位的变革，是构建高质量现代化经济体系的必然要求[3]。绿色发展是创新、协调、开放、共享发展必须坚持的基本方略，而创新是绿色发展的驱动力，协调、开放、共享发展则体现绿色发展的内在要求[4]。2018 年 12 月，生态环境部发布关于命名第二批国家生态文明建设示范市县的公告；2019 年 11 月，生态环境部发布关于命名第三批国家生态文明建设示范市县的公告。

2018 年 2 月，国家统计局局长宁吉喆在《贯彻新发展理念推动高质量发展》中提出"高质量发展是创新、协调、绿色、开放、共享的发展"，明确了高质量发展的具体方向。同年 3 月，国家发改委主任何立峰表示，我国经济已由高速增长阶段转向高质量发展阶段，推动高质量发展是当前和今后一个时期的发展思路[5]。因此要加强顶层设计，加快研究并制定推动高质量发展的指标体系、政策体系、标准体系、统计体系、绩效评价以及政绩考核办法等。同时，支持地方结合实际积极探索推动高质量发展的有效途径。2018 年 9 月，

1　《习近平：决胜全面建成小康社会 夺取新时代中国特色社会主义伟大胜利——在中国共产党第十九次全国代表大会上的报告》，中国政府网，2017 年 10 月 18 日，https://www.gov.cn/xinwen/2017-10/27/content_5234876.htm。

2　习近平：《推动我国生态文明建设迈上新台阶》，《求是》2019 年第 3 期。

3　习近平：《推动我国生态文明建设迈上新台阶》，《求是》2019 年第 3 期。

4　杨开忠：《习近平生态文明思想实践模式》，《城市与环境研究》2021 年第 1 期。

5　李志勇：《众多有利因素保障 2018 年中国经济目标实现》，《经济参考报》2018 年 3 月 7 日，第 2 版。

中央全面深化改革委员会第四次会议审议通过《关于推动高质量发展的意见》。该意见指出，推动高质量发展是当前和今后一个时期确定发展思路、制定经济政策、实施宏观调控的根本要求。为此，要加快创建和完善制度环境，协调建立高质量发展的指标体系、政策体系、标准体系、统计体系、绩效评价和政绩考核办法[1]。要抓紧研究制定制造业、高技术产业、服务业以及基础设施、公共服务等重点领域高质量发展政策，将维护人民群众利益放在更加突出的位置，带动整体高质量发展[2]。2020 年 10 月，党的十九届五中全会提出，"十四五"时期，经济社会发展的主题仍是推动高质量发展。2020 年 10 月，中共中央组织部印发《关于改进推动高质量发展的政绩考核的通知》。该通知强调要聚焦推动高质量发展，优化政绩考核的内容和指标。针对创新、协调、绿色、开放、共享新发展理念的要求，精确设定关键性和引领性指标，实行分级分类考核，引导领导班子和领导干部抓重点破难题、补短板锻长板。坚持定性与定量相结合、考人与考事相结合，综合运用多种方式考准考实领导干部开展高质量发展，奖惩分明、奖优罚劣，激励领导干部担当作为、推动发展[3]。2021 年 3 月 27 日，国家发改委发布《关于废止部分规章和行政规范性文件的决定》，对应的生态文明建设目标评价考核办法失效。

　　2021 年 7 月，《中共中央、国务院关于新时代推动中部地区高质量发展的意见》正式印发，提出坚持绿色发展、打造人与自然和谐共生的美丽中部是高质量发展的内涵之一，从共同构筑生态安全屏障、加强生态环境共保联治以及加快形成绿色生产生活方式三个角度推进高质量发展[4]。2021 年 11 月，《中共中

1　《习近平主持召开中央全面深化改革委员会第四次会议》，央广网，2018 年 9 月 20 日，https://m. cnr. cn/news/20180920/t20180920_524366081. shtml。

2　陈珍珍、何宇、徐长生：《国家级新区对经济发展的提升效应——基于 293 个城市的多期双重差分检验》，《城市问题》2021 年第 3 期。

3　《中组部印发〈关于改进推动高质量发展的政绩考核的通知〉》，中国政府网，2020 年 11 月 5 日，https://www. gov. cn/xinwen/2020-11/05/content_5557591. htm。

4　《中共中央 国务院关于新时代推动中部地区高质量发展的意见》，中国政府网，2021 年 4 月 23 日，https://www. gov. cn/zhengce/2021-07/22/content_5626642. htm。

央关于制定国民经济和社会发展第十四个五年规划和 2035 年远景目标纲要》将原有绿色发展概念扩展至完善生态安全屏障体系、构建自然保护地体系以及健全生态保护补偿机制三个方面[1]。2021 年 11 月，国家发改委、财政部和自然资源部印发《推进资源型地区高质量发展"十四五"实施方案》，提出推动资源型地区绿色发展是资源型地区高质量发展的必由之路，需要从生态环境综合治理、形成绿色生产方式以及建设生态宜居环境三个方面入手[2]。由此可见，绿色发展已经成为高质量发展的重要抓手和必经途径。

绿色是高质量发展的底色，也是经济社会发展的新动能。2022 年 10 月，党的二十大报告提出推动绿色发展、促进人与自然和谐共生。报告还指出，高质量发展是全面建设社会主义现代化国家的首要任务[3]。同时，绿色发展需要从四个方面阐释时代内涵：加快发展方式的绿色转型，深入推进环境污染防治，提升生态系统的多样性、稳定性和持续性，以及推进碳达峰碳中和。党的二十大报告将发展质量摆在更突出的位置，并对"高质量"进行了详尽的阐释，具体而言，要加快发展方式的绿色转型，发展绿色低碳产业，倡导绿色消费，形成绿色低碳的生产方式和生活方式。2024 年 1 月，习近平总书记在中共中央政治局第十一次集体学习时强调，加快发展新质生产力，扎实推进高质量发展。绿色发展是高质量发展的底色，新质生产力本身就是绿色生产力。必须加快发展方式绿色转型，助力实现碳达峰碳中和。

绿色发展过程与高质量发展目标并行不悖。高质量发展，就是能够很

1　《中华人民共和国国民经济和社会发展第十四个五年规划和 2035 年远景目标纲要》，中国政府网，2021年 3 月 12 日，https：//www. gov. cn/xinwen/2021－03/13/content_5592681. htm。

2　《国家发展改革委 财政部 自然资源部关于印发〈推进资源型地区高质量发展"十四五"实施方案〉的通知》，中国政府网，2021 年 11 月 15 日，https：//www. gov. cn/zhengce/zhengceku/2021－11/14/content_5650830. htm。

3　《（受权发布）习近平：高举中国特色社会主义伟大旗帜 为全面建设社会主义现代化国家而团结奋斗——在中国共产党第二十次全国代表大会上的报告》，新华网，2022 年 10 月 16 日，https：//www. news. cn/politics/cpc20/2022－10/25/c_1129079429. htm。

好满足人民日益增长的美好生活需要的发展，是体现新发展理念的发展，是绿色成为普遍形态的发展[1]。绿色发展是高质量发展的必然要求，二者是辩证统一的关系。绝不能将高质量发展和绿色发展割裂开来，更不能对立起来，要强调高质量发展的绿色底色，同时在绿色发展中赋能高质量发展。要加大力度推进生态文明建设，正确处理好经济发展和生态环境保护的关系，构建绿色产业体系和空间格局，引导形成绿色的生产方式和生活方式[2]。这不仅是推动高质量发展的内在要求，也是关系到中华民族永续发展的根本大计。绿色发展的表现形态和中期目标就是高质量发展，最终目标是实现人与自然和谐共生的中国式现代化。绿色发展制度的历史逻辑梳理如图 3-30 所示。

二　新时代绿色发展考核的典型案例

（一）区域典型案例

（1）生态文明建设考核——以"生态文明建设目标评价考核办法"为例

①案例背景。21 世纪以来，"环境与发展"成为时代主题。随着经济发展与环境保护之间的矛盾的日益加剧，资源浪费的问题也越来越普遍，这已经成为全球性的难题。作为人口大国，中国已经逐渐将绿色发展作为新的经济发展方式[3]，绿色发展成为地方政府提高竞争力的主要途径。但是，传统经济绩效评价体系并没有整合绿色发展的理念，忽视了环境保护因素[4]，无法有效评估地区绿色发展绩效。因此，有必要建立生态文明建设目标考核体系，反映绿色发展绩效情况。

为了促进绿色发展和推进生态文明建设，规范目标评价和考核工作已成

1　王灵桂、洪银兴、史丹等：《阐释党的十九届六中全会精神笔谈》，《中国工业经济》2021 年第 12 期。

2　习近平：《在中央经济工作会议上的讲话》，《人民日报》2015 年 12 月 22 日，第 1 版。

3　孙毅、景普秋：《资源型区域绿色转型模式及其路径研究》，《中国软科学》2012 年第 12 期。

4　娄厦：《基于灰色多目标决策的低碳经济发展水平统计检验》，《统计与决策》2018 年第 11 期。

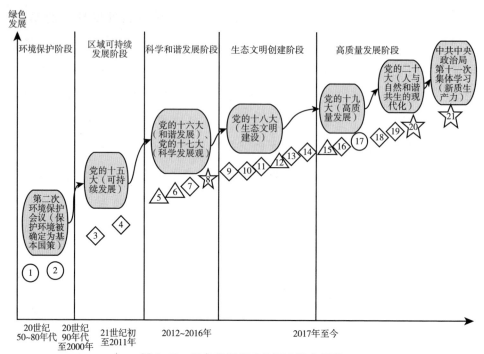

图 3-30　绿色发展制度的历史演变逻辑

注：○、△、◇、☆分别代表法律法规、报告、文件以及国家领导人讲话。其中，○主要包括①1973 年，《关于保护和改善环境的若干规定》发布；②1979 年，《中华人民共和国环境保护法（试行）》发布；⑰2021 年 3 月 27 日，《国家发展和改革委员会关于废止部分规章和行政规范性文件的决定》发布；△主要包括⑤党的十六大报告正式提出"和谐发展"理念；⑥党的十六届三中全会明确提出统筹人与自然和谐发展的"科学发展观"；⑫2015 年 10 月，党的十八届五中全会提出"创新、协调、绿色、开放、共享"的新发展理念；⑮2017 年，党的十九大对绿色发展的建设路径进行了进一步的补充说明，首次提出"高质量发展"；◇主要包括③1992 年，国务院明确提出区域可持续发展战略；④1994 年，国务院通过《中国 21 世纪议程——中国 21 世纪人口、环境与发展白皮书》，提出区域可持续发展总体战略和行动方案；⑦2005 年 7 月，国务院颁布《关于加快发展循环经济的若干意见》；⑨2014 年 6 月，国家发改委等公示生态文明先行示范区建设名单（第一批）；⑩2015 年 3 月 24 日，中共中央政治局召开会议，审议通过《关于加快推进生态文明建设的意见》；⑪2015 年 9 月 11 日，中共中央政治局召开会议，审议通过《生态文明体制改革总体方案》；⑬2016 年 12 月，《生态文明建设目标评价考核办法》发布；⑭2016 年 8 月，中共中央办公厅、国务院办公厅印发《关于设立统一规范的国家生态文明试验区的意见》；⑯2018 年 12 月，生态环境部关于命名第二批国家生态文明建设示范市县的公告发布，2019 年 11 月关于命名第三批国家生态文明建设示范市县的公告发布；⑱2021 年 3 月 30 日，中共中央政治局召开会议，审议《关于新时代推动中部地区高质量发展的指导意见》；⑲2022 年 8 月，《工业和信息化部 国家发展改革委 生态环境部关于印发工业领域碳达峰实施方案的通知》发布；☆主要包括：⑧2010 年 6 月 7 日，胡锦涛在中国科学院第十五次院士大会、中国工程院第十次院士大会上的讲话中提出绿色发展概念；⑳2022 年 10 月 16 日，在党的二十大上，习近平总书记提出，高质量发展是全面建设社会主义现代化国家的首要任务；㉑2024 年 1 月，习近平总书记在中共中央政治局第十一次集体学习时强调，加快发展新质生产力扎实推进高质量发展，新质生产力就是绿色生产力。

为当务之急。为此，中共中央办公厅和国务院办公厅于 2016 年 12 月发布了《生态文明建设目标评价考核办法》，规定生态文明建设年度评价（以下简称"年度评价"）工作由国家统计局、国家发改委和环境保护部等有关部门共同组织实施[1]。年度评价主要依据绿色发展指标体系，对各地区在资源利用、环境治理、环境质量、生态保护、增长质量、绿色生活和公众满意程度等方面的变化趋势和动态进展进行评估，并生成各地区绿色发展指数。绿色发展指标体系由国家统计局、国家发改委和环境保护部等有关部门共同制定，并可根据国民经济和社会发展规划纲要和生态文明建设的进展情况进行相应调整。

根据《生态文明建设目标评价考核办法》的通知要求[2]，国家发改委、国家统计局、环境保护部、中央组织部同年制定了《绿色发展指标体系》和《生态文明建设考核目标体系》，作为生态文明建设评价考核的依据，适用于对各省区市党委和政府生态文明建设目标进行评价考核。

②考核实施。第一，考核对象。生态文明建设目标考核工作由国家发改委、环境保护部、中央组织部牵头，会同财政部、国土资源部、水利部、农业部、国家统计局、国家林业局、国家海洋局等部门组织实施，应用于对各省区市党委和政府生态文明建设目标进行评价考核。

第二，考核内容。目标考核内容主要包括国民经济和社会发展规划纲要中确定的资源环境约束性指标，以及党中央、国务院部署的生态文明建设重大目标任务完成情况，突出公众的获得感。考核目标体系由国家发改委、环境保护部会同有关部门制定（见表 3-53）。各地方可以根据国民经济和社会发展规划纲要以及生态文明建设进展情况做相应调整。

　　1　《中共中央办公厅 国务院办公厅印发〈生态文明建设目标评价考核办法〉》，中国政府网，2016 年 12 月 22 日，https：//www. gov. cn/gongbao/content/2017/content_5160203. htm。

　　2　《中共中央办公厅 国务院办公厅印发〈生态文明建设目标评价考核办法〉》，中国政府网，2016 年 12 月 22 日，https：//www. gov. cn/gongbao/content/2017/content_5160203. htm。

表 3-53 生态文明建设考核目标体系

单位：分

目标类别	目标类分值	序号	子目标名称	子目标分值	目标来源	数据来源
一、资源利用	30	1	单位 GDP 能源消耗降低★	4	规划纲要	国家统计局、国家发改委
		2	单位 GDP 二氧化碳排放降低★	4	规划纲要	国家发改委、国家统计局
		3	非化石能源占一次能源消费比重★	4	规划纲要	国家统计局、国家能源局
		4	能源消费总量	3	规划纲要	国家统计局、国家发改委
		5	万元 GDP 用水量下降★	4	规划纲要	水利部、国家统计局
		6	用水总量	3	规划纲要	水利部
		7	耕地保有量★	4	规划纲要	国土资源部
		8	新增建设用地规模★	4	规划纲要	国土资源部
二、生态环境保护	40	9	地级及以上城市空气质量优良天数比率★	5	规划纲要	环境保护部
		10	细颗粒物（PM2.5）未达标地级及以上城市浓度下降★	5	规划纲要	环境保护部
		11	地表水达到或好于Ⅲ类水体比例★	(3)[a] (5)[b]	规划纲要	环境保护部、水利部
		12	近岸海域水质优良（一、二类）比例	(2)[a]	水十条	国家海洋局、环境保护部
		13	地表水劣Ⅴ类水体比例★	5	规划纲要	环境保护部、水利部
		14	化学需氧量排放总量减少★	2	规划纲要	环境保护部
		15	氨氮排放总量减少★	2	规划纲要	环境保护部
		16	二氧化硫排放总量减少★	2	规划纲要	环境保护部
		17	氮氧化物排放总量减少★	2	规划纲要	环境保护部
		18	森林覆盖率★	4	规划纲要	国家林业局
		19	森林蓄积量★	5	规划纲要	国家林业局
		20	草原综合植被覆盖度	3	规划纲要	农业部
三、年度评价结果	20	21	各地区生态文明建设年度评价的综合情况	20	—	国家统计局、国家发改委、环境保护部等有关部门

续表

目标类别	目标类分值	序号	子目标名称	子目标分值	目标来源	数据来源
四、公众满意程度	10	22	居民对本地区生态文明建设、生态环境改善的满意程度	10	—	国家统计局等有关部门
五、生态环境事件	扣分项	23	地区重特大突发环境事件、造成恶劣社会影响的其他环境污染责任事件、严重生态破坏责任事件的发生情况	扣分项	—	环境保护部、国家林业局等有关部门

注：标★的为《中华人民共和国国民经济和社会发展第十三个五年规划纲要》确定的资源环境约束性目标；"地表水达到或好于Ⅲ类水体比例"、"近岸海域水质优良（一、二类）比例"子目标分值中括号外右上角标注"a"的，为天津市、河北省、辽宁省、上海市、江苏省、浙江省、福建省、山东省、广东省、广西壮族自治区、海南省等沿海省区市的分值；括号外右上角标注"b"的，为沿海省区市之外的分值；"年度评价结果"采用"十三五"期间各地区年度绿色发展指数，每年绿色发展指数最高的地区得4分，其他地区的得分按照指数顺序依次减少0.1分。

第三，考核方法。生态文明建设目标评价考核在资源环境生态领域有关专项考核的基础上综合开展，采取评价和考核相结合的方式，进行年度评价、五年考核。评价重点考评各地区上一年度生态文明建设进展总体情况，引导各地区落实生态文明建设相关工作，每年开展1次。生态文明建设年度评价工作由国家统计局、国家发改委、环境保护部会同有关部门组织实施。年度评价按照绿色发展指标体系实施，主要评估各地区资源利用、环境治理、环境质量、生态保护、增长质量、绿色生活、公众满意程度等方面的变化趋势和动态进展，生成各地区绿色发展指数。绿色发展指标体系由国家统计局、国家发改委、环境保护部会同有关部门制定（见表3-54）。可以根据国民经济和社会发展规划纲要以及生态文明建设进展情况做相应调整。年度评价应当在每年8月底前完成。年度评价结果应当向社会公布，并纳入生态文明建设目标考核范围。

表 3-54 绿色发展指标体系

一级指标	序号	二级指标	计量单位	指标类型	权重（%）	数据来源
一、资源利用（权重＝29.3%）	1	能源消费总量	万吨标准煤	◆	1.83	国家统计局、国家发改委
	2	单位 GDP 能源消耗降低	%	★	2.75	国家统计局、国家发改委
	3	单位 GDP 二氧化碳排放降低	%	★	2.75	国家统计局、国家发改委
	4	非化石能源占一次能源消费比重	%	★	2.75	国家统计局、国家能源局
	5	用水总量	亿立方米	◆	1.83	水利部
	6	万元 GDP 用水量下降	%	★	2.75	水利部、国家统计局
	7	单位工业增加值用水量降低率	%	◆	1.83	水利部、国家统计局
	8	农田灌溉水有效利用系数	—	◆	1.83	水利部
	9	耕地保有量	亿亩	★	2.75	国土资源部
	10	新增建设用地规模	万亩	★	2.75	国土资源部
	11	单位 GDP 建设用地面积降低率	%	◆	1.83	国土资源部、国家统计局
	12	资源产出率	万元/吨	◆	1.83	国家统计局、国家发改委
	13	一般工业固体废物综合利用率	%	△	0.92	环境保护部、工业和信息化部
	14	农作物秸秆综合利用率	%	△	0.92	农业部
二、环境治理（权重＝16.5%）	15	化学需氧量排放总量减少	%	★	2.75	环境保护部
	16	氨氮排放总量减少	%	★	2.75	环境保护部
	17	二氧化硫排放总量减少	%	★	2.75	环境保护部
	18	氮氧化物排放总量减少	%	★	2.75	环境保护部
	19	危险废物处置利用率	%	△	0.92	环境保护部
	20	生活垃圾无害化处理率	%	◆	1.83	住房和城乡建设部
	21	污水集中处理率	%	◆	1.83	住房和城乡建设部
	22	环境污染治理投资占 GDP 比重	%	△	0.92	住房和城乡建设部、环境保护部、国家统计局

续表

一级指标	序号	二级指标	计量单位	指标类型	权重（%）	数据来源
三、环境质量（权重=19.3%）	23	地级及以上城市空气质量优良天数比率	%	★	2.75	环境保护部
	24	细颗粒物（PM2.5）未达标地级及以上城市浓度下降	%	★	2.75	环境保护部
	25	地表水达到或好于Ⅲ类水体比例	%	★	2.75	环境保护部、水利部
	26	地表水劣Ⅴ类水体比例%	%	★	2.75	环境保护部、水利部
	27	重要江河湖泊水功能区水质达标率	%	◆	1.83	水利部
	28	地级及以上城市集中式饮用水水源水质达到或优于Ⅲ类比例	%	◆	1.83	环境保护部、水利部
	29	近岸海域水质优良（一、二类）比例	%	◆	1.83	国家海洋局、环境保护部
	30	受污染耕地安全利用率	%	△	0.92	农业部
	31	单位耕地面积化肥使用量	千克/公顷	△	0.92	国家统计局
	32	单位耕地面积农药使用量	千克/公顷	△	0.92	国家统计局
四、生态保护（权重=16.5%）	33	森林覆盖率	%	★	2.75	国家林业局
	34	森林蓄积量	亿立方米	★	2.75	国家林业局
	35	草原综合植被覆盖度	%	◆	1.83	农业部
	36	自然岸线保有率	%	◆	1.83	国家海洋局
	37	湿地保护率	%	◆	1.83	国家林业局、国家海洋局
	38	陆域自然保护区面积	万公顷	△	0.92	环境保护部、国家林业局
	39	海洋保护区面积	万公顷	△	0.92	国家海洋局
	40	新增水土流失治理面积	万公顷	△	0.92	水利部
	41	可治理沙化土地治理率	%	◆	1.83	国家林业局
	42	新增矿山恢复治理面积	公顷	△	0.92	国土资源部

续表

一级指标	序号	二级指标	计量单位	指标类型	权重（%）	数据来源
五、增长质量（权重＝9.2%）	43	人均 GDP 增长率	%	◆	1.83	国家统计局
	44	居民人均可支配收入	元/人	◆	1.83	国家统计局
	45	第三产业增加值占 GDP 比重	%	◆	1.83	国家统计局
	46	战略性新兴产业增加值占 GDP 比重	%	◆	1.83	国家统计局
	47	研究与试验发展经费支出占 GDP 比重	%	◆	1.83	国家统计局
六、绿色生活（权重＝9.2%）	48	公共机构人均能耗降低率	%	△	0.92	国管局
	49	绿色产品市场占有率（高效节能产品市场占有率）	%	△	0.92	国家发改委、工业和信息化部、国家质检总局
	50	新能源汽车保有量增长率	%	◆	1.83	公安部
	51	绿色出行（城镇每万人口公共交通客运量）	万人次/万人	△	0.92	交通运输部、国家统计局
	52	城镇绿色建筑占新建建筑比重	%	△	0.92	住房和城乡建设部
	53	城市建成区绿地率	%	△	0.92	住房和城乡建设部
	54	农村自来水普及率	%	◆	1.83	水利部
	55	农村卫生厕所普及率	%	△	0.92	国家卫生计生委
七、公众满意程度	56	公众对生态环境质量满意程度	%	—	—	国家统计局

注：（1）标★的为《中华人民共和国国民经济和社会发展第十三个五年规划纲要》确定的资源环境约束性指标；（2）标◆的为《中华人民共和国国民经济和社会发展第十三个五年规划纲要》和《中共中央 国务院关于加快推进生态文明建设的意见》等提出的主要监测评价指标；（3）标△的为其他绿色发展重要监测评价指标。根据其重要程度，按总权重为100%，三类指标的权重之比为 3∶2∶1，标★的指标权重为 2.75%，标◆的指标权重为 1.83%，标△的指标权重为 0.92%。6 个一级指标的权重分别由其所包含的二级指标权重汇总生成。

　　考核主要考查各地区生态文明建设重点目标任务完成情况，强化省级党委和政府生态文明建设的主体责任，督促各地区自觉推进生态文明建设，每个五年规划期结束后开展 1 次。目标考核在五年规划期结束后的次年开展，并于 9 月底前完成。各省区市党委和政府应当对照考核目标体系开展自查，在五年规划期结束次年的 6 月底前，向中共中央、国务院报送生态文明建设目标任务完成情况自查报告，并抄送考核牵头部门。资源环境生态领域有关专项考核的实施部门应当在五年规划期结束次年的 6 月底前将五年专项考核结果报送考核牵头部门。目标考核采用百分制评分和约束性指标完成情况等相结合的方法，考核结果划分为优秀、良好、合格、不合格四个等级[1]。考核牵头部门汇总各地区考核实际得分以及有关情况，提出考核等级划分、考核结果处理等建议，并结合领导干部自然资源资产离任审计、领导干部环境保护责任离任审计、环境保护督察等结果，形成考核报告。考核等级划分规则由考核牵头部门根据实际情况另行制定。

③考核应用。有关部门可以根据国家生态文明建设的总体要求，结合各地区经济社会发展水平、资源环境禀赋等因素，将考核目标科学合理地分解落实到各省区市。考核报告经中共中央、国务院审定后向社会公布，考核结果作为各省区市党政领导班子和领导干部综合考核评价、干部奖惩任免的重要依据。例如，2017 年，湖北省发展改革委、湖北省统计局、湖北省环境保护厅、中共湖北省委组织部制定了《湖北省绿色发展指标体系》和《湖北省生态文明建设考核目标体系》，将其作为生态文明建设评价考核的依据，其生态文明建设考核目标体系在继承原有五个目标大类的基础上，缩减两个子目标，而绿色发展指标体系在保持原有七个一级指标的同时，结合湖北省实际，调整指标权重，更加注重环境治理和增长质量两个维度，其权重分别为18.56% 和 10.31%，较原有指标权重分别上涨 2.06 个和 1.11 个百分点[2]。不难理解，作为长江经济带的核心枢纽，近年来，湖北省基于中共中央、国务院的明确要求，充分发挥长江经济带横跨东、中、西三大板块的区位优势。

1　《中共中央办公厅 国务院办公厅印发〈生态文明建设目标评价考核办法〉》，中国政府网，2016 年 12 月 22 日，https：//www. gov. cn/gongbao/content/2017/content_5160203. htm。

2　《关于印发〈湖北省绿色发展指标体系〉和〈湖北省生态文明建设考核目标体系〉》，湖北省发展和改革委员会网站，2017 年 7 月 5 日，https：//fgw. hubei. gov. cn/fbjd/xxgkml/jgzn/nsjg/hzic/gzdt/201707/t20170724_407437. shtml。

这一要求的导向是共同推动大保护、不搞大开发，以生态优先、绿色发展为引领，依托长江黄金水道推进长江上中下游地区协调发展和沿江地区高质量发展[1]。类似地，2017 年，《市发展改革委　市统计局　市环保局　市委组织部关于印发北京市绿色发展指标体系及北京市生态文明建设考核目标体系的通知》发布。在 2016 年国家发改委制定的绿色发展指标体系的基础上，结合北京市的实际发展情况，制定了适用于北京市的绿色发展指标体系，在保持原有 7 个一级指标及其权重基础上，将二级指标缩减到 39 个[2]。同时，北京市生态文明建设考核目标体系也是在国家发改委等部门制定的《生态文明建设考核目标体系》的基础上，将二级指标缩减到 20 个。

④案例启示。对中共中央办公厅、国务院办公厅关于《生态文明建设目标评价考核办法》的案例进行分析发现，该案例阐释了习近平生态文明思想的生动实践，体现了"绿水青山就是金山银山"的发展理念，蕴含着"环境就是民生"的价值导向，反映了"统筹山水林田湖草系统治理"的现代化手段的作用，尤其反映出"完善生态文明制度体系是提升生态环境治理效能"的根本保证。具体启示如下。首先，"绿水青山就是金山银山"，环境保护是新经济发展观中保护生产力的重要体现，应将生态环境保护放在更为突出的位置。在生态文明建设考核目标体系中，一级指标生态环境保护的权重最高，这阐明我们在考核中必须树立不能以牺牲环境和浪费资源为代价来追求经济增长的观念。其次，环境即民生，人民群众对美好生活的需要成为我们奋斗目标的新民生政绩观。不论是将公众满意程度和生态环境事件两个一级指标纳入生态文明建设考核目标体系，还是在绿色发展指标体系中考核绿色生活和公众满意程度，都体现了良好的生态环境是最公平的公共产品，对民生福祉具有普惠性。面对日益严重的环境问题，我们应将其提升到民生的高度来认识、重视和治理。保护生态环

1　廖志慧、王晓峻、刘昕：《我省发布"绿色发展"评价考核细则》，《湖北日报》2017 年 7 月 13 日，第 1 版。

2　《市发展改革委 市统计局 市环保局 市委组织部关于印发北京市绿色发展指标体系及北京市生态文明建设考核目标体系的通知》，北京市人民政府网，2017 年 12 月 8 日，https：//www. beijing. gov. cn/zhengce/zhengcefagui/201905/t20190522_60672. html。

境不仅应该也必须成为发展的必要因素，这也是改善民生的重要着力点。最后，要统筹山水林田湖草系统治理，按照生态系统的整体性、系统性和内在规律来推进生态文明建设。在生态文明建设考核目标体系和绿色发展指标体系中，生态保护的二级指标包括森林覆盖率、自然岸线保有率、湿地保护率等，这体现了我们必须从系统工程和全局角度推动生态环境治理，统筹兼顾，采取整体施策和多种措施，全方位、全地域、全过程地实施生态文明建设。

（2）高质量发展考核分析——以湖北省经济高质量发展的意见为例

梳理绿色发展制度的历史脉络可见，绿色发展是高质量发展的关键环节和重要支撑。绿色发展过程与高质量发展目标是相互兼容的。高质量发展意味着能够满足人民日益增长的美好生活需要，是体现新发展理念的发展方式，也将使绿色成为发展的普遍形态[1]。绿色发展是构建现代化经济体系的必然要求，我们不能将绿色发展与高质量发展割裂开来，更不能将它们对立起来，要突出高质量发展中的绿色底色，并坚持在绿色发展中为高质量发展赋能[2]。绿色发展已成为高质量发展的重要内涵之一，故本部分选取湖北省高质量发展考核案例展开研究，以期得出绿色发展绩效考核的启示。

①案例背景。为了贯彻落实习近平总书记考察湖北、参加湖北代表团审议时的重要讲话精神，湖北省准确把握新发展阶段，深入贯彻新发展理念，加快构建新发展格局，坚持以改善生态环境质量为核心，围绕"建成支点、走在前列、谱写新篇"目标定位，推进进行"一主引领、两翼驱动、全域协同"区域发展布局。同时，致力于推进绿色低碳发展，促进湖北省经济社会全面绿色转型，开启美丽湖北建设的新篇章。为了全面落实湖北省委、省政府的相关文件，特别是《关于推进"一主引领、两翼驱动、全域协同"区域发展布局的实施意见》和《关于加快全省县域经济高质量发展的意见》，充分发挥生态环境保护对推动湖北省区域发展布局和高质量发展的引导、服务、

1　刘伟：《以绿色产业推动城镇化高质量发展的路径研究》，《经济纵横》2022年第4期。

2　盖美、秦冰、郑秀霞：《经济增长动能转换与绿色发展耦合协调的时空格局演化分析》，《地理研究》2021年第9期。

倒逼作用，湖北省生态环境厅发布《关于进一步加强生态环境保护工作服务区域发展战略和经济高质量发展的意见》（以下简称《意见》），以协同推动区域经济高质量发展和生态环境高水平保护[1]。

②考核实施。第一，考核对象。湖北省高质量发展目标考核工作由生态环境厅牵头，对各地级市高质量发展进行评价考核。第二，考核内容。包括生态环境保护引领、严格环境管理、营商环境、补齐生态环境短板以及生态联保共治，具体考核指标如表3-55所示。

表3-55 湖北省高质量发展指标体系（绿色发展部分）

单位：分

目标类别	目标类分值	序号	子目标名称	子目标分值	目标来源	数据来源
一、生态环境保护引领	15	1	生态环境保护规划	3	《意见》	湖北省生态环境厅
		2	绿色低碳转型	4	《意见》	湖北省生态环境厅
		3	生态示范创建	4	《意见》	湖北省生态环境厅
		4	环境资源要素市场化改革	4	《意见》	湖北省生态环境厅
二、严格环境管理	30	5	环境治理法治化	6	《意见》	湖北省生态环境厅
		6	生态环境保护空间管控	8	《意见》	湖北省生态环境厅
		7	生态环保督察问题整改	8	《意见》	湖北省生态环境厅
		8	打好污染防治攻坚战	8	《意见》	湖北省生态环境厅
三、营商环境	15	9	环评审批正面清单	3	《意见》	湖北省生态环境厅
		10	监督执法正面清单	3	《意见》	湖北省生态环境厅
		11	提高政务服务水平	3	《意见》	湖北省生态环境厅
		12	主要污染物总量指标保障	3	《意见》	湖北省生态环境厅
		13	企业帮扶服务	3	《意见》	湖北省生态环境厅
四、补齐生态环境短板	25	14	环境基础设施建设	8	《意见》	湖北省生态环境厅
		15	园区绿色低碳化改造	10	《意见》	湖北省生态环境厅
		16	县域环境治理能力	7	《意见》	湖北省生态环境厅
五、生态联保共治	15	17	区域中心城市绿色引领	5	《意见》	湖北省生态环境厅
		18	区域环境协同共治	5	《意见》	湖北省生态环境厅
		19	生态环保省际协作	5	《意见》	湖北省生态环境厅

---

1 《关于进一步加强生态环境保护工作服务区域发展战略和经济高质量发展的意见》，湖北省生态环境厅网站，2021年6月28日，https：//sthjt.hubei.gov.cn/fbjd/xxgkml/ghjh/202107/t20210707_3634073.shtml。

第三，考核方法。生态环境厅工作领导小组办公室建立"每季度通报、每年度考核"督查机制，针对体检成果的应用、城市环境治理与环境保护、生态联保共治等情况开展年度考核，督查考核结果被作为对城市高质量发展等做出有关评分、通报表扬和市政府及时奖励的依据。对工作进度缓慢和发展滞后的地级市，及时报请生态环境厅约谈。

③案例启示。对湖北省经济高质量发展的案例进行分析发现，该案例阐释了习近平经济思想的生动实践，展示了"构建新发展格局"的路径选择，蕴含着"以人民为中心"的价值导向，凸显了"高质量发展"的鲜明主题，尤其反映了贯彻新发展理念是我国经济发展的指导原则。具体启示如下。一是明确坚持新发展理念是我国经济发展的指导原则。在湖北省高质量发展指标体系中，生态环境保护引领的二级指标包括生态环境保护规划、绿色低碳转型、生态示范创建以及环境资源要素市场化改革，体现了推动高质量发展要坚持以绿色为底色，在新发展理念指导下，通过绿色低碳转型、生态示范创建、生态环境保护规划以及环境资源要素市场化改革，实现生产方式的全面绿色转型。二是深化供给侧结构性改革是我国经济发展的鲜明主题。在湖北省高质量发展指标体系中纳入营商环境改善和补齐生态环境短板两个一级指标均体现出高质量发展需要深化供给侧结构性改革，高质量发展是全面建设社会主义现代化国家的首要任务，将营商环境改善和生态环境供给与深化供给侧结构性改革有机结合，以满足人民对高质量生态环境的需求。三是构建新发展格局是我国经济发展的路径选择。在湖北省高质量发展指标体系中，生态联保共治的二级指标包括区域中心城市绿色引领、区域环境协同共治以及生态环保省际协作，体现出必须从区域联防共治角度推进生态环境治理，通过省内、省外两个市场的联动，促进要素跨区流动和高效配置以实现绿色高质量发展。四是坚持"以人民为中心"的发展思想是我国经济发展的根本立场。湖北省高质量发展指标体系既包括生态环境保护一级指标，也包括环境管理一级指标，还包括营商环境改善等指标，说明高质量发展以满足人民对美好生活的需要为出发点，"以人为本"的发展理念始终贯穿高质量发展各个环节。

（二）产业典型案例

（1）工业领域碳达峰案例

①案例背景

习近平总书记在中央政治局第三十六次集体学习时强调，实现碳达峰碳中和，是立足新发展阶段、贯彻新发展理念、构建新发展格局、推动高质量发展的内在要求，是党中央统筹国内国际两个大局做出的重大战略决策。按照中共中央、国务院决策部署，坚持稳中求进工作总基调，立足新发展阶段，完整、准确、全面贯彻新发展理念，构建新发展格局，坚定不移实施制造强国和网络强国战略，锚定"双碳"目标愿景，坚持系统观念，统筹处理好工业发展和减排、整体和局部、长远目标和短期目标、政府和市场的关系，以深化供给侧结构性改革为主线，以重点行业达峰为突破，着力构建绿色制造体系，提高资源能源利用效率，推动数字化智能化绿色化融合，增加绿色低碳产品供给，加快制造业绿色低碳转型和高质量发展[1]。

为深入贯彻落实中共中央、国务院关于碳达峰碳中和决策部署，加快推进工业绿色低碳转型，切实做好工业领域碳达峰工作，根据《中共中央 国务院关于完整准确全面贯彻新发展理念做好碳达峰碳中和工作的意见》和《2030 年前碳达峰行动方案》，2022 年 8 月，工业和信息化部、国家发改委、生态环境部印发了《工业领域碳达峰实施方案》（以下简称"《实施方案》"）[2]。

②考核实施情况。第一，考核对象。工业领域碳达峰目标考核工作由工业和信息化部、国家发改委、生态环境部组织实施，用于进行各省、自治区、直辖市及计划单列市工业绿色低碳转型和工业领域碳达峰的目标考核。

第二，考核目标。"十四五"期间，总体目标是优化产业结构和用能结构，显著提高能源资源利用效率，并建设一批绿色工厂和绿色工业园区。研

1　《习近平主持中共中央政治局第三十六次集体学习》，中共中央党校网站，2022 年 1 月 25 日，https：//www. ccps. gov. cn/xtt/202201/t20220125_152742. shtml。

2　《工业和信息化部 国家发展改革委 生态环境部关于印发工业领域碳达峰实施方案的通知》，中国政府网，2022 年 7 月 7 日，https：//www. gov. cn/zhengce/zhengceku/2022-08/01/content_5703910. htm。

发、示范和推广一批低碳、零碳和负碳技术工艺装备产品，为工业领域的碳达峰奠定基础。到 2025 年，规模以上工业单位的增加值能耗将比 2020 年下降13.5%，单位工业增加值的二氧化碳排放下降幅度将超过全社会的下降幅度，重点行业的二氧化碳排放强度将显著降低。"十五五"期间，进一步优化产业结构布局，持续降低工业能耗强度和二氧化碳排放强度，努力实现达峰削峰。在实现工业领域碳达峰的基础上，提升碳中和能力，基本建立以高效、绿色、循环、低碳为重要特征的现代工业体系。确保工业领域的二氧化碳排放在2030 年前达到峰值。

第三，考核内容。一是推动产业结构优化升级，坚决制止高耗能、高排放、低水平项目盲目发展，大力发展绿色低碳产业。二是将节能提效作为满足能源消费增长的首要途径，大幅提高重点行业的能源利用效率和重点产品的能效水平，推动能源的低碳化、智能化和系统化。三是完善绿色制造体系，深入推进清洁生产，建设绿色低碳工厂、绿色低碳工业园区和绿色低碳供应链，通过典型示范带动生产模式向绿色转型。四是优化资源配置结构，充分发挥资源节约和降碳的协同效应，通过资源高效循环利用降低工业领域碳排放。五是推动重大的低碳技术、工艺和装备的创新突破和应用改造，通过技术和工艺的革新以及生产流程的再造促进工业的"减碳""去碳"。六是推动数字赋能工业的绿色低碳转型，促进企业需求和信息服务供给对接，加快数字化低碳解决方案的应用和推广。重点任务详细考核体系如表 3-56 所示。

表 3-56　重点任务详细考核体系

单位：分

目标类别	目标类分值	序号	子目标名称	子目标分值	目标来源	数据来源
一、产业结构优化升级	16	1	有利于碳减排的产业布局	4	《实施方案》	国家发改委、工信部、生态环境部、国资委、国家能源局
		2	遏制高耗能高排放低水平项目	4	《实施方案》	国家发改委、工信部、生态环境部

续表

目标类别	目标类分值	序号	子目标名称	子目标分值	目标来源	数据来源
一、产业结构优化升级	16	3	优化重点行业产能规模	4	《实施方案》	国家发改委、工信部、生态环境部、国家市场监管总局、国家能源局
		4	推动产业低碳协同示范	4	《实施方案》	国家发改委、工业和信息化部、国资委、国家能源局、国家林业和草原局
二、推进节能降碳	24	5	调整优化用能结构	4	《实施方案》	国家发改委、工信部、生态环境部、国家能源局
		6	推动工业用能电气化	4	《实施方案》	国家发改委、工信部、生态环境部、国家能源局
		7	工业绿色微电网建设	4	《实施方案》	国家发改委、工信部、国家能源局
		8	加快实施节能降碳改造升级	4	《实施方案》	国家发改委、工信部、国家市场监管总局
		9	提升重点用能设备能效	4	《实施方案》	国家发改委、工信部、国家市场监管总局
		10	强化节能监督管理	4	《实施方案》	国家发改委、工信部、国资委、国家市场监管总局
三、积极推行绿色制造	20	11	建设绿色低碳工厂	4	《实施方案》	工信部、生态环境部、国家市场监管总局
		12	构建绿色低碳供应链	4	《实施方案》	国家发改委、工信部、生态环境部、交通运输部、商务部、国资委、国家市场监管总局
		13	打造绿色低碳工业园区	4	《实施方案》	国家发改委、工信部、生态环境部、国家能源局
		14	促进中小企业绿色低碳发展	4	《实施方案》	工信部、生态环境部
		15	全面提升清洁生产水平	4	《实施方案》	国家发改委、工信部、生态环境部

续表

目标类别	目标类分值	序号	子目标名称	子目标分值	目标来源	数据来源
四、大力发展循环经济	16	16	推动低碳原料替代	4	《实施方案》	国家发改委、工信部、生态环境部、商务部、国家市场监管总局、国家能源局
		17	加强再生资源循环利用	4	《实施方案》	国家发改委、科技部、工信部、生态环境部、交通运输部、商务部、国家市场监管总局、国家能源局
		18	推进机电产品再制造	4	《实施方案》	国家发改委、工信部、国家市场监管总局
		19	强化工业固废综合利用	4	《实施方案》	国家发改委、科技部、工信部、财政部、生态环境部、国家税务总局、国家市场监管总局
五、加快工业绿色低碳技术变革	12	20	推动绿色低碳技术重大突破	4	《实施方案》	国家发改委、科技部、工信部、生态环境部、国家能源局
		21	加大绿色低碳技术推广力度	4	《实施方案》	国家发改委、科技部、工信部、生态环境部
		22	开展重点行业升级改造示范	4	《实施方案》	国家发改委、科技部、工信部、生态环境部、国资委、国家能源局
六、主动推进工业领域数字化转型	12	23	推动新一代信息技术与制造业深度融合	4	《实施方案》	国家发改委、科技部、工信部
		24	建立数字化碳管理体系	4	《实施方案》	国家发改委、工信部、生态环境部、国家市场监管总局、国家统计局
		25	推进"工业互联网+绿色低碳"	4	《实施方案》	国家发改委、工信部、国资委、国家能源局

第四，考核方法。碳达峰碳中和工作领导小组负责对碳达峰相关工作的整体部署，统筹研究重要事项，制定重大政策。碳达峰碳中和工作领导小组办公室成员单位按职责分工各司其职。工信、发改、科技、财政、生态环境、住建、交通运输、商务、市场监管、金融、能源等部门协同形成政策合力。加强对地方的指导，及时调度各地区工业领域碳达峰工作进展。

各地区相关部门将按照各自的职责分工来承担责任，并强化责任落实。相关部门需要结合本地区的工业发展情况，制定符合实际、切实可行的碳达峰时间表、路线图和施工图，明确工作目标、重点任务和达峰路径。同时，要加大对工业绿色低碳转型的支持力度，真正做好本地区的工业碳达峰工作。相关的落实情况将纳入中央生态环境保护督察的考核范畴。

③案例启示。对工业和信息化部、国家发改委、生态环境部印发《工业领域碳达峰实施方案》的案例分析发现，该案例展示出碳达峰碳中和的战略意义，蕴含着"创新驱动"的动力，反映了"构建绿色产业体系"的保障，尤其反映了"完善生态文明制度体系是提升生态环境治理效能"的根本保证。具体启示如下。一是全面树立绿色发展理念，积极推行绿色制造和节能降碳。工业领域碳达峰实施方案考核纳入推进节能降碳和积极推行绿色制造两个一级指标，体现出现阶段节能降碳是工业领域绿色转型的重点。《工业领域碳达峰实施方案》考核重点要求推进节能降碳，在调整优化用能结构、推动工业用能电气化、加快实施节能降碳改造升级、提升重点用能设备能效以及强化节能监督管理等方面，需要采取具体措施。此外，在积极推行绿色制造方面，应考虑构建绿色低碳供应链、促进中小企业绿色低碳发展等指标，以推动工业实现绿色发展。企业需要承担绿色转型的社会责任，提高产品的"绿色含量"。应强化构建产业准入绿色关口，实施最严格的生态环境保护制度，激发绿色发展动力，促进人与自然和谐共生。严把产业准入绿色关口，强化过程引导和管控，实行最严格的生态环境保护制度，让绿色发展动力竞相迸发，促进人与自然和谐共生。二是构建绿色产业体系。需要全力推进节能减排工作，并加快绿色产业体系建设，不断提升绿色发展水平。在《工业领域碳达

峰实施方案》中，产业结构优化升级包括有利于碳减排的产业布局、遏制高耗能高排放低水平项目、优化重点行业产能规模以及推动产业低碳协同示范。应全面贯彻绿色发展理念，科学规划产业节能减排工作，重点考虑约束性、创新性、系统性和常态性四个方面，推进产业结构调整，优化能源结构，加速工业绿色低碳技术变革，引导培育绿色生产方式，努力形成绿色低碳发展格局。三是推进全面创新驱动。需将《工业领域碳达峰实施方案》纳入加快工业绿色低碳技术变革的轨道。通过推动绿色低碳技术重大突破，全面推进科技创新、产业绿色化创新、绿色产品创新和绿色制造品牌创新，促进科技成果向现实生产力的转化。在推进工业领域数字化转型方面，主要涉及推动新一代信息技术与制造业的深度融合，建立数字化碳管理体系，以及推进"工业互联网+绿色低碳"。这些二级指标体现了创新驱动是工业绿色转型的根本动力。实施"工业互联网+绿色低碳"发展是加快转变经济发展方式、提高综合国力以及提高国际竞争力的必然要求，必须牢牢抓住科技创新这个核心。

（2）"乡村产业高质量发展"案例

①案例背景。立足新发展阶段、贯彻新发展理念、构建新发展格局，并落实高质量发展要求。在确保粮食安全和保障重要农产品有效供给的基础上，以生态农业为基础、田园风光为特色、村落民宅为形态、农耕文化为核心，通过整合产业链的生产、加工和销售环节，融合农业与文化旅游，促进食品保障功能的稳固、生态涵养功能的快速提升、休闲体验功能的高端拓展以及文化传承功能的有形延伸。致力于打造美丽宜人、充满活力的社会主义新乡村，推动农业实现高质量发展，乡村成为宜居宜业的地方，农民实现富裕富足的生活，为全面推进乡村振兴、加快实现农业农村现代化提供有力支撑。

产业振兴是乡村振兴的首要任务。近年来，我国乡村产业取得了显著进展，强化了农业食品保障功能，拓展了生态涵养、休闲体验和文化传承功能，彰显了乡村的经济、生态、社会和文化价值。然而，乡村产业仍面临产业链条短、融合层次低和技术水平不高等问题。为了满足乡村振兴的新要求、拓展农业的多种功能、推动乡村产业高质量发展，农业农村部于2021年发布了

《关于拓展农业多种功能促进乡村产业高质量发展的指导意见》（以下简称"《指导意见》"）[1]。

②考核实施情况。第一，考核目标。截至 2025 年，农业的多种功能得到充分发挥，乡村的多元价值得到广泛展现。重要农产品如粮食等的供给得到有效保障，农业的质量效益和竞争力显著提升。优质绿色农产品、优美生态环境和优秀传统文化产品的供给能力大幅提升，形成了以农产品加工业为核心的现代乡村产业体系，实现了产加销的融通、农文旅的融合，以及新农村电商与科工贸的对接。这样的发展使农村产业获得了更快更好的增值收益，惠及农民，取得了实质性进展。

农产品的保障功能不断增强。粮食的综合生产能力稳步提升，粮食产量保持在 1.3 万亿斤以上，重要农产品的供给能力稳步提升。农产品加工业产值与农业总产值之比达到 2.8 : 1，加工转化率达到 80%，确保了数量、质量和多样性。

乡村休闲旅游业融合发展。农业的生态涵养、休闲体验和文化传承等特有功能持续拓展，绿色生产和生活方式广泛推行，乡村的文明乡风繁荣兴盛。乡村休闲旅游年接待游客人数达到 40 亿人次，年营业收入达到 1.2 万亿元。

农村电商业态不断丰富。数字乡村建设加快推进，农民的生产经营能力普遍增强。农产品的网络零售额达到 1 万亿元，农林牧渔业及辅助性活动产值达到 1 万亿元。新增了 100 万个乡村创业带头人，带动一批农民从事直播销售业务。

第二，考核对象。乡村产业高质量发展工作由农业农村部牵头，会同发改、财政等部门组织实施，被用于进行各省区市乡村产业高质量发展的目标考核。

第三，考核内容。一是发挥县域农产品加工业在纵向贯通产加销中的中心点作用，打造创新能力强、产业链条全、绿色底色足、安全可控制、联农

1　《农业农村部关于拓展农业多种功能 促进乡村产业高质量发展的指导意见》，中国政府网，2021 年 11 月 17 日，https://www.gov.cn/zhengce/zhengceku/2021-11/19/content_5651881.htm。

带农紧的农业全产业链，促进一产往后延、二产两头连、三产走高端，引导农产品加工重心下沉县城、中心镇和物流节点，推动生产与加工、产品与市场、企业与农户协同发展，实现农产品多元化开发、多层次利用、多环节增值。二是发挥乡村休闲旅游业在横向融合农文旅中的连接点作用，以农民和农村集体经济组织为主体，联合大型农业企业、文旅企业等经营主体，大力推进"休闲农业+"，突出"绿水青山"特色、做亮生态田园底色、守住乡土文化本色，彰显农村的"土气"、巧用乡村的"老气"、焕发农民的"生气"、融入时代的"朝气"，推动乡村休闲旅游业高质量发展。三是发挥农村电商在对接科工贸的结合点作用，实施"互联网+农产品"出村进城工程，利用5G、云计算、物联网、区块链等技术，加快网络体系、前端仓库和物流设施建设，将现代信息技术引入农业产加销各个环节，建立县域农产品大数据，培育农村电商实体及网络直播等业态。乡村产业高质量发展指标体系主要包括九个方面的内容，具体内容如表3-57所示。

表 3-57　乡村产业高质量发展指标体系

单位：分

目标类别	目标类分值	序号	子目标名称	子目标分值	目标来源	数据来源
一、农产品加工业	30	1	建设标准原料基地	6	《指导意见》	农业农村部
		2	构建高效加工体系	6	《指导意见》	农业农村部
		3	集成加工技术成果	6	《指导意见》	农业农村部
		4	打造农业全产业链	6	《指导意见》	农业农村部
		5	创响知名农业品牌	6	《指导意见》	农业农村部
二、乡村休闲旅游业	40	6	保护生态资源和乡土文化	5	《指导意见》	农业农村部
		7	发掘生态涵养产品	8	《指导意见》	农业农村部
		8	培育乡村文化产品	5	《指导意见》	农业农村部
		9	打造乡村休闲体验产品	6	《指导意见》	农业农村部
		10	提升乡村休闲旅游水平	8	《指导意见》	农业农村部
		11	实施乡村休闲旅游精品工程	8	《指导意见》	农业农村部

续表

目标类别	目标类分值	序号	子目标名称	子目标分值	目标来源	数据来源
三、农村电商	30	12	培育农村电商主体	7	《指导意见》	农业农村部
		13	打造农产品供应链	8	《指导意见》	农业农村部
		14	建立运营服务体系	8	《指导意见》	农业农村部
		15	强化农产品质量监管	7	《指导意见》	农业农村部

③案例启示。对农业农村部发布《关于拓展农业多种功能促进乡村产业高质量发展的指导意见》中的案例进行分析发现，该案例体现了"乡村振兴"的战略意义，蕴含着"绿色创新驱动"的动力所在，是"绿色协调发展"的保障，尤其是反映了贯彻新发展理念是我国经济发展的指导原则。具体启示如下。一是坚持以生态优先、绿色发展为导向的高质量发展。该案例在农产品加工业一级指标方面纳入构建高效加工体系二级指标。同时，乡村休闲旅游业包括发掘生态涵养产品以及打造乡村休闲体验产品等，均体现产业绿色化的高质量发展。二是坚持绿色创新发展。农村电商指标体系纳入打造农产品供应链和建立运营服务体系二级指标，体现了在顶层设计的引导和现实需求下，产业绿色发展亟须以创新发展驱动。农产品加工业包括构建高效加工体系、创响知名农业品牌以及集成加工技术成果等二级指标，体现加快导向型绿色技术创新、促进绿色科技成果的转化，注重创新带来的绿色生产效率提升和污染治理技术的改进，推动绿色发展和创新发展融合。三是坚持绿色协调发展。绿色协调发展是指区域结构、产业结构的稳定平衡发展，是人与自然协调共生的发展。在乡村休闲旅游业方面，纳入发掘生态涵养产品、培育乡村文化产品以及打造乡村休闲体验产品等指标，体现农业和文旅产业协调发展是农业高质量发展的重要内容。通过发掘生态涵养产品、培育乡村文化产品、打造乡村休闲体验产品以及提升乡村休闲旅游水平，多措并举，推动产业绿色协调发展。

三　生态文明试点政策的效果评估

(一) 政策背景

为认真贯彻党的十八大关于大力推进生态文明建设的战略部署，积极落实党的十八届三中全会关于加快生态文明制度建设的精神，根据《国务院关于加快发展节能环保产业的意见》中的"在全国选择有代表性的 100 个地区开展生态文明先行示范区建设"的要求，2013 年 12 月，国家发改委、财政部、国土资源部、水利部、农业部、国家林业局六部门联合下发了《关于印发国家生态文明先行示范区建设方案（试行）的通知》，启动了生态文明先行示范区建设。以推动绿色、循环、低碳发展为基本途径，促进生态文明建设水平明显提升。2014 年，六部门委托中国循环经济协会从相关领域选取专家组成专家组，对申报地区的《生态文明先行示范区建设实施方案》进行集中论证和复核把关。根据论证和复核结果，将北京市密云县等 55 个地区作为生态文明先行示范区建设地区（第一批）[1]。生态环境部于 2018 年 12 月和 2019 年 11 月分别授予第二批和第三批国家生态文明建设示范市县称号。

生态文明示范区旨在通过建设形成符合主体功能定位的开发格局，资源循环利用体系初步建立，节能减排和碳强度指标下降，资源产出率、单位建设用地生产总值、万元工业增加值用水量、农业灌溉水有效利用系数、城镇（乡）生活污水处理率、生活垃圾无害化处理率等处于前列，城镇供水水源地全面达标，森林、草原、湖泊、湿地等面积逐步增加，质量逐步提高，耕地质量稳步提高，物种得到有效保护，覆盖全社会的生态文化体系基本建立，绿色生活方式普遍推行，最严格的耕地保护制度、水资源管理制度、环境保护制度得到有效落实，生态文明制度建设取得重大突破，形成可复制、可推

1　《关于生态文明先行示范区建设名单（第一批）的公示》，中国政府网，2014 年 6 月 5 日，https：//www. gov. cn/xinwen/2014-06/05/content_2694273. htm。

广的生态文明建设典型模式[1]。可见，生态文明示范区政策实施过程就是全面绿色转型过程。

根据国家生态文明建设示范区管理规程，国家生态文明建设示范区包括生态文明建设示范省、生态文明建设示范市、生态文明建设示范县、生态文明建设示范乡镇、生态文明建设示范村、生态工业示范园区[2]。鉴于第二批和第三批试点实施时间较短，本书重点考察首批生态文明示范城市建设的政策效果，以城市的生态文明示范政策是否有效考察试点政策对绿色发展绩效的影响效果。

（二）模型构建、变量选取与数据说明

（1）模型构建。借鉴辛宝贵和高菲[3]以及汪克亮等[4]的研究，本部分将"生态文明先行示范区"试点政策看作一项准自然实验，使用双重差分法评估生态文明建设对提升绿色发展绩效的示范效果。双重差分法可以解决反向因果、遗漏变量等因素引致的内生性问题，使估计结果更可靠。模型构建如下：

$$green_{it} = \beta_0 + \beta_1 treat_{it} \times year_{it} + \gamma \sum X_{it} + \lambda_i + \delta_t + \varepsilon_{it} \qquad (3-18)$$

其中，下标 i 为城市；t 为时间；β_0 表示截距项；λ_i 和 δ_t 分别表示时间固定效应和地区固定效应；ε_{it} 表示随机扰动项；$green_{it}$ 为被解释变量绿色发展绩效。$treat_{it} \times year_{it}$ 为处理组虚拟变量与生态文明示范城市试点时间虚拟变量的乘积；如果城市被纳入生态文明先行示范区试点，则 $treat_{it}$ 取值为 1，否则取值为 0；$year_{it}$ 在试点政策实施当年及其后取值为 1，否则取值为 0；估计系数 β_1

1　《关于印发国家生态文明先行示范区建设方案（试行）的通知》，中国政府网，2013 年 12 月 2 日，http：//www. gov. cn/zwgk/2013-12/13/content_2547260. htm。

2　《环境保护部关于印发〈国家生态文明建设示范区管理规程（试行）〉〈国家生态文明建设示范县、市指标（试行）〉的通知》，中国政府网，2016 年 1 月 20 日，https：//www. gov. cn/gongbao/content/2016/content_5076991. htm。

3　辛宝贵、高菲菲：《生态文明试点有助于生态全要素生产率提升吗?》，《中国人口·资源与环境》2021 年第 5 期。

4　汪克亮、许如玉、张福琴等：《生态文明先行示范区建设对碳排放强度的影响》，《中国人口·资源与环境》2022 年第 7 期。

表示生态文明先行示范区试点政策对绿色发展绩效的影响；X_{it} 表示一组控制变量；γ 表示控制变量估计系数。

（2）变量选取与数据说明。①被解释变量为绿色发展绩效。绿色发展制度演进的脉络清晰表明，从环境保护到高质量发展阶段，绿色发展的本质是发展方式的转变。绿色发展与高质量发展是一脉相承的，高质量发展对绿色发展绩效提出新要求和新目标。绿色发展绩效是结果与效率的综合体，包括绿色发展水平、绿色发展效率以及绿色发展结构三部分。其中，绿色发展结构根据绿色发展水平与绿色发展效率的耦合度计算，不仅能反映绿色发展水平的变化，还能反映绿色发展效率的提升，故本部分以绿色发展结构为绿色发展绩效的代理变量，选取产业结构服务化和产业结构高级化来度量绿色发展结构。其中，产业结构服务化以第三产业产值占 GDP 比重表示，其占比越高，说明绿色发展水平越高；产业结构高级化用第三产业产值占第二产业产值的比重表示，以此说明绿色发展结构的优化。

②解释变量是绿色发展政策的实施。由新时代区域绿色发展考核的典型案例可知，生态文明建设目标评价考核贯穿绿色发展考核全过程。同时，高质量发展包括生态示范创建和绿色低碳转型。可见，生态文明示范城市建设政策可作为绿色发展政策的代理变量。生态文明城市建设由虚拟变量表示，本部分以 2014 年第一批生态文明先行示范区试点为准自然实验，将试点城市的虚拟变量和政策时间虚拟变量的交互项（ $treat_{it} \times year_{it}$ ）作为核心解释变量，表示生态文明城市建设对实验组和对照组绿色发展变化的影响。

③控制变量。借鉴孙瑾等[1]以及林伯强和谭睿鹏[2]的研究，分别将金融发展水平、绿色技术创新水平、固定资产投资和人力资本积累作为控制变量。其中，金融发展水平（ $finn$ ）用金融贷款余额占 GDP 比重表示；绿色技术创

1　孙瑾、刘文革、周钰迪：《中国对外开放、产业结构与绿色经济增长——基于省际面板数据的实证检验》，《管理世界》2014 年第 6 期。

2　林伯强、谭睿鹏：《中国经济集聚与绿色经济效率》，《经济研究》2019 年第 2 期。

新水平（*lfmsq*）用绿色发明专利获得量的对数表示；固定资产投资（*lgdzc*）用城市固定资产投资总额的对数表示；人力资本积累（*lhuma*）用高等教育在校生人数的对数表示。

④调节变量。借鉴王文和孙早[1]的研究，将经济发展水平作为调节变量。经济发展水平用人均 GDP 的对数表示，由于前文分析发现经济发展水平会影响绿色发展绩效的提升，故本书重点考察生态文明示范政策的绿色转型效应是否存在基于地区经济发展水平的异质性特征。

本书使用 2004~2019 年全国 285 个地级市面板数据，变量选取主要来源于《中国城市统计年鉴》，城市绿色发展数据来源于中国研究数据服务平台（CNRDS）。在选取实验组和控制组的过程中进行以下处理：在设立"生态文明先行试验区"试点时，六部门将部分城市的区或县作为试点（如北京市延庆区、天津市武清区等），在研究过程中认定该城市是生态文明先行试点城市。为此，本书选取实验组 75 个城市、控制组 210 个城市，共 285 个城市样本数据。

（三）实证结果分析

（1）基准回归结果分析。"生态文明先行示范区"政策对绿色发展绩效影响的基准回归结果如表 3-58 所示。表 3-58 中模型（1）和模型（2）分别是未加控制变量和加入控制变量后"生态文明先行示范区"政策对产业结构服务化影响的回归结果。结果显示，在固定了时间和地区效应后，*did* 的估计系数依然显著为正，并且在考虑控制变量的情况下，估计结果仍在 1% 的显著性水平下为正，表明"生态文明先行示范区"政策有利于推动产业结构服务化、扩大第三产业发展规模，提升绿色发展水平。表 3-58 中模型（3）和模型（4）是"生态文明先行示范区"政策对产业结构高级化影响的估计结果。无论是否加入控制变量，示范政策都在 1% 的显著性水平下为正，说明生态文明

1　王文、孙早：《制造业需求与中国生产性服务业效率——经济发展水平的门槛效应》，《财贸经济》2017 年第 7 期。

建设可以推动产业结构高级化。综上所述，生态文明建设能够带动产业结构向服务业调整，促进产业结构升级，产业结构升级有助于促进资源向绿色、集约型企业转移，进而促进绿色发展。

对此可以这样理解。一方面，随着"生态文明先行示范区"政策的推进，在相关政策的约束下，采用传统粗放型生产方式的企业成本增加，利润空间被压缩，试点地区存在"优胜劣汰"的生存法则。"生态文明先行示范区"政策能够促使区域内生产方式由传统粗放型转变为环保绿色型，驱动产业结构由传统农业、工业向绿色工业和现代服务业升级。因此，"生态文明先行示范区"政策有助于驱动产业结构升级[1]。另一方面，产业结构优化是一个动态过程，产业结构内部演化遵循从低级向高级、由不合理向合理发展的趋势。伴随产业结构优化而实现的生产、劳动以及资源利用效率的提升可有效推动经济发展。同时，产业结构优化引致的低消耗、高产出的技术密集型产业逐渐替代高消耗、高排放产业，并成为区域主导产业，构建生产效率提升与资源消耗双赢的局面，进而提升了绿色发展绩效[2]。

表 3-58　基准回归结果

变量	(1) 产业结构服务化	(2) 产业结构服务化	(3) 产业结构高级化	(4) 产业结构高级化
did	0.039 *** (3.916)	0.049 *** (5.315)	0.051 *** (3.378)	0.040 *** (2.804)
finn		−0.050 *** (−6.891)		0.101 *** (8.947)
lgdzc		0.163 *** (23.990)		−0.195 *** (−18.766)

1　梁琦、肖素萍、刘玉博：《环境政策对城市生态效率的影响与机制研究——基于生态文明先行示范区的准自然实验》，《西安交通大学学报》（社会科学版）2022 年第 3 期。

2　吕冰洋、王雨坤、贺颖：《我国地区间资本要素市场分割状况：测算与分析》，《统计研究》2021 年第 11 期。

续表

变量	（1） 产业结构服务化	（2） 产业结构服务化	（3） 产业结构高级化	（4） 产业结构高级化
lhuma		0.034 *** （3.939）		−0.043 *** （−3.315）
lfmsq		0.030 *** （8.368）		−0.004 （−0.691）
常数项	13.998 *** （1648.426）	13.048 *** （140.888）	0.801 *** （62.813）	2.123 *** （14.922）
观测值	4560	3727	4560	3727
R²	0.955	0.962	0.437	0.566
样本量	285	285	285	285

注：*** p<0.01；括号内数值为对应的 t 值。

（2）平行趋势和动态效应检验。满足平行趋势假定是应用双重差分模型的基本前提，即在政策实施前生态文明试点与非试点城市不存在显著的系统性差异[1]。同时，考虑到生态文明试点政策分批实施，生态文明城市建设过程中绿色发展具有缓冲器和动态特征，本部分通过事件分析法进行分析，构建如下计量模型：

$$green_{it} = \beta_0 + \sum_{k \geq -4}^{5} \beta_k treat \times year_{it}^{\ k} + \lambda \sum X_{it} + \delta_i + \lambda_t + \varepsilon_{it} \qquad (3-19)$$

式中，$treat \times year_{it}^{\ k}$ 为生态文明政策推行的当期虚拟变量，$k < 0$ 表示政策推行前的 k 年；$k > 0$ 表示政策实施后的 k 年。其他变量与式（3–18）变量含义相同。此模型的含义是，若政策实施前 4 年，虚拟变量估计系数不显著，则说明实验组和控制组满足平行趋势，同时可以考察政策实施后政策效果的时间变化趋势。

本书采用图示法比较生态文明先行示范城市试点政策实施前后绿色发展

---

[1] 辛宝贵、高菲菲：《生态文明试点有助于生态全要素生产率提升吗?》，《中国人口·资源与环境》2021年第 5 期。

结构的变化状况。图 3-31 考察了生态文明城市建设政策实施前 4 年至后 5 年产业结构服务化的变动趋势。由图 3-31 可知，在政策实施前，生态文明示范城市建设对产业结构服务化影响不显著，满足平行趋势假说。政策实施后，促进效应呈现波动递增趋势。由于生态文明城市建设具有阶段性特征，在生态文明城市建设过程中应加强环境规制，提升绿色技术创新水平，总效应表现为正向促进，随着城市绿色转型的不断推进，绿色发展理念与实体经济深度融合，正向效应不断释放。

　　图 3-32 展示了产业结构高级化的动态效果。由图 3-32 可知，产业结构高级化同样满足平行趋势假说，生态文明城市建设对产业结构高级化影响存在时滞效应，在政策实施后第 3 年，生态文明城市建设才显著推动产业结构高级化，正向作用呈现"厚积薄发"趋势。主要原因有二：一方面，生态文明城市建设能够提升环境规制水平，环境规制倒逼技术创新能力提升，其作用效果存在一个累积过程[1]；另一方面，生态文明建设催生的节能环保产业以及其服务业供应链上下游发展壮大需要一个过程，故生态文明城市建设对产业结构高级化的影响存在时滞效应[2]。横向比较来看，生态文明示范城市建设先提高产业结构服务化水平，发挥增量效应，后推进产业结构高级化，发挥提质效应。这意味着生态文明建设水平达到一定程度、绿色发展水平充分提高，才能发挥绿色发展结构优化效应。

　　（3）稳健性检验。为克服生态文明先行示范城市和其他城市变动趋势的系统性差异，降低双重差分法估计偏误，本部分进一步利用 PSM-DID 方法进行稳健性检验。运用 PSM-DID 方法时，通过是不是生态文明示范城市的虚拟变量对控制变量进行 Logit 回归，得到倾向得分值。倾向得分值最接近的城市即为生态文明先进示范城市的配对城市，通过这种方法可以最大限度地

---

[1]　沈钰、屈小娥：《我国环境规制的污染减排效应研究》，《统计与决策》2022 年第 20 期。

[2]　刘春香、张智光：《绿色科技与生态文明：供应链维的驱动与支撑机理》，《中国科技论坛》2016 年第 10 期。

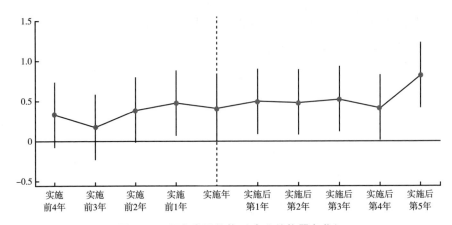

图 3-31 绿色发展结构（产业结构服务化）

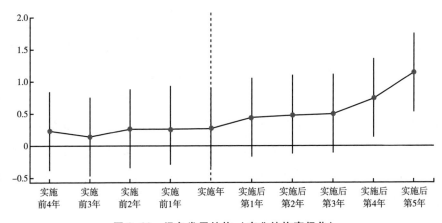

图 3-32 绿色发展结构（产业结构高级化）

减少不同城市在环境污染水平上存在的系统性差异，从而减少 DID 估计偏误[1]。在进行 PSM-DID 估计前，还需进行模型有效性检验。首先需要检验共同支撑假设，即匹配后各变量实验组和控制组是否变得平衡，也就是说实验组和控制组协变量的均值在匹配后是否具有显著性差异。如果不存在显著性差异，则支持运用 PSM-DID 方法。共同支撑假设检验结果表明，从各协变

1 缪小林、赵一心：《生态功能区转移支付对生态环境改善的影响：资金补偿还是制度激励？》，《财政研究》2019 年第 5 期。

量的检验结果看，匹配后所有变量均不存在显著性差异，而结果变量即绿色发展的各项指标存在显著性差异，从而证明 PSM-DID 方法是合理的[1]。具体估计中，本部分使用核匹配法进行估计，以检验生态文明城市建设促进绿色发展的作用是否稳健。在估计之前还需要检验实验组和控制组匹配效果，通过倾向得分值密度函数图（见图 3-33、图 3-34）可知，在匹配后实验组和控制组倾向得分值的概率密度已经比较接近，说明本书的匹配效果较好。因此，在共同支撑假设基础上进一步证明了 PSM-DID 方法的可行性和合理性。

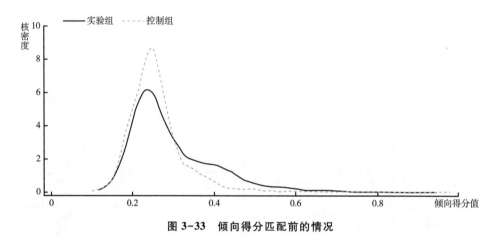

图 3-33　倾向得分匹配前的情况

表 3-59 中的模型（1）至模型（4）基于 PSM-DID 方法的分析结果显示，生态文明先行示范城市建设对产业结构服务化的估计系数在 1% 的显著性水平上为 0.04 左右，其对产业结构高级化的估计系数不显著为正。这表明生态文明先行示范城市建设显著推动绿色发展结构优化。结果与表 3-58 基准回归结果基本吻合，表明研究结论稳健。

1　曹清峰：《国家级新区对区域经济增长的带动效应——基于 70 大中城市的经验证据》，《中国工业经济》2020 年第 7 期。

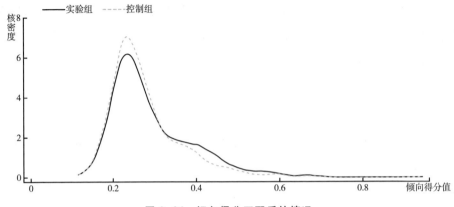

图 3-34 倾向得分匹配后的情况

表 3-59 PSM-DID 检验结果

变量	（1）	（2）	（3）	（4）
	产业结构服务化	产业结构服务化	产业结构高级化	产业结构高级化
did	0.0448*** (2.9150)	0.0480*** (3.6848)	0.0234 (1.0648)	0.0221 (1.0653)
finn		-0.0501*** (-4.8697)		0.0870*** (5.3183)
lgdzc		0.2079*** (21.7208)		-0.1801*** (-11.8271)
lhuma		0.0547*** (3.8869)		-0.0623*** (-2.7865)
lfmsq		0.0200*** (3.6014)		-0.0041 (-0.4632)
常数项	14.2338*** (832.0313)	12.6128*** (83.5448)	0.7535*** (30.8018)	2.2576*** (9.4010)
观测值	1734	1734	1734	1734
R²	0.950	0.964	0.539	0.596

注：*** p<0.01；括号内数值为对应的 t 值。

（4）异质性检验。①区域异质性。本书就生态文明先行示范城市建设对绿色发展水平和绿色发展结构的区域异质性影响进行检验，将样本城市分为东部、中部区和西部地区分别进行检验，具体回归结果如表 3-60 所示。城市所属区域的异质性分析结果表明，东部地区生态文明先行示范城市建设对其产业结构服务化影响不显著，但对产业结构高级化具有显著的促进作用；中部和西部地区生态文明先行示范城市建设对其产业结构服务化具有显著的推动作用，且西部大于中部地区，但中部和西部地区生态文明先行示范城市建设对产业结构高级化的影响不显著。可能的原因是中部和西部地区受地域、资源等因素影响，往往难以吸引就业人员、科技人才与投资[1]，优惠政策与财政税费补贴仅能够弥补部分不足。可见，生态文明先行示范城市建设通过提升政府效率、交通和医疗质量等，有助于完善环境基础设施与人才保障措施，更有助于留住就业人员、科技人才与投资，提高资源配置效率，提升产业结构服务化水平。东部地区由于具有区位优势和经济发展优势，产业结构服务化的趋势更加明显，第二产业、第三产业相对完善且产业结构服务化水平较高[2]。因此，生态文明先行示范城市建设对其产业结构服务化的作用较弱，故对产业结构服务化的影响不明显。就产业结构高级化而言，以产业结构高级化为表征的绿色发展结构的提升需要一定的经济基础和技术支撑，东部地区具有人、财、物的比较优势，在生态文明示范城市建设政策冲击下，绿色发展结构优化提升明显。

表 3-60　区域异质性结果

变量	(1)	(2)	(3)	(4)	(5)	(6)
	产业结构服务化			产业结构高级化		
	东部	中部	西部	东部	中部	西部
did	0.0164 (1.0861)	0.0364 ** (2.4141)	0.0780 *** (4.4187)	0.1040 *** (4.6325)	0.0348 (1.5689)	−0.0194 (−0.6348)
finn	−0.0939 *** (−6.1653)	−0.0623 *** (−5.4058)	−0.0217 * (−1.8433)	0.1128 *** (4.9872)	0.0927 *** (5.4669)	0.1157 *** (5.6770)
lgdzc	0.1640 *** (16.8531)	0.1704 *** (12.1162)	0.1238 *** (8.2052)	−0.1600 *** (−11.0638)	−0.2147 *** (−10.3782)	−0.1165 *** (−4.4700)

---

[1]　裴玲玲：《科技人才集聚与高技术产业发展的互动关系》，《科学学研究》2018 年第 5 期。

[2]　刘华军、雷名雨：《中国结构红利的空间格局及其大国雁阵模式》，《中国软科学》2019 年第 3 期。

续表

变量	(1)	(2)	(3)	(4)	(5)	(6)
	产业结构服务化			产业结构高级化		
	东部	中部	西部	东部	中部	西部
lhuma	-0.0345 **	0.0554 ***	0.0275 *	-0.1043 ***	0.0682 ***	-0.0987 ***
	(-2.4057)	(3.7898)	(1.8301)	(-4.8917)	(3.1747)	(-3.8042)
lfmsq	0.0436 ***	0.0302 ***	0.0047	0.0150 *	-0.0280 ***	0.0006
	(8.1329)	(5.0975)	(0.6547)	(1.8802)	(-3.2160)	(0.0450)
常数项	14.2088 ***	12.6329 ***	12.7826 ***	2.6022 ***	1.0771 ***	2.2279 ***
	(89.0470)	(74.8491)	(79.5397)	(10.9768)	(4.3395)	(8.0220)
观测值	1488	1297	942	1488	1297	942
R²	0.970	0.963	0.963	0.641	0.602	0.532
样本量	101	100	84	101	100	84

注：*** p<0.01，** p<0.05，* p<0.1；括号内数值为对应的 t 值。

②经济规模异质性。生态文明先行示范城市建设主要以推动绿色、循环、低碳发展为基本途径，促进生态文明建设水平明显提升。生态文明先行示范城市建设需要科技与财力的支撑，生态文明示范政策对绿色发展的作用可能受到经济规模的影响[1]，在经济发展水平不同的地区，生态文明先行示范城市建设的绿色转型效应可能存在异质性。本部分基于城市经济规模的视角对生态文明先行示范城市建设的绿色效应进行异质性分析。基于特征变量的三分位分组回归结果如表3-61所示。从表3-61经济发展的三分位分组回归结果可以看出，在产业结构服务化方面，生态文明城市示范政策在中小经济规模城市建设方面效果更明显。其原因可能在于，中小城市的绿色发展水平比较低，往往处于全力追赶大城市的阶段，生态文明城市建设可以充分挖掘其创新潜能，进而表现出规模经济特征；而在大城市，绿色发展和创新能力已趋于成熟，试点建设的边际作用较小[2]，因此

1　李永平：《旅游产业、区域经济与生态环境协调发展研究》，《经济问题》2020年第8期。

2　何凌云、马青山：《智慧城市试点能否提升城市创新水平？——基于多期DID的经验证据》，《财贸研究》2021年第3期。

生态文明先行示范城市建设对产业结构服务化的影响较小。在产业结构高级化方面，城市经济规模较大组的估计系数为 0.076，且在 1% 的显著性水平下为正，而生态文明城市建设对城市经济规模中小组绿色发展结构的影响系数较小，显著性较低，这意味着生态文明城市建设对绿色发展结构的影响存在基于经济规模的门槛效应。经济发展水平较低，不利于为生态文明示范城市建设提供人才与技术支撑[1]，故对绿色发展结构影响较小。较高的经济发展水平伴随着较高的科教支出水平和环境治理投资，能为生态文明城市建设提供人、才、物支撑，进而推动绿色发展结构优化。

表 3-61　经济发展异质性结果

变量	(1)	(2)	(3)	(4)	(5)	(6)
	产业结构服务化			产业结构高级化		
	小	中	大	小	中	大
did	0.0484 ***	0.0818 ***	0.0317 **	0.0523 *	0.0421 *	0.0760 ***
	(3.1171)	(5.2329)	(2.2024)	(1.7781)	(1.8802)	(3.5670)
$finn$	−0.0209 **	−0.0478 ***	−0.0587 ***	0.0234	0.1061 ***	0.1216 ***
	(−2.0979)	(−3.8692)	(−4.1725)	(1.2404)	(5.9914)	(5.8348)
$lgdzc$	0.1184 ***	0.1045 ***	0.1666 ***	−0.2044 ***	−0.1502 ***	−0.1240 ***
	(9.7182)	(7.8690)	(13.4256)	(−8.8611)	(−7.8947)	(−6.7401)
$lhuma$	0.0256 *	0.0404 ***	−0.0078	−0.0530 **	0.0146	−0.0836 ***
	(1.8655)	(2.7077)	(−0.6098)	(−2.0429)	(0.6812)	(−4.3872)
$lfmsq$	0.0068	0.0227 ***	0.0122 *	−0.0134	−0.0033	−0.0114
	(1.2038)	(3.9954)	(1.9588)	(−1.2507)	(−0.4111)	(−1.2271)
常数项	12.8098 ***	13.1610 ***	13.9560 ***	2.2929 ***	1.2981 ***	2.1940 ***
	(89.6765)	(83.2848)	(89.4769)	(8.4753)	(5.7324)	(9.4918)
观测值	1051	1268	1408	1051	1268	1408
R^2	0.964	0.968	0.972	0.577	0.569	0.610
样本量	130	161	127	130	161	127

注：*** $p<0.01$，** $p<0.05$，* $p<0.1$；括号内数值为对应的 t 值。

---

[1]　成金华、李悦、陈军：《中国生态文明发展水平的空间差异与趋同性》，《中国人口·资源与环境》2015 年第 5 期。

综上所述，生态文明示范政策能够显著促进产业结构服务化和产业结构高级化，推进绿色发展结构优化。生态文明示范政策的产业结构服务化效应呈现"滚雪球"的累积特征，而产业结构高级化效应存在 3 年动态时滞，总体表现出"先增量后增效"的特征。异质性分析结果表明，生态文明示范政策的产业结构服务化效应在中部和西部地区，尤其是经济发展落后的地区较为明显，而生态文明示范政策的产业结构高级化效应在东部地区和经济规模较大的地区效果更突出。

四　高质量发展视角下的绿色发展绩效考评机制设计

绿色发展是贯彻落实新发展理念的题中应有之义，也是高质量发展的内在要求。在高质量发展视角下构建绿色发展绩效考评框架与设计考评机制事关人与自然和谐共生的中国式现代化建设进程。为此，本部分构建高质量发展视角下绿色发展绩效的考评分析框架，并进行高质量发展视角下区域和产业层面的绿色发展绩效考评机制设计。

（一）考评框架设计

（1）高质量发展是以绿色为底色的可持续发展方式，对绿色发展绩效提出新要求。绿色是高质量发展的底色，也是经济社会发展的新动能。绿色发展过程与高质量发展目标并行不悖。高质量发展体现了新理念的发展，是绿色成为普遍形态的发展[1]。

第一，高质量发展是以生态优先、绿色发展为导向的发展方式。高质量发展重视生态环境保护和自然资本增值，是在坚持生态优先、节约集约、绿色低碳的原则下，持续推进环境保护、生态修复和污染治理等[2]，通过加快发展方式绿色转型，促使生态产品价值实现。高质量发展强调生态环境保护和经济发展的辩证统一，以低碳路径、绿色投资、绿色生产和绿色消费为根本，

1　刘伟：《以绿色产业推动城镇化高质量发展的路径研究》，《经济纵横》2022 年第 4 期。

2　翟坤周、侯守杰：《"十四五"时期我国城乡融合高质量发展的绿色框架、意蕴及推进方案》，《改革》2020 年第 11 期。

推动生态环境质量实现根本好转[1]，使经济增长、生态保护与社会发展之间实现良性循环，最终实现经济、社会和生态多领域可持续发展。

第二，高质量发展对绿色发展绩效提出更高要求。高质量发展的动力变革、效率变革以及质量变革赋予绿色发展绩效新的内涵和使命，要求实现绿色技术创新、绿色发展制度变革以及生态产品供给等。

（2）绿色发展和高质量发展深度融合，推进绿色高质量发展。绿色发展是高质量发展的必然要求，绝不能将绿色发展和高质量发展割裂开来，更不能对立起来，既要突出高质量发展的绿色底色，也要坚持在绿色发展中赋能高质量发展[2]。

第一，绿色发展通过绿色财富、绿色增长和绿色福利的提升，以高效率、低能耗、强协调、可持续实现高质量发展。绿色发展是一种建立在生态环境容量和资源承载力约束条件下，以高效率、低能耗、强协调、可持续为基本目标的经济社会发展模式[3]。绿色发展带来绿色财富的增长、绿色增长效率的提升和绿色福利水平的提升，通过投资活动、生产活动、消费活动和社会活动实现高质量发展的动力变革、效率变革和质量变革，表现为绿色发展和高质量发展的深度融合。具体而言，绿色发展不仅能发挥实体资本、人力资本和社会资本在经济发展中的作用，还能进一步发挥自然资本的积极作用，通过转变发展动力实现绿色财富增长[4]，进而推进动力变革；绿色发展不仅能从宏观上提高全要素生产率，还能在微观上推动资本要素在部门之间优化配置，促进绿色技术发展，提高自然资本生产率，实现绿色增长，推动发展效率变革[5]；发展的目

1　俞海、王勇、李继峰等：《中国"十四五"绿色消费衡量指标体系构建与战略展望》，《中国环境管理》2020年第6期。

2　王灵桂、洪银兴、史丹等：《阐释党的十九届六中全会精神笔谈》，《中国工业经济》2021年第12期。

3　林伯强、谭睿鹏：《中国经济集聚与绿色经济效率》，《经济研究》2019年第2期。

4　胡鞍钢、周绍杰：《绿色发展：功能界定、机制分析与发展战略》，《中国人口·资源与环境》2014年第1期。

5　周亮、车磊、周成虎：《中国城市绿色发展效率时空演变特征及影响因素》，《地理学报》2019年第10期。

的是满足人们美好生活需要，绿色发展能够解决现存的区域、城乡发展不平衡问题，经济发展和社会发展步调不一致以及人与自然发展不和谐等问题，以实现绿色福利提升，进而促进质量变革[1]。在这一过程中，绿色发展和高质量发展相互融合、相互促进，共同助力绿色高质量发展。

第二，绿色高质量发展是以绿色发展为核心并融于新理念之中的协同发展。绿色高质量发展是绿色创新的发展、绿色协调的发展、绿色开放的发展、绿色共享的发展[2]。五大新发展理念是有机统一的整体，具有相互促进、相互支撑的内在联系。从绿色发展与其他四大理念的关系看，创新是经济结构战略性转型的关键因素，也是驱动绿色发展的基本动力；协调是可持续发展的内在要求，也是绿色发展的核心内容；开放是内外联动的必然趋势，也是绿色发展的助推力；共享是中国特色社会主义的本质要求；绿色发展是最普惠的民生福祉，是实现共享发展的必然要求[3]。因此，新发展理念中的绿色发展以创新为驱动力，以资源节约、环境友好的方式实现经济发展，在人与自然和谐共生的基础上，提升社会福祉，促进社会公平。它与创新、协调、开放、共享的要求相辅相成，是一种追求经济社会发展和生态环境共赢的全方位的绿色发展。

（3）绿色发展绩效考评既要符合生态文明建设的共性要求，也要依据地区发展特色和产业发展特征，还要结合高质量发展提出的新要求，差别化设计、因地制宜进行。绿色发展是高质量发展的关键环节和重要支撑，也是建设现代化经济体系的必然要求，要坚持在绿色发展中赋能高质量发展[4]。

---

1 胡鞍钢、周绍杰：《绿色发展：功能界定、机制分析与发展战略》，《中国人口·资源与环境》2014 年第 1 期。

2 朱彤：《以绿色发展为导向的内蒙古沿黄经济带高质量发展研究》，内蒙古师范大学硕士学位论文，2022。

3 金乐琴：《高质量绿色发展的新理念与实现路径——兼论改革开放 40 年绿色发展历程》，《河北经贸大学学报》2018 年第 6 期。

4 盖美、秦冰、郑秀霞：《经济增长动能转换与绿色发展耦合协调的时空格局演化分析》，《地理研究》2021 年第 9 期。

第一，绿色发展绩效考核不仅要关注生态文明建设要求的共性，还要兼顾省域、城市以及农村发展特征。①绿色发展绩效区域层面的共性表现为以下两点。一是发展是第一要务，发展是解决一切问题的基础和关键[1]，经济快速发展可以创造更多的资源。经济增长是绿色发展绩效的内在要求，不论是省域、城市还是农村，都应将经济增长作为绿色发展绩效提升的重要保障。二是加大环境治理力度，坚持走生态优先、绿色发展之路是满足人民日益增长的优美生态环境需要的有效途径[2]。目前，我国的优质生态产品供给还存在明显不足，必须加快绿色转型步伐[3]。实施环境治理可以腾挪出生态环境容量，承载经济社会发展增量。同时，实施环境监管可以推动省域高质量发展。②绿色发展绩效考评在区域层面呈现差异性，不同尺度下的绿色发展绩效有不同的发展目标和重点。其中，省域绿色发展绩效利用生态文明示范区建设契机，重点凸显生态环境保护。城市绿色发展绩效应以高质量发展为重要目标，持续提升城市的发展效益[4]。农村绿色发展绩效依据《农业农村部关于支持长江经济带农业农村绿色发展的实施意见》和乡村振兴战略确定，重点推进乡村秀美，开展农村人居环境整治，凸显绿色生活[5]。

第二，绿色发展绩效考核在产业层面应关注产业共性特征，同时凸显不同产业发展特色。①绿色发展绩效考核在产业层面的共性表现为产业绿色化。尽管不同产业的绿色发展绩效各具特色，但产业绿色化是产业提质增效的根本动力，产业绿色化能改变传统的生产消费模式和经济增长方式，从需求侧刺激绿色产品和服务的消费，使消费结构绿色化，进而引导绿色生产和技术

1　郭芸、范柏乃、龙剑：《我国区域高质量发展的实际测度与时空演变特征研究》，《数量经济技术经济研究》2020 年第 10 期；陈昌盛、许伟、兰宗敏等：《"十四五"时期我国发展内外部环境研究》，《管理世界》2020 年第 10 期。

2　杜受祜、杜珩：《公园城市：山水人城和谐共生》，《社会科学研究》2022 年第 5 期。

3　高晓龙、张英魁、马东春：《生态产品价值实现关键问题解决路径》，《生态学报》2022 年第 20 期。

4　倪浩：《中国城市高质量发展与国际合作大会在京举办》，《环球时报》2022 年 8 月 31 日。

5　《农业农村部关于支持长江经济带农业农村绿色发展的实施意见》，中华人民共和国农业农村部网站，2018 年 9 月 21 日，http：//www. moa. gov. cn/gk/zcfg/qnhnzc/201809/t20180921_6157725. htm。

创新。②不同产业绿色发展绩效的差异性表现为：农业的重点强调"两山"转化，深入推进化肥农药减量增效，促进农业废弃物资源化利用，推动种植业提质增效。制造业的重点是减污降碳，一是推动制造业结构优化升级，坚决遏制高耗能高排放低水平项目盲目发展，大力发展绿色低碳制造业。二是将节能提效作为满足能源消费增长的优先来源，大幅提升重点行业能源利用效率和重点产品能效水平，推进制造业用能低碳化、智慧化、系统化。三是完善绿色制造体系，深入推进清洁生产，打造绿色低碳工厂、绿色低碳工业园区、绿色低碳供应链，通过典型示范带动生产模式绿色转型。推动文化产业高质量发展，重点是提升文化产业创新能力，健全现代文化产业体系和市场体系，推动各类文化市场主体发展壮大，培育新型文化业态和文化消费模式，以高质量文化供给增强人们的文化获得感和幸福感。

第三，高质量发展强调资源利用效率提升，对绿色发展绩效考核提出新要求。绿色高质量发展是效率导向的发展，通过提高经济和生态系统的效率促进环境与发展协调[1]。发展不能以损害生态环境为代价，需要找到经济增长与生态环境损害脱钩的途径。提升发展效率是新时代解决社会主要矛盾的关键，也是绿色高质量发展的核心。高质量发展对区域绿色发展绩效与产业绿色发展绩效提出资源利用有效的新要求（见图3-35）。

（二）高质量发展视角下区域层面绿色发展绩效考评机制设计

（1）绿色发展绩效考评体系构建的目标。由于绿色发展绩效在区域层面共同追求经济增长和绿色转型、不同行政层级的绿色发展绩效考核存在差异，中国构建区域不同尺度的绿色发展绩效考评体系应实现三个重要的目标：一是科学指导省域走出经济、环境与社会效益共赢的绿色发展路径，使污染物排放总量稳步下降，从而实现环保和节能的长期稳定达标，高效配置资本和资源，为实现人与自然和谐共生的现代化提供解决方案；二是推动城市实现

1　金乐琴：《高质量绿色发展的新理念与实现路径——兼论改革开放40年绿色发展历程》，《河北经贸大学学报》2018年第6期。

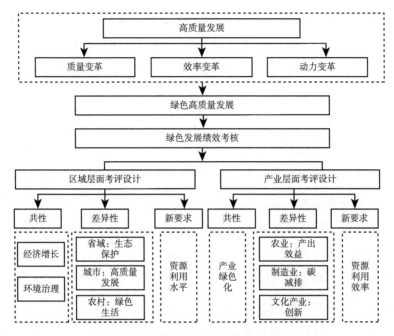

图 3-35　绿色发展绩效的考评机制设计示意

全面绿色转型，充分挖掘发展潜力，加速推进降本增效，为城市高质量发展提供技术支撑和构建应用标准；三是推动农村实现对乡村振兴信息的深度感知，完善自身的发展战略，形成经济更发达、环保更领先、社会更和谐的稳定绿色发展局面，为共同富裕提供应用指导。

（2）绿色发展绩效考评体系构建的原则。①可行性原则。可行性原则是区域绿色发展绩效考评体系设计的首要原则。在设计与选取评价指标的过程中，首先应当具备可行性，即可操作性[1]。②重要性原则。重要性原则是指在构建区域绿色发展绩效考评体系时，应把握各评价指标与绩效评价结果的重要性和相关性，为对评价结果有重要影响的指标赋予较大权重，反之则降低权重。③成本效益原则。在构建区域绿色发展绩效考评体系时，应考虑实际

---

[1]　庞丽花、陈艳梅、冯朝阳：《自然保护区生态产品供给能力评估——以呼伦贝尔辉河保护区为例》，《干旱区资源与环境》2014年第10期。

评价过程中统计和测算各个指标需耗用的人力成本、时间成本等评价成本，对于评价成本较高且对评价结果影响较小的项目或指标可适当舍弃。④一贯性原则。一贯性原则是指在构建了区域绿色发展绩效考评体系后，不能随意变更，应遵循评价标准与评价原则，保持各期评价方式的一致，以使各期评价结果具有可比性[1]。⑤有用性原则。有用性原则是指在构建绿色发展绩效考评体系的过程中，应选择对区域绿色发展绩效评价结果具有意义的指标，使评价结果对地方政府决策有一定的作用[2]。⑥突出差异性。在共性指标考核的基础上，针对各地发展基础、资源禀赋、区位条件等情况，设置个性化指标，引导优势做更优、特色做更特。

（3）区域绿色发展绩效评价主要指标体系构建。借鉴新时代区域绿色发展考核典型案例经验以及高质量发展视角下绿色发展绩效考评机制分析框架，衔接各区域绿色发展绩效共性以及发展基础、资源禀赋、区位条件等方面的差异性，按照指标选取原则，分别从省域、城市以及农村三个维度设计绿色发展绩效评价指标体系。

①省域绿色发展绩效评价指标体系。省域绿色发展绩效评价指标体系构建依据前文区域绿色发展绩效考评机制设计中的差异性指标、共性指标和高质量视角下新要求三大方面，分别选取生态优良、经济增长、环境治理以及资源利用水平四个一级指标。其中生态优良作为省域绿色发展绩效重点考核对象，参考国家发改委、国家统计局等部门制定的《生态文明建设考核目标体系》[3]，选取地级及以上城市空气质量优良天数比重和森林覆盖率两个二级指标。经济增长和环境治理为两个共性因素，其中，经济增长选取人均 GDP增长率和居民人均可支配收入两个二级指标；环境治理参考国家发改委、国

1　罗梁波：《公共性的本质：共同体协作》，《政治学研究》2022 年第 1 期。

2　孔含笑、沈镭、钟帅等：《关于自然资源核算的研究进展与争议问题》，《自然资源学报》2016 年第 3 期。

3　《中共中央办公厅 国务院办公厅印发〈生态文明建设目标评价考核办法〉》，中国政府网，2016 年 12 月 22 日，https://www.gov.cn/gongbao/content/2017/content_5160203.htm。

家统计局等部门制定的《绿色发展指标体系》[1]，具体选取环境污染治理投资占 GDP 比重和化学需氧量排放总量减少两个二级指标。资源利用水平选取单位 GDP 能源消耗降低、单位 GDP 二氧化碳排放降低以及非化石能源占一次能源消费比重三个二级指标。详细指标如表 3-62 所示。

表 3-62　省域绿色发展绩效指标体系

一级指标	一级指标分值（分）	序号	二级指标	单位	二级指标分值（分）	数据来源
一、生态优良（▲）	40	1	地级及以上城市空气质量优良天数比重	%	20	环境保护部
		2	森林覆盖率	%	20	国家林业局
二、经济增长（■）	15	3	人均 GDP 增长率	%	7	国家统计局
		4	居民人均可支配收入	元	8	国家统计局
三、环境治理（■）	15	5	环境污染治理投资占 GDP 比重	%	8	住房城乡建设部、环境保护部、国家统计局
		6	化学需氧量排放总量减少	%	7	环境保护部
四、资源利用水平（●）	30	7	单位 GDP 能源消耗降低	%	10	国家统计局、国家发改委
		8	单位 GDP 二氧化碳排放降低	%	10	国家统计局、国家发改委
		9	非化石能源占一次能源消费比重	%	10	国家统计局、国家能源局

注：■、▲、●分别代表绿色发展绩效考评框架中的共性指标、差异性指标以及高质量发展视角下的新要求指标。

②城市绿色发展绩效评价指标体系。城市绿色发展绩效考评指标体系构建依据前文区域绿色发展绩效考评机制设计中的共性指标、差异性指标和高质量发展视角下新要求三大方面，分别选取发展质量、经济增长、环境治理

1　《中共中央办公厅 国务院办公厅印发〈生态文明建设目标评价考核办法〉》，中国政府网，2016 年 12 月 22 日，https://www.gov.cn/gongbao/content/2017/content_5160203.htm。

以及资源利用水平四个一级指标。其中，发展质量是城市绿色发展绩效的重点考核对象，依据国家发改委、国家统计局等部门制定的《绿色发展指标体系》[1]，具体选取战略性新兴产业增加值占 GDP 比重和研究与试验发展经费支出占 GDP 比重两个二级指标，依此反映城市绿色发展动力和发展质量。经济增长、环境治理以及资源利用水平的二级指标选取与前文类似。具体指标及分值如表 3-63 所示。

表 3-63　城市绿色发展绩效指标体系

一级指标	一级指标分值（分）	序号	二级指标	单位	二级指标分值（分）	数据来源
一、发展质量（▲）	40	1	战略性新兴产业增加值占 GDP 比重	%	20	省统计局
		2	研究与试验发展经费支出占 GDP 比重	%	20	省统计局
二、经济增长（■）	15	3	人均 GDP 增长率	%	7	省统计局
		4	居民人均可支配收入	元	8	省统计局
三、环境治理（■）	15	5	环境污染治理投资占 GDP 比重	%	8	省住房和城乡建设厅、省生态环境厅、省统计局
		6	城市建成区绿地率	%	7	省住房和城乡建设厅
四、资源利用水平（●）	30	7	资源产出率	万元/吨	15	省统计局、省发展改革委
		8	单位 GDP 能源消耗降低	%	15	省统计局、省发展改革委

注：■、▲、●分别代表绿色发展绩效考评框架中的共性指标、差异性指标以及高质量发展视角下的新要求指标。

③农村绿色发展绩效评价指标体系。农村绿色发展绩效考评指标体系构建依据前文区域绿色发展绩效考评机制设计中的共性指标、差异性指标和高

1　《中共中央办公厅 国务院办公厅印发〈生态文明建设目标评价考核办法〉》，中国政府网，2016 年 12 月 22 日，https://www.gov.cn/gongbao/content/2017/content_5160203.htm。

质量发展视角下新要求三大方面，分别选取绿色生活、经济增长、环境治理以及资源利用水平四个一级指标。其中，绿色生活为农村绿色发展绩效的重点考核对象，结合农村特征和国家发改委、国家统计局等部门制定的《绿色发展指标体系》，选取农村自来水普及率和农村卫生厕所普及率两个二级指标，以此反映乡村秀美程度。经济增长和环境治理两个区域共性一级指标，依据选取方法，选取人均农林牧渔业总产值、农村居民家庭人均可支配收入、新增水土流失治理面积以及生活垃圾无害化处理率四个二级指标[1]。资源利用水平指标选取农田灌溉水有效利用系数和耕地保有量来反映农村绿色高质量发展水平。具体指标及分值如表 3-64 所示。

表 3-64　农村绿色发展绩效指标体系

一级指标	一级指标分值（分）	序号	二级指标	单位	二级指标分值（分）	数据来源
一、绿色生活（▲）	40	1	农村自来水普及率	%	20	市水利局
		2	农村卫生厕所普及率	%	20	市卫计委
二、经济增长（■）	15	3	人均农林牧渔业总产值	万元/人	7	市统计局
		4	农村居民家庭人均可支配收入	元/人	8	市统计局
三、环境治理（■）	15	5	新增水土流失治理面积	万公顷	7	市水利局
		6	生活垃圾无害化处理率	%	8	市住房和城乡建设局
四、资源利用水平（●）	30	7	农田灌溉水有效利用系数	亿元	15	市水利局
		8	耕地保有量	亿亩	15	市国土资源局

注：■、▲、●分别代表绿色发展绩效考评框架中的共性指标、差异性指标以及高质量发展视角下的新要求指标。

（4）考核主体及评价方法的选择。①省域绿色发展绩效的考核主体与方法。国家发改委与环境保护部负责对省域绿色发展绩效进行考核评比。

---

[1]　谢里、王瑾瑾：《中国农村绿色发展绩效的空间差异》，《中国人口·资源与环境》2016 年第 6 期；程莉、文传浩：《长江经济带乡村绿色发展水平研判及其多维解释》，《南通大学学报》（社会科学版）2019 年第 4 期。

关于指标权重的赋权方法有很多，常见的有主观赋权法（如层次分析法等）、客观赋权法（如熵值法等）、综合赋权法三类。主观赋权法是从人的主观意识出发，根据经验进行赋权，这种方法受人为因素干扰较大。客观赋权法是通过客观存在的数据信息按照某种计算公式得出的，其往往忽略了经验的判断。综合赋权法能结合主观倾向与客观事实，避免单一方法的局限，得出的结果既能考虑专家和决策者的主观意愿又能客观反映样本数据信息的差异。本书采取层次分析法与熵值法相结合的综合赋权方法进行指标赋权，利用主观赋权方法中的层次分析法确定准则层对于目标层的权重，再利用客观赋权方法中的熵值法对指标层相对于准则层进行赋权，得出各个指标相对于目标层的综合权重，将各个指标在不同评价对象中的比重乘以指标对目标层的权重，得出该评级对象该指标的得分，并通过加权得到最后得分。每年进行期中和期末两次考核，年度评价结果应向社会公布。

②城市绿色发展绩效的考核主体与方法。省级发改委、生态环境厅负责对所辖城市进行考评；采用熵值法对各维度指标进行客观赋权。每年进行期中和期末两次考核，年度评价结果应向社会公布。

③农村绿色发展绩效的考核主体与方法。市级农业农村局、生态环境局负责对辖区县域的乡村进行考评。采用熵值法对各个维度指标进行客观赋权。每年进行期中和期末两次考核，年度评价结果应向社会公布。

（5）绿色发展绩效考评应用。①省域绿色发展绩效的考评应用。省域绿色发展绩效应重点考核生态保护，从空气质量和森林覆盖率入手，重点在于环境质量和生态资源，打造人与自然和谐共生的生态文明示范省。关于区域绿色发展绩效经济增长和环境治理共性方面，经济增长应考核人均 GDP 增长率和产业结构，强调从经济增速与收入水平两个角度考核。环境治理能力主要考核省域环境污染治理投资水平和化学需氧量。就提高资源利用效率的角度而言，着重从能源效率、清洁技术、能源结构三个方面加强考核，推动各地从关注经济增长的要素投入转向关注要素效益提升和要素配置优化。比如能源效率，主要考核单位 GDP 能耗，清洁技术应用主要考核单位 GDP 二氧化碳降低率。

②城市绿色发展绩效的考评应用。城市绿色发展绩效重点关注城市发展质量，从产业结构和创新驱动两个方面进行，考核战略性新兴产业增加值占 GDP 比重和研究与试验发展经费支出占 GDP 比重，一定程度上能反映城市产业结构绿色化程度和城市发展动力，进而反映城市发展质量。经济增长应关注人均 GDP 增长率和居民人均可支配收入；环境治理重点考核环境污染治理投资占 GDP 比重和城市建成区绿地率。资源利用水平着重从提高资源产出率和单位 GDP 能源消耗降低两个方面入手，加快绿色技术创新和节能减排技术应用，推动城市高质量发展。

③农村绿色发展绩效的考评应用。从乡村层面重点关注乡村秀美、绿色生活等内容。农村自来水普及率以及农村卫生厕所普及率，可以反映村容整洁程度。重点考核各地实施农村"厕所革命"、污水治理行动以及建立长效工作机制情况。经济增长方面，分别从"量"和"质"两个方面考核人均农林牧渔业总产值和农村居民家庭人均可支配收入。环境治理方面，考核新增水土流失治理面积和生活垃圾无害化处理率，可反映农村秀美程度。资源利用水平方面，重点考核农田灌溉水有效利用系数与耕地保有量，这两项均反映农村产业兴旺，符合农村高质量发展的内涵要求。

（三）高质量发展视角下产业绿色发展绩效考评机制设计

（1）设计产业绿色发展绩效评价体系目标。为不同产业构建的绿色发展绩效考评体系要实现三个重要目标：一是科学指导农业全面实现绿色转型，践行"绿水青山就是金山银山"理念，推动农业高质量发展和乡村振兴；二是推动制造业减污降碳，加速提升制造业降本增效，为制造业转型升级提供技术支撑和应用标准；三是推动文化产业绿色转型，完善自身的发展战略，形成文化产业结构优化、文化产业质量提升和文化产业创新发展局面，为文化强国建设提供应用指导。

（2）构建产业绿色发展绩效评价体系的原则。①可行性原则。可行性原则是产业内绿色发展绩效指标体系设计的首要原则。在设计与选取评价指标的过程中，首先应具备可行性，即可操作性。②重要性原则。重要性原则是指在构建产业绿色发展绩效评价指标体系时，应把握各评价指标与绩效评价结果的重要性和相关性，对于评价结果重要的指标应当赋予较大权重，对于评价结果不够重要的因素则要降低其对结果的影响，减少权重。③突出差异化。在共性指标考核的基础上，针对不同产业发展基础、产业禀赋、产业区位条件等情况，设置个性化指标，引导优势做更优、特色做更特[1]。④一贯性原则。一贯性原则是指在产业绿色发展绩效评价指标体系构建后，不随意变更，应当遵循评价标准与评价原则，保持各期评价方式一致，以使各期评价结果具有可比性。⑤有用性原则。有用性原则是指在绩效评价指标体系构建的过程中，应选择对产业绿色发展绩效评价结果具有意义的指标[2]，经过其评价的结果能够在地方政府决策时发挥作用。

（3）产业绿色发展绩效评价主要指标体系构建。依据指标选取原则，分别针对农业、制造业以及文化产业三大产业设计绿色发展绩效考核指标体系。①农业绿色发展绩效评价指标。农业绿色发展绩效考评指标体系构建依据前文产业绿色发展绩效考评机制设计中的共性指标、差异性指标和高质量发展视角下新要求三大方面，分别选取产出效益、产业绿色化以及资源利用效率三个一级指标。其中，产出效益主要衡量农业"两山"转化情况，作为农业绿色发展绩效重点考核对象，在指标构建过程中，结合农业农村部、国家发改委、科技部、自然资源部、生态环境部、国家林草局制定了《"十四五"全国农业绿色发展规划》，采用单位耕地面积产出强度（土地生产率）和农业劳动生产率两个二级指标；产业绿色化主要考核农业绿色发展转型程度，用农作物化肥施用强度和农作物农药施用强度度量。就高质量发展对农业绿色发展提出的新要求而言，农业资源利用效率提升

1　余永琦、王长松、彭柳林等：《基于熵权 TOPSIS 模型的农业绿色发展水平评价与障碍因素分析——以江西省为例》，《中国农业资源与区划》2022 年第 2 期。

2　王懿祥、周国模、白尚斌：《森林可持续发展指标选择》，《世界林业研究》2006 年第 4 期。

主要反映在单位播种面积农机总动力和农业用电强度两个方面。具体指标如表 3-65 所示。

表 3-65　农业绿色发展绩效评价指标体系

一级指标	一级指标分值(分)	序号	二级指标	指标含义	单位	二级指标分值(分)	数据来源
产出效益（▲）	40	1	单位耕地面积产出强度（土地生产率）	农业增加值/耕地面积	万元/公顷	20	农业农村部
		2	农业劳动生产率	农业增加值/农业就业人	元/人	20	农业农村部
产业绿色化（■）环境友好	25	3	农作物化肥施用强度	化肥施用量/农作物播种面积	kg/hm²	15	农业农村部
		4	农作物农药施用强度	农药施用量/农作物播种面积	kg/hm²	10	农业农村部
资源利用效率（●）	35	5	单位播种面积农机总动力	农机总动力/农作物播种面积	kW/hm²	15	农业农村部
		6	农业用电强度	农业耗电量/农业总产值	千瓦/万元	20	农业农村部

注：■、▲、●分别代表绿色发展绩效考评框架中的共性指标、差异性指标和高质量发展视角下的新要求指标。

②制造业绿色发展绩效评价指标体系。制造业绿色发展绩效考评指标体系构建依据前文产业绿色发展绩效考评机制设计中的共性指标、差异性指标和高质量发展视角下新要求三大方面，分别选取节能减排技术、产业绿色化以及资源利用效率三个一级指标。其中，制造业重点考核节能降碳情况，在节能减排技术二级指标选取过程中，结合当前"十四五"规划要求，采用单位制造业增加值二氧化碳排放下降和绿色低碳能源占制造业能源消费量比重两个二级指标。制造业产业绿色化主要采用制造业绿色产品份额中的绿色制造产业产值 1 个指标。资源利用效率方面，采用规模以上制造业增加值能耗下降和单位制造业增加值用水量下降来反映制造业绿色转型和高质量发展程度。具体考核指标如表 3-66 所示。

表 3-66 制造业绿色发展绩效评价指标体系

一级指标	一级指标分值(分)	序号	二级指标	单位	二级指标分值(分)	数据来源
节能减排技术(▲)	40	3	单位制造业增加值二氧化碳排放下降	%	20	工信部
		4	绿色低碳能源占制造业能源消费量比重	%	20	工信部
产业绿色化(■)	25	5	绿色产品份额：绿色制造产业产值	万亿元	25	工信部
资源利用效率(●)	35	1	规模以上制造业增加值能耗下降	%	20	工信部
		2	单位制造业增加值用水量下降	%	15	工信部

注：■、▲、●分别代表绿色发展绩效考评框架中的共性指标、差异性指标和高质量发展视角下的新要求指标。

③文化产业绿色发展绩效评价指标体系。文化产业绿色发展绩效考评指标体系构建依据前文产业绿色发展绩效考评机制设计中的共性指标、差异性指标和高质量发展视角下新要求三大方面，分别选取创新能力、产业绿色化以及资源利用效率三个一级指标。文化产业重点考核创新能力，文化产业创新能力体现文化产业结构转型升级，选取规模以上文化制造业专利申请和文化创意产业累计增加值增幅两个二级指标。产业绿色化用文化产业规模近似度量，规模以上文化产业从业人员和规模以上文化产业资产总计能够反映文化产业发展规模；资源利用效率，借鉴袁渊和于凡的研究[1]，采用文化及相关产业增加值能耗下降和规模以上文化及相关产业劳动生产率两个二级指标。具体指标如表 3-67 所示。

---

1 袁渊、于凡：《文化产业高质量发展水平测度与评价》，《统计与决策》2020 年第 21 期。

表 3-67　文化产业绿色发展绩效评价指标体系

一级指标	一级指标分值（分）	二级指标	单位	二级指标分值（分）	数据来源
创新能力（▲）	40	规模以上文化制造业专利申请	亿元	20	文化和旅游部
		文化创意产业累计增加值增幅	%	20	文化和旅游部
产业绿色化（■）	25	规模以上文化产业从业人员	万人	10	文化和旅游部
		规模以上文化产业资产总计	亿元	15	文化和旅游部
资源利用效率	35	文化及相关产业增加值能耗下降	%	20	文化和旅游部
		规模以上文化及相关产业劳动生产率	元/人	15	文化和旅游部

注：■、▲、●分别代表绿色发展绩效考评框架中的共性指标、差异性指标和高质量发展视角下的新要求指标。

（4）考核主体及评价方法的选择。①农业绿色发展绩效的考核主体与方法。国家发改委与农业农村部负责对全国农业绿色发展绩效进行考核评比。为提升评估结果的科学性、全面性、合理性，评估过程采用"指标计算为主，专家打分为辅"的方法。在指标计算的基础上，邀请各农业领域专家，对各评估对象进行农业绿色发展水平的综合打分，各评估对象的最终指数得分为指标计算和专家打分结果的加权算术求和。基于指数综合法进行指标计算。针对各评估对象，将单项指标值与基值相比，求得单项指标得分，再对单项指标得分进行加权算术求和即得到综合得分。设为单项指标预测的最优值，且基值对应的指标综合加权得分为 100 分，通过预测保证基值在未来五年内稳定。此外，邀请 20 位农业领域专家，基于掌握的本地区农业发展情况，在回顾一级指标的基础上对各评估对象分别进行打分，各项指标最终得分为专家打分的算术平均数。通过对各项指标得分的加权算术求和获得各评估对象的综合专家打分分值，再进行综合得分计算。通过将指标综合计算结果和专家打分结果加权算术求和得到各评估对象的最终指数得分。评价指标权重设置：评价指标体系采用德尔菲法和层次分析法相结合的方法来确定指标权重，即邀请业内专家分别对一、二级指标权重进行"背对背"打分，计算专家打分的算术平均数，确保权重设置对不同专家差异化意见的充分吸收和评价指标体系整体方向性统一。每年进行期中和期末两次考核，年度评价结果应向社会公布。

②制造业绿色发展绩效的考核主体与方法。国家发改委与工业和信息化部对全国制造业绿色发展绩效进行考核；采用指标计算法和专家打分法进行考核，采用熵值法对三个维度指标进行客观赋权。每年进行期中和期末两次考核，年度评价结果应向社会公布。

③文化产业绿色发展绩效的考核主体与方法。由国家发改委与文化和旅游部负责对全国文化产业绿色发展绩效进行考核。用指标计算法和专家打分法进行考核，采用熵值法对六个二级指标进行客观赋权。每年进行期中和期末两次考核，年度评价结果应向社会公布。

（5）产业绿色发展绩效的考评应用。①农业绿色发展绩效考评应用。重点关注"两山"转化与农业高质量发展，并服务于乡村振兴。对产出效益赋权40%，强化农业科技推广，重点考核土地生产率与农业劳动生产率。在产业绿色化方面，着重推进农业清洁生产。深入推进化肥农药零增长行动，开展有机肥替代化肥试点，促进农业降本增效。建立健全化肥农药行业生产监管及产品追溯系统，严格行业准入管理。资源利用赋权35%，强调农业科技研发。适应农业转方式调结构新要求，调整农业科技创新方向和重点。整合科技创新资源，考核农业机械化使用率和用电强度。

②制造业绿色发展绩效考评应用。突出考核制造业节能减排技术应用情况。推动制造业减污降碳对实现碳达峰碳中和尤为重要。通过制造业二氧化碳排放下降和能源消费结构可以度量制造业绿色生产技术应用情况，其中能源消费结构重点考核绿色低碳能源消费占比。在制造业产业绿色化方面，关注制造业绿色产出，重点考核绿色制造产业产值；在资源利用效率方面，制

造业增加值能耗下降和制造业用水量下降可以反映当前制造业降成本、转型升级和提质增效的情况，应加大考核力度，赋权35%。

③文化产业绿色发展绩效。文化产业绿色发展重点关注文化产业创新能力，注重绿色文化品牌，以期服务于文化强国建设。关于创新能力方面，关注创新成果以及应用转化情况，考核文化产业专利申请和文化创意产业累计增加值增幅。其创新能力在一定程度上反映文化产业结构升级和质量提升情况，最终能够度量绿色发展转型程度，赋权40%。在产业绿色化方面，用文化产业规模近似衡量，文化产业污染少、创意多，大部分属于绿色产业，其规模越大表征产业绿色化水平越高，文化产业分别从从业人员人数和文化产业资产总计角度进行评价。在资源利用效率方面，考核文化产业能耗和文化产业劳动生产率。

第四节　小结

首先，分区域和产业、省域、城市、农村，采用耦合协调度模型、熵权法、超效率 SBM-Malmquist 指数以及 Arcgis 空间可视化等研究方法，从区域和产业维度分别对绿色发展绩效及其细分水平、效率以及结构的发展现状进行分析。其次，在阐述绿色发展绩效形成机理和提出研究假设的基础上，对绿色发展绩效特征与事实进行了分析，进一步通过固定效应模型及中介效应模型，利用2005~2019 年 30 个省区市面板数据，对绿色发展绩效的形成机制进行了实证检验。最后，在对案例分析的基础上，着重进行效果评估分析，提出考评体系。采用经典案例分析法对新时代绿色发展绩效的区域和产业典型案例进行分析，在借鉴典型案例考评方案的基础上，结合绿色发展绩效的评价现状以及不同尺度，不同产业发展实际，采用关键指标法、专家打分法、主层次分析法以及熵值赋权法分别设计区域和产业维度绿色发展绩效的考评机制。小结如下。

（1）绿色发展绩效总体呈现缓慢上升的阶段性变化趋势，不同区域尺度绿色发展绩效发展存在差异，且东部、中部和西部地区发展不平衡，产业绿色发展绩效存在异质性，区域发展不平衡。在对绿色发展绩效总体状况分析的基础上，分维度进行评估，重点从区域和产业两个方面进行比较分析。具体结果如下。第一，在区域绿色发展绩效方面，总体表现为由低水平进入高水平阶段，而在不同区域尺度下绿色发展绩效存在差异，呈现农村>城市>省域的格局。省域绿色发展绩效由初级协调阶段缓慢进入中级协调阶段，城市绿色发展绩效与农村绿色发展绩效均由中级协调阶段进入良好协调阶段。三大地区发展绿色发展绩效不平衡，农村、省域和城市分别表现为西部>东部>中部、东部>中部>西部以及东部>中部>西部的格局。分维度来看，区域绿色发展水平较低但提升速度快，区域绿色发展水平不平衡。绿色发展结构处于磨合阶段且增长速度缓慢，区域绿色发展结构不够协调。绿色发展效率提升幅度不大，提升动力不足，区域绿色发展效率发展不充分。第二，在产业绿色发展绩效方面，总体表现出缓慢提升的阶段性变化特征，不同产业间绿色发展绩效存在差异，且区域发展不平衡。具体来看，农业绿色发展绩效与制造业绿色发展绩效均处于中级协调发展阶段，而文化产业绿色发展绩效由初级协调迈入中级协调发展阶段，其大小呈现为农业>制造业>文化产业的格局。产业绿色发展绩效区域发展不平衡，呈现东部、中部和西部地区梯度分布格局，即东部>中部>西部。分维度来看，产业绿色发展水平较低但提升速度快，绿色发展水平区域发展不平衡，绿色发展结构处于磨合阶段且优化速度缓慢，绿色发展效率提升幅度有限，发展不充分。因此，应多尺度、分行业提升绿色发展绩效，各级政府在提升绿色发展绩效的过程中应结合不同尺度下的发展目标和重点，以及东部、中部和西部地区的异质性，制定合理的区域绿色发展政策。政府应结合产业特征以及绿色发展水平、绿色发展效率和绿色发展结构三维度短板，有针对性地制定产业绿色转型政策，推动全面绿色转型。

（2）现阶段经济增长对绿色发展水平、绿色发展效率及绿色发展结构的影响为正，且这一影响在东部、中部和西部地区存在差异，经济增长主要通过环境规制、技术进步、资源配置对绿色发展水平、绿色发展效率以及绿色发展结构产生影响，进一步影响绿色发展绩效。在提出绿色发展形成的理论假设的基础上，对其特征和事实进行分析，着重对其形成机制进行实证检验。具体结果如下。第一，通过对绿色发展绩效形成的理论分析发现，经济增长对绿色发展绩效存在影响，并且这种影响具有阶段性。经济增长能通过环境规制、技术进步和资源配置间接促进绿色发展绩效的提升。第二，通过对绿色发展绩效及分维度的特征与事实进行分析发现，现阶段经济增长对绿色发展水平、绿色发展效率及绿色发展结构的影响为正，区域异质性分析结果表明东部、中部和西部地区经济增长对各区域绿色发展绩效的正向影响程度存在差异。第三，对绿色发展绩效形成机制的实证检验表明，经济增长通过环境规制、技术进步和资源配置对绿色发展水平、绿色发展效率以及绿色发展结构产生正向影响，间接促进绿色发展绩效的提升。因此，应根据当今世界经济发展形势及国内外相关政策，有效促进经济增长，提升绿色发展绩效，因地制宜实行差异化支持政策。此外，政府应加强环境治理，加大对科技创新的投入，营造良好的市场环境，优化资源配置效率，构建人与自然和谐共生的现代化。

（3）中国绿色发展制度经过了五个阶段演变，绿色发展考核的典型案例不仅能够反映习近平生态文明思想，也反映习近平经济思想。绿色发展政策有效能够推动绿色发展绩效提升。高质量发展对绿色发展绩效提出新要求，绿色发展和高质量发展深度融合，实现绿色高质量发展，绿色发展绩效考核应置于高质量发展框架下。绿色发展绩效考评机制设计是多维度的，包括区域和产业两个维度，考核内容具有共同性、重要性和时代性特征。绿色发展绩效考评既要符合绿色发展的共性要求，也要兼顾地区发展特色和产业发展特征，还要结合高质量发展提出的新要求，差别设计，因地制宜进行。在对绿色发展制度进行梳理的基础上，分别从生态文明建设和高质量发展两个维度对绿色发展的案例进行提炼，并就生态文明示范试点政策进行效果评估，着重对高质量发展视角下的绿色发展绩效考评机制进行设计。具体结果如下。第一，通过对绿色发展制度的历史梳理发现，绿色发展制度经过了环境保护阶段、区域可持续发展阶段、科学和谐发展阶段、生态文明创建阶段以及高质量发展五个阶段演变。第二，通过对绿色发展考核的典型案例进行分析发现，生态文明示范案例是习近平生态文明思想的生动实践，尤其反映出完善生态文明制度体系是提升生态环境治理效能的根本保证。高质量发展案例是习近平经济思想的生动实践，尤其反映出贯彻新发展理念是我国经济发展的指导原则。第三，通过对生态文明示范政策的实证检验表明，生态文明示范政策能够显著促进产业结构服务化和产业结构高级化，推动绿色发展结构优化。生态文明示范政策的绿色结构效应存在 3 年动态时滞，总体呈现"先增量后增效"的特征。异质性分析表明，生态文明示范政策的绿色发展结构效应在东部地区和经济规模较大的地区更突出。第四，通过设计框架提出绿色发展绩效考核评价体系表明，高质量发展是以绿色为底色的可持续发展方式，对绿色发展绩效提出新要求。绿色发展和高质量发展深度融合能够推进绿色高质量发展。绿色发展通过绿色财富、绿色增长和绿色福利的发展提升绩效，以高效率、低能耗、强协调、可持续实现高质量发展。绿色发展绩效考核在区域层面共同关注经济增长和环境保护。绿色发展绩效考核在区域层面的差异性表现在：省域绿色发展绩效利用生态文明示范区建设契机，重点凸显生态环境保护；城市绿色发展绩效重点关注城市发展质量的考核；农村绿色发展绩效重点关注绿色生活。绿色发展绩效在产业层面共同表现为产业绿色化，但不同产业的绿色发展绩效考核重点有差异。绿色发展绩效考核在产业层面的差异性表现在：农业重点是强调"两山"转化，加强对产出效益的考核；制造业重点是减污降碳，突出制造业能源利用效率和节能减排技术应用情况；文化产业绿色发展绩效重点关注文化产业创新能力提升。高质量发展对区域绿色发展绩效与产业绿色发展绩效提出考核资源利用有效的新要求。因此，应动态看待绿色发展绩效内涵演化，将绿色发展绩效考核置于高质量发展的目标下进行设计。鉴于绿色发展政策效果显著，政府应积极实施绿色转型政策，助力绿色发展绩效提升。此外，各级政府应总结绿色发展典型案例经验，在设计区域绿色发展绩效考评机制时应结合不同尺度的共性和差异性，因地制宜。在设计绿色发展绩效考核机制时，应结合产业共性特征和异质性，有针对性地制定产业绿色发展绩效考核政策。

第四章
新时代美丽中国建设评估与考评机制设计

美丽中国建设体现人与自然和谐要求的发展目标，是实现人与自然和谐共生的现代化的必然要求。美丽中国建设的形成机理事关人与自然和谐共生的现代化实现的动力源泉和机制。同时，美丽中国建设考评机制设计能够为中国式现代化提供问题诊断和建设方案。为此，本章在对美丽中国建设现状进行评估的基础上，阐释其形成机理并对其进行实证检验，重点设计美丽中国建设的考评机制。

第一节　美丽中国建设的现状比较与量化评估

美丽中国建设评估有助于客观分析人与自然和谐共生的现代化现状和问题，以期更好地指导美丽中国建设实践。鉴于我国行政管理、经济增长以及环境保护的政策目标在不同尺度下存在差异，致使美丽中国建设结果存在差异，故本部分分别从省域、城市以及乡村三个角度对美丽中国建设进行评估。

一　美丽中国省域建设水平评估与比较

（一）指标与方法

1. 美丽中国省域建设水平评价指标构建

借鉴钟海媛[1]的研究，从生产空间、生活空间、生态空间三个维度（包

---

[1]　钟海媛：《绿色发展绩效对美丽中国建设水平的影响效应——基于不同技术进步的比较分析》，南昌大学硕士学位论文，2021。

括 11 个二级指标）构建美丽中国省域建设水平评价指标体系。具体如表 4-1
所示。

表 4-1 美丽中国省域建设水平评价指标体系

一级指标	二级指标	因果关系
生产空间	第三产业产值占 GDP 比重(%)	正向
	单位 GDP 能耗(%)	逆向
生活空间	城镇登记失业率(%)	逆向
	城镇居民人均可支配收入(元)	正向
	年末公共交通工具运营数(辆)	正向
	医疗卫生机构床位数(张)	正向
	普通高等学校学生数(人)	正向
生态空间	建成区绿化覆盖率(%)	正向
	森林覆盖率(%)	正向
	工业污染治理投资额(万元)	正向
	生活垃圾无害化处理率(%)	正向

2. 数据来源及方法说明

本章采用 2005~2019 年全国 30 个省区市的面板数据进行研究。数据来自
2006~2020 年《中国统计年鉴》和《中国环境统计年鉴》。在对美丽中国建设
水平进行测度时，由于各指标之间存在量纲不一致的问题，借鉴时朋飞等[1]以
及方创琳等[2]美丽中国建设水平的处理方法，先采用"极差标准化"的方法对
指标进行无量纲的标准化处理，再通过熵值法赋予各指标权重，进而测算美
丽中国"三生空间"的建设水平，最后通过耦合协调度模型计算美丽中国建
设的综合评价得分，计算方法与前文绿色发展绩效的计算方法一致，此外不
再赘述。

---

1 时朋飞、熊元斌、邓志伟等：《长江经济带"美丽中国"建设水平动态研究——基于生态位理论视
角》，《资源开发与市场》2017 年第 11 期。

2 方创琳、王振波、刘海猛：《美丽中国建设的理论基础与评估方案探索》，《地理学报》2019 年第 4 期。

（二）分维度结果分析

1. 生产空间建设水平分析

根据上述已构建的美丽中国省域建设水平评价指标体系，运用熵值法对 2019 年全国 30 个省区市的美丽中国省域生产空间发展状况进行测度，结果如图 4-1 所示。总体而言，美丽中国省域生产空间建设水平普遍较低，27 个省区市的水平低于 0.06，说明全国美丽中国省域生产空间建设整体滞后，仅北京、上海、天津的生产空间建设水平相对较高，其中，北京的美丽中国省域生产空间建设水平指数为 0.0985。分地区来看，差距显著，美丽中国省域生产空间建设水平呈现东部>中部>西部的格局，东部与中部地区和西部地区的差距较大。中部和西部地区生产空间建设水平较低，且各个省区市之间差距较小。

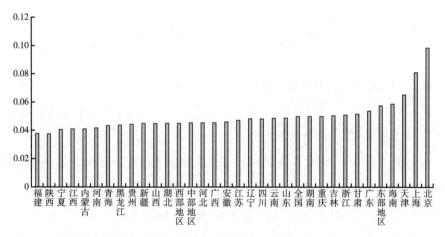

图 4-1 2019 年全国 30 个省区市及三大地区美丽中国省域生产空间建设水平指数

2. 生活空间建设水平分析

图 4-2 为 2019 年全国 30 个省区市及三大地区美丽中国省域生活空间建设水平指数。总体而言，美丽中国省域生活空间建设水平指数均值为 0.212，近 2/3 的省区市的美丽中国省域建设水平指数低于全国均值，其中青海最低。分地区来看，西部和中部地区大部分省区市的美丽中国省域生活空间建设水平不高，东部地区的绝大部分省区市的美丽中国省域生活空间建设水平指数高

于全国均值，其中，广东、山东、江苏、浙江和北京的美丽中国省域生活空间建设水平较高，且呈现"东高西低"的分布格局。由此可见，美丽中国省域生活空间建设水平不仅在各个地区之间差距明显，在各个省区市之间也差异显著，反映出美丽中国省域生活空间发展不平衡。

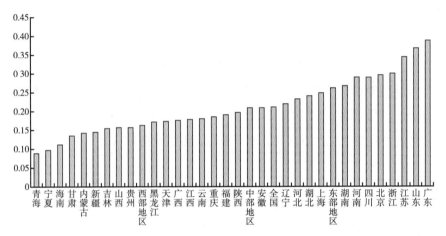

图 4-2　2019 年全国 30 个省区市及三大地区美丽中国省域生活空间建设水平指数

3. 生态空间建设水平分析

图 4-3 为 2019 年全国 30 个省区市及三大地区美丽中国省域生态空间建设水平指数。由图 4-3 可知，美丽中国省域生态空间建设水平指数总体较低，大部分省市的生态空间建设水平指数低于 0.14。从 30 个省区市来看，美丽中国省域生态空间建设水平分为三个梯队：第一梯队有福建、江西、广东、浙江和山东，其值均大于 0.15；第二梯队有内蒙古、重庆、黑龙江、吉林、北京、四川、辽宁、湖北、安徽、贵州、山西、湖南、河北、河南、海南、江苏、云南、广西和陕西，其值在 0.10~0.15 之间；第三梯队有青海、甘肃、新疆、天津和上海，其值均低于 0.10。不难发现，中部地区的江西生态空间建设水平位居前列，这是由于江西作为全国生态文明示范省更注重生态保护和绿色治理，其生态空间建设成效突出。可见，我国各省区市美丽中国省域生态空间建设水平差异明显，呈现东部>中部>西部>的格局。

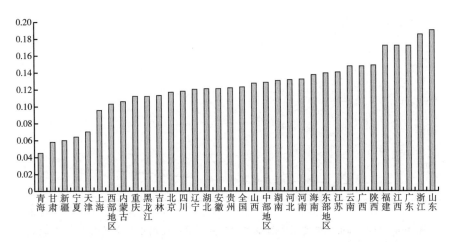

图 4-3 2019 年全国 30 个省区市及三大地区美丽中国省域生态空间建设水平指数

图 4-4 呈现了 2005~2019 年美丽中国省域"三生空间"建设水平指数时序变化趋势。从"三生空间"发展趋势来看，美丽中国省域生产空间、生活空间、生态空间建设水平均呈上升趋势，说明美丽中国省域生产空间、生活空间、生态空间建设步调整体向好。从建设水平来看，2007 年生活空间建设水平超过生态空间，一直处于快速提升态势，对美丽中国建设的贡献最大；2005~2012 年生态空间建设水平整体小幅上升，"十三五"期间提升趋势不明显，说明美丽中国省域生态空间建设水平呈现阶段性特征。考察期内，生态空间建设水平指数为 0~0.05，说明 2005~2019 年美丽中国省域生产空间建设相对滞后。可见，一方面应加快生产空间建设；另一方面要注重生态保护、绿化覆盖和污染治理，建设美丽中国应保持"三生空间"协调发展。

4. 美丽中国省域建设水平综合结果分析

（1）整体趋势分析。表 4-4 呈现了 2005 年、2010 年、2015 年和 2019 年美丽中国省域建设水平指数。从发展趋势来看，广东、北京、山东、浙江、江苏等省区市的美丽中国省域建设水平处于全国前列。青海、宁夏、甘肃、新疆等省区市的美丽中国省域建设水平一直处于较低区间。

（2）分区域比较。表 4-2 呈现了 2005 年、2010 年、2015 年和 2019 年美

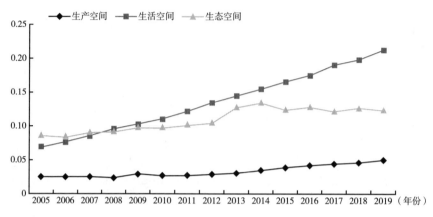

图 4-4 2005~2019 年美丽中国省域"三生空间"建设水平指数时序变化趋势

丽中国省域建设水平指数。由表可知，考察期内，我国东部、中部和西部地区的美丽中国省域建设水平存在差异，东部地区始终高于全国均值，而中部和西部地区均低于全国均值，中部地区始终高于西部地区，这与谢炳庚和向云波[1]的研究结论是一致的。美丽中国省域建设水平较高的省区市多位于东部地区，较低的省区市多分布在中部和西部地区。从发展趋势来看，东部、中部和西部地区省区市均保持平稳上升趋势，并且中部和东部地区的发展速度明显高于西部地区。东部地区从 2005 年的 0.3974 增至 2019 年的 0.4978；中部和西部地区则分别从 2005 年的 0.3592 和 0.3257 上升到 2019 年的 0.4726 和 0.4449。通过横向比较可以发现，西部与中部和东部地区的差距逐渐缩小，美丽中国省域建设水平整体呈现协调发展状态。这可能是因为近年来科技水平提升，市场主体的环保意识增强以及产业结构向低碳化、绿色化转型，人类活动对自然和社会的影响呈现正向作用，生态系统趋于稳定、健康和可持续[2]。

1 谢炳庚、向云波：《美丽中国建设水平评价指标体系构建与应用》，《经济地理》2017 年第 4 期。
2 金乐琴、刘瑞：《低碳经济与中国经济发展模式转型》，《经济问题探索》2009 年第 1 期。

表 4-2　2005 年、2010 年、2015 年和 2019 年美丽中国省域建设水平指数

	2005 年	2010 年	2015 年	2019 年
全国	0.3609	0.3938	0.4438	0.4717
东部地区	0.3974	0.4288	0.4762	0.4978
中部地区	0.3592	0.3865	0.4414	0.4726
西部地区	0.3257	0.3641	0.4132	0.4449
北京	0.4686	0.4925	0.5160	0.5326
天津	0.3771	0.4036	0.4346	0.4532
河北	0.3483	0.3818	0.4462	0.4812
山西	0.3274	0.3757	0.4372	0.4585
内蒙古	0.3132	0.3621	0.4184	0.4406
辽宁	0.4036	0.4096	0.4588	0.4763
吉林	0.3660	0.3819	0.4191	0.4577
黑龙江	0.3538	0.3901	0.4525	0.4557
上海	0.3731	0.4312	0.4727	0.5000
江苏	0.4022	0.4222	0.4917	0.5088
浙江	0.4209	0.4524	0.5068	0.5216
安徽	0.3471	0.3694	0.4244	0.4724
福建	0.3992	0.4241	0.4639	0.4747
江西	0.3660	0.3876	0.4351	0.4759
山东	0.3904	0.4314	0.4994	0.5323
河南	0.3386	0.3594	0.4464	0.4889
湖北	0.3899	0.4116	0.4520	0.4783
湖南	0.3847	0.4164	0.4647	0.4937
广东	0.4534	0.4752	0.5126	0.5352
广西	0.3639	0.3910	0.4354	0.4734
海南	0.3345	0.3932	0.4353	0.4598
重庆	0.3515	0.3861	0.4414	0.4663
四川	0.3794	0.3970	0.4532	0.4913
贵州	0.3322	0.3833	0.4220	0.4565
云南	0.3612	0.3987	0.4441	0.4774
陕西	0.3634	0.4078	0.4427	0.4695
甘肃	0.2875	0.3376	0.3831	0.4195
青海	0.2702	0.2845	0.3422	0.3814
宁夏	0.2670	0.3372	0.3752	0.3994
新疆	0.2928	0.3196	0.3877	0.4181

二　美丽中国城市建设水平评估与比较

（一）指标与方法

1. 美丽中国城市建设水平评价指标体系构建

借鉴熊元斌等[1]的研究，从生产空间、生活空间、生态空间三个方面构建美丽中国城市建设水平评价指标体系（见表4-3）。

表4-3　美丽中国城市建设水平评价指标体系

一级指标	二级指标	因果关系
生产空间	人均GDP(元)	正向
	第三产业产值占GDP的比重(%)	正向
生活空间	教育支出占财政支出的比重(%)	正向
	公共图书馆图书总藏量(千册、件)	正向
	医院、卫生院床位数(张)	正向
生态空间	建成区绿化覆盖率(%)	正向
	一般工业固体废物综合利用率(%)	正向
	污水处理厂集中处理率(%)	正向
	生活垃圾无害化处理率(%)	正向

2. 数据来源与方法说明

选取长江经济带城市样本作为研究对象，长江经济带横跨东部、中部和西部地区，是中央重点实施的国家重大战略区之一，选取长江经济带城市案例进行研究具有代表性和现实意义[2]。考虑到数据的连续性及可获取性，选取2005～2019年长江经济带11个省市108个地级市的相关数据作为测算对象，数据来源于2006～2020年《中国统计年鉴》和《中国城市统计年鉴》，部分数据来源于长江经济带11个省市的《国民经济和社会发展统计公报》。根据上述已构建的美丽中国建设水平评价指标体系，首先采用熵权法对2005～2019

1　熊元斌、时朋飞、李星明：《长江经济带"美丽中国"建设水平动态研究》，《华东经济管理》2017年第9期。

2　张振、陈思锦：《深入推进长江经济带发展"1+N"规划政策体系实施》，《中国经贸导刊》2021年第22期。

年长江经济带 108 个城市的美丽中国城市建设三个子系统的综合发展水平进行测度。根据已求得的各个子系统的综合发展水平指数，利用耦合协调度模型对美丽中国城市建设三个子系统的协同发展水平进行测度，进而进行一系列横向与纵向比较，以揭示长江经济带美丽中国城市建设水平的现状和规律。

（二）分维度结果分析

1. 生产空间建设水平分析

表 4-4 呈现了长江经济带美丽中国城市生产空间建设水平指数。由表可知，长江经济带美丽中国城市生产空间建设水平指数从 2005 年的 0.021 增至 2019 年的 0.072，增幅为 242.9%。2016~2019 年，长江经济带美丽中国城市建设水平增速较快。可能的原因在于 2016 年《长江经济带发展规划纲要》正式印发，从规划背景、总体要求、大力保护长江生态环境、加快构建综合立体交通走廊、创新驱动产业转型升级、积极推进新型城镇化、努力构建全方位开放新格局、创新区域协调发展体制机制等方面保障了长江经济带发展蓝图的实现[1]。总体而言，美丽中国城市生产空间建设水平处于快速上升状态，在习近平总书记"共抓大保护，不搞大开发"方针指引下，长江经济带美丽中国城市生产空间建设取得了一定成效[2]。

表 4-4　2005~2019 年长江经济带美丽中国城市生产空间建设水平指数

年份	全国	上游	中游	下游
2005	0.021	0.015	0.019	0.027
2006	0.022	0.016	0.020	0.030
2007	0.024	0.016	0.021	0.033
2008	0.026	0.017	0.022	0.037

---

[1]　胡森林、曾刚、滕堂伟等：《长江经济带产业的集聚与演化——基于开发区的视角》，《地理研究》2020 年第 3 期。

[2]　黄庆华、时培豪、胡江峰：《产业集聚与经济高质量发展：长江经济带 107 个地级市例证》，《改革》2020 年第 1 期。杜宇、吴传清、邓明亮：《政府竞争、市场分割与长江经济带绿色发展效率研究》，《中国软科学》2020 年第 12 期。

年份	全国	上游	中游	下游
2009	0.029	0.019	0.024	0.040
2010	0.032	0.020	0.026	0.045
2011	0.035	0.022	0.029	0.049
2012	0.039	0.025	0.033	0.054
2013	0.042	0.027	0.036	0.058
2014	0.046	0.031	0.040	0.064
2015	0.050	0.034	0.043	0.069
2016	0.054	0.037	0.048	0.073
2017	0.060	0.043	0.053	0.079
2018	0.064	0.046	0.057	0.085
2019	0.072	0.053	0.063	0.093
均值	0.041	0.028	0.036	0.056
变异系数	0.394	0.430	0.406	0.375
标准差	0.016	0.012	0.014	0.021

2005~2019 年，长江经济带下游地区美丽中国城市生产空间建设水平指数从 0.027 增至 0.093，中游地区从 0.019 增至 0.063，上游地区从 0.015 增至 0.053，表明长江经济带上中下游地区美丽中国城市生产空间建设比较协调和稳定，下游地区均值为 0.056，高于长江经济带均值。图 4-5 呈现了 2005~2019 年长江经济带美丽中国城市生产空间建设水平时序变化趋势。整体来看，2005~2019 年长江经济带下游地区美丽中国城市生产空间建设水平与中上游地区差距越来越大，出现极化趋势，且不平衡程度加剧。上中下游地区美丽中国城市空间建设水平与长江经济带发展趋势基本保持一致，且快速上升，呈现下游>中游>上游的格局。

为了更加直观地分析长江经济带美丽中国城市生产空间建设水平的空间变化规律，选取 2005 年、2010 年、2015 年和 2019 年数据进行测算并进行聚类分析，结果如表 4-5 所示。由表可知，2005 年下游地区美丽中国城市生产空间建设水平处于中等偏上区间，且集中在长三角地区，而中游地区的高水平城市有武汉、长沙等，其他大部分地区处于中低水平区间，上游地区大部分处于低水平区间。2010 年，下游地区大部分城市处于高水平区间，中游地区的南昌、长

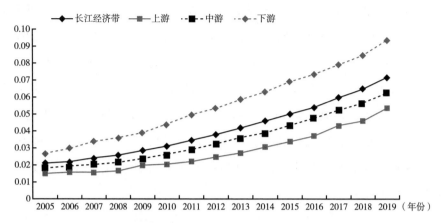

图 4-5 2005~2019 年长江经济带美丽中国城市生产空间建设水平指数时序变化趋势

沙以及新余等城市处于高水平区间，上游地区处于高水平区间的城市有成都、贵阳和昆明等。相对于 2005 年，2010 年上中下游地区美丽中国城市生产空间建设水平有所提升。

省会城市及直辖市的美丽中国城市生产空间建设水平普遍高于周边普通地级市。2005~2019 年，上海美丽中国城市生产空间建设水平指数一直保持在 0.06 以上，南京则从 0.047 增至 0.171 以上；武汉、成都、南京、杭州等经济比较发达的城市也不断提高；而长沙、南昌、昆明和贵阳等中西部省会城市，生产空间建设水平处于缓慢上升的状态，高于周边非省会城市。由此说明，一个地区美丽中国城市生产空间建设水平与其经济发展水平有较大关系[1]。可见，只有依托经济发展优势，加强区域生态环境治理和不断促进能源资源清洁使用，提升社会福利普及度和社会公平度，才能实现长江经济带生产空间建设水平的较快提升。

生产空间建设水平较高的城市对周边城市的辐射带动作用愈加明显，下游地区城市辐射带动中上游地区城市呈现梯度发展态势。在 108 个样本城市

---

[1] 徐春华、龚维进：《中国区域经济增长的动态关联与时空分异——马克思主义政治经济学视角》，《经济问题探索》2022 年第 6 期。

中，上海、南京、杭州等城市发挥了对周边地区以点带面的辐射带动作用，在自身生产空间水平提高的同时，也带动周边地区提升。在上海市的辐射带动下，周边的苏州、杭州、宁波等长三角都市圈地区城市的美丽中国城市生产空间建设水平也不断提升。此外，长三角城市群也辐射带动中游地区城市群提升，并影响上游地区城市群。这可能是因为长江经济带以"生态优先、绿色发展"为引领，依托长江黄金水道，追求长江上中下游地区协调发展和沿江地区高质量发展，东部地区通过辐射效应和溢出效应推动整个流域生产空间建设水平提升[1]。

表 4-5 2005 年、2010 年、2015 年和 2019 年长江经济带美丽
中国城市生产空间建设水平聚类分析

		2005 年	2010 年	2015 年	2019 年
下游地区（41 个）	高水平城市	上海、南京、苏州、宁波、合肥、杭州等 24 个	南京、杭州、苏州、上海、无锡等 26 个	苏州、上海、无锡、南京等 24 个	上海、杭州、南京、宁波等 21 个
	中等水平城市	宣城、蚌埠、徐州等 11 个	淮安、黄山等 8 个	盐城、连云港等 11 个	徐州、连云港等 15 个
	低水平城市	亳州、淮北等 6 个	安庆、淮北等 7 个	宿州、安庆等 6 个	淮南、六安等 5 个
中游地区（36 个）	高水平城市	武汉、长沙、南昌等 7 个	武汉、长沙、南昌、新余、宜昌等 6 个	武汉、长沙、南昌、宜昌、新余等 7 个	武汉、长沙、南昌、湘潭等 9 个
	中等水平城市	鄂州、十堰、新余、宜昌等 20 个	株洲、湘潭等 20 个	株洲、常德等 18 个	岳阳、常德等 15 个
	低水平城市	吉安、娄底等 9 个	随州、孝感等 10 个	永州、吉安等 11 个	孝感、娄底等 12 个
上游地区（31 个）	高水平城市	成都、重庆等 5 个	成都、贵阳等 4 个	成都、贵阳、重庆等 5 个	成都、昆明、重庆等 6 个
	中等水平城市	攀枝花、绵阳等 5 个	玉溪、绵阳等 8 个	玉溪、六盘水等 7 个	绵阳、德阳等 6 个
	低水平城市	安顺、资阳等 21 个	自贡、德阳等 19 个	自贡、雅安等 19 个	眉山、遵义等 19 个

---

1 魏后凯、年猛、李玏：《"十四五"时期中国区域发展战略与政策》，《中国工业经济》2020 年第 5 期。

2. 生活空间建设水平分析

2005~2019 年长江经济带美丽中国城市生活空间建设水平指数如表 4-6
所示。由表可知，2005 年长江经济带美丽中国城市生活空间建设水平指数为
0.026，此后处于上升态势，2009 年小幅回落至 0.032，之后快速提升，并保
持在较高水平。2005~2019 年长江经济带美丽中国城市生活空间建设水平指数
均值为 0.041，美丽中国城市生活空间建设水平指数从 2005 年的 0.026 增至
2019 年的 0.058，增幅为 123.1%。总体来看，长江经济带美丽中国城市生活
空间建设水平呈波动上升的阶段性变化特征，上升趋势明显。

表 4-6　2005~2019 年长江经济带美丽中国城市生活空间建设水平指数

年份	长江经济带	上游	中游	下游
2005	0.026	0.022	0.021	0.035
2006	0.027	0.022	0.021	0.036
2007	0.029	0.024	0.023	0.038
2008	0.033	0.025	0.024	0.047
2009	0.032	0.027	0.025	0.042
2010	0.034	0.029	0.026	0.044
2011	0.037	0.032	0.029	0.048
2012	0.042	0.035	0.032	0.056
2013	0.044	0.036	0.035	0.057
2014	0.048	0.047	0.037	0.058
2015	0.050	0.046	0.039	0.062
2016	0.053	0.048	0.042	0.068
2017	0.052	0.046	0.037	0.070
2018	0.054	0.048	0.038	0.071
2019	0.058	0.053	0.041	0.078
均值	0.041	0.036	0.031	0.054
变异系数	0.261	0.307	0.238	0.255
标准差	0.011	0.011	0.007	0.014

图 4-6 呈现了 2005~2019 年长江经济带美丽中国城市生活空间建设水平指
数时序变化趋势。由图可知，2005~2019 年长江经济带美丽中国城市生活空间建

设水平整体较低。2019 年，下游地区美丽中国城市生活空间建设水平指数超过
0.7，高于长江经济带均值 0.041。值得注意的是，中上游地区美丽中国城市生
活空间建设水平指数一直低于长江经济带均值，表明美丽中国城市生活空间建
设水平具有较大的地区差距，区域内部基本呈现固化态势，格局上表现为下游>
上游>中游。下游地区美丽中国城市生活空间建设水平指数从 2005 年的 0.035 增
至 2019 年的 0.078，增幅为 122.9%，呈现快速上升态势，而且波动幅度比较稳
定，变异系数为 0.255，低于上游地区。中游地区美丽中国城市生活空间建设水
平指数从 2005 年的 0.021 增至 2019 年的 0.041，增幅为 95.2%。上游地区美丽
中国城市生活空间建设水平指数从 2005 年的 0.022 增至 2019 年的 0.053，增幅
为 140.9%。比较发现，上游地区美丽中国城市生活空间建设水平增速最快且内
部波动较大。就地区差距而言，上中下游地区美丽中国城市生活空间建设水平
差距扩大，表明长江经济带美丽中国城市生活空间建设存在不平衡问题。

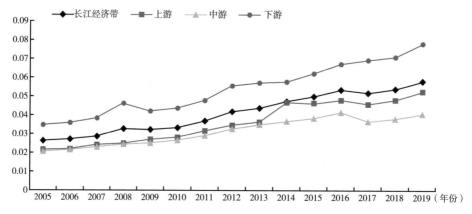

图 4-6　2005~2019 年长江经济带美丽中国城市生活空间建设水平指数时序变化趋势

3. 生态空间建设水平分析

2005~2019 年长江经济带美丽中国城市生态空间建设水平指数如表 4-7
所示。由表可知，长江经济带美丽中国城市生态空间建设水平指数由 2005 年
的 0.039 增至 2019 年的 0.064，增幅为 64.1%，表明长江经济带美丽中国城市
生态空间建设水平提速较快。

表 4-7　2005~2019 年长江经济带美丽中国城市生态空间建设水平指数

年份	长江经济带	上游	中游	下游
2005	0.039	0.031	0.037	0.046
2006	0.041	0.034	0.038	0.048
2007	0.044	0.038	0.041	0.051
2008	0.047	0.041	0.045	0.053
2009	0.048	0.041	0.049	0.053
2010	0.050	0.044	0.053	0.054
2011	0.054	0.051	0.054	0.056
2012	0.056	0.053	0.058	0.058
2013	0.059	0.056	0.059	0.061
2014	0.059	0.057	0.060	0.061
2015	0.060	0.059	0.059	0.062
2016	0.061	0.059	0.061	0.063
2017	0.062	0.059	0.062	0.064
2018	0.063	0.061	0.063	0.065
2019	0.064	0.062	0.065	0.065
均值	0.054	0.050	0.054	0.057
变异系数	0.157	0.211	0.176	0.109
标准差	0.008	0.010	0.009	0.006

　　图 4-7 呈现了 2005~2019 年长江经济带美丽中国城市生态空间建设水平指数时序变化趋势。由图可知，长江经济带美丽中国城市生态空间建设水平整体提升，呈现上中下游地区协调发展的状态。这是因为长江经济带城市共有流域和共享政策规制，随着流域一体化程度的提升，区域联防联治与协同减污降碳取得成效，促使整个流域美丽中国城市生态空间建设水平提升。省会城市及直辖市美丽中国城市生态空间建设水平普遍高于周边普通地级市，可能与其享受的政策红利与经济基础较好相关[1]。2019 年，下游地区美丽中国城市生态空间建设水平指数超过 0.6，高于长江经济带均值 0.054。值得注意

1　赵奎、后青松、李巍：《省会城市经济发展的溢出效应——基于工业企业数据的分析》，《经济研究》2021 年第 3 期。

的是，上游地区美丽中国城市生态空间建设水平指数一直低于长江经济带均值，表明美丽中国城市生活空间建设水平具有较大的地区差距，且区域内部基本处于固化态势，呈现下游>中游>上游的格局。具体来看，下游地区美丽中国城市生活空间建设水平指数从 2005 年的 0.046 增至 2019 年的 0.065，增幅为 41.3%，呈现快速上升态势，波动幅度比较稳定，变异系数为 0.109，低于中上游地区；中游地区美丽中国城市生态空间建设水平指数从 2005 年的 0.037 增至 2019 年的 0.065，增幅为 75.6%；上游地区美丽中国城市生态空间建设水平指数从 2005 年的 0.031 增至 2019 年的 0.062，增幅为 100%。虽然上中下游地区仍存在差距，但差距逐渐收敛。这表明在"共抓大保护，不搞大开发"政策背景下，长江经济带采取联防联治、协同治理方针，美丽中国城市生态空间建设水平整体协同提升。

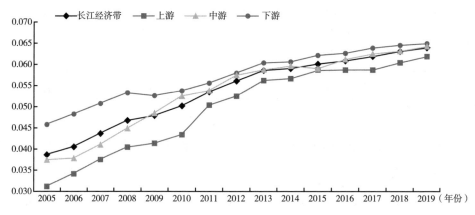

图 4-7 2005~2019 年长江经济带美丽中国城市生态空间建设水平指数时序变化趋势

图 4-8 呈现了 2005~2019 年长江经济带美丽中国城市"三生空间"建设水平时序变化趋势。从变化趋势来看，对于生态空间建设水平而言，2013 年是个关键节点；2013 年后增速降低，而生活空间 2017 年出现小幅回调后又持续提升，生产空间则增势强劲，2015 年超过生活空间，2018 年超过生态空间，成为美丽中国建设的主导因素。就总体趋势而言，生产空间增势明显，生态空间和生活空间波动上升。具体来看，2018 年前，美丽中国城市生态空间建

设水平一直高于生活空间和生产空间，可能的原因在于，在中共中央、国务院关于长江经济带生态优先、绿色发展等相关要求下，长江经济带生态发展水平不断上升，生态系统逐步恢复，环境质量总体改善[1]。这也表明，与美丽中国城市生态空间建设水平相比，长江经济带生活空间、生产空间的综合发展水平还需要进一步提升。从生产-生态空间建设水平差距来看，2018年前两者的差距在收敛，2018年后出现扩大态势，且生产空间建设水平高于生态空间。从生产-生活空间建设水平差距来看，2015年前生活空间建设水平高于生产空间，两者的差距在缩小，2015年后生产空间建设水平大于生活空间，且两者的差距拉大。从生活-生态空间建设水平差距来看，生态空间建设水平一直高于生活空间，但两者的差距在收敛。这不仅表明2013年以来长江经济带美丽中国建设"三生空间"的差距缩小，系统之间协调发展，也表明虽然整个区域的生态环境基础较好，但生活空间建设仍需持续推进，在高质量发展的背景下，要警惕生产空间与生活空间、生态空间建设水平的不协调性。节能降耗和提升资源利用效率成为长江经济带发展的重要方向[2]。

（三）美丽中国城市建设水平综合结果分析

1. 总体趋势分析

2005~2019年长江经济带美丽中国城市建设水平指数如表4-8所示。由表可知，长江经济带美丽中国城市建设水平指数由2005年的0.288增至2019年的0.383，增幅为33%，表明在考察期内，长江经济带美丽中国城市建设水平整体呈现增长态势，但增速不高。变异系数为0.093，表明长江经济带美丽中国城市建设水平波动幅度较小，整个地区具有稳定性。

---

[1]　樊启祥、张曙光、胡兴娥等：《长江三峡工程助力长江经济带可持续发展》，《人民长江》2018年第23期。

[2]　任俊霖、李浩、伍新木、李雪松：《长江经济带省会城市用水效率分析》，《中国人口·资源与环境》2016年第5期；成长春、刘峻源、殷洁：《"十四五"时期全面推进长江经济带协调性均衡发展的思考》，《区域经济评论》2021年第4期。

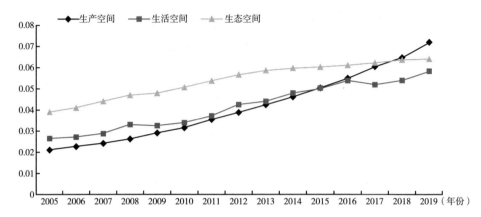

图4-8 2005~2019年长江经济带美丽中国城市"三生空间"建设水平指数时序变化趋势

表4-8 2005~2019年长江经济带美丽中国城市建设水平指数

年份	上游	中游	下游	长江经济带
2005	0.268	0.282	0.308	0.288
2006	0.272	0.285	0.315	0.293
2007	0.278	0.291	0.323	0.300
2008	0.284	0.298	0.334	0.307
2009	0.291	0.306	0.333	0.312
2010	0.296	0.312	0.340	0.318
2011	0.307	0.320	0.349	0.327
2012	0.317	0.331	0.361	0.338
2013	0.324	0.338	0.367	0.345
2014	0.334	0.345	0.372	0.352
2015	0.341	0.349	0.379	0.358
2016	0.347	0.357	0.387	0.365
2017	0.350	0.358	0.392	0.368
2018	0.355	0.363	0.397	0.374
2019	0.365	0.371	0.406	0.383
均值	0.315	0.327	0.357	0.335
变异系数	0.103	0.092	0.088	0.093
标准差	0.032	0.030	0.031	0.031

2. 分区域比较

由于长江经济带 108 个城市的经济发展水平差距较大，本章进一步对长江经济带上中下游地区美丽中国城市建设水平进行比较分析（见图 4-9）。由长江经济带美丽中国城市建设水平指数均值可知，下游＞中游＞上游，该发现与熊元斌等[1]的研究结论一致。可以看出，下游地区美丽中国城市建设水平高于中游和上游地区，主要原因可能是下游地区的苏、浙、沪三省市在创新驱动能力、经济基础等具有比较优势。从地区发展差距来看，上中下游地区美丽中国城市建设水平差距出现收敛态势，尤其是中上游地区的差距收敛速度较快。可能的原因是，在"共抓大保护，不搞大开发"政策指导下，长江经济带美丽中国城市建设协同推进。从变异系数看，上游地区最大，中游地区次之，下游地区最小。这说明上游地区 2005～2019 年美丽中国城市建设水平指数变动较大，由 0.268 增至 0.365，其中生产空间建设水平较低，中游和下游地区呈现同样的情况。中游地区美丽中国城市建设水平指数由 2005 年 0.282增至 2019 年的 0.371，自 2012 年超过均值；下游地区美丽城市建设水平指数由 2005 年的 0.308 增至 2019 年的 0.406，同样自 2012 年高于均值。可能的原因是 2012 年以来绿色创新引起政府各部门的重视，打破了传统生产治理模式，开始探索经济绿色化道路，助推城市全面绿色转型，加快美丽中国建设步伐[2]。

为进一步探究长江经济带美丽中国城市建设水平的空间分布特征，依据上中下游地区美丽中国城市建设水平进行聚类分析，结果如表 4-9 所示。由表可知，2005 年长江经济带下游地区美丽中国城市建设水平呈现三级圈层结构，即上海、南京、合肥、杭州、苏州、宁波、嘉兴、绍兴、金华和台州等核心城市美丽中国城市建设处于高水平区间，次核心城市如连云港、

1　熊元斌、时朋飞、李星明：《长江经济带"美丽中国"建设水平动态研究》，《华东经济管理》2017 年第 9 期。

2　孙博文、张友国：《中国绿色创新指数的分布动态演进与区域差异》，《数量经济技术经济研究》2022年第 1 期。

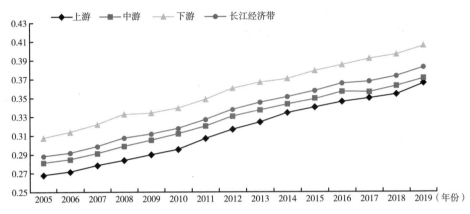

图 4-9　2005~2019 年长江经济带美丽中国城市建设水平指数时序变化趋势

舟山、马鞍山等处于中等水平区间，而外围的铜陵、芜湖和宣城等处于较低水平区间。长江经济带中游地区除省会城市武汉、长沙和南昌等外，大部分城市美丽中国城市建设水平处于中低水平区间，低水平区间城市如咸宁、孝感和荆州等围绕武汉分布，构建了高-低集聚的美丽中国城市建设空间格局。同时，南昌与周边的宜春、抚州等城市以及长沙与周边的湘潭和株洲等均呈现高-低集聚的美丽中国城市建设空间格局。长江经济带上游地区除直辖市重庆、省会城市昆明和成都的美丽中国城市建设水平较高外，其余地区均较低。四川大部分地区和云南西南的普洱、临沧及贵州南部的六盘水、安顺等则处于低水平区间。

表 4-9　2005 年长江经济带美丽中国城市建设水平聚类分析

	高水平	中等水平	低水平
下游地区	上海、南京、合肥、杭州、苏州、宁波、嘉兴、绍兴、金华、台州等 23 个	连云港、衢州、舟山、马鞍山等 9 个	宿州、铜陵、宣城、芜湖、宣城等 9 个
中游地区	武汉、长沙、南昌、株洲等 8 个	九江、宜春、湘潭、常德、邵阳等 17 个	咸宁、孝感、荆州、抚州等 11 个
上游地区	重庆、昆明、成都等 5 个	绵阳、宜宾、乐山等 10 个	普洱、临沧、六盘水、安顺等 16 个

三 美丽中国乡村建设水平评估与比较

（一）指标与方法

1. 美丽中国乡村建设水平评价指标体系

党的十九大报告指出，乡村振兴战略的实施应朝着"产业兴旺、生态宜居、乡风文明、治理有效、生活富裕"的方向前进[1]。美丽乡村作为乡村振兴战略实施的重要抓手，肩负着实现美丽中国目标的重要使命。本章依据党的十九大对乡村振兴战略做出的重要部署，按照科学性、综合性、全面性和数据可获得性原则构建美丽中国乡村建设水平评价指标体系。一级指标来源于党的十九大报告中实施乡村振兴战略的工作思路，借鉴程莉和文传浩[2]的研究，构建系统全面的指标体系（见表4-10）。

表4-10 美丽中国乡村建设水平评价指标体系

一级指标	二级指标	指标衡量方式	因果关系
生产空间	劳均耕地面积	耕地面积/第一产业从业人员数量（千公顷/万人）	正向
	农业劳动生产率	农业增加值/耕地面积（万元/公顷）	正向
生活空间	农村居民家庭恩格尔系数	食品支出/消费总支出（%）	正向
	居民消费精神水平	人均娱乐教育支出（元/人）	正向
生态空间	水土流失治理面积占比	水土流失面积/耕地面积（%）	正向
	单位化肥施用量	化肥施用量/耕地面积（千克/公顷）	负向

2. 数据来源与方法说明

选取2005~2019年全国30个省区市农村地区的面板数据作为研究对象，

---

1 《习近平：决胜全面建成小康社会 夺取新时代中国特色社会主义伟大胜利——在中国共产党第十九次全国代表大会上的报告》，中国政府网，2017年10月18日，https://www.gov.cn/xinwen/2017-10/27/content_5234876.htm。

2 程莉、文传浩：《乡村绿色发展与乡村振兴：内在机理与实证分析》，《技术经济》2018年第10期；刘德林、周倩：《我国美丽乡村建设水平的时空演变及影响因素研究》，《华东经济管理》2020年第1期。

原始数据来源于 2006~2020 年的《中国农村统计年鉴》、《中国统计年鉴》、《中国民政统计年鉴》以及各省区市统计年鉴，部分缺失数据由插值法补齐。美丽中国乡村各个子系统采用熵值法计算，综合建设水平采用耦合协调度模型测算，具体算法同上。

（二）分维度结果分析

1. 生产空间建设水平分析

利用熵值法对 2005~2019 年美丽中国乡村生产空间建设水平指数进行测度，结果如表 4-11 所示。由表可知，美丽中国乡村生产空间水平指数由 2005 年的 0.050 增至 2019 年的 0.105，增幅为 110%，表明美丽中国乡村生产空间建设水平整体不高，呈现波动快速上升的阶段性变化特征。

表 4-11　2005~2019 年美丽中国乡村生产空间建设水平指数

年份	全国	东部	中部	西部
2005	0.050	0.067	0.042	0.039
2006	0.053	0.072	0.044	0.040
2007	0.054	0.075	0.047	0.039
2008	0.059	0.081	0.050	0.042
2009	0.062	0.085	0.053	0.044
2010	0.071	0.102	0.059	0.048
2011	0.075	0.107	0.064	0.052
2012	0.080	0.111	0.069	0.057
2013	0.085	0.117	0.073	0.060
2014	0.091	0.122	0.082	0.067
2015	0.094	0.126	0.084	0.070
2016	0.098	0.130	0.087	0.073
2017	0.096	0.125	0.085	0.075
2018	0.101	0.130	0.089	0.080
2019	0.105	0.135	0.093	0.085
均值	0.078	0.106	0.068	0.058
变异系数	0.245	0.223	0.263	0.277
标准差	0.019	0.024	0.018	0.016

图 4-10 呈现了 2005~2019 年东部、中部和西部地区美丽中国乡村生产空间建设水平指数时序变化趋势。2019 年，东部地区美丽中国乡村生产空间建设水平指数为 0.135，远高于全国均值。值得注意的是，中部地区一直低于全国均值，表明地区差距较大，东部、中部和西部地区发展不平衡，地区内部呈现固化态势。可见，提升中部和西部地区美丽中国乡村生产空间建设水平需求尤为迫切。整体来看，全国呈波动上升趋势，但地区发展不平衡，呈现东部＞西部＞中部的格局。就增长幅度而言，东部地区美丽中国乡村生产空间建设水平指数从 2005 年的 0.067 增至 2019 年的 0.093，增幅为 38.8%，整体上呈快速上升态势，变异系数维持在 0.106，波动幅度较小；中部地区从 2005 年的 0.042 增至 2019 年的 0.093，增幅为 121.4%；西部地区从 2005 年的 0.039 增至 2019 年的 0.085，增幅为 117.9%。由数据可知，中部与西部地区的差距正在缩小。

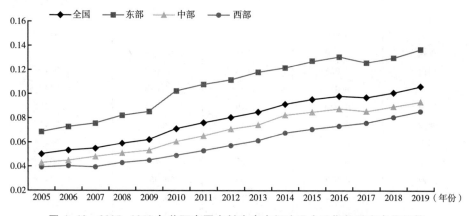

图 4-10　2005~2019 年美丽中国乡村生产空间建设水平指数时序变化趋势

为进一步剖析美丽乡村生产空间建设水平，本章截取了 2005 年、2010 年、2015 年、2019 年的数据进行测度，结果如表 4-12 所示。由表可知，美丽中国乡村生产空间建设水平指数持续上升，其中贵州提升速度最快，由 2005 年的 0.010 增至 2019 年的 0.075。2019 年，广东、黑龙江、福建、江苏、内蒙古的美丽中国生产空间建设水平总体高于其他地区，青海、甘肃、云南、山西、安徽则相对低。总体看，中部和西部地区需要加快生产空间建设，缩小与东部地区的差距。

表 4-12　2005 年、2010 年、2015 年和 2019 年全国 30 个省区市美丽中国乡村
生产空间建设水平指数

省区市	2005 年	2010 年	2015 年	2019 年
北京	0.050	0.064	0.071	0.056
天津	0.045	0.060	0.080	0.081
河北	0.036	0.061	0.081	0.080
山西	0.043	0.047	0.052	0.056
内蒙古	0.107	0.097	0.130	0.135
辽宁	0.042	0.055	0.081	0.074
吉林	0.071	0.077	0.112	0.119
黑龙江	0.107	0.114	0.171	0.186
上海	0.049	0.081	0.075	0.078
江苏	0.039	0.073	0.121	0.137
浙江	0.041	0.074	0.104	0.116
安徽	0.020	0.037	0.053	0.059
福建	0.040	0.078	0.132	0.146
江西	0.025	0.038	0.060	0.074
山东	0.031	0.056	0.078	0.090
河南	0.022	0.049	0.063	0.077
湖北	0.022	0.048	0.070	0.085
湖南	0.027	0.064	0.091	0.084
广东	0.335	0.457	0.460	0.504
广西	0.022	0.038	0.063	0.084
海南	0.034	0.059	0.104	0.126
重庆	0.027	0.044	0.073	0.100
四川	0.024	0.044	0.068	0.091
贵州	0.010	0.023	0.053	0.075
云南	0.019	0.025	0.046	0.063
陕西	0.032	0.047	0.072	0.086
甘肃	0.032	0.036	0.054	0.057
青海	0.023	0.031	0.046	0.055
宁夏	0.057	0.052	0.069	0.080
新疆	0.076	0.091	0.099	0.111

2. 生活空间建设水平分析

表 4-13 呈现了 2005~2019 年美丽中国乡村生活空间建设水平指数。由表可知，2005~2019 年美丽中国乡村生活空间建设水平指数呈现"平稳波动-快速提升"的阶段性变化特征。具体来说，2013 年后快速上涨，2019 年达到峰值 0.128。可能的原因在于 2005~2019 年乡村文化建设取得成效，乡村文化振兴赋予乡村生活以意义感、幸福感、快乐感，让人们愿意在乡村生活，激发了振兴乡村的活力和动力[1]，进而形成文明乡风、有效治理的生活空间[2]。

表 4-13　2005~2019 年美丽中国乡村生活空间建设水平指数

年份	全国	东部	中部	西部
2005	0.072	0.076	0.068	0.070
2006	0.067	0.072	0.063	0.063
2007	0.067	0.074	0.063	0.064
2008	0.070	0.078	0.064	0.066
2009	0.065	0.078	0.059	0.057
2010	0.068	0.080	0.063	0.059
2011	0.069	0.082	0.063	0.059
2012	0.071	0.087	0.063	0.059
2013	0.070	0.088	0.062	0.056
2014	0.080	0.087	0.075	0.075
2015	0.095	0.103	0.094	0.089
2016	0.103	0.112	0.101	0.094
2017	0.107	0.115	0.107	0.098
2018	0.114	0.123	0.115	0.105
2019	0.128	0.138	0.132	0.116
均值	0.083	0.093	0.080	0.075
变异系数	0.250	0.218	0.298	0.262
标准差	0.021	0.020	0.024	0.020

[1]　徐勇：《乡村文化振兴与文化供给侧改革》，《东南学术》2018 年第 5 期。

[2]　曹立、石以涛：《乡村文化振兴内涵及其价值探析》，《南京农业大学学报》（社会科学版）2021 年第 6 期。

图 4-11 呈现了 2005~2019 年美丽中国乡村生活空间建设水平指数时序变化趋势。分地区来看，2019 年东部地区美丽中国生产空间建设水平指数为 0.138，远高于全国均值。东部、中部和西部地区美丽乡村生活空间建设水平呈现波动上升趋势，但存在地区不平衡问题，呈现东部>中部>西部的格局。整体看，美丽中国乡村生活空间建设水平具有较大的地区差距，且地区内部呈现固化态势，提升中部和西部地区水平的需求尤为迫切。从增长幅度看，东部地区从 2005 年的 0.076 增至 2019 年的 0.138，增幅为 81.6%；中部地区从 2005 年的 0.068 增至 2019 年的 0.132，增幅为 94.1%；西部地区从 2005 年的 0.070 增至 2019 年的 0.116，增幅为 65.7%。综合看，东部与中部地区的差距缩小。

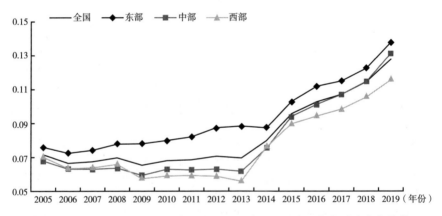

图 4-11　2005~2019 年美丽中国乡村生活空间建设水平指数时序变化趋势

为进一步剖析美丽中国乡村生活空间建设水平，本章截取了 2005 年、2010 年、2015 年、2019 年的数据进行测算，结果如表 4-14 所示。由表可知，美丽中国乡村生产空间建设水平指数持续上升，其中，黑龙江提升最快，由 2005 年的 0.045 增至 2019 年的 0.145。2019 年，浙江、海南、广东、湖南、福建、湖北以及内蒙古等省区市高于其他省区市，而青海、新疆、四川、贵州、山西、陕西、河北等省区市则相对较低。可见，中部和西部地区亟须加快乡村生活空间建设，缩小与东部地区的差距。

表 4-14 2005 年、2009 年、2015 年和 2019 年全国 30 个省区市美丽中国乡村
生活空间建设水平指数

省区市	2005 年	2010 年	2015 年	2019 年
北京	0.079	0.091	0.095	0.125
天津	0.055	0.074	0.108	0.117
河北	0.053	0.044	0.075	0.110
山西	0.066	0.060	0.088	0.102
内蒙古	0.065	0.057	0.125	0.147
辽宁	0.063	0.068	0.094	0.115
吉林	0.062	0.061	0.096	0.129
黑龙江	0.045	0.062	0.090	0.145
上海	0.101	0.107	0.093	0.138
江苏	0.081	0.102	0.119	0.134
浙江	0.086	0.086	0.131	0.191
安徽	0.067	0.064	0.090	0.134
福建	0.077	0.085	0.108	0.153
江西	0.078	0.071	0.095	0.122
山东	0.062	0.060	0.083	0.118
河南	0.060	0.046	0.075	0.117
湖北	0.077	0.063	0.099	0.148
湖南	0.089	0.079	0.119	0.156
广东	0.082	0.078	0.112	0.156
广西	0.077	0.068	0.089	0.132
海南	0.093	0.083	0.113	0.161
重庆	0.085	0.073	0.108	0.136
四川	0.088	0.071	0.087	0.106
贵州	0.078	0.063	0.089	0.109
云南	0.084	0.067	0.087	0.114
陕西	0.064	0.050	0.086	0.110
甘肃	0.071	0.063	0.0840	0.114
青海	0.054	0.044	0.073	0.091
宁夏	0.057	0.048	0.086	0.113
新疆	0.050	0.047	0.069	0.098

3. 生态空间比较分析

表 4-15 呈现了 2005~2019 年美丽中国乡村生态空间建设水平指数。由表可知，2005~2019 年，美丽中国乡村生态空间建设水平总体呈现"缓慢上升-快速提升"的阶段性变化特征。具体来看，2005~2013 年，美丽中国生活空

间建设水平指数缓慢上升，自 2014 年快速上涨，2019 年达到峰值 0.076。2005~2019 年，全国均值为 0.065，表明整体不高，发展速度较慢。可能的原因是，技术创新与传统产业的融合会倒逼与之关联的生态系统随之优化，如乡村数字旅游、乡村智慧旅游等产业的兴起会倒逼乡村环境美化，减少乡村环境污染，促进生态宜居[1]。

表 4-15   2005~2019 年美丽中国乡村生态空间建设水平指数

年份	全国	东部	中部	西部
2005	0.059	0.046	0.057	0.073
2006	0.060	0.047	0.058	0.074
2007	0.061	0.047	0.058	0.078
2008	0.061	0.048	0.057	0.078
2009	0.062	0.049	0.057	0.079
2010	0.062	0.050	0.057	0.078
2011	0.063	0.051	0.057	0.079
2012	0.063	0.052	0.056	0.079
2013	0.063	0.055	0.054	0.078
2014	0.064	0.056	0.055	0.078
2015	0.065	0.058	0.056	0.080
2016	0.067	0.060	0.058	0.082
2017	0.070	0.062	0.059	0.085
2018	0.073	0.066	0.061	0.089
2019	0.076	0.069	0.064	0.093
均值	0.065	0.054	0.058	0.080
变异系数	0.076	0.132	0.042	0.064
标准差	0.005	0.007	0.002	0.005

图 4-12 呈现了 2005~2019 年美丽中国乡村生态空间建设水平指数时序变化趋势。分地区来看，2019 年西部地区美丽中国乡村生态空间建设水平指数为 0.093，远高于全国均值。中部和东部地区一直低于全国均值，表明存在地

---

1   何雷华、王凤、王长明：《数字经济如何驱动中国乡村振兴?》，《经济问题探索》2022 年第 4 期。

区差距，且地区内部呈现固化态势。可见，提升中部和东部地区乡村生态空间建设水平的需求尤为迫切。整体看，东部、中部和西部地区乡村生态空间建设水平呈现波动上升趋势，但地区发展不平衡，具体表现为西部地区最高，东部地区 2013 年后超过中部地区。就增长幅度而言，东部地区美丽中国乡村生态空间建设水平指数从 2005 年的 0.046 增至 2019 年的 0.069，增幅为50.0%，呈现快速上升态势；中部地区从 2005 年的 0.057 增至 2019 年的0.064，增幅为 12.3%；西部地区从 2005 年的 0.073 增至 2019 年的 0.093，增幅为 27.4%。可见，东部与中部地区的差距在缩小。

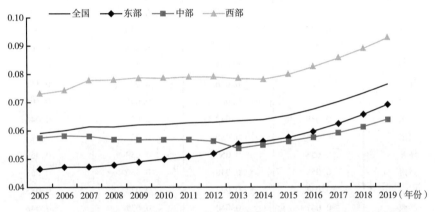

图 4-12　2005~2019 年美丽中国乡村生态空间建设水平指数时序变化趋势

为进一步剖析美丽中国乡村生态空间建设水平，本章截取了 2005 年、2010 年、2015 年、2019 年的数据进行测度，结果如表 4-16 所示。由表可知，30 个省区市美丽中国乡村生态空间建设水平指数持续上升，其中福建提升最快，由 2005 年的 0.037 增至 2019 年的 0.118。2019 年，北京、青海、福建、甘肃、江西等省区市高于其他省区市，而海南、河南、江苏、上海和广东等省区市则相对较低，且它们大部分位于东部地区，进一步说明东部地区需要加快乡村生态空间建设，以防城市化扩张对乡村生态环境造成负面影响。

表 4-16　2005 年、2010 年、2015 年和 2019 年全国 30 个省区市美丽中国乡村
生态空间建设水平指数

省区市	2005 年	2010 年	2015 年	2019 年
北京	0.070	0.108	0.147	0.193
天津	0.031	0.026	0.035	0.042
河北	0.062	0.063	0.054	0.061
山西	0.084	0.087	0.091	0.103
内蒙古	0.087	0.096	0.090	0.099
辽宁	0.089	0.092	0.073	0.079
吉林	0.062	0.059	0.045	0.049
黑龙江	0.059	0.058	0.053	0.058
上海	0.029	0.027	0.025	0.032
江苏	0.024	0.023	0.023	0.027
浙江	0.068	0.074	0.098	0.101
安徽	0.040	0.037	0.034	0.039
福建	0.037	0.046	0.098	0.118
江西	0.075	0.086	0.095	0.106
山东	0.039	0.042	0.039	0.046
河南	0.038	0.030	0.022	0.027
湖北	0.053	0.050	0.059	0.069
湖南	0.050	0.048	0.050	0.058
广东	0.034	0.027	0.022	0.033
广西	0.041	0.040	0.039	0.046
海南	0.028	0.021	0.020	0.026
重庆	0.065	0.069	0.078	0.090
四川	0.061	0.070	0.080	0.093
贵州	0.064	0.068	0.092	0.103
云南	0.065	0.071	0.081	0.095
陕西	0.102	0.110	0.089	0.100
甘肃	0.102	0.106	0.096	0.111
青海	0.087	0.100	0.100	0.135
宁夏	0.088	0.097	0.095	0.105
新疆	0.041	0.035	0.036	0.041

4. 美丽中国乡村"三生空间"建设水平对比分析

图 4-13 呈现了 2005~2019 年美丽中国乡村"三生空间"建设水平指数时序

变化趋势。由图可知，"三生空间"呈现"三段式"发展特点：2005~2009年，生活空间>生态空间>生产空间；2010~2015年，生产空间>生活空间>生态空间；2016~2019年，生活空间>生产空间>生态空间。从发展趋势来看，生产空间和生活空间增势明显，而生态空间缓慢上升，整体呈现良好的增长态势。从"三生空间"建设水平差距来看，2015年后美丽乡村"三生空间"建设水平差距扩大。

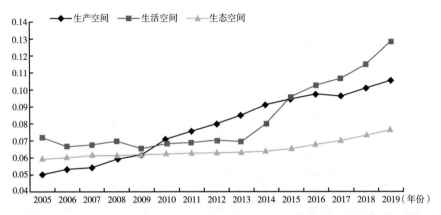

图4-13　2005~2019年美丽中国乡村"三生空间"建设水平指数时序变化趋势

5. 美丽中国乡村建设水平综合结果分析

根据上述指标体系，本章利用耦合协调度模型对美丽中国乡村建设水平进行测度，结果如表4-17所示。

（1）总体趋势分析。由表4-17可知，2005~2019年美丽中国乡村建设水平指数整体趋涨。自2014年快速上涨，2019年达到峰值0.453。这可能由于乡村地区通过政府政策引导、资本运营和农民参与，快速完成了美丽乡村建设[1]，使美丽乡村建设保持较高水平。全国美丽中国乡村建设水平指数从2005年的0.376增至2019年的0.453，增幅为20.5%，表明乡村建设水平整体不高，发展速度较慢。综上所述，美丽中国乡村建设水平呈现缓慢上升的阶段性变化特征，整体处于低水平区间。

1　姚树荣、周诗雨：《乡村振兴的共建共治共享路径研究》，《中国农村经济》2020年第2期。

表 4-17　2005~2019 年美丽中国乡村建设水平指数

年份	全国	东部	中部	西部
2005	0.376	0.378	0.371	0.377
2006	0.376	0.380	0.371	0.375
2007	0.378	0.383	0.374	0.376
2008	0.384	0.388	0.378	0.383
2009	0.384	0.392	0.377	0.380
2010	0.391	0.401	0.386	0.386
2011	0.396	0.406	0.389	0.390
2012	0.400	0.412	0.392	0.394
2013	0.402	0.418	0.391	0.395
2014	0.413	0.420	0.404	0.414
2015	0.425	0.430	0.416	0.425
2016	0.431	0.437	0.423	0.431
2017	0.434	0.438	0.426	0.436
2018	0.442	0.446	0.433	0.445
2019	0.453	0.457	0.444	0.455
均值	0.406	0.412	0.398	0.404
变异系数	0.063	0.062	0.061	0.068
标准差	0.026	0.025	0.024	0.028

　　由于美丽中国乡村建设会受到经济社会发展、政策制定等因素的影响，进行简单的时序分析不能细致、直观地描述不同地区在不同时期美丽中国乡村生活空间建设的动态演进过程。为了更加直观地反映不同年份由经济社会发展差异导致的乡村动态变化，本章应用非参数核密度估计法对两者的动态演进情况进行探究，选取 2005 年、2010 年、2015 年和 2019 年的数据进行测度，结果如图 4-14 所示。由图可知，2005~2019 年核密度曲线整体右移，主峰值显著增大，表明美丽中国乡村建设水平呈现增长趋势；2015~2019 年，曲线右移明显，且峰宽明显缩小，呈现"低宽峰"的演变趋势，说明地区间美丽中国乡村建设水平差距呈现缩小趋势。核密度曲线呈右尾偏态，说明发挥"领头羊"作用的省区市增多。

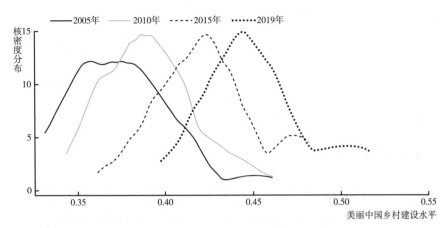

图 4-14　美丽中国乡村建设水平核密度估计结果

（2）分区域比较。图 4-15 呈现了 2005~2019 年美丽中国乡村建设水平指数时序变化趋势。2019 年，东部地区美丽中国乡村建设水平指数为 0.457，远高于全国均值。值得注意的是，中部地区一直低于全国均值和西部地区，而西部地区自 2014 年高于全国均值。东部、中部和西部地区美丽中国乡村建设水平呈现波动上升趋势，但地区间不平衡，呈现东部>西部>中部的格局。该发现与刘德林和周倩[1]的研究结论相似，美丽中国乡村建设水平呈上升趋势，地区差异明显。可见，提升中部地区美丽中国乡村建设水平的需求尤为迫切。

图 4-16 呈现了 2005 年、2010 年、2015 年、2019 年东部地区美丽中国乡村建设水平核密度估计结果。2005~2019 年，东部地区核密度曲线整体右移，单峰峰值变小，峰宽增加，表明东部地区美丽中国乡村建设水平提升，乡村间差距扩大，特别是 2015 年后地区不均衡发展态势明显。

图 4-17 呈现了 2005 年、2010 年、2015 年、2019 年中部地区美丽中国乡村建设水平核密度估计结果。整体来看，中部地区核密度曲线呈单峰分布，函数中心跳跃式右移明显，峰值跳跃式变小，宽度显著增加。可能的原因是，

———————

1　刘德林、周倩：《我国美丽乡村建设水平的时空演变及影响因素研究》，《华东经济管理》2020 年第 1 期。

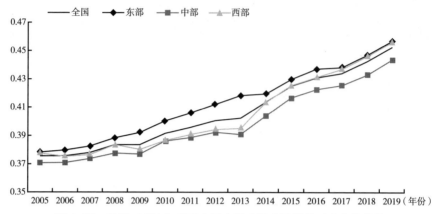

图4-15　2005~2019年美丽中国乡村建设水平指数时序变化趋势

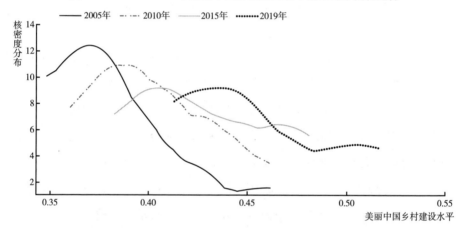

图4-16　东部地区美丽中国乡村建设水平核密度估计结果

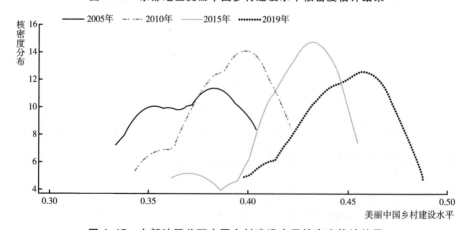

图4-17　中部地区美丽中国乡村建设水平核密度估计结果

2004年中部崛起战略实施后，美丽中国乡村建设受政策影响显著，加速发展，从2005年的双峰形态演变为2019年的单峰形态，说明美丽中国乡村建设由两极化趋势向单极化趋势演变。核密度曲线左尾偏态明显且呈现扁平化趋势，说明中部地区美丽中国乡村建设水平滞后的省区市大幅增加，并且地区差距在扩大。

图4-18呈现了2005年、2010年、2015年、2019年西部地区美丽乡村建设水平核密度估计结果。2005~2019年，核密度曲线峰值变大，峰宽缩小明显，曲线显著右移，表明西部地区美丽中国乡村建设水平显著提升，省域差异缩小。样本期内，曲线逐渐由单峰向双峰演变，主峰和次峰宽度逐渐变大。这说明西部地区省区市美丽中国乡村建设水平存在两极分化情况，但2015年后两极化趋势减弱，西部地区美丽中国乡村建设水平"领头羊"省区市增多。

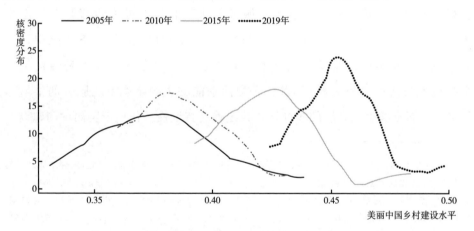

图4-18　西部地区美丽中国乡村建设水平核密度估计结果

第二节　美丽中国建设的形成机理与实证检验

一　理论分析与研究假设

美丽中国建设的核心是美丽中国生产空间、生活空间和生态空间的协同共生，表现为生态系统的多样性、稳定性、持续性，这取决于生态系统服务供给和需求，而生态系统服务供需比主要由人类活动决定[1]。美丽中国建设的目标是实现"三生空间"的协同共生，表现为生产空间集约高效、生活空间宜居适度、生态空间山清水秀[2]。复合生态系统理论认为复合生态系统是由自然、经济和社会三大子系统耦合所构成的整体。在复合生态系统中，自然子系统、经济子系统、社会子系统相互作用、相互关联、相互耦合。自然生态系统提供的物质和能量，推动经济系统和社会系统正常运转，人类的经济生产活动和减排调控等活动会反过来影响自然生态系统[3]。党的二十大报告指出，"加快实施重要生态系统保护和修复重大工程"，"提升生态系统多样性、稳定性、持续性"[4]。可见，要实现美丽中国"三生空间"的协同共生，需维持生态系统的多样性、稳定性、持续性。生态系统服务理论认为，生态系统服务的供给和需求最终能够影响生态系统的多样性、稳定性、持续性[5]。在社会-经济-自然复合生态系统中，人类是主体，是生态系统发生变化的主要因素，而生态系统服务是连接生态系统与人类活动的桥梁[6]。因此，人类活动能够影响生态系统服务的供给和需求，进而影响生态系统的多样性、稳定性、持续性，作用于美丽中国建设。

1　陈明星、梁龙武、王振波等：《美丽中国与国土空间规划关系的地理学思考》，《地理学报》2019 年第 12 期；王如松、欧阳志云：《社会-经济-自然复合生态系统与可持续发展》，《中国科学院院刊》2012 年第 3 期；王军、钟莉娜：《生态系统服务理论与山水林田湖草生态保护修复的应用》，《生态学报》2019 年第 23 期；P. M. Vitousek, H. A. Mooney, J. Lubchenco et al., "Human Domination of Earth's Ecosystems," *Science* 77 (5325), 1997, pp. 494-499。

2　陈明星、梁龙武、王振波等：《美丽中国与国土空间规划关系的地理学思考》，《地理学报》2019 年第 12 期。

3　王如松、欧阳志云：《社会-经济-自然复合生态系统与可持续发展》，《中国科学院院刊》2012 年第 3 期。

4　《（受权发布）习近平：高举中国特色社会主义伟大旗帜 为全面建设社会主义现代化国家而团结奋斗——在中国共产党第二十次全国代表大会上的报告》，新华网，2022 年 10 月 16 日，https://www.news.cn/politics/cpc20/2022-10/25/c_1129079429.htm。

5　王军、钟莉娜：《生态系统服务理论与山水林田湖草生态保护修复的应用》，《生态学报》2019 年第 23 期。

6　P. M. Vitousek et al., "Human Domination of Earth's Ecosystems," *Science* 77 (5325), 1997, pp. 494-499.

（一）人类活动对美丽中国建设的直接影响

人类决策的合理干预与支配、认知水平及行为方式能够影响生态系统服务供需比[1]，进一步促进美丽中国"三生空间"的协同共生。党的十九大报告提出，"尊重自然、顺应自然、保护自然"，以资源环境承载力为基础，"完成生态保护红线、永久基本农田、城镇开发边界三条控制线划定工作"[2]，就是要在保证必需的生态系统服务供给水平的前提下，最大限度地保护生态环境[3]。因此，合理的人为调控管理能够正向影响生态系统服务供需比，提升生态系统的多样性、稳定性、持续性，进而推进美丽中国建设协同共生。

人类是生态系统服务的受益者，也是生态系统的经营者和管理者，不合理的人类活动会打破生态系统平衡，导致生态系统退化、崩溃或灭绝[4]，制约美丽中国建设。人口的快速增长和城镇化进程的不断加快，高强度的资源开发利用，会导致生态系统出现质量低下、水土流失、沙漠化、流域生态环境恶化等一系列生态环境问题[5]，只有合理利用并适度保护、修复或重建自然生态系统，才能保持生态系统的多样性、稳定性、持续性[6]。因此，人类社会只有在尊重自然规律和自然资源承载力条件下展开有序而适度的经营活动，才能保证美丽中国"三生空间"协同共生，过度的人类活动将阻碍美丽中国建设。据此，本章提出如下假设。

1　彭建、胡晓旭、赵明月等：《生态系统服务权衡研究进展：从认知到决策》，《地理学报》2017 年第 6 期。

2　《习近平：决胜全面建成小康社会 夺取新时代中国特色社会主义伟大胜利——在中国共产党第十九次全国代表大会上的报告》，中国政府网，2017 年 10 月 18 日，https://www.gov.cn/xinwen/2017-10/27/content_5234876.htm。

3　马永欢、黄宝荣：《对自然资源开发与生态环境保护关系的基本辨析》，《生态经济》2015 年第 10 期。

4　于贵瑞、王永生、杨萌：《提升生态系统质量和稳定性的生态学原理及技术途径之探讨》，《应用生态学报》2023 年第 1 期。

5　S. Naeem, J. E. Duffy, E. Zavaleta, "The Functions of Biological Diversity in an Age of Extinction," *Science* 336（6087），2012, pp. 1401-1406.

6　于贵瑞、王永生、杨萌：《提升生态系统质量和稳定性的生态学原理及技术途径之探讨》，《应用生态学报》2023 年第 1 期。

H1：合理的人类活动对美丽中国建设产生正向促进作用，但人类活动强度的进一步加大会对美丽中国建设呈现先促进后抑制的非线性影响。

（二）人类活动对美丽中国建设的间接影响

人类活动不可避免地会影响技术进步、环境治理和产业升级[1]，而技术进步会进一步影响生态系统服务需求[2]，环境治理会影响生态系统服务供给[3]，产业升级能够调节生态系统服务供需比[4]，进而对美丽中国建设产生影响。本章以此为启示，从技术创新、环境治理、产业升级三个视角分析人类活动对美丽中国建设的间接影响。美丽中国建设的理论机制如图4-19所示。

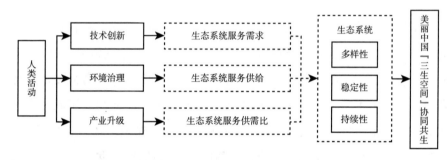

图4-19　美丽中国建设的理论机制

1. 技术创新效应

人类活动强度的提升能够带来经济、人力资本和教育资源的集聚，构建多样化的城市环境，为不同行业和学科领域人员之间的交流创造机会，促进

1　程开明：《城市化促进技术创新的机制及证据》，《科研管理》2010年第2期；孙传谆、李鹏、邓羽、张昌顺：《基于生态系统空间异质性的美丽中国生态建设分区》，《地理学报》2022年第11期；吴福象、沈浩平：《新型城镇化、基础设施空间溢出与地区产业结构升级——基于长三角城市群16个核心城市的实证分析》，《财经科学》2013年第7期。

2　何兴邦：《技术创新与经济增长质量——基于省际面板数据的实证分析》，《中国科技论坛》2019年第10期。

3　于贵瑞、王永生、杨萌：《提升生态系统质量和稳定性的生态学原理及技术途径之探讨》，《应用生态学报》2023年第1期。

4　刘春芝：《消费结构升级是推动经济高质量发展的新动力》，《沈阳师范大学学报》（社会科学版）2022年第4期；陈浩、罗力菲：《环境规制对经济高质量发展的影响及空间效应——基于产业结构转型中介视角》，《北京理工大学学报》（社会科学版）2021年第6期。

新知识、新技术和新行业的产生，加快技术创新[1]。技术创新水平的提升是生产率提高、生产成本降低的内生动力[2]。技术创新理论认为技术创新必然带动技术进步，技术进步不仅可以最大限度地影响偏向生产要素的生产率水平，也可以通过技术偏向效应影响要素相对边际产出，进而引发要素流动和资源配置以提高生产率[3]。作为发展中大国，我国主要通过技术创新效应提高全要素生产率[4]，降低经济发展的生态成本、资源成本和环境成本，提高各种资源的使用效率，建立资源节约型和环境友好型国民经济体系[5]，减少人类对生态系统服务的需求，提升美丽中国建设水平。

2. 环境治理效应

人类活动强度的提升，特别是人口的增长和粗放的生产经营方式，会加剧城市生态环境的恶化，因此需要增加环境治理投资[6]。然而，环境治理是耗时长、成本高的工作，治理过程中经常会遇到较大的阻力且短期内无法彻底改善环境，环境治理事务有被"边缘化"的风险[7]。随着人类活动强度的不断提高，地方政府往往更重视经济资源，导致出现偏向性招商引资、生产性投资过量等行为，以至于用环境污染治理投资难以弥补生产性活动，损害环境治理成效[8]。生态系统服务理论表明，采用合理的环境治理措施，能够

1　程开明：《城市化促进技术创新的机制及证据》，《科研管理》2010 年第 2 期；周笑非：《内蒙古城市化与技术创新关联性分析》，《科学管理研究》2011 年第 3 期。

2　耿子健、蔺丹：《数字经济、技术创新与绿色全要素生产率》，《现代管理科学》2022 年第 6 期。

3　何兴邦：《技术创新与经济增长质量——基于省际面板数据的实证分析》，《中国科技论坛》2019 年第 10 期。

4　蔡跃洲、付一夫：《全要素生产率增长中的技术效应与结构效应——基于中国宏观和产业数据的测算及分解》，《经济研究》2017 年第 1 期；袁礼、欧阳峣：《发展中大国提升全要素生产率的关键》，《中国工业经济》2018 年第 6 期。

5　王佳元：《现代供应链：演变特征与发展战略》，《宏观经济研究》2019 年第 7 期。

6　孙传谆、李鹏、邓羽、张昌顺：《基于生态系统空间异质性的美丽中国生态建设分区》，《地理学报》2022 年第 11 期。

7　王军、郁智文：《环境分权如何影响城市的碳排放强度——基于城市异质性分析》，《北京理工大学学报》（社会科学版）2023 年第 3 期。

8　王军、郁智文：《环境分权如何影响城市的碳排放强度——基于城市异质性分析》，《北京理工大学学报》（社会科学版）2023 年第 3 期。

增加生态系统服务供给[1]。当生态系统处于个别要素缺失的阶段，可以利用生态系统的自然恢复能力或者辅以近自然管理的措施，使生态系统得到恢复；当生态系统出现结构损失时，可以通过人工措施增加生态系统服务的供给；当生态系统处于部分功能丧失阶段，可以通过系统重建、功能重塑等措施重新建造生态系统或建立符合经济社会发展需求的新系统，以保障生态系统服务供给[2]。生物、生态及工程等不同的环境治理模式，能够改善生态系统组分、结构和过程，从而增加生态系统服务供给。因此，人类活动强度过大会损害环境治理成效，不利于推动美丽中国建设。

3. 产业升级效应

随着人类活动范围和强度的持续增加，城市基础设施建设将得到加强[3]。利用好基础设施的空间溢出效应，以及用"蒂伯特"选择机制发挥"用脚投票"的功能，能够促进地域分工专业化，助推产业结构升级，使产业结构逐步从工业主导转向服务业引领，从以劳动密集型、资源加工型、重化工型为主转向以资金、技术、知识密集型为主[4]。生态系统服务理论表明，产业升级将降低人类对生态系统服务的需求，并增加生态系统服务供给[5]。在生态系统服务需求方面，供给侧结构性改革实施以来，我国政府采取了"去产能、去库存、降成本、补短板"等有力措施，逐渐纠正生产要素错配带来的资源浪费等沉淀问题，提高有效供给的产业比例，促进产业升级，提高了供给侧对需求侧变化的灵活适应性，既满足了群众的需要，又促进了消费品不断向高

1　王军、钟莉娜：《生态系统服务理论与山水林田湖草生态保护修复的应用》，《生态学报》2019 年第23 期。

2　于贵瑞、王永生、杨萌：《提升生态系统质量和稳定性的生态学原理及技术途径之探讨》，《应用生态学报》2023 年第 1 期。

3　程开明、王桂梅：《城镇化、产业结构升级与经济高质量发展——基于空间杜宾模型的中介效应检验》，《系统工程理论与实践》2023 年第 3 期。

4　吴福象、沈浩平：《新型城镇化、基础设施空间溢出与地区产业结构升级——基于长三角城市群 16 个核心城市的实证分析》，《财经科学》2013 年第 7 期。

5　王军、钟莉娜：《生态系统服务理论与山水林田湖草生态保护修复的应用》，《生态学报》2019 年第 23 期。

端升级，带动消费结构优化，有效提高了人民的生活品质[1]，降低了人类对生态系统服务的需求。在生态系统服务供给方面，作为资源投入转换器和污染排放控制体，产业结构升级能够推动要素结构朝着高级化方向转变，缓解资源环境压力[2]，有效增加生态系统服务供给，加快美丽中国建设。据此，本章提出如下假设。

H2：人类活动能够通过加快技术创新和产业升级间接推动美丽中国建设，但也会通过对环境治理产生抑制作用进而制约美丽中国建设。

二　特征与事实

（一）变量选取与数据来源

1. 变量选取

（1）被解释变量。被解释变量为美丽中国建设水平（BC）。首先采用"极差标准化"的方法对指标进行无量纲的标准化处理，其次通过熵值法对各指标进行赋权，进而测算美丽中国"三生空间"建设水平，最后通过耦合协调度模型计算美丽中国建设水平的综合得分[3]。

（2）解释变量。人类活动强度（HA）。借鉴部分学者[4]的研究，采用城镇化率（HA_1）反映人类活动强度。城镇化率用城镇人口占地区常住人口的比重来衡量。同时，将夜间灯光数据（HA_2）作为人类活动强度的替代指标用于稳健性检验。该数据来源于美国国家海洋和大气管理局（NOAA）的 DMSP/OLS

1　刘春芝：《消费结构升级是推动经济高质量发展的新动力》，《沈阳师范大学学报》（社会科学版）2022年第4期。

2　陈浩、罗力菲：《环境规制对经济高质量发展的影响及空间效应——基于产业结构转型中介视角》，《北京理工大学学报》（社会科学版）2021年第6期。

3　时朋飞、熊元斌、邓志伟等：《长江经济带"美丽中国"建设水平动态研究——基于生态位理论视角》，《资源开发与市场》2017年第11期；方创琳、王振波、刘海猛：《美丽中国建设的理论基础与评估方案探索》，《地理学报》2019年第4期。

4　魏子谦、徐增让、毛世平：《西藏自治区生态空间的分类与范围及人类活动影响》，《自然资源学报》2019年第10期。

本地企业采用更高的环境标准，构建绿色生产方式[1]，从而进一步影响美丽中国建设。

2. 数据来源

本章以 2005～2019 年全国 30 个省区市的面板数据为研究样本。本章数据主要来源于国家统计局网站、《中国统计年鉴》、《中国环境统计年鉴》和各省区市统计年鉴（2006～2020 年），个别缺失数据用插值法补齐，各变量描述性统计结果如表 4-18 所示。由表 4-18 可知，各变量的标准差都相对较小，表明本章选用的数据较为平稳。

表 4-18　变量描述性统计结果

变量	样本量	均值	标准差	最小值	最大值
BC	450	0.415	0.055	0.267	0.536
HA_1	450	0.537	0.139	0.269	0.896
HA_2	450	0.108	0.160	0.001	0.955
RD	450	1.480	1.087	0.179	6.315
EG	450	0.004	0.003	0.001	0.025
TS	450	1.165	0.676	0.527	6.086
GL	450	0.185	0.085	0.065	0.555
HC	450	0.018	0.006	0.005	0.039
IND	450	0.362	0.085	0.112	0.574

（二）特征事实分析

在对人类活动强度与美丽中国建设水平之间的关系进行探索分析之前，有必要把握人类活动强度与美丽中国建设水平之间关系的特征事实，为后文计量验证奠定基础。首先，绘制 2005～2019 年人类活动强度与美丽中国

---

[1]　赵领娣、张磊、徐乐等：《人力资本、产业结构调整与绿色发展效率的作用机制》，《中国人口·资源与环境》2016 年第 11 期。

建设水平的线性趋势图（见图4-20和图4-21）以分析两者的时间变化趋势。由图4-20和图4-21可以发现，人类活动强度与美丽中国建设水平整体呈上升趋势。

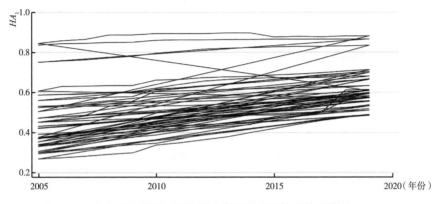

图4-20　2005~2019年人类活动强度的线性趋势图

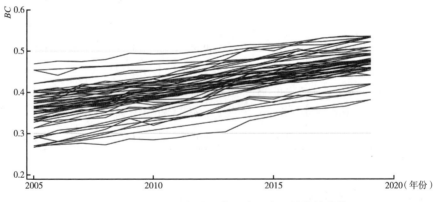

图4-21　2005~2019年美丽中国建设水平的线性趋势图

其次，利用Pearson相关系数分析人类活动强度与美丽中国建设水平之间是否存在相关关系（见表4-19）。人类活动强度与美丽中国建设之间的相关系数为0.597，表示两者在1%的显著性水平上存在正相关关系。

表 4-19 Pearson 相关性分析结果

变量	BC	HA_1	GL	IND	HC
BC	1				
HA_1	0.597***	1			
GL	-0.311***	-0.173***	1		
IND	-0.193***	-0.190***	-0.466***	1	
HC	0.531***	0.725***	-0.181***	-0.129***	1

注: *** $p < 0.001$。

此外，本章进一步绘制散点图直观地揭示人类活动强度与美丽中国建设水平之间关系的数据变化趋势（见图 4-22）。2005~2019 年省域层面美丽中国建设水平随着人类活动强度的提升呈现上升态势，但这种增长趋势相对平缓，表明人类活动强度的提升与美丽中国建设水平的提高并不同步。

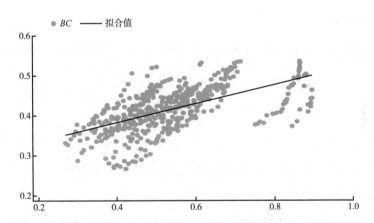

图 4-22 2005~2019 年人类活动强度与美丽中国建设水平的线性散点图

为了进一步分析人类活动强度与美丽中国建设水平之间的非线性关系，需要进一步绘制人类活动强度与美丽中国建设水平之间的二次散点拟合图（见图 4-23）。由图 4-23可知，人类活动强度与美丽中国建设水平之间呈现倒"U"形关系，存在非线性关系，即随着人类活动强度的提升，美丽中国建设水平先快速上升、随后逐步趋缓，呈现下降的趋势。

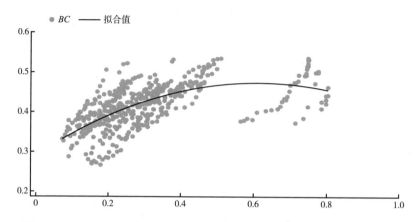

图 4-23　2005～2019 年人类活动强度与美丽中国建设水平的非线性散点图

三　实证检验

（一）模型构建

为了检验人类活动强度对美丽中国建设水平的直接影响，本章构建以下基准模型：

$$BC_{it} = \alpha + \beta HA_{it} + \lambda HA_{it}^2 + \gamma X_{it} + \varepsilon_{it} \qquad (4-1)$$

其中，i 表示城市，t 表示年份；BC 为美丽中国建设水平的综合指数；HA 为人类活动强度指数；X 为一系列控制变量，包括政府干预（GI）、工业化水平（IND）和人力资本水平（HC）；ε 为随机扰动项。

为了进一步探究人类活动强度对美丽中国建设的作用机制，借鉴 Hayes[1] 的研究，构建如下中介效应模型进行机制识别检验：

$$M_{it} = \alpha_1 + \beta_1 HA_{it} + \gamma_1 X_{it} + \delta_{it} \qquad (4-2)$$

$$BC_{it} = \alpha_2 + \beta_2 HA_{it} + \theta_2 M_{it} + \gamma_2 X_{it} + \varphi_{it} \qquad (4-3)$$

1　A. F. Hayes, *Introduction to Mediation, Moderation, and Conditional Process Analysis: A Regression-based Approach*（Guilford Publications, 2017）.

其中，M 分别表示技术创新（RD）、环境治理（EG）和产业升级（TS）三个中介变量；δ 和 φ 均表示随机扰动项；其他变量与式（4-1）中的含义一致。

（二）结果分析

1. 基准回归结果

表 4-20 展示了基准回归结果。其中，第（1）列仅估计人类活动强度的一次项和二次项对美丽中国建设水平的影响，第（2）列至第（4）列逐步加入控制变量政府干预、工业化水平和人力资本水平。结果显示，当未添加控制变量时，人类活动强度的一次项和二次项系数均在1%的显著性水平下通过检验，分别为正值和负值，说明人类活动强度对美丽中国建设水平的影响呈现显著的先促进后抑制的倒"U"形关系，假设 H1 得到验证，可能的原因是在高强度的人类活动下，自然资源的过度开发与不合理利用将导致区域生态系统平衡失调、过程紊乱及功能退化[1]，从而导致美丽中国建设的"三生空间"难以协同共生。逐步加入控制变量后，一次项和二次项系数出现轻微变化，表明结果是稳健的。

从控制变量来看，表 4-20 中政府干预的系数均显著为正，表明政府干预的加强有助于美丽中国建设。可能的原因是政府对市场的干预能够刺激经济增长、调整收入分配、提供基本公共卫生服务，从而推动美丽中国建设[2]。工业化水平的系数均在1%的显著性水平上为负，表明提高工业化水平会在一定程度上阻碍美丽中国建设，可能的原因是工业化水平的提高促进了社会经济的高速发展，但粗放型发展方式会引发更多的生活压力和环境污染问题[3]，使美丽中国建设生产空间与生活空间、生态空间难以协同共生，从而制约了美丽中国建设。人力资本水平的系数在1%的水平上显著为正，表明人力资本水平的提高能够推动美丽中国建设。可能的原因在于，人力资本的提升会极大

---

1 于贵瑞、王永生、杨萌：《生态系统质量及其状态演变的生态学理论和评估方法之探索》，《应用生态学报》2022 年第 4 期。

2 宋志秀、葛翔宇：《金融集聚、政府干预、对外开放与地区经济发展》，《统计与决策》2022 年第 19 期。

3 唐德才：《工业化进程、产业结构与环境污染——基于制造业行业和区域的面板数据模型》，《软科学》2009 年第 10 期。

地作用于技术研发及应用，从而促进生产力发展以及生态环境保护[1]。同时，相对于物质资本投入，人力资本提升产生的效益更大，污染更少，对社会环境会产生积极影响，从而进一步推进美丽中国建设。

表 4-20　基准回归结果

变量	(1)	(2)	(3)	(4)
	BC	BC	BC	BC
HA_1	0.356***	0.326***	0.411***	0.389***
	(7.29)	(6.52)	(8.74)	(7.42)
HA_1^2	-0.261***	-0.217***	-0.278***	-0.266***
	(-5.00)	(-3.99)	(-5.49)	(-5.08)
GL		0.052**	0.044**	0.042**
		(2.56)	(2.37)	(2.28)
IND			-0.134***	-0.135***
			(-8.63)	(-8.67)
HC				0.288
				(0.95)
常数项	0.258***	0.255***	0.283***	0.287***
	(20.25)	(20.06)	(23.31)	(22.38)
固定效应	是	是	是	是
调整后的 R^2	0.940	0.940	0.950	0.950
F 值	439.1***	419.4***	472.4***	447.5***
样本量	450	450	450	450

注：** $p<0.05$，*** $p<0.01$；括号内数值为对应的 t 值。

2. 内生性检验

尽管采用固定效应面板数据模型估计的结果表明人类活动强度提升能够推动美丽中国建设水平提升，但由于可能存在内生性问题，回归结果存在偏误。内生性问题可能来自以下方面：一是反向因果关系；二是遗漏变量偏差；

1　李思龙、仝菲菲、韩阳阳：《公共教育投资、人力资本积累和区域创新能力》，《财经研究》2022 年第 9 期。

三是测量误差；四是样本选择偏差；五是动态面板偏差[1]。本章中的内生性问题可能主要是由反向因果关系和遗漏变量偏差导致的，因为美丽中国建设水平的提升反过来会影响人类活动强度，并且美丽中国建设水平是多种因素共同作用的综合结果，但有些因素难以测量，难免会遗漏重要变量。为了尽量减弱该内生性问题的不利影响，本章借鉴 Arellano 和 Bover[2] 的研究，采用系统 GMM 方法对 2005~2019 年全国 30 个省区市的面板数据进行回归分析，以解决内生性问题，结果如表 4-21 所示。由表可知，Hansen 检验的 p 值大于 0.1，表明不存在过度识别问题。AR（1）的 p 值小于 0.1，AR（2）的 p 值大于 0.1，表明扰动项一阶差分存在自相关，二阶差分不存在自相关，模型设定合理。

表 4-21 的模型估计结果显示，滞后一期的美丽中国建设水平在 1% 的显著性水平上为正，表明上一期美丽中国建设水平与本期正向相关，证实了美丽中国建设在时序上的确存在"惯性"，美丽中国建设的推进是一个持续积累的调整过程[3]。同时，人类活动强度的一次项系数显著为正，二次项系数显著为负，与基准回归结果在方向上保持一致，表明人类活动强度与美丽中国建设水平的确存在显著的先促进后抑制的倒"U"形关系，意味着在考虑了可能存在的内生性问题后，人类活动强度对美丽中国建设水平先促进后抑制的非线性作用仍然稳健。

表 4-21　内生性检验结果

变量	(1)
	BC
L. BC	0.921***
	(25.83)
HA₁	0.160*
	(1.65)

1　王宇、李海洋：《管理学研究中的内生性问题及修正方法》，《管理学季刊》2017 年第 3 期。

2　M. Arellano, O. Bover ，"Another Look at the Instrumental Variable Estimation of Error-components Models," *Journal of Econometrics* 68（1），1995，pp. 29-51.

3　高锦杰、张伟伟：《绿色金融对我国产业结构生态化的影响研究——基于系统 GMM 模型的实证检验》，《经济纵横》2021 年第 2 期。

续表

变量	(1)
	BC
$HA_1{}^2$	-0.105 *
	(-1.88)
GL	0.038
	(0.93)
IND	0.001
	(0.06)
HC	-0.571
	(-0.55)
常数项	-0.010
	(-0.38)
AR(1)	0.000
AR(2)	0.223
Hansen 检验	0.137

注：* p<0.01，*** p<0.01；括号内数值为对应的 t 值。

3. 稳健性检验

为了进一步验证以上实证结果的稳健性和可靠性，本章选择替换关键变量的方式进行检验。这里选择夜间灯光数据（HA_2）作为人类活动强度的替代指标进行稳健性检验，结果如表 4-22 所示。对比分析表 4-20 和表 4-22 后发现，虽然对人类活动强度采取了不同的衡量方式，但人类活动强度的一次项估计系数仍显著为正，二次项估计系数仍显著为负，与基准回归结果基本一致，表明基准回归结果比较稳健。

表 4-22　稳健性检验结果

变量	(1)	(2)	(3)	(4)
	BC	BC	BC	BC
HA_2	0.131 ***	0.129 ***	0.148 ***	0.096 ***
	(4.06)	(4.02)	(4.84)	(2.96)

续表

变量	(1)	(2)	(3)	(4)
	BC	BC	BC	BC
HA_2^2	-0.090***	-0.088***	-0.097***	-0.072***
	(-3.56)	(-3.52)	(-4.07)	(-2.98)
GL		0.060***	0.057***	0.049**
		(3.00)	(2.95)	(2.59)
IND			-0.106***	-0.115***
			(-6.37)	(-6.98)
HC				1.344***
				(4.33)
常数项	0.351***	0.343***	0.383***	0.374***
	(118.65)	(87.24)	(52.88)	(50.59)
固定效应	是	是	是	是
调整后的 R^2	0.933	0.934	0.940	0.942
F 值	391.2***	376.0***	392.2***	389.0***
样本量	450	450	450	450

注：*** $p<0.01$，** $p<0.05$，* $p<0.1$；括号内数值为对应的 t 值。

4. 异质性分析

鉴于我国东部、中部和西部地区的美丽中国建设水平差距较大，呈梯度分布特征[1]，那么这些地区的人类活动强度对美丽中国建设水平的影响是否存在差异？因此，本章对基准回归结果进行了区域异质性检验，结果如表4-23所示。

从区域异质性分析结果来看，东部和中部地区人类活动强度的一次项和二次项系数均在1%的显著性水平下通过检验，且分别为正值和负值，表明东部和中部地区人类活动强度对美丽中国建设水平的影响呈现显著的先促进后抑制的倒"U"形关系。西部地区人类活动强度一次项的估计系数显著为负，而二次项系数为正，但并不显著，表明西部地区人类活动强度的提升会制约美丽中国建设水平。可能的原因在于，西部地区忽视了人类

---

1 谢炳庚、向云波：《美丽中国建设水平评价指标体系构建与应用》，《经济地理》2017年第4期。

活动对技术创新和产业升级等的作用，更偏向于粗放式扩张，导致生态环境遭到破坏，对美丽中国建设产生抑制作用。

表 4-23　区域异质性分析结果

变量	BC	BC	BC
	东部地区	中部地区	西部地区
HA_1	0.741 ***	1.053 ***	-0.378 ***
	(9.23)	(6.37)	(-3.80)
$HA_1{}^2$	-0.598 ***	-0.969 ***	0.056
	(-7.69)	(-5.13)	(0.66)
控制变量	是	是	是
常数项	0.289 ***	0.163 ***	0.493 ***
	(12.07)	(4.74)	(13.82)
固定效应	是	是	是
调整后的 R^2	0.966	0.976	0.968
F 值	200.1 ***	195.4 ***	213.4 ***
样本量	165	120	165

注：*** $p<0.01$；括号内数值为对应的 t 值。

5. 影响机制检验

为了进一步考察人类活动强度对美丽中国建设水平的作用机制，本章将从技术创新、环境治理、产业升级三个方面对中介效应进行检验，结果如表 4-24 所示。其中，第（1）列至第（2）列为技术创新中介效应检验结果，第（3）列至第（4）列为环境治理中介效应检验结果，第（5）列至第（6）列为产业升级中介效应检验结果。

表 4-24　影响机制检验结果

变量	（1）	（2）	（3）	（4）	（5）	（6）
	RD	BC	EG	BC	TS	BC
HA_1	4.591 ***	0.300 ***	-0.013 ***	0.409 ***	0.921 *	0.380 ***
	(10.96)	(12.95)	(-2.99)	(19.68)	(1.90)	(17.51)

续表

变量	(1)	(2)	(3)	(4)	(5)	(6)
	RD	BC	EG	BC	TS	BC
RD		0.019 *** (7.90)				
EG				1.760 *** (7.44)		
TS						0.007 *** (3.34)
控制变量	是	是	是	是	是	是
常数项	0.105 (0.48)	0.244 *** (22.79)	0.013 *** (5.85)	0.223 *** (19.87)	2.642 *** (10.43)	0.226 *** (17.81)
固定效应	是	是	是	是	是	是
调整后的 R^2	0.488	0.924	0.0949	0.923	0.461	0.915
F 值	115.4	1098	20.02	1081	104.1	971.4
样本量	450	450	450	450	450	450

注：＊p<0.1，＊＊＊p<0.01；括号内数值为对应的 t 值。

从技术创新的中介传导机制来看，第（1）列中人类活动强度对技术创新的影响系数显著为正，说明人类活动强度对技术创新水平的提升存在积极影响；第（2）列中技术创新对美丽中国建设水平的回归系数同样显著为正，表明人类活动强度可以通过对技术创新的积极影响间接推动美丽中国建设水平提升。可能的原因在于，人类活动强度提升能够加速技术创新，从而降低经济发展的生态成本、资源成本和环境成本，提高各种资源的使用效率，减少人类对生态系统服务的需求，提高美丽中国建设水平[1]。

从环境治理的中介传导机制来看，第（3）列中人类活动强度对环境治理的影响系数为−0.013 且显著，第（4）列中环境治理对美丽中国建设水平的影响系数为 1.760 且显著，表明人类活动强度会通过抑制环境治理来间接阻碍美丽中国建设水平的提升。可能的原因在于，考虑到经济发展和财政税收，

1　袁礼、欧阳峣：《发展中大国提升全要素生产率的关键》，《中国工业经济》2018 年第 6 期。

地方政府可能会采取消极或形式化的环境治理措施，随着人类活动强度的增加，工业污染治理投资往往难以弥补生产性活动扩张所带来的污染[1]。因此，人类活动强度的提升反而阻碍了环境治理，不利于美丽中国建设。

从产业升级的中介传导机制来看，人类活动强度对产业升级的影响系数为 0.921 且显著，产业升级对美丽中国建设水平的影响系数为 0.007 且显著，表明人类活动强度通过产业升级的正向中介效应提升了美丽中国建设水平。可能的原因在于，随着人类活动强度的持续增加，产业结构逐步从由工业主导转向由服务业引领，促进消费品不断向高端升级，提升人们对高端消费品的需求，从而降低了对生态系统服务的需求[2]；同时，作为资源投入转换器和污染排放控制体，产业结构升级能够推动要素结构向高级化方向倾斜，缓解资源环境压力，有效增加生态系统服务供给，从而在两个方面的作用下推动美丽中国建设[3]。

综上所述，通过将技术创新、环境治理和产业升级作为中介变量纳入回归分析可知，人类活动强度能够通过加速技术创新和产业升级间接推动美丽中国建设水平提升，但也会通过对环境治理产生抑制作用进而制约美丽中国建设，假设 H2 得到验证。

第三节　新时代美丽中国建设的考评机制设计

设计美丽中国建设的考评机制应采用定性、定量的综合科学方法。设计美丽中国建设的考评机制可以让管理者以及利益相关者，以数据化的方式全面了解区域的美丽中国建设情况，明晰本地区外在或内在的优势和劣势，合

---

[1]　王军、郁智文：《环境分权如何影响城市的碳排放强度——基于城市异质性分析》，《北京理工大学学报》（社会科学版）2023 年第 3 期。

[2]　刘春芝：《消费结构升级是推动经济高质量发展的新动力》，《沈阳师范大学学报》（社会科学版）2022 年第 4 期。

[3]　陈浩、罗力菲：《环境规制对经济高质量发展的影响及空间效应——基于产业结构转型中介视角》，《北京理工大学学报》（社会科学版）2021 年第 6 期。

理、有效地发挥优势以推进美丽中国建设。美丽中国建设是实现人与自然和谐共生的现代化的必然要求和考核体现，需要在人与自然和谐共生的现代化视角下设计美丽中国建设的考评机制，以期更好地推进中国式现代化。为此，本部分在梳理美丽中国建设政策历史脉络的基础上，分析"美丽中国建设评估方案"和"山水林田湖草综合治理"的典型案例，通过对"两山转化创新实践"示范政策的效果进行检验，提出人与自然和谐共生的现代化背景下的美丽中国建设考评机制。

一　美丽中国建设政策的历史脉络梳理

美丽中国建设政策经历了五个阶段，分别是科学发展阶段、生态文明建设阶段、"两山"转化阶段、美丽中国建设阶段以及人与自然和谐共生的现代化阶段（见图4-24）。

①科学发展观阶段（2003~2011年）。在工业化、城镇化、市场化、国际化深入发展形势下，经济社会面临新的课题和矛盾。如粗放型经济增长方式的弊端越来越明显，城乡之间、区域之间、经济发展与资源环境之间的不协调愈加突出。在这种形势下，政府开始意识到建设中国特色社会主义，应全面顾及物质文明、政治文明、精神文明、生态文明。党的十六届三中全会提出的"统筹人与自然和谐发展"是科学发展观统筹兼顾的一个基本点，是生态文明建设理念在解答"人与自然"关系方面的体现[1]。2005年8月15日，习近平同志在浙江湖州安吉考察时，首次提出了"绿水青山就是金山银山"的科学论断[2]，"两山"理念为引领美丽中国建设奠定了理论基础。

②生态文明建设阶段（2012~2016年）。随着物质生活的进一步提高，人们对于精神文明和生态文明的需求愈发凸显，对未来的生活提出了美好的愿景。在党的十八大报告中，胡锦涛同志提出"面对资源约束趋紧、环境污染严重、

---

[1]　《中共中央关于完善社会主义市场经济体制若干问题的决定》，中国政府网，2003年10月14日，https://www.gov.cn/gongbao/content/2003/content_62494.htm。

[2]　张卓群、张涛、宋梦迪等：《新发展理念指标评价研究综述》，《城市与环境研究》2019年第4期。

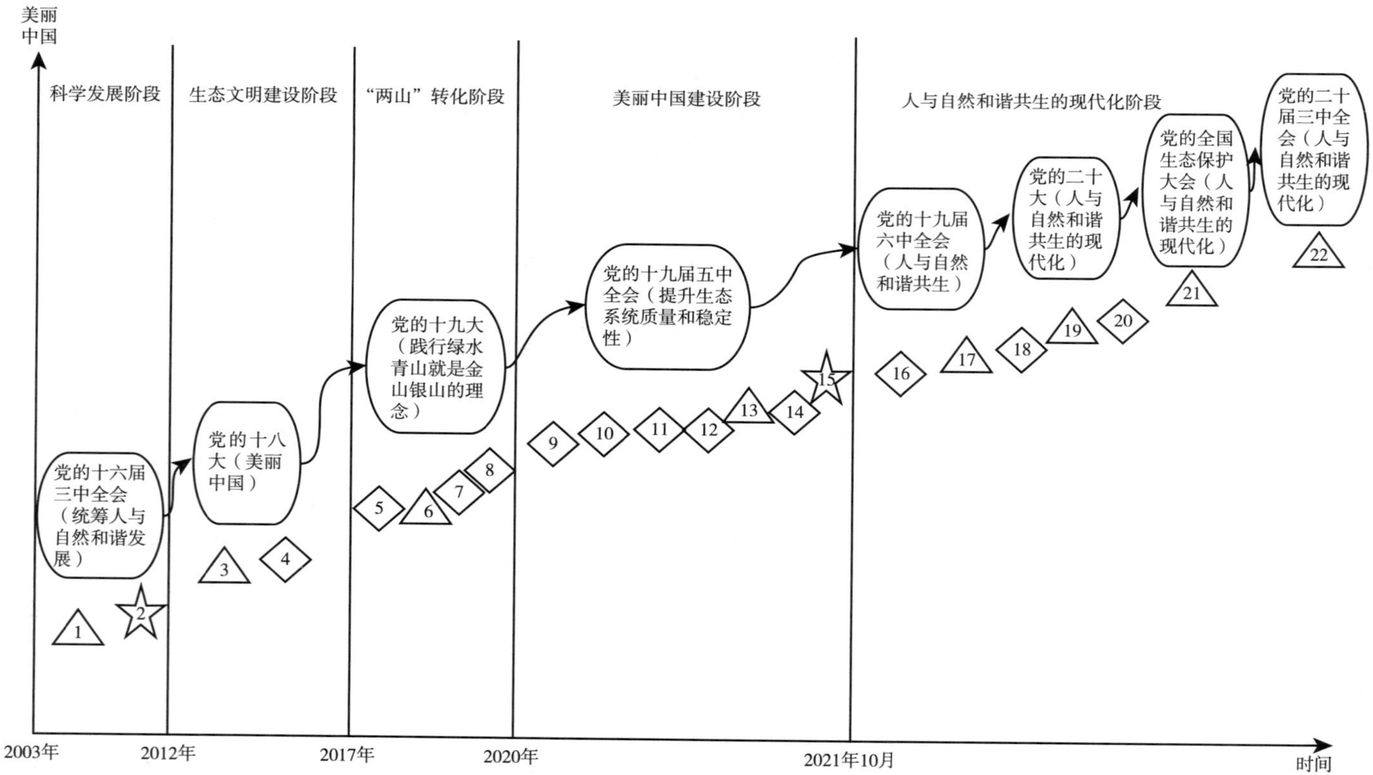

图4-24 美丽中国建设政策的历史演变逻辑

注释：△、◇、☆分别代表会议报告、文件以及讲话。其中，△主要包括：①党的十六届三中全会提出统筹人与自然和谐发展；③党的十八大提出美丽中国概念。◎2017年10月，党的十九大报告指出，坚持人与自然和谐共生，必须树立和践行"绿水青山就是金山银山"的理念，坚持节约资源和保护环境的基本国策，加快生态文明体制改革，建设美丽中国；③党的十九届五中全会提出，到2035年，基本实现社会主义现代化远景目标，提出要广泛形成绿色生产生活方式，碳排放达峰后稳中有降，生态环境根本好转，美丽中国建设目标基本实现；①党的十九届六中全会提出要坚持人与自然和谐共生，站在人民富裕、国家强盛、中国美丽的高度谋划发展，全面推进美丽中国建设，坚持山水林田湖草沙一体化保护和系统治理，协同推进人与自然和谐共生的现代化；②党的二十大强调，协同推进降碳、减污、扩绿、增长，促进人与自然和谐共生。○主要包括：④2016年，环境保护部将浙江省安吉县列为"绿水青山就是金山银山"理论实践试点县；⑤2017年9月，生态环境部发布《关于命名第一批"绿水青山就是金山银山"实践创新基地的公告》；⑥2018年12月，生态环境部发布《关于命名第二批"绿水青山"实践创新基地的公告》发布；⑦2018年12月，生态环境部发布《关于命名第二批"绿水青山就是金山银山"实践创新基地的公告》（第一批）》发布；⑧2019年11月，生态环境部发布《关于命名第三批"绿水青山就是金山银山"实践创新基地的公告》发布；⑨2020年2月，国家发展改革委制定了《美丽中国建设评估指标体系及实施方案》；⑩2020年4月，《自然资源部办公厅关于印发〈生态产品价值实现机制的意见〉》发布；⑪2020年10月10日，《生态产品价值实现典型案例》（第二批）发布；⑫2020年10月27日，《自然资源部办公厅关于印发〈生态产品价值实现机制的意见〉》发布；⑬2021年4月，"绿水青山就是金山银山"国务院办公厅印发《关于建立健全生态产品价值实现机制的意见》；国务院印发《生态产品价值实现典型案例》（第三批）发布；⑭2021年10月，《生态环境部关于命名第五批"绿水青山就是金山银山"实践创新基地的公告》发布；⑮2021年11月，中共中央、国务院印发《深入打好污染防治攻坚战的意见》，明确要"努力建设人与自然和谐共生的美丽中国；2021年12月，《生态环境部关于命名第六批"绿水青山就是金山银山"实践创新基地的公告》发布；2022年11月，生态环境部提出"绿水青山就是金山银山"的科学论断；⑯2021年8月15日，习近平同志在浙江湖州安吉考察时，首次提出"绿水青山就是金山银山"。○主要包括：②2005年8月15日，习近平同志在浙江湖州安吉考察时，首次提出"绿水青山就是金山银山"；②生物多样性公约第十五次缔约方大会领导人峰会视频讲话中提及对山水林田湖草沙进行一体化保护和系统治理。习近平主席在《生物多样性公约》第十五次缔约方大会领导人峰会视频讲话中提及对山水林田湖草沙进行一体化保护和系统治理。

资料来源：笔者自制。

生态系统退化的严峻形势，必须树立尊重自然、顺应自然、保护自然的生态文明理念，把生态文明建设放在突出地位，融入经济建设、政治建设、文化建设、社会建设各方面和全过程，努力建设美丽中国，实现中华民族永续发展"[1]，这是美丽中国首次作为执政理念和执政目标被提出。2015 年，中国共产党第十八届中央委员会第五次全体会议通过的《中共中央关于制定国民经济和社会发展第十三个五年规划的建议》提出"牢固树立创新、协调、绿色、开放、共享的发展理念"，要求"推进美丽中国建设，为全球生态安全作出新贡献"。《中华人民共和国国民经济和社会发展第十三个五年规划纲要》首次将美丽中国建设纳入国家发展规划，并提出要加快改善生态环境，协同推进人民富裕、国家强盛、中国美丽[2]。这既与中国特色社会主义事业"五位一体"总体布局一脉相承，也标志着美丽中国建设是改善生态环境质量、全面建成小康社会的必然选择[3]。2016 年，环境保护部将浙江省安吉县列为"绿水青山就是金山银山"理论实践试点县[4]。由此，美丽中国建设开始以"两山"转化理念为指引，并由"两山"转化试点建设逐步向全国推广。

③"两山"转化阶段（2017~2019 年）。为在生态文明建设中发挥示范引领作用，2017 年 9 月，环境保护部决定将浙江省安吉县等 13 个地区命名为第一批"绿水青山就是金山银山"实践创新基地，探索"绿水青山就是金山银山"实践路径的典型做法和经验。党的十九大报告进一步强调，"发展不平衡不充分的一些突出问题尚未解决"，"生态环境保护任重道远"。党的十九大报告将"美丽中国"纳入社会主义现代化强国目标，提出到 2035 年"生态环境

1　《坚定不移沿着中国特色社会主义道路前进 为全面建成小康社会而奋斗——在中国共产党第十八次全国代表大会上的报告》，中国人大网，2012 年 11 月 8 日，http：//www.npc.gov.cn/c2/c30834/202410/t20241017_440084.html。

2　《中共中央关于制定国民经济和社会发展第十三个五年规划的建议》，中国政府网，2015 年 10 月 29 日，https：//www.gov.cn/xinwen/2015-11/03/content_5004093.htm。

3　王金南、秦昌波、苏洁琼等：《美丽中国建设目标指标体系设计与应用》，《环境保护》2022 年第 8 期。

4　《关于命名浙江省安吉县等 13 个地区为第一批"绿水青山就是金山银山"实践创新基地的通知》，中华人民共和国生态环境部网站，2017 年 9 月 15 日，https：//www.mee.gov.cn/gkml/hbb/bgt/201709/t20170925_422227.htm。

根本好转，美丽中国目标基本实现"，到 21 世纪中叶"把我国建成富强民主文明和谐美丽的社会主义现代化强国"[1]。党中央、国务院高度重视生态文明建设，不仅提出了一系列生态文明建设的新思想、新目标、新要求和新部署，为建设美丽中国提供了根本遵循和行动指南，而且首次将美丽中国作为全面建成社会主义现代化强国的重要目标。美丽中国目标的提出，不仅寄予了人民对未来美好生活的期盼，也反映了中国共产党对人类文明规律的深刻认识和对现代化建设目标的深刻理解[2]。在 2018 年 5 月召开的全国生态环境保护大会上，习近平总书记为美丽中国建设确立了清晰的"时间表"和"路线图"，到 2035 年要达到生态环境根本好转，美丽中国建设目标基本实现；到 21 世纪中叶最终建成美丽中国[3]。为积极探索"绿水青山"转化为"金山银山"的有效途径，提升生态产品供给水平和保障能力，创新生态价值实现的体制机制，打造绿色惠民、绿色共享品牌，2018 年 12 月生态环境部发布《关于命名第二批"绿水青山就是金山银山"实践创新基地的公告》[4]。2019 年 11 月，生态环境部发布《关于命名第三批"绿水青山就是金山银山"实践创新基地的公告》。

④美丽中国建设阶段（2020 年至 2021 年 10 月）。2020 年 2 月，国家发改委制定了《美丽中国建设评估指标体系及实施方案》（以下简称"《方案》"），要面向 2035 年"美丽中国目标基本实现"的愿景，按照体现通用性、阶段性、不同区域特性的要求，聚焦生态环境良好、人居环境整洁等方面，构建评估指标体系，结合实际分阶段提出全国及各地区预期目标，由第三方机构开展美丽中国建设进程评估，引导各地区加快推进美丽中国建设。

1　《习近平：决胜全面建成小康社会 夺取新时代中国特色社会主义伟大胜利——在中国共产党第十九次全国代表大会上的报告》，中国政府网，2017 年 10 月 18 日，https://www.gov.cn/xinwen/2017-10/27/content_5234876.htm。

2　贺克斌：《生态文明与美丽中国建设》，《中国环境管理》2020 年第 6 期。

3　王宇：《习近平建设美丽中国重要论述的内涵阐析》，《中国人口·资源与环境》2022 年第 3 期。

4　《关于命名第二批"绿水青山就是金山银山"实践创新基地的公告》，中华人民共和国生态环境部网站，2018 年 12 月 12 日，https://www.mee.gov.cn/xxgk2018/xxgk/xxgk01/201812/t20181213_684723.html。

《方案》指出，美丽中国建设评估指标体系包括空气清新、水体洁净、土壤安全、生态良好、人居整洁五类指标。建立政府主导、企业和社会各界参与、市场化运作、可持续的生态产品价值实现机制，是贯彻落实习近平生态文明思想、践行"绿水青山就是金山银山"理念的重要举措，也是推进生态文明建设的必然要求。2020 年 4 月，自然资源部组织编写了《生态产品价值实现典型案例》（第一批），积极探索生态产品价值实现，形成了一批典型做法[1]。2020 年 10 月，自然资源部办公厅印发《生态产品价值实现典型案例》（第二批）的通知[2]。2021 年 10 月 12 日，习近平主席在《生物多样性公约》第十五次缔约方大会领导人峰会视频讲话中提及山水林田湖草沙进行一体化保护和系统治理。《中共中央关于制定国民经济和社会发展第十四个五年规划和二〇三五年远景目标的建议》提出，到 2035 年广泛形成绿色生产生活方式，碳排放达峰后稳中有降，生态环境根本好转，美丽中国建设目标基本实现[3]。其中的内涵逻辑体现在通过推动经济社会发展全面绿色转型和碳达峰碳中和，来实现"生态环境根本好转"和"美丽中国建设目标基本实现"，这一远景目标的提出丰富、完善了美丽中国建设的目标内涵[4]。

⑤人与自然和谐共生的现代化阶段（2021 年 11 月至今）。2021 年 11 月，中共中央、国务院印发的《关于深入打好污染防治攻坚战的意见》明确提出，要"努力建设人与自然和谐共生的美丽中国"，进一步深化完善建设内涵要求。党的十九届六中全会通过的《中共中央关于党的百年奋斗重大成就和历史经验的决议》提出，坚持人与自然和谐共生，协同推进人民富裕、国家强

1 《自然资源部办公厅关于印发〈生态产品价值实现典型案例〉（第一批）的通知》，中华人民共和国自然资源部网站，2020 年 4 月 23 日，https://gi.mnr.gov.cn/202004/t20200427_2510189.html。

2 《自然资源部推出第二批生态产品价值实现典型案例》，中华人民共和国自然资源部网站，2020 年 11 月 3 日，https://www.mnr.gov.cn/dt/ywbb/202011/t20201103_2581686.html。

3 《中华人民共和国国民经济和社会发展第十四个五年规划和 2035 年远景目标纲要》，中国政府网，2021 年 3 月 12 日，https://www.gov.cn/xinwen/2021-03/13/content_5592681.htm。

4 黄润秋：《深入贯彻落实党的十九届五中全会精神，协同推进生态环境高水平保护和经济高质量发展》，《环境保护》2021 年第 3 期。

盛、中国美丽。党的二十大报告提出到 2035 年，"广泛形成绿色生产生活方式，碳排放达峰后稳中有降，生态环境根本好转，美丽中国目标基本实现"。要推进美丽中国建设，坚持山水林田湖草沙一体化保护和系统治理，统筹产业结构调整、污染治理、生态保护、应对气候变化，协同推进降碳、减污、扩绿、增长，推进生态优先、节约集约、绿色低碳发展[1]。2023 年 7 月，习近平总书记在全国生态保护大会上强调，全面推进美丽中国建设，加快推进人与自然和谐共生的现代化[2]。2023 年 12 月，《中共中央 国务院关于全面推进美丽中国建设的意见》提出，以高品质生态环境支撑高质量发展，加快形成以实现人与自然和谐共生现代化为导向的美丽中国建设新格局，筑牢中华民族伟大复兴的生态根基[3]。党的二十届三中全会指出聚焦建设美丽中国，加快经济社会发展全面绿色转型，健全生态环境治理体系，促进人与自然和谐共生。《中共中央　国务院关于加快经济社会发展全面绿色转型的意见》提出，健全绿色低碳发展机制，加快经济社会发展全面绿色转型，全面推进美丽中国建设，加快推进人与自然和谐共生的现代化。尊重自然、顺应自然、保护自然，是全面建设社会主义现代化国家的内在要求，必须牢固树立和践行"绿水青山就是金山银山"理念，站在人与自然和谐共生的高度谋划发展。由此可见，美丽中国建设是人与自然和谐共生的中国式现代化的题中应有之义。人与自然和谐共生的中国式现代化是美丽中国建设的时代内涵和最新进展。

1　《（受权发布）习近平：高举中国特色社会主义伟大旗帜 为全面建设社会主义现代化国家而团结奋斗——在中国共产党第二十次全国代表大会上的报告》，新华网，2022 年 10 月 16 日，https://www.news.cn/politics/cpc20/2022-10/25/c_1129079429.htm。

2　《习近平在全国生态环境保护大会上强调：全面推进美丽中国建设 加快推进人与自然和谐共生的现代化》，中国政府网，2023 年 7 月 18 日，https://www.gov.cn/yaowen/liebiao/202307/content_6892793.htm？type=11。

3　《中共中央 国务院关于全面推进美丽中国建设的意见》，中国政府网，2023 年 12 月 27 日，https://www.gov.cn/gongbao/2024/issue_11126/202401/content_6928805.html。

二 美丽中国建设考核的典型案例

(一)"美丽中国建设评估方案"典型案例

1. 案例背景

为深入践行习近平生态文明思想，努力打造"青山常在、绿水长流、空气常新"的美丽中国，根据"五位一体"总体布局和建成富强民主文明和谐美丽的社会主义现代化强国的奋斗目标，为了实现面向 2035 年"美丽中国目标基本实现"的愿景，2020 年 2 月，国家发改委制定了《美丽中国建设评估指标体系及实施方案》。为了发挥评估工作对美丽中国建设的引导推动作用，制定如下美丽中国建设评估指标体系及实施方案[1]。

2. 美丽中国建设评估方案设计

(1) 总体思路。按照体现通用性、阶段性、不同区域特性的要求，聚焦生态环境良好、人居环境整洁等方面，构建评估指标体系，结合实际分阶段提出全国及各地区预期目标，由第三方机构开展美丽中国建设进程评估，引导各地区加快推进美丽中国建设。

(2) 基本原则。一是目标导向、突出重点。坚持美丽中国目标导向，聚焦生态环境重点领域指标，回应人民群众切身关切，科学设置评估指标，不求面面俱到。二是立足国情、可行可达。充分考虑我国发展阶段特征和产业结构特点，处理好发展与保护的关系，合理设定预期目标，不超越发展阶段，不一味求高。三是全国适用、体现差异。评估指标体系兼顾全国通用性和地区差异性，综合考量各地区发展水平、资源环境禀赋等实际，科学合理分解各地区目标，不搞"一刀切"。

(3) 指标体系。美丽中国是生态文明建设成果的集中体现。美丽中国建设评估指标体系包括空气清新、水体洁净、土壤安全、生态良好、人居整洁

---

1 《国家发展改革委关于印发〈美丽中国建设评估指标体系及实施方案〉的通知》，中国政府网，2020 年 2 月 28 日，https://www.gov.cn/zhengce/zhengceku/2020-03/07/content_5488275.htm。

五类指标。按照突出重点、群众关切、数据可得的原则，注重美丽中国建设进程结果性评估，分类细化提出 22 个具体指标。后续将根据党中央、国务院部署以及经济社会发展、生态文明建设实际情况，持续完善美丽中国建设评估指标体系。空气清新包括地级及以上城市细颗粒物（PM2.5）浓度、地级及以上城市可吸入颗粒物（PM10）浓度、地级及以上城市空气质量优良天数比例 3 个指标。水体洁净包括地表水水质优良（达到或好于Ⅲ类）比例、地表水劣 V 类水体比例、地级及以上城市集中式饮用水水源地水质达标率 3 个指标。土壤安全包括受污染耕地安全利用率、污染地块安全利用率、农膜回收率、化肥利用率、农药利用率 5 个指标。生态良好包括森林覆盖率、湿地保护率、水土保持率、自然保护地面积占陆域国土面积比例、重点生物物种种数保护率 5 个指标。人居整洁包括城镇生活污水集中收集率、城镇生活垃圾无害化处理率、农村生活污水处理和综合利用率、农村生活垃圾无害化处理率、城市公园绿地 500 米服务半径覆盖率、农村卫生厕所普及率 6 个指标。详细考评指标如 4-25 所示。在评估实施过程中，第三方机构可根据有关地区的不同特点，选取各地区美丽中国建设的特征性指标进行评估，以体现各地区的差异化特性。

表 4-25　美丽中国建设水平评估指标体系

评估指标	序号	具体指标（单位）	数据来源
空气清新	1	地级及以上城市细颗粒物（PM2.5）浓度（微克/立方米）	生态环境部
	2	地级及以上城市可吸入颗粒物（PM10）浓度（微克/立方米）	
	3	地级及以上城市空气质量优良天数比例（%）	
水体洁净	4	地表水水质优良（达到或好于Ⅲ类）比例（%）	生态环境部
	5	地表水劣 V 类水体比例（%）	
	6	地级及以上城市集中式饮用水水源地水质达标率（%）	

续表

评估指标	序号	具体指标(单位)	数据来源
土壤安全	7	受污染耕地安全利用率(%)	农业农村部、生态环境部
	8	污染地块安全利用率(%)	生态环境部、自然资源部
	9	农膜回收率(%)	农业农村部
	10	化肥利用率(%)	
	11	农药利用率(%)	
生态良好	12	森林覆盖率(%)	国家林草局、自然资源部
	13	湿地保护率(%)	
	14	水土保持率(%)	水利部
	15	自然保护地面积占陆域国土面积比例(%)	国家林草局、自然资源部
	16	重点生物物种种数保护率(%)	生态环境部
人居整洁	17	城镇生活污水集中收集率(%)	住建部
	18	城镇生活垃圾无害化处理率(%)	
	19	农村生活污水处理和综合利用率(%)	生态环境部
	20	农村生活垃圾无害化处理率(%)	住建部
	21	城市公园绿地500米服务半径覆盖率(%)	
	22	农村卫生厕所普及率(%)	农业农村部

（4）评估目标。由自然资源部、生态环境部、住房和城乡建设部、水利部、农业农村部、国家林草局等部门根据工作职责，综合考虑我国发展阶段、资源环境现状以及对标先进国家水平，分阶段研究提出 2025 年、2030 年、2035 年美丽中国建设预期目标，并结合各地区经济社会发展水平、发展定位、产业结构、资源环境禀赋等因素，由地方科学合理分解各地区目标，在目标确定和分解上体现地区差异。

（5）评估实施。首先是确定评估主体和对象，由第三方机构（中国科学院）对全国及 31 个省区市（不含港澳台地区）开展美丽中国建设进程评估。评估周期以 2020 年为基年，以 5 年为周期开展 2 次评估。其中，结合国民经济和社会发展五年规划中期评估开展 1 次，五年规划实施完成后开展 1 次。根据第三方机构确定美丽中国建设评估指标体系各指标权重，制定美丽中国建设进程评估技术，对照阶段性目标值，计算美丽中国建设综合指数，衡量美丽中国目标的实现程度。2020 年开展试评估，结合实践探索进一步完善指标体系和评估方法。在组织保障方面，各有关部门、地区要对中国科学院开展第三方评估工作给予支持，加强数据衔接，及时协调解决评估过程中的相关问题。

3. 结果运用

评估结果不进行地区排名，不作为政府政绩考核内容，由第三方机构发布，引导各地区落实和推动工作，助力美丽中国建设目标实现。2020 年 5 月 22 日，浙江发布了全国首个《浙江省美丽城镇建设评价办法》（以下简称"《评价办法》"）。《评价办法》坚持以人为本，融合发展；统筹兼顾，创新发展；分类推进，彰显特色；群众主体，共同缔造四大原则，以满足人民对美好生活的向往为出发点和落脚点，以增强小城镇内生动力为导向，将人民群众满意度作为评价的重要内容，引导各地在美丽城镇建设中补齐城镇短板、优化城镇功能、提升服务品质、提振经济产业、传承人文特色、深化综合治理，因地制宜，实施特色化、品质化发展[1]。

《评价办法》围绕功能便民环境美、共享乐民生活美、兴业富民产业美、魅力亲民人文美、善治为民治理美以及城乡融合体制机制，共设置 55 个共性指标、20 个左右个性指标及满意度指标。其中，共性指标对应美丽城镇建设的基本要求，为约束性指标；个性指标突出美丽城镇样板特色发展与增量评价，为引领性加分指标；满意度指标则反映了城镇居民对美丽城镇的满意程度。《评价办法》探索建立了以美丽城镇发展指数为代表的综合评估体检机制，创新性地提出了分类型、分特色的美丽城镇综合评价体系，为小城镇特色化、品质化、高质量发展提供了探索导向和评价范本。在《评价办法》的

---

[1] 《浙江发布美丽城镇建设评价办法》，中国政府网，2020 年 5 月 26 日，https：//www.gov.cn/xinwen/2020-05/26/content_ 5515134.htm。

指导下，浙江建立小城镇动态监督评价机制，每年定期发布美丽城镇发展指数，强化全省小城镇发展质量评价监督，不断优化城乡空间发展格局，加快形成城乡融合、全域美丽新格局，打造现代版"富春山居图"，为全国小城镇高质量发展提供"浙江样板"，努力将浙江美丽城镇打造成为美丽中国建设的"重要窗口"。

根据国家发改委印发的《美丽中国建设评估指标体系及实施方案》，2020年7月，数字中国研究院（福建）与中国科学院等一起组建了福建省评估工作队，组织开展2020年度美丽中国建设（福建省）第三方评估工作。工作队向中国科学院美丽中国建设评估执行委员会提交了《2020年度美丽中国建设评估美丽福建分报告》。报告围绕"空气清新""水体洁净""土壤安全""生态良好""人居整洁"五大类16个生态文明指标，通过调研、数据采集、公众满意度在线调查、模型分析等，得出福建省美丽中国建设综合指数，报告还分析了美丽福建建设的现状和问题，提出了对策建议[1]。2020年9月，国家对江西省美丽中国建设情况开展评估，专家组进一步明确江西评估指标体系，做好数据采集、资料收集和实地调研工作，最终完成《江西省美丽中国建设评估报告》[2]，总结江西省打造美丽中国建设"江西样板"的典型经验、存在的问题，并为江西持续推进美丽中国建设提供指导性意见。

4. 经验启示

对国家发改委关于《美丽中国建设评估指标体系及实施方案》的案例进行分析发现，该案例是习近平生态文明思想的生动实践，展示了"良好生态环境是最普惠的民生福祉"的价值导向，蕴含着在美丽中国建设过程中要坚持新发展理念，协同推进美丽中国建设与生态环境高水平保护。具体启示如下。

---

1 《数研院与中科院协作完成美丽福建建设评估》，数字中国研究院（福建）网站，2021年1月9日，https://adc.fzu.edu.cn/info/1013/1198.htm。

2 《国家对我省美丽中国建设情况开展评估》，江西省人民政府网站，2020年9月7日，https://www.jiangxi.gov.cn/art/2020/9/7/art_393_2794617.html。

一是坚持以人民为中心，满足人民日益增长的优美生态环境需要。在美丽中国建设指标体系中，不论是在一级指标人居整洁中纳入城镇生活污水集中收集率、城镇生活垃圾无害化处理率、农村生活污水处理和综合利用率、农村生活垃圾无害化处理率以及农村卫生厕所普及率，还是在一级指标空气清新中考核地级及以上城市细颗粒物（PM2.5）浓度和地级及以上城市空气质量优良天数比例，均体现"良好生态环境是最普惠的民生福祉""环境就是民生""保护生态环境同样也是为了民生"等重要论述，阐明了生态环境在民生改善中的重要地位，是对人民日益增长的优美生态环境需要的积极回应。在美丽中国建设进程中，必须坚持"以人民为中心"的发展思想，加快改善生态环境质量，提供更多优质生态产品，还人民蓝天白云、繁星闪烁，清水绿岸、鱼翔浅底，鸟语花香、田园风光。

二是贯彻落实新发展理念，协同推进美丽中国建设与生态环境高水平保护。在美丽中国建设考核指标体系中，既要考核人居整洁，又要考核空气清新、生态良好、水体洁净以及土壤安全。体现在美丽中国建设中，要推动人类生产活动与生态环境保护协同发展。这深刻揭示了生态环境保护与美丽中国建设之间辩证统一的关系，阐明了保护生态环境就是保护生产力、改善生态环境就是发展生产力的道理，已成为新发展理念的重要组成部分。必须牢固树立和践行"绿水青山就是金山银山"理念，坚持走生态优先、绿色发展之路不动摇，推动形成人与自然和谐发展的现代化建设新格局。

（二）江西省赣州市寻乌县山水林田湖草综合治理案例

1. 案例背景

建立政府主导、企业和社会各界参与、市场化运作、可持续的生态产品价值实现机制，是贯彻落实习近平生态文明思想、践行"绿水青山就是金山银山"理念的重要举措，也是推进生态文明建设的必然要求。近年来，各地积极探索生态产品价值实现，取得了积极成效，形成了一批典型做法。2020年4月，《自然资源部办公厅关于印发〈生态产品价值实现典型案例〉（第一批）的通知》鼓励全国各地结合本地区实际情况学习借鉴，积极探索创新，加快推进生态产品价值实现相关工作[1]。本章以赣州市寻乌县山水林田湖草综合治理典型案例为例展开深入分析。

江西省赣州市寻乌县是赣江、东江、韩江三江发源地，属于南方生态屏障的重要组成部分和全国重点生态功能区，也是毛泽东同志 1930 年开展"寻乌调查"的地方。寻乌县稀土资源丰富，自 20 世纪 70 年代末实施稀土开采，但由于生产工艺落后和忽视生态环境保护，出现了植被破坏、水土流失、水体污染、土地沙化和次生地质灾害频发等问题，遗留下面积巨大的"生态伤疤"。

近年来，寻乌县坚持"生态立县，绿色崛起"的发展战略，推进山水林田湖草生态保护修复，先后实施了文峰乡石排、柯树塘及涵水片区 3 个废弃矿山综合治理与生态修复工程，按照"宜林则林、宜耕则耕、宜工则工、宜水则水"的原则，统筹推进水域保护、矿山治理、土地整治、植被恢复等生态修复治理；在治理过程中坚持"生态+"理念，因地制宜地推进生态产业发展，促进生态产品价值实现，取得了积极成效。

2. 具体做法

一是坚持全景式规划。寻乌县坚持规划先行、高位推进，编制了《寻乌县山水林田湖草项目修建性详细规划》和《项目实施方案》等指导性文件，专门成立了县山水林田湖草项目办公室，确保项目实施有规可依、有章可循。在项目推进上坚持"抱团攻坚"，打破原来山水林田湖草"碎片化"治理格局，一体化推进区域内"山、水、林、田、湖、草、路、景、村"治理。统筹各类项目资金，在山水林田湖草生态保护修复资金的基础上，整合国家生态功能区转移支付、东江上下游横向生态补偿、低质低效林改造等各类财政资金 7.11 亿元；由县财政出资，联合其他合作银行筹措资金成立生态基金，积极引入社会投资 2.44 亿元，确保项目推进"加速度"。

二是加强系统性治理。在具体工作中，寻乌县创新实践了"三同治"模

1　《自然资源部办公厅关于印发〈生态产品价值实现典型案例〉（第一批）的通知》，中华人民共和国自然资源部网站，2020 年 4 月 23 日，https://gi.mnr.gov.cn/202004/t20200427_2510189.html。

式：山上山下同治，在山上实施边坡修复、沉沙排水、植被复绿等治理措施，在山下填筑沟壑、兴建生态挡墙、截排水沟，消除矿山崩塌、滑坡等地质灾害隐患，控制水土流失；地上地下同治，地上通过客土置换、增施有机肥等措施改良土壤，平整后开展光伏发电或种植油茶等经济作物，山坡坡面采取穴播、喷播等多种形式恢复植被，地下采用截水墙、高压旋喷桩等工艺将地下污染水体引流至地面生态水塘、人工湿地进行污染治理；流域上下同治，在上游稳沙固土、恢复植被，切断稀土尾沙、水质氨氮等污染源头，在下游建设梯级人工湿地、水终端处理设施等水质综合治理系统，实现水质末端控制和全流域稳定有效治理。同时，对所有项目统一设置水质、水土流失控制、植被覆盖率、土壤养分及理化性质4项考核指标，对所有施工单位明确了4年的后续管护任务，确保治理全覆盖。

三是推进"生态+"发展模式。寻乌县在推进山水林田湖草综合治理与生态修复的同时，积极探索生态发展道路，促进生态产品价值实现。发展"生态+工业"，利用治理后的7000亩存量工矿废弃用地建设工业园区，解决寻乌县工业用地紧张的难题，实现"变废为园"；实施"生态+光伏"，通过引进社会资本，在石排村、上甲村等治理区建设总装机容量35兆瓦的光伏发电站，实现"变荒为电"；推进"生态+扶贫"，综合开发矿区周边土地，建设高标准农田1800多亩，利用矿区修复土地种植油茶等经济作物5600多亩，既改善了生态环境，又促进了农民增收，实现了"变沙为油"；开展"生态+旅游"，将修复治理区与青龙岩旅游风景区连为一体，新建自行车道14.5公里、步道1.2公里，统筹推进矿山遗迹、科普体验、休闲观光、自行车赛事等文旅项目建设，发展生态旅游、体育健身等产业，促进生态效益和经济社会效益相统一，逐步实现"变景为财"。

3. 主要成效

一是让"废弃矿山"重现"绿水青山"，增强了生态产品供给能力。生态修复治理面积达到14平方公里，项目区水土流失得到有效控制，单位面积水土流失量减少了90%，强度由"剧烈"降为"轻度"。区域内河流水质逐步改善，水体氨氮含量减少了89.76%，寻乌县出境断面水质年均值达到了Ⅱ类标准。经过客土置换、增施有机肥和生石灰改良表土后，项目区土壤理化性状得到显著改良，从治理前土壤有机质含量几乎为零，仅有6种草本植物生长的"南方沙漠"，转变为有百余种草灌乔植物适应生长的"绿色景区"，植被覆盖率由10.2%提高至95.0%，区域空气质量显著改善，生物多样性逐步恢复。

二是践行"绿水青山"就是"金山银山"，获得了生态产品的综合效益。利用综合整治后的存量工业用地建成寻乌县工业用地平台，引进入驻企业30家，新增就业岗位3371个，直接经济效益在1.05亿元以上。通过"生态+光伏"，实现项目年发电量3875万千瓦时，年经营收入3970万元，项目区贫困户通过土地流转、务工就业等获益。通过"生态+扶贫"，建设高标准农田1800多亩，利用修复后的5600多亩土地种植油茶树、百香果等经济作物，极大地改善了当地居民的生活环境和耕种环境，年经济收入达到2300万元。通过促进"生态+旅游"，实现"绿""游"融合发展，年接待游客约10万人次，经营收入超过1000万元，带动周边村民收入增长，推动生态产品价值实现。

4. 经验启示

通过对江西省赣州市寻乌县山水林田湖草综合治理的案例分析发现，该案例是人与自然和谐共生现代化的生动实践，表明"生态环境是关系党的使命宗旨"，展示了"统筹山水林田湖草系统治理"的现代化手段，尤其反映出"完善生态文明制度体系是提升生态环境治理效能"的根本保证。具体启示如下。

一是坚持加强党的领导，切实担负起生态环境保护的政治责任。寻乌县财政出资、联合其他合作银行筹措资金成立生态基金，积极引入社会投资，确保山水林田湖项目修建项目推进"加速度"。寻乌县政府坚持全景式规划，编制了《寻乌县山水林田湖草项目修建性详细规划》和《项目实施方案》等指导性文件，专门成立了县山水林田湖草项目办公室，确保项目实施有规可依、有章可循。这体现了坚持党的领导是生态文明建设的根本保障，生态环境是关系党的使命宗旨的重大政治问题。在生态文明建设过程中，地方政府坚决扛起生态文明建设的政治责任，确保党中央关于生态环境保护的决策部署落到实处。

二是统筹山水林田湖草系统治理，按照生态系统的整体性、系统性及其内在规律开展生态文明建设。在寻乌县山水林田湖草综合治理具体工作中，寻乌县加强系统性治理，创新实践了"三同治"模式——山上山下同治、地上地下同治、流域上下同治，同时对所有项目统一设置水质、水土流失控制、植被覆盖率、土壤养分及理化性质4项考核指标，对所有施工单位明确了4年的后续管护任务，确保治理全覆盖，体现出从系统工程和全局角度推进生态环境治理，统筹兼顾、整体施策、多措并举，全方位、全地域、全过程开展生态文明建设的思路。

三是完善生态文明制度体系，提升生态环境治理效能。寻乌县坚持规划先行、高位推进，依靠制度、法治推动生态环境保护。生态文明制度体系建设，是坚持和完善中国特色社会主义制度、推进国家治理体系和治理能力现代化的重要组成部分。必须加快构建源头预防、过程控制、损害赔偿、责任追究的生态环境保护体系以及党委领导、政府主导、企业主体、社会组织和公众共同参与的现代环境治理体系。

三　美丽城市建设政策效果评估

（一）政策背景

2016年，环境保护部将浙江省安吉县列为"绿水青山就是金山银山"理念实践试点县。安吉县积极践行，扎实推进试点工作，在生态文明建设中发挥了示范引领作用。在试点经验的基础上，2017年，环境保护部决定将浙江省安吉县等13个地区命名为第一批"绿水青山就是金山银山"实践创新基地，探索"绿水青山就是金山银山"实践路径的典型做法和经验。2018年，生态环境部命名北京市延庆区等16个地区为第二批"绿水青山就是金山银山"实践创新基地。随后，生态环境部分别于2019年、2020年和2021年公布第三批、第四批以及第五批"绿水青山就是金山银山"实践创新基地入选名单[1]。

"两山"理念实践创新基地建设目标是要积极探索"绿水青山"转化为"金山银山"的有效途径，提升生态产品供给水平和保障能力，创新生态价值实现的体制机制，打造绿色惠民、绿色共享品牌。鉴于美丽中国建设是生产空间、生活空间以及生态空间的和谐共生，是尊重自然、顺应自然、保护自然的过程，是推动人与自然和谐共生的中国式现代化的内在要求，必须牢固树立和践行"绿水青山就是金山银山"的理念，站在人与自然和谐共生的高度谋划发展。美丽中国建设与"两山"转化实践创新基地建设目标不谋而合。因此，可以将"两山"转化创新实践基地建设作为美丽中国建设的一项准自然实验，在人与自然和谐共生的现代化视角下对美丽中国建设效果进行评估。

（二）模型构建、变量选取与数据说明

1. 模型构建

本章将"绿水青山就是金山银山"实践创新基地试点政策看作一项准自然实验，基于绿色技术创新的视角，运用双重差分法评估美丽城市建设的政策效果。双重差分法可以解决反向因果、遗漏变量等因素引致的内生性问题，使估计结果更可靠。模型构建如下：

$$ginno_{it} = \beta_0 + \beta_1 treat_{it} \times year_{it} + \gamma \sum X_{it} + \lambda_i + \delta_t + \varepsilon_{it} \qquad (4-4)$$

其中，i 为城市；t 为时间；β_0 表示截距项；λ_i 和 δ_t 分别表示时间固定效应和地区固定效应；ε_{it} 表示随机扰动项；$ginno_{it}$ 为被解释变量绿色技术创新。$treat_{it} \times year_{it}$ 为处理组虚拟变量与"两山"理念实践创新基地建设试点时间虚

1　《关于命名第三批"绿水青山就是金山银山"实践创新基地的公告》，中华人民共和国生态环境部网站，2019 年 11 月 13 日，https://www.mee.gov.cn/xxgk2018/xxgk/xxgk01/201911/t20191114_742443.html；《关于命名第四批"绿水青山就是金山银山"实践创新基地的公告》，中华人民共和国生态环境部网站，2020 年 10 月 9 日，https://www.mee.gov.cn/xxgk2018/xxgk/xxgk01/202010/t20201012_802766.html；《关于命名第五批"绿水青山就是金山银山"实践创新基地的公告》，中华人民共和国生态环境部网站，2021 年 10 月 12 日，https://www.mee.gov.cn/xxgk2018/xxgk/xxgk01/202110/t20211013_956361.html。

拟变量乘积。如果城市被纳入"两山"理念实践创新基地建设试点，$treat_{it}$ 则取值为 1，否则取值为 0；$year_{it}$ 在试点政策实施当年及其以后取值为 1，否则取值为 0。估计系数 β_1 表示"两山"理念实践创新基地建设试点政策对绿色技术创新的影响。X_{it} 表示一组控制变量。γ 表示控制变量估计系数。

2. 变量选取与数据说明

（1）被解释变量为美丽中国建设水平。依据美丽中国建设政策的脉络梳理，美丽中国建设经历了从科学发展阶段到人与自然和谐共生的现代化阶段的演变，人与自然和谐共生的现代化要求美丽中国建设生产发展、生活富裕以及生态良好，而绿色技术创新不仅考虑到生态环境因素，也考虑到生产技术因素，还考虑到绿色生活因素。绿色创新水平在一定程度上能够度量美丽中国建设"三生空间"的综合效果。本章将绿色创新水平作为美丽城市建设水平的代理变量，绿色创新水平用绿色发展发明专利获得量取对数表示。

（2）核心解释变量为美丽城市建设政策实施。由美丽中国建设考核的典型案例分析可知，美丽中国建设过程是生态产品价值实现的过程。因此，可以将"两山"转化政策作为美丽城市建设试点政策的代理变量，用虚拟变量表示。本章以 2017 年第一批"绿水青山就是金山银山"实践创新基地试点为准自然实验对象，选择试点城市的虚拟变量和政策时间虚拟变量的交互项（$treat_{it} \times year_{it}$）作为核心解释变量，表示美丽城市建设政策对实验组和对照组绿色技术创新能力的影响。

（3）控制变量：参照 Fan 等[1]以及刘金科和肖翊阳[2]的研究，选取经济发展水平、投资水平、人力资本积累、金融发展以及产业结构升级作为控制变量，其中，经济发展水平（$lgdp$）用人均 GDP 取对数表示；投资水平（$lgdzc$）用固定资产投资取对数表示；人力资本积累（$lhuma$）用高校在校生人数取对

1　F. Fan et al. , "Can Environmental Regulation Promote Urban Green Innovation Efficiency? An Empirical Study Based on Chinese Cities," *Journal of Cleaner Production* 287，2021，p. 125060.

2　刘金科、肖翊阳：《中国环境保护税与绿色创新：杠杆效应还是挤出效应?》，《经济研究》2022 年第 1 期。

数表示；金融发展水平（*finn*）用金融业贷款余额占 GDP 比重表示；产业结构升级（*cyjg*）用三产产值比二产产值表示。

（4）调节变量为城市规模，用地区人口取对数表示。理论上，规模较大的城市易产生经济集聚效应，在知识溢出和创新要素等方面具有优势，因此大规模城市在绿色技术创新方面具有比较优势[1]。同时，规模等级不同的城市，人类活动对生产空间、生活空间、生态空间的干预作用存在差异，因此本章采用城市规模作为调节变量，重点考察美丽中国建设的效果是否存在基于城市人口规模的异质性。

本章使用 2003~2019 年全国 285 个地级市面板数据，变量选取主要来源于《中国城市统计年鉴》，城市绿色创新数据来源于中国研究数据服务平台（CNRDS）。在选取实验组和控制组的过程中进行了以下处理：在设立"绿水青山就是金山银山"实践创新基地试点时，环境保护部将部分城市内部的某个自治州或者县作为试点城市（如山西省右玉县、安徽省旌德县等），在研究过程中界定为该城市是"两山"理念实践创新基地试点城市。由于后五期"两山"理念实践创新基地试点政策集中在 2020 年、2021 年，考虑到研究样本的时间限制，本章选取 2017 年第一批"两山"理论实践创新基地试点城市作为准自然实验对象。为此，本章选取实验组 11 个城市、控制组 274 个城市，共 285 个城市样本数据。

（三）实证结果分析

1. 基准回归结果分析

在表 4-26 中，模型（1）至模型（2）为 OLS 回归结果，模型（3）至模型（4）为固定效应回归结果。以上 4 个模型分别为"两山"理念实践创新基地试点城市建设对绿色技术创新的影响。估计结果表明，无论是否加入控制变量，"两山"理念实践创新基地试点城市建设对绿色技术创新均有显著的正向影响，说明美丽城市建设显著推动了城市绿色技术创新能力提升。其

---

1 石大千、丁海、卫平、刘建江：《智慧城市建设能否降低环境污染》，《中国工业经济》2018 年第 6 期。

中，"两山"理念实践创新基地试点城市建设显著提升了约 21.6% 的绿色技术创新。可能的原因是，在"两山"转化过程中，制定合理的环境政策会产生创新补偿效应，从而提升地区的生产率并获得经济收益，在适当的环境规制压力下，城市有动力进行技术创新，提升能源使用效率，减少生产过程中的污染排放，以达到环境规制所要求的排放水平，最终获得环境和经济的双重效益[1]。

表 4-26 基准回归结果

变量	（1）	（2）	（3）	（4）
	lfmsq	*lfmsq*	*lfmsq*	*lfmsq*
treat × year	0.994 ***	0.269 *	0.235 *	0.216 *
	(3.145)	(1.769)	(1.891)	(1.737)
cyjg		0.204 ***		0.038
		(6.127)		(0.698)
lgdp		0.639 ***		0.171 *
		(26.698)		(1.911)
lgdzc		0.570 ***		0.096 **
		(27.424)		(2.468)
finn		0.374 ***		0.077 **
		(12.266)		(2.131)
lhuma		0.426 ***		−0.077 *
		(30.129)		(−1.944)
常数项	2.342 ***	−13.148 ***	0.495 ***	−0.902
	(81.727)	(−61.619)	(9.943)	(−1.051)
城市固定	否	否	是	是
时间固定	否	否	是	是
样本量	3895	3878	3895	3878
R^2	0.003	0.773	0.750	0.752

注：*** $p<0.01$，** $p<0.05$，* $p<0.1$；括号内数值为对应的 t 值。

---

[1] 欧阳晓灵、张骏豪、杜刚：《环境规制与城市绿色技术创新：影响机制与空间效应》，《中国管理科学》2022 年第 12 期。

2. 稳健性检验

（1）平行趋势和动态效应检验。满足平行趋势假定是使用双重差分模型的基本前提，即在政策实施前生态文明试点与非试点城市不存在显著的系统性差异[1]。同时，考虑"两山"理念实践创新基地试点政策分批实施，在"两山"理念实践创新基地试点城市建设过程中，美丽中国建设具有缓冲期和动态特征，本部分通过事件分析法进行分析，构建如下计量模型：

$$ginno_{it} = \beta_0 + \sum_{k \geq -6}^{2} \beta_k treat \times year_{it}^{\ k} + \lambda \sum X_{it} + \delta_i + \lambda_t + \varepsilon_{it} \qquad (4-5)$$

式（4-5）中，$treat \times year_{it}^{\ k}$ 为"两山"理念实践创新基地试点政策实施的当期虚拟变量，$k < 0$ 表示政策推行前的 k 年；$k > 0$ 表示政策实施后的 k 年。其他变量与模型（1）中变量的含义相同。此模型的含义是，若政策实施前 6 年，虚拟变量估计系数不显著，说明实验组和控制组满足平行趋势，同时可以考察政策实施后政策效果的时间变化趋势。

本章采用图示法比较了"两山"理念实践创新基地试点政策实施前后绿色创新水平的变化情况。图 4-25 和图 4-26 呈现了"两山"理念实践创新基地试点政策实施前 6 年至实施后 2 年绿色技术创新能力的变动趋势。由图 4-25 和图 4-26 可知，政策实施前，"两山"理念实践创新基地示范城市建设对绿色技术创新影响不显著，满足平行趋势假说。政策实施后，促进效应呈现滞后状态和边际递增趋势。由于"两山"理念实践创新基地建设具有阶段性特征，在美丽中国建设过程中加强环境规制、提升绿色技术创新水平，总效应表现为正向促进，随着美丽中国建设的不断推进，环境目标约束对绿色技术创新能力提出更高的要求[2]，其正向效应不断得到释放。

1　辛宝贵、高菲菲：《生态文明试点有助于生态全要素生产率提升吗？》，《中国人口·资源与环境》2021 年第 5 期。

2　陶锋、赵锦瑜、周浩：《环境规制实现了绿色技术创新的"增量提质"吗——来自环保目标责任制的证据》，《中国工业经济》2021 年第 2 期。

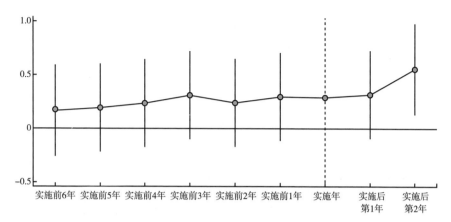

图 4-25　实施前 6 年至实施后动态变化趋势（无控制变量）

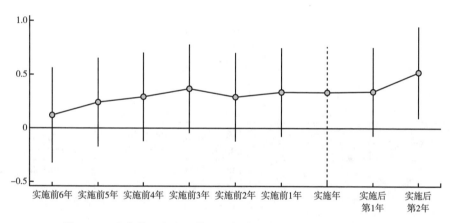

图 4-26　实施前 6 年至实施后 2 年动态变化趋势（有控制变量）

（2）安慰剂检验。随机抽取 11 个 "两山" 理念实践创新基地作为实验组，其他城市作为控制组，进行 500 次自抽样回归，观察系数均值是否等于 0。图 4-27 报告了 500 次自抽样回归的 p 值分布和参数估计值。"两山" 理念实践创新基地随机模拟结果的估计值基本服从正态分布，符合安慰剂检验的预期。

（3）替换被解释变量。采用地区发明专利总量作为绿色技术创新的替代变量，再次进行检验，结果如表 4-27 所示。不论是否加入控制变量，估计结果一致显示 "两山" 理念实践创新基地的估计系数至少在 5% 的显著性水平上为正。这说明本章的估计结果稳健，美丽中国建设示范政策的绿色技术创新效果显著。

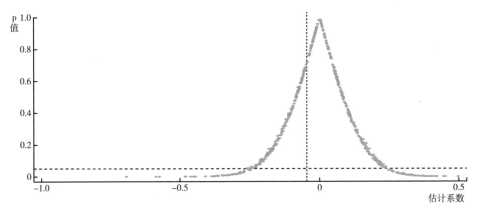

图 4-27　安慰剂检验结果

表 4-27　稳健性检验结果

变量	(1)	(2)	(3)	(4)
	m1	m2	m3	m4
did	1. 489 ***	0. 306 **	0. 339 ***	0. 308 ***
	(4. 226)	(2. 070)	(3. 111)	(2. 823)
cyjg		0. 178 ***		− 0. 139 ***
		(6. 152)		(−3. 339)
lgdp		0. 630 ***		0. 068
		(29. 840)		(0. 981)
lgdzc		0. 641 ***		0. 121 ***
		(34. 898)		(3. 887)
finn		0. 404 ***		0. 091 ***
		(14. 294)		(2. 921)
lhuma		0. 447 ***		0. 052 *
		(34. 967)		(1. 805)
常数项	3. 925 ***	− 11. 713 ***	2. 125 ***	0. 481
	(134. 037)	(−64. 699)	(63. 586)	(0. 752)
样本量	4780	4722	4780	4722
城市固定	否	否	是	是
时间固定	否	否	是	是
R^2	0. 004	0. 825	0. 822	0. 825

注：*** $p < 0.01$，** $p < 0.05$，* $p < 0.1$；括号内数值为对应的 t 值。

3. 异质性分析

理论上，规模较大的城市易产生经济集聚效应，在人力资本、研发资金和知识技术溢出等方面具有优势，因此大规模城市在绿色技术创新方面具有比较优势。同时，规模过大的城市人类活动对自然环境的干预较强，容易产生拥挤效应，导致资本和要素逃离[1]。为了有效识别城市规模对美丽中国建设的绿色技术创新效应的异质性影响，本章将城市规模划分为四等份，并分别使用 DID 模型进行检验，检验结果如表 4-28 所示。模型（1）至模型（3）结果显示，随着城市规模扩大，美丽城市建设的绿色创新效应出现先抑制后促进再抑制的倒"N"形特征。这说明小城市的美丽城市建设会突出绿色技术创新，可能由于小城市美丽中国建设基础支撑薄弱，如科技资源匮乏、人力资本积累相对较弱[2]。在中等规模城市，通过"两山"转化政策激励，绿色技术创新能力充分得到释放。而在较大规模以及大规模城市，在经济增长目标压力下，人类活动可能过度干预自然，短期内易造成对节能减排技术投入不足，削弱美丽城市建设的绿色技术创新效应，进而导致总效应影响不显著。这说明，存在最优城市规模使美丽城市建设试点政策效果最优。这意味着美丽城市政策试点效果存在差异，在进行美丽城市试点推广时，应制定差别化政策。

表 4-28　人口规模异质性检验结果

变量	（1） 小规模	（2） 中等规模	（3） 较大规模	（4） 大规模
did	-1.4032 **	0.6967 ***	-0.0482	-0.0838
	（-2.4372）	（3.6894）	（-0.2070）	（-0.2039）
cyjg	-0.0920	0.0882	-0.0099	0.1192
	（-0.8575）	（0.7186）	（-0.0773）	（1.2317）

1　石大千、丁海、卫平等：《智慧城市建设能否降低环境污染》，《中国工业经济》2018 年第 6 期。

2　沈能、赵增耀：《集聚动态外部性与企业创新能力》，《科研管理》2014 年第 4 期。

续表

变量	（1）	（2）	（3）	（4）
	小规模	中等规模	较大规模	大规模
lgdp	−0.1621	0.0823	0.2392	0.6728 ***
	（−0.8190）	（0.3815）	（1.3428）	（4.2823）
lgdzc	0.0780	0.2398 ***	−0.0364	−0.1422 *
	（0.9478）	（2.9027）	（−0.4100）	（−1.8809）
finn	0.0714	0.1320 **	0.0449	0.3475 ***
	（0.6425）	（1.9832）	（0.7954）	（3.8982）
lhuma	0.0278	−0.0636	−0.0609	0.1779 *
	（0.3769）	（−0.7175）	（−0.7556）	（1.7304）
常数项	1.0137	−1.3892	−0.7350	−6.6134 ***
	（0.5509）	（−0.7093）	（−0.4030）	（−3.6664）
样本量	827	926	1031	1094
R²	0.631	0.691	0.784	0.853

注：*** $p<0.01$，** $p<0.05$，* $p<0.1$；括号内数值为对应的 t 值。

综上所述，"两山"理念实践创新基地试点政策能够推动绿色技术创新，说明美丽中国建设政策有效。动态效果表明，美丽城市建设政策效果存在 1 年的滞后期。美丽城市建设的绿色创新效果存在基于城市人口规模的异质性，即存在最优人口规模使美丽城市建设的政策效果最优。

四　人与自然和谐共生的现代化视角下美丽中国建设考评机制设计

（一）美丽中国建设考评的分析框架

（1）建设人与自然和谐共生的现代化是美丽中国建设的必然要求，对美丽中国建设提出新要求。推动构建人与自然和谐共生的现代化，是践行美丽中国的有力举措，是对习近平生态文明思想所蕴含的尊重自然、顺应自然和保护自然的理念的贯彻[1]。

1　《中华人民共和国国民经济和社会发展第十四个五年规划和 2035 年远景目标纲要》，中国政府网，2021年 3 月 12 日，https：//www.gov.cn/xinwen/2021-03/13/content_5592681.htm。

第一，建设人与自然和谐共生的美丽中国，成为人民对美好生活的向往。党的十八大以来，完成了全面建成小康社会的历史任务，实现了第一个百年奋斗目标，人民生活越来越美好，对于生态环境的要求也不断提高。在习近平生态文明思想的指导下，党和国家全方位推动绿色低碳转型，把生态文明建设落实到经济社会发展的每一个环节，坚决杜绝"先污染，后治理"的老路，坚持"绿水青山就是金山银山"的理念，坚持山水林田湖草沙一体化保护和系统治理，生态文明制度体系更加健全，生态环境保护发生历史性、转折性、全局性变化，我国的天更蓝、山更绿、水更清[1]，实现了经济效益与社会效益、生态效益的有机统一，美丽中国建设取得明显成效。在坚定不移推进美丽中国建设的进程中，良好的生态环境已成为最普惠的民生福祉，可以满足人民群众多样化、多层次的美好生活需求[2]，需要我们持续不断推进"两山"理念转化，以绿色发展为具体路径，强化人与自然和谐共生的现代化特征，建立起人与自然良性循环的运行秩序。

第二，人与自然和谐共生的现代化赋予美丽中国建设新使命。坚持走生产发展、生活富裕以及生态良好的文明发展道路，要求在推进美丽中国建设过程中，协同推进降碳、减污、扩绿以及增长，推进生态优先、集约节约、绿色低碳发展。

（2）美丽中国建设是人与自然和谐共生的现代化建设目标，在现阶段赋予新内涵。中华民族在生生不息的文明进程中孕育了丰富的生态文化，形成了尊重自然、热爱自然的良好风尚和价值理念。儒家的"天人合一"、道家的"道法自然"和佛家的"众生平等"，都强调把自然生态与人类社会联系起来，按照大自然的规律行事，阐发了尊重自然、与自然和谐相处的生态价值观念。

第一，"人与自然和谐共生"为推进美丽中国建设提供了方向指引和重要

1 《习近平主持中共中央政治局第四十次集体学习并发表重要讲话》，中国政府网，2022年6月18日，https://www.gov.cn/xinwen/2022-06/18/content_5696442.htm。

2 许宪春、雷泽坤、窦园园等：《中国南北平衡发展差距研究——基于"中国平衡发展指数"的综合分析》，《中国工业经济》2021年第2期。

遵循。人与自然的和谐共生是马克思生态自然观的核心。马克思在《1844 年经济学哲学手稿》中首次提出人与自然的关系：自然界，就它自身不是人的身体而言，是人的无机的身体。党的十八大以来，"环境就是民生，青山就是美丽，蓝天也是幸福""绿水青山就是金山银山""统筹山水林田湖草沙系统治理""良好生态环境是最普惠的民生福祉""用最严格制度最严密法治保护生态环境""共谋全球生态文明建设之路"等重要论断和主张不断被提出。在纪念马克思诞辰 200 周年大会上，习近平总书记阐明了"人类在同自然的互动中生产、生活、发展""自然是生命之母，人与自然是生命共同体，人类必须敬畏自然、尊重自然、顺应自然、保护自然"[1]，实现了马克思主义关于人与自然关系思想的与时俱进。习近平总书记站在战略和全局高度，深刻把握新时代我国人与自然关系的新形势、新矛盾、新特征，与新时代课题紧密结合，汲取和升华中华优秀传统生态文化的思想智慧，继承和创新马克思主义自然观、生态观，运用和深化马克思主义关于人与自然、生产和生态的辩证统一关系的认识，深刻阐释了人与自然和谐共生的内在规律和本质要求，丰富和发展了马克思主义关于人与自然关系的理论，人与自然和谐共生的现代化最终目标是建成美丽中国。

第二，人与自然和谐共生现代化建设阶段，美丽中国建设有新内涵。要推进美丽中国建设，坚持山水林田湖草沙一体化保护和系统治理，统筹产业结构调整、污染治理、生态保护以及应对气候变化，推进生产方式、生活方式绿色转型，提升生态系统多样性、稳定性和持续性。

（3）美丽中国建设考评既要符合生态文明建设的共性要求，也要结合地区发展特色，还要依据人与自然和谐共生的现代化新要求，差别设计，因地制宜进行。美丽中国建设需要坚持生产发展、生活富裕、生态良好的文明发展道路。

1　《习近平：在纪念马克思诞辰 200 周年大会上的讲话》，新华网，2018 年 5 月 4 日，https：//www.xinhuanet.com/politics/leaders/2018-05-04/c_1122783997.htm。

　　第一，美丽中国建设在区域层面共同体现为人居整洁。党的二十大提出，要推进美丽中国建设，坚持山水林田湖草沙一体化保护和系统治理，统筹产业结构调整、污染治理、生态保护、应对气候变化，协同推进降碳、减污、扩绿、增长，推进生态优先、节约集约、绿色低碳发展。美丽中国建设需要共同关注生产、生活以及生态三个方面。在设计美丽中国省域建设、城市建设以及乡村建设考评机制时，应协同推进生产发展、生活富裕以及生态良好。

　　第二，美丽中国建设考评需要兼顾不同尺度下的差异性。①美丽中国省域建设水平考核应从大范围综合考虑，兼顾生态环境保护和山水林田草一体化治理等工作，重点考核生态优良，推进生态文明示范省建设。②美丽中国城市建设水平考核应以天更蓝、水更绿、山更青、空气更清新为重要目标[1]，牢固树立"绿水青山就是金山银山"理念，坚持走绿色低碳发展之路，持续提升城市空气质量，建设美丽宜居城市。③美丽中国乡村建设水平考核应符合乡村振兴战略实施的总要求[2]，结合共同富裕的现代化建设目标，重点凸显生活富裕，助力实现乡村振兴和共同富裕。

　　第三，人与自然和谐共生的现代化对美丽中国建设考核提出新要求，美丽中国建设是人与自然和谐共生的现代化题中应有之义[3]。人与自然和谐共生的现代化指出人与自然是生命共同体，要坚持可持续发展，坚持节约优先、保护优先、自然恢复为主的方针，像保护眼睛一样保护自然和生态环境，坚定不移走生产发展、生活富裕、生态良好的文明发展道路[4]。促进人与自然和谐共生，落实到美丽中国建设方面，要求提高生态系统多样性、稳定性和持续性，重点是建立生态产品价值实现机制，增加生态产品供给。可见，增加

1　杨建毅：《马克思人本思想中的生态学意义及其我国实践》，《重庆社会科学》2015 年第 1 期。

2　徐凤增、袭威、徐月华：《乡村走向共同富裕过程中的治理机制及其作用——一项双案例研究》，《管理世界》2021 年第 12 期。

3　《（受权发布）习近平：高举中国特色社会主义伟大旗帜 为全面建设社会主义现代化国家而团结奋斗——在中国共产党第二十次全国代表大会上的报告》，新华网，2022 年 10 月 16 日，https://www.news.cn/politics/cpc20/2022-10/25/c_1129079429.htm。

4　孙正聿：《从大历史观看中国式现代化》，《哲学研究》2022 年第 1 期。

生态产品供给不仅践行了"绿水青山就是金山银山"的理念，还体现了站在人与自然和谐共生的高度谋划发展。美丽中国建设考评机制框架如图 4-28 所示。

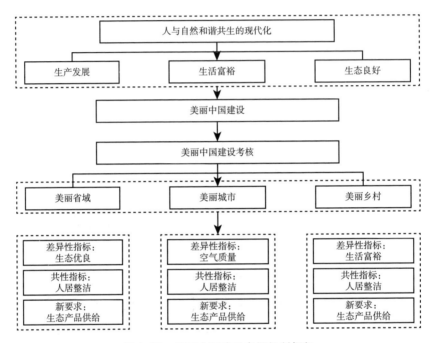

图 4-28　美丽中国建设考评机制框架

（二）美丽中国建设考评方案设计

1. 总体思路

按照体现人与自然和谐共生现代化目标要求，综合考虑通用性、阶段性、不同区域特性，聚焦生态环境良好、人居环境整洁等方面构建评估指标体系，结合实际分阶段提出各地区预期目标。由各级主管部门根据工作职责，结合 2025 年、2030 年、2035 年美丽中国建设预期目标，基于各地区经济社会发展水平、发展定位、产业结构、资源环境禀赋等因素，科学合理地分解各地区目标，在目标确定和分解上体现地区差异。由第三方机构开展美丽省域、美丽城市以及美丽乡村建设进程评估，引导各地区加快推进美丽中国建设。

2. 评估目标

①美丽省域的评估目标。生态环境治理是"美丽"的题中应有之义，纵向来看，生态环境部门推进山水林田湖草沙一体化治理，离不开水利部门的水土保持、治水部门的河湖整治工作；横向来看，自然美、乡村美、城镇美缺一不可，需要生态环境和农业农村、住建部门共同发力。美丽省域建设涵盖了"美丽"的全方位，既有生态环境保护，也涵盖美丽河湖、城乡风貌整治提升等工作[1]。②美丽城市考核目标。以天更蓝、水更绿、山更青、空气更清新为重要目标，以实现人与自然和谐共生的现代化为关键抓手。牢固树立"绿水青山就是金山银山"理念，坚持走绿色低碳发展之路，大力推进空间格局优化、统筹推进城市有机更新、生态系统建设和民生福祉改善[2]。③美丽乡村考核目标。美丽乡村考核应符合乡村振兴战略实施和共同富裕的总要求[3]，朝着"产业兴旺、生态宜居、乡风文明、治理有效、生活富裕"的方向前进。

3. 基本原则

一是目标导向、突出重点。坚持美丽中国目标导向，聚焦生态环境重点领域指标，回应人民群众切身关切，科学设置评估指标，不求面面俱到。二是立足区域特色和发展现状。充分考虑我国发展阶段特征和省域、城市以及乡村特点，处理好发展与保护的关系，结合不同区域的特色，合理设定预期目标，不超越发展阶段，不一味求高。三是全国适用、体现差异。评估指标体系兼顾全国通用性和地区差异性，综合考量各地区发展水平、资源环境禀赋等实际，科学合理分解各地区目标，不搞"一刀切"。

4. 构建美丽中国建设评估指标体系

美丽中国战略提出以来，地方各级人民政府和部分研究机构相继建立了美丽中国评估指标体系，但这些评估指标体系存在区域同质化、指标多

1　朱智翔：《浙江深入打造生态文明高地 绿水青山带笑颜》，《世界环境》2022 年第 5 期。

2　《全国人大代表、湖北省生态环境厅厅长吕文艳：坚持生态优先，加快推动绿色转型高质量发展》，《中国环境监察》2021 年第 Z1 期。

3　王宾、于法稳：《"十四五"时期推进农村人居环境整治提升的战略任务》，《改革》2021 年第 3 期。

样化、指标权重主观性、学科领域差异化等问题，指标体系缺乏充分的理论支撑，指标体系设置与美丽中国的基本内涵和实质难以对接，美丽中国评估缺乏有效的顶层设计，因此需要构建并发布美丽中国建设评估指标体系。该体系既要充分体现美丽中国建设的生态环境之美、绿色发展之美、社会和谐之美、体制完善之美和文化传承之美[1]，又要充分考虑东部、中部和西部地区之间的地域文化及美丽差异，选取有代表性的指标体系。依据评估标体系，选取第三方评估机构对全国美丽中国建设进程开展动态监测与综合评估，深入了解各地区美丽中国建设中存在的问题及取得的成就，取长补短，为到 21 世纪中叶全面建成美丽中国保驾护航。

（1）美丽中国省域建设考核指标体系。美丽中国省域建设已经涵盖"美丽"的全方位，既有生态环境保护，也涵盖美丽河湖、城乡风貌整治提升等工作[2]。美丽中国省域建设考评指标体系构建依据前文美丽中国建设考评机制框架中的差异性指标、共性指标和人与自然和谐共生现代化视角下新要求三大方面，分别选取生态优良、人居整洁以及生态产品供给三个一级指标。其中，生态优良作为美丽中国省域建设重点考核对象，参考国家发改委发布的《美丽中国建设评估指标体系及实施方案》，选取森林覆盖率、水土保持率以及自然保护地面积占陆域国土面积比例 3 个二级指标。人居整洁选取城镇生活污水集中收集率、城镇生活垃圾无害化处理率以及农村生活污水处理和综合利用率 3 个二级指标，反映省域生产、生活以及生态综合状况。生态产品供给借鉴彭文英和尉迟晓娟[3]的研究，选取生态环境产品中的人均水资源量和生态物质产品中的太阳能和风能发电量 2 个二级指标，以反映在人与自然和谐共生的现代化背景下美丽省域建设的"两山"转化和生态产品价值实现状况。美丽中国省域建设考核指标体系如表 4-29 所示。

1　方创琳、王振波、刘海猛：《美丽中国建设的理论基础与评估方案探索》，《地理学报》2019 年第 4 期。

2　张黎黎：《持续推进环境质量改善 加快"美丽浙江"建设——访第十三届全国人民代表大会代表、浙江省环境保护厅厅长方敏》，《环境保护》2018 年第 6 期。

3　彭文英、尉迟晓娟：《京津冀生态产品供给能力提升及价值实现路径》，《中国流通经济》2021 年第 8 期。

表 4-29　美丽中国省域建设考核指标体系

一级指标	分值(分)	序号	二级指标(单位)	数据来源
生态优良 (▲)	45	1	森林覆盖率(%)	国家林草局、自然资源部
		2	水土保持率(%)	水利部
		3	自然保护地面积占陆域国土面积比例(%)	国家林草局、自然资源部
人居整洁 (■)	25	4	城镇生活污水集中收集率(%)	住建部
		5	城镇生活垃圾无害化处理率(%)	
		6	农村生活污水处理和综合利用率(%)	生态环境部
生态产品供给 (●)	30	7	生态环境产品:人均水资源量(m³/人)	彭文英、尉迟晓娟(2021)
		8	生态物质产品:太阳能和风能发电量(亿千万时)	彭文英、尉迟晓娟(2021)

注:■、▲、●分别代表绿色发展绩效考评框架中的共性指标、差异性指标以及人与自然和谐共生现代化视角下的新要求指标。

（2）美丽中国城市考核指标体系。美丽中国城市建设考核指标体系构建依据前文美丽中国建设考评机制框架中的差异性指标、共性指标和人与自然和谐共生现代化视角下新要求三大方面，分别选取空气清新、人居整洁以及生态产品供给三个一级指标。其中，空气清新作为美丽中国城市建设重点考核对象，参考国家发改委发布的《美丽中国建设评估指标体系及实施方案》和葛全胜等[1]的研究，选取地级及以上城市细颗粒物（PM2.5）浓度、地级及以上城市可吸入颗粒物（PM10）浓度以及地级及以上城市空气质量优良天数比例 3 个二级指标。人居整洁选取城镇生活污水集中收集率、城镇生活垃圾无害化处理率以及城市公园绿地 500 米服务半径覆盖率 3 个二级指标，生态产品供给选取城市生态文化产品中的自然景区收入和城市生态空间产品中的园地面积占比 2 个二级指标[2]。考核指标体系如表 4-30 所示。

---

[1]　葛全胜、方创琳、江东:《美丽中国建设的地理学使命与人地系统耦合路径》,《地理学报》2020 年第 6 期。

[2]　彭文英、尉迟晓娟:《京津冀生态产品供给能力提升及价值实现路径》,《中国流通经济》2021 年第 8 期。

表 4-30　美丽中国城市建设考核指标体系

一级指标	指标分值	序号	二级指标(单位)	数据来源
空气清新 (▲)	35	1	地级及以上城市细颗粒物(PM2.5)浓度(微克/立方米)	生态环境厅
		2	地级及以上城市可吸入颗粒物(PM10)浓度(微克/立方米)	
		3	地级及以上城市空气质量优良天数比例(%)	
人居整洁 (■)	45	5	城镇生活污水集中收集率(%)	住房和城乡 建设厅
		6	城镇生活垃圾无害化处理率(%)	
		7	城市公园绿地 500 米服务半径覆盖率(%)	
生态产品 供给(●)	20	8	城市生态文化产品：自然景区收入(元)	文化和旅游厅
		9	城市生态空间产品：园地面积占比(%)	住房和城乡 建设厅

注：■、▲、●分别代表绿色发展绩效考评框架中的共性指标、差异性指标以及人与自然和谐共生现代化视角下的新要求指标。

（3）美丽中国乡村考核指标体系。依据乡村振兴战略实施的总要求，朝着"产业兴旺、生态宜居、乡风文明、治理有效、生活富裕"的方向构建。美丽中国乡村建设考核指标体系构建依据前文美丽中国建设考评机制框架中的差异性指标、共性指标和人与自然和谐共生现代化视角下新要求三大方面，分别选取生活富裕、人居整洁以及生态产品供给 3 个一级指标。鉴于乡村振兴和共同富裕是现阶段发展的主旋律，生活富裕作为美丽乡村建设重点考核目标，参考国家发改委发布的《美丽中国建设评估指标体系及实施方案》，选取人均农林牧渔业总产值和农村居民家庭人均可支配收入 2 个二级指标；人居整洁选取农村生活污水处理和综合利用率、农村生活垃圾无害化处理率以及农村卫生厕所普及率 3 个二级指标；生态产品供给选取农村生态物质产品中的生物质能（沼气）产量和农村生态文化产品中的农业观光园收入 2 个二级指标。考核指标体系如表 4-31 所示。

表 4-31　美丽中国乡村建设指标体系

一级指标	分值	序号	二级指标(单位)	数据来源
生活富裕 (▲)	20	1	人均农林牧渔业总产值(万元)	市农业农村局
		2	农村居民家庭人均可支配收入(元)	
人居整洁 (■)	35	3	农村生活污水处理和综合利用率(%)	市生态环境局
		4	农村生活垃圾无害化处理率(%)	市住房和城乡建设局
		5	农村卫生厕所普及率(%)	市农业农村局
生态产品 供给(●)	10	6	农村生态物质产品:生物质能(沼气)产量(m³)	市农业农村局
		7	农村生态文化产品:农业观光园收入(元)	市农业农村局

注：■、▲、●分别代表绿色发展绩效考评框架中的共性指标、差异性指标以及人与自然和谐共生现代化视角下的新要求指标。

5. 考核主体及评价方法的选择

（1）美丽中国省域建设考核主体与方法。生态环境部负责对全国美丽中国省域建设进行考核评比。关于指标权重的赋权方法有很多，常见的有主观赋权法（如层次分析法等）、客观赋权法（如熵值法等）、综合赋权法三类。主观赋权法是从人的主观意识出发，根据经验进行赋权，这种方法受人为因素干扰较大；客观赋权法是通过客观存在的数据信息按照某种计算公式计算，其往往忽略经验的判断；综合赋权法能结合主观倾向与客观事实，避免单一方法的局限，得出的结果既考虑专家和决策者的主观意愿，又能客观反映样本数据信息的差异。采取专家打分法与熵值法相结合的综合赋权方法进行指标赋权，利用主观赋权法中的层次分析法确定准则层对于目标层的权重，再利用客观赋权法中的熵值法对指标层相对于准则层进行赋权，得出各个指标相对于目标层的综合权重，将各个指标在不同评价对象的比重乘以指标对目标层的权重即为该评价对象在该指标的得分，通过加权得到最后得分。每年进行季度督察，考核分期中和期末两次，年度评价结果应向社会公布。

（2）美丽中国城市建设考核主体与方法。省级生态环境厅与省级住房和城乡建设厅负责对所辖美丽城市进行考评；采用调查问卷法对城市公众满意度进行考核，采用熵值法对其他三个维度指标进行客观赋权。每年考核分期中和期末两次，年度评价结果应向社会公布。

（3）美丽中国乡村建设考核主体与方法。市级农业农村局和市级生态环境局负责对辖区以县域为载体的美丽乡村进行考评。采用调查问卷法、实际访谈法对农村居民满意度进行考核，采用熵值法对其他三个维度指标进行客观赋权。每年考核分期中和期末两次，年度评价结果应向社会公布。

6. 美丽中国建设的考评应用

（1）美丽中国省域建设考评应用。从省域角度重点对生态保护进行考核。生态优良方面，着重从森林覆盖率、水土保持率、自然保护地面积占陆域国土面积比例三个方面加强考核，引导各省域在建设过程中重点关注生态保护工作，突出大范围地区生态资源与生态治理考核；人居整洁方面，主要考核城镇与农村污染治理情况；生态产品供给方面，突出生态环境产品中资源开发利用程度和生态物质产品中节能技术应用考核，如选取人均水资源量、太阳能和风能发电量等指标进行考核。

（2）美丽中国城市建设考评应用。从城市角度重点关注城市空气质量考核。空气清新方面，重点考核PM2.5浓度、PM10浓度以及城市空气质量优良天数情况，突出强调城市全面绿色转型需要展开绿色技术创新和加强节能减排技术应用；人居整洁方面，着重从生活、生产过程加强考核，充分反映城市发展在环境治理等方面的情况，引导城市更加关注发展的质量和效益，突出城市市容环境整治；生活方面，加强生活污水与生活垃圾治理考核；生产方面，重点进行城市绿色面积覆盖情况考核；生态产品供给方面，重点考察城市生态文化产品和生态空间产品，自然景区收入和园地面积占比在很大程度上能够反映城市绿色产业和绿色资源供给能力。

（3）美丽中国乡村建设考评应用。从乡村层面重点关注生活富裕内容考核。生活富裕方面，重点考核人均农林牧渔业总产值和农村居民家庭人均可支配收入；人居整洁方面，重点考核农村生活污水处理和综合利用率、农村生活垃圾无害化处理率以及农村卫生厕所普及率；生态产品供给方面，重点考核农村生态物质产品中的生物质能（沼气）产量和农村生态文化产品中的农业观光园收入，它们在一定程度上反映了美丽乡村建设中资源利用效率变化和建立长效工作机制的情况。

第四节 小结

本章首先采用耦合协调度模型、熵值法以及 Arcgis 空间可视化等研究方法从总体时间演变趋势和区域分布特征两个层面重点考察了美丽省域、美丽城市以及美丽乡村建设情况。其次，在美丽中国建设评估的基础上，系统阐述了美丽中国建设的形成机理，基于 2005～2019 年全国 30 个省区市的面板数据，运用中介效应模型对美丽中国建设的形成机理进行实证检验。最后，通过对美丽中国建设的典型案例进行分析，构建了不同角度下美丽中国建设的考评机制。基于上述分析，本章的主要结论如下。

（1）不同角度下美丽中国建设水平总体呈上升趋势，处于协调度较低阶段，且东部、中部和西部地区发展不平衡，呈现东部>中部>西部的格局，"三生空间"异质性明显，美丽中国省域与美丽中国城市生产空间建设水平最低，而美丽中国乡村生态空间建设水平最低。在对美丽中国建设总体水平进行分析的基础上，分维度进行评估，重点从省域、城市和乡村三个角度进行比较分析。具体结果如下。第一，通过对美丽中国省域建设水平的评价发现，美丽中国省域建设水平总体呈缓慢上升趋势，处于协调度较低阶段。东部、中部和西部地区的美丽中国省域建设水平存在不平衡的情况，即东部>中部>西部。分维度来看，美丽中国省域建设"三生空间"综合建设水平始终呈上升趋势，且生活空间>生态空间>生产空间。第二，通过对美丽中国城市建设水平的评价发现，美丽中国城市建设水平总体呈缓慢上升趋势，处于协调度较低阶段。长江经济带上中下游地区美丽城市建设水平存在不平衡，即下游>中游>上游。分维度来看，2018 年以前，美丽中国城市生态空间建设水平一直高于生活空间和生产空间。第三，通过对美丽中国乡村建设水平的评价发现，美丽中国乡村建设水平呈缓慢上升的阶段性变化特征，整体处于低水平区间，且存在地区间不平衡的情况，具体表现为东部>西部>中部。地区间美丽乡村建设水平差距呈缩小趋势。分维度来看，截至2019年美丽中国乡村建设水平呈现生活空间>生产空间>生态空间的格局。因此，应多层次提升美丽中国建设水平，各级政府在加快美丽中国建设的过程中应结合"三生空间"差异以及东部、中部和西部地区自身发展特点，制定差异化的美丽中国建设政策，促进美丽中国建设协同推进。

（2）人类活动强度对美丽中国建设水平的影响为显著的先促进后抑制的倒"U"形趋势，且东部、中部和西部地区这一影响存在差异，人类活动强度对美丽中国建设的非线性作用主要通过技术进步、产业升级和环境治理三大渠道实现。在提出美丽中国建设形成的理论假设的基础上，对其特征和事实进行分析，着重对其形成机制进行实证检验。具体结果如下。第一，通过对美丽中国建设形成的理论分析发现，合理的人类活动对美丽中国建设水平产生正向促进作用，但随着人类活动强度的进一步加大，其对美丽中国建设水平的影响呈现先促进后抑制的非线性作用。人类活动能够通过加速技术进步和产业升级间接推动美丽中国建设，但也会通过对环境治理产生抑制作用进而制约美丽中国建设。第二，通过对美丽中国建设水平的特征事实的分析发现，在省域层面，美丽中国建设水平随着人类活动强度的提升呈现不断上升态势，但这种增长趋势相对平缓，表明人类活动强度的提升与美丽中国建设水平的提高并不同步。人类活动强度与美丽中国建设水平之间呈现倒"U"形变化趋势，存在非线性关系，即随着人类活动强度的加大，美丽中国建设水平快速上升，但上升速度将逐步减缓。第三，通过对美丽中国建设形成机制的实证检验，东部和中部地区的人类活动强度的提升对美丽中国建设具有先促进后抑制的非线性作用，而西部地区人类活动强度的提升会制约美丽中国建设。人类活动会通过加速技术创新和产业升级间接推动美丽中国建设，但也会通过制约环境治理间接阻碍美丽中国建设。因此，人类活动强度应该适度有序提升，以促进美丽中国"三生空间"协同共生，并因地制宜地实行差异化支持政策。政府应以人类活动为切入点，加大对科技创新的投入，促进产业升级，并降低人类活动带来的环境污染以提升环境治理成效，从而进一步实现人与自然和谐共生的现代化。

（3）美丽中国建设政策经历了五个阶段的演变，美丽中国建设考核典型案例由习近平生态文明思想指导，又是中国式现代化的生动实践。美丽中国示范政策有效，能够显著提升美丽中国建设水平。人与自然和谐共生的现代化对美丽中国建设提出新要求和赋予新内涵，美丽中国建设考评应置于人与自然和谐共生的现代化框架之中。美丽中国建设考评机制设计是多方面的，包括省域、城市和乡村三个角度，考核内容具有相似性、重点性与时代性特征，既考核生态文明建设的共性问题，也凸显区域发展特色，还兼顾人与自然和谐共生的现代化的新要求。在对美丽中国建设政策进行梳理的基础上，本章分别从美丽中国建设评估和山水林田湖草综合治理两个维度对美丽中国建设的案例进行提炼，并就"绿水青山就是金山银山"实践进行效果评估，着重对人与自然和谐共生的现代化下的美丽中国建设考评机制进行设计。具体结果如下。第一，通过对美丽中国建设政策的历史梳理发现，美丽中国建设政策经历了科学发展观阶段、生态文明建设阶段、"两山"转化阶段、美丽中国建设阶段以及人与自然和谐共生的现代化五个阶段的演变。第二，通过对美丽中国建设考核的典型案例进行分析发现，美丽中国建设评估案例是习近平生态文明思想的生动实践，是"绿水青山就是金山银山"价值转化的根本保证。山水林田湖草综合治理案例是中国式现代化的生态实践，尤其表明现代化治理是我国经济发展的指导原则。第三，对"两山"理念实践创新基地试点政策的实证检验表明，"两山"转化试点政策能够推动绿色技术创新，说明美丽中国建设政策有效。动态效果表明，美丽城市建设政策效果存在 1 年滞后期。美丽城市建设的绿色创新效果存在基于城市人口规模的异质性，即存在最优人口规模使美丽城市建设的政策效果最大化。第四，通过设计框架提出美丽中国建设考核体系表明，建设人与自然和谐共生的现代化是美丽中国建设的必然要求，对美丽中国建设提出新要求；美丽中国建设是人与自然和谐共生的现代化建设目标，在现阶段被赋予新内涵；美丽中国建设考评既要符合生态文明建设的共性要求，也要结合地区发展特色，还要依据人与自然和谐共生的现代化新要求，差别设计，因地制宜进行。其中，美丽中国建设在地区层面体现为人居整洁，美丽中国建设考评需要兼顾不同角度下的差异性，差异性表现在：美丽中国省域建设的考核应重点关注生态优良方面，推进生态文明示范省建设；美丽中国城市建设的考核应持续提升城市空气质量，建设美丽宜居城市；美丽中国乡村建设的考核应符合乡村振兴战略实施的总要求，重点凸显生活富裕方面。此外，人与自然和谐共生的现代化对美丽中国建设提出考核生态产品供给的新要求。因此，应与时俱进看待美丽中国建设的内涵演化，美丽中国建设考核应置于人与自然和谐共生的现代化视角下进行设计。鉴于美丽中国建设试点政策效果尤为显著，政府应积极实施美丽中国建设联动政策，助力实现人与自然和谐共生的现代化。此外，各级政府在设计美丽中国建设考评机制时应结合不同角度下的共性特征、差异性目标以及现代化建设新要求，因地制宜。

第五章

新时代绿色发展绩效对美丽中国建设的
作用机制检验

　　绿色发展是行动和方式，美丽中国是目标[1]。党的十九大报告指出，"我们要建设的现代化是人与自然和谐共生的现代化"，要"形成绿色发展方式和生活方式，坚定走生产发展、生活富裕、生态良好的文明发展道路，建设美丽中国"[2]。党的二十大报告指出，在全面建设社会主义现代化国家新征程上，"要推进美丽中国建设，坚持山水林田湖草沙一体化保护和系统治理，统筹产业结构调整、污染治理、生态保护、应对气候变化，协同推进降碳、减污、扩绿、增长，推进生态优先、节约集约、绿色低碳发展"[3]。《中华人民共和国国民经济和社会发展第十四个五年规划和2035年远景目标纲要》指出，"十四五"时期，推动绿色发展、建设美丽中国，是立足新发展阶段、贯彻新发展理念、构建新发展格局的一个重大任务，也是满足人民日益增长的优美生

　　1　曾鹏：《绿色发展理念视阈下美丽中国建设研究》，武汉大学硕士学位论文，2017；《习近平在2019年中国北京世界园艺博览会开幕式上的讲话（全文）》，中国政府网，2019年4月28日，https://www.gov.cn/xinwen/2019-04/28/content_5387249.htm。

　　2　《习近平：决胜全面建成小康社会 夺取新时代中国特色社会主义伟大胜利——在中国共产党第十九次全国代表大会上的报告》，中国政府网，2017年10月18日，https://www.gov.cn/xinwen/2017-10/27/content_5234876.htm。

　　3　《（受权发布）习近平：高举中国特色社会主义伟大旗帜 为全面建设社会主义现代化国家而团结奋斗——在中国共产党第二十次全国代表大会上的报告》，新华网，2022年10月16日，https://www.news.cn/politics/cpc20/2022-10/25/c_1129079429.htm。

态环境需要的必然要求[1]。因此，需要对绿色发展绩效与美丽中国建设二者的关系展开研究，目的在于探讨新时代绿色发展绩效与美丽中国建设到底存在何种关系，其作用机制是什么，影响效果怎样。这不仅有利于为经济社会全面绿色转型和美丽中国建设的实现提供理论支撑，也为中国生态文明建设提供了理论依据，有利于达成全球气候共识、构建人类命运共同体的中国话语传播体系，为联合国可持续发展议程提供"中国智慧"。

第一节　绿色发展绩效对美丽中国建设影响的研究假设

绿色发展绩效可以分解为绿色发展水平、绿色发展效率、绿色发展结构三个维度，本部分分别从这三个维度探究绿色发展绩效影响美丽中国建设的作用机制。

一　绿色发展水平影响美丽中国建设的研究假设

（一）绿色发展水平对美丽中国建设的直接与间接影响

绿色发展水平以自然系统的气候条件、生态环境、地理位置、水资源、土地资源的组合为基底[2]，衡量的是绿色发展的规模与状态，具体体现在绿色增长、生态保护和绿色治理等方面[3]，它们共同构成了绿色发展绩效的基础。美丽中国是全面建设社会主义现代化国家的题中应有之义，是人民群众对优美生态环境的热切期盼，也是生态文明建设成效的集中体现。美丽中国建设

---

[1]　《中华人民共和国国民经济和社会发展第十四个五年规划和 2035 年远景目标纲要》，中国政府网，2021年 3 月 12 日，https://www.gov.cn/xinwen/2021-03/13/content_5592681.htm；常纪文：《推动经济社会发展全面绿色转型（新论）——奋进"十四五"，建设美丽中国①》，《人民日报》2021 年 9 月 28 日。

[2]　胡鞍钢、周绍杰：《绿色发展：功能界定、机制分析与发展战略》，《中国人口·资源与环境》2014 年第 1 期。

[3]　王勇、李海英、俞海：《中国省域绿色发展的空间格局及其演变特征》，《中国人口·资源与环境》2018 年第 10 期；《发展改革委印发〈绿色发展指标体系〉〈生态文明建设考核目标体系〉》，中国政府网，2016年 12 月 12 日，https://www.gov.cn/xinwen/2016-12/23/content_5151575.htm。

和自然生态系统密不可分，党的二十大报告提出"推动绿色发展，促进人与自然和谐共生"，对新时代新征程深入贯彻落实习近平生态文明思想，走绿色发展之路，以中国式现代化建设人与自然和谐共生的美丽中国做出了战略谋划和部署[1]。根据规模经济理论，在其他条件相同的情况下，行业规模较大的地区比行业规模较小的地区生产更有效率，行业规模的扩大会引起该规模收益递增，形成外部规模经济[2]。绿色发展水平的提高意味着绿色产业规模的扩大和绿色增长，在资源承载力与生态环境容量的约束条件下，可以通过"绿色化""生态化"实践作用于生产空间、生活空间和生态空间[3]：一方面，绿色发展水平的提升会增加绿色产出，提高经济效率；另一方面，绿色发展水平的提升有利于生态保护和环境治理，使能源消费减少，实现规模治污，使人与自然日趋和谐[4]，从而推动美丽中国建设。本章以此为启示，从环境规制、资源利用两个视角分析绿色发展水平影响美丽中国建设的理论机制（见图 5-1）。

1. 环境规制的影响机制

环境规制是环境治理、环境保护的重要手段和方式，在向美丽中国建设目标迈进的过程中，随着绿色发展水平的提升，经济产出的负外部环境效应是一个需要控制的因素。随着绿色发展水平的不断提升，国家对生态保护和环境治理的要求不断提高，倒逼环境规制从"十一五"规划到"十四五"规

1　高正礼：《以绿色发展建设人与自然和谐共生的美丽中国》，《光明日报》2022 年 11 月 29 日，第 6 版。

2　黄繁华、郭卫军：《空间溢出视角下的生产性服务业集聚与长三角城市群经济增长效率》，《统计研究》2020 年第 7 期。

3　王勇、李海英、俞海：《中国省域绿色发展的空间格局及其演变特征》，《中国人口·资源与环境》2018 年第 10 期；刘明广：《中国省域绿色发展水平测量与空间演化》，《华南师范大学学报》（社会科学版）2017 年第 3 版。

4　黄志斌、姚灿、王新：《绿色发展理论基本概念及其相互关系辨析》，《自然辩证法研究》2015 年第 8 期；袁华锡、封亦代、余泳泽：《制造业集聚促进抑或阻碍绿色发展绩效？——来自长江经济带的证据》，《经济地理》2022 年第 6 期。

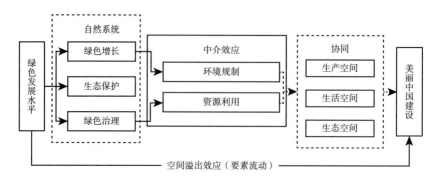

图 5-1　绿色发展水平影响美丽中国建设的理论机制

划不断加强[1]。根据"波特假说"，适当的环境规制可以促使企业进行更多的创新活动，提升绿色技术使用效率，并通过技术创新获得更高的收益，从而抵消由环境保护带来的成本且提升企业在市场上的赢利能力，优化生活空间及生态空间[2]，从而推动"三生空间"结构优化，进而加快美丽中国建设进程。

2. 资源利用的影响机制

党的十九届五中全会强调"推动绿色发展，促进人与自然和谐共生"，对全面提高资源利用效率等做出重要部署，为推进生态文明建设、共筑美丽中国注入强大动力[3]。资源环境承载潜力是绿色发展的载体与重要支撑，体现了绿色发展进程的"压力"[4]。从资源利用与环境保护的角度来看，绿色发展水平的提升有助于降低自然资源消耗，以更少的自然资本投入换取更多的人力

1　陈浩、罗力菲：《环境规制对经济高质量发展的影响及空间效应——基于产业结构转型中介视角》，《北京理工大学学报》（社会科学版）2021 年第 6 期。

2　武云亮、钱嘉兢、张廷海：《环境规制、绿色技术创新与长三角经济高质量发展》，《华东经济管理》2021 年第 12 期；范丹、孙晓婷：《环境规制、绿色技术创新与绿色经济增长》，《中国人口·资源与环境》2020 年第 6 期。

3　《中国共产党第十九届中央委员会第五次全体会议公报》，中国政府网，2020 年 10 月 29 日，https：//www.gov.cn/xinwen/2020-10/29/content_5555877.htm；范丹、孙晓婷：《环境规制、绿色技术创新与绿色经济增长》，《中国人口·资源与环境》2020 年第 6 期。

4　蔡绍洪、谷城、张再杰：《长江经济带绿色发展水平测度及时空演化特征》，《华东经济管理》2021 年第 11 期。

资本服务，即实现产品与服务的原材料强度和能源消耗强度最小化[1]。资源消耗水平的下降意味着经济产出的整体要素投入成本得以降低，资源利用率提升，有助于减轻生态环境压力。总之，全面提升资源利用效率，有利于资源节约和促进生态环境保护，是破解资源环境约束、推进经济发展方式转变的重要途径，体现"尊重自然、顺应自然、保护自然"[2]，有利于生活空间的宜居适度及生态空间的山清水秀，强化"三生空间"的功能，进而加快美丽中国建设进程。基于此，本章提出假设 H1。

H1：绿色发展水平提升推动美丽中国建设，主要通过环境规制和资源利用机制实现。

（二）绿色发展水平对美丽中国建设的空间溢出效应

由于不同地区在地理区位、经济水平、资源持有和政策规划等方面存在差异，绿色发展水平和美丽中国建设存在空间差异[3]，产生空间溢出效应，且具有空间相似性[4]。对于绿色效率与美丽中国建设的空间差异，空间相似性地区间的地理环境差异造成绿色资源禀赋空间分布不同，这种资源禀赋上的差异会造成不同地理要素对绿色发展与美丽中国建设的贡献存在差异[5]。贡献差异性主要来源于要素流动，人口等要素资源集聚会形成溢出效应，如资源效应、规模效应、结构效应、创新效应等[6]。由于要素在不同区域、城市、企业

1　《中华人民共和国国民经济和社会发展第十四个五年规划和 2035 年远景目标纲要》，中国政府网，2021年 3 月 12 日，https://www.gov.cn/xinwen/2021-03/13/content_5592681.htm。

2　《中华人民共和国国民经济和社会发展第十四个五年规划和 2035 年远景目标纲要》，中国政府网，2021年 3 月 12 日，https://www.gov.cn/xinwen/2021-03/13/content_5592681.htm；魏卫、刘娴娴、王晓宇、张红喜：《美丽中国系统耦合协调度的空间异质性探索》，《经济地理》2021 年第 6 期。

3　邹磊、刘慧媛、王飞宇、陈婷、董怡：《长江中游城市群绿色发展水平的地区差异及其影响因素》，《中国科学：地球科学》2022 年第 8 期。

4　邵翠：《我国省域绿色发展的减贫效应研究——基于门槛特征与空间溢出的视角》，南昌大学硕士学位论文，2019；蔡绍洪、谷城、张再杰：《长江经济带绿色发展水平测度及时空演化特征》，《华东经济管理》2021 年第 11 期。

5　孙中伟、路紫：《流空间基本性质的地理学透视》，《地理与地理信息科学》2005 年第 1 期。

6　袁华锡、封亦代、余泳泽：《制造业集聚促进抑或阻碍绿色发展绩效？——来自长江经济带的证据》，《经济地理》2022 年第 6 期。

甚至虚拟网关等节点间流动，不仅涉及要素的交换与传递，还会激发绿色发展所需的人口、资金流、信息流和技术流等"流体要素资源"在不同区域溢出[1]。因此，绿色发展水平通过对"三生空间"的撬动，对美丽中国建设产生空间溢出作用[2]。基于以上分析，本章提出假设 H2。

H2：绿色发展水平提升对美丽中国建设产生空间溢出效应，主要通过要素流动机制实现。

二　绿色发展效率影响美丽中国建设的研究假设

（一）绿色发展效率对美丽中国建设的直接与间接影响

绿色发展效率是绿色发展绩效的动力，是从投入产出比角度来衡量绿色发展、实现"量质齐飞"的过程[3]，其本质是经济指标与资源环境的投入产出[4]，即以最少的资源消耗和环境污染成本，实现最大的经济、社会效益和生态环境供给[5]。美丽中国建设是全面建设社会主义现代化国家的题中应有之义，是人民群众对优美生态环境的热切期盼，也是生态文明建设成效的集中体现。党的二十大报告对建设人与自然和谐共生的美丽中国做出了重要战略谋划和部署[6]。绿色发展效率通过对自然系统的有效投入，能够提升自然系统

1　王永超、吴晓舜、刘洋、王士君：《基于可达性的沈阳经济区中心地空间结构演变》，《地域研究与开发》2013 年第 1 期；毕秀晶、宁越敏：《长三角大都市区空间溢出与城市群集聚扩散的空间计量分析》，《经济地理》2013 年第 1 期。

2　钟海媛：《绿色发展绩效对美丽中国建设水平的影响效应——基于不同技术进步的比较分析》，南昌大学硕士学位论文，2021；方创琳、王振波、刘海猛：《美丽中国建设的理论基础与评估方案探索》，《地理学报》2019 年第 4 期。

3　于善波、张军涛：《长江经济带省域绿色全要素生产率测算与收敛性分析》，《改革》2021 年第 4 期；刘杨、杨建梁、梁媛：《中国城市群绿色发展效率评价及均衡特征》，《经济地理》2019 年第 2 期。

4　宋周莺、康蕾、刘毅：《中国区域投入产出效率的综合测度与时空格局》，《地理研究》2019 年第 2 期。

5　田光辉、李江苏、苗长虹、杜萍萍：《基于非期望产出的中国城市绿色发展效率及影响因素分析》，《经济地理》2022 年第 6 期。

6　《（受权发布）习近平：高举中国特色社会主义伟大旗帜 为全面建设社会主义现代化国家而团结奋斗——在中国共产党第二十次全国代表大会上的报告》，新华网，2022 年 10 月 16 日，https://www.news.cn/politics/cpc20/2022-10/25/c_1129079429.htm；高正礼：《以绿色发展建设人与自然和谐共生的美丽中国》，《光明日报》2022 年 11 月 29 日。

的承载边界，具体通过技术创新、成本降低和资源配置等途径作用于经济系统[1]。根据资源配置理论，资源具有稀缺性，随着市场机制的完善，社会会降低对自然资源的需求，从而使有限的、相对稀缺的资源得到合理配置[2]。长期以来，我国经济的高速增长是以较大的资源耗费和环境污染为代价的，要在资源环境承载能力范围内实现又好又快的发展，需要提高绿色发展效率。绿色发展效率强调的是低资源浪费、低污染排放，以及经济增长与资源消耗、污染排放的脱钩[3]，这种发展模式能够不断提高自然资源的使用效率，同时促进经济朝着低资源密集的技术方向发展，以便用最少的资源消耗生产出最适用的商品，获取最大的效益，进一步改善环境质量[4]，促进生产集约高效、生活宜居适度、生态山清水秀，从而推动"三生空间"协同发展，加快美丽中国建设进程[5]。本章以此为启示，从技术进步创新、生产成本降低两个视角分析绿色发展效率影响美丽中国建设的理论机制（见图5-2）。

1. 技术进步创新的影响机制

随着绿色经济发展要求从量变到质变再到"量质齐飞"阶段的转变，绿色发展效率成为提升绿色发展绩效的根本和动力源泉，这给技术创新提出了更高要求[6]。创新是引领发展的第一动力，是当今时代的重大命题。根据技术

1　胡鞍钢、周绍杰：《绿色发展：功能界定、机制分析与发展战略》，《中国人口·资源与环境》2014年第1期。

2　蔡宁、郭斌：《从环境资源稀缺性到可持续发展：西方环境经济理论的发展变迁》，《经济科学》1996年第6期。

3　姜旭、卢新海、龚梦琪：《土地出让市场化、产业结构优化与城市绿色全要素生产率——基于湖北省的实证研究》，《中国土地科学》2019年第5期。

4　李延凯、韩廷春：《金融生态演进作用于实体经济增长的机制分析——透过资本配置效率的视角》，《中国工业经济》2011年第2期。

5　钟海媛：《绿色发展绩效对美丽中国建设水平的影响效应——基于不同技术进步的比较分析》，南昌大学硕士学位论文，2021；方创琳、王振波、刘海猛：《美丽中国建设的理论基础与评估方案探索》，《地理学报》2019年第4期。

6　李光龙、江鑫：《绿色发展、人才集聚与城市创新力提升——基于长三角城市群的研究》，《安徽大学学报》（哲学社会科学版）2020年第3期；江艳婷、余华银：《中国省域绿色全要素生产率空间分布差异及影响因素研究》，《合肥工业大学学报》（社会科学版）2020年第5期。

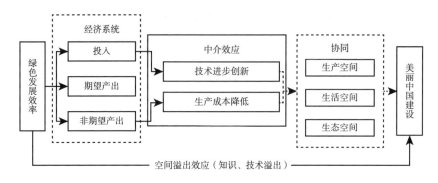

图 5-2　绿色发展效率影响美丽中国建设的理论机制

创新理论，技术创新必然会带动技术进步，促进生产率提升[1]。绿色发展效率的提升使人们越来越注重环境质量和生活品质，为进一步提升绿色发展绩效和满足人民群众对良好生活环境的需求，政府会实施更加严格的环境保护政策[2]。一方面，生产者面临政策压力，加上资源的稀缺性以及生产成本的提高，都倒逼企业进行技术革新，加大节能减排研发力度，从而使绿色发展的技术效应超过规模效应，在改善环境的同时推动技术进步[3]。同时，公众的绿色消费偏好促使企业在绿色产品研发上下功夫，从而有利于创新力提升[4]。另一方面，在环境保护政策方面，政府会由提供财政性环保支出和污染补贴转向对生态占用及污染排放征收环保税费，从而进一步推动技术创新[5]。技术创新水平的提高，尤其是企业进行绿色技术创新，不仅能提供更多的环境友好型产品，还能提升要素生产率，增加绿色发展中的合意产出。同时，智能控制、节能环保、新材料、物联网等先进技术的运用，也能降低生产及传导过

1　何兴邦：《技术创新与经济增长质量——基于省际面板数据的实证分析》，《中国科技论坛》2019 年第 10 期。

2　李光龙、江鑫：《绿色发展、人才集聚与城市创新力提升——基于长三角城市群的研究》，《安徽大学学报》（哲学社会科学版）2020 年第 3 期。

3　江艳婷、余华银：《中国省域绿色全要素生产率空间分布差异及影响因素研究》，《合肥工业大学学报》（社会科学版）2020 年第 5 期。

4　褚睿刚：《环境科技创新中的财税激励政策刍议——基于环境与经济双赢的视角》，《经济体制改革》2018 年第 2 期。

5　李虹、熊振兴：《生态占用、绿色发展与环境税改革》，《经济研究》2017 年第 7 期。

程中的能耗，提升能源利用效率，有效降低绿色发展中的非合意产出，改进污染治理及防治手段[1]，美化生活环境，优化生态环境，促进生活空间宜居适度，从而提升"三生空间"的功能，加快美丽中国建设进程。

2. 生产成本降低的影响机制

降低生产成本对企业获取经营效益和竞争优势至关重要。绿色发展效率的提升短期内会增加企业的科技研发成本[2]，但长期来看能够用更少的要素投入产出更多的绿色产品，提高经济效益[3]。一方面，短期来看，绿色发展效率的提升对传统设备的升级更新提出了更高的要求，增加了企业的生产成本[4]；另一方面，长期来看，随着绿色发展效率的提升，政府会完善经济、资源、环境相协调的管理模式和调控机制，倒逼生产者将资源环境成本计入生产成本，进一步增加对污染治理技术、清洁生产工艺、绿色智能装备等的需求，提供绿色产品，弥补改进设备、进行环境治理等带来的生产成本[5]。生产成本的降低使企业能将更多的精力放在深度研发和生态环保产品的有效供给上，从而加速生产过程的绿色化、智能化，持续推动各类生产组织实现绿色转型，促进生产集约高效[6]。这些均有利于转变高投入、高消耗的粗放型发展模式，为实现经济与资源环境相协调的高质量发展注入新动力，从而优化"三生空间"，加快美丽中国建设进程[7]。基于此，本章提出假设 H3。

H3：绿色发展效率提升推动美丽中国建设，主要通过技术进步创新和生产成本降低的机制实现。

1　程承坪：《人工智能促进经济发展的途径》，《当代经济管理》2021 年第 3 期；汪晓文、陈明月、陈南旭：《数字经济、绿色技术创新与产业结构升级》，《经济问题》2023 年第 1 期。

2　曾惠芝：《绿色金融、碳减排与企业融资成本》，《内蒙古财经大学学报》2022 年第 1 期。

3　陆小成：《基于城市绿色转型的企业低碳创新协同模式》，《科技进步与对策》2015 年第 4 期。

4　孙逊：《绿色金融路径下环保企业融资现状、问题及对策》，《科技经济市场》2020 年第 7 期。

5　高星、陈军：《以绿色技术创新推进绿色发展》，《光明日报》2019 年 12 月 17 日，第 16 版；吴超鹏、吴世农、程静雅、王璐：《风险投资对上市公司投融资行为影响的实证研究》，《经济研究》2012 年第 1 期。

6　高星、陈军：《以绿色技术创新推进绿色发展》，《光明日报》2019 年 12 月 17 日。

7　方创琳、王振波、刘海猛：《美丽中国建设的理论基础与评估方案探索》，《地理学报》2019 年第 4 期；刘杨、杨建梁、梁媛：《中国城市群绿色发展效率评价及均衡特征》，《经济地理》2019 年第 2 期。

（二）绿色发展效率对美丽中国建设的空间溢出影响

由于不同地区在地理位置、自然资源、经济水平、发展规划、技术水平等方面存在差异，绿色发展效率和美丽中国建设存在空间差异[1]，容易产生空间溢出效应，且具有空间相似性[2]。绿色发展效率与美丽中国建设存在空间差异，空间相似性地区间的地理环境差异造成了绿色资源禀赋在空间分布上的不同，资源禀赋差异会造成不同地理要素对绿色发展与美丽中国建设的贡献存在差异[3]。贡献存在差异的原因可能是相邻地区在地理距离上邻近，有助于降低信息交流成本，促进周边地区产生知识、技术的溢出效应[4]。一方面，绿色发展效率提升所带来的技术进步涉及数字网络和通信技术等新的生产要素的应用，能够打破地理界限，使信息交流更加便捷，各环节主体之间的联系更加紧密，实现跨区域、跨行业甚至跨时空合作，提高资源配置效率，促进过去难以共享的隐性知识的溢出。此外，邻近地区组织通过技术合作和内部学习，以逆向工程、反求工程等方式把显性的知识转化为个体隐性知识，再把个体的隐性知识归纳、整合为组织显性知识，最后掌握甚至优化绿色技术原理和规律，产生绿色技术溢出效应[5]。另一方面，绿色发展效率提升所带来的技术进步，加速了要素在空间的集聚与扩散，使要素集聚地成本降低，形成规模经济[6]。规模经济效益的出现促

1　刘杨、杨建梁、梁媛：《中国城市群绿色发展效率评价及均衡特征》，《经济地理》2019 年第 2 期；魏卫、刘娴娴、王晓宇、张红喜：《美丽中国系统耦合协调度的空间异质性探索》，《经济地理》2021 年第 6 期。

2　邵翠：《我国省域绿色发展的减贫效应研究——基于门槛特征与空间溢出的视角》，南昌大学硕士学位论文，2019；盖美、王秀琪：《美丽中国建设时空演变及耦合研究》，《生态学报》2021 年第 8 期。

3　孙中伟、路紫：《流空间基本性质的地理学透视》，《地理与地理信息科学》2005 年第 1 期。

4　姚常成、吴康：《集聚外部性、网络外部性与城市创新发展》，《地理研究》2022 年第 9 期；鲁元平、王品超、朱晓盼：《城市化、空间溢出与技术创新——基于中国 264 个地级市的经验证据》，《财经科学》2017 年第 11 期。

5　李新安：《制度环境对区域绿色创新效率提升的门槛效应研究——基于 OFDI 逆向技术溢出视角》，《创新科技》2021 年第 3 期；杨立成、周正、张芸芸：《知识溢出与企业绿色创新——制度压力与吸收能力的调节作用》，《软科学》2023 年第 9 期。

6　白光：《基于经济自组织的特大城市职住空间结构演化研究——以北京和东京为例》，北京交通大学博士学位论文，2021。

进人力资本集聚、科教支出增加等，又会进一步促进知识和技术的空间溢出[1]。因此，绿色发展效率通过知识和技术溢出，能够推动生产空间集约高效、生活空间宜居适度、生态空间山清水秀，进而对美丽中国建设产生空间溢出作用[2]。基于此，本章提出假设 H4。

H4：绿色发展效率提升对美丽中国建设产生空间溢出效应，主要通过知识和技术溢出的机制实现。

三　绿色发展结构影响美丽中国建设的研究假设

（一）绿色发展结构对美丽中国建设的直接与间接影响

绿色发展结构是对绿色发展水平和绿色发展效率耦合关系的表达，用来反映绿色发展水平与绿色发展效率两个系统中序参量协同的强弱、彼此影响程度，同时体现绿色发展水平的变化和绿色发展效率的迁移情况[3]。美丽中国建设是全面建设社会主义现代化国家的题中应有之义，是人民群众对优美生态环境的热切期盼，也是生态文明建设成效的集中体现[4]。党的二十大报告对人与自然和谐共生的美丽中国建设做出了重要战略谋划和部署[5]。复合生态系统是由经济、自然和社会三大子系统相互作用、相互关联、相互耦合

1　陈浩、罗力菲：《环境规制对经济高质量发展的影响及空间效应——基于产业结构转型中介视角》，《北京理工大学学报》（社会科学版）2021 年第 6 期；陈强远、梁琦：《技术比较优势、劳动力知识溢出与转型经济体城镇化》，《管理世界》2014 年第 11 期。

2　钟海媛：《绿色发展绩效对美丽中国建设水平的影响效应——基于不同技术进步的比较分析》，南昌大学硕士学位论文，2021；方创琳、王振波、刘海猛：《美丽中国建设的理论基础与评估方案探索》，《地理学报》2019 年第 4 期。

3　钟海媛：《绿色发展绩效对美丽中国建设水平的影响效应——基于不同技术进步的比较分析》，南昌大学硕士学位论文，2021。

4　张瑞才、李达：《论习近平生态文明思想的理论体系》，《当代世界社会主义问题》2022 年第 1 期。

5　《（受权发布）习近平：高举中国特色社会主义伟大旗帜 为全面建设社会主义现代化国家而团结奋斗——在中国共产党第二十次全国代表大会上的报告》，新华网，2022 年 10 月 16 日，https：//www.news.cn/politics/cpc20/2022-10/25/c_1129079429.htm；高正礼：《以绿色发展建设人与自然和谐共生的美丽中国》，《光明日报》2022 年 11 月 29 日。

构成的整体[1]。在绿色发展绩效空间作用模型中，绿色发展水平是基础，绿色发展效率是动力，绿色发展结构体现了绿色发展水平和绿色发展效率之间的耦合关系，三者作用于自然、经济和社会系统，形成三圈交互模型。在社会系统中，绿色发展结构中的绿色福利增加会为进一步提高绿色发展水平和绿色发展效率创造环境[2]。绿色发展结构的改善能够增加职工的就业机会，提高劳动生产率，促进社会消费，提高人民福祉和改善人居环境，促进生产空间集约高效、生活空间宜居适度、生态空间山清水秀，推动"三生空间"协同发展，加快美丽中国建设进程，这也是社会系统演化的最终目的[3]。本章以此为启示，从能源结构优化、消费结构优化两个视角分析绿色发展结构效率影响美丽中国建设的理论机制（见图5-3）。

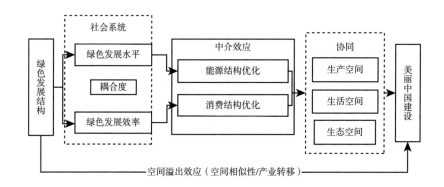

图 5-3　绿色发展结构影响美丽中国建设的理论机制

1. 能源结构优化的影响机制

能源是社会生产生活的重要物质基础，尤其是在我国经济进入新常态、

1　马世骏、王如松：《社会-经济-自然复合生态系统》，《生态学报》1984 年第 1 期。

2　胡鞍钢、周绍杰：《绿色发展：功能界定、机制分析与发展战略》，《中国人口·资源与环境》2014 年第 1 期。

3　钟海媛：《绿色发展绩效对美丽中国建设水平的影响效应——基于不同技术进步的比较分析》，南昌大学硕士学位论文，2021；方创琳、王振波、刘海猛：《美丽中国建设的理论基础与评估方案探索》，《地理学报》2019 年第 4 期。

在能源约束下实现经济社会可持续发展成为重中之重[1]。党的二十大报告提出，中国经济和能源结构要以前所未有的力度向低碳化无碳化深度调整，以积极稳妥推进碳达峰碳中和作为新时代美丽中国建设重要工作[2]。随着绿色发展水平和绿色发展效率的协同发展，即绿色发展结构不断优化，生产领域的绿色革命持续深入开展，能源清洁低碳发展成为经济社会发展全面绿色转型的内在动力[3]。在经济结构调整和高质量转型过程中，控制能源消费总量成为解决能源资源短缺与环境污染问题的重要途径，也是贯彻节能就是"第一能源"理念、加快能源结构转型升级、推动新增能源消费主要依靠清洁能源满足的重要措施[4]。能源消费结构及供给关系会对产业结构调整升级产生深刻影响，产业结构调整也会从技术层面促进能源消费节约和能源结构优化，且产业结构调整对缓解能源消费增长问题有较大的空间[5]。推动能源结构优化，能够大幅提高能源资源利用效率，优化产业结构，推动减污降碳协同增效，促进经济社会发展全面绿色转型，加快建设人与自然和谐共生的美丽家园[6]。

2. 消费结构优化的影响机制

马克思消费理论认为消费行为是处于一定生产关系下的社会行为，消费升级以满足人的基本需要为前提[7]。践行绿色生活方式、推动绿色消费是促进

1　彭智敏、吴晗晗：《长江经济带能源消费、生态环境污染与产业转型升级》，《长江流域资源与环境》2022年第8期。

2　《（受权发布）习近平：高举中国特色社会主义伟大旗帜 为全面建设社会主义现代化国家而团结奋斗——在中国共产党第二十次全国代表大会上的报告》，新华网，2022年10月16日，https://www.news.cn/politics/cpc20/2022–10/25/c_1129079429.htm。

3　潘家华：《推动绿色发展 建设美丽中国》，《经济日报》2018年2月8日。

4　曾胜、高媛：《绿色低碳能源开发技术进展与模式研究》，《世界科技研究与发展》2019年第6期；王倩、储成君：《全面绿色转型，实现人与自然和谐共生的现代化》，《光明日报》2020年11月7日。

5　岳婷、龙如银：《基于LMDI的江苏省能源消费总量增长效应分析》，《资源科学》2010年第7期。

6　刘毅、寇江泽、李红梅：《共建人与自然和谐共生的美丽家园》，《人民日报》2021年12月9日，第6版。

7　熊颖、郭守亭：《数字经济发展对中国居民消费结构升级的空间效应与作用机制》，《华中农业大学学报》（社会科学版）2023年第1期。

经济社会全面绿色转型的重要引擎[1]。随着绿色发展水平和绿色发展效率的协同推进，人们的观念和生活环境发生变化，消费革命也悄然发生[2]。一方面，当下社会更倡导绿色低碳、简约适度，反对奢侈浪费和不合理消费，逐渐形成绿色自觉，绿色消费支出比例不断提高[3]。绿色消费契合了绿色发展、生态文明和美丽中国建设的时代主题，体现了对人类生存发展与自然和谐关系的理性思考[4]。另一方面，绿色发展结构优化带来的绿色福利的增加，会使发展型、享受型消费日益提升，从而促进消费结构优化升级[5]。消费结构优化意味着消费方式的绿色转型，涵盖生产、生活的方方面面，包括绿色食品消费、绿色衣着消费、绿色居住消费、绿色交通消费等。因此，消费结构的优化不仅能减少碳排放和污染[6]，还可以倒逼企业进行绿色生产，引领企业实施绿色创新和产业升级[7]。此外，当具有示范效应的单位采用太阳能热水器、采用光伏发电、使用纯电动汽车、鼓励公交绿色出行时，带动的不仅是消费，也会反作用于生产[8]，在促进生活空间宜居适度的同时，也会优化"三生空间"功能，推动美丽中国建设。基于此，本章提出假设 H5。

H5：绿色发展结构优化推动美丽中国建设，主要通过能源结构优化与消费结构优化机制实现。

---

[1] 王倩、储成君：《全面绿色转型，实现人与自然和谐共生的现代化》，《光明日报》2020 年 11 月 7 日。

[2] 胡鞍钢、周绍杰：《绿色发展：功能界定、机制分析与发展战略》，《中国人口·资源与环境》2014 年第 1 期。

[3] 潘家华：《推动绿色发展 建设美丽中国》，《经济日报》2018 年 2 月 8 日。

[4] 洪大用：《经济增长、环境保护与生态现代化——以环境社会学为视角》，《中国社会科学》2012 年第 9 期。

[5] 胡鞍钢、周绍杰：《绿色发展：功能界定、机制分析与发展战略》，《中国人口·资源与环境》2014 年第 1 期。

[6] 罗铭杰、刘燕：《新时代绿色消费理念的问题指向、内涵要义及价值意蕴》，《经济学家》2020 年第 7 期。

[7] E. Bezin, "The Economics of Green Consumption, Cultural Transmission and Sustainable Technological Change," *Journal of Economic Theory* (181), 2019, pp. 497-546；诸大建：《绿色消费：基于物质流和消费效率的研究》，《中国科学院院刊》2017 年第 6 期。

[8] 潘家华：《推动绿色发展 建设美丽中国》，《经济日报》2018 年 2 月 8 日，第 1 版。

（二）绿色发展结构对美丽中国建设的空间溢出影响

由于不同地区在地理位置、经济水平、发展规划、技术水平等方面存在差异，绿色发展水平、绿色发展效率和美丽中国建设具有空间差异[1]，因此绿色发展结构也具有空间差异。绿色发展结构的优化也体现为产业结构升级，不断趋于生态化、清洁化。同时，产业结构调整在提高资源利用率和改善环境方面发挥了积极作用[2]。区域内的城市由于空间距离约束较小，受到彼此的影响更大，其产业结构存在较强的相关性，具有空间相似性[3]。同时，美丽中国建设系统间的耦合度高，系统相关性强，也存在空间相似性[4]。地区间的地理环境差异造成绿色资源禀赋空间分布不同，这种资源禀赋上的差异会造成不同地理要素对绿色发展与美丽中国建设的贡献存在差异[5]。贡献存在差异的原因可能是不同的地理单元由于具有不同的地理区位、资源禀赋和生态环境，进而形成不同的产业结构特征和发展定位[6]，带来产业转移和产业溢出效应。一方面，区域产业结构异质性会导致地区经济发展水平存在差异，从而影响产业规模扩大和产业结构调整[7]。在绿色转型过程中，部分污染产业向环境治理相对宽松的地区就近迁移，从而产生产业转移效应[8]。另一方面，本地会受

1　邹磊、刘慧媛、王飞宇、陈婷、董怡：《长江中游城市群绿色发展水平的地区差异及其影响因素》，《中国科学：地球科学》2022年第8期；刘杨、杨建梁、梁媛：《中国城市群绿色发展效率评价及均衡特征》，《经济地理》2019年第2期；魏卫、刘娴娴、王晓宇、张红喜：《美丽中国系统耦合协调度的空间异质性探索》，《经济地理》2021年第6期。

2　B. Jin, G. Li., "Green Economic Growth from a Developmental Perspective," *China Finance and Economic Review* 1 (1), 2013, pp. 497 – 546. S. Peng, X. Z. Sun, "Research on Challenges and Strategies for China's Green Economy Development," *Chinese Journal of Population Resources and Environment* 13 (2), 2015, pp. 127 – 131；彭智敏、吴晗晗：《长江经济带能源消费、生态环境污染与产业转型升级》，《长江流域资源与环境》2022年第8期。

3　刘杨、杨建梁、梁媛：《中国城市群绿色发展效率评价及均衡特征》，《经济地理》2019年第2期。

4　盖美、王秀琪：《美丽中国建设时空演变及耦合研究》，《生态学报》2021年第8期。

5　孙中伟、路紫：《流空间基本性质的地理学透视》，《地理与地理信息科学》2005年第1期。

6　刘杨、杨建梁、梁媛：《中国城市群绿色发展效率评价及均衡特征》，《经济地理》2019年第2期。

7　杜宇、黄成、吴传清：《长江经济带工业高质量发展指数的时空格局演变》，《经济地理》2020年第8期。

8　刘汉初、樊杰、周道静等：《2000年以来中国高耗能产业的空间格局演化及其成因》，《经济地理》2019年第5期；武云亮、钱嘉煜、张廷海：《环境规制、绿色技术创新与长三角经济高质量发展》，《华东经济管理》2021年第12期。

到邻近地区产业溢出效应的影响[1]，两地产业进一步形成前后关联并转化为强溢出效应，对推动产业转型升级发挥关键作用[2]，且产业空间集聚、区域创新有助于提高正向外溢效应[3]。在正向空间依赖性的共同作用下，各地根据不同产业的比较优势增加研发投入、优化要素结构、改进产业分工模式，促使区域内和区域间产生产业升级溢出效应，推动空间要素资源配置优化[4]，在降低环境污染的同时提高劳动生产率，进而对美丽中国建设产生空间溢出作用[5]。基于此，本章提出假设 H6。

H6：绿色发展结构优化对美丽中国建设存在空间溢出效应，主要通过产业转移和产业升级溢出机制实现。

第二节　绿色发展绩效与美丽中国建设的特征事实分析

在对绿色发展水平、绿色发展效率和绿色发展结构与美丽中国建设水平之间的关系进行探索之前，有必要把握绿色发展绩效与美丽中国建设水平之间的总体特征事实。本部分以省域样本进行检验。

首先，利用 Pearson 相关系数分析绿色发展绩效与美丽中国建设水平是否存在线性相关关系，结果如表 5-1 所示。由表可知，新时代绿色发展绩效

---

[1]　刘杨、杨建梁、梁媛：《中国城市群绿色发展效率评价及均衡特征》，《经济地理》2019 年第 2 期。

[2]　A. Kokko, "Technology, Market Characteristics, and Spillovers," *Journal of Development Economics* 43 (2), 1994, pp. 279-293.

[3]　张可：《经济集聚与区域创新的交互影响及空间溢出》，《金融研究》2019 年第 5 期；陈智、吉亚辉：《中国高技术产业创新绩效的影响因素研究——基于中国省面板数据的空间计量分析》，《江南大学学报》（人文社会科学版）2019 年第 2 期；韩峰、王琢卓、阳立高：《生产性服务业集聚、空间技术溢出效应与经济增长》，《产业经济研究》2014 年第 2 期。

[4]　陈建军、陈国亮、黄洁：《新经济地理学视角下的生产性服务业集聚及其影响因素研究——来自中国 222 个城市的经验证据》，《管理世界》2009 年第 4 期。

[5]　李雪、陈瑜：《长三角地区产业技术创新的空间效应研究》，《江南大学学报》（人文社会科学版）2020 年第 1 期；盛斌、赵文涛：《地区全球价值链、市场分割与产业升级——基于空间溢出视角的分析》，《财贸经济》2020 年第 9 期；张荣光、邱启文、鄢宇昊：《西部资源型地区产业发展与溢出效应：一个时空双维度研究》，《科技进步与对策》2022 年第 16 期。

（*GP*）与美丽中国建设水平（*BC*）的相关系数 *r* 为 0.385，表示两者在 1% 的显著性水平上存在相对较弱的正相关关系，这可能是由于绿色发展绩效与美丽中国建设水平之间呈现阶段性特征，一定程度上影响了正相关关系的强弱。

表 5-1　绿色发展绩效与美丽中国建设水平 Pearson 相关性分析结果

变量	*BC*	*CP*	*EDU*	*IND*	*IS*	*ED*
BC	1.000					
GP	0.385***	1.000				
EDU	−0.270***	−0.048	1.000			
IND	−0.193***	−0.262***	−0.387***	1.000		
IS	0.520***	0.651***	0.094**	−0.716***	1.000	
ED	0.355***	0.845***	−0.216***	−0.162***	0.590***	1.000

注：*** $p < 0.01$。

其次，进一步绘制散点图直观地揭示绿色发展绩效与美丽中国建设水平之间的数据变化趋势，结果如图 5-4 所示。2005~2019 年，省域美丽中国建设水平随着绿色发展绩效的提升呈不断上升态势。但这种增长趋势相对平缓，反映了绿色发展绩效的提升与美丽中国建设水平的提升并不完全同步。

为了进一步分析绿色发展绩效与美丽中国建设水平之间的阶段性特征，需要观察不同的绿色发展绩效所处阶段与美丽中国建设水平之间的关系，故进行二次拟合，拟合结果如图 5-5 所示。由图可知，2005~2019 年，随着省域绿色发展绩效指数的提升，美丽中国建设水平先快速上升后逐步减缓。

一　绿色发展水平与美丽中国建设的特征事实

（一）相关性分析

利用 Pearson 相关系数分析绿色发展水平与美丽中国建设水平之间是否存在线性相关关系，分析结果如表 5-2 所示。由表可知，绿色发展水平（*GL*）与美丽中国建设水平（*BC*）之间的相关系数 *r* 为 0.339，大于 0 小于 1，表示

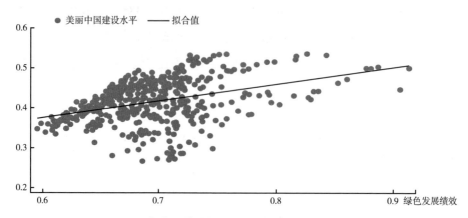

图 5-4　绿色发展绩效与美丽中国建设水平的线性散点图

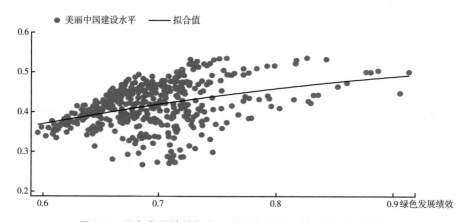

图 5-5　绿色发展绩效与美丽中国建设水平的二次拟合散点图

两者在 1% 的显著性水平上存在较弱的正相关关系，这可能是由于绿色发展水平与美丽中国建设呈现阶段性特征。

表 5-2　绿色发展水平与美丽中国建设水平 Pearson 相关性分析结果

变量	BC	GL	EDU	IND	IS	UR
BC	1.000					
GL	0.339***	1.000				

续表

变量	BC	GL	EDU	IND	IS	UR
EDU	-0.270 ***	-0.048	1.000			
IND	-0.193 ***	-0.262 ***	-0.387 ***	1.000		
IS	0.520 ***	0.651 ***	0.094 **	-0.716 ***	1.000	
UR	0.597 ***	0.697 ***	-0.264 ***	-0.190 ***	0.708 ***	1.000

注：*** p<0.01，** p<0.05。

（二）散点图分析

本章通过绘制散点图分析绿色发展水平与美丽中国建设水平之间关系的特征，进一步从时间和地区两个层面揭示绿色发展水平与美丽中国建设水平的时间变化趋势和地区间差异。

1. 总样本分析

（1）线性拟合分析。由图 5-6 可以发现，2005～2019 年省域层面的美丽中国建设水平随着绿色发展水平的提升呈不断上升的态势，但这种增长趋势相对平缓，表明绿色发展水平的提高与美丽中国建设水平的提高并不完全同步。

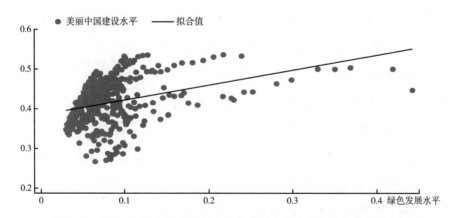

图 5-6　2005～2019 年绿色发展水平与美丽中国建设水平的线性散点图

（2）非线性拟合分析。为了进一步分析绿色发展水平与美丽中国建设水平之间的阶段性特征，采用二次曲线进行拟合，拟合结果如图5-7所示。由图可知，2005～2019年美丽中国建设水平随着省域层面绿色发展水平的提升呈先边际递增后边际递减的特点，表明绿色发展水平与美丽中国建设之间可能存在非线性关系。

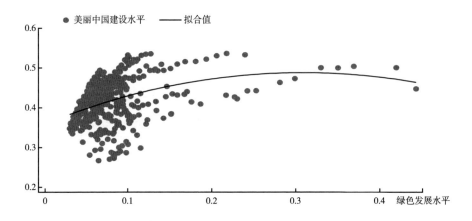

图5-7　2005～2019年绿色发展水平与美丽中国建设水平的非线性散点图

2. 分样本分析

（1）分时间阶段分析。考虑到时间规划的连续性以及与绿色发展政策的相关性，将"十一五"规划、"十二五"规划的开局之年作为时间节点，将时间段划分为2005～2010年、2011～2015年和2016～2019年，进一步利用散点图考察三个时间段内绿色发展水平与美丽中国建设水平之间的关系的变化趋势，结果分别见图5-8、图5-9和图5-10。

由图5-8可以发现，"十一五"期间，省域层面绿色发展水平指数为0～0.10，美丽中国建设水平指数为0.25～0.45。2005～2010年省域层面美丽中国建设水平随着绿色发展水平的提升呈不断上升态势，但这种增长趋势相对平缓，表明绿色发展水平提升与美丽中国建设水平的提高并不同步。可能的原因是，"十一五"期间我国大力发展绿色产业，实现了"绿色能源"的历史跨越，绿色发展动力强，绿色发展水平不断提高，节能减排取得重大进展，美丽中国建设效果初显，但还不够明显[1]。

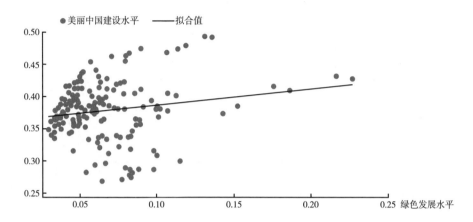

图 5-8　2005~2010 年绿色发展水平与美丽中国建设水平的线性散点图

由图 5-9 可以发现，2011~2015 年省域层面美丽中国建设水平随着绿色发展水平的提升呈不断上升态势，但这种增长趋势相对平缓，表明绿色发展水平提升与美丽中国建设水平的提高并不完全同步。"十二五"期间，绿色发展水平指数为 0.05~0.20，美丽中国建设水平指数为 0.35~0.50，相较于"十一五"期间，绿色发展水平与美丽中国建设水平均有所提高。可能的原因是，"十二五"规划首次以"绿色发展"为主题，对"建设资源节约型、环境友好型社会"进行专篇论述，明确了绿色发展的激励约束机制，提出实行"生态安全"战略，标志着中国进入"绿色发展时代"，绿色发展水平不断提升，并对全世界产生了积极而深远的影响，此阶段，美丽中国建设水平提升比较明显[2]。

1　《"十一五"能源建设成就综述："绿色能源"历史跨越》，中国政府网，2011 年 1 月 24 日，http://www.gov.cn/jrzg/2011-01/24/content_1791567.htm。

2　《国务院关于印发国家环境保护"十二五"规划的通知》，中国政府网，2011 年 12 月 15 日，https://www.gov.cn/gongbao/content/2012/content_2034724.htm。

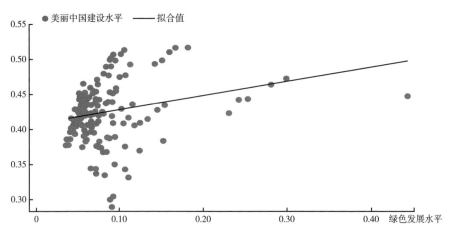

图 5-9　2011~2015 年绿色发展水平与美丽中国建设水平的线性散点图

由图 5-10 可以发现，2016~2019 年省域层面美丽中国建设水平随着绿色发展水平的提升呈不断上升态势，且上升趋势比较明显，表明绿色发展水平的提升与美丽中国建设水平的提高基本同步。"十三五"期间，省域层面绿色发展水平指数为 0.05~0.20，美丽中国建设水平指数为 0.35~0.50，说明相较于"十一五""十二五"期间，绿色发展水平与美丽中国建设水平均进一步提高。可能的原因是，"十三五"规划建议明确提出坚持绿色富国、绿色惠民，为人民提供更多优质生态产品，推动形成绿色发展方式和生活方式，协同推进人民富裕、国家富强、中国美丽，绿色发展水平不断提升，美丽中国建设效果明显[1]。

（2）按地区进行分析。由于各地区所处的地理位置和经济发展阶段不同，为进一步观察地区间绿色发展水平与美丽中国建设水平之间的关系，根据 2000 年国家发改委的标准划分，将全国 30 个省区市分为东部、中部和西部三个地区，其中，东部地区包括北京、天津等 11 个省级行政区；西部地区包括四川、贵州等 11 个省级行政区；中部地区包括山西、吉林等 8 个省级行政区。

---

[1] 《中共中央关于制定国民经济和社会发展第十三个五年规划的建议》，中国政府网，2015 年 10 月 29 日，https：//www.gov.cn/xinwen/2015-11/03/content_5004093.htm。

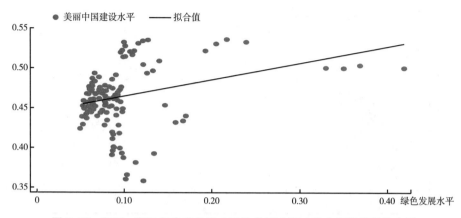

图 5-10 2016～2019 年绿色发展水平与美丽中国建设水平的线性散点图

进一步利用散点图考察不同地区绿色发展水平与美丽中国建设之间关系的变化趋势，结果分别见图 5-11、图 5-12 和图 5-13。

由图 5-11 可以发现，2005～2019 年东部地区美丽中国建设水平随着绿色发展水平的提升呈现不断上升态势，但增长趋势相对平缓，反映出东部地区绿色发展水平的提升与美丽中国建设水平的提高并不完全同步。可能的原因是，东部地区经济发展水平较高，产业更新升级相对较快，第三产业等配套服务业较为完善，因此在资源能源高效利用和环境污染治理方面表现突出，绿色发展优势明显，美丽中国建设效果也比较明显[1]。

由图 5-12 可以发现，2005～2019 年随着中部地区绿色发展水平的提升，美丽中国建设水平呈不断上升态势，且上升趋势比较明显，表明绿色发展水平的提升与美丽中国建设水平的提高基本同步。可能的原因是，中部地区由于传统工业及资源消耗型工业偏多，绿色发展意识相对落后。但随着国家战略的推动及中西部地区发展模式的变革，新一轮支持中部地区崛起的顶层规划强调中部地区绿色崛起，相关政策也围绕绿色低碳展开，涉及长江黄河生

---

[1] 《白皮书：各地开发区"绿色发展"水平存差异 东部占优》，中国经济网，2018 年 7 月 20 日，http：//www.ce.cn/cysc/newmain/yc/jsxw/201807/20/t20180720_29812077.shtml。

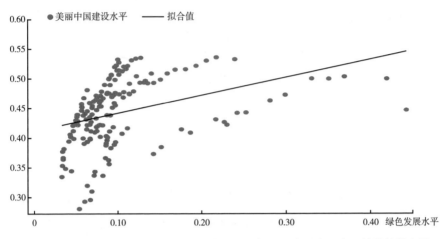

图 5-11　2005~2019 年东部地区绿色发展水平与美丽中国建设水平的线性散点图

态环保治理、开展低碳城市试点、推进排污权和碳排放权市场化交易等[1]。目前，中部地区已成为全国生态文明建设示范区，也是全国重要的能源原材料基地，绿色发展水平提升空间较大，美丽中国建设效果较为明显。

　　由图 5-13 可以发现，2005~2019 年西部地区随着绿色发展水平的提升，美丽中国建设水平呈轻微下降的态势，且下降趋势相对平缓，表明绿色发展水平的提升与美丽中国建设水平的下降是不完全同步的。可能的原因是，作为我国生态建设的重点和难点地区，西部地区的区域战略地位重要、自然资源相对丰富，但多数地区经济社会发展相对滞后，生态环境较为脆弱，绿色生态产业的发展水平总体来看还比较低，人民日益增长的美好生活需要和不平衡不充分的发展之间的矛盾日益凸显。近年来，中央和地方各级政府对西部地区生态环境保护问题更加重视，西部地区绿色发展水平提升较快，但美丽中国建设是一个相对较长的过程，目前效果尚不明显[2]。综上所述，区域间绿色发展水平呈现不平衡特点。

　　1　《中共中央 国务院关于新时代推动中部地区高质量发展的意见》，中国政府网，2021 年 4 月 23 日，
https：//www.gov.cn/zhengce/2021-07/22/content_5626642.htm。

　　2　陈富荣：《构建绿色发展体系助力西部绿色发展》，《中国经贸》2019 年第 24 期。

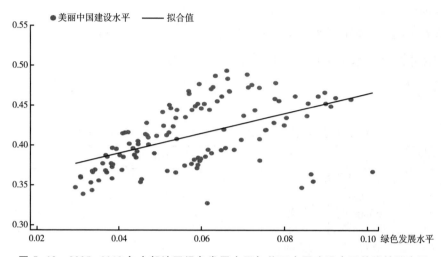

图 5-12　2005~2019 年中部地区绿色发展水平与美丽中国建设水平的线性散点图

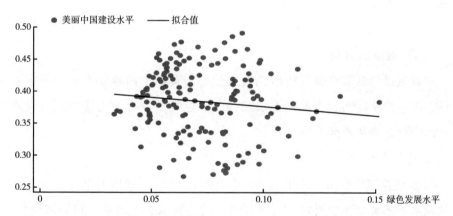

图 5-13　2005~2019 年西部地区绿色发展水平与美丽中国建设水平的线性散点图

二　绿色发展效率与美丽中国建设的特征事实

（一）相关性分析

利用 Pearson 相关系数分析绿色发展效率与美丽中国建设水平之间是否存在线性相关关系，分析结果如表 5-3 所示。由表可知，绿色发展效率（*GE*）

与美丽中国建设水平（BC）之间的相关系数 r 为 0.097，大于 0 小于 1，表示两者在 1% 的显著性水平上存在较弱的正相关关系，可能是由于绿色发展效率与美丽中国建设水平之间呈现阶段性特征，一定程度上影响了正相关关系的强弱。

表 5-3　绿色发展效率与美丽中国建设水平 Pearson 相关性分析结果

变量	BC	GE	EDU	IND	ED	GI
BC	1.000					
GE	0.097***	1.000				
EDU	-0.270***	0.023	1.000			
IND	-0.019***	-0.067	-0.387***	1.000		
ED	0.355***	0.047	-0.216***	-0.162***	1.000	
GI	-0.311***	0.028	0.885***	-0.466***	-0.123***	1.000

注：*** $p<0.01$。

（二）散点图分析

本章通过绘制散点图分析绿色发展效率与美丽中国建设水平之间关系的特征，进一步从时间和空间两个层面揭示绿色发展效率与美丽中国建设水平的时间变化趋势和地区差异。

1. 总样本分析

（1）线性拟合分析。由图 5-14 可以发现，2005~2019 年省域层面美丽中国建设水平随着绿色发展效率的提升呈不断上升态势，但增长趋势相对平缓，表明绿色发展效率提升与美丽中国建设水平的提高并不完全同步，可能是由于绿色发展效率与美丽中国建设水平之间存在阶段性特征。各点到斜线的距离较远，表明线性相关性相对较弱，原因是绿色发展效率值大部分大于 1，数据出现比较集中的情况。

（2）非线性拟合分析。为了进一步分析绿色发展效率与美丽中国建设水平之间的阶段性特征，采用二次曲线进行拟合，拟合结果如图 5-15 所示。由图 5-15 可以发现，2005~2019 年随着绿色发展效率的提升，美丽中国建设水

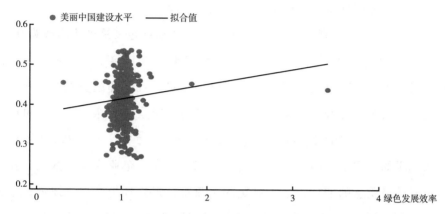

图5-14　2005~2019年绿色发展效率与美丽中国建设水平的线性散点图

平呈先边际递增后边际递减的特点，表明绿色发展效率与美丽中国建设水平
之间可能存在非线性关系。

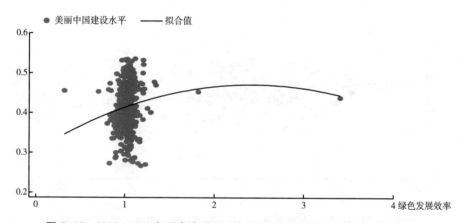

图5-15　2005~2019年绿色发展效率与美丽中国建设水平的非线性散点图

2. 分样本分析

（1）分时间阶段分析。考虑到时间规划的连续性以及与绿色发展政策的
相关性，将"十一五"规划、"十二五"规划的开局之年作为时间节点，将时
间段划分为2005~2010年、2011~2015年和2016~2019年，进一步通过绘制
散点图考察三个时间段内绿色发展效率与美丽中国建设水平之间关系的趋势

变化，其结果分别见图 5-16、图 5-17 和图 5-18。

由图 5-16 可以发现，"十一五"期间省域层面绿色发展效率指数为 0.8~1.2，美丽中国建设水平指数为 0.25~0.45。2005~2010 年，随着绿色发展效率的提升，美丽中国建设水平呈轻微下降的态势，且下降趋势相对平缓，表明绿色发展效率的提升与美丽中国建设水平的下降是不完全同步的。可能的原因是，"十一五"规划期间，绿色发展动力强，生活水平和收入水平不断提升，人们更加注重生活品质和良好生活环境，政府、企业为满足群众日益增加的良好环境质量的需要，通过制定相关政策、提高环境标准、鼓励技术创新等方式刺激生产[1]。但由于"十一五"期间技术存在一定的局限，生产成本相对较高，资源利用效率相对较低，绿色发展完成程度和达成效率不充分，美丽中国建设处于进行大量的投资和规划阶段，成果尚不明显。

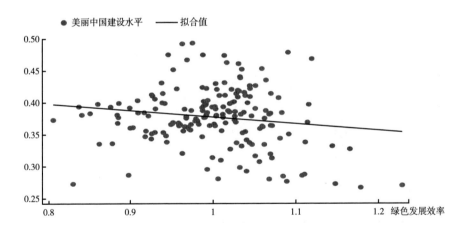

图 5-16　2005~2010 年绿色发展效率与美丽中国建设水平的线性散点图

由图 5-17 可以发现，2011~2015 年，随着绿色发展效率的提升，美丽中国建设水平呈不断上升态势，但增长趋势十分平缓，表明绿色发展效率的提升与美丽中国建设水平的提高并不同步。同时，"十二五"期间，省域层

1　《"十一五"我国污染减排成效显著 绿色发展动力强》，中国政府网，2011 年 2 月 17 日，https://www.gov.cn/jrzg/2011-02/17/content_1805031.htm。

面绿色发展效率指数约为 1，说明绿色发展效率较高。美丽中国建设水平指数为 0.35～0.50，即相较于"十一五"期间，绿色发展效率与美丽中国建设水平均有所提高。可能的原因是，"十二五"期间特别是党的十八大以来，以习近平同志为核心的党中央把生态文明建设摆在中国特色社会主义"五位一体"总体布局的战略高度，大力推进生态文明建设，努力建设美丽中国，一系列制度建设次序推进，环境治理成就斐然[1]。相较于"十一五"期间，绿色发展投入产出效果更加明显，美丽中国建设的效果也较为突出。

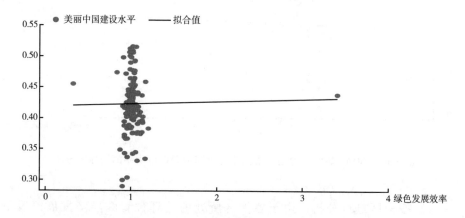

图 5-17　2011～2015 年绿色发展效率与美丽中国建设水平的线性散点图

由图 5-18 可以发现，2015～2019 年省域层面美丽中国建设水平随着绿色发展效率的提升呈不断上升态势，但增长趋势十分平缓，表明绿色发展效率的提升与美丽中国建设水平的提高并不同步。同时，"十三五"期间，省域层面绿色发展效率指数为 1.0～1.5，美丽中国建设水平指数为 0.35～0.50，相较于"十一五""十二五"期间，绿色发展效率与美丽中国建设水平进一步提高，且从较弱的负相关趋势转为较弱的正相关趋势。可能的原因是，"十三五"时期是生态环境质量改善成效最大、生态环境保护事业发展

1　刘毅等：《努力建设人与自然和谐共生的现代化——以习近平同志为核心的党中央推进生态文明建设述评》，《人民日报》2021 年 11 月 7 日。

最好的五年，我国生态文明建设再上新台阶，在这个过程中，绿色发展投入产出效果有了明显提升，越来越多的地区描绘了青山常在、绿水长流、空气常新的美丽中国画卷[1]。但绿色发展的完成程度和达成效率还不充分，美丽中国建设也是一个相对长期的过程，二者仍有较大的发展空间。

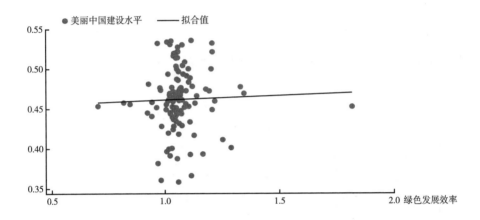

图 5-18　2016~2019 年绿色发展效率与美丽中国建设水平的线性散点图

（2）按地区进行分析。由于各地区所处的地理位置和经济发展阶段不同，为进一步观察地区绿色发展效率与美丽中国建设水平之间的关系，将全国 30 个省区市分为东部、中部和西部三个地区进行分析，进一步利用散点图考察不同地区绿色发展效率与美丽中国建设水平二者的关系变化趋势，结果如图 5-19 所示。

由图 5-19 可以发现，2005~2019 年，东部、中部和西部地区随着绿色发展效率的提升，美丽中国建设水平呈不断上升态势，但东部和中部地区增长趋势相对平缓，表明绿色发展效率提升与美丽中国建设水平的提高并不完全同步。西部地区增长速度较为缓慢，表明绿色发展效率提升与美丽中国建设水平的提高基本不同步。东部地区绿色发展效率指数多数大于 1，分布较为集中，说明东部地区绿色发展效率和美丽中国建设水平相对较高，二者之间存在正相关关系。中部地区绿色发展效率指数为0.8~1.2，说明相对于东部地区，中部地区绿色发展效率和美丽中国建设水平相对适中。西部地区绿色发展效率指数为0.8~1.3，分布较为分散，反映出相对于东部和中部地区，西部地区绿色发展效率和美丽中国建设水平较低，且分布较为分散，说明"十一五"期间至"十三五"期间区域间绿色发展完成程度和达成效率差异较大，中部和西部地区内部以及地区间呈现绿色发展效率不充分的特点。因此，绿色发展效率与美丽中国建设需考虑地区内和地区间的平衡与发展。

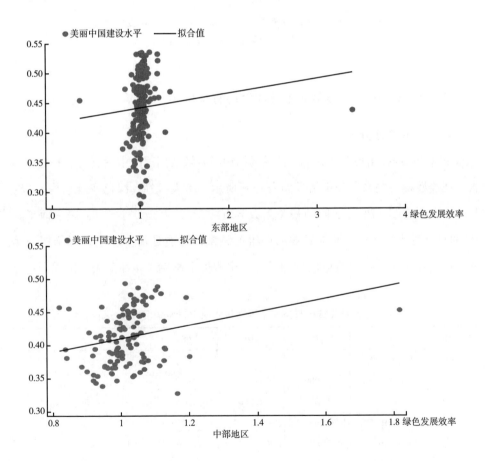

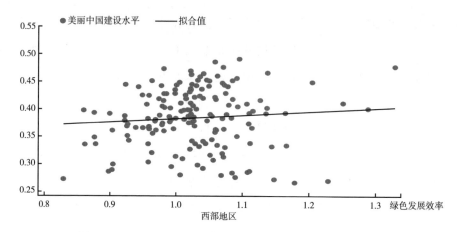

图 5-19　2005~2019 年东部、中部和西部地区绿色发展效率
与美丽中国建设水平的线性散点图

三　绿色发展结构与美丽中国建设的特征事实

（一）相关性分析

利用 Pearson 相关系数分析绿色发展结构与省域层面美丽中国建设水平之间是否存在线性相关关系，分析结果如表 5-4 所示。由表可知，绿色发展结构（GS）与美丽中国建设（BC）之间的相关系数 r 为 0.346，大于 0 小于 1，表示两者在 1% 的显著性水平上存在相对较弱的正相关关系，可能是由于绿色发展结构与美丽中国建设水平之间呈现阶段性特征，一定程度上影响了正相关关系的强弱。

表 5-4　绿色发展结构与美丽中国建设水平 Pearson 相关性分析结果

变量	BC	GS	EDU	IND	IS	ED
BC	1.000					
GS	0.346 ***	1.000				
EDU	-0.270 ***	0.021	1.000			
IND	-0.019 ***	-0.265 ***	-0.387 ***	1.000		
IS	0.520 ***	0.660 ***	0.094 **	-0.716 ***	1.000	
ED	0.355 ***	0.698 ***	-0.216 ***	-0.162 ***	0.590 ***	1.000

注：*** p<0.01，** p<0.05。

（二）散点图分析

本章通过绘制散点图分析绿色发展结构与美丽中国建设水平之间关系的特征，进一步从时间和地区两个层面揭示绿色发展结构与美丽中国建设水平的时间变化趋势和地区差异。

1. 总样本分析

（1）线性拟合分析。由图5-20可以发现，2005～2019年随着绿色发展结构的优化，美丽中国建设水平呈不断上升态势，但增长趋势相对平缓，表明绿色发展结构的优化与美丽中国建设水平的提高并不完全同步。

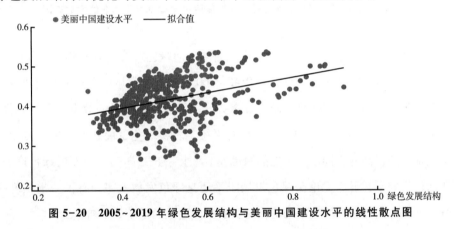

图5-20　2005～2019年绿色发展结构与美丽中国建设水平的线性散点图

（2）非线性拟合分析。为了进一步分析绿色发展结构与美丽中国建设水平之间的阶段性特征，采用二次曲线进行拟合，拟合结果如图5-21所示。由图5-21可以发现，由于绿色发展水平和效率协同程度所处阶段不同，美丽中国建设水平呈现先边际递增后缓慢边际递减的特点。

2. 分样本分析

（1）分时间阶段分析。考虑到时间规划的连续性以及与绿色发展政策的相关性，将"十一五"规划、"十二五"规划的开局之年作为时间节点，将时间段划分为2005～2010年、2011～2015年和2016～2019年，进一步通过绘制散点图考察三个时间段内绿色发展结构与美丽中国建设水平之间关系的变化趋势，结果分别见图5-22、图5-23和图5-24。

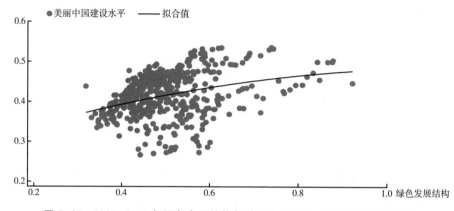

图5-21 2005~2019年绿色发展结构与美丽中国建设水平的非线性散点图

由图5-22可以发现，"十一五"期间省域层面绿色发展结构水平指数为0.3~0.6，美丽中国建设水平指数为0.25~0.45。2005~2010年省域层面美丽中国建设水平随着绿色发展结构的优化呈不断上升态势，即绿色发展水平与效率协同度越高，美丽中国建设水平越高。但增长趋势相对平缓，表明绿色发展结构优化与美丽中国建设水平的提高并不同步。可能的原因是，"十一五"期间大力发展绿色产业，产业绿色化效果初显，无论是绿色发展水平还是绿色发展效率均有了一定程度的提升，二者协同带来的绿色结构优化对美丽中国建设的促动效果初显。

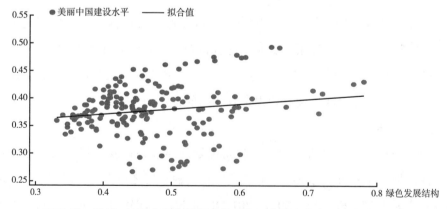

图5-22 2005~2010年绿色发展结构与美丽中国建设水平的线性散点图

由图 5-23 可以发现，2011~2015 年省域层面美丽中国建设水平随着绿色发展结构的优化呈不断上升态势，即绿色发展水平与效率的协同度越高，美丽中国建设水平越高。但增长趋势相对平缓，表明绿色发展结构的优化与美丽中国建设水平的提高不完全同步。同时，相较于"十一五"期间，这种增长趋势的斜率相对较大。"十二五"期间，省域层面绿色发展结构水平指数为 0.3~0.7，美丽中国建设水平指数为 0.35~0.50，即相较于"十一五"期间，绿色发展结构优化程度与美丽中国建设水平均有所提升。可能的原因是，"十二五"时期是我国节能环保产业发展难得的历史机遇期，着眼于满足我国节能减排、发展循环经济和建设资源节约型环境友好型社会的需要，顺应世界经济发展和产业转型升级的大趋势，加快培育发展节能环保产业，使之成为新一轮经济发展的增长点和新兴支柱产业。在被列入国家"十二五"规划的七大战略性新兴产业中，节能环保、生物、新能源、新材料等产业都与绿色发展密切相关[1]。相较于"十一五"期间，绿色发展不仅注重水平的提升、效率的提高，更注重二者之间的协调发展，因此绿色发展结构在一定程度上得到优化，更有利于促进美丽中国建设。

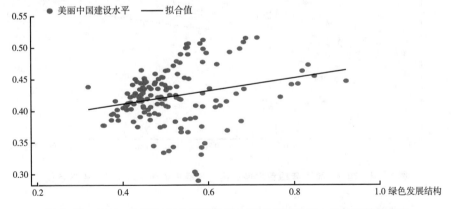

图 5-23　2011~2015 年绿色发展结构与美丽中国建设水平的线性散点图

1　《国务院关于印发"十二五"节能环保产业发展规划的通知》，中国政府网，2012 年 6 月 16 日，https：//www.gov.cn/zhuanti/2012-06/29/content_2624396.htm。

由图 5-24 可以发现，2016~2019 年随着绿色发展结构的优化，美丽中国建设水平呈不断上升态势，即绿色发展水平与效率的协同度越高，美丽中国建设水平越高。同时，增长趋势依旧相对平缓，表明绿色发展结构优化与美丽中国建设水平的提高仍不同步，相较于"十一五"期间，这种增长趋势的斜率变大，说明绿色发展水平与效率的协同度越高，美丽中国建设水平越高。同时，"十三五"期间，省域层面绿色发展结构水平指数为 0.4~0.8，美丽中国建设水平指数为 0.35~0.5，即相较于"十一五"规划、"十二五"期间，绿色发展结构优化程度与美丽中国建设水平进一步提高。可能的原因是，"十三五"时期是我国全面建成小康社会决胜阶段。从生态文明建设和生态环境保护的角度来看，在习近平生态文明思想的科学指引下，我国生态文明建设从认识到实践都发生了历史性、转折性、全局性变化，为"十四五"时期生态文明建设实现新进步、2035 年生态环境根本好转、美丽中国建设目标基本实现奠定了坚实基础[1]。

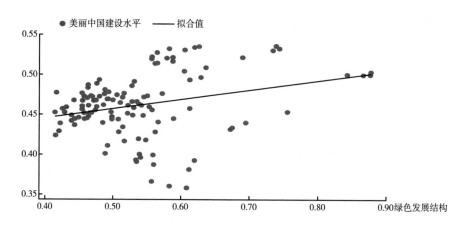

图 5-24　2016~2019 年绿色发展结构与美丽中国建设水平的线性散点图

1　孙金龙：《我国生态文明建设发生历史性转折性全局性变化（人民要论·"十三五"辉煌成就·生态文明建设）》，《人民日报》2020 年 11 月 20 日。

（2）按地区进行分析。由于各地区所处的地理位置和经济发展阶段不同，为进一步考察地区绿色发展结构与美丽中国建设水平之间的关系，将全国 30 个省区市划分为东部、中部和西部三个地区进行研究，进一步利用散点图考察不同地区绿色发展结构与美丽中国建设水平之间的关系变化趋势，结果分别见图 5-25、图 5-26 和图 5-27。

由图 5-25 可以发现，2005~2019 年东部地区随着绿色发展结构的优化，美丽中国建设水平呈不断上升态势，且增长斜率相对陡峭，表明绿色发展结构的优化与美丽中国建设水平的提高比较同步。可能的原因是，随着东部地区经济发展水平提高，拥有更先进的技术和劳动力，绿色发展优势明显，绿色发展水平与绿色发展效率间的协同度比较高，因此东部地区绿色发展结构优化更有利于该地区美丽中国建设。

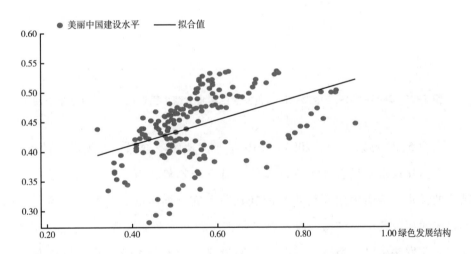

图 5-25　2005~2019 年东部地区绿色发展结构与美丽中国建设水平的线性散点图

由图 5-26 可以发现，2005~2019 年中部地区美丽中国建设水平随着绿色发展结构的优化呈不断上升态势，且增长斜率相对陡峭，表明绿色发展结构的优化与美丽中国建设水平的提高比较同步。但相对于东部地区来说，中部地区绿色发展结构不够协调。可能的原因是，中部地区是全国生态文明建设示范区，也是大江、大河、大湖分布密集的地区，绿色发展任务重[1]。虽然近年来新一轮支持中部地区崛起的顶层规划强调中部地区绿色崛起，相关政策相继围绕绿色低碳展开，在政府落实"双碳"目标、调整能源结构和开展节能减排的同时，也加大了财政、产业等政策支持力度，中部地区绿色发展水平和绿色发展效率均有了较大提升，更有利于该地区美丽中国建设[2]。但相对于东部地区，中部地区绿色发展优势依然不够突出。

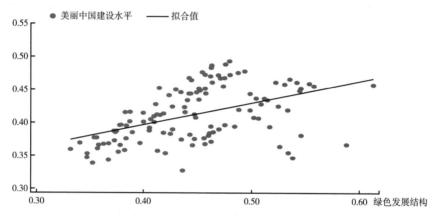

图 5-26　2005~2019 年中部地区绿色发展结构与美丽中国建设水平的线性散点图

由图 5-27 可以发现，2005~2019 年西部地区随着绿色发展结构的优化，美丽中国建设水平呈轻微下降的态势，且下降趋势相对平缓，表明绿色发展结构的优化与美丽中国建设水平的变化是不完全同步的。可能的原因是，长期以来西部地区产业结构中原材料工业占比较高，产业链条短，产品层次低，新兴产业发展缓慢，经济发展与生态环境保护的矛盾十分突出，绿色发展水

1　《促进中部地区全面崛起的重大举措——国家发展改革委地区司负责同志答记者问》，中华人民共和国国家发展和改革委员会网站，2016 年 12 月 26 日，https：//www.ndrc.gov.cn/xxgk/jd/jd/201612/t20161226_1182770.html？code=&state=123。

2　《中共中央 国务院关于新时代推动中部地区高质量发展的意见》，中国政府网，2021 年 4 月 23 日，https：//www.gov.cn/zhengce/202203/content_3635501.htm。

平和绿色发展效率无法兼顾[1]。虽然近年来中央和地方各级政府对西部地区生态环境保护问题的重视程度不断提高，但生态文明建设与美丽中国建设是一个相对长期的过程，目前效果尚不明显。因此，应充分结合西部实际，抓住"一带一路"建设及新一轮西部大开发的重大机遇，及时调整发展思路，大力培育新产业、新业态与新模式，坚持走"生态优先、绿色发展"的路子[2]。

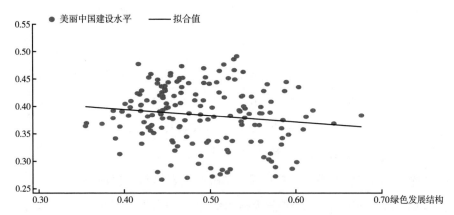

图 5-27　2005～2019 年西部地区绿色发展结构与美丽中国建设水平的线性散点图

综上所述，可以发现区域绿色发展结构呈现不协调特点，应注重绿色发展水平、绿色发展效率和绿色发展结构与美丽中国建设的协同。

第三节　绿色发展绩效对美丽中国建设的中介机制检验

本章在考察特征事实的基础上，进一步探究绿色发展水平、绿色发展效率、绿色发展结构对美丽中国建设的作用机制，为绿色发展绩效对美丽中国建设水平的关系检验提供方法论和模型。

1　韩美琳：《高质量发展背景下中国经济产业结构转型升级研究——基于马克思主义政治经济学视角》，吉林大学博士学位论文，2021。

2　《中共中央 国务院关于新时代推进西部大开发形成新格局的指导意见》，中国政府网，2020 年 5 月 17 日，https://www.gov.cn/zhengce/2020-05/17/content_5512456.htm。

一　绿色发展水平对美丽中国建设的中介机制检验

（一）模型构建与数据来源

1. 模型构建

（1）固定效应模型。为了检验绿色发展水平、绿色发展效率、绿色发展结构对美丽中国建设的直接效应，构建以下面板固定效应模型：

$$B_{it} = \alpha_0 + \alpha_1 G_{it} + \alpha_2 X_{it} + \mu_i + \varepsilon_{it} \qquad (5-1)$$

其中，B_{it} 表示 i 省区市在 t 时期的美丽中国建设水平综合指数；G_{it} 表示 i 省区市在 t 时期的绿色发展水平（GL）、绿色发展效率（GE）、绿色发展结构（GS）指数；X_{it} 代表一系列控制变量，如财政教育支出、工业化水平、产业结构升级、城镇化率、经济密度和政府干预；α_0 表示常数项；α_1 表示自变量 G_{it} 对因变量 BC_{it} 的回归系数；μ_i 表示固定效应；ε_{it} 表示随机扰动项。

（2）中介效应模型。为进一步揭示绿色发展水平、绿色发展效率、绿色发展结构通过何种途径影响美丽中国建设，选择中介效应模型[1]来检验绿色发展水平、绿色发展效率、绿色发展结构影响美丽中国建设的作用机制。结合式（5-1），采用逐步回归法设定式（5-2）至式（5-3），具体如下：

$$H_{it} = \beta_0 + \beta_1 G_{it} + \beta_2 X_{it} + \mu_i + \delta_t + \varepsilon_{it} \qquad (5-2)$$

$$BC_{it} = \gamma_0 + \gamma_1 G_{it} + \gamma_2 H_{it} + \gamma_3 X_{it} + \mu_i + \delta_t + \varepsilon_{it} \qquad (5-3)$$

其中，H 表示一系列中介变量，式（5-2）为绿色发展水平（GL）、绿色发展效率（GE）、绿色发展结构（GS）对于中介变量（H）的线性回归方程；式（5-3）为绿色发展水平（GL）、绿色发展效率（GE）、绿色发展结构（GS）和中介变量（H）对美丽中国建设水平（BC）的线性回归方程。当解释变量为绿色发展水平（GL）时，H 表示环境规制（ER）和资源利用有效（RA）；当解释变量为绿色发展效率（GE）时，H 表示技术进步创新（IG）和

1　温忠麟、叶宝娟：《中介效应分析：方法和模型发展》，《心理科学进展》2014 年第 5 期。

生产成本降低（*ER*）；当解释变量为绿色发展结构（*GS*）时，*H* 表示能源结构优化（*ES*）和消费结构优化（*CS*）。

（3）门槛效应模型。为了进一步探究绿色发展水平、绿色发展效率、绿色发展结构与美丽中国建设水平之间可能存在的非线性关系，本部分采用面板门槛效应模型探讨绿色发展水平、绿色发展效率、绿色发展结构与美丽中国建设水平之间是否存在门槛效应，如果存在，旨在寻找出推动美丽中国建设的最优区间。借鉴 Hansen[1] 的研究，建立非线性面板门槛模型进行实证分析，Hansen 面板门槛模型的具体形式为：

$$y_{it} = \beta_1 x_{it} \cdot I(q_{it} \leqslant \gamma_1) + \beta_2 x_{it} \cdot I(\gamma_1 < q_{it} \leqslant \gamma_2) + \beta_3 x_{it} \cdot I(q_{it} > \gamma_3) + \mu_i + \varepsilon_{it}$$

$$(5-4)$$

式（5-4）中，y_{it} 为模型被解释变量，x_{it} 为解释变量，q_{it} 为门槛变量，γ 为门槛值，因此本章最终设定的模型形式为：

$$BC_{it} = \beta_1 G_{it} \cdot I(G_{it} \leqslant \gamma_1) + \beta_2 G_{it} \cdot I(\gamma_1 < G_{it} \leqslant \gamma_2) + \beta_3 G_{it} \cdot I(G_{it} > \gamma_3) + \beta_4 IND_{it}$$
$$+ \beta_5 IS_{it} + \beta_6 ED_{it} + \beta_7 GR_{it} + \mu_i + \varepsilon_{it}$$

$$(5-5)$$

其中，BC_{it} 为美丽中国建设水平的综合指数，G_{it} 分别代表绿色发展水平（GL_{it}）、绿色发展效率（GE_{it}）和绿色发展结构（GS_{it}），IND_{it} 为工业化水平，IS_{it} 为产业结构升级，ED_{it} 为经济密度，GI_{it} 为政府干预。

2. 变量选取

被解释变量：本部分的因变量为美丽中国建设水平（*BC*），具体变量说明和算法同上。

核心解释变量：本部分的自变量为绿色发展水平（*GL*）、绿色发展效率（*GE*）、绿色发展结构（*GS*），具体变量说明和算法同上。

控制变量：为了尽量控制其他因素对美丽中国建设的影响，本章借鉴盖

　　1　B. E. Hansen, "Threshold Effects in Non-dynamic Panels: Estimation, Testing and Inference," *Journal of Econometrics* (2), 1999, pp. 345-368.

美和王秀琪[1]以及夏青[2]的研究，选择的控制变量包括财政教育支出（EDU）、工业化水平（IND）、产业结构升级（IS）、城镇化率（UR）、经济密度（ED）、政府干预（GI），具体说明如下。①财政教育支出（EDU）。政府的财政教育支出在提高美丽中国建设水平方面起着非常重要的作用，本章把财政支出教育事业费占 GDP 的比重作为财政教育支出的衡量指标[3]。②工业化水平（IND）。随着工业化水平的提高，经济发展和生活水平的不断提升，也会带来一定的环境和生态问题，并对美丽中国建设水平产生重要影响[4]，本章用工业总产值占 GDP 的比重来衡量工业化水平[5]。③产业结构升级（IS）。产业结构的优化升级不仅能够提高经济效率，更能在提质增效的同时优化经济发展方式，提升绿色经济效率，因而在美丽中国建设过程中，产业结构的优化也会对美丽中国建设水平有所影响。考虑到第三产业的比重变化可以在一定程度上衡量产业结构的优化升级，本章选取第三产业产值占 GDP 的比重对产业结构升级进行衡量[6]。④城镇化率（UR）。该地区城镇化水平越高，资源和能源的利用效率越高，越有利于美丽中国建设，本章用城镇人口占地区常住人口的比重来衡量该地区的城镇化率。⑤经济密度（ED）。该地区经济密度越高，在促进经济增长、推动美丽中国建设上越能发挥重要作用，本章用地区生产总值与地区占地面积的比重来度量该地区的经济密度[7]。⑥政府干预

1　盖美、王秀琪:《美丽中国建设时空演变及耦合研究》,《生态学报》2021 年第 8 期。

2　夏青:《让美丽中国建设评估指标体系更美丽》,《水资源保护》2020 年第 3 期。

3　周波、苏佳:《财政教育支出与代际收入流动性》,《世界经济》2012 年第 12 期。

4　J. Abdul, F. Mete, "The Impact of Growth, Energy and Financial Development on the Environment in China: A Cointegration Analysis," *Energy Economics* 33 (2), 2011, pp. 284-291.

5　张居营:《工业化进程中技术创新对环境污染的门槛效应——基于中国 283 个城市的实证分析》,《云南财经大学学报》2019 年第 8 期。

6　李鹏:《产业结构与环境污染之间倒 "U" 型曲线关系的检验——基于产业结构调整幅度和经济增长速度共同影响视角的分析》,《经济问题》2016 年第 10 期。

7　乐俊杰:《人口密度、经济密度与商贸流通产业发展关联性研究》,《商业经济研究》2020 年第 19 期。

（*GI*）。运用扣除科教支出的财政支出占 GDP 的比重来衡量[1]。地方政府为实现较快的经济增长可能增加对经济发展较好的地区的财政支出，政府也可以利用税收和转移支付等方法来实现再分配，影响地区经济发展，进而影响美丽中国建设[2]。

由于自变量不同，控制变量的系数也不同，按照影响程度，在控制变量的选取上采取差异化原则。当自变量为绿色发展水平指数时，因变量为美丽中国建设水平综合指数，控制变量为财政教育支出、工业化水平、产业结构升级、城镇化率；当自变量为绿色发展效率指数时，因变量为美丽中国建设水平综合指数，控制变量为财政教育支出、工业化水平、经济密度、政府干预；当自变量为绿色发展结构指数时，因变量为美丽中国建设水平综合指数，控制变量为财政教育支出、工业化水平、产业结构升级、经济密度。

中介变量：①环境规制（*ER*），采用工业污染治理投资完成额占 GDP 的比重来衡量[3]；②资源利用有效（*EU*），采用全要素生产率作为代理变量，产出为实际 GDP，投入要素为从业人员数、固定资产（永续盘存法），借鉴颜鹏飞和王兵[4]的研究，采用 SFA 方法计算；③技术进步创新（*TI*），采用 R&D 人员全时当量来衡量[5]，为了减小量纲差异取对数处理；④生产成本降低（*PC*），采用规模以上工业主营业务成本来衡量，为了减少量纲差异取对数处理；⑤能源结构优化（*ES*），采用各省区市煤炭能源消费占比来衡量[6]；⑥消

1　张同斌：《从数量型"人口红利"到质量型"人力资本红利"——兼论中国经济增长的动力转换机制》，《经济科学》2016 年第 5 期。

2　宋志秀、葛翔宇：《金融集聚、政府干预、对外开放与地区经济发展》，《统计与决策》2022 年第 19 期。

3　刘荣增、何春：《环境规制对城镇居民收入不平等的门槛效应研究》，《中国软科学》2021 年第 8 期。

4　颜鹏飞、王兵：《技术效率、技术进步与生产率增长：基于 DEA 的实证分析》，《经济研究》2004 年第 12 期。

5　周代数、朱明亮：《R&D 投入强度、R&D 人员规模对创新绩效的影响》，《技术经济与管理研究》2017 年第 5 期。

6　谢婷婷、黄雨薇：《绿色金融如何影响能源消费转型?》，《江南大学学报》（人文社会科学版）2022 年第 6 期；王智涵：《基于能源消费结构调整的中国绿色经济发展水平研究》，辽宁大学硕士学位论文，2022。

费结构优化（CS），采用城镇居民家庭恩格尔系数来衡量[1]。

门槛变量：门槛变量选择绿色发展水平（GL_{it}）、绿色发展效率（GE_{it}）、绿色发展结构（GS_{it}），变量的选取说明同前文，此处不再赘述。

3. 数据来源

本章采用 2005~2019 年全国 30 个省区市的面板数据作为研究样本。相关数据来源于《中国统计年鉴》、《中国环境统计年鉴》、《中国保险年鉴》、各省区市统计年鉴和统计公报等，个别缺失数据采用插值法补齐，各变量描述性统计如表5-5所示。由表可知，核心解释变量绿色发展水平（GL）的均值为 0.081，最小值为 0.030，最大值为 0.443，说明绿色发展水平（GL）是近似无偏的。被解释变量美丽中国建设水平（BC）的均值为 0.415，最小值为 0.267，最大值为 0.536，说明美丽中国建设水平（BC）也是近似无偏的。同时，各变量的标准差都相对较小，表明本章选用的数据较为平稳。

表 5-5 变量描述性统计结果

变量	（1）	（2）	（3）	（4）	（5）
	样本量	均值	标准差	最小值	最大值
GL	450	0.081	0.050	0.030	0.443
BC	450	0.415	0.055	0.267	0.536
EDU	450	0.037	0.015	0.014	0.112
IND	450	0.362	0.085	0.112	0.574
IS	450	0.461	0.092	0.298	0.837
UR	450	0.537	0.139	0.269	0.896
ED	450	0.290	0.683	0.001	6.017
ER	450	0.004	0.003	0.0001	0.024
EU	450	1.615	0.749	0.070	2.980
IE	450	0.947	0.546	0.206	3.831
GF	450	0.384	0.168	0.052	1.006

---

1 国务院发展研究中心课题组：《农民工市民化对扩大内需和经济增长的影响》，《经济研究》2010 年第 6 期。

（二）绿色发展水平对美丽中国建设的直接效应检验

1. 基准回归结果

首先，为检验绿色发展水平对美丽中国建设的影响，根据 Husman 检验选择固定效应模型对式（5-1）进行回归，并采用逐步回归法进行回归，结果如表 5-6 所示。表 5-6 第（1）列至第（5）列报告了逐步加入控制变量的回归结果。

在表 5-6 中，第（1）列为在没有加入任何控制变量的情况下考察绿色发展水平对美丽中国建设水平的影响。第（2）列至第（5）列为逐步加入财政教育支出（EDU）、工业化水平（IND）、产业结构升级（IS）、城镇化率（UR）一系列控制变量的回归结果。观察在控制了其他有可能影响美丽中国建设的因素后，绿色发展水平对美丽中国建设水平的影响效果。在没有纳入任何控制变量的情况下，在 1% 的显著性水平上，表 5-6 中第（1）列显示，绿色发展水平（GL）的系数为正，说明绿色发展水平对美丽中国建设具有正向促进作用。同时，在 1% 的显著性水平上，第（2）列至第（5）列绿色发展水平（GL）的系数为正，说明在加入一系列控制变量后，回归结果基本保持一致，即绿色发展水平提升能够推动美丽中国建设，验证了假设 H1。

表 5-6　基准回归结果（GL）

变量	(1)	(2)	(3)	(4)	(5)	(6)
L. BC						1.007***
						(0.018)
GL	0.689***	0.484***	0.220***	0.139***	0.149***	0.023**
	(11.995)	(10.364)	(5.922)	(4.607)	(7.529)	(0.012)
EDU		2.767***	2.035***	1.321***	0.470***	0.096**
		(16.352)	(15.554)	(11.594)	(5.650)	(0.041)
IND			-0.453***	0.209***	0.007	0.007
			(-18.723)	(4.463)	(0.225)	(0.011)

续表

变量	（1）	（2）	（3）	（4）	（5）	（6）
IS				0.720 ***	0.291 ***	0.003
				（15.508）	（8.166）	（0.015）
UR					0.371 ***	−0.012 *
					（23.407）	（0.007）
常数项	0.359 ***	0.272 ***	0.485 ***	−0.053	0.050 **	0.002
	（72.726）	（41.512）	（39.277）	（−1.460）	（2.057）	（0.011）
固定效应	是	是	是	是	是	—
样本量	450	450	450	450	450	420
R^2	0.202	0.512	0.734	0.831	0.927	—
AR（1）						0.000
AR（2）						0.208
Hansen 检验						0.189

注：*** p<0.01，** p<0.05，* p<0.1；括号内数值为对应的 t 值。

2. 内生性检验

前文已通过固定效应模型、加入一系列控制变量等方式对绿色发展水平与美丽中国建设水平之间可能存在的内生性问题尽量加以控制。为了更好地保证结果的稳健性，本部分按照 Arellano 和 Bover[1] 的研究，进一步采用系统 GMM 方法对 2005~2019 年全国 30 个省区市的面板数据进行回归分析，以缓解内生性问题，结果如表 5-6 第（6）列所示。由表 5-6 可知，式（5-7）的 Hansen 检验值不显著，表明不存在过度识别问题。AR（1）的 p 值均小于 0.1，AR（2）的 p 值均大于 0.1，表明残差项存在一阶自相关，不存在二阶自相关，模型设定合理。

表 5-6 第（6）列估计结果显示，滞后一期的美丽中国建设在 1% 的显著性水平上为正，检验表明上一期的美丽中国建设水平与本期正相关，证实了美丽中国建设水平在时序上的确存在"惯性"，且推进美丽中国建设是一个持

1　M. Arellano, O. Bover, "Another Look at the Instrumental Variable Estimation of Error-components Model," *Journal of Econometrics* 68（1），1995, pp. 29-51.

续积累的调整过程。同时，绿色发展水平（*GL*）在 5% 的显著性水平上为正，说明绿色发展水平对美丽中国建设具有明显的推动作用，在考虑可能存在的内生性问题后，可以得到与基准回归模型基本一致的实证结果，即绿色发展水平能够推动美丽中国建设。

3. 稳健性检验

为保证以上研究结果的可靠性，本部分进行了以下稳健性检验。

（1）替换核心解释变量。为了进一步挖掘绿色发展水平对美丽中国建设的直接影响机制，将产业生态化（*IE*）作为绿色发展水平的代理变量，再次检验其对美丽中国建设的影响，从而增强回归结果的稳健性以及完善其直接作用机制。绿色发展水平是绿色发展的一种状态，体现出绿色产业规模扩大和产业结构生态化的结果。绿色发展体现产业转型升级的目标导向，在向高质量发展过渡转换的关键阶段，主动寻求适合新发展格局的绿色发展道路、加快推动发展转型、促进产业绿色发展是当前和"十四五"时期的重要方向和重点任务。借鉴杨丽君和邵军[1]的研究，本部分用能源消耗总量占 GDP 的比重度量产业生态化（*IE*），产业生态化也反映产业结构升级（*IS*）的趋势，故用第三产业占 GDP 的比重来衡量。首先，为检验产业生态化对美丽中国建设的影响，根据 Husman 检验选择固定效应模型对进行回归，结果如5-7 所示。

表 5-7 第（1）列结果显示在加入一系列控制变量的情况下产业绿色化对美丽中国建设水平的影响，即在 1% 的显著性水平上，*IS* 的系数为正。表 5-7第（2）列结果显示在加入一系列控制变量的情况下产业生态化对美丽中国建设的影响，即在 1% 的显著性水平上，*IE* 的系数为负。以上均说明用产业生态化表征的绿色发展水平能够显著推动美丽中国建设。可能的原因是，产业结构优化升级对于实现产业绿色发展具有重要意义，在转型升级过程中建立的清洁生产和消费模式，不仅提升了资源利用效率，也对人民生活、经济可持

1　杨丽君、邵军：《中国区域产业结构优化的再估算》，《数量经济技术经济研究》2018 年第 10 期。

续发展、国际参与等产生重要影响，从而促进绿色发展水平提高，进一步加快美丽中国建设进程[1]。

表 5-7　稳健性检验（GL 1）

变量	（1）	（2）
IS	0.282 ***	
	(7.418)	
IE		−0.0150 ***
		(−5.196)
EDU	0.470 ***	−0.156
	(5.427)	(−1.402)
IND	−0.002	−0.198 ***
	(−0.044)	(−12.689)
UR	0.010 ***	0.014 ***
	(4.938)	(7.184)
ED	0.388 ***	0.383 ***
	(22.876)	(21.788)
常数项	0.057 **	0.171 ***
	(2.270)	(7.154)
固定效应	是	是
R^2	0.922	0.927
N	450	450

注：*** $p<0.01$，** $p<0.05$，* $p<0.1$；括号内数值为对应的 t 值。

（2）替换控制变量。将城镇化率（UR）替换为经济密度（ED）。表 5-8 第（1）列结果显示，核心解释变量绿色发展水平（GL）的回归系数在 1% 的显著性水平上为正，说明绿色发展水平提升对美丽中国建设的促进作用十分明显。

（3）增加控制变量。在原有控制变量的基础上，增加城镇化率（UR）。

---

[1] 李博、秦欢、孙威：《产业转型升级与绿色全要素生产率提升的互动关系——基于中国 116 个地级资源型城市的实证研究》，《自然资源学报》2022 年第 1 期；师晓娟、肖志杨：《环保事权改革、产业结构动态变迁与绿色全要素生产率——基于 2009—2019 年省级面板数据的实证检验》，《宏观经济研究》2022 年第 11 期。

表 5-8 第（2）列结果显示，核心解释变量绿色发展水平（GL）的回归系数在 1% 的显著性水平上为正，说明绿色发展水平提升能够推动美丽中国建设。

（4）变更样本。本部分在 2005~2019 年全国 30 个省区市样本的基础上，剔除北京、天津、重庆、上海四个直辖市，再进行回归分析。由表 5-8 第（3）列可以看出，在 1% 的显著性水平上，核心解释变量绿色发展水平（GL）的系数显著为正，说明绿色发展水平提升对美丽中国建设具有显著的推动作用。

（5）在剔除四个直辖市样本的基础上，改变原有控制变量。通过增加控制变量经济密度（ED）。由表 5-8 第（4）列可以看出，在 1% 的显著性水平上，核心解释变量绿色发展水平（GL）的系数显著为正，说明绿色发展水平提升对美丽中国建设的推动作用显著。

（6）重新测度核心解释变量。绿色发展水平利用省级政府工作报告中有关绿色发展的词频占比（GF）[1] 来衡量政府对发展绿色产业的重视程度，为了减少量纲差异进行扩大 1000 倍处理。由表 5-8 第（5）列结果可以看出，在 1% 的显著性水平上，核心解释变量绿色发展水平（GL）的系数显著为正，说明绿色发展水平提升能够显著推动美丽中国建设。

表 5-8　稳健性检验（GL 2）

变量	（1）	（2）	（3）	（4）	（5）
GL	0.219 ***	0.137 ***	0.114 ***	0.125 ***	
	(6.047)	(5.605)	(4.663)	(5.014)	
GF					0.053 ***
					(8.695)
EDU	1.291 ***	0.466 ***	0.526 ***	0.498 ***	1.030 ***
	(11.483)	(5.588)	(6.031)	(5.675)	(9.089)

---

[1]　刘耀彬、卓冲：《绿色发展对减贫的影响研究——基于中国集中连片特困区与非集中连片特困区的对比分析》，《财经研究》2021 年第 4 期。

续表

变量	（1）	（2）	（3）	（4）	（5）
IND	0.209 ***	0.005	0.001	0.003	0.099 **
	(4.536)	(0.160)	(0.018)	(0.102)	(2.162)
IS	0.738 ***	0.284 ***	0.285 ***	0.295 ***	0.612 ***
	(16.071)	(7.745)	(7.552)	(7.779)	(13.001)
UR		0.375 ***	0.378 ***	0.392 ***	−0.002
		(22.692)	(20.965)	(20.461)	(−0.643)
ED	−0.014 ***	0.002		−0.020 **	
	(−3.851)	(0.817)		(−2.059)	
常数项	−0.057 **	0.0520 **	0.068 ***	0.059 **	0.039
	(−2.205)	(2.141)	(2.803)	(2.388)	(1.086)
固定效应	是	是	是	是	是
N	450	450	390	390	450
R^2	0.837	0.927	0.930	0.930	0.850

注：*** $p<0.01$，** $p<0.05$，* $p<0.1$；括号内数值为对应的 t 值。

4. 异质性分析

我国各地区经济发展水平和所处阶段差异较大，地区绿色发展水平与美丽中国建设水平的差异也较大，且存在阶段性特征。为进一步探究不同地区及不同时间段的绿色发展水平以及绿色发展水平的不同区间对美丽中国建设的影响是否存在差异，主要从以下三个方面进行异质性分析。

（1）区域异质性检验。本部分以传统区域划分和绿色发展水平自身发展程度为标准，将东部、中部和西部地区以及高绿色发展水平、低绿色发展水平地区进行对比，分区域考察绿色发展水平对美丽中国建设的影响是否存在不同效果，回归结果如表5-9所示。

从区域异质性结果来看，由表5-9第（1）列至第（3）列可知，东部、中部和西部地区绿色发展水平（GL）均在1%的显著性水平上为正，表明东部、中部和西部地区绿色发展水平的提高能显著推动美丽中国建设，但绿色发展水平的回归系数大小存在差异。其中，中部地区绿色发展水平的回归系数最大，西部次之，东部最小，表明不同地区绿色发展水平对美丽中国建设的作用大小是存在显著差异的。可能的原因是，东部地区近年来以绿色发展为方式、以美丽中国建设为目标，积极响应国家绿色发展号召，同时稳步推进美丽中国建设，已经形成了较为成熟的发展环境，绿色发展和美丽中国建设处于相对较高的水平。根据边际递减规律[1]，绿色发展水平对美丽中国建设水平的提升作用在东部地区相对较小；而中部和西部地区的绿色发展相对落后，以"环境换增长"的发展方式还未彻底转变，绿色发展水平相对于东部地区而言仍处于起步阶段，美丽中国建设存在较大的进步空间，因此中部和西部地区绿色发展水平提升对美丽中国建设的边际作用相对较大，提升作用较为显著[2]。

从绿色发展水平异质性结果来看，由表5-9第（4）列至第（5）列可知，无论是高绿色发展水平还是低绿色发展水平地区，新时代绿色发展水平（GL）的回归系数在1%和5%的显著性水平上为正，且高绿色发展水平地区对美丽中国建设的促进作用尤为明显，说明要充分发挥绿色发展水平推动美丽中国建设的优势。

表 5-9　区域异质性检验结果

变量	东部	中部	西部	H-GL	L-GL
	（1）	（2）	（3）	（4）	（5）
GL	0.083***	0.643***	0.591***	0.369***	0.052**
	(4.739)	(6.835)	(8.589)	(9.671)	(2.421)

1　陈林、朱卫平：《边际报酬递减规律是客观存在的吗——来自上市公司面板数据的实证检验》，《中国工业经济》2009年第6期。

2　余泳泽、杨晓章、张少辉：《中国经济由高速增长向高质量发展的时空转换特征研究》，《数量经济技术经济研究》2019年第6期。

变量	东部	中部	西部	H-GL	L-GL
	(1)	(2)	(3)	(4)	(5)
EDU	1.118 ***	0.589 ***	0.211 **	0.145	0.714 ***
	(8.017)	(3.768)	(2.192)	(1.266)	(6.706)
IND	-0.033	-0.096 **	0.142 **	0.182 ***	-0.048
	(-0.405)	(-2.539)	(2.404)	(2.876)	(-1.485)
IS	0.378 ***	0.138 **	0.312 ***	0.320 ***	0.233 ***
	(5.137)	(2.513)	(5.271)	(5.306)	(5.867)
UR	0.181 ***	0.363 ***	0.421 ***	0.428 ***	0.370 ***
	(8.065)	(11.964)	(17.863)	(17.203)	(20.027)
常数项	0.115 *	0.155 ***	-0.050	-0.104 **	0.122 ***
	(1.797)	(5.608)	(-1.177)	(-2.125)	(5.097)
样本量	165	120	165	225	225
R^2	0.952	0.958	0.947	0.919	0.954

注：*** $p<0.01$，** $p<0.05$，* $p<0.1$；括号内数值为对应的 t 值。

（2）时间段异质性检验。考虑到时间规划的连续性，以及与绿色发展政策的相关性，本部分将时间段划分为 2005～2010 年、2011～2015 年和 2016～2019 年，大致对应"十一五"规划、"十二五"规划的开局之年，以此对"十一五"、"十二五"与"十三五"期间绿色发展水平对美丽中国建设的影响效果进行对比，分时间段考察其影响效果是否存在差异，回归结果如表 5-10 所示。

由表 5-10 第（1）列至第（3）列可知，"十一五"和"十二五"期间，绿色发展水平对美丽中国建设的影响系数分别在 1% 和 5% 的显著性水平上为正，而在"十三五"期间绿色发展水平的系数为正，但不显著。这说明"十一五"至"十三五"期间，绿色发展水平的回归系数存在明显差异。其中，"十一五"期间绿色发展水平回归系数最大，即绿色发展水平的提高能显著推动美丽中国建设，而在"十三五"期间，绿色发展水平对美丽中国建设的推动作用不够明显，表明绿色发展水平对美丽中国建设的作用在我国经济发展不同阶段存在差异，且绿色发展水平对美丽中国建设的作用呈现时间上的阶段性、动态性特征。可能的原因是，"十一五"和"十二五"期间，我国绿色发展水平和美丽中国建设处于起步阶段，且得到了大幅度提升，绿色发展水平对美丽中国建设的边际作用相对较大，提升作用极其显著。而到"十三五"期间，绿色发展水平和美丽中国建设已经处于相对较高水平，发展环境较为成熟，绿色发展水平对美丽中国建设的提升作用没有前期明显[1]。

表 5-10　时间段异质性检验结果

变量	（1）	（2）	（3）
	"十一五"时期	"十二五"时期	"十三五"时期
GL	0.266***	0.0579**	0.092
	(5.031)	(2.576)	(1.366)
EDU	0.819***	-0.356**	-0.873***
	(6.057)	(-2.101)	(-2.640)
IND	-0.039	0.022	-0.038
	(-0.733)	(0.205)	(-0.302)
IS	0.160**	0.337***	0.259**
	(2.352)	(3.035)	(2.240)
UR	0.304***	0.550***	0.127**
	(8.556)	(9.724)	(2.593)
常数项	0.135***	-0.031	0.288***
	(3.217)	(-0.348)	(2.696)
样本量	180	150	120
R²	0.772	0.790	0.537

注：*** $p<0.01$，** $p<0.05$，* $p<0.1$；括号内数值为对应的 t 值。

（3）门槛效应检验。为进一步探究绿色发展水平不同区间对美丽中国建设的影响是否存在差异，以及寻找美丽中国建设的最优区间，进行门槛效应检验。门槛检验结果如表 5-11 所示。

---

[1] 《"十三五"规划纲要全文发布 绿色理念成未来 5 年发展主基调》，中华人民共和国生态环境部，2016年 3 月 21 日，https://www.mee.gov.cn/xxgk/hjyw/201603/t20160321_333874.shtml。

表 5-11 给出了各个门槛数量检验所对应的 F 值和 p 值。单一门槛检验对应的 F 值为 33.84，重复抽样得到 p 值为 0.030，表明在 5% 的显著性水平上通过检验。双重门槛检验对应的 F 值为 8.24，P 值为 0.590，均未能通过显著性检验，即不存在双重门槛。三重门槛所对应的 F 值及 p 值均未能通过显著性检验，即不存在三重门槛，因此建立单一门槛效应模型并估计单一门槛模型中的门槛值。

表 5-11　门槛效应检验结果 （GL）

模型	F 值	p 值	Bootstrap 次数	临界值		
				10%	5%	1%
单一门槛	33.84	0.030	300	21.243	25.678	37.559
双重门槛	8.24	0.590	300	20.069	24.640	34.971
三重门槛	9.57	0.603	300	22.829	29.261	38.399

表 5-12 为门槛估计值和置信区间，单一门槛值为 0.1243，这个门槛值将绿色发展水平划分为两个样本区间。同时，单个门槛 95% 的置信区间为 ［0.1151，0.1329］，单一门槛对应的置信区间范围较窄，表明门槛值的识别效果显著。

表 5-12　门槛估计值和置信区间 （GL）

	门槛估计值	95% 置信区间
单一门槛值	0.1243	［0.1151，0.1329］

利用优化搜索的方法可以确定单一门槛值，图 5-28 通过似然比函数图清晰地展示了门槛值及其置信区间的构造过程。根据图 5-28 呈现的 2005~2019 年我国省域绿色发展水平与美丽中国建设关系的单一门槛值和置信区间，所有小于 7.35 的似然值构成置信区间，LR 统计量最低点 0.1243 为对应的真实门槛值，将其确定为单一门槛值，得到了一个稳定的单一门槛模型，可为后续研究提供依据。

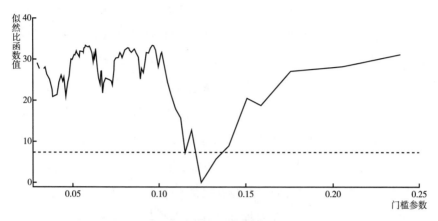

图 5-28　单一门槛估计值和置信区间（GL）

注：虚线表示 95% 置信区间上的似然比临界值 7.35。

由表 5-13 可知，单个门槛值将绿色发展水平划分为两个样本区间，可以发现不同的绿色发展水平区间对美丽中国建设的影响效应存在显著差别。

表 5-13　门槛模型估计结果（GL）

变量	估计系数	标准误	t 值	p 值
$GL_1(GP \leqslant 0.1243)$	0.301 ***	0.032	9.47	0.000
$GL_2(GP > 0.1243)$	0.163 ***	0.019	8.50	0.000
EDU	0.505 ***	0.080	6.29	0.000
IND	0.006	0.030	0.19	0.849
IS	0.292 ***	0.034	8.55	0.000
UR	0.350 ***	0.016	22.31	0.000
常数项	0.050	0.023	2.15	0.032
F 值	1043.410			
R^2	0.938			

注：*** p<0.01，** p<0.05，* p<0.1。

按照优化后的门槛值 γ_1 可以将 2005~2019 年省域绿色发展水平划分为较低水平和较高水平两个相对区间，由表 5-13 可知，在绿色发展水平的不同区间所得的估计系数是有显著差异的。在 1% 的显著性水平下均为正，表明在本章研究的样本区间内，绿色发展水平与美丽中国建设水平之间存在正相关关系，绿色发展水平显著推动了美丽中国建设。但绿色发展水平对美丽中国建设的影响效果在不同区间存在差异：当绿色发展水平小于等于 0.1243 时，GL 为 0.301，且在 1% 的显著性水平上显著，表明绿色发展水平每提高 1 个单位，美丽中国建设提高 0.301 个单位；而当绿色发展水平提高到 0.1243 以上时，GL 为 0.163，且在 1% 的水平上显著，说明在此绿色发展水平区间内，绿色发展水平每提高 1 个单位，美丽中国建设提高 0.163 个单位，相较于前一阶段，绿色发展水平对美丽中国建设的推动作用减弱。综上所述，最优的绿色发展水平推动美丽中国建设的区间为 [0.6501，0.7830]。在跨越门槛值之前，呈现边际递增趋势，跨越门槛值之后，呈现边际递减态势，可能的原因是当绿色发展水平较低时，对美丽中国建设的边际作用相对较大，提升作用较为明显。而当绿色发展水平提高到一定程度时，根据边际递减规律，会相对削弱其对美丽中国建设的推动作用。

（三）绿色发展水平对美丽中国建设的间接效应检验

为验证绿色发展水平对美丽中国建设的影响机制，将环境规制（ER）和资源利用有效（EU）作为中介变量，进行间接效应分析。表 5-14 体现的是绿色发展水平对美丽中国建设水平的中介效应检验结果。

1. 资源利用的中介传导机制分析

表 5-14 中第（1）列绿色发展水平（GL）的系数在 1% 的显著性水平上为正，表明提升资源利用效率能够推动绿色发展水平。表 5-14 中第（3）列资源利用有效（EU）的系数在 1% 的显著性水平上为正，表明资源利用有效能够有效推动美丽中国建设。由此可见，绿色发展水平能够通过资源利用有效推动美丽中国建设。可能的原因是，在经济快速发展阶段对自然资源和环境的依赖加剧，粗放的经济增长模式导致资源过度消耗，生态及环境功能进一步退化。随着国家对环境保护与经济增长协调发展的重视，绿色发展水平不断提高，通过

环境政策引导与市场选择提高资源利用效率，"倒逼"产业结构转型[1]，有利于节约资源、保护环境、保育生态，从而促进经济、资源、环境的协调发展，加快推进美丽中国建设[2]。

2. 环境规制的中介传导机制分析

表 5-14 中第（2）列绿色发展水平（GL）的系数在 1% 的显著性水平上为正，表明绿色发展水平的提升有利于加强环境规制。表 5-14 中第（3）列环境规制（ER）的系数在 1% 的显著性水平上为正，表明环境规制的加强能够推动美丽中国建设。可见，绿色发展水平可以通过环境规制的加强推动美丽中国建设。可能的原因是，随着绿色发展水平的不断提升，国家对生态保护和环境治理的要求也不断提高，倒逼环境规制不断加强[3]。一方面，环境规制促进环境标准不断提高，限制了企业的生产规模，企业需要通过提高劳动生产率来保持利润最大化，如对产品工艺或生产流程进行技术创新。根据"波特假说"，长期来看，技术创新带来的收益大于增加的环境成本，形成创新补偿。另一方面，环境规制通过改善环境减少了企业面临的环境处罚成本，提高了环境收益[4]，从而有利于推进美丽中国建设。

表 5-14　绿色发展水平对美丽中国建设水平的中介效应检验结果

变量	（1）	（2）	（3）
	EU	ER	BC
GL	0.019***	2.183***	0.054***
	(9.115)	(5.530)	(2.597)

1　Z. N. Tao et al., "An Economic Analysis of Midwestern US Criteria Pollutant Emissions Trends from 1970 to 2000," *Ecological Economics* 69 (8), 2010, pp. 1666-1674.

2　肖黎明、李秀清：《资源利用对长江经济带高质量发展的影响——基于生态足迹的检验》，《地理与地理信息科学》2022 年第 4 期。

3　陈浩、罗力菲：《环境规制对经济高质量发展的影响及空间效应——基于产业结构转型中介视角》，《北京理工大学学报》（社会科学版）2021 年第 6 期。

4　岳立、任婉瑜、曹雨暄：《异质型环境规制对绿色经济的影响研究——基于绿色创新的中介效应分析》，《软科学》2022 年第 12 期。

续表

变量	（1）	（2）	（3）
	EU	ER	BC
EU			1.602 ***
			（7.508）
ER			0.008 ***
			（6.370）
EDU	−0.016	25.190 ***	0.267 ***
	（−0.987）	（8.305）	（3.347）
IND	−0.015 **	5.378 ***	−0.010
	（−2.359）	（4.630）	（−0.325）
IS	−0.021 ***	7.977 ***	0.259 ***
	（−3.063）	（6.202）	（7.838）
UR	−0.017 ***	12.260 ***	0.294 ***
	（−5.528）	（21.103）	（13.342）
常数项	0.019 ***	−9.012 ***	0.083 ***
	（3.993）	（−10.251）	（3.432）
固定效应	是	是	是
样本量	450	450	450
R^2	0.245	0.884	0.943
F 值	35.88	688.8	937.8

注：*** $p<0.01$，** $p<0.05$；括号内数值为对应的 t 值。

综上所述，假设 H1 得到验证：绿色发展水平提升通过环境规制、资源利用两个渠道推动美丽中国建设。同时，也佐证了前文绿色发展水平对美丽中国建设的理论机制分析，且与李杨[1]、李凯风和夏勃勃[2]以及岳立等[3]得出的结论一致。

1　李杨：《企业绿色发展的人力资源优化配置》，《江西社会科学》2017 年第 11 期。

2　李凯风、夏勃勃：《环境规制、金融资源配置与工业绿色发展耦合协调研究》，《金融与经济》2020 年第 7 期。

3　岳立、任婉瑜、曹雨暄：《异质型环境规制对绿色经济的影响研究——基于绿色创新的中介效应分析》，《软科学》2022 年第 12 期。

二　绿色发展效率对美丽中国建设的中介机制检验

(一) 模型构建与数据来源

本部分需要用到的计量模型、变量及数据来源同上，此处不再赘述。相关变量的描述性统计结果如表 5-15 所示。由表可知，核心解释变量绿色发展效率 (GE) 的均值为 1.024，最小值为 0.316，最大值为 3.405，说明绿色发展效率 (GE) 是近似无偏的。被解释变量美丽中国建设水平 (BC) 的均值为 0.415，最小值为 0.267，最大值为 0.536，说明美丽中国建设水平 (BC) 是近似无偏的。同时，各变量的标准差都相对较小，表明本章选用的数据较为平稳。

表 5-15　变量描述性统计结果

变量	(1)	(2)	(3)	(4)	(5)
	样本量	均值	标准差	最小值	最大值
GE	450	1.024	0.143	0.316	3.405
BC	450	0.415	0.055	0.267	0.536
EDU	450	0.037	0.015	0.014	0.112
IND	450	0.362	0.085	0.112	0.574
ED	450	0.290	0.683	0.001	6.017
GI	450	0.185	0.085	0.065	0.555
MC	450	0.224	0.098	0.079	0.628
CA	450	0.243	0.182	0.001	1.471
RA	450	0.411	0.402	0.001	3.047
PC	450	9.410	1.218	5.801	11.810
TI	450	9.371	1.639	4.369	13.180

(二) 绿色发展效率对美丽中国建设的直接效应检验

1. 基准回归结果

首先，为检验绿色发展效率与美丽中国建设水平的关系，根据 Husman 检验选择固定效应模型对式 (5-1) 进行回归，并用 OLS 回归结果作为对照。

表 5-16 第（1）和第（2）列报告了固定效应模型回归结果，第（3）和第（4）列报告了 OLS 回归结果。

在表 5-16 中，第（1）和第（3）列是在没有加入任何控制变量的情况下考察绿色发展效率对美丽中国建设的影响。第（2）和第（4）列是在加入了一系列控制变量后，考察在控制了其他有可能影响美丽中国建设水平的因素后绿色发展效率对美丽中国建设水平的影响效果，回归结果如表 5-16 所示。在没有纳入任何控制变量的情况下，表 5-16 中第（1）和第（3）列结果分别显示，在 1% 和 10% 的显著性水平上，绿色发展效率（GE）的系数显著为正，说明绿色发展效率对美丽中国建设具有正向促进作用。第（2）和第（4）列结果显示，在 10% 和 5% 的显著性水平上，绿色发展效率（GE）的系数显著为正，说明绿色发展效率对美丽中国建设具有正向促进作用，在加入一系列控制变量后，绿色发展效率提升对美丽中国建设的促进作用明显，验证了假设 H3。

表 5-16 基准回归结果（GE）

变量	（1）	（2）	（3）	（4）
GE	0.035 ***	0.012 *	0.037 *	0.028 **
	(2.710)	(1.882)	(1.809)	(2.047)
EDU		1.042 ***		0.724 **
		(5.423)		(2.233)
IND		-0.414 ***		-0.232 ***
		(-16.165)		(-8.644)
ED		0.009 **	(-0.77)	0.021 ***
		(2.511)		(6.896)
GI		0.322 ***		-0.405 ***
		(7.441)		(-6.767)
常数项	0.379 ***	0.452 ***	0.377 ***	0.512 ***
	(28.039)	(30.226)	(18.005)	(24.105)
固定效应	是	是	是	是
样本量	450	450	450	450
R^2	-0.053	0.748	0.007	0.302

注：*** p<0.01，** p<0.05，* p<0.1；括号内数值为对应的 t 值。

2. 内生性检验

前文已通过固定效应模型、加入一系列控制变量等方式对绿色发展效率与美丽中国建设水平之间可能存在的内生性问题尽量加以控制，为了更好地保证结果的稳健性，本部分借鉴陶锋等[1]的研究，采用省级绿色专利发明数（GP）作为绿色发展效率的工具变量，为减少量纲取对数处理。可能的原因是，绿色专利发明的增加能够使企业投入更少的资源获得更大的产出，在提高生产率的同时降低环境污染，大大提升绿色发展效率，进而推动美丽中国建设[2]。通过 Hausman 检验表明，工具变量的选取是较为合理的。同时，选择二阶段最小二乘法进行回归，结果如表 5-17 所示。

表 5-17 第（1）和第（2）列分别报告了 2 SLS 的回归结果。第一阶段的回归结果表明，在 5% 的显著性水平上，GP 的系数为 0.010，表明解释变量和工具变量之间存在显著的正相关关系，且通过了弱工具变量检验。第二阶段的回归结果表明，在 5% 的显著性水平上，绿色发展效率（GE）的系数显著为正，与基准回归结果一致。虽然第一阶段的 F 值仅为 1.39，且弱工具变量检验显示 Minimum eigenvalue statistic = 4.27634，远小于 10，故存在弱工具变量。为进一步考察弱工具变量的强弱，下文进行对弱工具变量更不敏感的 LIML 估计，第（3）列结果显示 LIML 估计的绿色发展效率（GE）的系数依然显著为正，且接近 2 SLS 估计值，基于 LIML 与 2 SLS 估计值接近，借鉴 Angrist 和 Pischke[3]的研究，可以认为绿色专利作为工具变量不弱。此外，本章采用偏差矫正 LSDV 法进行固定效应估计，第（4）列结果显示，解释变量 GE 滞后一期的估计系数依然显著为正，说明在考虑可能存在的内生性问题后，可以得到与基准回归模型基本一致的实证结果，即绿色发展效率提升能够推动美丽中国建设。

1　陶锋、赵锦瑜、周浩：《环境规制实现了绿色技术创新的"增量提质"吗——来自环保目标责任制的证据》，《中国工业经济》2021 年第 2 期。

2　邵帅、范美婷、杨莉莉：《经济结构调整、绿色技术进步与中国低碳转型发展——基于总体技术前沿和空间溢出效应视角的经验考察》，《管理世界》2022 年第 2 期。

3　J. D. Angrist, J. S. Pischke, *Mostly Harmless Econometrics: An Empiricist's Companion* (Princeton, NJ: Princeton University Press, 2009).

表 5-17　内生性检验结果（*GE*）

变量	（1）第一阶段	（2）第二阶段	（3）*LIML*	（4）*LSDV*
GE		2.995 **	2.99 **	
		(2.08)	(2.08)	
GP	0.010 **			
	(2.07)			
L. BC				0.944 ***
				(42.92)
L. GE				0.006 **
				(2.32)
常数项	0.986 ***	-2.617 *	-2.617 **	0.008 **
	(17.16)	(-1.72)	(-1.72)	(0.66)
控制变量	是	是	是	是
Chi²	—	6.61	6.61	—
F 值	1.39	—	—	1400.09

注：*** $p<0.01$，** $p<0.05$，* $p<0.1$；第（1）列括号内为 t 统计量，第（2）、（3）列括号内为 z 统计量。

3. 稳健性检验

为保证以上研究结果的可靠性，本部分进行了以下稳健性检验。

（1）替换核心解释变量。为了进一步挖掘绿色发展效率对美丽中国建设水平的直接影响机制，将资源配置效率（*RA*）作为绿色发展效率的代理变量，再次检验其对美丽中国建设的影响。绿色发展效率促进绿色发展实现"量质齐飞"，体现为资源配置效率提升，具体反映在劳动力要素配置和资本要素配置的优化上。一方面，在绿色发展过程中，涌现出一系列新职业、新岗位和新就业机会，能够改变劳动力要素配置，扩大绿色就业规模，带动劳动力市场实现整体优化，为提升绿色发展绩效提供强大和持续的动力；另一方面，实现绿色发展覆盖全产业链，需要以技术创新为主要手段，资本投入较多，风险较大，投资周期越长，所以绿色产业发展必须有资本市场的大力支持[1]。此外，绿色产业相较其他产业具有较强的环境和社会效应，正外部性显著，私人收益少于社会收益，社会资本不愿意在项目前期进入，故需要通过采取政策措施为社会资本进入提供便利，引导社会资本进入绿色产业，将外部性效应内生化，助力绿色发展绩效提升[2]。因此，本部分用劳动力错配和资本错配检验资源配置效率对美丽中国建设的影响，根据 Hausman 检验选择固定效应模型进行回归，结果如表 5-18 所示。

表 5-18 第（1）列表示，在加入一系列控制变量的情况下考察资本要素配置（CA）对美丽中国建设的影响，结果显示 CA 的系数不显著，说明资本要素配置效率提升对美丽中国建设的影响尚不明显。表 5-18 第（2）列表示，在加入一系列控制变量的情况下考察资源配置效率（RA）对美丽中国建设的影响，结果显示在 1% 的显著性水平上 RA 的系数为负，说明资源配置效率降低显著降低了美丽中国建设水平，换句话说，劳动力要素配置效率提升能显著推动美丽中国建设。可能的原因是，产业绿色化主要以技术创新为手段，其资本投入多且投资周期长，要有资本市场的大力支持。虽然政府和公众对环境的重视程度不断提升，但目前社会资本进入绿色产业仍有较大阻碍，资本配置效率不高，需要政府政策的贯彻落实，才能进一步发挥对美丽中国建设的推动作用[3]。

表 5-18　稳健性检验结果（GE）

变量	（1）	（2）	（3）
CA	0.00933		0.0129**
	(1.190)		(2.019)

1　《资本市场助推绿色产业发展》，第一财经，2021 年 8 月 16 日，https://www.yicai.com/news/101142172.html。

2　《资本市场助推绿色产业发展》，第一财经，2021 年 8 月 16 日，https://www.yicai.com/news/101142172.html。

3　《资本市场助推绿色产业发展》，第一财经，2021 年 8 月 16 日，https://www.yicai.com/news/101142172.html。

续表

变量	（1）	（2）	（3）
RA		−0.0359***	0.637***
		（−4.159）	（2.962）
EDU	1.333***	1.300***	−0.404***
	（11.359）	（11.292）	（−15.994）
IND	0.208***	0.223***	0.00860**
	（4.348）	（4.719）	（2.436）
IS	0.759***	0.773***	
	（15.935）	（16.499）	
ED	−0.00339	−0.0133***	0.345***
	（−0.919）	（−3.144）	（8.449）
MC			0.445***
			（30.158）
常数项	−0.0607	−0.0511	0.445***
	（−1.640）	（−1.404）	（30.158）
固定效应	是	是	是
样本量	450	450	450
R²	0.823	0.830	0.757

注：*** p<0.01，** p<0.05；括号内数值为对应的 t 值。

（2）替换控制变量。将政府干预（GI）替换为宏观调控能力（MC），采用一般财政预算支出占 GDP 的比重来表示。表 5-18 第（3）列结果显示，宏观调控能力（MC）的系数在 1%的显著性水平上为正，说明宏观调控能力提升对美丽中国建设的促进作用十分明显，与基准回归结果保持一致。

4. 异质性分析

由于我国各地区经济发展水平和所处阶段差异较大，地区绿色发展效率与美丽中国建设水平的差异也比较大，存在地区发展不平衡不充分问题[1]，且呈现阶段性特征。为了进一步探究不同地区及不同时间段的绿色发展效率以及绿色发展效率不同区间对美丽中国建设的影响是否存在差异，主要从以下

---

[1]　杨志江、文超祥：《中国绿色发展效率的评价与区域差异》，《经济地理》2017 年第 3 期。

三个方面进行异质性分析。

（1）区域异质性检验。本部分以传统区域划分方式和绿色发展效率情况为标准，将东部、中部与西部地区以及高绿色发展效率地区（H-GE）、低绿色发展效率地区（L-GE）进行对比，分区域考察绿色发展效率对美丽中国建设水平的影响是否存在不同效果，检验结果如表5-19所示。

从区域异质性结果来看，由表5-19第（1）列至第（3）列可知，我国东部地区绿色发展效率（GE）对美丽中国建设水平影响的系数在10%的显著性水平上为正，中部和西部地区的推动作用不明显，表明不同地区的绿色发展效率对美丽中国建设水平的影响存在显著差异。可能的原因是，东部地区经济社会发展水平较高，技术创新能力强，绿色发展效率较高，对美丽中国建设的推动作用比较显著。而在中部和西部地区，地区差异较大，社会经济发展也相对落后[1]。一方面，技术创新能力不足，中部和西部地区主要承接东部地区的转移产业和发展资源型产业，造成严重的环境污染，环境治理成本较高；另一方面，中部和西部地区片面追求经济效益，环境保护意识淡薄。因此，相对于东部地区，中部和西部地区绿色发展效率对美丽中国建设的推动作用尚未发挥。

从区域异质性检验结果来看，由表5-19第（4）列至第（5）列可知，在低绿色发展效率地区，绿色发展效率（GE）对美丽中国建设水平影响的系数不显著，而在高绿色发展效率地区，绿色发展效率（GE）的系数在1%的显著性水平上为正，说明高绿色发展效率地区对美丽中国建设水平的促进作用较为明显，而在低绿色发展效率地区，绿色发展效率（GE）对美丽中国建设的推动作用尚未充分发挥。因此，落后地区要加快提升绿色发展效率。

1　刘华军、乔列成、郭立祥：《减污降碳协同推进与中国3E绩效》，《财经研究》2022年第9期。

表 5-19　区域异质性检验结果（GE）

变量	东部地区	中部地区	西部地区	L-GE	H-GE
	（1）	（2）	（3）	（4）	（5）
GE	0.0215*	0.0206	-0.0348	0.0031	0.0892***
	(1.845)	(0.894)	(-0.567)	(0.424)	(5.285)
EDU	2.1340***	-0.0222	-0.7210**	0.6020**	2.1060***
	(2.618)	(-0.069)	(-2.553)	(2.416)	(6.599)
IND	-0.2850***	0.0701	-0.1930*	-0.3170***	-0.5390***
	(-6.311)	(1.186)	(-1.812)	(-8.797)	(-15.438)
ED	0.0202***	0.3810***	0.1800	0.0213*	0.0100
	(4.705)	(5.595)	(1.117)	(1.677)	(1.328)
GI	-0.8610***	0.2130***	0.2030***	0.3940***	0.1120
	(-5.460)	(5.047)	(3.837)	(7.144)	(1.573)
常数项	0.5720***	0.0998**	0.3460***	0.4190***	0.4220***
	(19.230)	(2.162)	(4.140)	(20.323)	(16.973)
样本量	165	120	165	225	225
R^2	0.347	0.607	0.269	0.711	0.842

注：*** $p<0.01$，** $p<0.05$，* $p<0.1$；括号内数值为对应的 t 值。

（2）时间段异质性检验。考虑到时间规划的连续性以及与绿色发展政策的相关性，本部分将时间段划分为 2005~2010 年、2011~2015 年和 2016~2019 年，大致对应"十一五"、"十二五"与"十三五"时期，以考察这几个时期绿色发展效率对美丽中国建设水平的影响效果是否存在差异，检验结果如表 5-20 所示。

由表 5-20 第（1）列至第（3）列可知，在"十一五"时期和"十二五"时期，绿色发展效率对美丽中国建设水平影响的系数不显著，而在"十三五"时期，绿色发展效率的系数在 10% 的显著性水平上为正。这表明在"十一五"时期至"十二五"时期，绿色发展效率对美丽中国建设水平的推动作用尚未发挥，而在"十三五"时期这一推动作用显著增强，说明绿色发展效率对美丽中国建设水平的作用在我国经济发展的不同阶段存在差异，且绿色发展效率对美丽中国建设水平的作用呈现时间上的阶段性、动态性特征。可能的原因是，"十一五"时期和"十二五"时期，我国绿色发展效率虽有较大幅度的提升，但是绿色发展的投入大于绿色发展的产出，绿色发展仍处于起步阶段，因此难以充分发挥绿色发展效率对美丽中国建设水平的推动作用[1]。而"十三五"时期，环境治理效果明显，绿色发展的产出不断增加，带来规模报酬递增效应，因此绿色发展效率对美丽中国建设水平的促进作用显著增强，应持续发挥绿色发展效率对美丽中国建设水平的推动作用这一优势[2]。

表 5-20　时间段异质性检验结果（GE）

变量	（1）	（2）	（3）
	"十一五"时期	"十二五"时期	"十三五"时期
GE	−0.00179	−0.00250	0.00953 *
	（−0.159）	（−0.512）	（1.701）
EDU	1.515 ***	−0.342	0.115
	（7.656）	（−1.377）	（0.320）
IND	−0.0764 *	−0.511 ***	−0.143 **
	（−1.764）	（−9.544）	（−2.282）
IS	0.0388 ***	0.0254 *	−0.0167 ***
	（4.866）	（1.870）	（−3.663）
UR	0.0861 *	0.1070	−0.0005
	（1.921）	（0.969）	（−0.013）
常数项	0.343 ***	0.600 ***	0.128 **
	（18.905）	（15.793）	（2.450）
N	180	15	120
R²	0.622	0.559	0.650

注：*** $p<0.01$，** $p<0.05$，* $p<0.1$；括号内数值为对应的 t 值。

（3）门槛效应检验。为进一步探究绿色发展效率的不同区间对美丽中国建设水平的影响是否存在差异，以及找出推动美丽中国建设的最优区间，本

1　《"十一五"我国污染减排成效显著 绿色发展动力强》，中国政府网，2011 年 2 月 17 日，https://www.gov.cn/jrzg/2011-02/17/content_1805031.htm。

2　《"十三五"期间，一批突出生态环境问题得到解决——生态文明建设路上新征程》，中国政府网，2021 年 1 月 9 日，https://www.gov.cn/xinwen/2021-01/09/content_5578365.htm。

部分进行门槛效应检验。门槛效应检验结果如表5-21所示。

表5-21给出了各个门槛检验对应的F值和p值。单一门槛检验对应的F值为13.89，重复抽样得到的p值为0.040，表明在5%的显著性水平上通过检验。双重门槛检验及三重门槛检验所对应的F值及p值均未通过显著性检验，即不存在双重门槛和三重门槛。因此，建立单一门槛效应模型，并估计单一门槛模型中的单个门槛值。

表5-21　门槛效应检验结果（GE）

模型	F值	p值	Bootstrap 次数	临界值		
				10%	5%	1%
单一门槛	13.89	0.040	300	11.499	13.377	17.482
双重门槛	7.29	0.280	300	10.929	12.262	17.125
三重门槛	5.73	0.553	300	14.279	16.632	23.815

表5-22呈现了门槛估计值，单一门槛的估计值为0.9605，这个门槛估计值将绿色发展效率分为两个样本区间。同时，由表5-22可知，单一门槛的95%置信区间为［0.9293，0.9633］，置信区间范围较窄，表明门槛估计值的识别效果显著。

表5-22　门槛估计值和置信区间（GE）

	估计值	95%置信区间
单一门槛	0.9605	［0.9293，0.9633］

利用优化搜索的方法可以确定单一门槛值，图5-29通过似然比函数清晰地展示了门槛估计值及其置信区间的构造过程，展示了2005～2019年中国省域绿色发展效率与美丽中国建设水平关系的单一门槛估计值和置信区间，所有小于7.35的似然比函数值构成置信区间，LR统计量最低点0.9605为对应的真实门槛值，将其确定为单一门槛值，得到了一个稳定的单一门槛模型，可为后续研究提供依据。

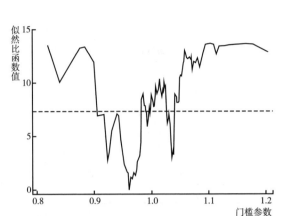

图 5-29　单一门槛估计值和置信区间（*GE*）

注：虚线表示 95% 置信区间上的似然比临界值 7.35。

由表 5-23 可知，单一门槛值将绿色发展效率分为两个样本区间，可以发现，在不同的绿色发展效率区间内，绿色发展效率对美丽中国建设水平的影响具有差异。

按照优化后的门槛值 γ_1 可以将 2005~2019 年美丽中国省域绿色发展效率分为较低水平和较高水平两个相对区间，由表 5-23 可知，针对绿色发展效率不同区间所得的估计系数具有差异：当绿色发展效率的门槛值小于等于 0.9605 和提高到 0.9605 以上时，*GE* 的估计系数均不显著，说明在门槛效应模型的检验下不同区间的绿色发展效率对美丽中国建设水平的影响不显著，因此门槛效应模型可能失灵，故本节采用在方程中引入自变量的二次项的方式，再次检验绿色发展效率不同区间是否对美丽中国建设水平的影响存在显著差异。

表 5-23　门槛模型估计结果（*GE*）

变量	估计系数	标准误	t 值	p 值
GE_1（$GE \leq 0.9605$）	-0.006	0.080	-0.69	0.491
GE_2（$GE > 0.9605$）	0.004	0.007	0.62	0.537

续表

变量	估计系数	标准误	t 值	p 值
IND	0.995 ***	0.190	5.24	0.000
IS	−0.409 ***	0.025	−16.15	0.000
ED	0.008 **	0.004	2.38	0.018
GI	0.330 ***	0.043	7.71	0.000
常数项	0.460 ***	0.015	30.78	0.000
F 值	236.04			
R^2	0.774			

注：*** p<0.01，** p<0.05。

根据 Hausman 检验选择固定效应模型进行回归，表 5-24 第（1）列报告了固定效应模型的回归结果，结果显示，GE 的系数在 1%的显著性水平上为正，GE^2 的系数在 5%的显著性水平上为负，表明绿色发展效率与美丽中国建设水平呈现先边际递增后边际递减的倒"U"形关系，这与邵翠[1]的研究结论是一致的。可能的原因是，在绿色发展效率提升较快阶段，通过技术进步与人力资本积累等方式，在降低环境污染的同时，使生产成本迅速下降，生产率提高，绿色产业规模不断扩大，发挥规模报酬递增效应，从而推动美丽中国建设。当绿色发展效率提升至一定程度时，环境保护标准提高，以及为追求更高的收益，会进一步增加对污染治理技术、清洁生产技术等的需求，造成投入成本增加，对企业生产性资源产生挤占效应，同时新进入的企业还会面临更高的壁垒，从而降低生产率，使之处于规模报酬递减阶段，从而对美丽中国建设的推动作用明显减弱[2]。

1　邵翠：《我国省域绿色发展的减贫效应研究——基于门槛特征与空间溢出的视角》，南昌大学硕士学位论文，2019。

2　邵翠：《我国省域绿色发展的减贫效应研究——基于门槛特征与空间溢出的视角》，南昌大学硕士学位论文，2019。

表 5-24　固定效应模型回归结果

变量	（1）
GE	0.0565 ***
	（2.681）
GE^2	-0.0125 **
	（-2.209）
EDU	1.037 ***
	（5.426）
IND	-0.407 ***
	（-15.837）
ED	0.00837 **
	（2.330）
GI	0.328 ***
	（7.593）
常数项	0.417 ***
	（19.088）
固定效应	是
样本量	450
R^2	0.751

注： *** $p<0.01$， ** $p<0.05$；括号内数值为对应的 t 值。

（三）绿色发展效率对美丽中国建设的间接效应检验

为验证绿色发展效率对美丽中国建设水平的影响机制，选取技术进步创新（TI）、生产成本降低（PC）作为中介变量，进行间接效应分析。表 5-25 报告的是绿色发展效率对美丽中国建设水平的中介效应检验结果。

1. 技术进步创新的中介传导机制分析

表 5-25 第（1）列绿色发展效率（GE）的系数在 1% 的显著性水平上为正，表明绿色发展效率的提高能够有效推动技术进步创新。表 5-25 第（3）列技术进步创新（TI）的系数在 1% 的显著性水平上为正，表明技术进步创新能够有效推动美丽中国建设。由此可见，绿色发展效率能够通过技术进步创新推动美丽中国建设。可能的原因是，随着绿色发展效率提升，政府和社会公众对环境质量的要求提高，根据"波特假说"，环境规制会倒

逼企业进行技术革新，加强节能减排等绿色技术的研发，最终表现为推动技术进步创新[1]。同时，随着绿色发展效率提升，环境保护方面的法律法规及监管体制会日益完善，财政性环保支出和污染补贴转变为针对生态占用及污染排放征收的环保税费，此时政府的环保支出压力降低，科研支出的占比自然提高，会进一步推动技术进步创新[2]。技术进步创新会进一步加强对绿色技术的研发以及绿色产品的生产，从而降低环境污染，增强可持续发展能力，进一步推进美丽中国建设，这与钟海媛[3]的研究结论是一致的。

2. 生产成本降低的中介传导机制分析

表 5-25 第（2）列绿色发展效率（*GE*）的系数在 1% 的显著性水平上为正，表明绿色发展效率提高使生产成本上升。这是由于随着绿色发展不断推进，企业通过大力进行科技研发、推广高效清洁技术，促进绿色发展效率提升，这个过程的技术劳动力成本与技术创新成本较高，在短期内使生产成本上升。表 5-25 第（3）列生产成本降低（*PC*）的系数在 1% 的显著性水平上为正，生产成本上升有助于推动美丽中国建设。可能的原因是，在绿色发展过程中，有一定规模和经济实力的企业会增加研发投入，对传统设备进行升级改造，在短期内会造成企业生产成本上升[4]。部分资金和技术有限的企业不能有效进行技术升级改造，难以获得金融机构的支持，转而向民间借贷机构获取资金，这些资金的利息远高于绿色信贷的利息，从而增加了企业融资成本[5]。总体来说，我国尚处于不断加强技术研发、增加科技投入、引进高端人才的阶段，这有利于经济社会实现全面绿色转型，推进美丽中国建设。

1　李光龙、江鑫：《绿色发展、人才集聚与城市创新力提升——基于长三角城市群的研究》，《安徽大学学报》（哲学社会科学版）2020 年第 3 期。

2　李虹、熊振兴：《生态占用、绿色发展与环境税改革》，《经济研究》2017 年第 7 期。

3　钟海媛：《绿色发展绩效对美丽中国建设水平的影响效应——基于不同技术进步的比较分析》，南昌大学硕士学位论文，2021。

4　孙逊：《绿色金融路径下环保企业融资现状、问题及对策》，《科技经济市场》2020 年第 7 期。

5　王海芳、祖楠楠、张笑愚：《绿色 IS 战略、绿色动态能力和融资绩效关系研究——一个理论框架》，《湖北经济学院学报》（人文社会科学版）2020 年第 4 期。

表 5-25　绿色发展效率对美丽中国建设水平的中介效应检验结果

变量	（1）	（2）	（3）
	TI	*PC*	*BC*
GE	0.505 ***	0.411 ***	−0.004
	(2.753)	(3.299)	(−0.939)
TI			0.0162 ***
			(8.578)
PC			0.020 ***
			(7.159)
EDU	41.070 ***	43.490 ***	−0.513 ***
	(7.542)	(11.777)	(−3.847)
IND	−5.469 ***	−0.496	−0.317 ***
	(−7.530)	(−1.007)	(−17.962)
IS	0.332 ***	0.163 **	0.000
	(3.259)	(2.364)	(0.210)
ED	7.885 ***	2.952 ***	0.138 ***
	(6.422)	(3.545)	(5.102)
常数项	7.748 ***	6.951 ***	0.189 ***
	(18.282)	(24.185)	(13.613)
固定效应	是	是	是
样本量	450	450	450
R^2	0.657	0.595	0.912
F 值	178.9	138.5	589.6

注：*** $p<0.01$，** $p<0.05$；括号内数值为对应的 t 值。

综上所述，检验验证了本章的假设 H3：绿色发展效率提升推动美丽中国建设，主要通过技术进步创新和生产成本降低机制实现。这也佐证了前文的绿色发展效率对美丽中国建设水平影响的理论分析，且与李兰冰和李焕杰[1]得出的结论是一致的。

三　绿色发展结构对美丽中国建设的中介机制检验

（一）模型构建与数据来源

本部分需要用到的计量模型、进行的变量选取及数据来源同上文，这里

1　李兰冰、李焕杰：《技术创新、节能减排与城市绿色发展》，《软科学》2021 年第 11 期；曾惠芝：《绿色金融、碳减排与企业融资成本》，《内蒙古财经大学学报》2022 年第 1 期。

不再赘述。相关变量的描述性统计结果如表 5-26 所示。由表 5-26 可知，核心解释变量绿色发展结构（GS）的均值为 0.504，最小值为 0.319，最大值为 0.921，说明绿色发展结构（GS）是近似无偏的。被解释变量美丽中国建设水平（BC）的均值为 0.415，最小值为 0.267，最大值为 0.536，说明美丽中国建设水平（BC）是近似无偏的。同时，各变量的标准差都相对较小，表明本部分选用的数据较为平稳。

表 5-26　变量描述性统计结果

变量	（1）样本量	（2）均值	（3）标准差	（4）最小值	（5）最大值
GS	450	0.504	0.0992	0.319	0.921
BC	450	0.415	0.0551	0.267	0.536
EDU	450	0.037	0.0149	0.014	0.112
IND	450	0.362	0.0854	0.112	0.574
IS	450	0.461	0.0920	0.298	0.837
UR	450	0.537	0.139	0.269	0.896
ED	450	0.290	0.683	0.001	6.017
ES	450	0.429	0.156	0.0114	0.760
CS	450	0.335	0.0514	0.193	0.476
GTI	450	0.384	0.168	0.0517	1.006

（二）绿色发展结构对美丽中国建设的直接效应检验

1. 基准回归结果

为检验绿色发展结构与美丽中国建设水平的关系，根据 Hausman 检验选择固定效应模型对式（5-1）进行回归，表 5-27 第（1）、（2）列报告了固定效应模型的回归结果。接着，为检验绿色发展结构与生活空间发展、生产空间发展与生态空间发展的关系，根据 Hausman 检验选择固定效应模型进行回归，实证结果如表 5-27 第（3）列所示。

在表 5-27 中，第（1）列在未加入任何控制变量的情况下，考察绿色发展结构对美丽中国建设水平的影响。第（2）列加入了一系列控制变量——财政教育支出（EDU）、工业化水平（IND）、产业结构升级（IS）、经济密度（ED），观察在控制了其他有可能影响美丽中国建设水平的因素后，绿色发展结构对美丽中国建设水平的影响。在表5-27第（1）列中，绿色发展结构（GS）的系数在1%的显著性水平上为正，说明绿色发展结构对美丽中国建设水平具有正向促进作用。

表 5-27　基准回归结果（GS）

变量	（1）	（2）	（3）
GS	0.437 ***	0.131 ***	0.023 **
	（15.804）	（8.211）	（0.012）
$L.BC$			0.99 ***
			（0.021）
EDU		1.205 ***	0.038
		（10.980）	（0.043）
IND		0.196 ***	−0.008
		（4.403）	（0.01）
IS		0.699 ***	−0.021
		（15.587）	（0.016）
ED		−0.006 **	−0.002 ***
		（−2.209）	（0.001）
常数项	0.195 ***	−0.087 **	0.007
	（13.921）	（−2.527）	（0.008）
固定效应	否	是	是
样本量	450	450	450
AR（1）	—	—	0.000
AR（2）	—	—	0.249
Hansen 检验	—	—	0.241

注：*** p<0.01，** p<0.05；括号内数值为对应的 t 值。

2. 内生性检验

前文已通过固定效应模型、加入一系列控制变量等方式对绿色发展结构与美丽中国建设水平之间可能存在的内生性问题尽量加以控制，为了保证结果的稳健性，采用系统 GMM 方法对 2005~2019 年全国 30 个省区市的面板数据进行回归分析，以解决内生性问题，结果如表 5-27 所示。由表 5-27 第（3）列可知，式（5-7）的 Hansen 检验值不显著，表明不存在过度识别问题。

AR（1）的 P 值均小于 0.1，AR（2）的 p 值均大于 0.1，表明残差项存在一阶自相关，不存在二阶自相关，模型设定合理。

表 5-27 第（3）列显示，滞后一期的美丽中国建设水平在 1% 的显著性水平上为正，表明上一期美丽中国建设水平与本期美丽中国建设水平正相关，美丽中国建设水平在时序上的确具有"惯性"，美丽中国建设的推进过程是一个持续积累的调整过程。同时，绿色发展结构（GS）的系数在 5% 的显著性水平上为正，说明绿色发展结构对美丽中国建设具有明显的推动作用。这与不使用固定效应模型的回归结果基本保持一致，说明在考虑可能存在内生性问题后，可以得到与基准回归模型基本一致的实证结果，即绿色发展结构能够推动美丽中国建设。

3. 稳健性检验

为保证以上研究结果的可靠性，本部分进行稳健性检验。

（1）替换核心解释变量。为了进一步挖掘绿色发展结构对美丽中国建设水平的直接影响机制，将绿色技术创新（GTI）作为绿色发展结构的代理变量，再次检验其对美丽中国建设的影响。绿色技术创新是遵循生态原理和生态经济规律，节约资源和能源，避免、消除或减轻生态环境污染和破坏，生态负效应最小的"无公害化"或"少公害化"的一种与生态环境系统相协调的新型的现代技术系统，有利于增加对污染治理技术、清洁生产工艺、绿色智能装备等方面的需求，从而推动相关领域深度研发和生态环保产品有效供给，淘汰落后产能，为产业绿色化提供不竭动力[1]。习近平总书记指出，"依靠绿色技术创新破解绿色发展难题，形成人与自然和谐发展新格局"，这一论断强调科技创新，尤其是绿色技术创新在生态环境保护、生态文明建设中的作用[2]。绿色发展结构是绿色发展水平和绿色发展效率耦合协调后形成的，绿

---

[1] 高红贵、朱于珂：《绿色技术创新研究热点的动态演变规律与趋势》，《经济问题探索》2021 年第 1 期；段德忠、杜德斌：《中国城市绿色技术创新的时空分布特征及影响因素》，《地理学报》2022 年第 12 期。

[2] 陈军、肖雨彤：《生态文明先行示范区建设如何助力实现"双碳"目标？——基于合成控制法的实证研究》，《中国地质大学学报》（社会科学版）2023 年第 1 期。

色技术创新所带来的不仅仅是绿色发展水平的提升，还有绿色发展效率的提升，具体体现在绿色发展过程中，环境规制倒逼企业进行技术创新，尤其是绿色技术创新。因此，用省级绿色专利授权数量衡量绿色技术创新，数据来源于 CNRDS 数据库。为检验绿色技术创新对美丽中国建设的影响，本章根据 Hausman 检验选择固定效应模型进行回归，结果如表 5-28 所示。

表 5-28 第（1）列在加入一系列控制变量的情况下考察绿色技术创新（GTI）对美丽中国建设水平的影响，结果显示在 1% 的显著性水平上为正，说明绿色技术创新显著推动美丽中国建设。可能的原因是，绿色技术创新能够加速生产的绿色化、智能化和可再生循环，持续引发各类生产组织在发展战略、产品服务、制度等方面进行绿色转型，进而推动构建绿色、高效、低碳的生产体系，为美丽中国建设注入新动力[1]。因此，保护生态环境、推动美丽中国建设离不开绿色技术创新的支撑，这就需要鼓励、支持、推动绿色技术创新，充分发挥绿色技术创新的支撑作用。

（2）替换控制变量。将经济密度（ED）替换为城镇化率（UR）。表 5-28 第（2）列显示，核心解释变量绿色发展结构（GS）的系数在 1% 的显著性水平上为正，说明绿色发展结构对美丽中国建设的促进作用十分明显。

（3）增加控制变量。在原有控制变量的基础上，增加城镇化率（UR）。表 5-28 第（3）列显示，核心解释变量绿色发展结构（GS）的系数在 1% 的显著性水平上为正，说明绿色发展结构能够推动美丽中国建设。

（4）变更样本：剔除直辖市的数据。本章在 2005~2019 年中国 30 个省区市（剔除数据缺失较多的西藏地区）样本的基础上，剔除北京、天津、重庆、上海四个直辖市的数据，再进行回归。由表 5-28 第（4）列可以看出，核心解释变量绿色发展结构（GS）的系数在 1% 的显著性水平上为正，说明绿色发展结构对美丽中国建设具有显著的推动作用。

（5）在原有控制变量、剔除四个直辖市样本的基础上，增加控制变

1　高星、陈军：《以绿色技术创新推进绿色发展》，《光明日报》2019 年 12 月 17 日。

量——城镇化率（UR）。由表 5-28 第（5）列可以看出，核心解释变量绿色发展结构（GS）的系数在 1% 的显著性水平上为正，说明绿色发展结构对美丽中国建设的推动作用显著。

综上所述，回归结果具有稳健性。

表 5-28　稳健性检验结果（GS）

变量	（1）	（2）	（3）	（4）	（5）
GS		0.0953 ***	0.0869 ***	0.112 ***	0.0935 ***
		（9.002）	（8.025）	（6.736）	（8.460）
GTI	2.34e-05 ***				
	（4.679）				
EDU	1.363 ***	0.444 ***	0.429 ***	1.260 ***	0.444 ***
	（11.951）	（5.452）	（5.315）	（11.234）	（5.330）
IND	0.166 ***	0.00870	0.00191	0.177 ***	0.00134
	（3.468）	（0.279）	（0.062）	（3.937）	（0.044）
IS	0.631 ***	0.298 ***	0.269 ***	0.656 ***	0.283 ***
	（11.634）	（8.632）	（7.612）	（13.832）	（7.919）
ED	0.00260		0.00620 ***	0.0410 ***	-0.0276 ***
	（0.840）		（3.085）	（3.165）	（-3.021）
UR		0.352 ***	0.366 ***		0.389 ***
		（22.603）	（22.802）		（21.544）
常数项	0.00896	0.0212	0.0325	-0.0496	0.0327
	（0.229）	（0.901）	（1.376）	（-1.409）	（1.388）
固定效应	是	是	是	是	是
N	450	450	450	390	390
R^2	0.831	0.931	0.932	0.858	0.938

注：*** $p<0.01$；括号内数值为对应的 t 值。

4. 异质性分析

我国各地区经济发展水平和所处阶段差异较大，地区间绿色发展水平和绿色发展效率差异较大，协同程度也各不相同，绿色发展结构呈现阶段性特征。为进一步探究我国不同地区及不同时间段的绿色发展结构以及绿色发展结构不同区间对美丽中国建设的影响是否存在差异，本章主要从以下三个方面进行异质性分析。

（1）区域异质性检验。本部分以传统区域划分方式和绿色发展结构情况为标准，将东部、中部与西部地区以及绿色发展结构较协调地区（H-GS）、绿色发展结构不协调地区（L-GS）进行对比，分区域考察绿色发展结构对美丽中国建设水平的影响是否存在不同效果，检验结果如表5-29所示。

由表5-29第（1）列至第（3）列可知，我国东、中、西部地区绿色发展结构（GS）的系数均在1%的显著性水平上为正，表明我国东部、中部、西部三大地区绿色发展结构能够显著推动美丽中国建设，但绿色发展结构的系数存在差异，其中，西部地区绿色发展结构的系数最大，中部地区次之，东部地区最小，表明不同地区绿色发展结构对美丽中国建设水平的影响效果存在显著差异。可能的原因是，近年来，东部地区以绿色发展为方式、以美丽中国建设为目标，积极响应国家绿色发展号召，绿色发展水平和绿色发展效率提升效果显著，同时扎实稳步推进美丽中国建设，已经形成了较为成熟的发展环境，绿色发展结构的优化程度相对较高。根据边际递减规律[1]，绿色发展结构对美丽中国建设的提升作用在东部地区相对较低。中部和西部地区的绿色发展情况相对落后，以"环境换增长"的发展方式还未彻底转变，绿色发展水平和绿色发展效率也难以协同提升，美丽中国建设还有较大的提升空间，因此，中部和西部地区绿色发展结构对美丽中国建设的边际作用相对较大，提升作用显著。

由表5-29第（4）列至第（5）列可知，无论是绿色发展结构较协调地区还是绿色发展结构不协调地区，绿色发展结构（GS）的系数均在1%的显著性水平上为正，且绿色发展结构较协调地区对美丽中国建设的促进作用更为明显。这说明充分发挥绿色发展结构对美丽中国的推动作用，就要注重绿色发展水平和绿色发展效率的协同提升。

1　陈林、朱卫平：《边际报酬递减规律是客观存在的吗——来自上市公司面板数据的实证检验》，《中国工业经济》2009年第6期。

表 5-29 区域异质性检验结果 （GS）

变量	东部地区	中部地区	西部地区	L-GS	H-GS
	（1）	（2）	（3）	（4）	（5）
GS	0.0599 ***	0.133 ***	0.253 ***	0.0557 ***	0.159 ***
	（4.597）	（4.876）	（7.012）	（3.470）	（6.509）
EDU	1.413 ***	1.099 ***	0.903 ***	1.467 ***	0.967 ***
	（9.139）	（7.122）	（6.010）	（10.493）	（6.858）
IND	0.00390	−0.0904 **	0.204 **	−0.0467	0.154 **
	（0.041）	（−2.153）	（1.993）	（−0.884）	（2.390）
IS	0.515 ***	0.220 ***	0.701 ***	0.353 ***	0.627 ***
	（6.163）	（3.862）	（7.369）	（6.565）	（9.093）
UR	0.000364	0.329 ***	0.239 ***	0.263 ***	−0.00699 **
	（0.171）	（10.599）	（4.590）	（11.942）	（−2.150）
常数项	0.112	0.227 ***	−0.178 **	0.174 ***	−0.0677
	（1.491）	（6.300）	（−2.361）	（4.438）	（−1.254）
样本量	165	120	165	225	225
R²	0.936	0.950	0.843	0.927	0.830

注：*** p<0.01，** p<0.05；括号内数值为对应的 t 值。

（2）时间段异质性检验。考虑到时间规划的连续性，以及与绿色发展政策的相关性，本部分将时间段划分为 2005～2010 年、2011～2015 年和 2016～2019 年，大致对应"十一五"、"十二五"与"十三五"时期，以对绿色发展结构对美丽中国建设的影响效果进行对比，分时间段考察其影响效果是否存在差异，检验结果如表 5-30 所示。

由表 5-30 第（1）列至第（3）列可知，在"十一五"时期至"十三五"时期，绿色发展结构对美丽中国建设水平的影响系数均在 1% 的显著性水平上为正。这表明在"十一五"时期至"十三五"时期绿色发展结构能够显著推动美丽中国建设，但绿色发展结构的系数存在差异，呈现由"十一五"时期向"十三五"时期递增的趋势，说明绿色发展结构对美丽中国建设水平的影响在我国经济发展不同阶段存在显著差异，具有阶段性、动态性特征。可能的原因是，在"十一五"时期，我国绿色发展水平和绿色发展效率均比较低，绿色发展结构对美丽中国建设的推动作用较为明显。而到了"十二五"、"十三五"时期，我国绿色发展水平和绿色发展效率均有了显著提升，绿色发展结构不断优化，更能发挥对美丽中国建设的推动作用，并呈现不断增强的趋势[1]。

表 5-30　时间段异质性检验结果（*GS*）

变量	（1）	（2）	（3）
	"十一五"时期	"十二五"时期	"十三五"时期
GS	0.0539 ***	0.0699 ***	0.0861 ***
	（2.746）	（4.325）	（2.859）
EDU	1.456 ***	−0.320	−1.037 ***
	（10.769）	（−1.478）	（−3.263）
IND	0.118 *	−0.00723	−0.0452
	（1.940）	（−0.053）	（−0.364）
IS	0.307 ***	0.537 ***	0.341 ***
	（3.816）	（3.801）	（3.054）
UR	0.0250 ***	0.0118	−0.00698
	（3.214）	（0.968）	（−1.536）
常数项	0.128 **	0.155	0.297 ***
	（2.450）	（1.375）	（2.811）
样本量	180	150	120
R^2	0.668	0.658	0.549

注：*** $p<0.01$，** $p<0.05$，* $p<0.1$；括号内数值为对应的 t 值。

（3）门槛效应检验。为进一步探究绿色发展结构的不同区间对美丽中国建设水平的影响是否存在差异，以及找出推动美丽中国建设的最优区间，本部分进行门槛效应检验。门槛效应检验结果如表 5-31 所示。

表 5-31 给出了各个门槛检验对应的 F 值和 p 值。单一门槛检验对应的 F 值为 24.51，重复抽样得到的 p 值为 0.0667，表明在 5% 的显著性水平上通过检验。

1　王文军、刘丹：《绿色发展思想在中国 70 年的演进及其实践》，《陕西师范大学学报》（哲学社会科学版）2019 年第 6 期。

表 5-31 门槛效应检验结果 （GS）

模型	F 值	p 值	Bootstrap 次数	临界值		
				10%	5%	1%
单一门槛	24.51	0.0667	300	22.0946	26.8255	38.1046
双重门槛	8.33	0.5000	300	18.4216	28.7655	40.5903
三重门槛	8.75	0.5467	300	23.3057	32.0209	45.5335

表 5-32 呈现了门槛估计值，单一门槛估计值为 0.6579，这个估计值将绿色发展结构分为两个样本区间。同时，由表 5-32 可知，单一门槛的 95%置信区间为 [0.6273，0.6750]，置信区间范围较窄，表明门槛估计值的识别效果显著。

表 5-32 门槛估计值和置信区间 （GS）

	估计值	95%置信区间
单一门槛	0.6579	[0.6273,0.6750]

利用优化搜索的方法可以确定单一门槛值，图 5-30 通过似然比函数清晰地展示了门槛估计值及其置信区间的构造过程，展示了 2005~2019 年中国省域绿色发展结构与美丽中国建设水平关系的单一门槛估计值和置信区间，所有小于 7.35 的似然比函数值构成置信区间，LR 统计量最低点 0.6579 为对应的真实门槛值，将其确定为单一门槛值，至此得到了一个稳定的单一门槛模型，可为后续研究提供依据。

由表 5-33 可知，单一门槛值将绿色发展结构分为两个样本区间，可以发现，在不同的绿色发展结构区间内，绿色发展结构对美丽中国建设水平的影响具有显著差异。

按照优化后的门槛值 γ_1 可以将 2005~2019 年中国省域绿色发展结构分为较低水平和较高水平两个相对区间，由表 5-33 可知，针对绿色发展结构不同区间所得的估计系数均为正值，且存在显著差异，表明在本部分研究的样本区间内，绿色发展结构与美丽中国建设水平之间存在正相关关系，绿色发展

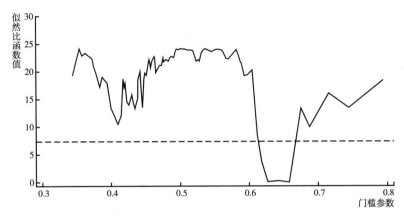

图 5-30　单一门槛估计值和置信区间（*GS*）

注：虚线表示 95% 置信区间上的似然比临界值 7.35。

结构显著推动美丽中国建设。但绿色发展结构与美丽中国建设水平的关系并非简单的线性关系，其影响效果在绿色发展结构不同区间存在差别：当绿色发展结构的门槛值小于等于 0.6579 时，*GS* 的估计系数为 0.166，在 1% 的显著性水平上为正，表明绿色发展结构每提高 1 个单位，美丽中国建设水平提高 0.166 个单位；而当绿色发展结构的门槛值提高到 0.6579 以上时，*GS* 的估计系数为 0.130，在 1% 的显著性水平上为正，表明绿色发展结构每提高 1 个单位，美丽中国建设水平提高 0.130 个单位，相较于前一区间，绿色发展结构对美丽中国建设的推动作用相对减弱。综上所述，最优的绿色发展结构推动美丽中国建设水平的区间为 [0.6273，0.6750]；在跨越门槛值之前，呈现边际递增趋势；在跨越门槛值之后，呈现边际递减趋势。可能的原因是，在开始注重绿色发展水平和绿色发展效率协同提升的初期，通过提高能源利用效率、调整产业结构、优化能源结构，绿色发展结构对美丽中国建设的推动作用较大。当绿色发展水平和绿色发展效率协同提升至一定程度时，根据边际递减规律，绿色发展结构对美丽中国建设的推动作用相对下降[1]。

1　钟海媛：《绿色发展绩效对美丽中国建设水平的影响效应——基于不同技术进步的比较分析》，南昌大学硕士学位论文，2021。

表 5-33　门槛模型估计结果（GS）

变量	估计系数	标准误	t 值	P 值
GS_1（$GS \leqslant 0.6579$）	0.166 ***	0.017	9.73	0.000
GS_2（$GS > 0.6579$）	0.130 ***	0.015	8.37	0.000
IND	1.191 ***	0.106	11.15	0.000
IS	0.186 ***	0.043	4.27	0.000
ED	0.677 ***	0.044	0.19	0.000
GI	-0.003	0.003	15.43	0.384
常数项	-0.090 ***	0.034	-0.87	0.008
F 值	448.40			
R^2	0.8666			

注：*** p<0.01。

（三）绿色发展结构对美丽中国建设的间接效应检验

为验证绿色发展结构对美丽中国建设水平的影响机制，将能源结构优化（ES）与消费结构优化（CS）作为中介变量，进行间接效应分析。为增强回归结果的稳健性与丰富实证手段，进一步采取逐步回归法更换中介效应检验方法，表 5-34 展现的是绿色发展结构对美丽中国建设水平的中介效应检验结果。

由表 5-34 第（1）列可知，绿色发展结构（GS）的系数在 1% 的显著性水平上为正，说明绿色发展结构对美丽中国建设水平产生显著的正向影响，在其他条件不变的情况下，绿色发展结构每提高 1 个单位，美丽中国建设水平会提高 0.131 个单位。由第（2）列可知，中介变量能源结构优化（ES）的系数在 1% 的显著性水平上为负，说明绿色发展结构对美丽中国建设水平产生显著的负向影响，在其他条件不变的情况下，能源结构优化 1 个单位，美丽中国建设水平会下降 0.207 个单位。第（3）列加入能源结构优化（ES）这一中介变量后，ES 的系数在 1% 的显著性水平上为负，且相较于基准回归模型中 ES 的系数下降，说明中介效应成立，绿色发展结构能够通过能源结构优化进一步推动美丽中国建设。可能的原因是，绿色发展和能源消费息息相关，推动绿色发展，会影响经济发展、环境治理、生态保护和资源利用，各方面的绿色发展与能源消费有着密切的关系[1]。随着绿色发展结构优化，以原煤、原油等为主的污染较为严重的能源占比逐渐下降，清洁能源占比不断提高，能源消费朝着清洁低碳方向发展，这不仅能够减少污染物排放，也有利于推动产业结构优化升级，进而推动美丽中国建设，这与部分学者[2]得出的结论是一致的。

由表 5-34 第（4）列结果可知，中介变量消费结构优化（CS）的系数在 1% 的显著性水平上为负，即在其他条件不变的情况下，消费结构优化 1 个单位，美丽中国建设下降 0.096 个单位。同时，第（5）列中绿色发展结构（GS）的系数在 1% 的显著性水平上为正，且相较于基准回归模型中 GS 的系数下降，说明中介效应成立，绿色发展结构通过促进消费结构优化进而推动美丽中国建设。可能的原因是，随着绿色发展理念日渐深入人心，绿色发展结构会对居民消费产生深刻影响[3]。从短期来看，随着人民收入水平提高，绿色发展可能倒逼企业改变生产模式以不断满足其日益多样化和个性化的绿色产品需求，而绿色消费产品倾向于智能化、个性化和多样化，刚好能够契合消费者对更高品质产品的需求，这会增加人们的绿色产品消费[4]。从长期来看，绿色发展对居民消费结构转型升级具有积极的推动作用，将带动产业结构进行绿色转型升级，进而推动美丽中国建设，这与张楠[5]得出的结论是一致的。

1　万媛媛、毕惠敏、郑重：《广东省绿色发展能否优化能源消费结构》，《生态经济》2021 年第 3 期。

2　万媛媛、毕惠敏、郑重：《广东省绿色发展能否优化能源消费结构》，《生态经济》2021 年第 3 期。

3　封晔：《绿色发展理念引领下消费升级的实现路径》，《商业经济研究》2020 年第 11 期。

4　夏杰长、刘慧：《加快发展低碳绿色消费：贯彻新发展理念的重要方略》，《国外社会科学》2022 年第 6 期；李岩：《以绿色消费推动绿色发展》，《光明日报》2018 年 10 月 26 日。

5　张楠：《生态文明视角下绿色发展对城乡居民消费结构的影响——基于省域面板数据的计量分析》，《商业经济研究》2022 年第 9 期。

表 5-34　绿色发展结构对美丽中国建设水平的中介效应检验结果

变量	（1）	（2）	（3）	（4）	（5）
	BC	ES	BC	CS	BC
GS	0.131 ***	-0.207 ***	0.112 ***	-0.096 ***	0.103 ***
	(8.211)	(-3.920)	(7.216)	(-3.495)	(7.347)
ES			-0.094 ***		
			(-6.637)		
CS					-0.290 ***
					(-11.734)
EDU	1.205 ***	-0.350	1.172 ***	0.165	1.253 ***
	(10.980)	(-0.964)	(11.209)	(0.872)	(13.150)
IND	0.196 ***	-0.912 ***	0.111 **	-0.199 **	0.139 ***
	(4.403)	(-6.189)	(2.497)	(-2.582)	(3.561)
IS	0.699 ***	-1.598 ***	0.550 ***	-0.787 ***	0.472 ***
	(15.587)	(-10.767)	(11.377)	(-10.160)	(10.846)
ED	-0.006 **	-0.007	-0.007 **	-0.005	-0.008 ***
	(-2.209)	(-0.756)	(-2.565)	(-0.902)	(-3.064)
常数项	-0.087 **	1.614 ***	0.064	0.813 ***	0.148 ***
	(-2.527)	(14.133)	(1.602)	(13.631)	(4.104)
固定效应	是	是	是	是	是
样本量	450	450	450	450	450
R^2	0.847	0.505	0.862	0.614	0.885
F 值	504.6	98.50	471.5	149.7	582.0

注：*** $p<0.01$，** $p<0.05$；括号内数值为对应的 t 值。

　　综上所述，这验证了本章的假设 H5：绿色发展结构优化推动美丽中国建设，主要通过能源结构优化与消费结构优化机制实现。同时，其佐证了前文绿色发展结构对美丽中国建设影响的理论分析。

第四节　新时代绿色发展绩效对美丽中国建设的空间效应检验

鉴于绿色发展水平、绿色发展效率和绿色发展结构对美丽中国建设的影响具有空间差异性，本节分别探究绿色发展水平、绿色发展效率和绿色发展结构对美丽中国建设的影响效果。

一　绿色发展水平对美丽中国建设的空间效应检验

（一）计量模型与数据说明

1. 计量模型

为了检验与测度绿色发展水平对美丽中国建设水平的影响效果，本部分建立空间杜宾模型，通过空间效应反映影响效果，模型具体表达式为：

$$y_n = \alpha + \rho w_1 y_n + \beta_1 x_n + \beta_2 w_1 x_n + \varepsilon_n \tag{5-6}$$

其中，y_n 为被解释变量，由美丽中国建设水平综合指数表示；x_n 为解释变量，由绿色发展水平指数表示；w_1 为绿色金融-地理空间权重矩阵，参照陈若愚和张莹[1]的做法构建所得；ρ 为邻近地区美丽中国建设综合水平对本地的影响；β_1 表示绿色发展水平对美丽中国建设的影响系数，β_2 表示邻近地区绿色发展水平对美丽中国建设的影响系数；ε_n 为随机扰动项。

2. 变量选取

（1）因变量：因变量为美丽中国建设水平（BC_{it}），采用耦合协调度模型从生态空间、生产空间、生活空间三个维度构建所得，具体计算过程同上文。

（2）自变量：自变量为绿色发展水平（GL），采用熵值加权法，由对绿色增长、生态保护、绿色治理三个一级指标计算所得，代表绿色发展程度，具体计算过程同上文。

1　陈若愚、张莹：《金融集聚对长三角地区创新扩散影响的机制与成效——基于空间杜宾模型的实证分析》，《经济问题探索》2021 年第 9 期。

（3）控制变量：本部分参考相关文献[1]的做法，选择如下控制变量：财政支出（FE）、工业化水平（IND）、资源配置效率（RA）、城镇化率（UR）。具体说明如下。财政支出（FE）由财政支出占 GDP 的比重衡量。一般而言，政府财政支出主要用于扩大公共投资和进行公共项目建设[2]，这对提高美丽中国建设水平具有重要作用。工业化水平（IND）由工业总产值占 GDP 的比重衡量。随着工业化水平提高，经济快速发展和生活水平迅速提升会带来环境和生态问题[3]。显然，工业化水平对美丽中国建设可能产生负面影响。资源配置效率（RA）由资本错配指数衡量。资源配置效率提升后，资源利用效率也会提高[4]，进而影响绿色发展水平。可见，资源配置效率对美丽中国建设将产生正向影响。城镇化率（UR）用城镇人口占地区常住人口的比重衡量。一个地区城镇化水平越高，经济越活跃[5]，经济增长能够进一步推动美丽中国建设水平提高。

（4）空间权重矩阵：本部分的绿色金融-地理空间权重矩阵主要参考经济地理矩阵[6]构造，引入包含绿色经济特征的绿色金融-地理空间权重，以全面考虑地理距离和金融因素共同作用下绿色发展水平对美丽中国建设的影响的空间特征。

1　姜磊、陈元、黄剑、童昀：《财政支出效率对绿色全要素生产率影响的实证分析——基于中国 284 个城市的面板数据》，《经济地理》2022 年第 11 期；徐倩、陈红敏：《城镇化对绿色发展效率的影响》，《科技管理研究》2022 年第 16 期；陈瑶、吴婧：《区域一体化对工业绿色发展效率的影响及空间分异研究——来自长三角城市群的证据》，《东岳论丛》2021 年第 10 期；谢贤君、王晓芳、雷明：《金融结构创新水平匹配、资源配置效率与绿色全要素生产率》，《财经论丛》（浙江财经学院学报）2020 年第 7 期。

2　姜磊、陈元、黄剑、童昀：《财政支出效率对绿色全要素生产率影响的实证分析——基于中国 284 个城市的面板数据》，《经济地理》2022 年第 11 期。

3　陈瑶、吴婧：《区域一体化对工业绿色发展效率的影响及空间分异研究——来自长三角城市群的证据》，《东岳论丛》2021 年第 10 期。

4　谢贤君、王晓芳、雷明：《金融结构创新水平匹配、资源配置效率与绿色全要素生产率》，《财经论丛》（浙江财经学院学报）2020 年第 7 期。

5　徐倩、陈红敏：《城镇化对绿色发展效率的影响》，《科技管理研究》2022 年第 16 期。

6　陈若愚、张莹：《金融集聚对长三角地区创新扩散影响的机制与成效——基于空间杜宾模型的实证分析》，《经济问题探索》2021 年第 9 期。

3. 数据说明

本章选取 2005~2019 年全国 30 个省区市的数据，部分指标缺失值采用插值法补齐。相关数据来源于《中国统计年鉴》、《中国环境统计年鉴》、各省区市统计年鉴和统计公报等。

（二）实证结果分析

1. 空间相关性检验

本部分采用空间自相关指数即全局 Moran's I 指数，分别检验美丽中国建设水平和绿色发展水平空间分布的总体相关性。进一步采用 Local Moran's I 指数分析美丽中国建设水平和绿色发展水平的空间关联性[1]。

（1）美丽中国建设水平空间自相关检验。本部分采用空间自相关指数即全局 Moran's I 指数，判断美丽中国建设水平空间分布的总体相关性，然后进一步通过绘制局部 Moran's I 指数散点图，分析美丽中国建设水平空间分布的局部差异性。全局 Moran's I 指数为 -1~1，若数值大于 0，则说明观测值具有正向的相关性，数值越大，空间正相关性越强，集聚强度越大；若数值小于 0，则表明观测值具有负向的相关性，数值越小，空间负相关性越强，集聚强度越大[2]。关于空间权重矩阵 W 的设定，本部分选择空间邻接矩阵来量化邻域各项因素的影响水平。

在决定使用普通面板模型或者空间面板模型之前，需要对主要变量进行空间自相关检验，常用的指数是 Moran's I 指数。本部分对美丽中国建设水平（BC_{it}）进行空间自相关检验，权重矩阵选择空间邻接矩阵，检验结果如表 5-35 所示。由表 5-35 可知，2005~2019 年，Moran's I 指数均大于 0，且在 1% 的显著性水平上通过检验。可见，美丽中国建设水平存在较为显著的空间正相关性，具有空间溢出效应。

1　姜磊、陈元、黄剑、童昀：《财政支出效率对绿色全要素生产率影响的实证分析——基于中国 284 个城市的面板数据》，《经济地理》2022 年第 11 期。

2　孟斌、王劲峰、张文忠、刘旭华：《基于空间分析方法的中国区域差异研究》，《地理科学》2005 年第 4 期。

表 5-35　2005~2019 年美丽中国建设水平空间自相关性检验结果

年份	Moran's I 指数	E(I)	Sd(I)	z 值	p 值
2005	0.314	-0.034	0.122	2.861	0.002
2006	0.316	-0.034	0.121	2.885	0.002
2007	0.373	-0.034	0.122	3.353	0.000
2008	0.373	-0.034	0.122	3.353	0.000
2009	0.313	-0.034	0.120	2.898	0.002
2010	0.358	-0.034	0.120	3.261	0.001
2011	0.375	-0.034	0.120	3.405	0.000
2012	0.359	-0.034	0.120	3.269	0.001
2013	0.322	-0.034	0.119	3.004	0.001
2014	0.272	-0.034	0.120	2.551	0.005
2015	0.347	-0.034	0.121	3.144	0.001
2016	0.324	-0.034	0.122	2.925	0.002
2017	0.274	-0.034	0.121	2.539	0.006
2018	0.296	-0.034	0.121	2.724	0.003
2019	0.375	-0.034	0.122	3.374	0.000

（2）绿色发展水平空间自相关检验。本部分采用空间自相关指数即全局 Moran's I 指数，判断绿色发展水平空间分布的总体相关性，然后进一步通过绘制局部 Moran's I 指数散点图，分析绿色发展水平空间分布的局部差异性，检验结果如表 5-36 所示。由表 5-36 可知，2005~2019 年，Moran's I 指数均大于 0，且部分年份在 5% 的显著性水平上通过检验。可见，绿色发展水平存在较为显著的空间正相关性，具有空间溢出效应。

表 5-36　2005~2019 年绿色发展水平空间自相关性检验结果

年份	Moran's I 指数	E(I)	Sd(I)	z 值	p 值
2005	0.091	-0.034	0.118	1.062	0.144
2006	0.075	-0.034	0.118	0.932	0.176

续表

年份	Moran's I 指数	E(I)	Sd(I)	z 值	p 值
2007	0.093	−0.034	0.114	1.123	0.131
2008	0.090	−0.034	0.112	1.115	0.132
2009	0.124	−0.034	0.101	1.573	0.058
2010	0.136	−0.034	0.102	1.667	0.048
2011	0.175	−0.034	0.102	2.043	0.021
2012	0.190	−0.034	0.103	2.189	0.014
2013	0.028	−0.034	0.089	0.698	0.242
2014	0.148	−0.034	0.105	1.739	0.041
2015	0.183	−0.034	0.098	2.224	0.013
2016	0.169	−0.034	0.098	2.075	0.019
2017	0.178	−0.034	0.094	2.255	0.012
2018	0.180	−0.034	0.093	2.312	0.010
2019	0.147	−0.034	0.086	2.120	0.017

（3）绿色发展水平的聚类分析。局部 Moran's I 指数散点图可以分析各省区市的绿色发展水平和美丽中国建设水平在空间上的异质性。Moran's I 指数散点图由第一、第二、第三和第四象限构成，第一象限和第三象限表示正向空间关系，第二象限和第四象限表示负向空间关系。各省区市绿色发展水平的空间溢出效应如图 5-31 所示。由图 5-31 可见，第一，位于第一象限的主要是上海、北京、天津、江苏等省区市，其主要位于东部地区。可能的原因是，这些地区经济发展速度快，经济发展水平高，对于环境保护方面予以重视且在相关政策规制下更多发展绿色经济，凭借优越的地理位置集聚更多的高素质人才和高新绿色环保技术、企业[1]。第二，位于第三象限的主要有内蒙古、黑龙江、吉林等省区市，这些省区市多处于欠发达地区。可能的原因是，这些地区经济发展速度较快，经济发展水平相对较高，

---

[1]　孙豪、桂河清、杨冬:《中国省域经济高质量发展的测度与评价》,《浙江社会科学》2020 年第 8 期。

对于环境保护方面予以重视且在相关政策规制下发展绿色经济，凭借一定地理位置吸引相对多的高素质人才和高新绿色环保技术、企业[1]。第三，位于第二象限和第四象限的省区市较少，表明各个省区市的绿色发展水平呈现显著的空间依赖性和高度的空间集聚特征。

2. 空间效应分解

本章通过 Hausman 检验方法进行检验，检验的最终结果为 0.000，表明通过显著性检验。在此基础上进行 Wald 和 LR 检验，判断模型是否可以退化成空间滞后模型（SLM）或结构方程模型（SEM）。结果表明，p 值均在 1% 的显著性水平下拒绝原假设，表明模型不能退化为空间误差模型以及空间滞后模型。因此，本章选择使用空间杜宾模型。

根据前文构造的绿色金融地理矩阵，采用空间杜宾模型进行回归，回归结果如表 5-37 所示。表 5-37 展示了绿色发展水平对美丽中国建设水平的空间影响结果，由于本部分的核心解释变量是绿色发展水平，通过表 5-37 可以看出绿色发展水平的直接效应为正值，表明绿色发展水平的提升可以通过产业绿色化、资源配置和环境规制等促进本地区美丽中国建设水平提高，验证了本章提出的假设 H2。绿色发展水平对于相邻地区美丽中国建设水平的影响效应为负且并不显著，说明绿色发展水平的溢出效果不明显，这可能与不同地区之间存在发展水平、政策等差异有关[2]。

根据对控制变量的估计结果，财政支出对本地区美丽中国建设水平的影响为正，表明财政支出有利于推动美丽中国建设发展。究其原因可能是财政支出中有一部分被用于保护生态环境，推动生态环境建设，进而促进美丽中国建设。

---

1 孙豪、桂河清、杨冬：《中国省域经济高质量发展的测度与评价》，《浙江社会科学》2020 年第 8 期。

2 谢濛、洪正：《金融集聚的地理结构及演进规律：虹吸还是辐射——基于城市群的研究视角》，《山西财经大学学报》2022 年第 11 期。

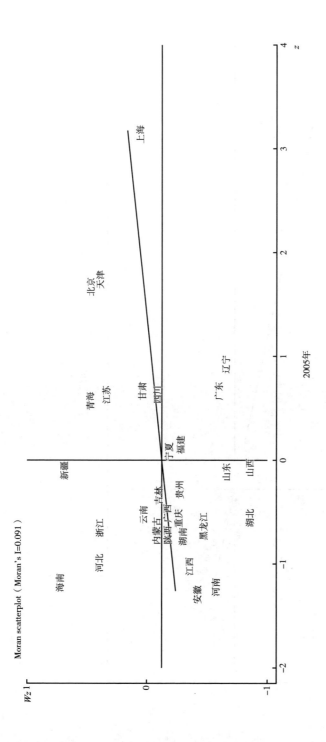

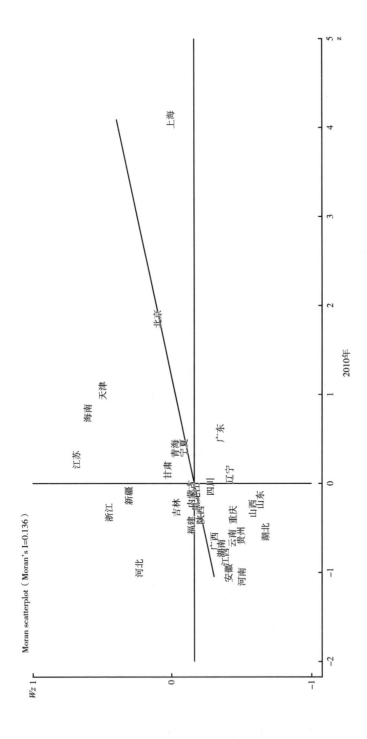

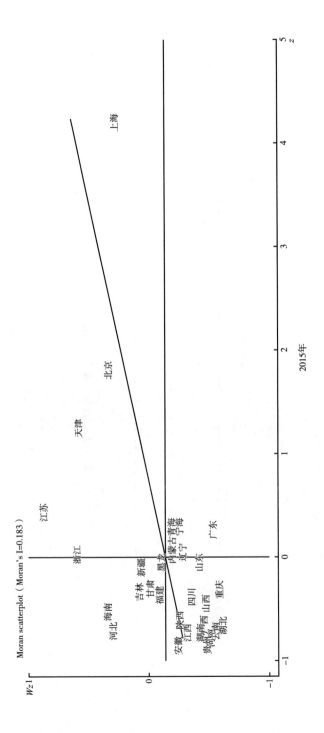

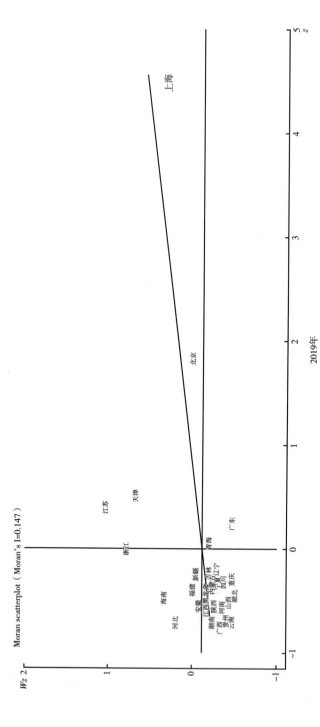

图 5-31　绿色发展水平的空间溢出效应

财政支出对于相邻地区的影响显著，说明空间溢出明显[1]。表5-37中财政支出的直接效应为正，表明财政支出的提高有利于美丽中国建设水平提高，但不显著。工业化水平对于本地区和相邻地区的影响都为负，且直接效应和间接效应都显著为负，说明工业化水平提高抑制美丽中国建设水平提高，究其原因可能是工业化水平提高必然带来污染物排放量增加，从而破坏环境，影响美丽中国建设[2]。资源配置效率对于本地区和相邻地区的影响为正，直接效应和间接效应都显著为正，说明资源配置效率的提升能够促进美丽中国建设水平提高，究其原因是资源高效利用可以减少对环境的破坏和保护环境[3]。城镇化率的提升对于本地区美丽中国建设水平的影响显著，但对于相邻地区的美丽中国建设影响水平的直接效应显著为正，间接效应为负，可能的原因是本地区城镇化率提高，引起相邻地区的务工人员涌入，促进了经济发展，对于美丽中国建设水平起到抑制作用，不过对相邻地区美丽中国建设起到促进效果[4]。

　　由于在空间杜宾模型中存在变量的空间滞后项，估计系数不能说明自变量对因变量的影响程度，仅仅在方向及显著性水平上是有效的[5]。为测度自变量对因变量的影响程度，需进一步估算模型的直接效应、间接效应及总效应。直接效应是指绿色发展水平的变化引起本地区美丽中国建设水平变化的均值，间接效应是指本地区绿色发展水平对相邻地区美丽中国建设水平的影响，总

　　1　刘东亚：《国内财政支出结构对绿色经济发展影响综述》，《农村经济与科技》2022年第5期；邓婷婷、陈文府：《财政支出对绿色技术创新效率的影响研究——基于空间杜宾模型的实证分析》，《铜陵学院学报》2021年第6期。

　　2　岳良文、李孟刚、武春友：《工业化、信息化和绿色化：互动评价模型及实证分析》，《经济与管理研究》2017年第5期。

　　3　沈智扬、邵安琪、陈雪丽：《中国区域绿色经济增长与资源错配》，《北京理工大学学报》（社会科学版）2023年第1期。

　　4　徐倩、陈红敏：《城镇化对绿色发展效率的影响》，《科技管理研究》2022年第16期；方创琳：《青藏高原城镇化发展的特殊思路与绿色发展路径》，《地理学报》2022年第8期。

　　5　陈若愚、张莹：《金融集聚对长三角地区创新扩散影响的机制与成效——基于空间杜宾模型的实证分析》，《经济问题探索》2021年第9期。

效应为直接效应和间接效应之和。由直接效应可知，绿色发展水平每提高1%会使本地区美丽中国建设水平提高6.54%，这可能是因为绿色发展水平的提高促进产业绿色化、资源配置效率提升和环境规制优化等[1]。由间接效应可知，绿色发展水平每提升1%会导致相邻地区的美丽中国建设水平下降13.5%。这可能由于相邻地区绿色技术、人才和知识等要素向绿色发展水平高的地区流动，相邻地区的绿色发展水平提升受到限制，产生虹吸效应[2]。综上所述，这验证了本章的假设H2：绿色发展水平提升对美丽中国建设水平产生空间溢出效应，主要通过要素流动机制实现。

表 5-37　基于绿色金融地理矩阵的绿色发展水平回归结果

变量	（1）	（2）	（3）	（4）	（5）	（6）
	本地效应	空间溢出	空间效应	直接效应	间接效应	总效应
GL	0.0686 ***	-0.108		0.0654 ***	-0.135	-0.0696
	(0.0181)	(0.0689)		(0.0191)	(0.125)	(0.130)
FE	0.0402	0.418 **		0.0570	0.765 ***	0.822 ***
	(0.101)	(0.167)		(0.0957)	(0.263)	(0.259)
IND	-0.127 ***	-0.0477		-0.130 ***	-0.182 ***	0.312 ***
	(0.0150)	(0.0374)		(0.0140)	(0.0526)	(0.0525)
RA	0.193 ***	0.0574		0.200 ***	0.252 ***	0.452 ***
	(0.0219)	(0.0509)		(0.0202)	(0.0576)	(0.0527)
UR	0.00967 ***	-0.0156		0.00917 **	-0.0193	-0.0102
	(0.00358)	(0.0167)		(0.00360)	(0.0294)	(0.0306)

1　周鹏飞、沈洋：《环境规制、绿色技术创新与工业绿色发展》，《河北大学学报》（哲学社会科学版）2022年第4期；黄敦平、刘子杰：《我国工业绿色发展水平之综合评价》，《湖南工业大学学报》（社会科学版）2020年第4期；方登科：《浅析企业绿色发展的人力资源优化配置研究》，《商场现代化》2020年第14期。

2　王永超、吴晓舜、刘洋、王士君：《基于可达性的沈阳经济区中心地空间结构演变》，《地域研究与开发》2013年第1期；毕秀晶、宁越敏：《长三角大都市区空间溢出与城市群集聚扩散的空间计量分析》，《经济地理》2013年第1期。

续表

变量	（1）本地效应	（2）空间溢出	（3）空间效应	（4）直接效应	（5）间接效应	（6）总效应
rho			0.445 ***			
			(0.0811)			
样本量	450	450	450	450	450	450
R^2	0.490	0.490	0.490	0.490	0.490	0.490

注：*** p<0.01，** p<0.05；括号内数值为对应的 t 值。

3. 稳健性检验

前文主要在空间邻接矩阵下探讨绿色发展水平对美丽中国建设水平的空间溢出效应，为增强研究结果的稳健性，本部分将该矩阵更换为地理权重矩阵再次进行回归，回归结果如表 5-38 所示。由表 5-38 可以看出，采用地理权重矩阵后，回归结果仍是绿色发展水平提升能够促进本地区美丽中国建设，但抑制相邻地区美丽中国建设。虽然估计系数分别为 0.0557 和 -0.0115，存在差异，但其方向和显著性水平没有发生根本性变化，表明要素流动可能是绿色发展水平对美丽中国建设水平空间溢出的主要影响因素[1]。

表 5-38　基于地理权重矩阵的绿色发展水平回归结果

变量	（1）本地效应	（2）空间溢出	（3）空间效应	（4）直接效应	（5）间接效应	（6）总效应
GL	0.0557 ***	−0.0115		0.0565 ***	0.0178	0.0744
	(0.0183)	(0.0909)		(0.0191)	(0.149)	(0.153)
FE	0.141	0.230		0.147	0.480 *	0.627 **
	(0.0999)	(0.191)		(0.0946)	(0.287)	(0.282)
IND	−0.124 ***	−0.0385		−0.126 ***	−0.149 **	0.275 ***
	(0.0148)	(0.0425)		(0.0140)	(0.0604)	(0.0613)

1　王永超、吴晓舜、刘洋、王士君：《基于可达性的沈阳经济区中心地空间结构演变》，《地域研究与开发》2013 年第 1 期；毕秀晶、宁越敏：《长三角大都市区空间溢出与城市群集聚扩散的空间计量分析》，《经济地理》2013 年第 1 期。

续表

变量	（1）	（2）	（3）	（4）	（5）	（6）
	本地效应	空间溢出	空间效应	直接效应	间接效应	总效应
RA	0.175 ***	0.0906		0.180 ***	0.275 ***	0.456 ***
	（0.0230）	（0.0583）		（0.0213）	（0.0692）	（0.0634）
UR	0.00761 **	−0.00593		0.00755 **	−0.00433	0.00322
	（0.00366）	（0.0202）		（0.00375）	（0.0351）	（0.0365）
rho			0.414 ***			
			（0.0966）			
样本量	450	450	450	450	450	450
R^2	0.489	0.489	0.489	0.489	0.489	0.489

注：*** p<0.01，** p<0.05；括号内数值为对应的 t 值。

二　绿色发展效率对美丽中国建设的空间效应检验

（一）计量模型与数据说明

1. 计量模型

为了检验与测度绿色发展效率对美丽中国建设水平的影响效果，本部分建立空间杜宾模型分析绿色发展效率对美丽中国建设水平的影响，通过空间效应反映影响效果，模型具体表达式为：

$$y_n = \alpha + \rho w_1 y_n + \beta_1 x_n + \beta_2 w_1 x_n + \varepsilon_n \qquad (5-7)$$

其中，y_n 为被解释变量，由美丽中国建设水平综合指数表示；x_n 为解释变量，由绿色发展效率指数表示；w_1 为绿色金融-地理空间权重矩阵，参照陈若愚和张莹[1]的做法构建所得；ρ 为邻近地区美丽中国建设水平对本地的影响；β_1 表示绿色发展效率对美丽中国建设的影响系数，β_2 表示邻近地区绿色发展效率

1　陈若愚、张莹：《金融集聚对长三角地区创新扩散影响的机制与成效——基于空间杜宾模型的实证分析》，《经济问题探索》2021 年第 9 期。

对美丽中国建设的影响系数；ε_n 为随机扰动项。

2. 变量选取

（1）因变量：因变量为美丽中国建设水平（BC_{it}），采用耦合协调度模型从生态空间、生产空间、生活空间三个维度构建所得，具体计算过程同上文。

（2）自变量：自变量为绿色发展效率（GE），分别选取劳动力、资本和资源三个要素作为投入指标，以代表各省区市绿色发展的期望产出和非期望产出的效率，具体计算过程同上文。

（3）控制变量、空间权重矩阵、控制变量选取情况同上文，同样用构造的绿色金融-地理空间权重矩阵进行回归。

3. 数据说明

数据来源同上。

（二）实证结果分析

1. 空间相关性检验

本部分采用空间自相关指数即全局 Moran's I 指数，分别检验绿色发展效率和美丽中国建设水平空间分布的总体相关性。进一步采用 Local Moran's I 指数分析绿色发展效率和美丽中国建设水平的空间关联性[1]。

（1）绿色发展效率空间自相关检验。本部分采用空间自相关指数即全局 Moran's I 指数，判断绿色发展效率空间分布的总体相关性，然后进一步通过绘制局部 Moran's I 指数散点图，分析绿色发展效率空间分布的局部差异性，检验结果如表 5-39 所示。由表 5-39 可以发现，2005~2019 年，Moran's I 指数在大部分年份大于 0，在部分年份在 10% 的显著性水平上通过检验。可见，绿色发展效率存在较为显著的空间正相关性，具有空间溢出效应。

1　姜磊、陈元、黄剑、童昀：《财政支出效率对绿色全要素生产率影响的实证分析——基于中国 284 个城市的面板数据》，《经济地理》2022 年第 11 期。

表 5-39 2005~2019 年绿色发展效率空间自相关性检验结果

年份	Moran's I 指数	$E(I)$	$Sd(I)$	z 值	p 值
2005	0.089	-0.034	0.123	1.005	0.157
2006	0.022	-0.034	0.120	0.467	0.320
2007	-0.170	-0.034	0.122	-1.105	0.135
2008	-0.214	-0.034	0.118	-1.518	0.064
2009	0.034	-0.034	0.124	0.547	0.292
2010	0.233	-0.034	0.122	2.196	0.014
2011	0.210	-0.034	0.121	2.015	0.022
2012	0.005	-0.034	0.122	0.320	0.374
2013	-0.004	-0.034	0.024	1.244	0.107
2014	0.008	-0.034	0.046	0.908	0.182
2015	0.188	-0.034	0.116	1.910	0.028
2016	-0.056	-0.034	0.095	-0.227	0.410
2017	-0.038	-0.034	0.066	-0.057	0.477
2018	0.215	-0.034	0.113	2.220	0.013
2019	0.128	-0.034	0.121	1.344	0.089

（2）绿色发展效率的聚类分析。为进一步探究不同省区市绿色发展效率的空间关联性，分别采用 2005 年、2010 年、2015 年和 2019 年全国 30 个省区市绿色发展效率指数进行莫兰指数检验，分析区域间绿色发展效率是否存在空间溢出效应（见图 5-32）。由图 5-32 可见，位于第一、三象限的省区市明显多于第二、四象限的省区市，表明绝大部分省区市绿色发展效率为高-高聚类或者低-低聚类。也就是说，各个省区市的绿色发展效率存在显著的空间依赖性和空间集聚特征，可以认为各省区市绿色发展效率对其周边地区存在正向空间溢出效应。

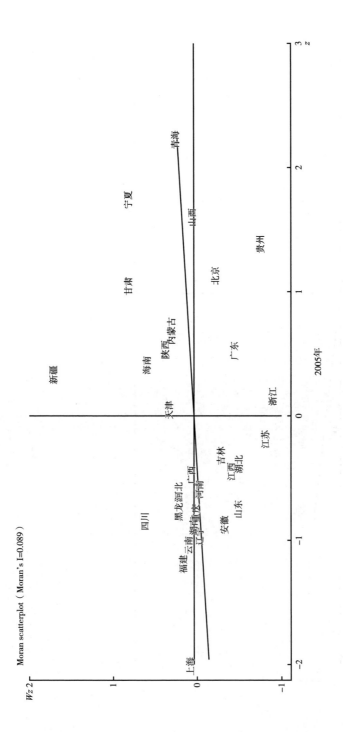

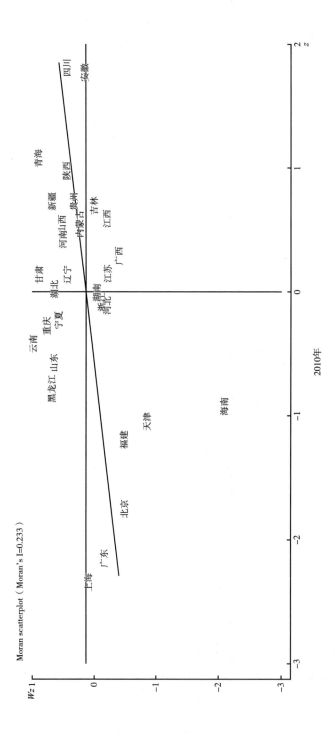

Moran scatterplot（Moran's I=0.233）

2010年

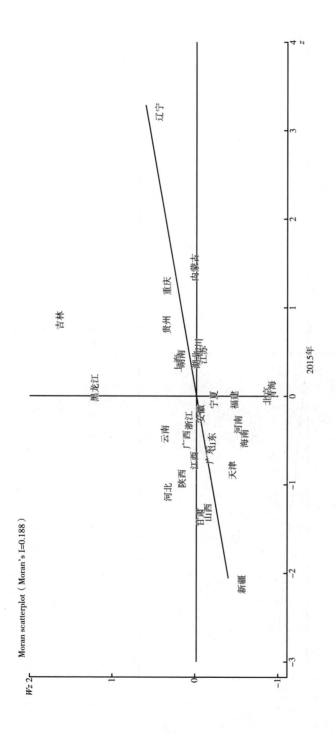

Moran scatterplot（Moran's I=0.188）

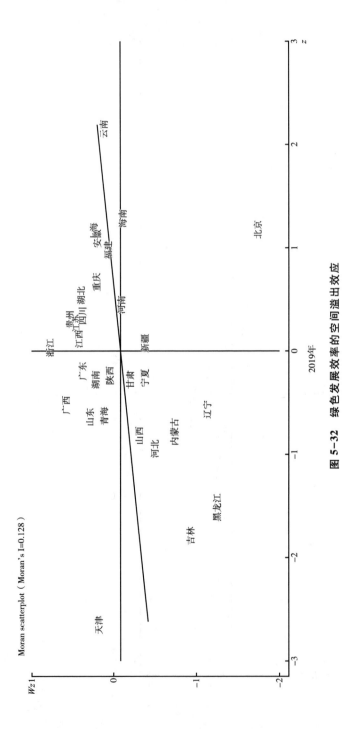

图 5-32 绿色发展效率的空间溢出效应

2. 空间效应分解

本章通过 Hausman 检验方法进行检验，检验的最终结果为 0.000，表明通过显著性检验。在此基础上，进行 Wald 和 LR 检验，判断模型是否可以退化成空间滞后模型（SLM）或结构方程模型（SEM）。结果表明，p 值均在 1% 的显著性水平下拒绝原假设，表明模型不能退化为空间误差模型以及空间滞后模型，回归结果如表 5-40 所示。

财政支出对于本地区美丽中国建设水平的影响显著为正，表明财政支出有利于推动美丽中国建设。究其原因，财政支出中的一部分被用于保护生态环境，推动生态环境建设，进而促进美丽中国建设，但财政支出对于相邻地区的影响不显著，即空间溢出不显著。财政支出的直接效应显著为正，表明财政支出的增加有利于美丽中国建设水平提高，间接效应也显著[1]。工业化水平对于本地区和相邻地区的影响均显著为负，且直接效应和间接效应均显著为负，说明工业化水平提高抑制美丽中国建设水平提高。究其原因，工业化水平提高必然导致污染物排放量增加，从而破坏环境，影响美丽中国建设[2]。资源配置效率对于本地区和相邻地区的影响显著为正，直接效应和间接效应也均显著为正，说明资源配置的优化能够促进美丽中国建设水平提高，究其原因，资源高效利用可以减少对环境的破坏和保护环境[3]。

表 5-40 基于邻接矩阵的绿色发展效率回归结果

变量	(1) 本地效应	(2) 空间溢出	(3) 空间效应	(4) 直接效应	(5) 间接效应	(6) 总效应
GE	0.000670	-0.00144		0.000598	-0.00157	-0.000975
FE	0.299 *** (0.000769)	0.100 (0.00185)		0.313 *** (0.000844)	0.278 * (0.00265)	0.591 *** (0.00309)

---

1 杨得前、刘仁济：《地方财政支出对产业生态化的空间溢出效应研究》，《财贸经济》2018 年第 7 期。

2 熊琛：《我国工业化中的能源问题与生态文明建设》，《宏观经济管理》2021 年第 2 期。

3 沈智扬、邵安琪、陈雪丽：《中国区域绿色经济增长与资源错配》，《北京理工大学学报》（社会科学版）2023 年第 1 期。

变量	（1）	（2）	（3）	（4）	（5）	（6）
	本地效应	空间溢出	空间效应	直接效应	间接效应	总效应
IND	−0.128 ***	−0.0729 ***		−0.136 ***	−0.162 ***	−0.298 ***
	（0.0994）	（0.140）		（0.0922）	（0.165）	（0.164）
RA	0.100 ***	0.200 ***		0.121 ***	0.331 ***	0.452 ***
	（0.0143）	（0.0242）		（0.0132）	（0.0276）	（0.0306）
UR	（0.0232）	（0.0367）		（0.0208）	（0.0346）	（0.0289）
rho			0.332 ***			
			（0.0513）			
样本量	450	450	450	450	450	450
R^2	0.438	0.438	0.438	0.438	0.438	0.438

注：*** $p<0.01$，** $p<0.05$；括号内数值为对应的 t 值。

为测度自变量对因变量的影响程度，需进一步估算模型的直接效应、间接效应及总效应。由直接效应可知，绿色发展效率每提高 1% 会使本地区美丽中国建设水平约提高 0.06%。由间接效应可知，绿色发展效率每提升 1% 会使相邻地区美丽中国建设水平下降约 0.16%。由前文假设可知，绿色发展效率提高会使本地区的技术水平提升和知识进步，进而促进本地区美丽中国建设水平提升。而相邻地区在地理距离上与之邻近，有助于降低信息交流成本，同时促进周边地区产生知识、技术溢出效应[1]。因此，从实证结果可以看出，绿色发展效率对美丽中国建设的虹吸效应大于对周边地区产生的知识、技术溢出效应，亟待增强绿色发展效率的空间溢出效应。

3. 稳健性检验

采用地理权重矩阵检验结果是否稳定，结果如表 5-41 所示。采用地理权重矩阵后，回归结果仍显示拟合效果最优。虽然估计系数存在差异，但其方

1　姚常成、吴康：《集聚外部性、网络外部性与城市创新发展》，《地理研究》2022 年第 9 期；鲁元平、王品超、朱晓盼：《城市化、空间溢出与技术创新——基于中国 264 个地级市的经验证据》，《财经科学》2017 年第 11 期。

向和显著性水平没有发生根本性变化，表明研究结果是稳健可靠的。可见，虽然绿色发展效率提升可能提升本地区的技术和知识水平，进而促进美丽中国建设水平提高，但是受相邻地区虹吸作用影响，其影响并不显著[1]。

表 5-41　基于地理权重矩阵的绿色发展效率回归结果

变量	（1）本地效应	（2）空间溢出	（3）空间效应	（4）直接效应	（5）间接效应	（6）总效应
GE	0.000390	-0.00324		0.000323	-0.00476	-0.00444
FE	0.118	0.187		0.122	0.388	0.510*
	(0.000791)	(0.00354)		(0.000846)	(0.00604)	(0.00638)
IND	-0.130***	-0.0204		-0.131***	-0.123**	-0.254***
	(0.101)	(0.202)		(0.0957)	(0.304)	(0.302)
RA	0.138***	0.154**		0.145***	0.355***	0.500***
	(0.0149)	(0.0442)		(0.0140)	(0.0594)	(0.0597)
UR	(0.0218)	(0.0604)		(0.0203)	(0.0682)	(0.0632)
rho			0.413***			
			(0.0875)			
样本量	450	450	450	450	450	450
R^2	0.512	0.512	0.512	0.512	0.512	0.512

注：***p<0.01，**p<0.05，*p<0.1；括号内数值为对应的 t 值。

三　绿色发展结构对美丽中国建设的空间效应检验

（一）计量模型与数据说明

1. 计量模型

为了验证我国绿色发展结构存在空间溢出效应，测度其对美丽中国建设

---

[1]　王永超、吴晓舜、刘洋、王士君：《基于可达性的沈阳经济区中心地空间结构演变》，《地域研究与开发》2013 年第 1 期；毕秀晶、宁越敏：《长三角大都市区空间溢出与城市群集聚扩散的空间计量分析》，《经济地理》2013 年第 1 期。

水平的影响，本部分建立空间杜宾模型分析绿色发展效率对美丽中国建设的影响，模型具体表达式为：

$$y_n = \alpha + \rho w_1 y_n + \beta_1 x_n + \beta_2 w_1 x_n + \varepsilon_n \qquad (5-8)$$

其中，y_n 为被解释变量，由美丽中国建设水平综合指数表示；x_n 为解释变量，由绿色发展结构指数表示；w_1 为绿色金融-地理空间权重矩阵，参照陈若愚和张莹[1]的做法构建所得；ρ 为邻近地区美丽中国建设综合水平对本地的影响；β_1 表示绿色发展结构对美丽中国建设的影响系数；β_2 表示邻近地区绿色发展结构对美丽中国建设的影响系数；ε_n 为随机扰动项。

2. 变量选取

（1）因变量：因变量为美丽中国建设水平（BC_{it}），采用耦合协调度模型从生态空间、生产空间、生活空间三个维度构建所得，具体计算过程同上文。

（2）自变量：自变量为绿色发展结构（GS）。测度绿色发展水平与绿色发展效率二者的耦合度，以代表绿色发展结构（GS），反映各省区市绿色发展水平和绿色发展效率的作用强度和作用方向。

（3）控制变量、空间权重矩阵、控制变量选取情况同上文，同样用构造的绿色金融-地理空间权重矩阵进行回归。

3. 数据说明

数据来源同上。

（二）实证结果分析

1. 空间相关性检验

本部分采用空间自相关指数即全局 Moran's I 指数，分别检验绿色发展结构和美丽中国建设水平空间分布的总体相关性。进一步采用局部 Moran's I 指

1　陈若愚、张莹：《金融集聚对长三角地区创新扩散影响的机制与成效——基于空间杜宾模型的实证分析》，《经济问题探索》2021 年第 9 期。

数分析绿色发展结构和美丽中国建设水平的空间关联性[1]。

（1）绿色发展结构空间自相关检验。本部分采用空间自相关指数即全局 Moran's I 指数，判断绿色发展结构空间分布的总体相关性，然后进一步通过绘制局部 Moran's I 指数散点图，分析绿色发展结构空间分布的局部差异性，检验结果如表 5-42 所示。由表 5-42 可以发现，2005～2019 年，Moran's I 指数均大于 0，且大部分年份在 10% 的显著性水平上通过检验。可见，绿色发展结构存在较为显著的空间正相关性，具有空间溢出效应。

表 5-42　2005～2019 年绿色发展结构空间自相关性检验结果

年份	Moran's I 指数	$E(I)$	$Sd(I)$	z 值	p 值
2005	0.039	-0.034	0.118	0.619	0.268
2006	0.085	-0.034	0.123	0.975	0.165
2007	0.110	-0.034	0.122	1.188	0.117
2008	0.131	-0.034	0.121	1.367	0.086
2009	0.199	-0.034	0.120	1.950	0.026
2010	0.190	-0.034	0.116	1.927	0.027
2011	0.249	-0.034	0.119	2.389	0.008
2012	0.267	-0.034	0.119	2.540	0.006
2013	0.158	-0.034	0.116	1.654	0.049
2014	0.142	-0.034	0.119	1.473	0.070
2015	0.267	-0.034	0.116	2.604	0.005
2016	0.226	-0.034	0.116	2.245	0.012
2017	0.217	-0.034	0.115	2.182	0.015
2018	0.251	-0.034	0.113	2.526	0.006
2019	0.270	-0.034	0.116	2.613	0.004

（2）绿色发展结构和美丽中国建设水平空间关联性检验。为进一步探究不同省区市绿色发展结构的空间关联性，分别采用 2005 年、2010 年、2015 年和 2019 年全国 30 个省区市绿色发展结构综合得分进行莫兰指数检验，分析区

---

[1]　姜磊、陈元、黄剑、童昀：《财政支出效率对绿色全要素生产率影响的实证分析——基于中国 284 个城市的面板数据》，《经济地理》2022 年第 11 期。

域间绿色发展结构是否存在空间溢出效应（见图 5-33）。由图 5-33 可见，位于第一、三象限的省区市明显多于第二、四象限的省区市，表明绝大部分省区市绿色发展结构为高-高聚类或者低-低聚类。换句话说，各个省区市的绿色发展结构存在显著的空间依赖性和空间集聚特征，可以认为各省区市绿色发展结构对其周边地区存在正向空间溢出效应。

2. 空间效应分解

本章通过 Hausman 检验方法进行检验，检验的最终结果为 0.000，表明通过显著性检验。在此基础上，进行 Wald 和 LR 检验，判断模型是否可以退化成空间滞后模型（SLM）或结构方程模型（SEM）。结果表明，p 值均在 1% 的显著性水平下拒绝原假设，表明模型不能退化为空间误差模型以及空间滞后模型，回归结果见表 5-43。

财政支出对于本地区美丽中国建设水平的影响为正，表明财政支出有利于推动美丽中国建设。究其原因，财政支出中的一部分被用于保护生态环境，推动生态环境建设，进而促进美丽中国建设。财政支出对于相邻地区的影响不显著，说明空间溢出不明显。财政支出的直接效应为正，表明财政支出的增加有利于美丽中国建设水平提高，间接效果不显著[1]。工业化水平对于本地区和相邻地区的影响都为负，且直接效应和间接效应都显著为负，说明工业化水平提高抑制美丽中国建设水平提高。究其原因，工业化水平提高必然导致污染物排放量增加，从而破坏环境，影响美丽中国建设[2]。资源配置效率对于本地区的影响为正，直接效应和间接效应都显著为正，说明资源配置效率的提升能够促进美丽中国建设水平提高，究其原因，资源高效利用可以减少

---

1 杨得前、刘仁济：《地方财政支出对产业生态化的空间溢出效应研究》，《财贸经济》2018 年第 7 期；姜磊、陈元、黄剑、童昀：《财政支出效率对绿色全要素生产率影响的实证分析——基于中国 284 个城市的面板数据》，《经济地理》2022 年第 11 期。

2 熊瑛：《我国工业化中的能源问题与生态文明建设》，《宏观经济管理》2021 年第 2 期；陈瑶、吴婧：《区域一体化对工业绿色发展效率的影响及空间分异研究——来自长三角城市群的证据》，《东岳论丛》2021 年第 10 期。

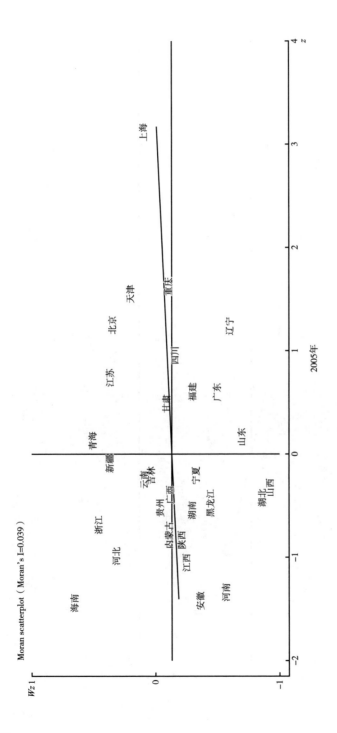

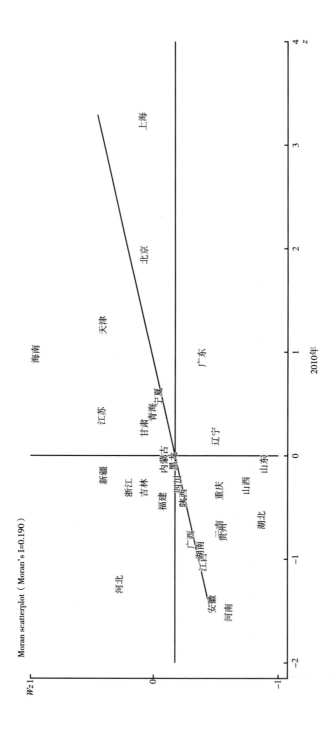

Moran scatterplot（Moran's I=0.190）

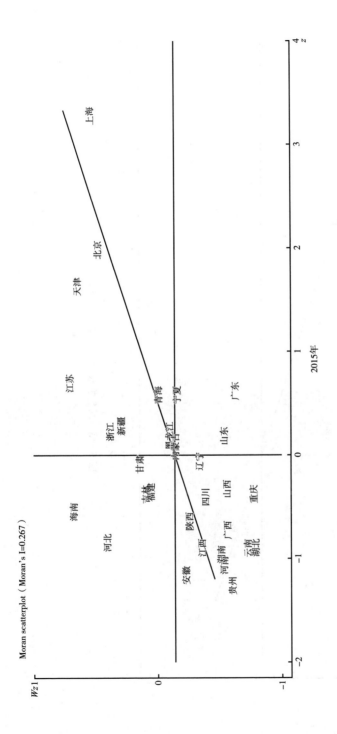

Moran scatterplot（Moran's I=0.267）

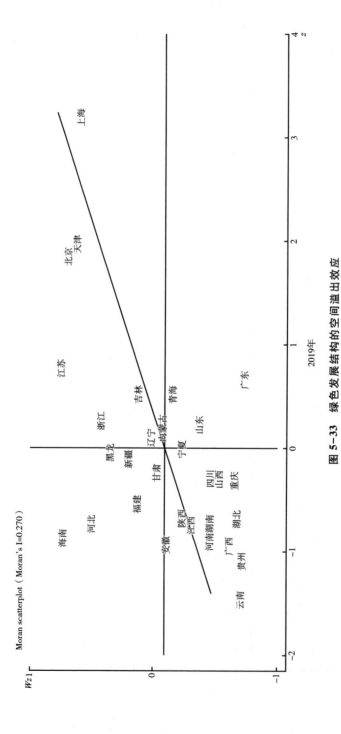

图 5-33 绿色发展结构的空间溢出效应

对环境的破坏和保护环境[1]。城镇化率对于本地区美丽中国建设的影响显著，对于相邻地区美丽中国建设的影响为负，直接效应显著，间接效应为负，这可能是由于本地区城镇化率提高，引起相邻地区务工人员涌入，促进了经济发展，对于美丽中国建设水平起促进作用，对于相邻地区而言，美丽中国建设水平被抑制[2]。

由表5-43可知，由于本部分的核心解释变量为绿色发展结构，绿色发展结构对本地区美丽中国建设水平的影响显著为正，说明绿色发展结构可以通过人力资本积累、能源结构优化和消费结构优化等促进本地区美丽中国建设水平提高。间接效应不显著，说明各地区之间的区位、政策等差异导致本地区绿色发展结构的优化对相邻地区美丽中国建设水平的促进效果不明显。从直接效应回归结果看，绿色发展结构每提高1%会使本地区美丽中国建设水平提高6.52%。这可能是由于绿色发展结构优化使本地区产业升级，同时促进本地区污染企业向邻近地区转移，进而促进本地区美丽中国建设水平提升[3]。由间接效应回归结果可知，绿色发展结构每提升1%会使相邻地区的美丽中国建设水平上升1.45%，可能的原因是不同的地理区位、资源禀赋和生态环境形成不同的产业结构特征和发展定位[4]，本地区会受到邻近地区产业溢出效应的影响[5]，之后，两个地区的产业进一步关联，产生强溢出效应，推动产业转型升级[6]，进而推动美丽中国建设。

1　沈智扬、邵安琪、陈雪丽：《中国区域绿色经济增长与资源错配》，《北京理工大学学报》（社会科学版）2023年第1期；谢贤君、王晓芳、雷明：《金融结构创新水平匹配、资源配置效率与绿色全要素生产率》，《财经论丛》（浙江财经学院学报）2020年第7期。

2　徐倩、陈红敏：《城镇化对绿色发展效率的影响》，《科技管理研究》2022年第16期；方创琳：《青藏高原城镇化发展的特殊思路与绿色发展路径》，《地理学报》2022年第8期。

3　刘汉初、樊杰、周道静、张海朋：《2000年以来中国高耗能产业的空间格局演化及其成因》，《经济地理》2019年第5期；武云亮、钱嘉兢、张廷海：《环境规制、绿色技术创新与长三角经济高质量发展》，《华东经济管理》2021年第12期。

4　刘杨、杨建梁、梁媛：《中国城市群绿色发展效率评价及均衡特征》，《经济地理》2019年第2期。

5　刘杨、杨建梁、梁媛：《中国城市群绿色发展效率评价及均衡特征》，《经济地理》2019年第2期。

6　A. Kokko, "Technology, Market Characteristics, and Spillovers," *Journal of Development Economics* 43 (2), 1994, pp. 279-293.

表 5-43 基于绿色金融地理矩阵的绿色发展结构回归结果

变量	(1)	(2)	(3)	(4)	(5)	(6)
	本地效应	空间溢出	空间效应	直接效应	间接效应	总效应
GS	0.0645 ***	-0.0150		0.0652 ***	0.0145	0.0796 *
	(0.00940)	(0.0288)		(0.00960)	(0.0401)	(0.0412)
FE	0.0342	0.459 ***		0.0480	0.744 ***	0.792 ***
	(0.0986)	(0.161)		(0.0930)	(0.237)	(0.228)
IND	-0.127 ***	-0.0498		-0.130 ***	-0.154 ***	-0.284 ***
	(0.0145)	(0.0371)		(0.0136)	(0.0460)	(0.0457)
RA	0.187 ***	0.0771		0.192 ***	0.234 ***	0.426 ***
	(0.0206)	(0.0508)		(0.0193)	(0.0491)	(0.0443)
UR	0.0126 ***	-0.0344 **		0.0115 ***	-0.0463 *	-0.0349
	(0.00339)	(0.0152)		(0.00337)	(0.0252)	(0.0259)
rho			0.379 ***			
			(0.0887)			
N	450	450	450	450	450	450
R²	0.474	0.474	0.474	0.474	0.474	0.474

注：*** p<0.01，** p<0.05，* p<0.1；括号内数值为对应的 t 值。

3. 稳健性检验

采用地理权重矩阵检验结果是否稳定，结果如表 5-44 所示。采用地理权重矩阵后，回归结果仍显示拟合效果最优。而且虽然估计系数存在差异，但其方向和显著性水平没有发生根本性变化，这表明研究结果是稳健可靠的。绿色发展结构能够通过本地区产业结构升级和污染产业转移等促进美丽中国建设水平提升，产业升级溢出能促进相邻地区美丽中国建设水平提升[1]。

1 刘汉初、樊杰、周道静、张海朋：《2000 年以来中国高耗能产业的空间格局演化及其成因》，《经济地理》2019 年第 5 期；武云亮、钱嘉兢、张廷海：《环境规制、绿色技术创新与长三角经济高质量发展》，《华东经济管理》2021 年第 12 期；A. Kokko，"Technology，Market Characteristics，and Spillovers，" *Journal of Development Economics* 43（2），1994，pp. 279-293.

表 5-44　基于地理权重矩阵的绿色发展结构回归结果

变量	（1）	（2）	（3）	（4）	（5）	（6）
	本地效应	空间溢出	空间效应	直接效应	间接效应	总效应
GS	0.0599***	0.0240		0.0611***	0.0593	0.120***
	（0.00938）	（0.0354）		（0.00957）	（0.0419）	（0.0425）
FE	0.133	0.206		0.135	0.349	0.485**
	（0.0964）	（0.185）		（0.0916）	（0.246）	（0.236）
IND	-0.124***	-0.0393		-0.124***	-0.109**	-0.233***
	（0.0142）	（0.0423）		（0.0134）	（0.0489）	（0.0490）
RA	0.172***	0.142**		0.177***	0.280***	0.456***
	（0.0215）	（0.0603）		（0.0202）	（0.0559）	（0.0499）
UR	0.00937***	-0.0203		0.00900**	-0.0248	-0.0158
	（0.00348）	（0.0192）		（0.00350）	（0.0290）	（0.0301）
rho			0.307***			
			（0.110）			
N	450	450	450	450	450	450
R^2	0.474	0.474	0.474	0.474	0.474	0.474

注：***p<0.01，**p<0.05；括号内数值为对应的 t 值。

第五节　小结

本章在绿色发展绩效影响美丽中国建设假设的基础上，利用相关系数、散点图等统计学分析方法考察绿色发展绩效与美丽中国建设的特征与事实，使用 2005~2019 年我国省级面板数据，通过固定效应模型、门槛回归模型探究绿色发展绩效与美丽中国建设存在的关系，找出绿色发展绩效推动美丽中国建设的最优区间；采用中介效应模型对其作用机制进行检验；进一步将空间因素考虑在内，对比分析绿色发展绩效对美丽中国建设的空间溢出效应。

（1）绿色发展水平、绿色发展效率、绿色发展结构对美丽中国建设水平产生直接与间接影响，由此提出研究假设。将绿色发展绩效分为绿色发展水平、绿色发展效率和绿色发展结构，分别分析其直接和间接作用机制，提出研究假设。具体结果如下。第一，绿色发展水平影响美丽中国建设水平的研究假设表明，绿色发展水平提升推动美丽中国建设，主要通过环境规制和资源利用有效实现。绿色发展水平提升对美丽中国建设水平具有空间溢出效应，主要通过要素流动实现。第二，绿色发展效率影响美丽中国建设水平的研究假设表明，绿色发展效率提升推动美丽中国建设，主要通过技术进步创新和生产成本降低实现。绿色发展效率提升对美丽中国建设水平具有空间溢出效应，主要通过知识和技术溢出实现。第三，绿色发展结构影响美丽中国建设的研究假设表明，绿色发展结构优化推动美丽中国建设，主要通过能源结构优化与消费结构优化实现。绿色发展结构优化对美丽中国建设水平具有空间溢出效应，主要通过产业转移和产业结构升级实现。

（2）绿色发展绩效与美丽中国建设水平的特征事实表明，中国省域绿色发展绩效与美丽中国建设水平之间存在正相关关系，具有区域性特征，且存在阶段性的非线性关联。在对绿色发展绩效与美丽中国建设关系总体特征进行分析的基础上，分别对绿色发展水平、绿色发展效率、绿色发展结构与美丽中国建设水平关系进行分析，进而概括其阶段性与区域性特征。具体结果如下。第一，从总体上看，2005~2019年，中国省域绿色发展水平与美丽中国建设水平呈现正相关关系，进一步分析发现，二者间存在阶段性非线性关联。分时间段比较分析发现，"十一五"时期至"十三五"时期，绿色发展水平与美丽中国建设水平均显著提高，且研究期间内二者呈现正相关关系。进行地区比较分析发现，对于东部和中部地区，随着绿色发展水平提升，美丽中国建设水平呈现不断上升态势，但西部地区略有下降，变化幅度呈现中部地区>东部地区>西部地区的格局，表明不同地区绿色发展水平的提升与美丽中国建设水平的提高不完全同步。第二，从总体上看，2005～2019 年，中国省域绿色发展效率与美丽中国建设水平呈现正相关关系，进一步分析发现，二者间存在阶段性非线性关联。分时间段比较分析发现，"十二五"时期至"十三五"时期，绿色发展效率与美丽中国建设水平不断提升，且研究期间内二者呈现正相关关系，而"十一五"时期则呈现轻微的负相关关系。进行地区比较分析发现，对于东部、中部和西部地区，随着绿色发展效率提升，美丽中国建设水平呈现不断上升趋势，变化幅度呈现中部地区>东部地区>西部地区的格局，表明绿色发展效率的提升与美丽中国建设水平的提高并不完全同步。第三，从总体上看，2005～2019 年，中国省域绿色发展结构与美丽中国建设水平呈现正相关关系，进一步分析发现，二者间存在阶段性非线性关联。分时间段比较分析发现，"十一五"时期至"十三五"时期，中国省域绿色发展结构与美丽中国建设水平均得到显著提高，且研究期间内二者呈现正相关关系。进行地区比较分析发现，对于东部和中部地区，随着绿色发展结构优化，美丽中国建设水平呈现不断上升态势，且这种增长趋势相对陡峭，表明绿色发展结构优化与美丽中国建设水平提高比较同步。但西部地区呈现轻微下降态势，表明绿色发展结构优化与美丽中国建设水平提高并不完全同步。因此，应充分考虑绿色发展绩效与美丽中国建设水平的正相关关系与非线性关联，分阶段、分层次制定合理的绿色发展政策与构建美丽中国考核体系。

（3）绿色发展绩效对美丽中国建设水平的作用机制检验表明，绿色发展绩效提升推动美丽中国建设，主要通过环境规制、资源利用有效、技术创新进步、生产成本降低、能源结构优化与消费结构优化等实现。本章分别从绿色发展水平、绿色发展效率、绿色发展结构与美丽中国建设水平的关系出发，在检验绿色发展绩效影响美丽中国建设的直接效应的基础上，着重对绿色发展绩效影响美丽中国建设水平的间接效应进行检验，进而考察绿色发展绩效影响美丽中国建设水平的门槛效应。具体结果如下。第一，绿色发展水平提升能够直接推动美丽中国建设，在把产业生态化、省级政府工作报告中有关绿色发展的词频占比作为代理变量等进行一系列稳健性检验后，该结论依然成立；绿色发展水平通过环境规制和资源利用有效间接推动美丽中国建设。异质性分析结果显示，绿色发展水平对美丽中国建设的作用在我国不同经济发展阶段、不同地区具有明显差异，且呈现时间上的阶段性、动态性特征。无论在我国东部、中部、西部地区，还是在绿色发展水平的不同区间，绿色发展水平提升均能显著推动美丽中国建设。"十一五"时期至"十二五"时期，绿色发展水平提升推动美丽中国建设，而"十三五"期间，这种推动作用不够明显。门槛效应检验结果表明，绿色发展水平对美丽中国建设水平的影响并不具有简单的线性关系，存在最优的绿色发展水平区间 [0.1151，0.1329]，这一区间的绿色发展水平能够最大化地推动美丽中国建设。第二，绿色发展效率提升能够直接推动美丽中国建设，在把资本要素配置、资源配置效率作为代理变量等进行一系列稳健性检验后，该结论依然成立；绿色发展效率通过技术进步创新和生产成本降低间接推动美丽中国建设。异质性分析结果显示，绿色发展效率对美丽中国建设的作用在我国不同经济发展阶段、不同地区存在明显差异，且呈现时间上的阶段性、动态性特征。在我国东部地区和高绿色发展效率地区，绿色发展效率的提升均能够显著推动美丽中国建设，而在中部和西部地区以及低绿色发展效率地区，这种推动作用不够明显。在"十三五"时期，绿色发展效率能够显著推动美丽中国建设，而在"十一五"时期至"十二五"时期，这种推动作用不够明显；门槛效应检验结果表明，在不同发展阶段，绿色发展效率对美丽中国建设水平的影响存在显著差异，具有先边际递增后边际递减的倒"U"形关系。第三，绿色发展结构优化能够直接推动美丽中国建设，在把绿色技术创新作为代理变量进行一系列稳健性检验后，该结论依然成立；绿色发展结构通过能源结构优化和消费结构优化间接推动美丽中国建设。异质性分析结果显示，绿色发展结构对美丽中国建设的作用在我国不同经济发展阶段、不同地区存在明显差异，且呈现时间上的阶段性、动态性特征。无论在我国东部、中部和西部地区，还是绿色发展结构较协调地区、绿色发展结构不协调地区，绿色发展结构优化均能够显著推动美丽中国建设。"十一五"时期至"十三五"时期，绿色发展结构优化推动美丽中国建设，且呈现不断增强特征；门槛效应检验结果表明，绿色发展结构对美丽中国建设水平的影响并不具有简单的线性关系，存在最优的绿色发展结构区间［0.6273，0.6750］，这一区间的绿色发展结构能够最大化地推动美丽中国建设。

（4）绿色发展绩效对美丽中国建设水平的空间效应检验结果表明，绿色发展绩效提升对美丽中国建设水平具有空间溢出效应，主要通过要素流动、知识和技术溢出、产业转移和产业结构升级实现。具体结果如下。第一，对绿色发展水平影响美丽中国建设水平的空间效应检验发现，绿色发展水平和美丽中国建设水平之间存在显著的空间关联性。空间溢出效应检验结果显示，绿色发展水平每提高1%会使本地区美丽中国建设水平提高6.54%，相邻省区市美丽中国建设水平下降13.5%，表明要素流动可能是绿色发展水平对美丽中国建设水平产生空间溢出效应的主要影响因素。绿色发展水平对美丽中国建设水平不仅存在直接效应差异，而且产生的间接效应的方向相反，需进一步加强绿色发展水平推动本地区美丽中国建设与带动周边地区美丽中国建设的作用。第二，对绿色发展效率影响美丽中国建设水平的空间效应检验发现，绿色发展效率和美丽中国建设水平之间存在显著的空间关联性。空间溢出效应检验结果显示，绿色发展效率每提高1%会使本地区美丽中国建设水平约提高0.06%，可能受相邻省区市虹吸作用影响，其影响效果并不显著；相邻省区市的美丽中国建设水平约下降0.16%。绿色发展效率对美丽中国建设水平不仅存在直接效应差异，而且产生的间接效应方向相反，需进一步加强绿色发展效率推动本地区美丽中国建设与带动周边地区美丽中国建设的作用。第三，对绿色发展结构影响美丽中国建设水平的空间效应检验发现，绿色发展结构和美丽中国建设水平之间存在显著的空间关联性。空间溢出效应检验结果显示，绿色发展结构每提高1%会使本地区美丽中国建设水平提高6.52%，相邻地区美丽中国建设水平提高1.45%，表明绿色发展结构优化使产业升级溢出，成为影响美丽中国建设空间溢出的重要因素。绿色发展结构对美丽中国建设不仅存在直接效应差异，而且产生的间接效应的方向相同，需补齐绿色发展结构对美丽中国建设水平的空间效应的短板。

第六章

新时代绿色发展绩效与美丽中国建设道路的
模拟预测：基于碳达峰碳中和政策情景

碳达峰碳中和是党中央经过深思熟虑做出的重大战略决策，事关中华民族永续发展，事关人类命运共同体的构建，也事关我国现代化战略目标的实现，是加快推动经济社会全面绿色转型的战略举措，也是实现美丽中国建设目标和高质量发展的必然要求[1]。绿色发展是方式，美丽中国建设是目标，要提升绿色发展绩效，推进美丽中国建设，必须将绿色发展绩效和美丽中国建设置于实现碳达峰碳中和的目标之下[2]。因此，急需在碳达峰碳中和政策情景下对新时代绿色发展绩效和美丽中国建设的发展趋势进行模拟预测，探究绿色发展绩效和美丽中国建设协调发展的道路。这不仅有助于推动我国全面绿色转型，实现绿色发展绩效提升和美丽中国建设状态优化，而且为实现人与自然和谐共生的中国式现代化提供了选择路径。

第一节　碳达峰碳中和政策情景分析

本节在对碳达峰碳中和政策进行分析的基础上，着重构建碳达峰碳中和

1　庄贵阳:《我国实现"双碳"目标面临的挑战及对策》,《人民论坛》2021年第18期。

2　《中共中央关于党的百年奋斗重大成就和历史经验的决议（全文）》,中国政府网,2021年11月11日, https://www.gov.cn/zhengce/2021-11/16/content_ 5651269.htm。

目标下的绿色发展绩效和美丽中国建设水平的分析框架，为政策情景模拟提供框架和理论基础。

一 "双碳"政策是经济社会全面绿色转型的重要抓手

碳达峰碳中和是当前人类社会共同面临的重大挑战，正深刻影响人类的生存和发展，已成为我国经济社会全面绿色转型的重要抓手。人类在近一个世纪大量使用矿物燃料，如煤、石油等，排放二氧化碳等多种温室气体，导致全球气候变暖。2019 年，大气中的二氧化碳浓度比 200 万年以来的任何时候都高。自 1970 年以来，全球表面温度的上升速度比过去 2000 年中任何一个 50 年都要快[1]。碳达峰碳中和不仅是气候变化领域的一个重大战略，而且是事关全球可持续发展的系统性问题，也事关基于国际经济、政治格局深刻转变的长期性、全局性竞争。可见，实现碳达峰碳中和已成为国际社会的重要共识，正影响着人类的生存和发展。改革开放 40 多年来，我国经济取得了举世瞩目的成就，但由于长期以来采用粗放型生产方式，产生了"高投入、高消耗、高污染"的后果，累积的生态环境问题与新生的资源环境问题叠加，我国碳排放形势日渐严峻[2]。2006 年后，中国成为世界二氧化碳第一排放大国，应对气候变化、实现降碳减排成为中国实现社会主义现代化的一大挑战。如今我国已由工业文明阶段步入生态文明、绿色文明阶段，推进经济社会全面绿色转型成为重要任务，碳达峰碳中和就是中国实现人与自然和谐共生的现代化的内容。对此，中国政府在统筹中华民族伟大复兴战略全局和世界百年未有之大变局的背景下，勇于承担碳减排责任，向国际社会做出了力争 2030 年前实现碳达峰、2060 年前实现碳中和的庄严承诺。2021 年，碳达峰碳中和目标先后被写入《政府工作报告》和《中华人民共和国国民经济和社会发展第十四个五年规划和 2035 年远景目标纲要》中，成为国策。可见，我国

---

1 宋国新、董雪：《我国"双碳"目标实现的主要挑战与路径选择》，《东北亚经济研究》2022 年第 6 期。
2 邬彩霞：《中国低碳经济发展的协同效应研究》，《管理世界》2021 年第 8 期。

在构建新发展格局、推进产业转型和升级、走上绿色低碳循环的道路上，必须进行碳达峰碳中和的系统性变革，以碳达峰碳中和目标引领发展范式转型，实现我国经济社会全面绿色转型。

二　"双碳"政策是人与自然和谐共生的现代化应有之义

碳达峰碳中和正作用于生态文明建设，将深刻影响人与自然和谐共生的中国式现代化目标的实现。作为世界第一大能源生产国和消费国，如期实现碳达峰碳中和目标是一场硬仗，更是一场"大考"。切实推进碳达峰碳中和目标的实现，既是推动我国全面绿色转型、实现生态文明的重要途径，也是走好中国式现代化道路乃至推动全球可持续发展的关键抓手[1]。根据党的十八大报告，绿色发展是建设生态文明的重要手段，也是推动国民经济健康发展的必然选择，更是持续改善民生、增进人民福祉的重要路径[2]。在党的十九大报告中，"生态文明"被提及多达 12 次，"美丽"被提及 8 次，"绿色"被提及 15 次，更是首次提出建设富强民主文明和谐美丽的社会主义现代化强国的目标，指出"现代化是人与自然和谐共生的现代化"[3]。党的二十大报告进一步对绿色发展、环境污染防治、生态系统保护、碳达峰碳中和等提出明确要求，做出具体部署[4]。可见，建设社会主义现代化具有鲜明的中国特色，其中之一就是我国的现代化是人与自然和谐共生的现代化，注重同步推进物质文明建设和生态文明建设。但作为世界上最大的发展中国家，我国仍面临推进工业

1　高波、吕有金：《中国式现代化道路：理论逻辑、现实特征与推进路径》，《河北学刊》2022 年第 6 期。

2　《坚定不移沿着中国特色社会主义道路前进 为全面建成小康社会而奋斗——在中国共产党第十八次全国代表大会上的报告》，中国人大网，2012 年 11 月 8 日，http：//www.npc.gov.cn/c2/c30834/202410/t20241017_440084.html。

3　《习近平：决胜全面建成小康社会 夺取新时代中国特色社会主义伟大胜利——在中国共产党第十九次全国代表大会上的报告》，中国政府网，2017 年 10 月 18 日，https：//www.gov.cn/xinwen/2017-10/27/content_5234876.htm。

4　《（受权发布）习近平：高举中国特色社会主义伟大旗帜 为全面建设社会主义现代化国家而团结奋斗——在中国共产党第二十次全国代表大会上的报告》，新华网，2022 年 10 月 16 日，https：//www.news.cn/politics/cpc20/2022-10/25/c_1129079429.htm。

化、城镇化以及改善民生等艰巨任务，碳排放一头连着物质文明建设，一头连着生态文明建设。要实现中国式现代化目标，必须完整、准确、全面贯彻新发展理念，坚决不走发达国家走过的高耗能、高碳排放老路，切实以较低的能源消耗和碳排放有效支撑高质量发展，采用合理的绿色发展政策实现碳达峰碳中和目标。绿色发展的核心是在资源与环境约束下实现经济、社会、生态效益的协调可持续发展，绿色发展绩效则是绿色发展的结果和效率，碳达峰碳中和之路是推进人与自然、人与资源和谐共生的必然选择。实现碳达峰碳中和目标，让绿色成为最鲜明的底色，是"十四五"乃至更长时间内我国高质量发展的必由之路。

三　"双碳"政策是美丽中国建设的内在要求

碳达峰碳中和与"五位一体"总体布局息息相关，事关美丽中国建设目标的实现。持续推进美丽中国建设是中国实现碳达峰碳中和的必由之路，碳达峰碳中和政策不断助推美丽中国建设目标早日实现。美丽中国建设贯穿我国"五位一体"总体布局全过程，核心是按照生态文明的要求，通过经济、政治、文化、社会及生态文明"五位一体"建设，协同发力，进而实现生态环境有效保护、自然资源永续利用、经济社会绿色发展、人与自然和谐共处的可持续发展目标[1]。碳达峰碳中和相关政策的落实，必将加快推进整个经济社会的绿色低碳转型和高质量发展，加快形成节约资源和保护环境的产业结构、生产方式和生活方式。习近平总书记在主持中共中央政治局第三十六次集体学习时强调，"推进'双碳'工作是破解资源环境约束突出问题、实现可持续发展的迫切需要，是顺应技术进步趋势、推动经济结构转型升级的迫切需要，是满足人民群众日益增长的优美生态环境需求、促进人与自然和谐共生的迫切需要，是主动担当大国责任、推动构建

1　胡鞍钢：《中国实现 2030 年前碳达峰目标及主要途径》，《北京工业大学学报》（社会科学版）2021 年第 3 期。

人类命运共同体的迫切需要"。碳达峰碳中和是推进美丽中国建设、实现人与自然和谐共生的现代化的一个最好的抓手。通过实施碳达峰碳中和政策，不仅能够实现社会的可持续发展，而且能够推动产业全面绿色转型。我国政府不断提高战略思维能力，把系统观念贯穿碳达峰碳中和工作全过程，将碳达峰碳中和工作放在建设人与自然和谐共生的美丽中国的突出位置，科学、精准地制定我国长期低排放发展战略的实施路径。2021 年 5 月 26日，碳达峰碳中和工作领导小组第一次全体会议提出，"当前要围绕推动产业结构优化、推进能源结构调整、支持绿色低碳技术研发推广、完善绿色低碳政策体系、健全法律法规和标准体系等，研究提出有针对性和可操作性的政策举措"。2021 年 9 月，《中共中央　国务院关于完整准确全面贯彻新发展理念做好碳达峰碳中和工作的意见》印发，提出"建立健全碳达峰、碳中和标准计量体系"。除中共中央、国务院发布的重要文件外，国家发展和改革委员会、生态环境部、国家能源局、工业和信息化部等多个部门和地方政府均为实现碳达峰碳中和目标加紧制定行动方案。如国家发展改革委发布《国家发展改革委关于印发〈国家碳达峰试点建设方案〉的通知》，其他部门编制碳排放达峰专项方案，省级政府制定各省区市碳达峰方案。在各地召开的 2022 年"两会"中，碳达峰碳中和目标成为重要议题，而且大部分省区市的"十四五"规划给出了碳达峰碳中和目标实现的时间表和路线图。可见，为实现碳达峰碳中和目标，我国已逐渐形成了矩阵式管理模式，并不断加强政策设计和完善配套设施。

第二节　框架构建与情景设计

本节把碳排放量作为衡量碳达峰碳中和政策强度的主要变量，把弹性系数法作为模拟预测的主要方法，通过设计碳达峰碳中和基准、适度和强化三种政策情景，为绿色发展绩效与美丽中国建设水平的模拟预测和情景分析提供依据。

一　分析框架

在碳达峰碳中和政策背景下，如期实现碳达峰碳中和目标，要倒逼政府和企业采取必要措施，如持续推动技术进步、改善能源消费结构、优化产业结构以降低碳排放，同时通过环境保护、生态修复和环境治理提高自然环境的碳吸纳能力，这些举措将提高绿色发展绩效，推进美丽中国建设。同时，考虑到碳达峰碳中和是一个长期目标，在其实现过程中，政策会随着要求的变化而不断变化，进而使绿色发展绩效和美丽中国建设的协调过程出现阶段性变化。因此，为探究不同政策情景下绿色发展绩效和美丽中国建设的协调情况，本部分建立如图 6-1 所示的分析框架。

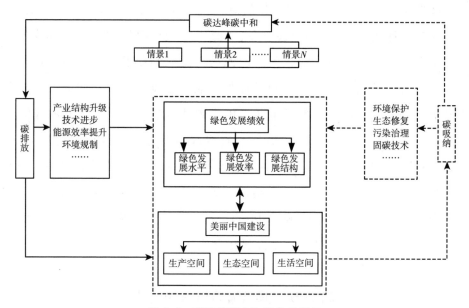

图 6-1　碳达峰碳中和的分析框架

1. 碳达峰碳中和目标的实现既要求降低碳排放水平，也要求提升碳吸纳能力，降低碳排放尤为关键

不同政策情景会使碳排放降低水平存在差异。由联合国政府间气候变化

专门委员会（IPCC）特别报告《全球变暖1.5℃》可知[1]，碳达峰是指在某一个时点，二氧化碳的排放不再增长，达到峰值，之后逐步回落。碳中和是指一个组织在一年内二氧化碳排放通过二氧化碳消除技术达到平衡，实现二氧化碳净零排放，即碳排放水平和碳吸纳能力对等，因此，碳达峰碳中和目标的实现既要求降低碳排放水平，也要求提升碳吸纳能力。2010年以后，全球每年排放的二氧化碳大约为400亿吨，其中14%来自土地利用，86%来自化石燃料利用。排放的这些二氧化碳大约46%留在大气，23%被海洋吸收，31%被陆地吸收[2]。1970～2019年，我国碳排放量从7.7亿吨增长到101.8亿吨，其中，1970年后的30年，碳排放量基本保持5%左右的增速，21世纪第一个10年，大部分年份的碳排放量基本保持10%的增长率，随着2011年以来我国环保政策趋严，碳排放量增速呈下降趋势[3]。2020年，中国政府向世界庄严承诺二氧化碳排放力争于2030年前达到峰值。2021年发布的《中共中央　国务院关于完整准确全面贯彻新发展理念做好碳达峰碳中和工作的意见》明确提出要坚持"全国统筹、节约优先、双轮驱动、内外畅通、防范风险"的战略原则，并制定了定量化的阶段目标，努力在维持预期的经济发展目标的前提下，通过未来40年的努力，采用多种技术、途径消纳当前每年约100亿吨的二氧化碳人为排放量[4]。《中国长期低碳发展战略与转型路径研究》报告进一步指出，预计到2025年前后，中国二氧化碳排放进入峰值平台期，力争2030年前实现稳定达峰，二氧化碳峰值排放量需保持在110亿吨左右，到2060年净碳排放降至20亿吨至40亿吨，剩余排放主要通过二氧化碳封存及利用、人工碳转化、森林碳汇等方式吸纳。要实现碳达峰碳中和目标，

1　《联合国政府间气候变化专门委员会呼吁开展快速且深远的气候行动，确保将全球升温控制在1.5℃以内》，联合国环境规划署网站，2018年10月8日，https://www.unep.org/zh-hans/xinwenyuziyuan/xinwengao-8。

2　丁仲礼：《碳中和对中国的挑战和机遇》，《中国新闻发布》（实务版）2022年第1期。

3　项目综合报告编写组：《〈中国长期低碳发展战略与转型路径研究〉综合报告》，《中国人口·资源与环境》2020年第11期。

4　于贵瑞、郝天象、朱剑兴：《中国碳达峰、碳中和行动方略之探讨》，《中国科学院院刊》2022年第4期。

在 2020～2030 年碳达峰阶段，碳排放平均增速需要控制在 1% 左右；在 2030～2060 年碳中和阶段，碳排放需要以年均 2%～2.5% 的速度下降[1]。可见，降低碳排放对实现碳达峰碳中和目标尤为重要。中国实现碳达峰目标只有 30 年左右的时间；在此基础上，实现碳中和目标仍是一个长期过程。因此，探索不同政策情景下的碳排放情况显得尤为关键。

2. 碳减排目标约束会倒逼产业结构优化、绿色技术进步和能源结构优化，推进采用绿色发展方式，进而提升绿色发展绩效

首先，碳减排目标约束会倒逼产业结构优化，降低高能耗、高碳排产业比重，向低能耗、低碳排产业靠拢。事实上，产业低碳发展和绿色发展存在天然的联系，产业向"低碳化"发展其实就是改变传统的高投入、高污染、低效率的生产方式，转向绿色、清洁、高效的生产方式[2]，使经济社会的发展日趋"绿化"[3]，进而提升绿色发展绩效。其次，碳减排目标约束会倒逼绿色技术进步，地方政府将碳排放指标分解到企业，并通过持续跟踪评估和考核企业减排任务完成情况约束企业的碳排放行为，企业本着"谁污染谁付费"的原则为自己的污染行为"埋单"[4]，进而加大创新投入力度以提升绿色技术创新水平，从根本上减少污染物排放，提高经济效率，推动绿色发展绩效提升[5]。最后，碳减排目标约束会倒逼能源结构优化，政府和企业会增加对可再生能源部门的投资，加快对煤炭等高碳排放能源的替代，进而降低碳排放水平，同时使其他污染物排放减少，有效推动能源环境效率提升，促进

---

[1]　项目综合报告编写组：《〈中国长期低碳发展战略与转型路径研究〉综合报告》，《中国人口·资源与环境》2020 年第 11 期。

[2]　逯进、王晓飞、刘璐：《低碳城市政策的产业结构升级效应——基于低碳城市试点的准自然实验》，《西安交通大学学报》（社会科学版）2020 年第 2 期。

[3]　韩永辉、黄亮雄、王贤彬：《产业结构升级改善生态文明了吗——本地效应与区际影响》，《财贸经济》2015 年第 12 期。

[4]　王杰、刘斌：《环境规制与企业全要素生产率——基于中国工业企业数据的经验分析》，《中国工业经济》2014 年第 3 期；盛丹、张国峰：《两控区环境管制与企业全要素生产率增长》，《管理世界》2019 年第 2 期。

[5]　徐佳、崔静波：《低碳城市和企业绿色技术创新》，《中国工业经济》2020 年第 12 期。

节能减排以提高绿色发展绩效[1]。

3. 碳排放水平的降低会直接对美丽中国建设状态产生影响，同时碳减排能够通过提升绿色发展绩效影响美丽中国建设

美丽中国建设是由生产空间、生活空间、生态空间三个子系统组成的综合性系统，要求转变粗放型发展模式及优化三产结构，提升政府公共服务能力和人民幸福感，做好生态保护和环境治理。可见，碳达峰碳中和的目标任务与建设人与自然和谐共生的美丽中国的目标高度契合，关乎中华民族永续发展，影响深远，意义重大[2]。在碳达峰碳中和目标背景下，中国的发展方式必将由传统的大量消耗资源和破坏生态环境向建设人与自然和谐共生的社会主义现代化国家转变，实现美丽中国建设目标。

4. 主要通过涉及碳减排的产业结构升级、技术进步、能源结构优化等碳达峰碳中和措施影响绿色发展水平、效率与结构，进而促进美丽中国建设目标的实现

首先，碳达峰碳中和措施将提高绿色发展水平，并影响美丽中国建设。碳达峰碳中和目标的要求实现，中央到地方政府把降碳减排纳入发展任务之中，减少一次能源消费量，降低温室气体排放强度和污染物排放总量，发展循环经济和推广低碳技术等，提升绿色发展水平[3]，进而促进生活空间宜居适度和生态空间山清水秀，以推进美丽中国建设。其次，碳达峰碳中和措施将提升绿色发展效率，并影响美丽中国建设。产业结构、科研投入、对外开放、环境规制和植被覆盖率等因素对绿色发展效率具有显著正向影响[4]。在碳达峰碳中和措施的作用下，基础设施水平、运输能力、从业人数、创新能力得到

---

1 刘海英、郭文琪：《碳排放权交易政策试点与能源环境效率——来自中国287个地级市的实证检验》，《西安交通大学学报》（社会科学版）2022年第5期。

2 柴麒敏：《美丽中国愿景下我国碳达峰、碳中和战略的实施路径研究》，《环境保护》2022年第6期。

3 杨冬民、王婷婷：《陕西省绿色发展综合水平及路径研究——基于碳达峰目标》，《生产力研究》2022年第3期。

4 马骏、伍琳玲、卢玉钦：《碳排放视域下长江经济带绿色发展效率测度及影响因素研究》，《资源与产业》2022年第3期。

提升，提高绿色要素生产率[1]，进而促进生产空间集约高效和生活空间宜居适度。最后，碳达峰碳中和措施将优化绿色发展结构，并影响美丽中国建设。围绕碳达峰碳中和目标，我国持续调整产业结构、能源结构、运输结构和用地结构，促进生产方式、生活方式向绿色转型[2]。同时，碳达峰碳中和相关技术不断改进和革新，清洁生产技术和污染治理技术使经济社会发展过程中的污染物排放减少。另外，通过示范、竞争和学习带动本地企业进行绿色生产，提高整个行业的治污效率并增加当地环境福利，使生态环境质量得到改善，提升绿色发展绩效，最终促进生态空间山清水秀，建设美丽中国。

5. 碳排放水平的降低会影响绿色发展绩效和美丽中国建设的协调状态

在碳减排目标约束下，绿色发展绩效将得到有效提升，实现美丽中国建设目标；同时，碳排放水平的降低能够助推美丽中国建设目标实现，美丽中国建设又会反过来促进绿色发展绩效提高，二者协调发展。碳减排会倒逼产业结构优化、能源结构转型和技术进步。面对碳减排压力，高碳排放和低碳排放行业必然需要采取不同的经营策略[3]。首先，高碳排放行业将转变粗放型发展方式及优化产业结构，提升绿色发展绩效，改善生产空间[4]。其次，政府通过倡导采用绿色低碳消费模式和生活方式，增强公众的环保意识和提高公众参与环保治理的积极性，引导企业进行绿色技术创新，生产更多环境友好型产品[5]，提升人民的生活水平和幸福感。最后，生态环境治理能力的提升和生态建设的推进有利于改善生态

---

[1]　吴丽娟、黄莹：《碳中和背景下我国流通业绿色全要素生产率研究》，《商业经济研究》2022 年第 14 期。

[2]　赵静：《锚定"双碳"调结构 追逐"绿色"向未来》，《辽宁日报》2022 年 3 月 10 日。

[3]　关宇航、师一帅、李莉：《低碳城市政策提升企业全要素生产率了吗？——基于高质量发展要求的审视》，《海南大学学报》（人文社会科学版）2021 年第 6 期。

[4]　李治国、王杰、车帅：《碳达峰约束下中国工业增长与节能减排的双赢发展》，《环境经济研究》2021 年第 2 期；史丹：《绿色发展与全球工业化的新阶段：中国的进展与比较》，《中国工业经济》2018 年第 10 期；陈启斐、钱非非：《环境保护能否提高中国生产性服务业比重——基于低碳城市试点策略研究》，《经济评论》2020 年第 5 期。

[5]　潘翻番、徐建华、薛澜：《自愿型环境规制：研究进展及未来展望》，《中国人口·资源与环境》2020 年第 1 期。

空间。碳排放与生态息息相关，生态环境改善及治理必须考虑降碳减排[1]，生态环保部门可以通过制定符合绿色低碳转型需要的污染排放总量控制、生态环境监测与督查等政策，全面提高环境治理的现代化水平和应对气候变化的能力[2]。这些途径能够有效提升绿色发展绩效，实现绿色发展绩效和美丽中国建设协调。

二　政策情景设计

碳达峰碳中和目标，事关中华民族永续发展和构建人类命运共同体，充分彰显了中国的大国担当。碳达峰碳中和政策的实施可能会形成多种政策情景，这不仅会直接影响我国碳排、碳汇情况及碳达峰碳中和的实现时间，还会影响绿色发展绩效及美丽中国建设目标的实现。

（一）碳排放政策情景设计

学者针对我国提出的碳达峰碳中和目标进行大量研究。一方面，有学者基于中国的发展情况对中国碳达峰的时点及峰值进行预测，多数学者认为中国碳排放峰值将出现在 2025～2030 年，多为 2030 年，峰值为 100 亿吨至 120 亿吨。王迪等[3]通过建立 Kaya 方程的扩展形式对中国 2030 年的碳排放量进行预测，发现在深度碳减排情景下，碳达峰时间为 2025 年，峰值为 102.54 亿吨。柴麒敏和徐华清[4]利用 IAMC 模型对中国碳达峰情况进行预测分析，得出中国在 2030 年实现碳达峰，峰值为 109.2 亿吨。段福梅[5]通过粒子群优化算法的 BP 神经网络预测的节能模式下的碳达峰时间为 2030 年，峰值为 99.1 亿吨。

1　欧阳康、郭永珍：《论新时代中国生态治理现代化》，《江苏社会科学》2021 年第 6 期。

2　王育宝、刘鑫磊、胡芳肖：《绿色低碳发展背景下中国特色社会主义现代化环境治理体系构建研究》，《北京工业大学学报》（社会科学版）2021 年第 6 期。

3　王迪、和维、聂锐：《中国 2030 年 CO_2 排放情景预测与减排潜力分析》，《系统工程学报》2019 年第 6 期。

4　柴麒敏、徐华清：《基于 IAMC 模型的中国碳排放峰值目标实现路径研究》，《中国人口·资源与环境》2015 年第 6 期。

5　段福梅：《中国二氧化碳排放峰值的情景预测及达峰特征——基于粒子群优化算法的 BP 神经网络分析》，《东北财经大学学报》2018 年第 5 期。

另一方面，钟少芬等[1]运用情景分析法针对不同情景进行研究，根据低碳社会发展的不同阶段设定基准情景、低碳情景、节能情景以对碳排放量进行预测及进行减排潜力分析。仲云云[2]通过情景分析法预测基准情景、低增长情景和高增长情景下 2020 年中国各省区市和三大地区的碳排放状况。鲁玉成等[3]针对中国 2030 年前实现碳达峰及 2060 年前实现碳中和，对未来经济增长速度设置三个不同情景，即基准情景、低碳情景和强化低碳情景。可见，碳排放量是反映碳达峰碳中和政策强度最为直接的指标，可以设定碳排放量为碳达峰碳中和政策情景的主要变量。由于对未来不同情景下碳排放量预测的相关研究已经较为成熟，本部分关于 2020～2060 年碳排放量的预测数值主要参考史丹和李鹏[4]的研究成果。本部分拟设定的碳达峰碳中和政策情景为三种，即基准政策情景、适度政策情景、强化政策情景。

1. 基准政策情景

基准政策情景是碳减排稳定实施的政策情景，指基本延续原有的碳达峰碳中和政策强度和措施，不进行额外调整或开展强化行动，反映自然引导型的经济发展与碳排放状态。情景设定为仅依靠能源效率提升、绿色技术进步，并采用温和方式的自然增长状态。

图 6-2 展示了 2005～2060 年基准政策情景下的碳排放量发展趋势。在基准政策情景下，碳排放量基本按 2015～2019 年的增长趋势持续上升，平均增长率为 1.37%，在 2030 年达到峰值，约为 119 亿吨，基本实现 2030 年前碳达峰的目标。碳达峰以后，碳排放量稳定下降，平均增长率为 -1.72%，2060 年碳排放量约为 71 亿吨，碳排放规模仍然处于较高水平，需要大力提升生态系统碳汇能力，加强碳捕集与封存技术研究，以在 2060 年前实现碳中和目标。

1　钟少芬、郭晓娟、刘煜平等：《基于 STRPAT 模型的碳排放情景分析》，《科技管理研究》2019 年第 17 期。

2　仲云云：《基于低碳发展的中国区域碳排放情景分析与路径选择》，《生态经济》2016 年第 11 期。

3　鲁玉成、周剑、周胜等：《碳中和目标下，2035 年中国能源需求和碳排放情景分析》，《中国能源》2021 年第 8 期。

4　史丹、李鹏：《"双碳"目标下工业碳排放结构模拟与政策冲击》，《改革》2021 年第 12 期。

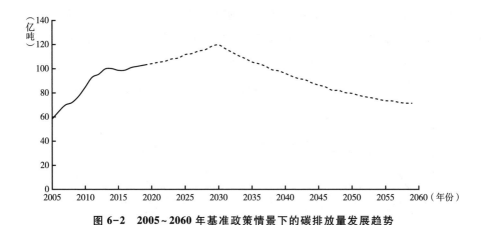

图 6-2　2005~2060 年基准政策情景下的碳排放量发展趋势

注：图中虚线对应的数据为预测数据。

2. 适度政策情景

适度政策情景是适度碳减排的政策情景，指适度强化基准政策情景，在原有的政策和规划框架下强化行动。情景设定为：在能源效率提升的基础上，高耗能行业的绿色技术进步水平在 2021~2035 年、2036~2060 年年均分别提高 5%、3%；其他行业的绿色技术进步水平在 2021~2035 年、2036~2060 年年均分别提高 2%、1%；对高耗能行业征收碳税的标准为 100 元/吨。

图 6-3 展示了 2005~2060 年适度政策情景下的碳排放量发展趋势。在适度政策情景下，从 2020 年开始，碳排放量增长率与 2015~2019 年的增长率相比下降，平均增长率为 0.60%，达峰期间为 2028~2029 年，峰值约为 109 亿吨（2028 年）。碳达峰以后，碳排放量持续下降，平均增长率为 -2.74%，2060 年的碳排放量约为 44 亿吨，碳排放规模适中，需要适度提升生态系统的碳汇能力，适度加强碳捕集与封存技术研究，方能在 2060 年前基本实现碳中和目标。

3. 强化政策情景

强化政策情景是加快碳减排的政策情景，是强于适度政策和基准政策的强力约束情景，要求在提高能效、调整经济和能源结构，以及环保和经济技术方面实施重大举措。情景设定为：在能源效率提升的基础上，高耗能行业的绿色技术进步水平在 2021~2035 年、2036~2060 年年均分别提高 5%、3%；其他行业的绿色技术进步水平在 2021~2035 年、2036~2050 年年均分别提高 2%、1%；各省区市广泛开展碳排放权市场交易，智能化水平年均提升 2%。

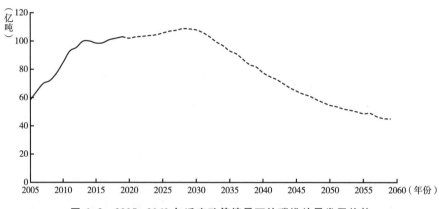

图 6-3　2005~2060 年适度政策情景下的碳排放量发展趋势

注：图中虚线对应的数据为预测数据。

图 6-4 展示了 2005~2060 年强化政策情景下的碳排放量发展趋势。在强化政策情景下，由于碳减排政策强度加大，2020~2028 年的碳排放量仅小幅增长，平均增长率为 0.22%，达峰期间为 2027~2028 年，峰值约为 105 亿吨（2028 年）。碳达峰以后，碳排放量的增长率快速下降，平均增长率为 -3.20%，2060 年的碳排放量约为 37 亿吨，碳排放规模处于较低水平，按照现有生态系统的碳汇能力及碳捕集与封存技术的发展情况，可以顺利在 2060 年实现碳中和目标。

4. 政策情景对比

对三个碳达峰碳中和政策情景进行对比分析，结果如表 6-1 所示。基准、适度和强化政策情景主要依据碳排放约束情况进行划分，并具体反映在产业结构调整、能源结构转型和绿色技术进步程度上。基准政策情景是碳排放约束力最弱，能源结构转型、绿色技术进步程度和产业结构调整均较为温和的自然状态；适度政策情景是适度约束下的碳排放情景，该情景下的能源结构

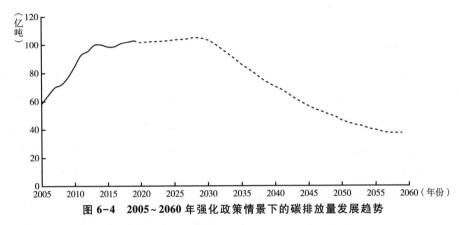

图 6-4 2005~2060 年强化政策情景下的碳排放量发展趋势

注：图中虚线对应的数据为预测数据。

实现转型，绿色技术进步程度进一步提升，高耗能产业基于主动施策和实现政策目标进行转型升级，其他行业也进行结构调整；强化政策情景是三大情景中碳排放约束力最强的政策情景，在适度政策情景的基础上，进一步提升了智慧化水平，并通过市场型政策工具加强了对碳排放的控制。

表 6-1 基准、适度和强化政策情景对比

情景	情景介绍	情景参数
基准政策情景	基准政策情景是稳定发展的政策情景，指基本延续原有的碳达峰碳中和政策强度和政策措施，不进行额外调整或开展强化行动，反映自然引导型的经济发展与碳排放状态	仅依靠能源效率提升、绿色技术进步，采取温和方式的自然状态
适度政策情景	适度政策情景是指适度强化基准政策，在原有的政策和规划框架下强化行动	在能源效率提升的基础上，高耗能行业的绿色技术进步水平在 2021~2035 年、2036~2060 年年均分别提高 5%、3%；其他行业的绿色技术进步水平在 2021~2035 年、2036~2060 年年均分别提高 2%、1%；对高耗能行业征收碳税的标准为 100 元/吨
强化政策情景	强化政策情景是指进一步强化适度政策情景，在提高能效、调整经济和能源结构，以及环保和经济技术方面实施重大举措	在能源效率提升的基础上，高耗能行业的绿色技术进步水平在 2021~2035 年、2036~2060 年年均分别提高 5%、3%；其他行业的绿色技术进步水平在 2021~2035 年、2036~2050 年年均分别提高 2%、1%；各省区市广泛开展碳排放权市场交易，智能化水平年均提升 2%

（二）研究方法

1. 情景分析法

情景分析法就是通过分析、假设、预测等方式，设置未来事物的发展情景的方法。该方法综合分析不同情景下的影响因素，从而预测研究对象在不同发展情景下的情况，寻找最优发展路径，并结合发展的可能性制定合适的政策，使研究对象沿最优路径发展[1]。情景分析法不同于其他预测方法仅研究单一的变化趋势，而是在确定研究对象的影响因素的基础上，合理预测各种可能发生的情况，得到研究对象在不同情景下的发展趋势。在较长时间内，情景分析法优于一般预测方法，原因是其综合应用了定性和定量方法[2]。在信息比较全、发展态势明显的情况下，可以通过一些数学模型进行预测；在缺乏全面信息和数据、无法把握未来趋势的情况下，情景分析法的优势得以体现，即通过定性方法全面系统地把握变化趋势。制定者应在设定情景前，分析以往的历史数据和其他学者的研究成果。以此为基础，根据当前的发展情景和未来可能的发展方向进行各种合理的假设，或以某个目标为指导，发挥目标的倒逼作用，预测未来可能的发展方向和路径。通过综合全面地分析和判断研究对象是否具有实现相关目标的可行性，选择最优的发展情景，以指导具体实践[3]。国内外运用情景分析法进行经济评估与预测的研究非常多[4]，在多数进行经济评估与预测的研究中，研究者通常选择某种定量分析工具，对一些指标进行量化评估，再借助定量工具得出不同情景下的发展状况，其应用领域主要为交通规划[5]、农业发展[6]、能源需求和气候变化[7]。本章也采

1　娄伟：《情景分析方法研究》，《未来与发展》2012 年第 9 期。

2　张学才、郭瑞雪：《情景分析方法综述》，《理论月刊》2005 年第 8 期。

3　田光明：《情景分析法》，《晋图学刊》2008 年第 3 期。

4　岳珍、赖茂生：《国外"情景分析"方法的进展》，《情报杂志》2006 年第 7 期。

5　余艳春、邵春福、董威：《情景分析法在交通规划中的应用研究》，《武汉理工大学学报》（交通科学与工程版）2007 年第 2 期。

6　吴春玲、尹静章：《基于情景分析的农业非点源污染最佳管理模式研究——以太湖流域为例》，《人民珠江》2014 年第 6 期。

7　刘俊杰、李树林、范浩杰、林强：《情景分析法应用于能源需求与碳排放预测》，《节能技术》2012 年第 1 期。

用情景分析法，通过设计碳达峰碳中和的不同政策情景，分别对绿色发展绩效、美丽中国建设水平及二者的协调关系进行模拟预测。

2. 弹性系数法

弹性系数法指在对一个因素发展变化的预测的基础上，通过弹性系数对另一个因素的发展变化做出预测的一种间接预测方法[1]。"弹性"一词来源于材料力学中的弹性变形的概念，弹性系数指材料长度变化的百分比同所施加变化的百分比的比率。后来弹性的概念被推广、应用于社会经济领域。弹性系数被用来表示两个因素各自相对增长率之间的比率[2]。对于商品的市场需求量，可对消费者收入水平求弹性，将其称为需求量的收入弹性；对其价格求弹性，将其称为价格弹性；对另一产品的价格求弹性，将其称为交互弹性[3]。在能源领域，弹性系数是指在某一时期内能源消耗的增长率同工农业总产值的增长率的比率。弹性系数法在能源方面的应用范围很广，常用的是能源弹性系数[4]。通过对比各个国家的能源弹性系数，中国在1950~1978年为0.95~1.0；美国在1950~1973年为0.94；日本在1960~1973年为1.0，在1975~1978年降为0.43。可见，大多数国家的能源弹性系数在1.0附近[5]。本部分通过弹性系数法测算不同碳排放政策情景下的绿色发展绩效与美丽中国建设水平的预测值，即分别计算2005~2019年的碳排放增长率和绿色发展绩效、美丽中国建设水平的对应弹性，也就是通过2020~2060年的碳排放增长率获取对应弹性系数，进而预测绿色发展绩效和美丽中国建设状态。弹性系数计算公式为：

1　王金南、逯元堂、吴舜泽等：《环保投资与宏观经济关联分析》，《中国人口·资源与环境》2009年第4期。

2　孟维华、诸大建、周新宏：《资源消费弹性系数与降低经济增长中的资源消耗》，《中国人口·资源与环境》2008年第3期。

3　徐维祥、黄明均、李露等：《财政补贴、企业研发对企业创新绩效的影响》，《华东经济管理》2018年第8期。

4　史丹：《我国经济增长过程中能源利用效率的改进》，《经济研究》2002年第9期。

5　章雅纯、陈树勇、刘道伟等：《基于映射广义弹性系数的电网静态稳定快速评估判据》，《中国电机工程学报》2015年第16期。

$$\theta = (\triangle U_1 / U_1) / (\triangle U_2 / U_2) \times 100\% \qquad (6-1)$$

其中，U_1 代表系统1，U_2 代表系统2，$\triangle$ 代表增长值。

3. 耦合协调度法

耦合协调度法常被用于分析事物的协调发展水平[1]。耦合度指两个或两个以上系统之间相互作用，实现协调发展的动态关联，可以反映系统之间的相互依赖、相互制约程度。协调度指相互作用关系中的良性耦合程度，它可以体现协调状况[2]。耦合协调度模型共涉及对3个指标值的计算，分别是耦合度 C 值、协调度 T 值和耦合协调度 D 值。一般情况下，采用耦合协调度模型进行分析前，需要对数据进行标准化或归一化处理等。当 $n=2$ 时，耦合度 C 值的计算公式为：

$$C = \frac{2 \times \sqrt[2]{(U_1 \times U_2)}}{U_1 + U_2} \qquad (6-2)$$

其中，C 为各系统间的耦合度，范围为 $[0, 1]$，数值越大，两个系统的耦合发展就越协调，表明两个系统间的相互作用越强，反之则越弱。当 $C=0$ 时，表明系统处于无序状态，两个系统的发展方向和结构呈现无序性；当 $C=1$ 时，表明系统处于完全有序状态，两个系统形成良性共振。根据 C 的大小，可以把系统的耦合度分为以下几个阶段：当 $0<C \leqslant 0.3$ 时，系统处于低水平耦合阶段；当 $0.3<C \leqslant 0.5$ 时，系统处于拮抗阶段；当 $0.5<C \leqslant 0.8$ 时，系统处于磨合阶段；当 $0.8<C \leqslant 1$ 时，系统处于高水平耦合阶段[3]。

当 $n=2$ 时，协调度 T 值的计算公式为：

$$T = \alpha U_1 + \beta U_2, \alpha = \beta = 1/2 \qquad (6-3)$$

1　廖重斌：《环境与经济协调发展的定量评判及其分类体系——以珠江三角洲城市群为例》，《热带地理》1999 年第 2 期。

2　刘耀彬、李仁东、宋学锋：《中国城市化与生态环境耦合度分析》，《自然资源学报》2005 年第 1 期。

3　熊建新、陈端吕、彭保发等：《洞庭湖区生态承载力系统耦合协调度时空分异》，《地理科学》2014 年第 9 期。

其中，T 是各系统间的协调度。

当 $n=2$ 时，耦合协调度 D 值的计算公式为：

$$D = (C \times T)^{1/2} \tag{6-4}$$

其中，D 是各系统间的耦合协调度，数值越大，表明系统的耦合协调度越强。借鉴廖重斌[1]的研究，本章将耦合协调度分为 3 个区间和 10 个阶段（见表6-2）。本部分采用耦合协调度 D 值和协调等级划分标准，最终得出各项的耦合协调度。通过使用耦合协调度模型模拟预测绿色发展绩效与美丽中国建设水平的协调关系，提出绿色发展绩效与美丽中国建设水平协调发展的可能情景。

表 6-2　耦合协调度阶段和区间划分情况

D 的取值范围	耦合协调度阶段	耦合协调度区间
0.000 ~ 0.099	极度失调	不可接受
0.100 ~ 0.199	严重失调	
0.200 ~ 0.299	中度失调	
0.300 ~ 0.399	轻度失调	
0.400 ~ 0.499	濒临失调	勉强接受
0.500 ~ 0.599	勉强协调	
0.600 ~ 0.699	初级协调	可接受
0.700 ~ 0.799	中级协调	
0.800 ~ 0.899	良好协调	
0.900 ~ 1.000	优质协调	

（三）弹性系数递归结果分析

1. 变量设定与数据来源

本部分的研究时间范围为 2005 ~ 2060 年，其中，2005 ~ 2019 年为已有数据区间，2020 ~ 2060 年为情景预测分析区间。主要变量设定为碳排放量、绿色

1　廖重斌：《环境与经济协调发展的定量评判及其分类体系——以珠江三角洲城市群为例》，《热带地理》1999 年第 2 期。

发展绩效及美丽中国建设水平，具体的变量含义及数据来源如下。

（1）碳排放量。碳排放量是指在生产、运输、使用及回收产品时所产生的平均温室气体排放量。2005～2019 年中国的碳排放数据来源于世界银行二氧化碳信息分析中心数据库，2020～2060 年中国的碳排放预测数据来自史丹、李鹏[1]的文章的研究数据。2005～2060 年不同政策情景下碳排放量变动趋势如图 6-5 所示。对 2005～2060 年基准、适度和强化三种政策情景下的碳排放量进行特征事实分析可知，就基准政策情景下的碳排放量而言，其样本量为 56，最小值为 58.246，最大值为 119.635，平均值为 92.765，标准差为 16.028，方差为 256.901，标准误为 2.142，变异系数为 17.278%；就适度政策情景下的碳排放量而言，其样本量为 56，最小值为 44.586，最大值为 108.790，平均值为 80.849，标准差为 21.999，方差为 483.957，标准误为 2.940，变异系数为 27.210%；就强化政策情景下的碳排放量而言，其样本量为 56，最小值为 37.009，最大值为 105.126，平均值为 76.193，标准差为 24.466，方差为 598.591，标准误为 3.269，变异系数为 32.111%。

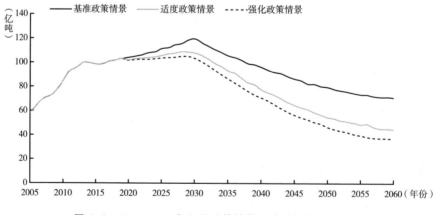

图 6-5　2005～2060 年不同政策情景下碳排放量变动趋势

1　史丹、李鹏：《"双碳"目标下工业碳排放结构模拟与政策冲击》，《改革》2021 年第 12 期。

（2）绿色发展绩效。绿色发展绩效是绿色发展水平、绿色发展效率和绿色发展结构的协同，是绿色发展的结果和效率。本章采用 2005~2019 年中国绿色发展绩效数据（由前文测度的我国 30 个省区市绿色发展绩效加总得出）进行分析，2005~2019 年绿色发展绩效变动趋势如图 6-6 所示。绿色发展绩效总体呈现稳定增长态势，并在 2012 年出现较大幅度的增长。对 2005~2019 年绿色发展绩效进行特征事实分析可知，样本量为 15，最小值为 20.016，最大值为 21.707，平均值为 20.824，标准差为 0.603，方差为 0.364，标准误为 0.156，变异系数为 2.895%。

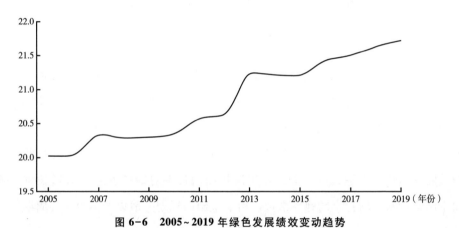

图 6-6　2005~2019 年绿色发展绩效变动趋势

（3）美丽中国建设水平。美丽中国是生态空间、生产空间、生活空间的共生，要求实现生态空间山清水秀、生产空间集约高效、生活空间宜居适度的目标，可以通过协同度模型对生产空间、生活空间、生态空间协同共生的情况进行测度，反映美丽中国建设水平。本部分把美丽中国建设水平作为美丽中国建设的指标，具体数据由前文测度的 30 个省区市美丽中国建设水平加总得出，2005~2019 年美丽中国建设水平变动趋势如图 6-7 所示。由图 6-7 可知，美丽中国建设水平总体呈现稳定增长态势。对 2005~2019 年美丽中国建设水平进行特征事实分析可知，样本量为 15，最小值为 10.827，最大值为 14.150，平均值为 12.458，标准差为 1.135，方差为 1.288，标准误为 0.293，变异系数为 9.108%。

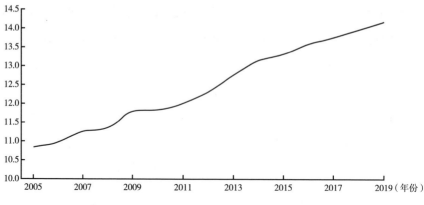

图6-7　2005~2019年美丽中国建设水平变动趋势

2. 弹性系数计算

鉴于绿色发展绩效与美丽中国建设水平之间存在复杂的非线性关系，同时考虑到碳排放对二者关系产生调节作用，因此本部分采用弹性系数法进行模拟预测，即通过弹性系数法建立碳排放与绿色发展绩效、美丽中国建设水平之间的弹性联系。通过2005~2019年获取的碳排放量数据及测算出的绿色发展绩效与美丽中国建设水平，可以分别得出碳排放增长率对绿色发展绩效增长率、美丽中国建设水平增长率的弹性系数。由于中国的规划一般以5年为一个周期，故选取五年年均增长率作为增长率，分别计算碳排放五年年均增长率对不同因变量的弹性系数。碳排放五年年均增长率对绿色发展绩效五年年均增长率的弹性系数和碳排放五年年均增长率对美丽中国建设水平五年年均增长率的弹性系数见表6-3。由表6-3可知，碳排放五年年均增长率基本呈现下降的态势。

表6-3　2009~2019年主要弹性系数

年份	碳排放五年年均增长率（%）	碳排放五年年均增长率对绿色发展绩效五年年均增长率的弹性系数	碳排放五年年均增长率对美丽中国建设水平五年年均增长率的弹性系数
2009	7.29	0.0465	0.2909
2010	7.12	0.0528	0.2666
2011	7.34	0.0375	0.2198
2012	7.30	0.0584	0.2787

年份	碳排放五年年均增长率（%）	碳排放五年年均增长率对绿色发展绩效五年年均增长率的弹性系数	碳排放五年年均增长率对美丽中国建设水平五年年均增长率的弹性系数
2013	6.65	0.1699	0.3016
2014	4.24	0.2458	0.6342
2015	1.52	0.5089	1.7478
2016	0.86	1.0920	2.9174
2017	0.28	1.1377	6.8266
2018	0.49	1.0038	3.1028
2019	1.11	0.5337	1.3780

第三节　绿色发展绩效模拟预测

本节通过弹性系数模型建立碳排放量与绿色发展绩效之间的联系，对碳达峰碳中和三种政策情景下的绿色发展绩效进行模拟预测，并就不同情景下的模拟结果进行对比分析。

一　基准政策情景下的绿色发展绩效模拟预测

2020~2060 年基准政策情景下绿色发展绩效预测值及五年年均增长率如表 6-4 所示。从表 6-4 中可以看出，2020~2060 年我国绿色发展绩效预测值整体来看是上升的。从五年时点情况来看，2020~2060 年，绿色发展绩效预测值一直在稳定增长，2020 年绿色发展绩效预测值是最低的，为 21.8965，而 2060 年最高，为 28.5535，上升了 6.6570。从五年年均增长率来看，其呈现先升后降的趋势，增长率先是稳定在 0.8% 左右，后上升到 1% 左右，再缓慢下降。在基准政策情景下，我国约于 2030 年实现碳达峰。可见，在 2030 年碳达峰前，在基准政策作用下，我国绿色发展绩效每年还是以较高的增长率增长，在碳达峰后的 15 年左右，增长速度较碳达峰前有所提升，但 2045 年后逐渐放缓。

表 6-4　2020～2060 年基准政策情景下绿色发展绩效预测值及五年年均增长率

年份	绿色发展绩效预测值	发展周期	五年年均增长率(%)
2020	21.8965	2015～2020 年	0.81
2025	22.6253	2020～2025 年	0.82
2030	23.3798	2025～2030 年	0.82
2035	24.3401	2030～2035 年	1.01
2040	25.2619	2035～2040 年	0.93
2045	26.2240	2040～2045 年	0.94
2050	27.1183	2045～2050 年	0.84
2055	27.9751	2050～2055 年	0.78
2060	28.5535	2055～2060 年	0.51

由表 6-4 可知，从总体发展趋势来看，实施基准政策能够实现绿色发展绩效稳定提升。从阶段发展情况来看，在基准政策情景下，我国绿色发展绩效会先小幅上升，在 2030 年实现碳达峰，即在我国全面绿色转型取得阶段性成果后，我国产业结构调整和能源效率提升等进一步加快，使绿色发展绩效的增长速度在碳达峰后的 15 年左右的时间内加快。在临近 2060 年实现碳中和目标的时候，碳减排政策的调整空间受到限制，绿色发展绩效的增速较前一阶段相对下降，但总体仍然呈现增长趋势。

二　适度政策情景下的绿色发展绩效模拟预测

2020～2060 年适度政策情景下绿色发展绩效预测值及五年年均增长率如表 6-5 所示。从表 6-5 中可以看出，2020～2060 年，我国绿色发展绩效预测值整体呈现快速上升趋势。从五年时点情况来看，2020～2060 年绿色发展绩效预测值基本稳定增长，2020 年绿色发展绩效预测值是最低的，为 21.6282，而2060 年最高，为 28.5758，上升了 6.9476。从五年年均增长率来看，在实施适度政策前增长率约为 0.5%，实施后增长率下降至 0.11%，但是之后迅速回升，2035 年后绿色发展绩效预测值开始稳步提升，且五年年均增长率基本保持在 1%～2%。

表 6-5　2020~2060 年适度政策情景下绿色发展绩效预测值及五年年均增长率

年份	绿色发展绩效预测值	发展周期	五年年均增长率(%)
2020	21.6282	2015~2020 年	0.50
2025	21.9388	2020~2025 年	0.36
2030	22.2232	2025~2030 年	0.55
2035	22.0344	2030~2035 年	0.11
2040	22.9992	2035~2040 年	0.96
2045	23.2109	2040~2045 年	1.31
2050	24.9701	2045~2050 年	1.84
2055	26.7047	2050~2055 年	1.69
2060	28.5758	2055~2060 年	1.71

由表 6-5 可知，从总体发展趋势看，适度政策能够使绿色发展绩效得到较大程度的提升。从阶段发展情况来看，实施适度政策后，绿色发展绩效的提升速度较政策实施前下降，直到 2035 年开始快速增长。这可能是由于适度政策情景下发展速度和转型强度较基准政策更高，因此经济发展等会受到一定冲击，实施适度政策后的绿色发展绩效的增长速度较实施基准政策时低，但是，在碳达峰后，经过一段时间的调整，我国绿色发展绩效开始快速提升[1]。

三　强化政策情景下的绿色发展绩效模拟预测

2020~2060 年强化政策情景下绿色发展绩效预测值及五年年均增长率如表 6-6 所示。从表 6-6 中可以看出，2020~2060 年，我国绿色发展绩效预测值整体呈现快速上升趋势。但最高和最低的时点与五年时点的情况不一致，2031 年的绿色发展绩效预测值是最低的，为 20.9860，而 2057 年最高，为 32.7815，较 2031 年上升了 11.7955。这正是由强化政策情景下的剧烈压力导

1　王勇、王恩东、毕莹：《不同情景下碳排放达峰对中国经济的影响——基于 CGE 模型的分析》，《资源科学》2017 年第 10 期。

致的。从五年时点的情况来看，2020～2060 年绿色发展绩效预测值总体快速增长，2020 年绿色发展绩效预测值是最低的，为 21.5788，而 2060 年最高，为31.9254，上升了 10.3466。从五年年均增长率来看，在 2028 年实现碳达峰前，绿色发展绩效的增长速度快速下降，直到 2030～2050 年，绿色发展绩效的增长速度才开始快速提升，但 2050 年后的增长率呈现明显的下降态势。

表 6-6   2020～2060 年强化政策情景下绿色发展绩效预测值及五年年均增长率

年份	绿色发展绩效预测值	发展周期	五年年均增长率（%）
2020	21.5788	2015～2020 年	0.45
2025	21.7415	2020～2025 年	0.19
2030	21.6926	2025～2030 年	-0.06
2035	23.1042	2030～2035 年	1.59
2040	24.8957	2035～2040 年	1.88
2045	27.0896	2040～2045 年	2.13
2050	29.3280	2045～2050 年	2.00
2055	31.2167	2050～2055 年	1.57
2060	31.9254	2055～2060 年	0.56

由表 6-6 可知，从总体发展趋势来看，强化政策能够实现绿色发展绩效大幅提升，但是伴随着周期性的大幅波动，其在稳定提升后会快速回调。从阶段发展情况来看，强化政策影响短期内的绿色发展绩效，在实施强化政策后的一段时间内，绿色发展绩效几乎没有增长，直到 2028 年碳达峰实现后才开始快速增长，绿色发展绩效的增长速度逐渐提升，在 2050 年后开始放缓。

四   不同政策情景下的结果对比分析

2020～2060 年不同政策情景下绿色发展绩效预测值见表 6-7。由表 6-7 可知，在 2020 年、2025 年、2030 年、2035 年、2040 年这几个时点，基准政策情景下的绿色发展绩效预测值高于适度政策情景，而强化政策情景下的绿色发展绩效预测值较低。但 2045 年、2050 年、2055 年、2060 年强化政策情景下的绿色发展绩效预测值都是最高的，实现了反超。

表 6-7　2020~2060 年不同政策情景下绿色发展绩效预测值

年份	基准政策情景	适度政策情景	强化政策情景
2020	21.8965	21.6282	21.5788
2025	22.6253	21.9388	21.7415
2030	23.3798	22.2232	21.6926
2035	24.3401	22.0344	23.1042
2040	25.2619	22.9992	24.8957
2045	26.2240	23.2109	27.0896
2050	27.1183	24.9701	29.3280
2055	27.9751	26.7047	31.2167
2060	28.5535	28.5758	31.9254

表 6-8 展现了 2015~2060 年不同政策情景下绿色发展绩效五年年均增长率。由表 6-8 可以看出，2030 年前，在基准政策情景下，绿色发展绩效五年年均增长率高于其他两个政策情景；在强化政策情景下，绿色发展绩效甚至出现负增长；2030~2050 年，强化政策情景下的绿色发展绩效五年年均增长率是最高的，适度政策情景下的绿色发展绩效五年年均增长率次之（2035~2050 年），基准政策情景下的绿色发展绩效五年年均增长率最低（2035~2050 年）；2050~2060 年，适度政策情景下的绿色发展绩效五年年均增长率是最高的，强化政策情景下的绿色发展绩效五年年均增长率次之，基准政策情景下的绿色发展绩效五年年均增长率最低。

表 6-8　2015~2060 年不同政策情景下绿色发展绩效五年年均增长率

单位：%

发展周期	基准政策情景	适度政策情景	强化政策情景
2015~2020 年	0.81	0.50	0.45
2020~2025 年	0.82	0.36	0.19
2025~2030 年	0.82	0.55	-0.06
2030~2035 年	1.01	0.11	1.59
2035~2040 年	0.93	0.96	1.88

发展周期	基准政策情景	适度政策情景	强化政策情景
2040~2045 年	0.94	1.31	2.13
2045~2050 年	0.84	1.84	2.00
2050~2055 年	0.78	1.69	1.57
2055~2060 年	0.51	1.71	0.56

图 6-8 展示了不同政策情景下中国绿色发展绩效变动趋势。由图 6-8 和表 6-7、表 6-8 可以得出以下内容。第一，从总体情况来看，2020~2060 年，在三种政策情景下，绿色发展绩效都会大幅增长，但就增长水平而言，强化政策情景下的绿色发展绩效的增长幅度最高，适度政策情景下的绿色发展绩效的增长幅度次之，基准政策情景下的绿色发展绩效的增长幅度最低。第二，从波动幅度来看，基准政策情景下的绿色发展绩效的变动最为稳定，适度政策情景下的绿色发展绩效的变动次之，强化政策情景下的绿色发展绩效的波动最大。第三，从发展阶段来看，在三种政策情景下，绿色发展绩效都经历了稳定低增长到波动高增长的阶段，且其波动周期基本相似。在实现碳达峰前，三种政策情景下的绿色发展绩效基本保持增长，在实现碳达峰后短暂下降，而后开始周期性波动。第四，从时间趋势看，在 2020~2038 年的基准政策情景下，绿色发展绩效预测值都高于其他两种情景，2033 年较为接近；2038~2043 年，三种情景下的绿色发展绩效预测值的差异较小，但强化政策情景下的绿色发展绩效预测值较高；而 2043 年后，强化政策情景和适度政策情景下的绿色发展绩效预测值反超了基准政策情景下的绿色发展绩效预测值，最终绿色发展绩效预测值呈现强化政策情景>适度政策情景>基准政策情景的态势。

由图 6-8 和表 6-7、表 6-8 可以推断出以下内容。第一，2020~2038 年应该实施基准政策，即提升能源利用效率和促进绿色技术进步，实现产业结构、能源结构转型升级，能源消费侧节能增效，在这种政策情景下，我国能顺利实现 2030 年碳达峰的目标，也能保障绿色发展绩效稳定提升。第二，2038~2060 年应该实施强化政策，因为在这个阶段我国产业结构升级、能源结构调整等基本完成，全面绿色转型取得阶段性成果，实施强化政策虽然会对经济社会造成一定冲击，造成周期性绿色发展绩效波动，但极大地提升了绿色发展绩效值，绿色发展绩效值增长率优于其他两种政策情景[1]。

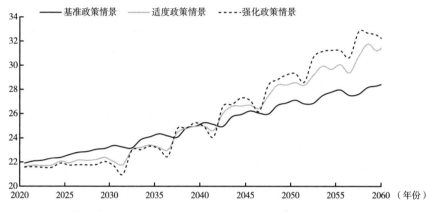

图 6-8　2020~2060 年不同政策情景下绿色发展绩效变动趋势

第四节　美丽中国建设水平模拟预测

本节通过弹性系数模型建立碳排放量与美丽中国建设水平之间的联系，对碳达峰碳中和三种政策情景下的美丽中国建设水平进行模拟预测，并就不同情景下的模拟结果进行对比分析。

一　基准政策情景下的美丽中国建设水平模拟预测

2020~2060 年基准政策情景下美丽中国建设水平预测值及五年年均增长率如表 6-9 所示。2020~2060 年美丽中国建设水平预测值整体上是上升的。从五年时点的情况来看，2020~2060 年美丽中国建设水平预测值稳定增长；2020

1　李新安：《"双碳"背景下我国经济绿色转型与高质量发展路径研究》，《河南牧业经济学院学报》2022 年第 2 期。

年的美丽中国建设水平预测值是最低的，为 15.1778，而 2060 年最高，为
28.8684，上升了 13.6906。从五年年均增长率来看，2020～2030 年美丽中国
建设水平预测值的增长率逐渐下降，而后基本在 2% 左右浮动。在基准政策情
景下，我国约于 2030 年实现碳达峰。可见，在 2030 年实现碳达峰前，美丽中
国建设水平预测值的年均增速有所下降，但在碳达峰后的 30 年间增速较为平
稳，基本保持在 2% 左右。

　　由表 6-9 可知，从总体发展趋势来看，实施基准政策能够实现美丽中国
建设水平稳定提升。从阶段发展情况来看，在基准政策情景下，美丽中国建
设的速度一开始有所减缓，甚至出现阶段性下降的情况，但在 2030 年实现碳
达峰后，美丽中国建设水平以稳定的速度增长直至实现碳中和目标。

表 6-9　2020～2060 年基准政策情景下美丽中国建设水平预测值及五年年均增长率

年份	美丽中国建设水平预测值	发展周期	五年年均增长率（%）
2020	15.1778	2015～2020 年	3.33
2025	16.1469	2020～2025 年	1.56
2030	17.0874	2025～2030 年	1.43
2035	18.7572	2030～2035 年	2.36
2040	20.4419	2035～2040 年	2.17
2045	22.2863	2040～2045 年	2.18
2050	24.2391	2045～2050 年	2.12
2055	26.2968	2050～2055 年	2.06
2060	28.8684	2055～2060 年	2.36

二　适度政策情景下的美丽中国建设水平模拟预测

　　2020～2060 年适度政策情景下美丽中国建设水平预测值及五年年均增长率
如表 6-10 所示。2020～2060 年，美丽中国建设水平预测值整体上是上升的。
从五年时点的情况来看，2020 年美丽中国建设水平预测值是最低的，为
14.4454，而 2060 年最高，为 40.7939，上升了 26.3485。从五年年均增长率

来看，其先下降，然后从 2035 年开始快速提升，增长率保持在 3% 以上。在适度政策情景下，我国约于 2028 年实现碳达峰。可见，在实现碳达峰目标前，美丽中国建设水平的年均增速有所下降，即使是碳达峰后也没有快速回升，直到 2035～2040 年增长率回升至 4.23%，并在之后稳定在 3%～5%。

由表 6-10 可知，从总体发展趋势来看，实施适度政策能够实现美丽中国建设水平大幅提升，总体呈现增长态势。从发展阶段的情况来看，在适度政策情景下，美丽中国建设水平的速度一开始有所减缓，美丽中国建设水平与政策实施前相比基本保持不变，甚至在碳达峰后，美丽中国建设水平较政策实施前低，但在 2035 年全面绿色转型取得一定进展后增速提升明显，此后长期保持快速增长状态。

表 6-10　2020～2060 年适度政策情景下美丽中国建设水平预测值及五年年均增长率

年份	美丽中国建设水平预测值	发展周期	五年年均增长率（%）
2020	14.4454	2015～2020 年	2.06
2025	14.8408	2020～2025 年	0.68
2030	14.9530	2025～2030 年	0.99
2035	16.8636	2030～2035 年	0.19
2040	19.9498	2035～2040 年	4.23
2045	23.2824	2040～2045 年	3.05
2050	27.5565	2045～2050 年	4.29
2055	31.4491	2050～2055 年	3.94
2060	40.7939	2055～2060 年	4.30

三　强化政策情景下的美丽中国建设水平模拟预测

2020～2060 年强化政策情景下美丽中国建设水平预测值及五年年均增长率如表 6-11 所示。在强化政策情景下，2020～2060 年，美丽中国建设水平预测值整体来看是快速上升的。从五年时点的情况来看，2020 年的美丽中国建设水平预测值是最低的，为 14.3127，而 2060 年最高，为 38.2567，上升了

23.9440。从五年年均增长率来看，其整体上呈现先升后降态势。2020~2025年仅为0.36%，2030年后，除2030~2035年和2055~2060年外都高于4%。在强化政策情景下，我国约于2028年实现碳达峰。可见，强化政策情景会使美丽中国建设水平在实现碳达峰目标前有一定程度的停滞甚至降低，但从2030年开始，其水平和年均增速都大幅提高。

由表6-11可知，从总体发展趋势来看，实施强化政策能够实现美丽中国建设水平快速提升。从发展阶段情况来看，在强化政策情景下，美丽中国建设的发展速度一开始较低，使2020~2030年美丽中国建设水平与强化政策实施前基本一致，但从2030年开始美丽中国建设水平迅速提升，之后长期快速增长。

表6-11　2020~2060年强化政策情景下美丽中国建设水平预测值及五年年均增长率

年份	美丽中国建设水平预测值	发展周期	五年年均增长率(%)
2020	14.3127	2015~2020年	1.82
2025	14.5180	2020~2025年	0.36
2030	14.4614	2025~2030年	-0.10
2035	16.7262	2030~2035年	3.70
2040	19.8603	2035~2040年	4.39
2045	24.1055	2040~2045年	4.96
2050	29.3594	2045~2050年	5.05
2055	34.5389	2050~2055年	4.15
2060	38.2567	2055~2060年	2.59

四　不同政策情景下的结果对比分析

2020~2060年不同政策情景下美丽中国建设水平预测值见表6-12。由表6-12可知，在2020年、2025年、2030年、2035年、2040年这几个时点，基准政策情景下的美丽中国建设水平预测值高于适度政策情景，而强化政策情景下的美丽中国建设水平预测值最低。但是，在2045年、2050年、2055年这几个时点，强化政策情景下的美丽中国建设水平预测值是最高的，适度政策情景下的美丽中国建设水平预测值次之，基准政策情景下的美丽中国建设水平预测值最低。2060年适度政策情景下的美丽中国建设水平预测值最高，强化政策情景下的美丽中国建设水平预测值次之，基准政策情景下的美丽中国建设水平预测值依旧最低。

表 6-12　2020~2060 年不同政策情景下美丽中国建设水平预测值

年份	基准政策情景	适度政策情景	强化政策情景
2020	15.1778	14.4454	14.3127
2025	16.1469	14.8408	14.5180
2030	17.0874	14.9530	14.4614
2035	18.7572	16.8636	16.7262
2040	20.4419	19.9498	19.8603
2045	22.2863	23.2824	24.1055
2050	24.2391	27.5565	29.3594
2055	26.2968	31.4491	34.5389
2060	28.8684	40.7939	38.2567

表6-13展示了2015~2060年不同政策情景下美丽中国建设水平五年年均增长率。由表6-13可以看出，在不同发展时期，美丽中国建设水平的增长速度不一样。2030年前，在基准政策情景下，美丽中国建设水平的增长率高于其他两个政策情景，强化政策情景下甚至出现负增长。2035~2055年，强化政策情景下的美丽中国建设水平的增长率是最高的，适度政策情景下的美丽中国建设水平的增长率次之，基准政策情景下的美丽中国建设水平的增长率最低；2055~2060年，适度政策情景下的美丽中国建设水平的增长率是最高的，强化政策情景下的美丽中国建设水平的增长率次之，基准政策情景下的美丽中国建设水平的增长率最低。

表 6-13　2015~2060 年不同政策情景下美丽中国建设水平五年年均增长率

单位：%

发展周期	基准政策情景	适度政策情景	强化政策情景
2015~2020 年	3.33	2.06	1.82
2020~2025 年	1.56	0.68	0.36
2025~2030 年	1.43	0.99	-0.10
2030~2035 年	2.36	0.19	3.70
2035~2040 年	2.17	4.23	4.39
2040~2045 年	2.18	3.05	4.96
2045~2050 年	2.12	4.29	5.05
2050~2055 年	2.06	3.94	4.15
2055~2060 年	2.36	4.30	2.59

图 6-9 展示了 2020~2060 年不同政策情景下美丽中国建设水平变动趋势。由图 6-9、表 6-12 和表 6-13 可以得出以下内容。第一，从总体情况来看，在 2020~2060 年三种政策情景下，美丽中国建设水平都有一定程度的增长，但就增长水平而言，强化政策情景下的美丽中国建设水平的增长幅度最高，适度政策情景下的美丽中国建设水平的增长幅度次之，基准政策情景下的美丽中国建设水平的增长幅度最低。第二，从波动幅度来看，基准政策情景下的美丽中国建设水平最为稳定，适度政策情景下的美丽中国建设水平次之，强化政策情景下的美丽中国建设水平的波动最大。第三，从发展阶段来看，在适度政策情景和强化政策情景下，美丽中国建设水平都经历了稳定低增长到波动高增长的阶段，基准政策情景下的美丽中国建设水平小幅稳定波动上升。在碳达峰前的三种政策情景下，美丽中国建设水平都基本低速增长，在实现碳达峰后，适度政策情景和强化政策情景下的美丽中国建设水平开始呈现迅速下降—快速增长—小幅下降—平稳波动的周期性趋势，而基准政策情景下的美丽中国建设水平呈现波浪式上升的趋势。第四，从三种政策情景的时间趋势看，2020~2038 年，基准政策情景下的美丽中国建设水平高于其他两种情景；2038~2048 年，三种政策情景下的美丽中国建设水平有强有弱，而在

2048 年后，强化政策情景和适度政策情景下的美丽中国建设水平反超了基准政策情景，最终呈现强化政策情景>适度政策情景>基准政策情景的趋势。

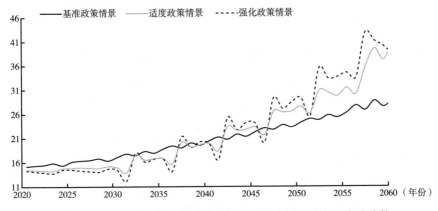

图 6-9　2020~2060 年不同政策情景下美丽中国建设水平变动趋势

由图 6-9、表 6-12 和表 6-13 可以推断出以下内容。第一，2020~2038 年实施基准政策，即提升能源效率和逐步促进绿色技术进步，实现产业结构、能源结构转型升级，能源消费侧节能增效。在这种政策情景下，我国能顺利实现 2030 年碳达峰的政策目标，也能保障美丽中国建设水平稳定增长。第二，2038~2048 年应实施适度政策，这既是对基准政策的进一步强化，也有利于向强化政策过渡。第三，2048~2060 年应该实施强化政策，因为在这个发展阶段，我国产业结构升级、能源结构调整等基本完成，全面绿色转型取得了阶段性成果，可以实现美丽中国建设水平快速提升。

第五节　新时代绿色发展绩效与美丽中国建设水平协调发展的模拟预测

美丽中国是中国式现代化建设的宏伟目标，而绿色发展是实现美丽中国建设目标的重要方式，在碳达峰碳中和政策情景下，模拟预测绿色发展绩效与美丽中国建设的协调状况至关重要。本节对碳达峰碳中和不同政策情景下的绿色发展绩效与美丽中国建设水平的协调发展状况进行模拟预测和原因分析，并就不同政策情景下的结果进行对比分析。

一 基准政策情景下的绿色发展绩效与美丽中国建设水平协调发展的模拟

本部分对基准政策情景下的绿色发展绩效与美丽中国建设水平的协调情况进行模拟预测，预测时间为 2020~2060 年。将基准政策情景下的绿色发展绩效预测值和美丽中国建设水平预测值进行标准化处理，并计算二者间的耦合协调度，便可以得到二者在 2020~2060 年的协调发展情况，2020~2060 年基准政策情景下绿色发展绩效与美丽中国建设水平的耦合协调度如表 6-14 所示。由表 6-14 可知，2020~2060 年，基准政策情景下的绿色发展绩效与美丽中国建设水平的耦合协调度从 2020 年的 0.4801 上升到 2060 年的 1.0000，实现了较大程度的提升，说明基准政策能够稳步提高绿色发展绩效与美丽中国建设的协调水平，使其最终达到优质协调状态。分时间阶段来看，2030 年是基准政策情景下实现碳达峰的年份，2030 年前，绿色发展绩效与美丽中国建设水平的耦合协调度处于濒临协调和勉强协调阶段，2030~2040 年处于初级协调和中级协调阶段，2045~2060 年处于良好协调和优质协调阶段。可能的原因是，基准政策情景下的碳减排的总体约束力较弱，能源效率提升、技术进步和产业结构转型升级等均呈现温和的自然状态[1]。

表 6-14 2020~2060 年基准政策情景下绿色发展绩效与美丽中国建设水平的耦合协调度

年份	耦合协调度	耦合协调度阶段
2020	0.4801	濒临失调
2025	0.5479	勉强协调
2030	0.6081	初级协调

---

[1] 郭春丽、易信：《"双碳"目标下的中国经济增长：影响机制、趋势特征及对策建议》，《经济学家》2022 年第 7 期。

年份	耦合协调度	耦合协调度阶段
2035	0.6869	初级协调
2040	0.7565	中级协调
2045	0.8244	良好协调
2050	0.8868	良好协调
2055	0.9456	优质协调
2060	1.0000	优质协调

二　适度政策情景下的绿色发展绩效与美丽中国建设水平协调发展的模拟

本部分对适度政策情景下的绿色发展绩效与美丽中国建设水平的协调情况进行模拟预测，预测时间为 2020～2060 年。将适度政策情景下的绿色发展绩效预测值和美丽中国建设水平预测值进行标准化处理，并计算二者间的耦合协调度，便可以得到二者 2020～2060 年的协调发展情况，2020～2060 年适度政策情景下绿色发展绩效与美丽中国建设水平的耦合协调度如表 6-15 所示。适度政策情景下的绿色发展绩效与美丽中国建设水平的耦合协调度 2020～2060 年大幅增长，2020 年仅为 0.3581，2060 年为 1.0000，说明适度政策能够快速提高绿色发展绩效与美丽中国建设的协调水平，使其最终达到优质协调状态。分时间阶段来看，2028 年为适度政策情景下实现碳达峰的年份，2030 年前，绿色发展绩效与美丽中国建设水平的耦合协调度处于轻度失调阶段，2030～2040 年由轻度失调阶段发展到勉强协调阶段，2040～2050 年由勉强协调阶段发展到中级协调阶段，2055～2060 年处于良好协调和优质协调阶段。可能的原因是，适度政策的强度高于基准政策，强化了碳排放的约束行动和措施。在能源效率提升的基础上，高耗能行业的绿色技术进步，其他行业的绿色技术水平小幅提升，这加强了对高耗能行业的环境规制。这些举措虽然会造成绿色发展绩效波动，但总体上能够实现绿色发展绩效快速提升。美丽中国建设水平在政策实施的初始阶段的增长速度较慢，因此二者的协调状况不佳，直至 2050 年后产业结构转型完成，二者才步入良好协调阶段[1]。

表 6-15　2020~2060 年适度政策情景下绿色发展绩效与美丽中国建设水平的耦合协调度

年份	耦合协调度	耦合协调度阶段
2020	0.3581	轻度失调
2025	0.3841	轻度失调
2030	0.3914	轻度失调
2035	0.4829	濒临失调
2040	0.5974	勉强协调
2045	0.6961	初级协调
2050	0.7971	中级协调
2055	0.8741	良好协调
2060	1.0000	优质协调

三　强化政策情景下的绿色发展绩效与美丽中国建设水平协调发展的模拟

本部分对强化政策情景下的绿色发展绩效与美丽中国建设水平的协调情况进行模拟预测，预测时间为 2020~2060 年。将强化政策情景下的绿色发展绩效预测值和美丽中国建设水平预测值进行标准化处理，并计算二者的耦合协调度，便可以得到二者 2020~2060 年的协调发展情况，2020~2060 年强化政策情景下绿色发展绩效与美丽中国建设水平的耦合协调度如表 6-16 所示。强化政策情景下的绿色发展绩效与美丽中国建设水平的耦合协调度 2020~2060年大幅增长，2020 年仅为 0.3397，2060 年为 0.9453，说明强化政策能够快速

1　鲁传一、陈文颖：《中国提前碳达峰情景及其宏观经济影响》，《环境经济研究》2021 年第 1 期；邵帅、范美婷、杨莉莉：《经济结构调整、绿色技术进步与中国低碳转型发展——基于总体技术前沿和空间溢出效应视角的经验考察》，《管理世界》2022 年第 2 期。

改变绿色发展绩效与美丽中国建设的协调水平，使其最终达到优质协调状态。但在这种政策情景下，耦合协调度的波动较大，2031 年为 0.2339，2057 达到 1.0000。分时间阶段来看，2028 年为强化政策情景下的碳达峰年份，2020～2030 年绿色发展绩效与美丽中国建设水平的耦合协调度都处于轻度失调阶段，2030～2045 年在轻度失调到初级协调间波动，2050～2060 年才处于良好协调和优质协调阶段。可能的原因是，强化政策情景是对碳排放约束力最强的政策情景，在适度政策情景的基础上，进一步提升智慧化水平，并通过市场型政策工具加强对碳排放的控制，这对经济社会造成了一定的冲击，造成周期性绿色发展绩效和美丽中国建设水平波动，但前期绿色发展绩效的提升速度大大快于美丽中国建设水平，使二者的协调发展状况大幅波动，并且直至 2050～2060 年才达到良好协调和优质协调[1]。

表 6-16　2020～2060 年强化政策情景下绿色发展绩效与美丽中国建设水平的耦合协调度

年份	耦合协调度	耦合协调度阶段
2020	0.3397	轻度失调
2025	0.3532	轻度失调
2030	0.3494	轻度失调
2035	0.4594	濒临失调
2040	0.5729	勉强协调
2045	0.6922	初级协调
2050	0.8059	良好协调
2055	0.8976	良好协调
2060	0.9453	优质协调

四　不同政策情景下的结果对比分析

将不同政策情景下的绿色发展绩效与美丽中国建设水平的耦合协调度进

1　李新安：《环境规制、政府补贴与区域绿色技术创新》，《经济经纬》2021 年第 3 期；段宏波、汪寿阳：《中国的挑战：全球温控目标从 2℃ 到 1.5℃ 的战略调整》，《管理世界》2019 年第 10 期。

行对比分析，得到图 6-10 和表 6-17、表 6-18、表 6-19。图 6-10 展现了 2020~2060 年不同政策情景下绿色发展绩效与美丽中国建设水平的耦合协调度。表 6-17 展现了 2005~2019 年绿色发展绩效与美丽中国建设水平的耦合协调度，表 6-18 展现了 2020~2060 年不同政策情景下绿色发展绩效与美丽中国建设水平的耦合协调度，表 6-19 展现了 2020~2060 年不同政策情景下绿色发展绩效与美丽中国建设水平的耦合协调度阶段。

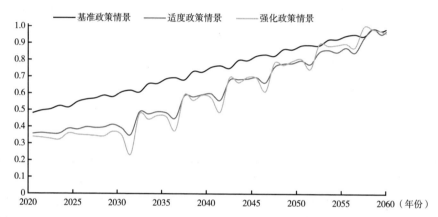

图 6-10　2020~2060 年不同政策情景下绿色发展绩效与美丽中国建设水平的耦合协调度

1. 2005~2019 年耦合协调度情况分析

由表 6-17 可知，2005~2019 年，绿色发展绩效与美丽中国建设水平的耦合协调度虽然随着时间推移稳定上升，但是一直处于失调阶段：从 2005 年、2006 年的极度失调发展到 2017~2019 年的濒临失调。

表 6-17　2005~2019 年绿色发展绩效与美丽中国建设水平的耦合协调度

年份	耦合协调度	耦合协调度阶段
2005	0.003162278	极度失调
2006	0.069595098	
2007	0.170686487	严重失调
2008	0.173165967	

年份	耦合协调度	耦合协调度阶段
2009	0.202450456	中度失调
2010	0.214547295	
2011	0.252323760	
2012	0.276785570	
2013	0.350129495	轻度失调
2014	0.365708619	
2015	0.371797017	
2016	0.397833319	
2017	0.408759870	濒临失调
2018	0.425032768	
2019	0.437038693	

2. 2020~2060年耦合协调度预测结果分析

由表6-18可知，基准政策情景下的绿色发展绩效与美丽中国建设水平的耦合协调度在任何一个时点都是最优的，2045年就实现良好协调，2055年达到优质协调（见表6-19）。而在2045年及之前的时点，适度政策情景下的绿色发展绩效与美丽中国建设水平的耦合协调度较强化政策情景下的更好，但相差不大，都没有达到良好协调。2050~2055年，强化政策情景下的绿色发展绩效与美丽中国建设水平的耦合协调度优于适度政策情景下的耦合协调度；2060年，适度政策情景下的绿色发展绩效与美丽中国建设水平的耦合协调度优于强化政策情景下的耦合协调度，但都处于优质协调阶段。

表6-18　2020~2060年不同政策情景下绿色发展绩效与美丽中国建设水平的耦合协调度

年份	基准政策情景	适度政策情景	强化政策情景
2020	0.4801	0.3581	0.3397
2025	0.5479	0.3841	0.3532
2030	0.6081	0.3914	0.3494
2035	0.6869	0.4829	0.4594
2040	0.7565	0.5974	0.5729

续表

年份	基准政策情景	适度政策情景	强化政策情景
2045	0.8244	0.6961	0.6922
2050	0.8868	0.7971	0.8059
2055	0.9456	0.8741	0.8976
2060	1.0000	1.0000	0.9453

表 6-19　2020～2060 年不同政策情景下绿色发展绩效与美丽中国建设水平的耦合协调度阶段

年份	基准政策情景	适度政策情景	强化政策情景
2020	濒临失调	轻度失调	轻度失调
2025	勉强协调	轻度失调	轻度失调
2030	初级协调	轻度失调	轻度失调
2035	初级协调	濒临失调	濒临失调
2040	中级协调	勉强协调	勉强协调
2045	良好协调	初级协调	初级协调
2050	良好协调	中级协调	良好协调
2055	优质协调	良好协调	良好协调
2060	优质协调	优质协调	优质协调

由表 6-17 可知，2005～2019 年绿色发展绩效与美丽中国建设水平的耦合协调度一直处于失调阶段，而 2060 年绿色发展绩效与美丽中国建设水平的耦合协调度不论在哪种政策情景下都呈现大幅提升的态势，进入优质协调阶段。从波动幅度来看，基准政策情景下的绿色发展绩效与美丽中国建设水平的耦合协调度最为稳定，适度政策情景下的绿色发展绩效与美丽中国建设水平的耦合协调度次之，强化政策情景下的绿色发展绩效与美丽中国建设水平的耦合协调度的波动最为剧烈。从绿色发展绩效与美丽中国建设水平的耦合协调度的比较来看，基准政策情景下的耦合协调度基本上在全阶段处于最高水平，仅在后期被短暂地超越。但总体来看，随着时间的推移，耦合协调度在基准政策情景下与其他两种情景下越来越接近，最终基本一致。2020～2038 年，绿色发展绩效与美丽中国建设水平的耦合协调度在强化政策情景下一直低于适

度政策情景下的耦合协调度，而后经过一段时间的交叠，最终在 2048 年后实现超越。可能的原因是，耦合协调度考察的是绿色发展绩效和美丽中国建设水平的协调状况。能源效率的稳定提升、温和的技术进步和产业结构的适度调整等都有利于二者水平稳定提升，在基准政策情景下，二者的协调状况是最优的，且全阶段保持稳定。适度政策和强化政策两种情景加大了环境规制和约束的总体强度，由于约束力度较大，二者的发展状况容易出现差异，从而导致绿色发展绩效和美丽中国建设水平的耦合协调度的状况不佳，但是，2060 年，在三种政策情景下，绿色发展绩效和美丽中国建设水平都处于优质协调阶段[1]。

综合比较各政策情景方案可知，为了促进绿色发展绩效与美丽中国建设水平协调，应该长期坚持基准政策。推进经济社会进行全面绿色转型，由绿色低碳发展规划引领，优化绿色低碳发展的区域布局，形成绿色生产、生活方式。实现经济社会稳定发展，尽量减轻对经济发展和现有产业的冲击，实现绿色发展绩效与美丽中国建设水平的协调。在碳达峰碳中和目标顺利实现、全面绿色转型取得优质成果后，可以适当加快发展速度和加大政策强度。

第六节　小结

碳达峰碳中和已成为我国全面绿色转型的重要抓手，基于碳达峰碳中和目标，本章在梳理碳达峰碳中和政策背景的基础上，构建碳达峰碳中和目标下的绿色发展绩效与美丽中国建设水平的分析框架，设计了基准、适度、强化三种政策情景；通过运用弹性系数法建立碳排放量与绿色发展绩效、美丽中国建设水平之间的弹性联系，从而对其未来发展情景进行模拟预测；进一

1　张翱祥、邓荣荣：《中部六省碳排放效率与产业结构优化的耦合协调度及影响因素分析》，《生态经济》2021 年第 3 期；朱佩誉、凌文：《不同碳排放达峰情景对产业结构的影响——基于动态 CGE 模型的分析》，《财经理论与实践》2020 年第 5 期；林伯强、蒋竺均：《中国二氧化碳的环境库兹涅茨曲线预测及影响因素分析》，《管理世界》2009 年第 4 期。

步通过耦合协调度分析碳达峰碳中和政策情景下的绿色发展绩效与美丽中国建设水平的协调状况，并分析其可能原因。主要研究结论如下。

（1）碳达峰碳中和目标倒逼政府和企业采取必要措施减少碳排放，同时通过环境保护等提高自然环境的碳吸纳能力，而这些举措将提高绿色发展绩效，推进美丽中国建设。在对碳达峰碳中和影响绿色发展绩效与美丽中国建设水平的理论分析基础上，分别从碳排放和碳吸收能力两个相互作用方面提出分析框架。具体结果如下。第一，有关碳达峰碳中和的实现途径的研究表明，碳达峰碳中和目标的实现既要求降低碳排放水平，也要求提升碳吸纳能力，其中降低碳排放尤为关键。同时，碳达峰碳中和目标的实现是一个长期过程，不同政策情景会使碳排放降低水平存在差异。第二，有关碳减排影响绿色发展绩效的机制的研究表明，碳减排目标约束会通过倒逼产业结构优化、绿色技术进步和能源结构优化等推进绿色发展，进而提升绿色发展绩效。第三，有关碳减排影响美丽中国建设的机制的研究表明，碳排放水平的降低会直接对美丽中国建设状态产生影响，同时碳减排能够通过提升绿色发展绩效影响美丽中国建设。第四，有关实现碳达峰碳中和的政策措施的研究表明，实现碳达峰碳中和的政策措施主要通过产业结构升级、技术进步、能源结构优化影响绿色发展水平、效率与结构，进而影响美丽中国建设目标实现。

（2）绿色发展绩效在碳达峰碳中和三种政策情景下呈现波动增长态势，但不同政策情景下的绿色发展绩效的变化趋势依然存在显著差异。在分别对三种政策情景下的绿色发展绩效进行模拟预测的基础上，对不同政策情景下的结果进行对比分析。具体结果如下。第一，对基准政策情景下的绿色发展绩效的模拟预测发现，我国绿色发展绩效预测值总体上呈现稳定上升趋势，绿色发展绩效五年年均增长率呈现先升后降的趋势，增长率先是稳定在0.8%左右，之后上升到1%左右，然后缓慢下降。第二，对适度政策情景下的绿色发展绩效的模拟预测发现，我国绿色发展绩效预测值总体上呈现快速上升趋势，绿色发展绩效五年年均增长率呈现先降后升的趋势，适度政策实施后的增长率下降至 0.11%，但 2035 年后稳步回升，保持在 1%～2%。第三，对强化政策情景下的绿色发展绩效的模拟预测发现，我国绿色发展绩效预测值大幅提升，绿色发展绩效五年年均增长率呈现波动态势，碳达峰前绿色发展绩效的增长率快速下降，2025～2030 年低至 -0.06%，2035～2050 年提升至 2% 左右，而后明显下降。第四，对比分析不同政策情景下的绿色发展绩效的模拟预测结果发现，基准政策情景下的变动最为稳定，增长幅度最小；适度政策情景下的波动幅度仅次于基准政策情景下的波动幅度，增长幅度次于强化政策情景下的增长幅度；强化政策情景下的绿色发展绩效预测值的波动幅度最大，增长幅度最大。2020～2038 年基准政策情景下的绿色发展绩效预测值是最大的，2038～2060 年强化政策情景下的绿色发展绩效预测值是最大的。在政策情景的选择上，2020～2038 年应该实施基准政策，2038～2060 年应该实施强化政策。

（3）美丽中国建设水平在碳达峰碳中和三种政策情景下都呈现波动增长态势，但不同政策情景下的美丽中国建设水平的变化依然存在差异。在分别对三种政策情景下的美丽中国建设水平进行模拟预测的基础上，对不同政策情景下的结果进行对比分析，具体结果如下。第一，对基准政策情景下美丽中国建设水平的模拟预测发现，美丽中国建设水平总体上呈现稳定上升的趋势，在 2030 年前，美丽中国建设水平五年年均增速有所下降，2030～2060 年较为平稳，基本保持在 2% 左右。第二，对适度政策情景下的美丽中国建设水平的模拟预测发现，美丽中国建设水平快速提升，美丽中国建设水平五年年均增长率呈现先降后升态势，在 2035 年前有所下降，之后基本稳定在 3%～5%。第三，对强化政策情景下的美丽中国建设水平的模拟预测发现，美丽中国建设水平快速提升，美丽中国建设水平五年年均增长率整体上呈现先升后降的态势，2020～2025 年仅为 0.36%，2030 年后，除 2030～2035 年和 2055～2060 年外都高于 4%。第四，对比分析不同政策情景下的美丽中国建设水平的模拟预测结果发现，基准政策情景下的变动最为稳定，增长幅度最小；适度政策情景下的波动幅度仅次于基准政策情景下的波动幅度，增长幅度次于强化政策情景下的增长幅度；强化政策情景下的绿色发展绩效预测值的波动最大，增长幅度最大。2020～2038年，美丽中国建设水平在基准政策情景下最大；2038～2048年，三种政策相互交叠；2048～2060年，强化政策情景下最大。在政策情景的选择上，2020～2038年应该实施基准政策，2038～2048年可实施适度政策，2048～2060年应该实施强化政策。

（4）三种政策情景下的绿色发展绩效与美丽中国建设水平的耦合协调度都呈现大幅提升态势，基准政策情景下的耦合协调度长期最优，但三种政策情景最终都达到了优质协调。在分别对三种政策情景下的绿色发展绩效与美丽中国建设水平的耦合协调度模拟结果进行比较及原因分析的基础上，重点对不同政策情景下的结果进行对比分析，具体结果如下。第一，对基准政策情景下的绿色发展绩效与美丽中国建设水平的耦合协调度的模拟结果及原因的分析发现，耦合协调度实现了较大程度的增长，2030年为碳达峰年份，2030～2040年处于初级协调和中级协调阶段，2045～2060年为良好协调和优质协调阶段。可能的原因是，碳减排的总体约束力较弱，能源效率提升、技术进步和产业结构转型升级等处于温和的自然状态。第二，对适度政策情景下的绿色发展绩效与美丽中国建设水平的耦合协调度的模拟结果及原因的分析发现，耦合协调度大幅增长，2028年为适度政策情景下的碳达峰年份，2020～2035年处于轻度失调和濒临失调阶段，2040～2050年由勉强协调阶段发展到中级协调阶段，2055～2060年处于良好协调和优质协调阶段。可能的原因是，适度政策的强度高于基准政策，强化了碳排放的约束行动和措施。在能源效率提升的基础上，高耗能行业的绿色技术进步，其他行业的绿色技术水平小幅提升，这加强了对高耗能行业的环境规制。第三，对强化政策情景下的绿色发展绩效与美丽中国建设水平的耦合协调度模拟结果及原因分析发现，耦合协调度大幅增长，2028年为强化政策情景下的碳达峰年份，2020～2030年绿色发展绩效与美丽中国建设水平的耦合协调度都处于轻度失调阶段，2030～2045年基本在轻度失调到初级协调间波动，2050～2060年处于良好协调和优质协调阶段。可能的原因是，强化政策情景是对碳排放约束力最强的政策情景，在适度政策情景的基础上，进一步提升智慧化水平，并通过市场型政策工具加强对碳排放的控制，对经济社会造成了一定的冲击，造成周期性绿色发展绩效和美丽中国建设水平波动。第四，对三种政策情景下的绿色发展绩效与美丽中国建设水平的耦合协调度比较发现，基准政策情景下的耦合协调度基本全阶段处于最高水平，仅在后期被短暂超越。总体来看，随着时间推移，耦合协调度在基准政策情景下与其他两种情景下越来越接近，最终基本一致。由于基准政策情景下的耦合协调度预测值基本处于最高水平，仅在后期的较短时间内低于其他两种政策情景下的预测值。因此，在情景选择上，应该长期坚持稳定发展的基准——碳达峰碳中和政策。

第七章

新时代绿色发展绩效与美丽中国建设道路的优化选择：基于人与自然和谐共生的现代化目标

大自然是人类赖以生存与发展的基本条件，尊重自然、顺应自然、保护自然，是全面建设社会主义现代化国家的内在要求[1]。中国式现代化既有各国现代化的共同特征，更有基于国情的中国特色，其特色之一就是坚持人与自然和谐共生[2]。党的二十大报告提出，"推进美丽中国建设，坚持山水林田湖草沙一体化保护和系统治理，统筹产业结构调整、污染治理、生态保护、应对气候变化，协同推进降碳、减污、扩绿、增长，推进生态优先、节约集约、绿色低碳发展"[3]。可见，美丽中国建设是中国式现代化的重要内容，绿色发展的推进与中国式现代化目标紧密相关，必须站在人与自然和谐共生的角度谋发展。因此，急需从人与自然和谐共生的现代化角度洞察绿色发展绩效与美丽中国建设道路选择问题，在充分借鉴国内外相关案例的现代化建设的经验基础上，构建人与自然和谐共生的现代化目标引领下的分析框架，对绿色发展绩效与美丽中国建设协调-发展路径进行归纳并剖析其影响因素，以提出路径优化对策。

1　《（受权发布）习近平：高举中国特色社会主义伟大旗帜 为全面建设社会主义现代化国家而团结奋斗——在中国共产党第二十次全国代表大会上的报告》，新华网，2022 年 10 月 16 日，https：//www.news.cn/politics/cpc20/2022-10/25/c_1129079429.htm。

2　张瑞才：《学习和阐释习近平生态文明思想的八个向度》，《思想战线》2021 年第 4 期。

3　《（受权发布）习近平：高举中国特色社会主义伟大旗帜 为全面建设社会主义现代化国家而团结奋斗——在中国共产党第二十次全国代表大会上的报告》，新华网，2022 年 10 月 16 日，https：//www.news.cn/politics/cpc20/2022-10/25/c_1129079429.htm。

第一节　绿色发展与美丽中国建设的典型案例比较

对绿色发展与美丽中国建设的典型案例进行分析不仅有利于指导我国进行全面绿色发展转型，而且为美丽中国建设提供道路选择依据，还为人与自然和谐共生的现代化建设提供经验启示。为此，本章选择对国外典型绿色发展案例和美丽中国建设的典型案例进行分析，总结现代化建设目标下绿色发展绩效与美丽中国建设的新要求，得出人与自然和谐共生的现代化建设经验启示。其中，国外绿色发展案例包括法国应对气候变化、欧盟实施"绿色新政"、韩国发展"亲环境"农业以及美国采用"绿色能源"发展模式。美丽中国建设案例包括省域"江西样板"、城市"上海样板"以及乡村"丽水样板"。

一　绿色发展的国外典型经验借鉴

（一）法国应对气候变化

气候是维持地球上的生命的关键条件，气候变化成为人类共同关注的话题[1]。自 20 世纪中期以来，在人类活动的影响下，大气中的二氧化碳浓度逐渐升高，地球进入气候变化新纪元[2]。温室效应使极端天气频发，对人类社会和经济的发展造成巨大危害。因而，缓解全球气候变暖和实现碳达峰碳中和已成为全球共识，是当前重要的国际议题[3]。世界气象组织（WMO）和联合国环境规划署（UNEP）于 1988 年建立了联合国政府间气候变化专门委员会（IPCC），以全球气候系统变化为切入点，以科学文献为依据，以经 IPCC 全会

---

[1]　张海滨：《全球气候治理的历程与可持续发展的路径》，《当代世界》2022 年第 6 期。

[2]　刘世荣、代力民、温远光等：《面向生态系统服务的森林生态系统经营：现状、挑战与展望》，《生态学报》2015 年第 1 期。

[3]　刘冠辰、田昆儒、李元祯：《欧美国家碳排放权交易价格问题研究综述及其启示》，《现代财经》（天津财经大学学报）2012 年第 12 期；费维扬、赵兴雷、周文戟：《全球气候变暖：人类面临的世纪挑战》，《生态经济》2009 年第 4 期。

审核批准的规则和程序为准绳，组织发达国家、发展中国家的科学家，对全球气候变化的科学基础，影响、适应情况和脆弱性，以及减缓气候变化等问题进行科学评估，就气候变化问题向世界提供科学的咨询意见。法国在全球气候治理领域扮演重要角色，是国际气候谈判的主要参与者。近年来，法国加快应对气候变化之步伐，试图破解全球气候治理困局[1]，其举措能为我国气候治理提供经验启示。

1. 案例背景

法国早期气候治理主要聚焦国内能源安全、环境保护等领域。20世纪70年代，法国开启大规模核建设计划，成功转型为核能源大国。此后，围绕能源安全问题，法国实施了一系列改革措施，其中包括提高能源效率、征收高额燃料税、增强发电形式多样性等，通过制定严格的规定和采取激励措施，间接实现了温室气体减排。实际上，直到20世纪80年代末，法国在全球气候治理问题上几乎未表现出较强的积极性。由于"能源独立"目标具有重大战略意义，各国一直将其等同于国家独立，尤其是在已经拥有成熟核能技术的法国。这一认知使法国对能源进行高度集中管理，优先确保能源供应安全和维持价格竞争力，并对政策和规则变化更加警惕。

20世纪90年代以来，随着气候问题转变为国际政治共识，法国在改变国内发展模式的同时，开始逐渐参与全球气候治理，并在这一过程中展现出独特的行动逻辑。2015年11~12月，第21届联合国气候变化大会（COP21）举行，通过了"有史以来第一个真正的国际气候协定"——《巴黎协定》，具有里程碑式意义。《巴黎协定》确立了"国家自主贡献"（NDCs）方式，通过允许各国"自决"（Self-Determination），将传统法律约束性目标转变为自下而上的自愿减排承诺，成功回避了目标分配冲突，消除阻碍气候谈判的关键性障碍。实际上，东道主法国在第21届联合国气候变化大会召开前就同所有关键国家进行战略沟通，凭借出色的组织与外交表现，在复杂而矛盾重重的谈

1　赵斌、李宇辰：《后巴黎时代法国气候政治新变化》，《法国研究》2022年第3期。

判过程中力促这一实质性协定得到与会者最大限度的支持。可见，该协定是法国气候外交的一次"跨时代胜利"，标志着全球气候治理进入新阶段。随着全球气候治理体系转型，以《巴黎协定》为起点，法国正式开启后巴黎时代气候政治新实践。

2. 主要目标与具体做法

（1）主要目标。一是减少温室气体排放。法国应对气候变化的主要目标之一是降低温室气体的排放量。法国政府已经承诺在 2030 年前将温室气体排放量降低 40%，并在 2050 年前将温室气体排放量降至 1990 年的 50% 以下。二是发展清洁能源。根据法国生态转型和团结部公布的相关数据，法国政府计划到 2030 年将能源来源中的可再生能源占比提高到 50%。为了促进可再生能源发展，到 2040 年，所有新注册的汽车都应该是零排放车辆。

（2）具体做法。为应对气候变化，法国从以下三个方面采取应对措施。其一，法国积极推广可再生能源。一是政策扶持。法国政府对可再生能源的发展提供大力扶持，包括资金支持、税收优惠、鼓励投资等。例如，法国政府向太阳能项目提供资金支持，并减免了一些税收。二是将可再生能源融入公共建设项目。如学校、医院等公共设施在建设中使用可再生能源。三是开展国际合作。法国与其他国家在可再生能源领域进行合作，共同推广可再生能源。例如，法国与德国在太阳能领域进行合作，共同研发新技术。四是大力进行宣传教育。法国政府通过学校教育、媒体宣传等多个渠道，向公众宣传可再生能源的重要性和应用前景。五是加大技术研发力度。法国政府投入大量资金用于进行可再生能源技术研发，以提高可再生能源的效率和可行性。法国是欧洲可再生能源研究和开发的领导者之一。其二，实施碳排放权交易制度。法国在 2005 年首先实施碳排放权交易制度，这是全球首个碳排放权交易制度。通过这一制度，法国政府设定了排放限额，鼓励企业和个人采取环保措施减少温室气体排放。其三，制定环境保护法律法规。一是法国立法机关制定环境保护法律，确定环境保护的原则和标准。例如，法国制定实施《环境代表法》《生态和自然资源管理法》等相关法律。二是设立环境监管机构，对环境保护进行监督和管理。例如，法国设立了国家环境监督署和地方环境监督机构。三是法国政府将环境保护融入国家发展规划，保证环境保护与经济协调发展。四是法国政府鼓励公众参与环境保护，通过各种渠道与公众沟通交流。例如，法国实行环境影响评价制度，允许公众对环境影响进行评价。五是法国政府对违反环境保护法律的个人和企业实施惩罚，以确保环境保护法律有效实施。例如，法国对污染企业进行罚款和行政处罚。

3. 经验启示

一是大力发展清洁能源，推动能源结构升级。法国通过政策扶持、加大技术研发力度等方式积极推广可再生能源。在我国人与自然和谐共生的现代化建设过程中，要积极开发可再生能源，促使能源结构清洁化，确保能源安全。在可再生能源领域，积极与其他国家进行合作，共同推广可再生能源。二是多措并举降低碳排放。法国是碳达峰碳中和的积极推动者，进行碳排放权交易，主张减少温室气体排放。我们可以学习法国政府通过实施多项措施减少温室气体排放，例如，推动可再生能源发展，实施节能行动，制定环境保护相关法律等。三是坚持国际联防共治。法国是可持续发展和气候治理国际合作的积极参与者，主张通过合作实现可持续发展目标。如法国签署和执行《巴黎协定》，并通过合作项目与其他国家共同推动碳中和进程。在人与自然和谐共生的现代化建设中，要积极参与全球气候治理，共建人类命运共同体。

（二）欧盟实施"绿色新政"

地球变暖是人类历史上迄今为止遇到的最大范围的公共问题，也是当今国际社会普遍关注的重大全球性问题。以地球气候变暖为主要特征的气候安全问题，给人类的生存与发展、经济社会的可持续发展带来了严峻的挑战，直接影响公众生命与财产安全，深度触及生态安全、粮食安全、卫生安全和全球安全领域。气候安全问题和经济增速放缓成为全球性两大危机，同时也是打造新的环境、能源产业的机遇。国际社会及各国政府纷纷制定短期、中长期刺激经济复苏政策以应对气候变化，推出以向低碳经济转型为核心的绿色发展规划，开创了一种具有可持续发展前景的新的经济社会发展模式——

"绿色新政"（Green New Deal）。试图通过推行"绿色新政"，在新一轮经济发展进程中实现可持续发展。这既是应对地球暖化、维护气候安全、化解当前经济危机的必要举措，也将为全球经济社会可持续发展奠定坚实的基础。推动全球实施"绿色新政"并不是一种姿态，已经变成国际社会及各国的行动。在全球绿色发展和可持续发展进程中，欧盟一直处于引领者的地位。2019 年 12 月，欧盟委员会发布《欧洲绿色协议》（以下简称《协议》），《协议》几乎涵盖所有经济领域，是一个全面的欧盟绿色发展战略，描绘了欧盟绿色发展战略的总体框架，并提出了需要落实的涉及关键政策和措施的初步路线图。这一绿色新政的发布对我国的绿色发展具有重要的借鉴意义[1]。

1. 案例背景

自 20 世纪七八十年代开始，随着整体发展水平的提升，西欧国家普遍出现更加关注生态环境和生活质量的后物质主义价值转向。随之，以绿色政治为目标追求的绿党在西欧普遍创建并在 20 世纪 90 年代进入一些国家的政府，对欧洲政治产生重要影响。随着全球气候变化加剧和全球生态环境退化，一贯具有较强生态环境保护意识和绿色政治传统的欧洲近年来出现新一波强劲的绿色浪潮[2]。欧盟积极主张实施"绿色新政"以谋求在地球自然限制内实现经济繁荣、社会正义和生活幸福，完成经济社会的全面转型[3]。欧盟实施"绿色新政"，既是恶劣大环境下扭转局面的被动手段，也是推动绿色浪潮的主动所为。

欧盟长期以来为实现"绿色"宏观图景不断努力。2007 年底，欧盟发布了战略能源技术计划（SET-Plan）的路线图及对低碳技术开发进行投资，针对风能、太阳能、电网、生物能、碳捕集与封存（CCS）、可持续核能等优先领域进行技术开发、部署、研究、实施、投资，对取得的主要成果等进行详

1　钱立华、方琦、鲁政委：《欧盟绿色新政对我国的启示》，《金融博览》2020 年第 9 期。

2　李慧明：《欧洲绿色浪潮兴起的深刻动因及其影响》，《人民论坛》2022 年第 14 期。

3　〔印度〕索尼·卡普尔：《绿色新政：欧洲走出危机的长期性、可持续计划》，申森译，《南京林业大学学报》（人文社会科学版）2014 年第 3 期。

细的规划。2008 年底，欧盟 27 国领导人通过了《欧盟 2020 年碳排放协议》，要求 2020 年欧盟各国温室气体排放量比 1990 年减少 20%，并通过 27 国各自不同的排放指标以及欧洲范围内的碳交易系统实现这一目标。2009 年 3 月 9 日，欧盟正式启动整体的绿色经济发展计划，投资 1050 亿欧元用于进行绿色经济的培育、支持与建设。这一计划既包括新能源、新材料和新产品等技术的研发、应用和推广，也包括对现有产业经济的技术革新和改造，还包括以"减排"为目标的能源替代和工艺创新。2019 年 12 月，欧盟委员会发布《欧洲绿色新政》（以下简称"新政"），提出 2050 年实现气候中和目标，旨在通过采用新的循环增长模式，将欧盟转变为一个公平、繁荣的社会和富有竞争力的资源节约型现代化经济体。自新政发布以来，欧盟在立法保障、政策规划、资金支持三个方面出台了一系列措施以推动新政实施，这对我国绿色转型具有借鉴意义[1]。

2. 政策目标与具体做法

（1）政策目标。作为欧盟新的增长战略，新政旨在"将欧盟转变为一个公平、繁荣的社会和富有竞争力的资源节约型现代化经济体，到 2050 年欧盟温室气体达到净零排放，并且实现经济增长与资源消耗脱钩"，让欧洲走上可持续和包容性发展道路。欧盟推出《欧洲绿色政纲》，明确提出 2050 年实现气候中性的宏大目标，并拟将"2050 年净零碳目标"写入首部欧洲《气候法》。为此，欧盟提出阶段性目标：2030 年，欧盟温室气体排放量在 1990 年的基础上减少 50%～55%，比原计划目标提高了 10 个百分点。

（2）具体做法。新政涵盖能源、工业、交通、建筑、农业等所有经济领域。内容如下。一是上调欧盟 2030 年和 2050 年减排目标。新政提出，将欧盟 2030 年温室气体减排目标从 1990 年减排 40% 上调至 50% 并力争达到 55%，比原目标上调了 10～15 个百分点，并于 2020 年 9 月正式公布；2020 年 3 月前，欧洲首部《气候法》公布，将 2050 年实现气候中和的目标载入其中，使其具

1　张楠、郭昕、杨玉川：《欧洲绿色新政实施进程》，《世界环境》2022 年第 4 期。

有法律约束力。据统计，1990~2018 年，欧盟温室气体排放量减少了 23%，经济增长了 61%，但按照目前力度仍无法完成 2050 年的减排目标。新政还提出，为了实现新增减排目标，欧委会将对相关法律法规和政策工具进行修订与完善，可能的措施包括将新行业纳入欧洲碳排放交易体系、修订《能源税指令》以保证税收与气候政策的一致性、针对选定的行业提出碳边境调节机制等。

二是初步明确重点领域实现目标的政策路径。从全部经济范围来看，能源系统进一步脱碳、推动工业朝着清洁循环方向转型、以高能效和高资源结构建造和翻新建筑、加快向可持续与智慧出行转变、设计公平健康环保的食品体系、保护与修复生态系统和维持生物多样性、实现无毒零污染是欧盟落实绿色新政的七个主要方向。在能源领域，构建清洁、经济、安全的能源供应体系。能效、可再生能源、快速淘汰煤炭、对天然气进行脱碳处理和各领域可持续解决方案的智能融合是能源系统低成本脱碳的关键。在工业领域，推动工业企业进行清洁化、循环化改造。充分挖掘数字转型的潜力，是实现绿色新政目标的关键要素。同时要将工业战略与新的循环经济行动计划相结合，推动欧盟内外气候中性和可循环产品领导市场的发展。在建筑领域，形成资源能源高效利用的建筑改造方式。以高能效的资源结构建造和翻新建筑是主要方向。在交通领域，加快建立可持续与智慧出行体系。通过多式联运方式改善交通运输系统的结构，同时拟取消化石燃料补贴，将欧洲碳排放权交易扩大至海运业，并减少无偿分配给航空公司的欧盟碳交易配额，提出更严格的内燃机机动车大气污染物排放标准。在食品领域，建立公平、健康、环境友好的食物供应体系。出台"从农场到餐桌战略"，设计覆盖食品链各环节的可持续食品政策，大幅减少对化学农药、化肥和抗生素的使用。在生态保护和生物多样性领域，保护并修复生态系统和维持生物多样性。采取可量化的目标应对生物多样性丧失的风险，通过实施《欧盟新森林战略》推动欧洲植树造林和森林保护与修复，通过实施针对大气、水和土壤的零污染行动计划和可持续化学品战略创造无毒环境。

三是初步明确实现新政目标的资金渠道。一方面，积极实施"可持续欧洲投资计划"，以绿色投融资确保进行公正合理的转型。据欧委会估算，若想实现当前的2030年的气候与能源目标，每年还需进行2600亿欧元的额外投资，约占2018年GDP的1.5%，这需要公私部门的共同投入。在新政中，公共部门的资金来源主要涉及绿色专项投资，实施"气候主流化"以将欧盟所有项目预算的25%用于应对气候变化，将欧洲投资银行（EIB）转型为欧盟的气候银行，到2025年将其气候融资比重翻番，鼓励成员国开发银行及相关机构全面开展绿色投资等。此外，私营部门将成为欧盟绿色转型融资的关键。2020年，欧盟推出《可持续金融披露条例》（SFDR），要求金融机构披露ESG相关信息，这是欧盟可持续金融行动计划的重要组成部分。另一方面，确定国家环保预算，充分运用绿色预算工具重新将公共投资、消费和预算直接导向绿色优先项目，避免进行有害补贴。

四是明确实施新政的主要保障措施。主要包括研究和创新、教育和培训、公众参与以及国际合作四个方面。在研究和创新方面，欧盟将把"地平线欧洲"项目至少35%的预算用于制定应对气候变化的解决方案，在各行业、各市场大规模部署、推广新技术，打造全新的创新价值链，以保持欧盟在清洁技术方面的全球竞争优势。在教育和培训方面，构建欧洲能力建设框架，在大中小学和培训机构推动绿色转型教育培训。同时，积极开展职业再培训，通过"欧洲社会基金+"、"技能议程"和"青年人保障计划"等提高绿色经济环境下民众的就业能力。在公众参与方面，欧委会于2020年3月4日就新的《欧洲气候公约》公开征求意见，包括通过信息共享、公众对话、线上线下交流等方式提升公众对气候环境挑战的认知和应对能力。在国际合作方面，欧盟开展更有力的"绿色新政外交"，在全球推广落实其环境、气候和能源政策目标。主要措施包括继续推动《巴黎协定》实施，加强与G20、南部和东部邻国在环境、能源和气候领域的合作，以绿色贸易政策促进绿色商品、服务贸易发展和进行相关投资等。

3. 经验启示

欧盟新政的经验启示主要体现在以下三个方面。①坚持可持续发展，积极推动能源转型。欧盟加强国际合作，与其他国家共同努力实现全球可持续发展；欧盟通过加强科技创新，推动环保技术创新，为实现全球可持续发展提供了重要支持。欧盟绿色新政推动了欧盟内部的能源转型，通过提高可再生能源比例和减少碳排放，促进环保和经济发展平衡；欧盟通过制定环境保护法律法规，促进环境保护和经济发展协调。②进行全球治理，积极协调政策。欧盟通过实施协调政策，在环境和经济领域的各个层面实现协调；参与国际合作，与其他国家共同努力实现全球治理目标；鼓励各国参与全球治理，通过合作实现全球可持续发展。③促进绿色增长，推广可再生能源。欧盟通过推广环保技术，发展绿色产业，加强环境保护，促进绿色增长。

（三）韩国发展"亲环境"农业

韩国高度重视"亲环境"农业发展，经过多年的实践，在减少化肥、农药使用的情况下，"亲环境"水稻产量与普通水稻产量持平。"亲环境"农业的发展一方面减少了对土壤和水资源环境的污染，农业可持续生产能力显著提升；另一方面提升了农产品质量，保障韩国粮食供应安全，缓解产能过剩，最终实现农业可持续发展和环境改善，经济、社会、生态效应显著提升，韩国农业生产水平和农民生产积极性不断提高。韩国与中国同属东亚地区，资源禀赋和发展模式具有很多共性特征，韩国的"亲环境"农业与中国的生态循环农业、绿色农业较为相似，主要是为了寻求实现人与自然之间的和谐，实现农业生产可持续、环境保护、农产品质量安全和农民增收的目标，其发展经验有许多值得借鉴的地方。

1. 案例背景

韩国现代农业的发展时间较早，在现代农业带来高效的劳动生产率和丰富的物质产品的同时，也较早遇到了生态危机。例如，化肥和农药的过量使用导致土地资源恶化、水污染，这不仅降低了农业的可持续生产能力，也对农产品质量造成威胁，进而削弱了韩国农业的国际竞争力。为了应对这一挑战，韩国政府决定转变农业发展方式，推动"亲环境"农业发展。

2. 战略目标与具体做法

（1）战略目标。韩国的战略目标有三。其一，通过构建适宜于区域条件、农民经营规模、农作物特点的"亲环境"农业体系，提高农民收入，保障农产品安全。其二，通过确立农产、畜产、林产相联系的自然循环农业体系，加强能源循环利用，减少环境污染，保护农业环境。其三，提高农业生产效率和质量，降低生产成本。

（2）具体做法。韩国"亲环境"农业发展多措并举，包括制定政策、加大生产环节补助力度、政府引导销路、执行严格生产规程以及发展智慧农业等。一是立法保障。韩国政府于1997年颁布《环境农业培育法》，此后进行多次修订，逐步完善为《亲环境农业促进法》，为"亲环境"农业的发展提供了制度保障。二是加大补贴力度。韩国政府对"亲环境"农业生产环节进行大量补助，减少农民的成本投入。例如，农民每种植1公顷水稻，国家财政就会补贴一定金额；同时，国家通过补贴让企业将秧苗以低于成本的价格卖给农户，农机具也由国家相关部门以远低于成本的价格租给农户。三是引导销路。韩国政府通过立法要求国家机构和团体优先购买"亲环境"农产品，并积极引导"亲环境"农业生产基地与城市签订指定派送协议，确保销路畅通。四是严格监管。韩国政府对"亲环境"农产品的生产、销售等环节进行严格监管，确保产品质量安全。对于非法取得"亲环境"农产品标志、将普通农产品标注为"亲环境"农产品等行为，进行严厉处罚。五是推动智慧农业发展。韩国政府积极推动智慧农业发展，通过应用物联网、大数据、人工智能等技术，提高农业生产的智能化水平。六是加强能源循环利用。韩国政府鼓励农场生产用电不用油，通过进行补贴降低农民的用电成本，并加强对能源循环利用的研究，提高能源利用率。七是促进进行热带作物种植技术研究和人才培养。为了应对全球气温升高，韩国政府致力于进行热带农业生产技术的开发与研究，以备未来之需。此外，韩国政府重视对未来农业专业技术人才的培养，通过建设先进的农业教育现场、邀请世界级专家传授新知识和经验等方式，提升农民的专业素养和技能水平。

3. 经验启示

通过对韩国"亲环境"农业模式的分析可知，韩国政府的"亲环境"农业发展举措主要包括政府支持、发展农业智能科技和培养农业专业技术人才，得到如下启示。在乡村振兴过程中，把政府支持和农业现代化技术发展作为乡村振兴的重要抓手，通过政府引导和发展农业智能技术，促进农业进行绿色转型，最终实现人与自然和谐发展的目标。具体而言，①政府引导与支持不可或缺。韩国政府在"亲环境"农业的发展过程中发挥了重要作用。政府通过加大补贴力度、引导销路、严格监管等措施，降低了农民的生产成本，提高了他们的生产积极性，保障了农产品的质量安全。②立法保障是关键。韩国"亲环境"农业的成功表明，立法保障是推动农业绿色发展的重要手段。通过制定和完善相关法律法规，可以规范农业生产行为，保障农产品质量安全，推动农业可持续发展。③科技创新是动力。韩国"亲环境"农业的发展经验表明，科技创新是推动农业现代化的重要动力。通过应用物联网、大数据、人工智能等先进技术，可以提高农业生产的智能化水平，降低生产成本，提高农产品质量和市场竞争力。④人才培养是基础。农业专业技术人才的培养是农业发展的基础。韩国政府重视对农业人才的培养和引进，通过建设先进的农业教育现场、邀请世界级专家传授新知识和经验等方式，提升了农民的专业素养和技能水平，为农业的发展提供了有力的人才保障。

（四）美国采用"绿色能源"发展模式

能源是人类赖以生存的重要战略资源，人类文明的每一次重大进步都伴随着能源的改进和更替[1]。目前，世界各国都在积极探索未来能源转型发展

1　于爽：《中国绿色能源行业现状与发展前景分析》，《中外企业家》2018 年第 31 期。

路线，掀起了"绿色能源革命"。绿色能源代表有别于传统能源结构的一种新的、不危害生态又具有可持续发展性质的能源运行结构的形成[1]。其具有两层含义：一是利用现代技术开发干净、无污染的新能源，如太阳能、风能、潮汐能等；二是化害为利，同改善环境相结合，充分利用城市垃圾等废物中所蕴藏的能源[2]。以美国为主的发达国家在绿色发展道路的选择上，将绿色能源作为应对经济危机、实现经济复苏和发展的"主力点"[3]。美国一直实行全球性的能源战略，有效减少了对旧能源的依赖，并利用现代技术优化能源利用结构和开发新能源，以确保能源供应安全[4]。美国的"绿色能源"模式实现"开源"和"保源"两手抓，这为我国破解能源发展瓶颈提供了典型经验[5]。

1. 案例背景

美国是一个高度发达的资本主义国家，经济规模庞大，自然资源十分丰富，且本国的资源消费观相对于欧洲及日本等较为粗放，因此，美国的能源消费和能源进口规模一直位于世界前列。据英国石油公司（BP）发布的《世界能源统计年鉴2022》，2021年，世界一次能源消费量为595.15艾焦，其中，美国为92.97艾焦，占比为15.6%，位居世界第二。在美国的能源消费结构中，石油、天然气、煤炭等高碳、高污染的不可再生能源约占81%，而核能、水电及其他可再生能源仅约19%。纵观第二次世界大战以来的发展历程，受能源供需情况、地缘政治以及政府治理能力等因素影响，美国能源政策经历了一系列演变（见表7-1）。

1　张洪潮、王素芳、张凌晓、李银柱：《中国能源结构生态化的演化轨迹研究——基于2002~2011年的面板数据》，《工业技术经济》2014年第5期。

2　鲍云樵：《几种值得关注的可再生能源和新能源》，《中外能源》2007年第1期。

3　许广月：《从黑色发展到绿色发展的范式转型》，《西部论坛》2014年第1期。

4　张威、张丽花：《美国能源政策的变化及中美新能源合作的前景》，《国际经济合作》2009年第11期。

5　白泉、佟庆：《美国的能源多样化战略及对我国的启示》，《宏观经济管理》2005年第4期。

表 7-1　美国能源政策演变情况

时期	特点	主要内容
20 世纪 40~60 年代	能源政策宽松自由	国内方面，主要能源政策倾向于防止进口石油对国内石油产业的冲击；国际方面，政府强调保障盟国石油安全，以维护世界霸权地位
20 世纪 70~90 年代	强调政府干预，强化能源安全	国内方面，主要进行能源结构调整，并实施节能政策，能源供需矛盾逐渐缓和；国际方面，主导成立了国际能源署，制定最低保护价政策以促进国内石油产业持续发展，保障国家能源安全
21 世纪以来	兼顾市场机制和政府政策的调节作用，促进能源独立与清洁能源发展	在这一时期，国际地缘政治态势复杂多变，历任政府虽然采取的举措不尽相同，但都致力于降低美国的能源对外依存度，增加国内能源供给，推进节能以及大量使用清洁能源，实现能源供给多元化

　　美国的绿色能源计划起步于 21 世纪初期，此前，建立在石油、煤炭、天然气等化石燃料基础上的能源体系，极大地推动了美国经济社会的发展，但使其能源发展陷入危机。一方面，经济社会发展依托能源消耗，化石燃料消耗的增加造成的环境污染日益严重，这过快过早地消耗了有限的资源，释放了大量多余的能量和碳素，直接导致出现自然界的能源浪费和臭氧层被破坏、碳平衡被打破、温室效应增强、全球气候变暖和酸雨等灾难性后果。另一方面，现存的化石燃料面临枯竭危机，发达国家与发展中国家之间，以及美国与欧洲国家之间争夺能源资源的情况日渐加剧。作为当时最大的能源进口国、消费国和出口国，根据对世界和本国未来能源形势的分析，美国在有效地利用能源、建设能源基础设施和增加能源供应与保护环境三个方面面临严峻的挑战。信息革命之后的又一轮技术储备主要有两个方向：生物技术和绿色能源技术。绿色能源技术的突破必将是美国向发展中国家"提款"的一张"王牌"，也是美国引领世界发展的关键所在，而对新能源的开发成为其新一轮"绿色新政"的核心。21 世纪以来，美国为维护其在全球能源领域的领先地位，实施"绿色能源"政策。

2. 战略目标与具体做法

（1）战略目标。美国的战略目标就是在能源危机和气候变化的关键时刻，化解能源危机，振兴美国经济。绿色能源计划实施后，美国在新能源方面的投入超过过去所有时期，其能源政策的短期目标是建立新的经济增长点，并通过发展实业、扩大就业解决国内的重重矛盾，促进经济复苏；长期目标是摆脱美国对外国石油的依赖，在新能源领域占据制高点，让美国经济继续领跑。

（2）具体做法。美国的绿色能源计划的跨度时间较长，开始于奥巴马执政时期，至今已发生较大转变。一是制定清洁能源政策，发展绿色能源技术。奥巴马在 2009 年上任后先后提出美国能源新政、汽车节能减排计划和美国联邦政府创新战略，将绿色能源技术作为创新战略实施的突破口。尽管很多具体政策未能得到有效实施，但奥巴马时期美国能源生产形势还是发生了显著变化。其气候政绩空前优异，保护了逾 2.65 亿英亩（约合 107.2 万平方千米）的公共土地和水域，清洁能源政策成效显著。

二是坚持以化石能源为主、以清洁能源为辅的方针。特朗普政府在支持大规模开采天然气、支持核能等清洁能源以及进行生物燃料开发等方面的能源政策与奥巴马政府保持了一定的连贯性，但其能源政策所秉持的总体理念与奥巴马政府南辕北辙。特朗普政府发布的"美国第一能源计划"的核心措施是发展化石能源，这加剧了世界能源市场的供应过剩，同时加速改变了现有国际能源格局和能源地缘政治，对全球气候环境造成了不可估量的破坏[1]。

三是积极参与气候治理，进行清洁能源革命。拜登是美国国会中推动气候变化议题的先驱，曾参与起草气候控制法案，其在奥巴马政府期间积极规范碳排放，始终支持发展清洁能源和进行气候治理，倡导进行清洁能源革命。拜登政府扭转特朗普第一任期内对石油和天然气行业的放松管制措施，同时

---

[1] 李扬、徐洪峰：《特朗普政府"美国第一能源计划"及其影响》，《东北亚论坛》2017 年第 5 期。

实施从化石燃料中"合理过渡"的政策，试图推出结构性的经济和政策支持方案，以刺激清洁能源发展。其提出的绿色能源计划的核心包括对新能源的研发、广泛应用与对传统能源的替代升级。拜登政府以"绿色新政"为框架，回应气候挑战，依托技术创新、需求激发和基础设施投资三大支柱，意在以清洁能源为杠杆发展美国经济；借气候变化问题的溢出效应重振美国在气候治理、清洁能源技术、制造业和能源行业发展方面的全球领导力。同时，拜登政府做出了多项促进清洁能源发展的承诺，包括在执政的 4 年内投资 2 万亿美元实现能源 100% 的清洁化和车辆零排放[1]；制定更加严格的燃油排放标准，确保 100% 新销售的轻中型车辆实现电动化等。

3. 经验启示

通过对美国"绿色能源"模式的分析可知，不同政府制订的绿色能源计划具有较大的差异性，美国发展绿色能源的主要途径为旧能源技术改革和绿色能源新技术发展，具有如下启示：在人与自然和谐共生的现代化建设中，以能源消费结构和新能源的技术发展为进行全面绿色转型的重要抓手，通过能源结构的绿色化，促进产业结构进行绿色化转型，最终实现人与自然和谐发展的目标。①优化能源消费结构，积极推广清洁能源。美国以化石能源为主、以清洁能源为辅的方针对全球气候环境造成严重危害，可见，在现代化建设过程中，提高化石能源利用效率、发展清洁能源尤为迫切。具体包括减少对石油的依赖，支持绿色能源发展。未来增加投资建立"清洁能源研发基金"，以用于进行太阳能、风能、生物燃料和其他清洁可替代能源项目的研发和推广。②提高传统能源利用效率，推动绿色能源新技术发展。加大对绿色技术的创新投入力度，对旧能源技术进行更新换代，发展节能减排技术，积极发展绿色能源产业，通过绿色能源技术推动产业结构绿色化发展。

---

[1] 赵斌、谢淑敏：《"气候新政 2.0"：拜登执政以来中美气候政治竞合》，《西安交通大学学报》（社会科学版）2022 年第 4 期。

二 美丽中国建设的国内典型经验借鉴

（一）美丽中国建设的"江西样板"

1. 案例背景

自"美丽中国"提出以来，各省区市开始酝酿美丽区域样本建设方案。2015 年 4 月 25 日，《中共中央 国务院关于加快推进生态文明建设的意见》印发，其中对于美丽省和市生态文明建设的总体要求的指导思想、基本原则、主要目标等做出了指示。在意见的总体框架下，福建、江西、贵州等第一批生态文明先行示范省以及其他一些省区市均结合本地区情况制定了美丽省区市的建设方案。2016 年 2 月，习近平总书记视察江西时强调，"江西生态秀美、名胜甚多，绿色生态是最大财富、最大优势、最大品牌"。党的十八大以来，江西始终坚持和践行新发展理念，坚持"绿水青山就是金山银山"，积极探索生态文明建设的江西样板，成效显著。

2. 建设目标与具体做法

（1）建设目标。中国共产党江西省第十五次代表大会报告提出全面建设美丽江西的目标任务，即"扎实推进国家生态文明试验区建设"，"有力有序推进碳达峰碳中和"，"扎实做好治山理水、显山露水文章"，推动经济发展"高质量"和生态环境"高颜值"协同并进，生态文明体制改革取得新进展，"持续提升生态环境质量"，绿色低碳转型开启新路径，实现人与自然和谐共生的现代化[1]。

（2）具体做法。一是狠抓高位推动，完善机制凝聚合力。建立高规格领导机构，省级成立省委书记任组长、省长任第一副组长的高规格领导小组，市、县全部成立主要领导挂帅的领导小组，组织机构体系实现全覆盖；健全强有力的工作推进机制，省委、省政府出台《关于建设生态文明先行示范区的

---

[1] 《书写全面建设社会主义现代化江西的精彩华章——中国共产党江西省第十五次代表大会报告诞生记》，人民网，2021 年 11 月 29 日，http://jx.people.com.cn/n2/2021/1129/c190181-35026314.html。

实施意见》。省人大通过生态文明建设的专门决议，省人民代表大会专题听取和审议生态文明建设报告；制定针对性强的规划政策，围绕污水垃圾处理、大气污染防治、发展节能环保产业等重点难点问题，发布实施一大批规划政策。

二是狠抓生态建设，筑牢生态安全屏障。突出水生态建设重点，编制全省水生态文明建设规划，构建四级联动水生态文明建设体系；突出森林生态建设的重点，出台实施低产低效林改造提升森林质量的意见，加大公益林保护力度，提高公益林补偿标准；突出湿地生态建设的重点，编制湿地保护工程规划，将8公顷以上城区湿地纳入省重要湿地管理范围，全省湿地保有量占国土面积的比重达5.45%。

三是狠抓综合整治，着力解决群众反映强烈的突出环境污染问题。实施"净空"行动，抓住重点行业脱硫脱硝、除尘设施改造升级以及机动车尾气污染防治三个关键，全面完成国家目标任务要求；实施"净水"行动，实施"五河一湖"环保整治行动。对鄱阳湖周边及上游7个重点工业园区142家企业开展排查整治。加大污水处理设施配套管网建设力度，城市生活污水集中处理率达85%；实施"净土"行动，启动农村生活垃圾五年专项整治行动，积极推进农业面源污染治理、重金属污染防治。

四是狠抓转型升级，进一步提高经济绿色化程度。在推动节能降耗上做"减法"，深入实施万家企业节能低碳行动，创建能效"领跑者"制度，规上工业单位增加值能耗比上年下降6%左右。在发展绿色产业上做"加法"，大力发展绿色工业，全省高新技术产业增加值增长10.2%。启动实施服务业发展提速三年行动计划，全省服务业增加值占GDP的比重同比提高1.8个百分点。深入实施现代农业"百县百园"工程，"生态鄱阳湖、绿色农产品"品牌进一步打响。在发展循环经济上做"乘法"。着力打造一批循环经济发展平台，促进资源充分利用、经济效益倍增，主要再生资源回收利用率达65%。

五是狠抓机制创新，构建有利于生态文明建设的体制机制。划定三条红线，围绕优化国土空间开发格局，划定生态空间保护红线，确定水资源管理红线，启动永久基本农田红线划定工作；探索生态补偿机制，在全国率先实施全流域补偿，首期筹集生态流域补偿资金20.91亿元，成为全国补偿资金筹集力度最大的省；创新河湖管理与保护制度，构建省、市、县三级"河长"组织体系，省委书记、省长分别任省级正副"总河长"，7名省领导分别任境内主要河流/湖泊等"河长"，高位推动河湖管理与保护；完善生态文明建设考评体系，调整完善市县科学发展综合考核评价指标体系，增加循环经济等5个考核指标，提高生态文明类考核指标权重。

六是狠抓生态文化，弘扬生态文明理念。以专项活动营造氛围，组织开展节能宣传周、"低碳日"等活动，成功组织第六届环鄱阳湖国际自行车大赛；以宣传宣讲凝聚共识，广泛开展宣传活动，推出一大批基层探索和实践典型。组织专题宣讲团，赴全省各地进行宣讲，凝聚各方共识；以创建试点进行拓展推广，点上着力，成功创建5个国家级生态县、228个国家级生态乡镇；线上延伸，积极推进昌铜高速生态经济带等建设；面上拓展，创建全省第一批16个生态文明先行示范县。

3. 经验启示

对美丽中国"江西样板"建设典型案例进行分析可知，生态文明制度建设与山水林田湖草沙一体化治理始终贯穿美丽江西建设全过程。为此，在人与自然和谐共生的现代化建设中，需要着重关注创新生态文明体制机制和提升生态现代化治理能力。①创新生态文明体制机制，完善生态文明制度。建立高规格领导机构、健全强有力的工作推进机制、制定针对性强的规划政策、划定三条红线、探索生态补偿机制、创新河湖管理与保护制度以及完善生态文明建设考评体系等举措，均表明创新生态文明体制机制尤为重要。为此，在建设人与自然和谐共生的现代化进程中，要积极完善生态文明法律法规，确保绿色发展和美丽中国建设有法可依；加大监管和执法力度，确保生态文明建设有效实施。②坚持山水林田湖的综合治理，着力提升生态现代化治理能力。从突出森林生态建设、突出湿地生态建设的重点出发，狠抓生态建设，筑牢生态安全屏障。实施"净空""净水""净土"行动，狠抓综合整治，着力解决群众反映强烈的突出环境污染问题。可见，生态文明建设需要坚持系统一体化治理理念。

（二）美丽城市建设的"上海样板"

1. 案例背景

美丽城市建设是美丽中国建设的重要组成部分，是实现人与自然和谐共生的现代化的应有之义。作为一个全球化城市，上海是中国重要的经济、交通、科技、工业、金融、会展和航运中心，是世界上规模和面积最大的都会区之一。随着改革开放以来的城市化进程加快，上海的城市环境面临一些挑战，例如空气污染、交通拥堵、城市垃圾处理等问题。为了应对城市化进程中的问题，促进城市可持续发展，提高城市形象和国际竞争力，以及改善城市居民生活质量[1]，2018 年，上海开始实施美丽城市建设计划。上海希望通过美丽城市建设，提升城市形象，吸引更多的投资、人才和旅游资源，提高城市的国际竞争力，改善城市居民的生活质量等[2]。

2. 建设目标与具体做法

（1）建设目标。美丽上海建设目标为：到 2025 年，生态环境质量稳定向好，生态服务功能稳定恢复，主要污染物减排量完成国家下达目标，生态环境治理体系和治理能力现代化目标初步实现；细颗粒物（PM2.5）年均浓度稳定控制在 30 微克/立方米以下，空气质量优良天数比例在 90% 以上，全面消除重污染天气；地表水达到或好于 Ⅲ 类水体比例在 60% 以上，重要江河湖泊水功能区基本达标，近岸海域水质优良比例达到 18%；土壤污染等环境风险得到有效管控；各类固体废物资源化利用水平持续提升[3]。

（2）具体做法。一是全面推进绿色高质量发展。开展碳达峰行动。出

1　杨上广、倪泽睿、张全：《上海开发开放与高质量发展研究》，《中国名城》2021 年第 1 期。

2　杨舒涵、刘铮：《习近平生态文明思想的"上海实践"》，《改革与战略》2019 年第 10 期。

3　《中共上海市委 上海市人民政府关于深入打好污染防治攻坚战 迈向建设美丽上海新征程的实施意见》，上海市生态环境局网站，2022 年 9 月 5 日，https://sthj.sh.gov.cn/hbzhywpt1272/hbzhywpt5406/20221012/6d95f16da21547589a617a5abe478195.html。

台碳达峰碳中和"1+1+N"政策体系文件，重点实施碳达峰"十大行动"，确保 2030 年前实现碳达峰。标准建设绿色发展新高地，优化能源消费结构，推进产业转型升级，推进清洁生产和能源资源节约高效利用，加强生态环境分区管控，践行绿色低碳生活。二是深入打好蓝天保卫战，打好臭氧污染防治攻坚战，打好柴油货车污染治理攻坚战，加强社会污染源治理。三是深入打好碧水保卫战，打好"消黑除劣"成效保卫战，打好长江保护修复攻坚战，提升饮用水安全保障水平。实施长江口-杭州湾综合治理攻坚战。四是深入打好净土保卫战，打好农业农村污染治理攻坚战，推进农用地土壤污染防治。管控建设用地土壤污染风险。推进"无废城市"建设。实施新污染物治理行动。强化地下水污染协同治理。五是切实维护城市生态安全。提升生态系统质量。开展增绿行动，推进绿地、林地、湿地融合发展，增强生态系统碳汇能力。系统推进生物多样性保护。强化生态保护监管。确保核与辐射环境安全。强化生态环境风险防范。六是提高生态环境治理体系和治理能力现代化水平。加强生态环境法治保障，完善生态环境经济政策，健全生态环境资金投入机制，实施环境基础设施补短板行动，提升生态环境监管执法效能，完善生态环境智慧监测体系，构建服务型科技创新体系[1]。

3. 经验启示

①坚持全面绿色转型，践行低碳生活。开展碳达峰行动和优化能源消费结构，均体现能源结构全面转型，进而推动产业绿色化转型。因此，积极开发新能源，提高清洁能源消费占比，减轻城市生态承载压力。②加强污染防治，开展绿色城市建设。蓝天保卫战、碧水保卫战以及净土保卫战，均体现城市污染防治工作的重要性。因此，在美丽城市建设过程中，需要兼顾工业现代化与城镇化，进行良性互动，增加环境保护投资，加大城市绿化基础设施建设力度。③维护生态安全，提升生态环境治理能力。以科技创新改造并

---

1 陶良虎等主编《美丽城市：生态城市建设的理论实践与案例》，人民出版社，2014。

升级传统产业，推动产业现代化、生态化。建设生态经济示范区，把绿色发展、生态文明理念融入经济社会发展过程。

（三）美丽乡村建设的"丽水样板"

1. 案例背景

随着乡村振兴战略的提出，美丽乡村建设进入了一个新的阶段。美丽乡村建设关系到乡村振兴战略目标的实现，更是现代化强国的标志。美丽乡村建设的核心在于解决乡村发展理念、乡村经济发展、乡村空间布局、乡村人居环境、乡村生态环境、乡村文化传承以及实施路径等问题。建设生态农业的"秀水清山"需要加强领导，实施规划，社会各界力量和资源充分互动协同和有效整合。浙江省在乡村治理方面开展的工作走在全国前列。从2003年开始，浙江省就致力于做好"千村示范、万村整治"工程。浙江省通过十几年的努力，把美丽乡村建设工作打造成为全国典型样板。丽水市基于自身条件优势，在新时代的背景下提出花园乡村建设目标。花园乡村主要围绕乡村生态价值的实现展开，是高质量高水平建设丽水乡村的重要举措。

2. 建设目标与具体做法

（1）建设目标。花园乡村，是丽水市根据农村经济发展和生态环境保护需求提出的一项关于乡村建设的创新举措。其结合丽水市现阶段地域优势和产业发展特点，用更高标准和要求深化美丽乡村建设工作，从而达到经济发展与生态发展有机融合、城镇发展与农村发展相协调的状态。花园乡村建设以"建设成人人向往的，拥有美好生活状态的乡村"为目标。花园乡村的状态应该是生态环境优美的，是休闲宜居的，是经济业态发展蓬勃的，是村风村俗良好的，理想状态是可以满足人民对幸福美好生活一切向往的[1]。

（2）具体做法。一是优化村庄环境。对垃圾处理方式、污水处理方式和厕所卫生等方面进行改造。打造"花园五景"，改善乡村环境。"花园五景"分为花园村庄、花园田园、花园庭院、花园民宿、花园风情带。二是注重经济业态

---

[1]　陈晶：《丽水市花园乡村建设的问题与对策研究》，江西财经大学硕士学位论文，2022。

发展。搭建闲置资源招商引资平台；优化乡村创业环境；依托自然生态、特色农业、民族村居、红色遗迹、文化遗产等资源优势，培育健康养生产业、休闲观光农业、农产品加工业、电商服务业、乡村旅游等新业态。三是提升村庄治理能力。通过与村集体、低收入农户建立利益联结机制的方式，把农村资产以租赁、流转、入股的形式转换为村民收益，把相应的财政扶持资金以折股形式分配至村民；以莲都区"村级事务阳光票决制"经验做法为典型示范，开展"自治、法治、德治、绿治、智治"五治结合的花园乡村治理体系建设试点工作。四是推动城乡融合发展。不断加强公共基础设施建设等以推动城乡融合发展。

3. 经验启示

通过总结花园乡村建设典型方案，得出如下经验启示。①提升村庄治理能力，深入开展污染防治工作。花园乡村打造"花园五景"和开展"自治、法治、德治、绿治、智治"花园乡村治理体系建设试点工作，体现提升村庄的环境治理水平和村庄治理能力是美丽乡村建设的重要组成部分。因此，在美丽中国建设中，要抓好农村垃圾处理、污水处理和卫生改革等重点。②注重经济业态发展，推动产业绿色化。通过发展乡村绿色产业，加大对绿色产业扶持力度，培育健康养生产业、休闲观光农业、农产品加工业、电商服务业、乡村旅游等新业态。发展田园绿色产业，增强碳汇能力。③促进城乡融合发展，构建区域协调发展新格局。花园乡村推动城乡融合发展，加强公共基础设施建设，实现美丽乡村建设目标。为此，美丽乡村建设应充分利用"以县域为载体的城镇化"建设契机，促进城乡融合互动，推动美丽乡村建设进程，提升美丽乡村建设质量。

第二节　框架构建与模型方法

本节从人与自然和谐共生的现代化角度，重点构建绿色发展绩效与美丽中国建设道路选择的分析框架，并对路径归纳及预测等方法模型进行设计，为后文归纳绿色发展绩效和美丽中国建设的路径、探究其影响因素、预测发展度和协调度奠定理论和方法基础。

一 框架构建

人与自然和谐共生的现代化追求生产发展、生活富裕、生态良好的文明发展道路[1]。绿色发展绩效的提升能够加快发展方式绿色转型，推进环境污染防治，提升生态系统的多样性、稳定性、持续性，积极稳妥地推进碳达峰碳中和。绿色发展绩效以美丽中国建设为阶段性目标，并与美丽中国建设共同通过降碳减污、扩绿增长、区域协同和资源高效集约实现人与自然和谐共生的现代化。由此，本节构建如图7-1所示的分析框架。

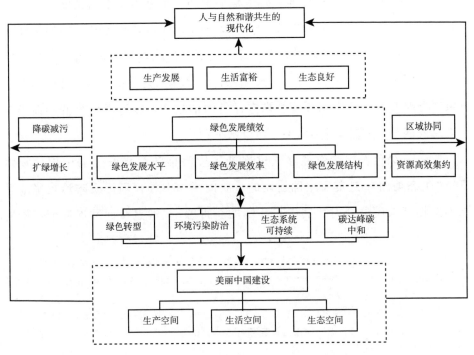

图7-1 人与自然和谐共生的现代化目标下的分析框架

---

1 《（受权发布）习近平：高举中国特色社会主义伟大旗帜 为全面建设社会主义现代化国家而团结奋斗——在中国共产党第二十次全国代表大会上的报告》，新华网，2022年10月16日，https://www.news.cn/politics/cpc20/2022-10/25/c_1129079429.htm。

（1）绿色发展是途径，美丽中国建设是目标，绿色发展绩效提升是通过加快绿色发展方式转型，推进环境污染防治，提升生态系统多样性、稳定性、持续性和推进碳达峰碳中和实现的。绿色发展是一种方式，是美丽中国建设的理念先导[1]。绿色发展绩效源于对绿色发展结果和结构的综合刻画[2]，绿色发展绩效是指全社会在绿色发展模式驱动下所产生的效率与结果的综合。它的具体表现是绿色发展水平变化、绿色发展效率改变和绿色发展结构优化，绿色发展的推进必然提升绿色发展绩效及改善其子维度[3]。绿色发展绩效提升能加快发展方式绿色转型，推进环境污染防治，提升生态系统的多样性、稳定性、持续性，积极稳妥推进碳达峰碳中和，推进美丽中国建设。

第一，绿色发展绩效能够通过推进发展方式绿色转型提升美丽中国建设水平。推进发展方式绿色转型是提升绿色发展绩效的重要实践路径[4]，也是实现美丽中国的必然选择[5]。发展方式绿色转型聚焦创新驱动、结构优化和要素升级，能够改善绿色生态环境、推进绿色清洁生产、践行绿色消费和促进绿色高端发展[6]，有效提升美丽中国建设水平。

第二，绿色发展绩效能够通过推进环境污染防治提升美丽中国建设水平。"生态美丽"是美丽中国建设的重要内涵，引领打赢污染防治攻坚战才能不断提高人民群众对优美生态环境的获得感[7]。通过全面开展环境污染防

1　陈泓亮、薛程：《坚持绿色发展理念 全力建设美丽海河》，《中国水利》2017 年第 24 期；靳媛媛：《美丽中国建设的产业哲学研究》，湖南大学博士学位论文，2019；曾鹏：《绿色发展理念视阈下美丽中国建设研究》，武汉大学硕士学位论文，2017。

2　宋建波等：《建设绿色绩效评价体系 促进全面绿色转型发展》，《光明日报》2022 年 4 月 18 日。

3　袁华锡、封亦代、余泳泽：《制造业集聚促进抑或阻碍绿色发展绩效？——来自长江经济带的证据》，《经济地理》2022 年第 6 期。

4　秦书生、胡楠：《中国绿色发展理念的理论意蕴与实践路径》，《东北大学学报》（社会科学版）2017 年第 6 期。

5　汪克亮、赵斌、丁黎黎：《经济赶超、结构转型与绿色全要素生产率》，《山西财经大学学报》2021 年第 1 期。

6　张欢、罗畅、成金华等：《湖北省绿色发展水平测度及其空间关系》，《经济地理》2016 年第 9 期。

7　张辉、徐越：《坚持和加强党的领导 推动生态文明建设取得历史转折性全局性变化》，《管理世界》2022 年第 8 期。

治等工作形成具有地方特色的美丽中国建设模式，能够促进美丽中国建设水平提升[1]。

第三，绿色发展绩效能够通过提升生态系统的多样性、稳定性、持续性提升美丽中国建设水平。美丽中国建设是一个集合和动态的概念，是绿色经济、和谐社会、幸福生活、健康生态的总称，是全球可持续发展、绿色发展和低碳发展的中国实践，生态文明建设是实现美丽中国的基础和保障[2]。生态环境保护工作事关 2035 年美丽中国建设目标实现，需要持续提升生态系统质量和稳定性[3]。

第四，绿色发展绩效能够通过积极稳妥地推进碳达峰碳中和提升美丽中国建设水平。实现碳达峰碳中和是建设人与自然和谐共生的美丽中国、推动高质量发展的内在要求[4]。碳达峰碳中和目标攸关经济社会全面绿色转型和中华民族长远福祉，能够通过鼓励绿色低碳技术创新、加快经济和能源结构调整等推动进行新能源革命和实现能源结构多元化[5]。

（2）人与自然和谐共生的现代化追求生产发展、生活富裕、生态良好的文明发展道路，绿色发展绩效与美丽中国建设在协调发展过程中，通过降碳减污、扩绿增长、区域协同和资源高效集约四种方式实现人与自然和谐共生的现代化。人与自然和谐共生的现代化要求发展方式进行绿色转型，深入推进环境污染防治，提升生态系统的多样性、稳定性、持续性，积极稳妥推进碳达峰碳中和[6]。对于实现人与自然和谐共生的现代化，绿色现代化是中国式

1　陈明星、梁龙武、王振波等：《美丽中国与国土空间规划关系的地理学思考》，《地理学报》2019 年第 12 期。

2　王金南、蒋洪强、张惠远等：《推进生态文明 建设美丽中国——迈向美丽中国的生态文明建设战略框架设计》，《环境保护》2012 年第 23 期。

3　朱延忠、周娟、赵艳民等：《长江流域生态环境保护的成效与建议》，《环境保护》2022 年第 17 期。

4　柴麒敏：《美丽中国愿景下我国碳达峰、碳中和战略的实施路径研究》，《环境保护》2022 年第 6 期。

5　王永中：《碳达峰、碳中和目标与中国的新能源革命》，《人民论坛·学术前沿》2021 年第 14 期。

6　《（受权发布）习近平：高举中国特色社会主义伟大旗帜 为全面建设社会主义现代化国家而团结奋斗——在中国共产党第二十次全国代表大会上的报告》，新华网，2022 年 10 月 16 日，https：//www.news.cn/politics/cpc20/2022-10/25/c_1129079429.htm。

现代化的核心目标和显著特征之一，标志着国家进入绿色创新、生态投资、生态盈余的新时代，形成人与自然和谐发展的绿色现代化新格局至关重要[1]。绿色发展绩效与美丽中国建设协调发展是人与自然和谐共生的现代化的基本要求。绿色发展成为实现现代化和建设生态文明最基本的逻辑，是构建高质量现代化经济体系的必然要求[2]，建设美丽中国必须实现生产方式的生态转向，坚持走低碳发展、循环发展和绿色发展的生态文明现代化道路[3]。绿色发展绩效提升和美丽中国建设本质上就是实现人与自然和谐共生，二者在协调发展过程中主要通过降碳减污、扩绿增长、区域协同和资源高效集约实现人与自然和谐共生的现代化。

第一，通过降碳减污实现人与自然和谐共生的现代化。应对全球气候变化既是中国实现社会主义现代化的最大挑战，也是实现绿色工业化、城镇化、农业农村现代化的最大机遇，必须打好污染防治攻坚战，发挥降碳减污的协同效应[4]。党的十八大以来，降碳减污协同推进对绿色发展绩效的促进作用在环境系统和经济系统中进一步增强，"绿水青山就是金山银山"理念在环境系统和经济系统中体现得淋漓尽致[5]。

第二，通过扩绿增长实现人与自然和谐共生的现代化。降碳减污是做减法，扩绿增长则是做加法。"扩绿"可以增强碳汇能力，提升生态系统的多样性、稳定性和持续性，进一步扩大环境容量。"增长"只有建立在生态环境高水平保护的基础上，才能使经济实现质的有效提升和量的合理增长，从而推动实现更高质量、更有结构、更加公平、更可持续、更为安

1　胡鞍钢：《中国式绿色现代化：回顾与展望》，《北京工业大学学报》（社会科学版）2023 年第 6 期。

2　洪银兴、刘伟、高培勇等：《"习近平新时代中国特色社会主义经济思想"笔谈》，《中国社会科学》2018 年第 9 期。

3　王晓广：《生态文明视域下的美丽中国建设》，《北京师范大学学报》（社会科学版）2013 年第 2 期。

4　胡鞍钢：《中国实现 2030 年前碳达峰目标及主要途径》，《北京工业大学学报》（社会科学版）2021 年第 3 期。

5　刘华军、乔列成、郭立祥：《减污降碳协同推进与中国 3E 绩效》，《财经研究》2022 年第 9 期。

全的发展[1]。

第三，通过区域协同实现人与自然和谐共生的现代化。区域协同发展已成为牵引、构建现代化经济体系和治理体系的一个重要路径，对于区域内外部协调平衡发展具有极大的协同促进作用，是新时代推动区域乃至国家发展必须面对的重大课题[2]。区域协同治理是推进新发展理念与国家治理体系和治理能力现代化的重要实践，能够解决区域一体化趋势以及公共事务跨界性与既有行政区域界限之间的矛盾[3]。

第四，通过资源高效集约实现人与自然和谐共生的现代化。资源集约高效利用是生态文明的重要体现[4]，节约集约利用资源和推动资源利用方式根本转变能够大幅降低能源、水、土地消耗强度，改善利用结构，提高利用效益。我国正处于经济高速发展和现代化进程中，必须协调好能源利用与保护环境的关系，坚持以人为本和可持续发展观，最大化地实现资源集约利用[5]。绿色发展绩效和美丽中国建设水平协同提升，通过降碳减污、扩绿增长、区域协同和资源高效集约等方式推动国家进入生产发展、生活富裕和生态良好的新时代，加快实现人与自然和谐共生的现代化。

二　模型方法

为了对绿色发展绩效与美丽中国建设路径进行归类和优化，本部分首先通过象限图法对绿色发展绩效与美丽中国建设的路径进行分类。其次，采用灰色关联度分析法就绿色发展绩效对美丽中国建设的影响力进行因素分析。

1　王金南、苏洁琼、万军：《"绿水青山就是金山银山"的理论内涵及其实现机制创新》，《环境保护》2017 年第 11 期；周宏春：《开创人与自然和谐共生的中国式现代化新范式》，《中国党政干部论坛》2022 年第 11 期；王一鸣：《中国的绿色转型：进程和展望》，《中国经济报告》2019 年第 6 期。

2　李炜光、柳妍：《区域协同对我国企业创新和经济发展影响及完善路径探讨——以沪港通为例的研究》，《理论探讨》2020 年第 2 期。

3　王学栋、张定安：《我国区域协同治理的现实困局与实现途径》，《中国行政管理》2019 年第 6 期。

4　沈清基：《论基于生态文明的新型城镇化》，《城市规划学刊》2013 年第 1 期。

5　梁波：《基于 BIM 技术的建筑能耗分析在设计初期的应用研究》，重庆大学硕士学位论文，2014。

最后，基于人与自然和谐共生的现代化建设目标，构建马尔科夫链以对两者的发展路径进行预测。

（一）象限图法

1. 方法概述

为准确分析绿色发展绩效与美丽中国建设的发展状态，本部分基于两者的发展度、协调度数据，采用象限图法对两者的协调-发展路径进行研究。象限图采用直角坐标系即三角学和复平面中的坐标系来刻画研究对象的相互作用关系[1]。本节依据绿色发展绩效与美丽中国建设的发展度和协调度关系，绘制了两者协调-发展路径划分象限图（见图7-2）。平面直角坐标系里的横轴和纵轴将区域划分为四个象限，其中，横轴代表绿色发展绩效与美丽中国建设的发展度，纵轴代表绿色发展绩效与美丽中国建设的协调度。象限图以原点为中心，以横轴（发展度）、纵轴（协调度）为分界线，右上称为第一象限，表示协调-发展路径；左上称为第二象限，代表协调-不发展路径；左下称为第三象限，代表不协调-不发展路径；右下称为第四象限，代表不协调-发展路径，在坐标轴上的点特别是原点不属于任何象限。

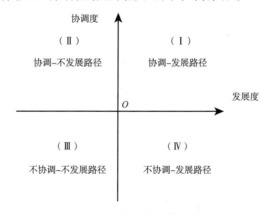

图7-2　路径划分象限图

1　马艳梅、吴玉鸣、吴柏钧：《长三角地区城镇化可持续发展综合评价——基于熵值法和象限图法》，《经济地理》2015年第6期。

2. 模型计算、状态与路径分类

（1）模型计算。在构建象限图之前，需要对绿色发展绩效与美丽中国建设两者之间的发展度、协调度进行计算，而耦合协调度模型提供发展度和耦合协调度的测量方法。为此，借鉴李波、叶樊妮[1]的做法，构建绿色发展绩效与美丽中国建设耦合协调度模型，具体计算步骤如下：

$$C = \frac{\sqrt{XY}}{XY/2} \tag{7-1}$$

$$T = b_1 X + b_2 Y \tag{7-2}$$

$$D = \sqrt{CT} \tag{7-3}$$

其中，X、Y 分别为绿色发展绩效和美丽中国建设水平；b_1、b_2 为待定参数，取值均为 0.5；C 为绿色发展绩效与美丽中国建设的耦合度；T 为绿色发展绩效与美丽中国建设的发展度，是对两者发展路径的测量[2]；D 为绿色发展绩效与美丽中国建设的协调度，协调度建立在发展度和耦合度综合的基础上，体现二者的综合情况，显示二者之间的协调-发展程度[3]。

（2）状态与路径分类。依据相关文献对协调度与发展度的划分标准[4]，结合研究需要，本节主要将绿色发展绩效与美丽中国建设分为不发展、发展、不协调、协调四种状态。具体判别标准见表 7-2。由表 7-2 可知，如果绿色发展绩效与美丽中国建设的发展度 $T<0.55$，则两者处于不发展状态；若 $T \geq 0.55$，则两者处于发展状态。如果绿色发展绩效与美丽中国建设

1　李波、叶樊妮：《人口城镇化与土地城镇化耦合协调关系及时空演化格局——以四川省 18 个地级市为例》，《自然资源情报》2022 年第 9 期。

2　郑德凤、徐文瑾、姜俊超等：《中国水资源承载力与城镇化质量演化趋势及协调发展分析》，《经济地理》2021 年第 2 期。

3　刘耀彬、李仁东、宋学锋：《中国城市化与生态环境耦合度分析》，《自然资源学报》2005 年第 1 期；李波、叶樊妮：《人口城镇化与土地城镇化耦合协调关系及时空演化格局——以四川省 18 个地级市为例》，《自然资源情报》2022 年第 9 期。

4　熊元斌、时朋飞、李星明：《长江经济带"美丽中国"建设水平动态研究》，《华东经济管理》2017 年第 9 期。

的协调度 $D < 0.75$，则两者处于不协调状态；若 $D \geqslant 0.75$，则两者处于协调状态。

表 7-2 发展度与协调度状态分类

横轴(T)	发展度分类	纵轴(D)	协调度分类
$T < 0.55$	不发展状态	$D < 0.75$	不协调状态
$T \geqslant 0.55$	发展状态	$D \geqslant 0.75$	协调状态

本部分采用象限图法对绿色发展绩效与美丽中国建设协调-发展状态进行象限界定，以确定绿色发展绩效与美丽中国建设的四种路径类型（如图7-2所示）。一是协调-发展路径（第一象限）。如果绿色发展绩效与美丽中国建设的协调度 $D \geqslant 0.75$ 且发展度 $T \geqslant 0.55$，则绿色发展绩效与美丽中国建设道路属于协调-发展路径，位于第一象限。此时绿色发展绩效与美丽中国建设的发展度和协调度不断提高，绿色发展绩效与美丽中国建设系统整体与内部处于有序的高度协作状态，整个系统处于理想的协调-发展路径之中。

二是协调-不发展路径（第二象限）。如果协调度 $D \geqslant 0.75$ 但发展度 $T < 0.55$，则绿色发展绩效与美丽中国建设道路属于协调-不发展路径，位于第二象限。此时发展度不高，但协调度高，属于畸形发展，不利于长久发展。

三是不协调-不发展路径（第三象限）。如果协调度 $D < 0.75$ 且发展度 $T < 0.55$，绿色发展绩效与美丽中国建设道路属于不协调-不发展路径，位于第三象限。此时绿色发展绩效与美丽中国建设内部子系统的协调度和发展度都低，整个系统处于较低发展水平，对于环境并不友好。

四是不协调-发展路径（第四象限）。如果协调度 $D < 0.75$ 但发展度 $T \geqslant 0.55$，则绿色发展绩效与美丽中国建设道路属于不协调-发展路径，位于第四象限。其与第二象限中的协调-不发展路径类似，都属于畸形发展，不利于整体的长期发展。

（二）灰色关联度分析法

1. 方法概述

灰色系统理论和方法是由邓聚龙教授于 20 世纪 80 年代前期提出的用于控制和预测的新理论、新技术，目前已被广泛应用于农业和社会经济等领域，并取得了显著成就[1]。灰色系统理论提出了关联度分析的概念，其目的就是通过一定的方法厘清系统中各因素间的主要关系，找出影响最大的因素，把握矛盾的主要方面。如各类产业中哪个项目的收入影响产值最明显，这种影响程度表明了有关生产和销售系统之间或系统内部各因素之间的关联性。灰色关联度分析能够对系统发展变化态势进行定量描述和比较[2]。灰色因素间的关联度分析，实质上是灰色系统分析、预测、决策的基础。只有弄清楚系统或因素间的这种关联关系，才能对系统有比较透彻的认识：分清哪些是主导因素，哪些是潜在因素，哪些是优势而哪些又是劣势。灰色系统理论的关联度分析与数理统计学的相关分析是不同的，两者的区别在于以下几个方面。第一，它们的理论基础不同。关联度分析基于灰色系统的灰色过程，而相关分析则基于概率论的随机过程。第二，分析方法不同。关联度分析是进行因素间时间序列的比较，而相关分析是进行因素间数组的比较。第三，数据量要求不同。关联度分析不要求数据太多，而相关分析则需要有足够的数据量。第四，研究重点不同。关联度分析主要研究动态过程，而相关分析则以静态研究为主。因此，关联度分析的适应性更广，在社会经济系统中的应用具有独到之处。目前，关联度分析的应用范围十分广泛，几乎渗透到社会和自然科学各个领域，如农业、教育、卫生、政法、环保、军事、地理、地质、石

1　李冬花、王咏、陆林：《共同富裕目标下综合乡村旅游开发的可持续生计效应——基于浙江省安吉县鲁家村的案例实证》，《自然资源学报》2023 年第 2 期；王裕瑾、李梦玉：《中国数字经济与高质量发展的耦合协调研究》，《经济与管理评论》2023 年第 1 期。

2　刘崇刚、孙伟、张落成：《长江三角洲碳排放与植被覆盖耦合协调时空格局及影响因素分析》，《地理科学》2023 年第 1 期。

油、水文、气象、生物，等等[1]。由于本章数据受限，使用灰色关联度分析法能够取得良好的测算效果。因此，本部分采用灰色关联度模型对绿色转型、环境污染防治、生态系统可持续和碳达峰碳中和对绿色发展绩效的影响进行测度。

2. 模型计算

灰色关联度是衡量各因素或各子系统之间关联程度的指标，即分析多变量比较系统对参考系统的影响大小，并依据影响大小对比较系统中的多个变量进行主次划分。灰色关联度的计算步骤如下。

第一步，系统特征行为序列为：

$$X_0(k) = x_0(1), x_0(2), \cdots, x_0(n) \tag{7-4}$$

第二步，系统的相关行为因素序列为：

$$X_i(k) = x_i(1), x_i(2), \cdots, x_i(n), (i = 1, 2, \cdots, m) \tag{7-5}$$

第三步，关联系数为：

$$\varepsilon_{0i}(k) = \frac{\displaystyle\min_i \min_k |X_0(k) - X_1(k)| + \rho \max_i \max_k |X_0(k) - X_1(k)|}{|X_0(k) - X_1(k)| + \rho \max_i \max_k |X_0(k) - X_1(k)|} \tag{7-6}$$

则灰色关联度为：

$$\gamma(X_0, X_i) = \frac{1}{n} \sum_{i=1}^{n} \varepsilon_{0i} \tag{7-7}$$

其中，$X_0(k)$ 为绿色发展绩效，$X_i(k)$ 为绿色转型、环境污染防治、生态系统可持续和碳达峰碳中和，$\gamma(X_0, X_i)$ 为灰色关联度。

　　1　李冬花、王咏、陆林：《共同富裕目标下综合乡村旅游开发的可持续生计效应——基于浙江省安吉县鲁家村的案例实证》，《自然资源学报》2023 年第 2 期；王裕瑾、李梦玉：《中国数字经济与高质量发展的耦合协调研究》，《经济与管理评论》2023 年第 1 期；刘崇刚、孙伟、张落成：《长江三角洲碳排放与植被覆盖耦合协调时空格局及影响因素分析》，《地理科学》2023 年第 1 期。

（三）马尔科夫链

1. 方法概述

马尔科夫理论指出：系统达到每一状态的概率仅与近期状态有关，在一定时期后，马尔科夫过程逐渐趋于稳定状态而与原始条件无关[1]。这一特性称为"无后效性"，即事物的第 n 次试验结果仅取决于第 $(n-1)$ 次试验结果，第 $(n-1)$ 次试验结果仅取决于第 $(n-2)$ 次试验结果，依此类推。这一系列转移过程的集合叫作"马尔科夫链"或称为"时间和状态均离散的马尔科夫过程"。对马尔科夫链进行分析，并对未来的发展进行预测被称为"马尔科夫分析"。马尔科夫链实际上是一个将系统的"状态"和"状态转移"定量化了的系统状态转换的数学模型，而象限图法是对事物状态的分类方法[2]，因此可利用象限图法把绿色发展绩效与美丽中国建设水平分类的等级作为马尔科夫链"状态"和"状态转移"分析的依据，将两个模型进行有效衔接，从而实现对绿色发展绩效与美丽中国建设水平的动态评价与预测。

2. 模型计算

第一步，计算滞后 1，2，…，k 步的序列相关矩阵。矩阵中的元素为所有时间（空间）在滞后 1，2，…，t_d 步时的相关系数 $P_k = r_{(ij)k}$，$k = 1$，2，…，t_d，给定的多元序列为：

$$X = \begin{bmatrix} x_{11} & \cdots & x_{1p} \\ \vdots & \ddots & \vdots \\ x_{n1} & \cdots & x_{np} \end{bmatrix} \tag{7-8}$$

变量 x_i 和 x_j（i，$j = 1$，2，…，p）间滞后 k 步时的序列相关系数 $r_{(ij)k}$ 为：

$$r_{(ij)k} = \frac{\sum_{l=k+1}^{n} x_{l,i}\, x_{l-k,j} - \left(\sum_{l=k+1}^{n} x_{l,i}\right)\left(\sum_{l=k+1}^{n} x_{l-k,j}\right) / (n-k)}{\sqrt{\left[\sum_{l=k+1}^{n} x_{l,i}^2 - \left(\sum_{l=k+1}^{n} x_{l,i}\right)^2 / (n-k)\right]\left[\sum_{l=k+1}^{n} x_{l-k,j}^2 - \left(\sum_{l=k+1}^{n} x_{l-k,j}\right)^2 / (n-k)\right]}} \tag{7-9}$$

1　刘耀彬、朱淑芬：《基于可拓物元-马尔科夫模型的省域生态环境质量动态评价与预测——以江西省为例》，《中国生态农业学报》2009 年第 2 期。

2　陈明星：《城市化领域的研究进展和科学问题》，《地理研究》2015 年第 4 期。

序列相关矩阵反映了多元时间序列的内部结构和由多元时间（空间）序列所体现的随机过程是否具有马尔科夫链性质。

第二步，计算转移概率矩阵 $u = [u_{ij}]$。在马尔科夫链中，系统状态的转移可用转移矩阵 $u = [u_{ij}]$ 表示，转移矩阵中的元素 u_{ij} 被称为转移概率。由此，马尔科夫链的转移概率可表示为：

$$U = \{x(t_n) = j \mid x(t_{n-1}) = i\} = u_{ij} \tag{7-10}$$

其意义是已知时刻 t_{n-1} 系统处于状态 i 的条件下，在时刻 $t_n (t_n > t_{n-1})$ 系统 j 的概率。t 时对应转移的方向，即从状态 i 向状态 j 转移。对于连续的多元时空序列，转移概率 U 矩阵的计算方法简述如下。

①计算变量之间的方差-协方差矩阵 C_0 和变量 x_i 与变量 x_j 之间滞后一步的方差-协方差矩阵 C_1，即：

$$x_l = \begin{bmatrix} x_{l,1} - \bar{x}_1 \\ x_{l,2} - \bar{x}_2 \\ \vdots \\ x_{l,p} - \bar{x}_p \end{bmatrix}, l = 1, 2, \cdots, n+1, x_{n+1,i} = x_{1,i} \tag{7-11}$$

其中：

$$\bar{x}_i = \frac{1}{n} \sum_{l=1}^{n} x_{l,i}, i = 1, 2, \cdots, p \tag{7-12}$$

故 $C_0 = \dfrac{1}{n-1} \sum_{l=1}^{n} x_l x_l$，$C_1 = \dfrac{1}{n-1} \sum_{l=1}^{n} x_{l+1} x_l$。

②求出 C_0 的逆阵 C_0^{-1}，最后计算所求的 U 为 $C_0 C_0^{-1}$。

③用 Householder 法通过相似变换将转移概率矩阵 U 变换为 Hessenberg 形状。

④用包含原点移动的两步 QR 方法求矩阵 U 的所有特征值。

⑤用逆迭代法求对应矩阵 U 的最大实特征值 λ_1 的左右特征向量 t_1' 和 v_1。

⑥计算趋势因子 $t_1'x$：

$$f = \begin{bmatrix} f_1 \\ f_2 \\ \vdots \\ f_n \end{bmatrix} = \begin{bmatrix} t_1\, x_1 \\ t_2\, x_2 \\ \vdots \\ t_n\, x_n \end{bmatrix} \qquad (7-13)$$

x 即绿色发展绩效与美丽中国建设水平，转移矩阵 U 从 x_k 向 U_{x_k} 的转移可以看作沿着 p 个轴（p 个变量）所发生的 p 个个别转移的向量之和，U 的特征向量给出了 p 个变量的方向余弦，其中对应最大特征值 λ_1 的左特征向量 t_1' 刻画了 x 的最多数转移方向，因此典型变量（趋势因子）$t_1'x$ 反映了演化过程的主要趋势。

⑦计算趋势因子 $t_1'x$ 的第一自相关系数 ρ_1（滞后一步）：

$$\rho_1 = \frac{\sum_{l=2}^{n} f_l f_{l-1} - \left(\sum_{l=2}^{n} f_l \right)\left(\sum_{l=2}^{n} f_{l-1} \right) / (n-1)}{\sum_{l=2}^{n} f_l^2 - \left(\sum_{l=2}^{n} f_l \right)^2 / (n-1)} \qquad (7-14)$$

对于马尔科夫链，趋势因子 $t_1'x$ 的第一自相关系数 ρ_1 应等于转移矩阵 U 的最大特征值 λ_1，而 λ_1 是单变量马尔科夫链（一阶的马尔科夫链）的参数，ρ_1 是否等于 λ_1 是检验趋势因子 $t_1^n x$ 序列是否具有马尔科夫链性质的一个重要准则。

第三节　绿色发展绩效与美丽中国建设道路的归纳比较

在人与自然和谐共生现代化目标下，对绿色发展绩效与美丽中国建设路径进行归纳与影响因素分析，有利于提出有关两者路径优化的针对性方案，助力现代化建设。为此，本节首先对绿色发展绩效与美丽中国建设路径进行归纳，进一步，依据前文理论框架，检验并解析不同路径的驱动力。

一　路径比较与归纳

1. 路径比较

根据 2005~2019 年全国 30 个省区市绿色发展绩效与美丽中国建设的发展

度和协调度数据，选取 2005 年、2010 年、2015 年和 2019 年 4 个代表性年份，采用象限图法确定全国 30 个省区市四个年份的协调-发展路径，并将其绘制成表 7-3。从纵向和横向两个视角对绿色发展绩效与美丽中国建设协调-发展路径进行分析。

（1）时间比较分析。由表 7-3 可知，在研究期内，绿色发展绩效与美丽中国建设经历了由不协调-不发展路径到不协调-发展路径，再到协调-发展路径的演化。第一，不协调-不发展路径主要发生在 2005 年和 2010 年。2005年，仅有北京的绿色发展绩效与美丽中国建设道路属于协调-发展路径，浙江、江苏、天津、辽宁和上海为不协调-发展路径，而其余 24 个省区市的发展路径均为不协调-不发展路径。可见，2005 年，绿色发展绩效与美丽中国建设路径的协调-发展水平总体较低。到 2010 年，有 22 个省区市的发展路径仍然属于不协调-不发展路径，表明截至 2010 年中国大多数省区市仍然以不协调-不发展路径为主。第二，不协调-发展路径主要出现在 2015 年，包含中国近半的省区市，有 15 个。第三，协调-发展路径主要出现在 2019 年。2019年，甘肃、青海 2 个省的发展路径由 2015 年的不协调-不发展路径转变为不协调-发展路径，25 个省区市的综合发展路径变为协调-发展路径。这说明在2005~2019 年各省区市的绿色发展绩效和美丽中国建设水平不断提升，朝着人与自然和谐共生的现代化方向发展。

（2）区域比较分析。绿色发展绩效与美丽中国建设协调-发展路径演变具有显著的区域性差异，在向协调-发展路径演变的过程中，东部地区快于中部地区，西部地区最慢。2005~2010 年大部分省区市保持不协调-不发展路径，到 2015 年中西部省区市开始进入不协调-发展路径，而东部地区省区市已经进入协调-发展路径，可见东部地区两者之间的协调-发展水平较高，协调融合较快。再看 2019 年，除云南、新疆、宁夏、青海和甘肃五省区外，其他省区市皆进入协调-发展路径。这说明中国整体进入协调-发展状态，西部地区亟待加快绿色发展绩效与美丽中国建设的融合发展。可见，两者协调-发展路径存在显著区域差异，表现为东部地区快于中部地区，西部地区最慢。可能的原因是：对于经济发展水平较高的东部地区，绿色发展绩效与美丽中国建设水平得到更多的技术支撑和政策支持，经济、生态以及社会系统融合度较高，故两者融合水平较高[1]。这意味着在人与自然和谐共生的现代化目标下，经济发展和技术支撑是必不可少的，实现两者协调发展，不仅要推动经济高质量发展，还要兼顾经济、生态和社会系统的协调发展[2]。综上所述，在研究期内，绿色发展绩效与美丽中国建设路径由不协调-不发展路径向协调-发展路径演进。在朝着协调-发展路径演变的过程中，东部地区快于中部地区，西部地区最慢。

表 7-3　2005 年、2010 年、2015 年和 2019 年全国 30 个省区市绿色发展绩效
与美丽中国建设水平协调-发展路径

路径	2005 年	2010 年	2015 年	2019 年
协调-发展	北京	北京、上海、浙江	北京、福建、黑龙江、江苏、辽宁、山东、上海、天津、浙江	北京、安徽、福建、广东、广西、贵州、海南、河北、河南、黑龙江、湖北、湖南、吉林、江西、内蒙古、山东、山西、陕西、四川、重庆、江苏、辽宁、上海、浙江、天津
协调-不发展				
不协调-不发展	安徽、福建、甘肃、广东、广西、贵州、海南、河北、河南、黑龙江、湖北、湖南、吉林、江西、内蒙古、宁夏、青海、山东、山西、陕西、四川、新疆、云南、重庆	安徽、福建、甘肃、广东、广西、贵州、河北、河南、黑龙江、湖北、湖南、吉林、江西、内蒙古、宁夏、青海、山西、陕西、四川、新疆、云南、重庆	安徽、甘肃、广西、贵州、江西、青海	

————————

1　张波、温旭新：《我国工业绿色低碳发展水平的省际测度及比较》，《经济问题》2018 年第 5 期。

2　沈世铭、许睿、陈非儿：《我国绿色低碳循环经济高质量发展的空间非均衡性及收敛性》，《中国流通经济》2023 年第 2 期。

续表

路径	2005 年	2010 年	2015 年	2019 年
不协调 – 发展	江苏、辽宁、上海、浙江、天津	海南、江苏、辽宁、山东、天津	广东、海南、河北、河南、湖北、湖南、吉林、内蒙古、宁夏、山西、陕西、四川、新疆、云南、重庆	甘肃、宁夏、青海、新疆、云南

2. 路径归纳

结合前文路径比较分析，采用多年平均发生概率计算 2005～2019 年绿色发展绩效与美丽中国建设水平协调–发展路径的平均值，依据平均值结果，可以将全国 30 个省区市归纳为三种类型，具体结果如表 7-4 所示。①第一类：协调–发展路径。其包括北京、广东、江苏、辽宁、山东、上海、天津和浙江 8 个省区市，平均值为 1 左右，表示第一类省区市多年集中在第一象限，它们均处于我国东部地区。可见，该类省区市的协调–发展水平整体较高，可能提前实现人与自然和谐共生的现代化。②第二类：不协调–不发展路径。其包括福建、海南、河南、黑龙江、湖北、湖南、内蒙古、山西、四川和重庆共 10 个省区市，平均值为 3 左右，表示第二类省区市多年集中在第三象限，主要分布在我国中部、西部地区。可见，第二类省区市进入协调–发展状态的时间最晚，可能无法在 2050 年实现人与自然和谐共生的现代化。③第三类：不协调–发展路径。其包括安徽、甘肃、广西、贵州、河北、吉林、江西、宁夏、青海、陕西、新疆和云南共 12 个省区市，平均值为 4 左右，主要集中分布在我国中部、西部地区。第三类省区市集中分布在第四象限，处于转型过渡阶段。其可能与全国同步实现人与自然和谐共生的现代化。

表 7-4　2005～2019 年全国 30 个省区市协调–发展路径类别

类型	省区市	平均值
第一类（协调–发展路径）	北京、广东、江苏、辽宁、山东、上海、天津和浙江	1 左右
第二类（不协调–不发展路径）	福建、海南、河南、黑龙江、湖北、湖南、内蒙古、山西、四川和重庆	3 左右

续表

类型	省区市	平均值
第三类（不协调-发展路径）	安徽、甘肃、广西、贵州、河北、吉林、江西、宁夏、青海、陕西、新疆和云南	4 左右

注：在计算多年平均概率的过程中，分别对第一、二、三、四象限状态赋值1、2、3和4。表中1表示该类省区市多年集中分布的平均值为1，即位于第一象限，以此类推。

二　影响因素的结构化分析

由前文有关人与自然和谐共生的现代化的分析框架可知，绿色发展是途径，美丽中国建设是目标，绿色发展绩效提升通过加快绿色发展方式转型，推进环境污染防治，提升生态系统多样性、稳定性、持续性和推进碳达峰碳中和实现美丽中国建设目标。可见，在人与自然和谐共生的现代化背景下，以上因素会影响绿色发展绩效，进而影响美丽中国建设。也就是说，绿色发展绩效与美丽中国建设的协调-发展路径必然会受到以上因素的影响。故本节选取绿色发展方式、环境污染防治、生态系统可持续以及碳达峰碳中和四个方面，分别采用绿色全要素生产率、污染治理投资额、绿色覆盖率以及碳排放四个指标度量，运用灰色关联度模型测度其与绿色发展绩效的灰色关联度，通过灰色关联度衡量四个因素的驱动力。在分析全国发展路径的影响因素的基础上，基于前文路径归纳，分别对第一类省区市、第二类省区市和第三类省区市协调-发展路径的影响因素进行比较，具体分析如下。

1. 全国层面的驱动力结构分析

根据绿色发展绩效与美丽中国建设关联度绘制图7-3。由图7-3可知，生态系统可持续对绿色发展绩效的驱动力总体增强，而碳达峰碳中和、绿色转型和环境污染防治三大因素与绿色发展绩效之间总体呈现倒"U"形关系。在2011年以前，上述四个因素对绿色发展绩效的驱动力强度呈现边际递增趋势，顺序为：生态系统可持续>碳达峰碳中和>绿色转型>环境污染防治。在2012年后，除生态系统可持续波动上升外，其他三个因素对绿色发展绩效的驱动力强度呈边际递减趋势，顺序为：绿色转型>碳达峰碳中和>环境污染防治。可见，在考察期内，全国层面的绿色发展绩效受生态系统可持续的影响更大。生态系统可持续对全国绿色发展绩效的提升尤为重要，其他三个因素对绿色发展绩效的影响呈现先上升后下降的趋势。近年来，环境污染防治和绿色转型对绿色发展绩效提升的动力明显不足。

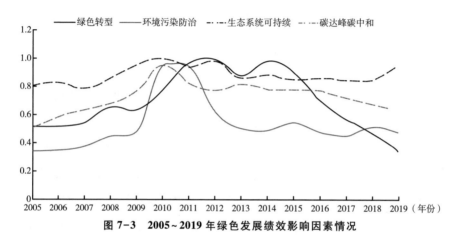

图 7-3　2005~2019 年绿色发展绩效影响因素情况

2. 分类路径的驱动力结构分析

（1）协调-发展路径（第一类）的驱动力结构分析。根据绿色发展绩效与美丽中国建设关联度绘制图 7-4。由图 7-4 可知，四个因素中除生态系统可持续外，其他三个因素对绿色发展绩效的影响效果呈现先上升后下降的态势。四个因素与绿色发展绩效之间总体上呈现倒"U"形关系，2011 年是拐点发生年份。该类省区市发展路径的影响因素的驱动力在 2011 年以前与全国基本保持一致。在 2011 年后，四个因素对绿色发展绩效的提升动力明显不足，与2011 年以前相比，驱动力系数显著下降。截至 2019 年，绿色转型、碳达峰碳中和和生态系统可持续对绿色发展绩效驱动力呈现下降趋势。从下降速度来看，绿色转型>碳达峰碳中和>生态系统可持续。

（2）不协调-不发展路径（第二类）的驱动力结构分析。根据绿色发展绩效与美丽中国建设关联度绘制图 7-5。由图 7-5 可知，生态系统可持续对绿色

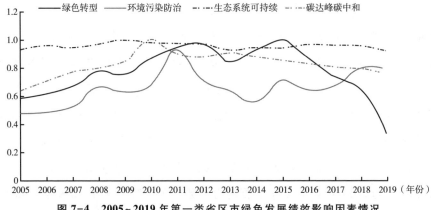

图 7-4　2005～2019 年第一类省区市绿色发展绩效影响因素情况

发展绩效的驱动力总体上增强，而碳达峰碳中和、绿色转型和环境污染防治三个因素与绿色发展绩效之间总体上呈现倒"U"形关系。这与全国层面的情况类似。在 2011 年以前，三个因素对绿色发展绩效的驱动力强度呈现边际递增趋势，顺序为：碳达峰碳中和>绿色转型>环境污染防治。在 2011 年后，除生态系统可持续波动上升外，其他三个因素对绿色发展绩效的驱动力强度呈现边际递减趋势。截至 2019 年，三个因素的驱动力持续下降，从下降速度来看，绿色转型>环境污染防治>碳达峰碳中和。

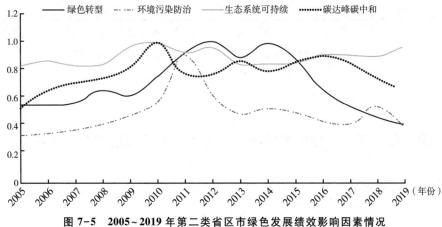

图 7-5　2005～2019 年第二类省区市绿色发展绩效影响因素情况

（3）不协调-发展路径（第三类）的驱动力结构分析。根据绿色发展绩效与美丽中国建设关联度绘制图7-6。由图7-6可知，四个因素对绿色发展绩效的影响效果呈现先上升后下降态势。四个因素与绿色发展绩效之间总体上呈现倒"U"形关系，2011年是拐点发生年份。在2011年以前，四个因素对绿色发展绩效的驱动力强度呈现边际递增趋势，顺序为：生态系统可持续>碳达峰碳中和>绿色转型>环境污染防治。该类省区市发展路径的影响因素的驱动力与全国基本保持一致。在2011年后，四个因素对绿色发展绩效的提升动力明显不足，与2011年以前相比，驱动力系数显著下降。截至2019年，绿色转型和碳达峰碳中和呈现下降趋势。从下降速度来看，绿色转型>碳达峰碳中和。

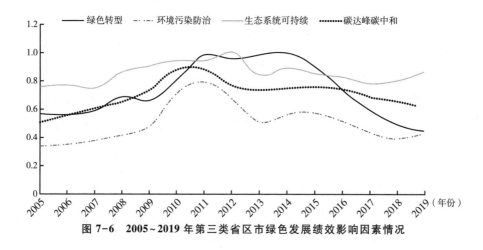

图7-6　2005~2019年第三类省区市绿色发展绩效影响因素情况

第四节　新时代绿色发展绩效与美丽中国建设道路的优化组合

一　目标确定

1. 关键指标参照

①现代化目标下绿色发展绩效关键指标参照。有学者研究发现，在现代

化建设目标下，绿色发展应该关注森林覆盖率[1]，为此，本部分主要参照刘珉、胡鞍钢[2]的研究思路，对绿色发展绩效的预测主要参考森林覆盖率的变动情况。②现代化目标下美丽中国建设指标参照。部分研究证实，现代化建设目标下，美丽中国建设应该关注森林储蓄量和人均森林面积等[3]。刘珉、胡鞍钢[4]对于现代化目标下的森林储蓄量、人均森林面积和美丽中国指数等指标进行了预测，而对美丽中国指数的预测分为 2020~2035 年和 2035~2060 年两种情况。关于人与自然和谐共生的现代化目标的相关指标设定，2020~2035 年美丽中国建设水平的预测主要参考森林储蓄量和人均森林面积数据的变动，而 2035~2060 年美丽中国建设水平的预测则主要参考美丽中国指数的变动[5]。③现代化目标下绿色发展绩效与美丽中国建设协调-发展指标参照。协调-发展指标来源于绿色发展绩效与美丽中国建设的预测指标。基础数据源于刘珉、胡鞍钢[6]对森林覆盖率、森林储蓄量、人均森林面积和美丽中国指数的测度。

2. 目标设定

根据党的十九届五中全会公报，"到二〇三五年基本实现社会主义现代化远景目标"[7]，到 21 世纪中叶把我国建成富强民主文明和谐美丽的社会主义现

1　谢里、王瑾瑾：《中国农村绿色发展绩效的空间差异》，《中国人口·资源与环境》2016 年第 6 期；刘珉、胡鞍钢：《人与自然和谐共生的现代化——中国林业绿色发展之路（1949—2060）》，《海南大学学报》（人文社会科学版）2022 年第 5 期。

2　刘珉、胡鞍钢：《人与自然和谐共生的现代化——中国林业绿色发展之路（1949—2060）》，《海南大学学报》（人文社会科学版）2022 年第 5 期。

3　秦昌波、苏洁琼、肖旸等：《美丽中国建设评估指标库设计与指标体系构建研究》，《中国环境管理》2022 年第 6 期。

4　刘珉、胡鞍钢：《人与自然和谐共生的现代化——中国林业绿色发展之路（1949—2060）》，《海南大学学报》（人文社会科学版）2022 年第 5 期。

5　刘珉、胡鞍钢：《人与自然和谐共生的现代化——中国林业绿色发展之路（1949—2060）》，《海南大学学报》（人文社会科学版）2022 年第 5 期。

6　刘珉、胡鞍钢：《人与自然和谐共生的现代化——中国林业绿色发展之路（1949—2060）》，《海南大学学报》（人文社会科学版）2022 年第 5 期。

7　《中国共产党第十九届中央委员会第五次全体会议公报》，中国政府网，2020 年 10 月 29 日，https://www.gov.cn/xinwen/2020-10/29/content_ 5555877. htm。

代化强国。党的二十大报告提出，"推动绿色发展，促进人与自然和谐共生"[1]。可见，实现绿色现代化的目标也应该分为两个阶段，即基本实现绿色现代化和全面实现绿色现代化阶段。

有鉴于此，本部分将研究对象的时间范围设定为2020～2060年，基于2005～2019年的数据，根据刘珉和胡鞍钢[2]对于实现人与自然和谐共生的现代化目标的相关预测数据，采用指标类比方法，用基本实现现代化（2020～2035年）和全面实现现代化（2036～2060年）两个阶段的目标确定绿色发展绩效与美丽中国建设水平的协调状态，目标设定情况见表7-5。由表7-5可知，在现代化的两个阶段性目标下，绿色发展绩效预测数据分别为0.819和0.914；美丽中国建设水平预测数据分别为0.556和0.695；现代化目标下绿色发展绩效与美丽中国建设协调-发展状态预测数据均为1。

表7-5　现代化目标下绿色发展绩效与美丽中国建设水平协调状态预测

指标预测	2020～2035年	2036～2060年
绿色发展绩效预测数据	0.819	0.914
美丽中国建设水平预测数据	0.556	0.695
发展度预测数据	0.688	0.805
协调度预测数据	0.822	0.893
协调-发展状态预测数据	1	1

二　趋势预测

1. 2025年、2030年与2035年协调-发展状态进程预测

基于基本实现人与自然和谐共生的现代化目标以及前文对2005～2019年

1　《（受权发布）习近平：高举中国特色社会主义伟大旗帜 为全面建设社会主义现代化国家而团结奋斗——在中国共产党第二十次全国代表大会上的报告》，新华网，2022年10月16日，https://www.news.cn/politics/cpc20/2022-10/25/c_1129079429.htm。

2　刘珉、胡鞍钢：《人与自然和谐共生的现代化——中国林业绿色发展之路（1949—2060）》，《海南大学学报》（人文社会科学版）2022年第5期。

绿色发展绩效与美丽中国建设水平的测度数据，本部分采用马尔科夫链，运用 DPS 软件，分别模拟 2025 年、2030 年、2035 年三年绿色发展绩效与美丽中国建设水平协调-发展状态，结果如表 7-6 所示。表 7-6 显示，2025 年，绿色发展绩效与美丽中国建设协调-发展路径、不协调-不发展路径、不协调-发展路径的预测概率分别为 0.301、0.534、0.166；在 2030 年分别为 0.246、0.540、0.213；在 2035 年分别为 0.245、0.562、0.192。可以发现，①绿色发展绩效与美丽中国建设的协调-发展路径的概率总体偏低，保持在 0.3 左右，且呈现逐渐下降的趋势，协调-发展路径的概率之所以变低可能是由于在未来十年，碳达峰目标倒逼产业结构转型、环境规制趋紧，在减污降碳与经济高质量发展之间存在结构性矛盾[1]，导致绿色发展与美丽中国建设协调-发展状态出现波动变化。②绿色发展绩效与美丽中国建设的不协调-不发展路径的概率保持在 0.53 以上，呈现逐渐增加趋势。这表明在基本实现人与自然和谐共生的现代化的过程中，绿色发展绩效与美丽中国建设的协调-发展水平总体较低，推动生态文明建设尤为紧迫。

表 7-6　2025 年、2030 年和 2035 年绿色发展绩效与美丽中国建设水平协调-发展路径预测概率

年份	协调-发展路径	不协调-不发展路径	不协调-发展路径
2025	0.301	0.534	0.166
2030	0.246	0.540	0.213
2035	0.245	0.562	0.192

2. 2040 年、2045 年、2050 年、2055 年与 2060 年协调-发展状态进程预测

基于全面实现人与自然和谐共生的现代化目标以及前文对 2005～2019 年绿色发展绩效与美丽中国建设水平的测度数据，本部分采用马尔科夫链，运用 DPS 软件，分别模拟 2040 年、2045 年、2050 年、2055 年以及 2060 年五年绿色发展绩效与美丽中国建设水平协调-发展状态，预测结果如表 7-7 所示。

1　史丹、李鹏：《"双碳"目标下工业碳排放结构模拟与政策冲击》，《改革》2021 年第 12 期。

表 7-7 显示，2040 年，绿色发展绩效与美丽中国建设协调-发展路径、不协调-不发展路径、不协调-发展路径的预测概率分别为 0.259、0.534、0.207；在 2045 年分别为 0.262、0.530、0.207；在 2050 年分别为 0.264、0.528、0.208；在 2055 年分别为 0.267、0.527、0.206；在 2060 年分别为 0.273、0.521、0.205。可以发现，①绿色发展绩效与美丽中国建设水平的协调-发展路径的概率总体偏低，保持在 0.3 以下。与 2035 年相比，两者的协调-发展路径的概率呈现缓慢提升的趋势，毋庸置疑，在全面实现人与自然和谐共生的现代化过程中，两者的协调-发展水平总体较低，我国生态文明建设任重而道远，绿色发展绩效提升与美丽中国建设亟待一体化协调推进。②绿色发展绩效与美丽中国建设水平的不协调-不发展路径的概率较大，保持在 0.52 以上，但两者不协调-不发展的路径概率呈现降低趋势。这说明中国绿色发展绩效与美丽中国建设取得一定成效。

表 7-7　2040 年、2045 年、2050 年、2055 年和 2060 年绿色发展绩效
与美丽中国建设水平协调-发展状态预测概率

年份	协调-发展路径	不协调-不发展路径	不协调-发展路径
2040	0.259	0.534	0.207
2045	0.262	0.530	0.207
2050	0.264	0.528	0.208
2055	0.267	0.527	0.206
2060	0.273	0.521	0.205

三　路径优化

1. 发挥"头雁引领"效应，打造第一类省区市协调-发展新高地

由前文采用马尔科夫链进行的预测发现，到 2035 年基本实现现代化目标，绿色发展绩效与美丽中国建设水平的协调-发展路径的概率不到 0.25；在 2060 年全面实现现代化的目标下，绿色发展绩效与美丽中国建设处于协调-发展状

态的概率约为 0.27。这说明在人与自然和谐共生的现代化目标约束下，未来绿色发展绩效与美丽中国建设采用协调－发展路径的可能性较低。结合前文驱动力因素分析可知，近年来，第一类省区市的绿色转型、碳达峰碳中和、生态系统可持续三大因素的驱动力呈现下降趋势，下降速度为：绿色转型＞碳达峰碳中和＞生态系统可持续，但生态系统可持续是该类省区市能够协调－发展的主导因素，绿色转型对其驱动力最低，是主要制约因素。

有鉴于此，已经采用协调－发展路径的第一类省区市，比如北京、广东等，均位于东部地区，未来应继续保持协调－发展优势，从以下几个方面进行优化。一是持续提升生态系统稳定性与可持续性。事实上，东部地区更多关注的草地生态系统属于城市区域中的草地利用类型[1]。该类省区市要重视生态系统可持续发展，坚持保护优先，持续推进重点生态功能区、生态保护红线以及自然保护地建设，提高草地覆盖率，完善生态保护补偿机制。二是创新节能技术，提高能源使用效率。东部地区与发达国家的联系紧密，人才数量和质量具有绝对优势，投资环境较好，因此，从全局及东部地区自身节能情况来看，外商直接投资仍然是主要措施，东部地区应努力发挥地理邻近和人才优势，消化吸收国外先进节能技术[2]，同时，东部地区需要加强对节能技术的研发，并对专业化集聚进行优化升级[3]，提高能源使用效率。三是优化交通运输结构，加快发展方式绿色转型。由于东部地区的交通承载力已达上限，私家车数量的增加只会增加公路负担从而导致拥堵频率更高与拥堵时间更长进而造成严重的汽车尾气污染[4]。该类省区市应重点进行交通运输结构优化，

1　亢楠楠：《"绿水青山"的经济价值评价：研究进展、挑战与展望》，《中南林业科技大学学报》（社会科学版）2022 年第 5 期。

2　陈夕红、张宗益、康继军、李长青：《技术空间溢出对全社会能源效率的影响分析》，《科研管理》2013 年第 2 期。

3　孙浩、郭劲光：《环境规制和产业集聚对能源效率的影响与作用机制：基于空间效应的视角》，《自然资源学报》2022 年第 12 期。

4　柯善咨、郑腾飞：《中国城市车辆密度、劳动生产率与拥堵成本研究》，《中国软科学》2015 年第 3 期；赵春明、潘细牙、李宏兵、梁龙武：《私人交通、城市扩张与雾霾污染——基于 65 个大中城市面板数据的实证分析》，《财贸研究》2020 年第 10 期。

推动形成绿色生产和生活方式。推广低碳交通方式，如发展电动汽车和乘坐公共交通工具，减少对私家车的使用。

2. 践行"弯道超车"战略，构建第二类省区市的协调-发展新格局

由前文采用马尔科夫链进行的预测发现，到2035年基本实现现代化目标时，绿色发展绩效与美丽中国建设采用不协调-不发展路径的概率在0.56以上；在2060年全面实现现代化的目标下，绿色发展绩效与美丽中国建设采用不协调-不发展路径的概率在0.52以上，虽然较2035年的概率有所降低，但依然维持在较高水平。这说明在人与自然和谐共生的现代化目标约束下，未来绿色发展绩效与美丽中国建设继续维持不协调-不发展路径的可能性较大。现代化发展目标会对绿色发展绩效与美丽中国建设路径造成影响，未来绿色发展绩效与美丽中国建设之间可能存在失衡的结构性问题。结合前文的驱动力因素分析可知，近年来，该类省区市的碳达峰碳中和、绿色转型和环境污染防治三个因素的驱动力呈现下降趋势，特别是环境污染防治对绿色发展绩效的驱动力下降得最明显，且驱动力最小，成为制约其发展的主导因素。

有鉴于此，已经采用不协调-不发展路径的第二类省区市，即福建、海南、河南、黑龙江、湖北、湖南、内蒙古、山西、四川和重庆，大部分位于中部、西部地区，在向协调-发展路径转化的过程中，需要加快转型步伐，从以下几个方面进行优化。一是提升污染防治水平。由于西部地区污染排放水平较高，生态文明建设面临较大的压力和约束[1]，可以加强污染物协同控制，基本消除重污染天气，开展新污染物治理，提升环境基础设施建设水平，提升城乡人居环境治理水平。制定和完善环境保护法规和政策，加强对环境污染的监管和治理。二是推动产业结构和能源结构绿色化。鉴于此类省区市多数位于中西部地区，要重点推动产业结构生态化和能源结构清洁化，学习丽水发展乡村绿色产业的经验，加大对绿色产业的扶持力度，促进绿色产业发展。学习美国的"绿色能源"模式，逐步淘汰高能耗的旧能源，积极开发新

1　任保平、李梦欣：《西部地区基本实现现代化：现状、约束与路径》，《西部论坛》2021年第5期。

能源，如太阳能、风能、潮汐能等，推动能源结构清洁化。三是发展低碳经济。发展低碳经济有若干途径，如调整产业结构、开发清洁能源、提升植被固碳能力等，但由于中西部地区的能源禀赋和产业结构具有较强的锁定效应，节能才是现阶段该类省区市降低碳排放的主要选择。[1]

3. 实施"同步共振"方针，推动第三类省区市实现协调-发展新突破

由前文采用马尔科夫链进行的预测发现，到 2035 年基本实现现代化目标时，绿色发展绩效与美丽中国建设采用不协调-发展路径的概率为 0.19 左右；在 2060 年全面实现现代化的目标下，绿色发展绩效与美丽中国建设采用不协调-发展路径的概率为 0.20 左右。这说明在人与自然和谐共生的现代化目标约束下，未来绿色发展绩效与美丽中国建设继续采用不协调-发展路径的可能性较低。由前文驱动力因素分析可知，截至 2019 年，绿色转型和碳达峰碳中和保持下降趋势。从下降速度来看：绿色转型>碳达峰碳中和。绿色转型是制约该类省区市协调-发展的主导因素。

有鉴于此，已经采用不协调-发展路径的第三类省区市，即安徽、甘肃、广西、贵州、河北、吉林、江西、宁夏、青海、陕西、新疆和云南，大部分位于中部、西部地区，未来需谨防向不协调-不发展路径演变，增强发展的同步性，加快向协调-发展路径转化。这需要从以下几个方面进行优化，一是加强生态环境保护和修复，促进生产方式绿色转型。为促进绿色发展绩效与美丽中国建设协调状态提升，必须重视加强生态环境保护与修复。大力发展绿色生产力，促进生产要素绿色化供给，在生产模式、生产过程、生产行为、生产循环的各个环节实现绿色化转型。二是制定产业低碳化政策，深入推进能源革命。随着生态文明建设和新时代西部大开发的深入推进，推动该类省区市产业生态化水平提升，制定有利于西部省区市发展的有针对性的产业政策。加强煤炭清洁高效利用，更有效地促进西部地区经济低碳发展，实现碳达峰碳中和目标。

1　郭广涛、郭菊娥、柴建：《西部发展节能服务的低碳效应及其政策研究》，《管理评论》2010 年第 6 期。

第五节　小结

本章首先采用案例分析法分析绿色发展典型国家和美丽中国建设典型省域、城市和乡村的发展路径，总结其经验；其次，在实现人与自然和谐共生的现代化目标下，建立绿色发展绩效与美丽中国建设的分析框架；再次，通过采用象限图法、灰色关联度分析法和马尔科夫链测度两者的协调-发展状态及识别影响因素，在路径归纳的基础上对影响因素进行分析；最后，确定实现现代化的目标，并对绿色发展绩效与美丽中国建设的协调-发展状态进行预测，基于目标及预测结果进行路径优化。基于上述分析，本章的主要结论如下。

（1）国外绿色发展与美丽中国建设路径和侧重点各有不同，国外绿色发展集中在气候治理、绿色制度以及能源革命三个方面，美丽中国建设集中在生态文明治理体系建设、全面绿色转型以及城乡融合发展三个方面。具体结论如下，第一，通过对国外绿色发展经验的分析发现，法国应对气候变化主要从自身发展需要出发，可借鉴其在促进全球可持续发展方面的贡献和对实现碳达峰碳中和的贡献；欧盟"绿色新政"主要从政策角度出发，可借鉴其在促进全球可持续发展、全球治理和绿色增长方面的经验；韩国的"亲环境"农业主要从政府引导和科技支撑的角度出发，其政府引导、发展智慧农业的经验可以借鉴；美国实施的"绿色能源"模式，主要重视能源方面的绿色化路径，从优化旧能源利用结构和开发绿色能源两个方面进行能源的绿色化改造。第二，通过对我国省域、城市和乡村的发展经验的分析发现，首先，对于省域而言，主要是对美丽中国"江西样板"建设进行总结，对其发展路径进行分析，注重生态文明制度建设和山水林田湖综合治理的经验可以借鉴，对其他省区市建设具有重大学习意义。其次，对美丽城市"上海样板"建设进行经验总结，分析其发展路径。兼顾污染防治与绿色转型，形成良性互动的经验对于其他城市建设具有借鉴意义。最后，对美丽乡村"丽水样板"的建设经验进行总结，促进城乡融合发展、构建区域协调发展新格局的经验对其他乡村的建设具有借鉴意义。

（2）在人与自然和谐共生的现代化目标下，绿色发展绩效通过加快绿色发展方式转型、推进环境污染防治等推动美丽中国建设。两者通过降碳减污、扩绿增长等实现人与自然和谐共生的现代化。在人与自然和谐共生的现代化目标下构建两者的分析框架，可以发现以下内容。第一，绿色发展是途径，美丽中国建设是目标，通过加快绿色发展方式转型，推进环境污染防治，提升生态系统多样性、稳定性、持续性，推进碳达峰碳中和，实现美丽中国建设。第二，人与自然和谐共生的现代化追求生产发展、生活富裕、生态良好的文明发展道路，绿色发展绩效与美丽中国建设在协调发展过程中，通过降碳减污、扩绿增长、区域协同和资源高效集约四种方式实现人与资源和谐共生的现代化。

（3）绿色发展绩效与美丽中国建设路径分为三类：第一类是协调-发展路径，第二类是不协调-不发展路径，第三类是不协调-发展路径。生态系统可持续是三类路径共同的主要驱动因素，而绿色转型是第一类和第三类的制约因素，环境污染防治是第二类的主要制约因素。在人与自然和谐共生的现代化目标下，对绿色发展绩效与美丽中国建设路径进行比较分析与归纳，并对其影响因素进行结构化分析后得到如下结论。第一，通过对绿色发展绩效与美丽中国建设路径的比较与归纳分析发现，2005~2019 年，绿色发展绩效与美丽中国建设路径由不协调-不发展路径向协调-发展路径演进。在向协调-发展路径演变的速度上，东部地区快于中部地区，西部地区最慢。将全国 30 个省区市的发展路径归纳为三类：协调-发展路径、不协调-不发展路径以及不协调-发展路径。第二，对两者发展路径的影响因素的结构化分析发现，就全国而言，四个因素的驱动力的顺序为：生态系统可持续>碳达峰碳中和>绿色转型>环境污染防治。生态系统可持续对绿色发展绩效的驱动力总体上增强，而碳达峰碳中和、绿色转型和环境污染防治三个因素与绿色发展绩效之间总体上呈现倒"U"形关系。就第一类路径而言，四个因素的驱动力的顺序与全国保持一致，四个因素对绿色发展绩效的影响效果呈现先上升后下降的态势。四个因素与绿色发展绩效之间总体上呈现倒"U"形关系，截至 2019 年，绿色转型、碳达峰碳中和、生态系统可持续对绿色发展绩效的驱动力呈现下降趋势。从下降速度来看，绿色转型>碳达峰碳中和>生态系统可持续。就第二类路径而言，四个因素的驱动力的顺序与全国保持一致，生态系统可持续对绿色发展绩效的驱动力总体上增强，而碳达峰碳中和、绿色转型和环境污染防治三个因素与绿色发展绩效之间总体上呈现倒"U"形关系，与全国层面基本类似。截至 2019 年，三个因素的驱动力持续下降，下降速度为：绿色转型>环境污染防治>碳达峰碳中和。特别是环境污染防治对绿色发展绩效的驱动力下降得最明显，且驱动力最小。就第三类路径而言，四个因素对绿色发展绩效的影响呈现先上升后下降的态势。四个因素与绿色发展绩效之间总体上呈现倒"U"形关系，该类省区市的发展路径的影响因素的驱动力与全国基本保持一致。截至 2019 年，绿色转型和碳达峰碳中和保持下降趋势。从下降速度来看，绿色转型>碳达峰碳中和。

（4）人与自然和谐共生的现代化目标分为基本实现现代化和全面实现现代化两个阶段。在不同阶段目标下，三类省区市的绿色发展绩效与美丽中国建设路径存在差异，第二类不协调-不发展路径概率>第一类协调-发展路径概率>第三类不协调-发展路径概率。三个路径的优化方向存在显著差异。进一步，分两个阶段预测绿色发展绩效与美丽中国建设的路径概率，最后提出三个路径优化策略。第一，对绿色发展绩效与美丽中国建设路径的目标分析发现，目标分为基本实现现代化（2020~2035 年）和全面实现现代化（2036~2060 年）两个阶段。第二，采用马尔科夫链对绿色发展绩效与美丽中国建设路径进行预测发现，在基本实现人与自然和谐共生的现代化目标下，绿色发展绩效与美丽中国建设选择协调-发展路径的概率总体偏小，保持在 0.30 左右，呈现逐渐下降趋势。两者选择不协调-不发展路径的概率保持在 0.53 以上，呈现逐渐增加趋势。不协调-发展路径的概率保持在 0.2 左右。在全面实现人与自然和谐共生的现代化目标下，绿色发展绩效与美丽中国建设选择协调-发展路径的概率总体偏低，保持在 0.3 以下。选择不协调-不发展路径的概率较大，保持在 0.52 以上，但不协调-不发展路径的概率呈现降低趋势。这说明绿色发展绩效与美丽中国建设取得一定成效。不协调-发展路径的概率依然保持在 0.2 左右。第三，对两者的路径优化分析发现，三类省区市的路径优化策略各有不同。已经采用协调-发展路径的第一类省区市主要发挥"头雁引领"效应，重视生态系统可持续发展、发展创新节能技术以及优化交通运输结构，加快发展方式绿色转型，促使绿色发展绩效与美丽中国建设协调-发展路径在全国起示范作用。第二类省区市践行"弯道超车"战略，提升污染防治水平，推动产业结构和能源结构绿色化以及发展低碳经济，加快促使两者路径从不协调-不发展朝着协调-发展方向转变。第三类省区市实施"同步共振"方针，加强生态环境保护和修复，促进生产方式绿色转型以及制定产业低碳化政策，提升绿色发展绩效与美丽中国建设的协调水平。

第八章

主要结论、政策建议与研究展望

本章通过对前文研究内容进行简要的归纳总结，得出主要结论，并结合绿色发展绩效与美丽中国建设研究现状，进一步讨论存在的不足之处以及进行未来展望，以期为后续的研究提供有益启示。

第一节 主要结论

本书从我国"绿色发展绩效评估"和"美丽中国建设道路选择"的重大实际问题导入，立足解决当前绿色发展绩效评估与美丽中国建设道路的理论研究与实践问题。本书坚持"问题提出—理论阐释—评估与考评—机制检验—政策模拟—路径优化"的研究思路。第一，阐述习近平生态文明思想，梳理相关研究进展，在对相关理论进行回顾的基础上，提出"绿水青山就是金山银山"理念的公理化表达，重点构建从绿色发展绩效"三维度"到美丽中国建设"三生空间"的理论分析框架，并阐释其理论机制。第二，采用耦合协调度模型对绿色发展绩效的区域特征和产业特征进行评估与比较，在阐释其形成机理的基础上进行实证检验；采用政策梳理与政策评估以及经典案例分析法设计具有中国特色的绿色发展绩效考评机制。同时，采用耦合系统协调度和熵值法，分别从省域、城市和乡村层面对美丽中国建设水平进行评估与比较；在阐释美丽中国建设形成机理的基础上进行实证检验；采用政策梳理与政策评估以及经典案例分析法设计美丽中国建设的考评机制。第三，在提出绿色发展绩效影响美丽中国建设的假设的基础上，分析绿色发展绩效与美丽中国建设的特征与事实，对绿色发展绩效影响美丽中国建设的作用机制进行考察，进一步就绿色发展绩效对美丽中国建设的影响效果进行测度。第四，在碳达峰碳中和三种政策情景下和人与自然和谐共生的现代化目标下，研究绿色发展绩效的模拟情景、美丽中国建设的情景变化以及绿色发展绩效与美丽中国建设协调–发展的模拟情景，并结合国内外典型案例，采用象限图法、灰色关联度分析法以及马尔科夫链分析绿色发展绩效与美丽中国建设的路径优化情况，为美丽中国建设提供路径优化和政策保障。主要研究结论如下。

（1）依据"绿水青山就是金山银山"的公理化表达，绿色发展绩效是绿色发展水平、绿色发展效率以及绿色发展结构的协同，美丽中国建设是生产空间、生活空间以及生态空间（"三生空间"）的共生。从绿色发展绩效的"三维度"到美丽中国建设"三生空间"是新时代绿色发展绩效评估与美丽中国建设道路研究的理论分析框架。绿色发展绩效的"三维度"通过"三生空间"影响美丽中国建设是其理论机制。①依据"绿水青山就是金山银山"的公理化表达，绿色发展绩效是效率与结果的综合体，是绿色发展水平、绿色发展效率以及绿色发展结构的协同。美丽中国把国家"五位一体"总体布局落实到具有不同主体功能的国土空间上，形成山清水秀、强大富裕、人地和谐、文化传承、政体稳定的新目标，其核心是生产空间、生活空间、生态空间的共生。②绿色发展是方式，通过一系列活动影响绿色发展绩效。美丽中国是目标，"三生空间"可以作为美丽中国建设的直接抓手，绿色发展通过提升绿色发展水平、绿色发展效率和优化绿色发展结构进而提升"三生空间"建设水平，最后达到美丽中国建设的目标，由此构建了从绿色发展绩效"三维度"到美丽中国建设"三生空间"的分析框架。③绿色发展水平提升促进生活空间宜居适度和生态空间山清水秀，绿色发展结构优化促进生活空间宜居适度，绿色发展效率提高促进生产空间集约高效和生活空间宜居适度，这形成了绿色发展绩效与美丽中国建设的理论机制。具体原因在于绿色发展绩效主要通过产业绿色化、资源配置效率、环境规制、人力资本积累、能源结构优化、消费结构优化、技术进步创新、资源利用有效、生产成本降低等促进美丽中国建设。

（2）绿色发展绩效总体上呈现缓慢上升的阶段性变化趋势，不同地区和不同产业的绿色发展绩效存在差异，且在东部、中部、西部三大地区发展不平衡。经济增长推动绿色发展绩效提升，且主要通过环境规制、技术创新、资源配置效率分别对绿色发展水平、绿色发展效率以及绿色发展结构产生影响。中国绿色发展制度经过了五个阶段的演变，绿色发展考核的典型案例不仅能够反映习近平生态文明思想，还能够反映习近平经济思想。绿色发展政策能够显著提升绿色发展绩效。高质量发展对绿色发展绩效提出新要求，应将绿色发展绩效考评置于高质量发展框架之中。绿色发展绩效考评机制设计是多维度的，考评内容具有共同性、重要性，体现高质量发展新要求。①地区绿色发展绩效总体上呈现缓慢上升的阶段性变化趋势。不同地区的绿色发展绩效存在差异，东部、中部、西部三大地区发展不平衡，产业绿色发展绩效存在异质性，且地区发展不平衡。分维度来看，地区与产业的绿色发展水平较低但提升速度快，绿色发展结构处于磨合阶段且增长速度缓慢，绿色发展不充分。②现阶段经济增长对绿色发展水平、绿色发展效率及绿色发展结构具有正向影响，地区异质性分析结果表明，东部、中部、西部地区的经济增长对各地区的绿色发展绩效的正向影响存在差异。绿色发展可以通过产业结构高级化实现绿色发展水平提高，通过带动人力资本积累和改变绿色财富配置优化绿色发展结构，通过绿色技术进步及全要素生产率提升进一步提升绿色发展效率。③绿色发展制度经过了环境保护阶段、区域可持续发展阶段、科学和谐发展阶段、生态文明创建阶段以及高质量发展五个阶段演变；生态文明示范案例是习近平生态文明思想的生动实践，表明完善生态文明制度体系是提升生态环境治理效能的根本保证。高质量发展案例是习近平经济思想的生动实践，表明贯彻新发展理念是我国经济发展的指导原则；生态文明示范区政策能够显著促进产业结构服务化和产业结构高级化，推动绿色发展结构优化，进而提升绿色发展绩效；应将绿色发展绩效考评置于高质量发展框架之中，高质量发展方式是以绿色为底色的可持续发展方式，对绿色发展绩效提出新要求。绿色发展和高质量发展深度融合，推进经济高质量发展。绿色发展绩效考评既要符合绿色发展的共性要求，也要兼顾地区发展特色和产业发展特征，还要结合高质量发展提出的新要求，进行差别设计，做到因地制宜。由此，本书分别从省域、城市、乡村三大角度以及农业、制造业、文化产业三大行业进行考评机制设计。绿色发展绩效考核在地区层面关注经济增长和环境保护。差异性表现在：省域绿色发展绩效重点凸显生态环境保护；城市绿色发展绩效重点关注城市发展质量的考核；乡村绿色发展绩效重点关注绿色生活。绿色发展绩效在产业层面关注产业绿色化，但不同产业的绿色发展绩效考核重点存在差异。差异性表现在：农业绿色发展绩效主要考核产出效益，制造业绿色发展绩效主要考核减污降碳，文化产业绿色发展绩效重点关注创新能力提升。高质量发展对地区绿色发展绩效与产业绿色发展绩效提出考核资源利用有效的新要求。

（3）美丽中国建设水平总体上呈现上升趋势，且三大地区发展不平衡。人类活动对美丽中国建设的影响呈现先促进后抑制的倒"U"形趋势，其主要通过技术创新、产业升级和环境治理三个机制实现。美丽中国建设政策经过了五个阶段的演变。美丽中国建设考核的典型案例既体现习近平生态文明思想，还是中国式现代化的生动实践。美丽中国示范政策有效，能够显著提升美丽中国建设水平。人与自然和谐共生的现代化对美丽中国建设提出新要求和赋予新内涵，美丽中国建设考评应被置于人与自然和谐共生的现代化框架之中。美丽中国建设考评机制是多方面的，考评内容具有共同性、重点性及体现人与自然和谐共生的现代化新要求。①美丽中国建设水平总体上呈现上升趋势，在不同角度下均处于协调度较低阶段。东部、中部、西部地区的建设水平不平衡，呈现东部地区>中部地区>西部地区的格局。地区间美丽中国建设水平的差异正在逐渐缩小。从细分维度来看，省域与城市的美丽中国的生产空间建设水平最低，而美丽乡村建设的生态空间建设水平最低。②人类活动对美丽中国建设的影响呈现显著的先促进后抑制的倒"U"形趋势，且对东部、中部、西部三大地区的这一影响存在差异，人类活动对美丽中国建设的非线性作用主要通过技术创新、产业升级和环境治理三个机制实现。③美丽中国建设政策经过了科学发展观阶段、生态文明建设阶段、"两山"转化阶段、美丽中国建设阶段以及"人与自然和谐共生的现代化"阶段的演变；美丽中国建设评估案例是习近平生态文明思想的生动实践，是"绿水青山就是金山银山"价值转化的根本保证。山水林田湖草综合治理案例是中国式现代化的生态实践，表明现代化治理是我国经济发展的指导原则。美丽中国建设政策有效提升了美丽中国建设水平；建设人与自然和谐共生的现代化是美丽中国建设的必然要求，对美丽中国建设提出新要求。美丽中国建设是人与自然和谐共生的现代化建设目标，在现阶段被赋予新内涵；美丽中国建设考评既要符合生态文明建设的共性要求，也要结合地区发展特色，还要依据人与自然和谐共生的现代化新要求，进行差别设计，做到因地制宜。由此，本书分别从省域、城市以及乡村三大角度进行考评机制设计。美丽中国建设在地区层面体现为人居整洁，美丽中国建设考评需要兼顾不同方面的发展差异，突出重点。其中，美丽中国省域建设应重点考核生态优良方面，美丽中国城市建设应重点关注城市空气质量，美丽中国乡村建设应重点凸显生活富裕方面。此外，人与自然和谐共生的现代化对美丽中国建设提出考核生态产品供给的新要求。

（4）绿色发展绩效"三维度"对美丽中国建设水平的影响存在差异。绿色发展绩效显著提升美丽中国建设水平，具有区域性特征和阶段性特征。绿色发展绩效主要通过环境规制、资源利用有效等推动美丽中国建设。绿色发展绩效"三维度"对美丽中国建设的影响效果存在差异，且主要通过要素流动、知识和技术溢出、产业转移和产业结构升级等机制实现。通过对绿色发展绩效与美丽中国建设关系的理论假设以及特征事实进行分析，就绿色发展绩效对美丽中国建设的作用机制进行检验，进一步测度绿色发展绩效对美丽中国建设的影响效果。①绿色发展水平提升推动美丽中国建设，主要通过环境规制和资源利用有效实现。绿色发展水平提升对美丽中国建设存在空间溢出效应，主要通过要素流动实现。绿色发展效率提升推动美丽中国建设，主要通过技术进步创新和生产成本降低实现。绿色发展效率提升对美丽中国建设存在空间溢出效应，主要通过知识和技术溢出实现。绿色发展结构优化推动美丽中国建设，主要通过能源结构优化与消费结构优化实现；绿色发展结构优化对美丽中国建设存在空间溢出效应，主要通过产业转移和产业转型升级实现。②中国省域绿色发展绩效与美丽中国建设水平之间不仅存在正相关关系，而且在阶段上存在非线性关联。总体来看，2005～2019 年，中国省域绿色发展绩效及其分维度指数均与美丽中国建设水平正相关，进一步分析发现，它们之间存在非线性关联。③绿色发展绩效提升推动美丽中国建设，主要通过环境规制、资源配置效率、技术进步创新、生产成本降低、能源结构优化与消费结构优化等实现。从直接效应检验结果来看，绿色发展绩效显著推动美丽中国建设，在把省级政府工作报告中有关绿色发展的词频占比作为代理变量等进行一系列稳健性检验后，该结论依然成立。从间接效应检验结果来看，绿色发展水平通过产业绿色化、资源配置效率与环境规制推动美丽中国建设，绿色发展效率通过技术进步创新和生产成本降低推动美丽中国建设，资源利用有效尚未充分发挥作用，绿色发展结构通过人力资本积累、能源结构优化与消费结构优化推动美丽中国建设。从门槛效应检验结果来看，绿色发展绩效与美丽中国建设的关系并不是简单的线性关系，存在最优的绿色发展绩效区间，能够最大化地推动美丽中国建设。④绿色发展绩效"三维度"对美丽中国建设的影响效果存在差异，主要通过要素流动、知识和技术溢出、产业转移和产业转型升级等实现。绿色发展水平每提高 1%会使本地区的美丽中国建设水平提高 6.54%、相邻地区的美丽中国建设水平下降 13.5%，要素流动可能是绿色发展水平对美丽中国建设空间溢出的主要影响因素；绿色发展效率每提高 1%会使本地区美丽中国建设水平约提高 0.06%，可能受相邻地区虹吸作用的影响，其影响效果并不显著，而相邻地区的美丽中国建设水平则下降约 0.16%。知识和技术溢出是绿色发展效率对美丽中国建设空间溢出的主要影响因素；绿色发展结构每提高 1%会使本地区美丽中国建设水平提高

6.52%、相邻地区的美丽中国建设水平上升1.45%，产业转移和产业转型升级是绿色发展结构对美丽中国建设空间溢出的主要影响因素。

（5）通过对碳达峰碳中和政策进行设计以及对分析框架进行构建，分别对绿色发展绩效和美丽中国建设的情景进行模拟，重点对绿色发展绩效和美丽中国建设协调-发展的情景进行模拟比较。①碳达峰碳中和目标的实现既要求降低碳排放水平，也要求提升碳吸纳能力，其中降低碳排放水平尤为关键。同时，碳达峰碳中和目标的实现是一个长期过程，不同政策情景会导致碳排放降低水平存在差异；碳减排目标约束会倒逼产业结构优化、绿色技术进步和能源结构优化等以推进绿色发展，进而提升绿色发展绩效；碳排放水平的降低会直接对美丽中国建设状态产生影响，同时，碳减排能够通过提升绿色发展绩效影响美丽中国建设；碳达峰碳中和政策措施主要通过基于碳减排的产业结构升级、技术进步、能源结构优化影响绿色发展水平、效率与结构，进而影响美丽中国建设目标的实现。②绿色发展绩效的碳达峰碳中和三种政策情景都呈现波动式增长态势，但是，在不同政策情景下，绿色发展绩效的发展趋势存在显著差异。在2038年以前，在基准政策情景下，绿色发展绩效预测值最大，而在2038年以后，强化政策情景下的绿色发展绩效预测值最大。③美丽中国建设水平在碳达峰碳中和三种政策情景下都呈现波动式增长态势，但是，在不同政策情景下，美丽中国建设水平的发展趋势存在差异。2020~2038年，美丽中国建设水平在基准政策情景下最优；2038~2048年，三种政策相互交叠；2048~2060年，美丽中国建设水平在强化政策情景下最优。④三种政策情景下的绿色发展绩效与美丽中国建设的耦合协调度都呈现大幅提升态势，基准政策情景下的耦合协调度长期处于最优状态，但三种政策情景最终都达到了优质协调状态。在基准、适度、强化政策情景下，绿色发展绩效与美丽中国建设的耦合协调度都实现大幅增长，最终达到了优质协调状态。但不同政策情景下的协调-发展阶段存在差异，从波动幅度来看，基准政策情景下的绿色发展绩效与美丽中国建设的耦合协调度最为稳定，适度政策情景下的绿色发展绩效与美丽中国建设的耦合协调度次之，强化政策情景下的绿色发展绩效与美丽中国建设的耦合协调度的波动最为剧烈。

（6）绿色发展与美丽中国建设的典型案例主要从气候治理、绿色制度、能源革命、生态文明治理体系建设、全面绿色转型以及城乡融合发展等方面采取措施。在人与自然和谐共生的现代化目标下，绿色发展绩效通过加快绿色发展方式转型、推进环境污染防治等推动美丽中国建设，同时，两者通过降碳减污、扩绿增长等最终实现人与自然和谐共生的现代化。绿色发展绩效与美丽中国建设路径分为协调-发展、不协调-不发展以及不协调-发展路径。生态系统可持续是三类路径共同的主要驱动因素，而绿色转型是第一类和第三类路径的主要制约因素，环境污染防治是第二类路径的主要制约因素。人与自然和谐共生的现代化目标分为基本实现现代化和全面实现现代化两个阶段。在不同阶段目标下，各省区市绿色发展绩效与美丽中国建设路径存在差异，三类路径的优化重点存在显著差异。①在绿色发展典型案例中，法国主要从全球可持续发展和实现碳达峰碳中和两个方面应对气候变化；欧盟制定绿色政策，提出"绿色新政"；韩国实施"亲环境"农业政策，进行政府引导、智能农业技术支撑；美国实施"绿色能源"模式，主要侧重于进行能源结构全面转型。在美丽中国建设典型案例中，美丽中国"江西样板"建设主要注重生态文明制度建设和山水林田湖综合治理。美丽城市"上海样板"建设主要兼顾污染防治与绿色转型，进行良性互动。美丽乡村"丽水样板"建设主要推动经济发展与环境保护协调发展，建设秀水清山。②绿色发展是途径，美丽中国建设是目标，绿色发展绩效通过加快绿色发展方式转型，推进环境污染防治，提升生态系统多样性、稳定性、持续性和推进碳达峰碳中和，实现美丽中国建设目标。人与自然和谐共生的现代化追求生产发展、生活富裕、生态良好的文明发展道路，绿色发展绩效与美丽中国建设在协调发展过程中，通过降碳减污、扩绿增长、区域协同和资源高效集约四种方式实现人与资源和谐共生的现代化。③在研究期内，绿色发展绩效与美丽中国建设路径由不协调-不发展路径向协调-发展路径演进。对于向协调-发展路径演进的速度，东部地区快于中部地区，西部地区最慢。就全国而言，四个因素的驱动力顺序为：生态系统可持续性>碳达峰碳中和>绿色转型>环境污染防治。生态系统可持续对绿色发展绩效的驱动力总体上增强，而碳达峰碳中和、绿色转型和环境污染防治三个因素与绿色发展绩效之间总体上呈现倒"U"形关系。就协调-发展路径而言，四个因素的驱动力的顺序与全国保持一致，四个因素与绿色发展绩效之间总体上呈现倒"U"形关系，截至 2019 年，绿色转型、碳达峰碳中和和生态系统可持续对绿色发展绩效的驱动力呈现下降趋势。下降速度的顺序为：绿色转型>碳达峰碳中和>生态系统可持续。就不协调-不发展路径而言，四个因素的驱动力的顺序与全国保持一致，生态系统可持续对绿色发展绩效的驱动力总体上增强，而碳达峰碳中和、绿色转型和环境污染防治三个因素与绿色发展绩效之间总体上呈现倒"U"形关系。这与全国层面基本类似。截至 2019 年，三个因素的驱动力持续下降，下降速度的顺序为：绿色转型>环境污染防治>碳达峰碳中和。特别是环境污染防治对绿色发展绩效的驱动力的下降最明显，且驱动力最小。就不协调-发展路径而言，四个因素对绿色发展绩效的影响呈现先上升后下降的态势。四个因素与绿色发展绩效之间总体上呈现倒"U"形关系，这一发展路径的影响因素的驱动力与全国基本保持一致。截至 2019 年，绿色转型和碳达峰碳中和保持下降趋势。下降速度的顺序为：绿色转型>碳达峰碳中和。④绿色发展绩效与美丽中国建设协调-发展路径的目标分为基本实现现代化（2020~2035 年）和全面实现现代化（2036~2060 年）两个阶段。在基本实现人与自然和谐共生的现代化目标下，绿色发展绩效与美丽中国建设协调-发展路径的选择概率总体偏小，保持在 0.3 左右，且呈现逐渐下降趋势。不协调-不发展路径的选择概率保持在 0.53 以上，呈现逐渐增加趋势。不协调-发展路径的选择概率保持在 0.2 左右。在全面实现人与自然和谐共生的现代化目标下，绿色发展绩效与美丽中国建设协调-发展路径的选择概率总体偏低，保持在 0.3 以下。不协调-不发展路径的选择概率较大，保持在 0.52 以上，但不协调-不发展路径的选择概率呈现降低趋势。这说明绿色发展绩效与美丽中国建设取得一定成效。不协调-发展路径的选择概率依然保持在 0.2 左右。三类省区市的路径优化策略各有不同。已经处于协调-发展路径的第一类省区市主要发挥

"头雁引领"效应，重视生态系统可持续发展、发展创新节能技术以及优化交通运输结构，加快发展方式绿色转型，促使绿色发展绩效与美丽中国建设协调-发展路径在全国起示范作用。第二类省区市践行"弯道超车"战略，提升污染防治水平，推动产业结构和能源结构绿色化以及发展低碳经济，加快促使两者路径从不协调-不发展路径朝着协调-发展路径转变。第三类省区市实施"同步共振"方针，加强生态环境保护和修复，促进生产方式绿色转型以及制定产业低碳化政策，提升绿色发展绩效与美丽中国建设的协调水平。

第二节　政策建议

（1）着力提升绿色发展贡献度，绿色发展绩效考评需多角度、分行业差别化设计。一是加快推动形成大中小区域绿色协调发展新格局。考虑到地区层面绿色发展绩效整体较低，且地区之间发展不平衡问题显著，加快推动地区绿色高质量发展和地区协调发展至关重要。省域层面应充分利用各个地区的比较优势，利用各个地区的合力，加快提升整体绿色发展绩效，尤其是西部落后省区市需要加快绿色转型，缩小与中部、东部地区的差距。城市层面应加快提升绿色发展水平，优化绿色发展结构，提升绿色发展效率。西部地区落后城市应通过绿色技术创新和人力资本积累加快城市高质量发展。乡村层面要更加注重中部、东部地区乡村绿色发展转型，谨防东部地区城市的发展对乡村环境造成破坏，促进乡村绿色发展水平和质量提升，以推动地区绿色发展，缓解不平衡问题。考虑到产业绿色发展效率较低，农业方面要大力推进机械化，发展现代化农业，加强对低技能劳动力的培训，提高农业就业人员的劳动能力，推动农业高质量发展。在制造业绿色转型过程中，应加大节能减排技术的应用力度，提高资源利用效率，推动制造业提质增效。由于文化产业的绿色发展绩效整体较低，要加快以文化产业为代表的第三产业绿色发展转型。文化产业发展应利用当前数字化契机，通过数字化赋能文化产业提高创新能力，推动绿色文化产业发展壮大。二是应充分发挥全面绿色转型对绿色发展绩效的正向效应。优化传统优势产业，推动如陶瓷、有色金属加工等传统产业改进生产工艺，加快向产业下游和附加值高的环节延伸，推动产业结构高级化；不断完善和创新人力资源开发体系，切实构建有利于人力资本提升和比较优势转换的体制机制，促进人力资本及财富要素积累。此外，建立地区产业高效合作机制，发挥产业链和创新链双链纵向及横向协同效应，在强化产业链上下游衔接配套的同时加强创新意识孵化，重视企业自主创新水平提升，扩大创新链中各阶段创新活动的企业集群规模，提升整体技术水平及全要素生产率。通过充分发挥绿色发展的产业升级效应、资源配置效应、技术创新效应，实现绿色发展绩效在三个层面的整体提升。三是科学制定符合地区定位和产业特色的绿色发展绩效考评机制。政府在进行地区绿色发展绩效考评机制设计时，应综合考虑地区发展定位和自身职责，结合本地实际情况制定考核方案，区别对待和灵活设计省域、城市以及乡村绿色发展绩效考评机制。省级政府在制定经济政策时，应重视与环境政策相协调，发挥政策联动作用以推动地区经济、环境与社会共赢。市级政府应以高质量发展为主要目标，加强城市创新能力提升，同时要关注居民幸福感和满意度。基层政府应以乡村秀美建设与居民满意为主要目标。在制定产业绿色发展绩效考核政策时，应依据各个产业的特色以及产业发展愿景目标，结合本地产业发展实际，多元化、差异化设计各个产业的考评机制，考评机制设计应灵活多样。例如，制定农业绿色发展政策时应以农业高质量发展为导向，注重资源节约和提高产出效益，提升农业现代化和机械化水平。制定制造业绿色发展政策时应以减污降碳为主要目标，注重对节能减排技术的应用。制定文化产业绿色发展政策时应关注文化创新能力提升，利用数字化转型契机，加快数字创意文化发展。

（2）分层次设计美丽中国建设的考评机制，打造美丽中国建设先行示范区。一是凸显省域、城市以及乡村发展诉求，走多元化的美丽中国建设道路。鉴于美丽省域建设水平整体滞后，且增长动力不足。政府应多措并举，上下联动，加快美丽中国建设步伐。由于生产空间建设相对滞后，应提高区域技术创新能力，提升生产空间建设水平，同时注重政策的包容性和差异性，谨防地区不协调建设，推动美丽中国建设均衡发展。东部地区要利用自身经济禀赋优势，继续向更高建设水平迈进；西部地区要抓住政策机遇，"弯道超车"，加快建设以缩小与东部地区的差距。美丽城市建设要发挥比较优势，继续保持生态空间建设优势，在生产空间建设方面补短板，加强上中下游城市间的生产要素流动和技术共享，减少地区内部生产空间的不均衡。美丽乡村建设应重视生态空间，谨防城市开发对乡村生态造成破坏，在乡村振兴背景下，应加快秀美乡村建设，例如，加快水土流失治理和林地保护。二是畅通美丽中国建设的堵点，多措并举，补齐短板。以生态产品供给为切入点，通过改善生态福利、升级产业结构、吸引人力资本等渠道实现美丽中国"三生空间"建设水平整体提升。具体而言，增加生态系统服务以改善生态福利，大力发展以旅游业和文创产业为代表的清洁型服务业，逐步优化和完善产业结构，实现产业转型升级，使生活趋于多样化和绿色化，打造宜居适度的生活空间。加大本地人才培养力度和人才引进力度以满足生态产品供给增加带来的劳动力需求，加大对资源开发类技术创新投入力度，逐步实现生产过程清洁化，从而通过技术创新赋能绿色生产，实现生产空间集约高效。制定资源节约和循环利用的税收优惠政策，对高污染产业加强监管，形成倒逼机制，进而从源头上减少能源消耗和环境污染，加快市场化改革的步伐，建立健全进入或退出机制，充分发挥环境资源市场化配置在"降成本，补短板"上的作用，打造山清水秀的生态空间。三是设计多角度、差别化的美丽中国建设考评机制。鉴于美丽中国建设考评机制存在多个角度，政府在制定美丽中国建设考评机制时，应综合考虑地区发展定位和自身职责，结合本地实际情况，不能一概而论，区别对待和灵活设计美丽省域、美丽城市以及美丽乡村考评机制。具体而言，美丽省域应重点关注环境保护和环境治理工作，继续推进落实"生态文明示范省"试点工作；美丽城市建设应加强大气治理和空气质量监测，以提高居民满意度、增进居民幸福感为宗旨；在美丽乡村建设过程中，应重点治理水土流失和进行林地保护，加快推进乡村"厕所革命"，加大对农村劳动力的再教育培训力度，多措并举，建设秀美乡村。

（3）统筹绿色发展与美丽中国建设的政策效果，提升全面绿色转型效能。一是因地制宜，制定差异化、特色化的地区绿色发展政策，为美丽中国建设提供政策保障。东部、中部、西部地区制定合理的绿色发展政策，缓解地区间绿色发展水平不平衡、绿色发展效率不充分、绿色发展结构不协调的矛盾。二是畅通绿色发展绩效推动美丽中国建设的关键堵点，释放全面绿色转型效能。在绿色发展水平提升上，倡导产业绿色化，加大资源配置效率与合理的环境规制强度，推动美丽中国建设。在绿色发展效率提升上，加强技术创新，降低生产成本，尤其是要提升资源利用效率，进一步发挥对美丽中国建设的推动作用。绿色发展结构优化方面，加强人力资本积累、优化能源结构与消费结构以推动美丽中国建设。鉴于绿色发展绩效具有门槛效应，充分发挥绿色发展绩效推动美丽中国建设最优区间的作用。绿色发展绩效提升要维持在合理水平区间，以最大化发挥美丽中国建设的作用。三是充分发挥绿色发展绩效的示范溢出作用，推动地区联动建设。充分发挥绿色发展效率对于美丽中国建设的空间溢出效应，着力补齐绿色发展效率对于美丽中国建设的空间效应短板。同时，进一步提高绿色发展水平与完善绿色发展结构以推动本地发展与带动周边地区发展。

（4）加快推进绿色低碳产业发展，打造绿色低碳高质量发展的新赛道。一是充分发挥地区比较优势，持续优化市场治理体系，实现绿色发展绩效稳定提升。我国东部地区应基于技术、人才、物资、信息等方面的优势，加快低污染、高附加值的产业集聚，建立清洁能源示范区。我国中部、西部地区由于承接了大量高耗能高污染产业，应把优化和调整产业结构作为绿色高质量发展的核心，加快淘汰污染和资源浪费程度高的企业，发展循环经济，扶持绿色产业和战略性新兴产业。依靠产业的绿色转型发展实现市场治理体系持续优化。推动企业生产服务方式向绿色清洁生产方式转变，将企业创造的绿色优势转化为长期经济效益，不遗余力地推动绿色低碳产业发展。促进绿色金融主体多元化发展，推动绿色金融实践全面推广下沉。二是多角度强化综合治理能力，设计面向美丽中国的分阶段路径。推广"深绿化"的生态保护、生产和生活方式，实现美丽中国建设长足发展。进一步优化绿色发展制度的顶层设计，政府应增强生态责任意识，将美丽中国建设理念融入施政纲领，打破传统的"唯 GDP 论"，完善政府绩效考核体系，完善相关生态类和经济类考核指标，建立健全地区间横向生态补偿机制和生态环境保护监察体系。设计分阶段、差异化、分层级的路径，实现生态、生活、生产空间的全面优化。推广节约适度、绿色低碳的生活方式和消费方式，引导民众树立绿色消费意识，改变传统的生活观念，推广绿色低碳的生活观。着力打造以数字经济和总部经济为引领、以现代农业为基础、以先进制造业为支撑、由现代服务业主导的现代化产业体系。三是重视地区联动发展和协同治理，推动经济增长与资源利用脱钩，实现绿色发展绩效与美丽中国建设的长期协调。坚决摒弃以牺牲环境为代价换取一时经济发展的做法，寻求经济、环境和民生等领域的利益平衡点，实现全域的绿色可持续发展。进一步优化城乡空间布局，统筹推进城乡规划和公共服务融合。协调地区产业布局，基于不同资源禀赋特点，统筹各地主导产业，实现地区协调互补，形成绿色发展整体合力。借助产业转移承接、产业链分工、产供销合作、产业园区合作等形式，形成一地为主、多地配套、互利共赢的格局，突破地理空间距离，共享产业绿色发展成果。推动地区协同治理，建立跨行政、跨区域的自然资源保护、生态环境联合监控治理的综合协调机制，强化上下游区域、地理邻近地区之间在生态环境保护、绿色公共服务等方面的合作，加大力度进行联合执法监督，协同整治跨地区环境污染问题，从源头提升治理效率。

（5）因地制宜，走出具有中国特色的人与自然和谐共生的现代化道路。大力推广与学习绿色发展与美丽中国建设的典型经验，美丽中国建设道路具有阶段性和异质性特征，未来，在不同省区市之间优化路径，应因地制宜，走出具有中国特色的绿色发展与美丽中国建设道路。大力弘扬美丽中国建设典型省区市的经验，让具有标杆性的案例获得更大的曝光度。积极总结美丽中国建设路径存在的问题，在创新中发展，突破美丽中国建设的瓶颈，在未来的美丽中国建设中，在 2020～2038 年坚持在基准政策情景下开展美丽中国建设的一系列工作，在 2039～2060 年坚持在强化政策情景下建设美丽中国，以东部省区市如北京、上海、江苏等为标杆，保持发展优势，同时弥合中西部省区市如河南、湖北、青海等与东部省区市之间的差距，给予其更多的政策扶持，进而实现碳中和目标。

第三节　研究展望

本书还存在一些不足之处，对于下一步的研究，可以从以下两点进行展望。

（1）在绿色发展绩效与美丽中国建设关系的实证分析方面，主要采用宏观数据进行验证，未使用微观数据对研究结论进行验证。尽管本书使用宏观数据，并采用统计分析、计量经济学分析等方法，对绿色发展绩效影响美丽中国建设的情况进行机制分析和实证检验，但囿于数据获取的局限性，并未使用微观数据对绿色发展绩效影响美丽中国建设的中介机制、门槛机制和空间溢出作用机制进行实证检验，这是未来研究的一个重要切入点。

（2）在绿色发展绩效与美丽中国建设道路的模拟预测中，本书主要采用弹性系数法进行模拟，囿于数据获取的有限性，并未采用其他可行的方法对模拟结果进行检验。本书在模拟不同碳达峰碳中和情境下的绿色发展绩效、美丽中国建设水平、绿色发展绩效和美丽中国建设水平协调发展的趋势时，仅把碳排放量作为主要参数，仅采用弹性系数法进行模拟预测，并未采用其他模拟方法，如采用 DPSIR 分析框架构建仿真模型或运用 CGE 模型进行模拟分析。这些方法同样能够获得有效的预测结果，但所需的参数更加复杂，所需的数据更难获取。因此，囿于数据的可获取性，本书未采用其他方法进行检验，以佐证研究的预测结果，这是需要改进之处。

参考文献

［1］ 白光：《基于经济自组织的特大城市职住空间结构演化研究——以北京和东京为例》，北京交通大学博士学位论文，2021。

［2］ 白俊红、刘宇英：《对外直接投资能否改善中国的资源错配》，《中国工业经济》2018 年第 1 期。

［3］ 《白皮书：各地开发区"绿色发展"水平存差异 东部占优》，中国经济网，2018 年 7 月 20 日，http：//www.ce.cn/cysc/newmain/yc/jsxw/201807/20/t20180720_ 29812077. shtml。

［4］ 白泉、佟庆：《美国的能源多样化战略及对我国的启示》，《宏观经济管理》2005 年第 4 期。

［5］ 鲍云樵：《几种值得关注的可再生能源和新能源》，《中外能源》2007 年第 1 期。

［6］ 毕浩浩：《论长江文化的时代价值及其创造性转化》，《学习与实践》2021 年第 5 期。

［7］ 毕秀晶、宁越敏：《长三角大都市区空间溢出与城市群集聚扩散的空间计量分析》，《经济地理》2013 年第 1 期。

［8］ 蔡宁、郭斌：《从环境资源稀缺性到可持续发展：西方环境经济理论的发展变迁》，《经济科学》1996 年第 6 期。

［9］ 蔡绍洪、谷城、张再杰：《长江经济带绿色发展水平测度及时空演化特征》，《华东经济管理》2021 年第 11 期。

［10］ 蔡绍洪、魏媛、刘明显：《西部地区绿色发展水平测度及空间分异研

究》，《管理世界》2017 年第 6 期。

［11］ 蔡跃洲、付一夫：《全要素生产率增长中的技术效应与结构效应——基于中国宏观和产业数据的测算及分解》，《经济研究》2017 年第 1 期。

［12］ 曹宏源：《去年全球碳排放量未增中国贡献大》，《中国电力报》2015 年 3 月 27 日。

［13］ 曹立、石以涛：《乡村文化振兴内涵及其价值探析》，《南京农业大学学报》（社会科学版）2021 年第 6 期。

［14］ 曹清峰：《国家级新区对区域经济增长的带动效应——基于 70 大中城市的经验证据》，《中国工业经济》2020 年第 7 期。

［15］ 曹新向、司艳宇：《城市水系生态系统服务功能研究》，《国土与自然资源研究》2005 年第 2 期。

［16］ 曹叶、宋凤轩：《锚定"双碳"目标建设美丽中国》，中国社会科学网，2022 年 10 月 8 日，https：//www.cssn.cn/skgz/202210/t20221008_5545673.shtml。

［17］ 柴麒敏：《美丽中国愿景下我国碳达峰、碳中和战略的实施路径研究》，《环境保护》2022 年第 6 期。

［18］ 柴麒敏、徐华清：《基于 IAMC 模型的中国碳排放峰值目标实现路径研究》，《中国人口·资源与环境》2015 年第 6 期。

［19］ 常纪文：《推动经济社会发展全面绿色转型（新论）——奋进"十四五"，建设美丽中国》，《人民日报》2021 年 9 月 28 日。

［20］ 车帅：《"节能低碳"政策能否实现企业绩效双赢》，《财经科学》2022 年第 9 期。

［21］ 陈昌盛、许伟、兰宗敏等：《"十四五"时期我国发展内外部环境研究》，《管理世界》2020 年第 10 期。

［22］ 陈晨：《以资源节约高效利用推动绿色发展》，《光明日报》2015 年 11 月 18 日。

［23］ 陈澄、付伟：《国内绿色发展研究综述》，《经贸实践》2017 年第 9 期。

［24］陈冲、吴炜聪：《消费结构升级与经济高质量发展：驱动机理与实证检验》，《上海经济研究》2019 年第 6 期。

［25］陈丁、苟路瑶、吴一凡：《我国工业绿色发展转型研究》，《环渤海经济瞭望》2022 年第 4 期。

［26］陈端计：《绿色发展：中国"十二五"发展转型升级的必然选择》，《经济问题探索》2011 年第 8 期。

［27］陈富荣：《构建绿色发展体系助力西部绿色发展》，《中国经贸》2019 年第 24 期。

［28］陈海波：《美丽中国建设迈出重大步伐》，《光明日报》2022 年 10 月 22 日。

［29］陈浩、罗力菲：《环境规制对经济高质量发展的影响及空间效应——基于产业结构转型中介视角》，《北京理工大学学报》（社会科学版）2021 年第 6 期。

［30］陈泓亮、薛程：《坚持绿色发展理念全力建设美丽海河》，《中国水利》2017 年第 24 期。

［31］陈建军、陈国亮、黄洁：《新经济地理学视角下的生产性服务业集聚及其影响因素研究——来自中国 222 个城市的经验证据》，《管理世界》2009 年第 4 期。

［32］陈晶：《丽水市花园乡村建设的问题与对策研究》，江西财经大学硕士学位论文，2022。

［33］陈军、肖雨彤：《生态文明先行示范区建设如何助力实现"双碳"目标？——基于合成控制法的实证研究》，《中国地质大学学报》（社会科学版）2023 年第 1 期。

［34］陈凯、李思楠：《基于政策工具和产品全生命周期的绿色消费政策文本分析》，《南京工业大学学报》（社会科学版）2022 年第 1 期。

［35］陈利锋：《环境保护税与环保技术进步的宏观经济效应》，《南方金融》2019 年第 11 期。

［36］陈林、朱卫平：《边际报酬递减规律是客观存在的吗——来自上市公司面板数据的实证检验》，《中国工业经济》2009 年第 6 期。

［37］陈明华、刘文斐、王山等：《黄河流域绿色发展绩效评价、差异分解及驱动因素》，《中国人口·资源与环境》2022 年第 4 期。

［38］陈明星：《城市化领域的研究进展和科学问题》，《地理研究》2015 年第 4 期。

［39］陈明星、梁龙武、王振波等：《美丽中国与国土空间规划关系的地理学思考》，《地理学报》2019 年第 12 期。

［40］陈启斐、钱非非：《环境保护能否提高中国生产性服务业比重——基于低碳城市试点策略研究》，《经济评论》2020 年第 5 期。

［41］陈强远、梁琦：《技术比较优势、劳动力知识溢出与转型经济体城镇化》，《管理世界》2014 年第 11 期。

［42］陈若愚、张莹：《金融集聚对长三角地区创新扩散影响的机制与成效——基于空间杜宾模型的实证分析》，《经济问题探索》2021 年第 9 期。

［43］陈姗姗：《长江经济带制造业绿色发展水平的评价研究》，华东交通大学硕士学位论文，2021。

［44］陈诗一、陈登科：《雾霾污染、政府治理与经济高质量发展》，《经济研究》2018 年第 2 期。

［45］陈夕红、张宗益、康继军、李长青：《技术空间溢出对全社会能源效率的影响分析》，《科研管理》2013 年第 2 期。

［46］陈晓红、蔡思佳、汪阳洁：《我国生态环境监管体系的制度变迁逻辑与启示》，《管理世界》2020 年第 11 期。

［47］陈晓晖：《"美丽中国"生态文明观培育探析》，《生态经济》2013 年第 8 期。

［48］陈瑶、吴婧：《区域一体化对工业绿色发展效率的影响及空间分异研究——来自长三角城市群的证据》，《东岳论丛》2021 年第 10 期。

［49］ 陈珍珍、何宇、徐长生：《国家级新区对经济发展的提升效应——基于293 个城市的多期双重差分检验》，《城市问题》2021 年第 3 期。

［50］ 陈智、吉亚辉：《中国高技术产业创新绩效的影响因素研究——基于中国省级面板数据的空间计量分析》，《江南大学学报》（人文社会科学版）2019 年第 2 期。

［51］ 成长春、刘峻源、殷洁：《"十四五"时期全面推进长江经济带协调性均衡发展的思考》，《区域经济评论》2021 年第 4 期。

［52］ 成长春：《完善促进人与自然和谐共生的生态文明制度体系》，《红旗文稿》2020 年第 5 期。

［53］ 成金华、李悦、陈军：《中国生态文明发展水平的空间差异与趋同性》，《中国人口·资源与环境》2015 年第 5 期。

［54］ 程承坪：《人工智能促进经济发展的途径》，《当代经济管理》2021 年第 3 期。

［55］ 程开明：《城市化促进技术创新的机制及证据》，《科研管理》2010 年第 2 期。

［56］ 程开明、王桂梅：《城镇化、产业结构升级与经济高质量发展——基于空间杜宾模型的中介效应检验》，《系统工程理论与实践》2023 年第 3 期。

［57］ 程莉、文传浩：《长江经济带乡村绿色发展水平研判及其多维解释》，《南通大学学报》（社会科学版）2019 年第 4 期。

［58］ 程莉、文传浩：《乡村绿色发展与乡村振兴：内在机理与实证分析》，《技术经济》2018 年第 10 期。

［59］ 褚睿刚：《环境科技创新中的财税激励政策刍议——基于环境与经济双赢的视角》，《经济体制改革》2018 年第 2 期。

［60］ 《促进中部地区全面崛起的重大举措——国家发展改革委地区司负责同志答记者问》，中华人民共和国国家发展和改革委员会网站，2016 年 12 月 26 日，https：//www.ndrc.gov.cn/xxgk/jd/jd/201612/t2016122 6_

1182770. html。

[61] 崔木花：《安徽省产业结构演变的生态环境效应》，《经济地理》2020 年第 8 期。

[62] 邓琳：《现代化与美丽中国的辩证关系》，《社会主义论坛》2019 年第 1 期。

[63] 邓婷婷、陈文府：《财政支出对绿色技术创新效率的影响研究——基于空间杜宾模型的实证分析》，《铜陵学院学报》2021 年第 6 期。

[64] 丁陈颖、唐根年、纪烨楠等：《美丽乡村"三生空间"融合发展的路径研究——以浙江省为例》，《乡村科技》2021 年第 24 期。

[65] 丁黎黎、刘少博、王晨等：《偏向性技术进步与海洋经济绿色全要素生产率研究》，《海洋经济》2019 年第 4 期。

[66] 丁仲礼：《碳中和对中国的挑战和机遇》，《中国新闻发布》（实务版）2022 年第 1 期。

[67] 杜莉、马遥遥：《"一带一路"沿线国家的绿色发展绩效及驱动因素研究》，《四川大学学报》（哲学社会科学版）2022 年第 1 期。

[68] 杜受祜、杜珩：《公园城市：山水人城和谐共生》，《社会科学研究》2022 年第 5 期。

[69] 杜宇、黄成、吴传清：《长江经济带工业高质量发展指数的时空格局演变》，《经济地理》2020 年第 8 期。

[70] 杜宇、吴传清、邓明亮：《政府竞争、市场分割与长江经济带绿色发展效率研究》，《中国软科学》2020 年第 12 期。

[71] 段德忠、杜德斌：《中国城市绿色技术创新的时空分布特征及影响因素》，《地理学报》2022 年第 12 期。

[72] 段福梅：《中国二氧化碳排放峰值的情景预测及达峰特征——基于粒子群优化算法的 BP 神经网络分析》，《东北财经大学学报》2018 年第 5 期。

[73] 段宏波、汪寿阳：《中国的挑战：全球温控目标从 2℃ 到 1.5℃ 的战略调

整》,《管理世界》2019 年第 10 期。

[74]　《发展改革委印发〈绿色发展指标体系〉〈生态文明建设考核目标体系〉》,中国政府网,2016 年 12 月 12 日,https://www.gov.cn/xinwen/2016-12/23/content_5151575.htm。

[75]　《法国推动能源转型 2035 年将核电占比降至 50%》,环球网,2019 年 2 月 19 日,https://finance.huanqiu.com/article/9CaKrnKibdz。

[76]　樊启祥、张曙光、胡兴娥等:《长江三峡工程助力长江经济带可持续发展》,《人民长江》2018 年第 23 期。

[77]　范丹、孙晓婷:《环境规制、绿色技术创新与绿色经济增长》,《中国人口·资源与环境》2020 年第 6 期。

[78]　范斐、杜德斌、李恒等:《中国地级以上城市科技资源配置效率的时空格局》,《地理学报》2013 年第 10 期。

[79]　范建华、秦会朵:《"十四五"我国文化产业高质量发展的战略定位与路径选择》,《云南师范大学学报》(哲学社会科学版)2021 年第 5 期。

[80]　范巧、郭爱君:《一种嵌入空间计量分析的全要素生产率核算改进方法》,《数量经济技术经济研究》2019 年第 8 期。

[81]　范庆泉、储成君、高佳宁:《环境规制、产业结构升级对经济高质量发展的影响》,《中国人口·资源与环境》2020 年第 6 期。

[82]　方创琳:《青藏高原城镇化发展的特殊思路与绿色发展路径》,《地理学报》2022 年第 8 期。

[83]　方创琳、王岩、方袁雯:《中国城市脆弱性的综合测度与空间分异特征》,《地理学报》2015 年第 2 期。

[84]　方创琳、王振波、刘海猛:《美丽中国建设的理论基础与评估方案探索》,《地理学报》2019 年第 4 期。

[85]　方登科:《浅析企业绿色发展的人力资源优化配置研究》,《商场现代化》2020 年第 14 期。

[86]　房逸靖、李静、司深深:《政府干预、创新驱动与区域人才配置》,《科

技进步与对策》2023 年第 3 期。

[87] 费维扬、赵兴雷、周文戟：《全球气候变暖：人类面临的世纪挑战》，《生态经济》2009 年第 4 期。

[88] 封晔：《绿色发展理念引领下消费升级的实现路径》，《商业经济研究》2020 年第 11 期。

[89] 冯曦明、张仁杰：《产业结构变迁、绿色生态效率与区域经济增长》，《统计与决策》2021 年第 21 期。

[90] 付伟、罗明灿、陈建成：《农业绿色发展演变过程及目标实现路径研究》，《生态经济》2021 年第 7 期。

[91] 盖美、秦冰、郑秀霞：《经济增长动能转换与绿色发展耦合协调的时空格局演化分析》，《地理研究》2021 年第 9 期。

[92] 盖美、王秀琪：《美丽中国建设时空演变及耦合研究》，《生态学报》2021 年第 8 期。

[93] 盖庆恩、朱喜、程名望等：《要素市场扭曲、垄断势力与全要素生产率》，《经济研究》2015 年第 5 期。

[94] 高波、吕有金：《中国式现代化道路：理论逻辑、现实特征与推进路径》，《河北学刊》2022 年第 6 期。

[95] 高峰、赵雪雁、宋晓谕等：《面向 SDGs 的"美丽中国"内涵与评价指标体系》，《地球科学进展》2019 年第 3 期。

[96] 高海秀：《中国牧草生产者种植决策行为研究》，中国农业科学院博士学位论文，2020。

[97] 高红贵、赵路：《长江经济带产业绿色发展水平测度及空间差异分析》，《科技进步与对策》2019 年第 12 期。

[98] 高红贵、朱于珂：《绿色技术创新研究热点的动态演变规律与趋势》，《经济问题探索》2021 年第 1 期。

[99] 高锦杰、张伟伟：《绿色金融对我国产业结构生态化的影响研究——基于系统 GMM 模型的实证检验》，《经济纵横》2021 年第 2 期。

［100］高敏雪、王彦:《环境经济核算再认识》,《统计研究》2000 年第 4 期。

［101］高卿、骆华松、王振波等:《美丽中国的研究进展及展望》,《地理科学进展》2019 年第 7 期。

［102］高苇、成金华、张均:《异质性环境规制对矿业绿色发展的影响》,《中国人口·资源与环境》2018 年第 11 期。

［103］高晓龙、张英魁、马东春等:《生态产品价值实现关键问题解决路径》,《生态学报》2022 年第 20 期。

［104］高星、陈军:《以绿色技术创新推进绿色发展》,《光明日报》2019 年 12 月 17 日。

［105］高赢:《中国八大综合经济区绿色发展绩效及其影响因素研究》,《数量经济技术经济研究》2019 年第 9 期。

［106］高正礼:《以绿色发展建设人与自然和谐共生的美丽中国》,《光明日报》2022 年 11 月 29 日。

［107］葛全胜、方创琳、江东:《美丽中国建设的地理学使命与人地系统耦合路径》,《地理学报》2020 年第 6 期。

［108］耿子健、蔺丹:《数字经济、技术创新与绿色全要素生产率》,《现代管理科学》2022 年第 6 期。

［109］《工业和信息化部关于印发工业绿色发展规划（2016-2020 年）的通知》,中华人民共和国工业和信息化部网站,2016 年 6 月 30 日,https：//www. miit. gov. cn/jgsj/jns/wjfb/art/2020/art_ d66bb56744d9433d827bdb571de9a250. html。

［110］《工业和信息化部 国家发展改革委 生态环境部关于印发工业领域碳达峰实施方案的通知》,中国政府网,2022 年 7 月 7 日,https：//www. gov. cn/zhengce/zhengceku/2022-08/01/content_ 5703910. htm。

［111］苟兴朝、张斌儒:《黄河流域乡村绿色发展:水平测度、区域差异及空间相关性》,《宁夏社会科学》2020 年第 4 期。

［112］谷树忠、王兴杰:《绿色发展经济学:对绿色发展的诠释》,《中国经济

时报》2016 年 3 月 11 日。

[113] 顾明瑞、王帆、王舒鸿：《基于系统动力学的中国绿色发展政策仿真研究》，《中国环境管理》2021 年第 3 期。

[114] 顾新锋、简涛、何友等：《协方差矩阵结构的广义近似最大似然估计》，《应用科学学报》2013 年第 6 期。

[115] 关海玲、武祯妮：《地方环境规制与绿色全要素生产率提升——是技术进步还是技术效率变动?》，《经济问题》2020 年第 2 期。

[116] 《关于进一步加强生态环境保护工作服务区域发展战略和经济高质量发展的意见》，湖北省生态环境厅网站，2021 年 6 月 28 日，https://sthjt. hubei. gov. cn/fbjd/xxgkml/ghjh/202107/t20210707_ 3634073. shtml。

[117] 《关于命名第二批"绿水青山就是金山银山"实践创新基地的公告》，中华人民共和国生态环境部网站，2018 年 12 月 12 日，https://www. mee. gov. cn/xxgk2018/xxgk/xxgk01/201812/t20181213_ 684723. html。

[118] 《关于命名第三批"绿水青山就是金山银山"实践创新基地的公告》，中华人民共和国生态环境部网站，2019 年 11 月 13 日，https://www. mee. gov. cn/xxgk2018/xxgk/xxgk01/201911/t20191114_ 742443. html。

[119] 《关于命名第四批"绿水青山就是金山银山"实践创新基地的公告》，中华人民共和国生态环境部网站，2020 年 10 日 9 日，https://www. mee. gov. cn/xxgk2018/xxgk/xxgk01/202010/t20201012_ 802766. html。

[120] 《关于命名第五批"绿水青山就是金山银山"实践创新基地的公告》，中华人民共和国生态环境部网站，2021 年 10 月 12 日，https://www. mee. gov. cn/xxgk2018/xxgk/xxgk01/202110/t20211013_ 956361. html。

[121] 《关于命名浙江省安吉县等 13 个地区为第一批"绿水青山就是金山银山"实践创新基地的通知》，中华人民共和国生态环境部网站，2017 年 9 月 15 日，https://www. mee. gov. cn/gkml/hbb/bgt/201709/t20170925_ 422227. htm。

[122] 《关于生态文明先行示范区建设名单（第一批）的公示》，中国政府

网，2014 年 6 月 5 日，https：//www. gov. cn/xinwen/2014 - 06/05/
content_ 2694273. htm。

[123]《关于印发国家生态文明先行示范区建设方案（试行）的通知》，中国
政府网，2013 年 12 月 2 日，https：//www. gov. cn/zwgk/2013 - 12/13/
content_ 25 47260. htm。

[124]《关于印发〈湖北省绿色发展指标体系〉和〈湖北省生态文明建设考核
目标体系〉》，湖北省发展和改革委员会网站，2017 年 7 月 5 日，
https：//fgw. hubei. gov. cn/fbjd/xxgkml/jgzn/nsjg/hzic/gzdt/201707/t201
70724_ 407437. shtml。

[125]《关于印发〈美丽中国建设评估指标体系及实施方案〉的通知（发改
环资〔2020〕296 号）》，中华人民共和国国家发展和改革委员会网
站，2020 年 2 月 28 日，https：//www. ndrc. gov. cn/xxgk/zcfb/tz/2020
03/t20200306_ 1222531_ ext. html。

[126] 关宇航、师一帅、李莉：《低碳城市政策提升企业全要素生产率了
吗？——基于高质量发展要求的审视》，《海南大学学报》（人文社会
科学版）2021 年第 6 期。

[127] 贯君、苏蕾：《双重环境规制下政府经济竞争对绿色高质量发展的影
响》，《中国环境科学》2021 年第 11 期。

[128] 呙小明、黄森：《"美丽中国"背景下中国区域产业转移对工业绿色效
率的影响研究——基于 SBM-undesirable 模型和空间计量模型》，《重庆
大学学报》（社会科学版）2018 年第 4 期。

[129] 郭春丽、易信：《"双碳"目标下的中国经济增长：影响机制、趋势特
征及对策建议》，《经济学家》2022 年第 7 期。

[130] 郭广涛、郭菊娥、柴建：《西部发展节能服务的低碳效应及其政策研
究》，《管理评论》2010 年第 6 期。

[131] 郭俊华、周丹萍：《国家创新型城市政策对城市绿色发展绩效的影
响——基于技术创新、资源依赖的中介作用》，《软科学》2021 年第

10 期。

[132] 郭庆旺、吕冰洋、张德勇：《财政支出结构与经济增长》，《经济理论与经济管理》2003 年第 11 期。

[133] 郭芸、范柏乃、龙剑：《我国区域高质量发展的实际测度与时空演变特征研究》，《数量经济技术经济研究》2020 年第 10 期。

[134]《国家对我省美丽中国建设情况开展评估》，江西省人民政府网站，2020 年 9 月 7 日，https：//www.jiangxi.gov.cn/art/2020/9/7/art_393_27 94617.html。

[135]《国家发展改革委 财政部 自然资源部关于印发〈推进资源型地区高质量发展"十四五"实施方案〉的通知》，中国政府网，2021 年 11 月 15 日，https：//www.gov.cn/zhengce/zhengceku/2021-11/14/content_5650 830.htm。

[136] 国务院发展研究中心《进一步化解产能过剩的政策研究》课题组、赵昌文、许召元等：《当前我国产能过剩的特征、风险及对策研究——基于实地调研及微观数据的分析》，《管理世界》2015 年第 4 期。

[137] 国务院发展研究中心课题组：《农民工市民化对扩大内需和经济增长的影响》，《经济研究》2010 年第 6 期。

[138]《国务院关于印发国家环境保护"十二五"规划的通知》，中国政府网，2011 年 12 月 15 日，https：//www.gov.cn/gongbao/content/2012/content_2034724.htm。

[139]《国务院关于印发"十二五"节能环保产业发展规划的通知》，中国政府网，2012 年 6 月 16 日，https：//www.gov.cn/zhengce/zhengceku/2012-06/29/content_1564.htm。

[140]《国务院新闻办就"十三五"生态环境保护工作有关情况举行发布会》，中国政府网，2020 年 10 月 21 日，http：//www.gov.cn/xinwen/2020~10/21/content_5552990.htm。

[141] 韩超、张伟广、冯展斌：《环境规制如何"去"资源错配——基于中国

首次约束性污染控制的分析》,《中国工业经济》2017 年第 4 期。

［142］韩峰、王琢卓、阳立高:《生产性服务业集聚、空间技术溢出效应与经济增长》,《产业经济研究》2014 年第 2 期。

［143］韩磊、刘长全:《乡村振兴背景下中国农村发展进程测评及地区比较》,《农村经济》2018 年第 12 期。

［144］韩美琳:《高质量发展背景下中国经济产业结构转型升级研究——基于马克思主义政治经济学视角》,吉林大学博士学位论文,2021。

［145］韩永辉、黄亮雄、王贤彬:《产业结构升级改善生态文明了吗——本地效应与区际影响》,《财贸经济》2015 年第 12 期。

［146］郝淑双:《中国绿色发展水平时空分异及影响因素研究》,中南财经政法大学博士学位论文,2018。

［147］何爱平、安梦天:《地方政府竞争、环境规制与绿色发展效率》,《中国人口·资源与环境》2019 年第 3 期。

［148］何雷华、王凤、王长明:《数字经济如何驱动中国乡村振兴?》,《经济问题探索》2022 年第 4 期。

［149］何凌云、马青山:《智慧城市试点能否提升城市创新水平?——基于多期 DID 的经验证据》,《财贸研究》2021 年第 3 期。

［150］何兴邦:《技术创新与经济增长质量——基于省际面板数据的实证分析》,《中国科技论坛》2019 年第 10 期。

［151］何志毅、杨少琼:《对绿色消费者生活方式特征的研究》,《南开管理评论》2004 年第 3 期。

［152］贺克斌:《生态文明与美丽中国建设》,《中国环境管理》2020 年第 6 期。

［153］洪大用:《经济增长、环境保护与生态现代化——以环境社会学为视角》,《中国社会科学》2012 年第 9 期。

［154］洪银兴、刘伟、高培勇等:《"习近平新时代中国特色社会主义经济思想"笔谈》,《中国社会科学》2018 年第 9 期。

[155] 呼倩、夏晓华、黄桂田：《中国产业发展的流动劳动力工资增长效应——来自流动人口动态监测的微观证据》，《管理世界》2021年第10期。

[156] 胡鞍钢：《中国实现2030年前碳达峰目标及主要途径》，《北京工业大学学报》（社会科学版）2021年第3期。

[157] 胡鞍钢：《中国式绿色现代化：回顾与展望》，《北京工业大学学报》（社会科学版）2023年第6期。

[158] 胡鞍钢、周绍杰：《绿色发展：功能界定、机制分析与发展战略》，《中国人口·资源与环境》2014年第1期。

[159] 胡凯川：《绿色发展政策工具的模拟研究》，南昌大学硕士学位论文，2018。

[160] 胡平波、钟漪萍：《政府支持下的农旅融合促进农业生态效率提升机理与实证分析——以全国休闲农业与乡村旅游示范县为例》，《中国农村经济》2019年第12期。

[161] 胡森林、曾刚、滕堂伟等：《长江经济带产业的集聚与演化——基于开发区的视角》，《地理研究》2020年第3期。

[162] 《环境保护部关于印发〈国家生态文明建设示范区管理规程（试行）〉〈国家生态文明建设示范县、市指标（试行）〉的通知》，中国政府网，2016年1月20日，https://www.gov.cn/gongbao/content/2016/content_5076991.htm。

[163] 黄敦平、刘子杰：《我国工业绿色发展水平之综合评价》，《湖南工业大学学报》（社会科学版）2020年第4期。

[164] 黄繁华、郭卫军：《空间溢出视角下的生产性服务业集聚与长三角城市群经济增长效率》，《统计研究》2020年第7期。

[165] 黄建欢、吕海龙、王良健：《金融发展影响区域绿色发展的机理——基于生态效率和空间计量的研究》，《地理研究》2014年第3期。

[166] 黄茂兵：《将生态优势转化为经济优势推动绿色发展》，《广西日报》

2022 年 2 月 17 日。

[167] 黄茂兴、叶琪：《马克思主义绿色发展观与当代中国的绿色发展——兼评环境与发展不相容论》，《经济研究》2017 年第 6 期。

[168] 黄庆华、时培豪、胡江峰：《产业集聚与经济高质量发展：长江经济带 107 个地级市例证》，《改革》2020 年第 1 期。

[169] 黄润秋：《深入贯彻落实党的十九届五中全会精神，协同推进生态环境高水平保护和经济高质量发展》，《环境保护》2021 年第 3 期。

[170] 黄晓媚：《推动绿色发展理念打造美丽中国》，《现代商贸工业》2021 年第 25 期。

[171] 黄跃、李琳：《中国城市群绿色发展水平综合测度与时空演化》，《地理研究》2017 年第 7 期。

[172] 黄志斌、姚灿、王新：《绿色发展理论基本概念及其相互关系辨析》，《自然辩证法研究》2015 年第 8 期。

[173] 江东、林刚、付晶莹：《"三生空间"统筹的科学基础与优化途径探析》，《自然资源学报》2021 年第 5 期。

[174] 江露薇、刘国新、王静：《我国装备制造业的地区差距与产业布局的空间关联性——基于生态位理论的分析》，《科研管理》2020 年第 9 期。

[175] 江西绿色发展指数课题组：《江西绿色发展指数绿皮书（2014 - 2016）》，经济科学出版社，2017。

[176] 江艳婷、余华银：《中国省域绿色全要素生产率空间分布差异及影响因素研究》，《合肥工业大学学报》（社会科学版）2020 年第 5 期。

[177] 《江泽民在中国共产党第十六次全国代表大会上的报告》，中国政府网，2002 年 11 月 8 日，https：//www.gov.cn/test/2008 - 08/01/content_ 1061490.htm。

[178] 《江泽民在中国共产党第十五次全国代表大会上的报告》，中国政府网，1997 年 9 月 12 日，https：//www.gov.cn/test/2008 - 07/11/content_ 1042080.htm。

［179］姜磊、陈元、黄剑、童昀：《财政支出效率对绿色全要素生产率影响的实证分析——基于中国 284 个城市的面板数据》，《经济地理》2022 年第 11 期。

［180］姜旭、卢新海、龚梦琪：《土地出让市场化、产业结构优化与城市绿色全要素生产率——基于湖北省的实证研究》，《中国土地科学》2019 年第 5 期。

［181］解蕾、姚扬、但智钢等：《基于 DPSIR 模型的省域绿色发展绩效评价》，《环境工程技术学报》2022 年第 5 期。

［182］金灿：《绿色经济将全面改变中国未来》，《经济参考报》2008 年 8 月1 日。

［183］金乐琴：《高质量绿色发展的新理念与实现路径——兼论改革开放 40 年绿色发展历程》，《河北经贸大学学报》2018 年第 6 期。

［184］金乐琴、刘瑞：《低碳经济与中国经济发展模式转型》，《经济问题探索》2009 年第 1 期。

［185］金丽馥、王婕：《乡村振兴视阈下农村三产融合发展与促进农民增收——以江苏省为例》，《江苏农业科学》2021 年第 21 期。

［186］金瑶梅：《绿色发展视野下的美丽中国》，《社会科学家》2018 年第1 期。

［187］金瑶梅：《论美丽中国的五重维度》，《思想理论教育》2018 年第 7 期。

［188］靳媛媛：《美丽中国建设的产业哲学研究》，湖南大学博士学位论文，2019。

［189］《居民收入水平较快增长 生活质量取得显著提高——党的十八大以来经济社会发展成就系列报告之十九》，中华人民共和国国家统计局网站，2022 年 10 月 11 日，http://www.stats.gov.cn/xxgk/jd/sjjd2020/202210/t20221011_ 1889192. html。

［190］亢楠楠：《"绿水青山"的经济价值评价：研究进展、挑战与展望》，《中南林业科技大学学报》（社会科学版）2022 年第 5 期。

［191］柯善咨、郑腾飞：《中国城市车辆密度、劳动生产率与拥堵成本研究》，《中国软科学》2015 年第 3 期。

［192］孔含笑、沈镭、钟帅等：《关于自然资源核算的研究进展与争议问题》，《自然资源学报》2016 年第 3 期。

［193］赖德胜、孟大虎、高春雷、王琦等：《2021 中国劳动力市场发展报告——新发展阶段劳动力市场变革新趋势》，北京师范大学出版社，2023。

［194］乐俊杰：《人口密度、经济密度与商贸流通产业发展关联性研究》，《商业经济研究》2020 年第 19 期。

［195］雷玉桃、张淑雯、孙菁靖：《环境规制对制造业绿色转型的影响机制及实证研究》，《科技进步与对策》2020 年第 23 期。

［196］李斌、彭星、欧阳铭珂：《环境规制、绿色全要素生产率与中国工业发展方式转变——基于 36 个工业行业数据的实证研究》，《中国工业经济》2013 年第 4 期。

［197］李波、叶樊妮：《人口城镇化与土地城镇化耦合协调关系及时空演化格局——以四川省 18 个地级市为例》，《自然资源情报》2022 年第 9 期。

［198］李博、秦欢、孙威：《产业转型升级与绿色全要素生产率提升的互动关系——基于中国 116 个地级资源型城市的实证研究》，《自然资源学报》2022 年第 1 期。

［199］李冬花、王咏、陆林：《共同富裕目标下综合乡村旅游开发的可持续生计效应——基于浙江省安吉县鲁家村的案例实证》，《自然资源学报》2023 年第 2 期。

［200］李菲菲、周霞、周玉玺：《环渤海地区农业绿色发展水平评价与区域差异分析》，《中国农业资源与区划》2023 年第 3 期。

［201］李凤亮、古珍晶：《"双碳"视野下中国文化产业高质量发展的机遇、路径与价值》，《上海师范大学学报》（哲学社会科学版）2021 年第 6 期。

[202] 李光龙、江鑫：《绿色发展、人才集聚与城市创新力提升——基于长三角城市群的研究》，《安徽大学学报》（哲学社会科学版）2020 年第 3 期。

[203] 李虹、熊振兴：《生态占用、绿色发展与环境税改革》，《经济研究》2017 年第 7 期。

[204] 李慧明：《欧洲绿色浪潮兴起的深刻动因及其影响》，《人民论坛》2022 年第 14 期。

[205] 李建华、蔡尚伟：《"美丽中国"的科学内涵及其战略意义》，《四川大学学报》（哲学社会科学版）2013 年第 5 期。

[206] 李健、李宁宁：《京津冀绿色发展政策模拟及优化研究》，《大连理工大学学报》（社会科学版）2021 年第 4 期。

[207] 李俊青、李双建、赵旭霞：《社会信任、收益率波动与银行风险》，《财贸经济》2017 年第 11 期。

[208] 李凯风、夏勃勃：《环境规制、金融资源配置与工业绿色发展耦合协调研究》，《金融与经济》2020 年第 7 期。

[209] 李科、袁玮鸿、罗晶等：《中国工业绿色增长效率的测算及其变化特征》，《经济地理》2022 年第 4 期。

[210] 李堃：《中国地方税体系改革研究》，吉林大学博士学位论文，2015。

[211] 李兰冰、李焕杰：《技术创新、节能减排与城市绿色发展》，《软科学》2021 年第 11 期。

[212] 李蕾蕾、盛丹：《地方环境立法与中国制造业的行业资源配置效率优化》，《中国工业经济》2018 年第 7 期。

[213] 李琳、楚紫穗：《我国区域产业绿色发展指数评价及动态比较》，《经济问题探索》2015 年第 1 期。

[214] 李萌：《中国"十二五"绿色发展的评估与"十三五"绿色发展的路径选择》，《社会主义研究》2016 年第 3 期。

[215] 李娜：《现代增长理论中的技术进步》，《当代经济》2023 年第 1 期。

[216] 李鹏:《产业结构与环境污染之间倒"U"型曲线关系的检验——基于产业结构调整幅度和经济增长速度共同影响视角的分析》,《经济问题》2016年第10期。

[217] 李鹏:《绿色转型中技术进步促进生态文明建设的机制及政策研究》,对外经济贸易大学博士学位论文,2018。

[218] 李思龙、仝菲菲、韩阳阳:《公共教育投资、人力资本积累和区域创新能力》,《财经研究》2022年第9期。

[219] 李炜光、柳妍:《区域协同对我国企业创新和经济发展影响及完善路径探讨——以沪港通为例的研究》,《理论探讨》2020年第2期。

[220] 李晓西、刘一萌、宋涛:《人类绿色发展指数的测算》,《中国社会科学》2014年第6期。

[221] 李晓西、潘建成:《中国绿色发展指数的编制——〈2010中国绿色发展指数年度报告——省际比较〉内容简述》,《经济研究参考》2011年第2期。

[222] 李新安:《环境规制、政府补贴与区域绿色技术创新》,《经济经纬》2021年第3期。

[223] 李新安、李慧:《中国制造业绿色发展的时空格局演变及路径研究》,《区域经济评论》2021年第4期。

[224] 李新安:《"双碳"背景下我国经济绿色转型与高质量发展路径研究》,《河南牧业经济学院学报》2022年第2期。

[225] 李新安:《制度环境对区域绿色创新效率提升的门槛效应研究:基于OFDI逆向技术溢出视角》,《创新科技》2021年第3期。

[226] 李雪、陈瑜:《长三角地区产业技术创新的空间效应研究》,《江南大学学报》(人文社会科学版)2020年第1期。

[227] 李雪娇、何爱平:《绿色发展的制约因素及其路径拿捏》,《改革》2016年第6期。

[228] 李雪松、曾宇航:《中国区域创新型绿色发展效率测度及其影响因素》,

《科技进步与对策》2020 年第 3 期。

[229] 李延凯、韩廷春：《金融生态演进作用于实体经济增长的机制分析——透过资本配置效率的视角》，《中国工业经济》2011 年第 2 期。

[230] 李岩：《以绿色消费推动绿色发展》，《光明日报》2018 年 10 月 26 日。

[231] 李扬、徐洪峰：《特朗普政府"美国第一能源计划"及其影响》，《东北亚论坛》2017 年第 5 期。

[232] 李杨：《企业绿色发展的人力资源优化配置》，《江西社会科学》2017 年第 11 期。

[233] 李永平：《旅游产业、区域经济与生态环境协调发展研究》，《经济问题》2020 年第 8 期。

[234] 李玉洁、贺正楚、潘红玉：《产业链企业的绿色发展绩效评价》，《数学的实践与认识》2022 年第 3 期。

[235] 李志青、毛佳睿、王继：《重庆市环境经济政策的绩效评估与政策建议》，《上海城市管理》2018 年第 1 期。

[236] 李志勇：《众多有利因素保障 2018 年中国经济目标实现》，《经济参考报》2018 年 3 月 7 日。

[237] 李治国、王杰、车帅：《碳达峰约束下中国工业增长与节能减排的双赢发展》，《环境经济研究》2021 年第 2 期。

[238] 李周：《建设美丽中国 实现永续发展》，《经济研究》2013 年第 2 期。

[239] 李子豪、毛军：《地方政府税收竞争、产业结构调整与中国区域绿色发展》，《财贸经济》2018 年第 12 期。

[240] 梁波：《基于 BIM 技术的建筑能耗分析在设计初期的应用研究》，重庆大学硕士学位论文，2014。

[241] 梁敏、曹洪军、王小洁：《高管环保认知、动态能力与企业绿色创新绩效——环境不确定性的调节效应》，《科技管理研究》2022 年第 4 期。

[242] 梁琦、肖素萍、刘玉博：《环境政策对城市生态效率的影响与机制研究——基于生态文明先行示范区的准自然实验》，《西安交通大学学报》

（社会科学版）2022 年第 3 期。

[243] 廖常文、张治栋：《稳定经济增长、产业结构升级与资源错配》，《经济问题探索》2020 年第 11 期。

[244] 廖志慧、王晓峻、刘昕：《我省发布"绿色发展"评价考核细则》，《湖北日报》2017 年 7 月 13 日。

[245] 廖重斌：《环境与经济协调发展的定量评判及其分类体系——以珠江三角洲城市群为例》，《热带地理》1999 年第 2 期。

[246] 林伯强、蒋竺均：《中国二氧化碳的环境库兹涅茨曲线预测及影响因素分析》，《管理世界》2009 年第 4 期。

[247] 林伯强、谭睿鹏：《中国经济集聚与绿色经济效率》，《经济研究》2019 年第 2 期。

[248] 林珊珊、陈清：《长江经济带绿色发展的效率评估与提升路径》，《科技与管理》2021 年第 2 期。

[249] 林月云：《生态文明建设视角下构建美丽福建的问题及对策分析》，《长春理工大学学报》（社会科学版）2014 年第 3 期。

[250] 刘冰、张磊：《山东绿色发展水平评价及对策探析》，《经济问题探索》2017 年第 7 期。

[251] 刘朝、赵志华、步晓宁：《资本动态投入、生产率波动与资本错配》，《南开经济研究》2018 年第 1 期。

[252] 刘崇刚、孙伟、张落成：《长江三角洲碳排放与植被覆盖耦合协调时空格局及影响因素分析》，《地理科学》2023 年第 1 期。

[253] 刘春香、张智光：《绿色科技与生态文明：供应链维的驱动与支撑机理》，《中国科技论坛》2016 年第 10 期。

[254] 刘春芝：《消费结构升级是推动经济高质量发展的新动力》，《沈阳师范大学学报》（社会科学版）2022 年第 4 期。

[255] 刘德林、周倩：《我国美丽乡村建设水平的时空演变及影响因素研究》，《华东经济管理》2020 年第 1 期。

[256] 刘东亚：《国内财政支出结构对绿色经济发展影响综述》，《农村经济与科技》2022 年第 5 期。

[257] 刘发为、朱金宜：《绿色发展，为美丽中国添华彩》，《中国产经》2022 年第 5 期。

[258] 刘冠辰、田昆儒、李元祯：《欧美国家碳排放权交易价格问题研究综述及其启示》，《现代财经》（天津财经大学学报）2012 年第 12 期。

[259] 刘海猛、方创琳、李咏红：《城镇化与生态环境"耦合魔方"的基本概念及框架》，《地理学报》2019 年第 8 期。

[260] 刘海英、郭文琪：《碳排放权交易政策试点与能源环境效率——来自中国 287 个地级市的实证检验》，《西安交通大学学报》（社会科学版）2022 年第 5 期。

[261] 刘汉初、樊杰、周道静、张海明：《2000 年以来中国高耗能产业的空间格局演化及其成因》，《经济地理》2019 年第 5 期。

[262] 刘华军、雷名雨：《中国结构红利的空间格局及其大国雁阵模式》，《中国软科学》2019 年第 3 期。

[263] 刘华军、乔列成、郭立祥：《减污降碳协同推进与中国 3E 绩效》，《财经研究》2022 年第 9 期。

[264] 刘金科、肖翊阳：《中国环境保护税与绿色创新：杠杆效应还是挤出效应？》，《经济研究》2022 年第 1 期。

[265] 刘俊杰、李树林、范浩杰、林强：《情景分析法应用于能源需求与碳排放预测》，《节能技术》2012 年第 1 期。

[266] 刘珉、胡鞍钢：《人与自然和谐共生的现代化——中国林业绿色发展之路（1949—2060）》，《海南大学学报》（人文社会科学版）2022 年第 5 期。

[267] 刘明广：《中国省域绿色发展水平测量与空间演化》，《华南师范大学学报》（社会科学版）2017 年第 3 期。

[268] 刘荣增、何春：《环境规制对城镇居民收入不平等的门槛效应研究》，

《中国软科学》2021年第8期。

[269] 刘世荣、代力民、温远光等：《面向生态系统服务的森林生态系统经营：现状、挑战与展望》，《生态学报》2015年第1期。

[270] 刘思华：《科学发展观视域中的绿色发展》，《当代经济研究》2011年第5期。

[271] 刘伟：《以绿色产业推动城镇化高质量发展的路径研究》，《经济纵横》2022年第4期。

[272] 刘杨、杨建梁、梁嫒：《中国城市群绿色发展效率评价及均衡特征》，《经济地理》2019年第2期。

[273] 刘耀彬等编著《区域生态优势转化与生态文明建设》，社会科学文献出版社，2015。

[274] 刘耀彬、李仁东、宋学锋：《中国城市化与生态环境耦合度分析》，《自然资源学报》2005年第1期。

[275] 刘耀彬、袁华锡、邵翠：《基于不同空间尺度的绿色发展现状与过程比较分析》，《科技管理研究》2019年第14期。

[276] 刘耀彬：《中国绿色发展效率与政策工具选择》，社会科学文献出版社，2021。

[277] 刘耀彬、朱淑芬：《基于可拓物元–马尔科夫模型的省域生态环境质量动态评价与预测——以江西省为例》，《中国生态农业学报》2009年第2期。

[278] 刘耀彬、卓冲：《绿色发展对减贫的影响研究——基于中国集中连片特困区与非集中连片特困区的对比分析》，《财经研究》2021年第4期。

[279] 刘亦文、欧阳莹、蔡宏宇：《中国农业绿色全要素生产率测度及时空演化特征研究》，《数量经济技术经济研究》2021年第5期。

[280] 刘毅等：《努力建设人与自然和谐共生的现代化——以习近平同志为核心的党中央推进生态文明建设述评》，《人民日报》2021年11月7日。

[281] 刘毅、寇江泽、李红梅：《共建人与自然和谐共生的美丽家园》，《人民

日报》2021 年 12 月 9 日。

[282] 刘於清：《"美丽中国"的价值维度及实现路径》，《桂海论丛》2014 年第 1 期。

[283] 龙云安、陈国庆：《"美丽中国"背景下我国绿色金融发展与产业结构优化》，《企业经济》2018 年第 4 期。

[284] 娄峰、侯慧丽：《基于国家主体功能区规划的人口空间分布预测和建议》，《中国人口·资源与环境》2012 年第 11 期。

[285] 娄伟：《情景分析方法研究》，《未来与发展》2012 年第 9 期。

[286] 娄厦：《基于灰色多目标决策的低碳经济发展水平统计检验》，《统计与决策》2018 年第 11 期。

[287] 卢丽文、宋德勇、李小帆：《长江经济带城市发展绿色效率研究》，《中国人口·资源与环境》2016 年第 6 期。

[288] 鲁玉成、周剑、周胜、鲁传一：《碳中和目标下，2035 年中国能源需求和碳排放情景分析》，《中国能源》2021 年第 8 期。

[289] 鲁元平、王品超、朱晓盼：《城市化、空间溢出与技术创新——基于中国 264 个地级市的经验证据》，《财经科学》2017 年第 11 期。

[290] 陆建栖、任文龙：《数字经济推动文化产业高质量发展的机制与路径——基于省级面板数据的实证检验》，《南京社会科学》2022 年第 5 期。

[291] 陆军、秦昌波、肖旸等：《新时代美丽中国的建设思路与战略任务研究》，《中国环境管理》2022 年第 6 期。

[292] 陆小成：《基于城市绿色转型的企业低碳创新协同模式》，《科技进步与对策》2015 年第 4 期。

[293] 陆玉珍：《"美丽中国"的科学内涵、战略意义及实践路径》，《中共南京市委党校学报》2018 年第 1 期。

[294] 逯进、王晓飞、刘璐：《低碳城市政策的产业结构升级效应——基于低碳城市试点的准自然实验》，《西安交通大学学报》（社会科学版）

2020 年第 2 期。

［295］逯原：《走绿色发展之路，建设美丽中国》，《现代经济信息》2013 年第 23 期。

［296］吕冰洋、王雨坤、贺颖：《我国地区间资本要素市场分割状况：测算与分析》，《统计研究》2021 年第 11 期。

［297］罗梁波：《公共性的本质：共同体协作》，《政治学研究》2022 年第 1 期。

［298］罗铭杰、刘燕：《新时代绿色消费理念的问题指向、内涵要义及价值意蕴》，《经济学家》2022 年第 7 期。

［299］罗贤宇：《"美丽福建"视域下生态文明建设协同治理探析》，《福建论坛》（人文社会科学版）2017 年第 2 期。

［300］马骏、伍琳玲、卢玉钦：《碳排放视域下长江经济带绿色发展效率测度及影响因素研究》，《资源与产业》2022 年第 3 期。

［301］马世骏、王如松：《社会-经济-自然复合生态系统》，《生态学报》1984 年第 1 期。

［302］马延吉、王宗明、王江浩等：《典型区"美丽中国"全景评价指标体系构建思路》，《遥感技术与应用》2020 年第 2 期。

［303］马艳梅、吴玉鸣、吴柏钧：《长三角地区城镇化可持续发展综合评价——基于熵值法和象限图法》，《经济地理》2015 年第 6 期。

［304］马永欢、黄宝荣：《对自然资源开发与生态环境保护关系的基本辨析》，《生态经济》2015 年第 10 期。

［305］《"美丽中国"省区建设水平（2012）研究报告》，人民网，2012 年 12 月 3 日，http://media.people.com.cn/n/2012/1203/c40628 - 1977 6180.html。

［306］〔美〕熊彼特：《熊彼特：经济发展理论》，邹建平译，中国画报出版社，2012。

［307］孟斌、王劲峰、张文忠、刘旭华：《基于空间分析方法的中国区域差异

研究》，《地理科学》2005 年第 4 期。

[308] 孟维华、诸大建、周新宏：《资源消费弹性系数与降低经济增长中的资源消耗》，《中国人口·资源与环境》2008 年第 3 期。

[309] 缪小林、赵一心：《生态功能区转移支付对生态环境改善的影响：资金补偿还是制度激励?》，《财政研究》2019 年第 5 期。

[310] 倪浩：《中国城市高质量发展与国际合作大会在京举办》，《环球时报》2022 年 8 月 31 日。

[311] 《农业农村部关于拓展农业多种功能 促进乡村产业高质量发展的指导意见》，中国政府网，2021 年 11 月 17 日，https：//www.gov.cn/zhengce/zhengceku/2021-11/19/content_ 5651881. htm。

[312] 《农业农村部关于支持长江经济带农业农村绿色发展的实施意见》，中华人民共和国农业农村部网站，2018 年 9 月 21 日，http：//www. moa. gov. cn/gk/zcfg/qnhnzc/201809/t20180921_ 6157725. htm。

[313] 欧阳康、郭永珍：《论新时代中国生态治理现代化》，《江苏社会科学》2021 年第 6 期。

[314] 欧阳晓灵、张骏豪、杜刚：《环境规制与城市绿色技术创新：影响机制与空间效应》，《中国管理科学》2022 年第 12 期。

[315] 潘翻番、徐建华、薛澜：《自愿型环境规制：研究进展及未来展望》，《中国人口·资源与环境》2020 年第 1 期。

[316] 潘家华：《推动绿色发展 建设美丽中国》，《经济日报》2018 年 2 月 8 日。

[317] 潘家华、吴大华：《生态引领绿色赶超》，社会科学文献出版社，2015。

[318] 潘家华：《新中国 70 年生态环境建设发展的艰难历程与辉煌成就》，《中国环境管理》2019 年第 4 期。

[319] 庞丽花、陈艳梅、冯朝阳：《自然保护区生态产品供给能力评估——以呼伦贝尔辉河保护区为例》，《干旱区资源与环境》2014 年第 10 期。

[320] 裴玲玲：《科技人才集聚与高技术产业发展的互动关系》，《科学学研

究》2018 年第 5 期。

[321] 裴士军：《"双碳"目标下"绿水青山就是金山银山"理念的三维认知探新》，《云南社会科学》2023 年第 1 期。

[322] 彭建、胡晓旭、赵明月、刘焱序、田璐：《生态系统服务权衡研究进展：从认知到决策》，《地理学报》2017 年第 6 期。

[323] 彭文英、尉迟晓娟：《京津冀生态产品供给能力提升及价值实现路径》，《中国流通经济》2021 年第 8 期。

[324] 彭智敏、吴晗晗：《长江经济带能源消费、生态环境污染与产业转型升级》，《长江流域资源与环境》2022 年第 8 期。

[325] 齐绍洲、林屾、崔静波：《环境权益交易市场能否诱发绿色创新？——基于我国上市公司绿色专利数据的证据》，《经济研究》2018 年第 12 期。

[326] 钱立华、方琦、鲁政委：《欧盟绿色新政对我国的启示》，《金融博览》2020 年第 9 期。

[327] 秦昌波、苏洁琼、肖旸等：《美丽中国建设评估指标库设计与指标体系构建研究》，《中国环境管理》2022 年第 6 期。

[328] 秦书生、胡楠：《美丽中国建设的内涵分析与实践要求——关于习近平美丽中国建设重要论述的思辨》，《环境保护》2018 年第 10 期。

[329] 秦书生、胡楠：《习近平美丽中国建设思想及其重要意义》，《东北大学学报》（社会科学版）2016 年第 6 期。

[330] 秦书生、胡楠：《中国绿色发展理念的理论意蕴与实践路径》，《东北大学学报》（社会科学版）2017 年第 6 期。

[331] 曲小瑜、秦续天：《基于 tsQCA 方法的制造业绿色技术创新能力多元提升路径研究》，《科技管理研究》2022 年第 19 期。

[332]《全国人大代表、湖北省生态环境厅厅长吕文艳：坚持生态优先，加快推动绿色转型高质量发展》，《中国环境监察》2021 年第 Z1 期。

[333] 任保平、李梦欣：《西部地区基本实现现代化：现状、约束与路径》，

《西部论坛》2021年第5期。

[334] 任宇飞、方创琳、蔺雪芹：《中国东部沿海地区四大城市群生态效率评价》，《地理学报》2017年第11期。

[335] 任晓刚、李冠楠、王锐：《农业绿色发展支持政策的问题、成因与路径》，《新视野》2022年第1期。

[336] 邵翠：《我国省域绿色发展的减贫效应研究——基于门槛特征与空间溢出的视角》，南昌大学硕士学位论文，2019。

[337] 邵帅、范美婷、杨莉莉：《经济结构调整、绿色技术进步与中国低碳转型发展——基于总体技术前沿和空间溢出效应视角的经验考察》，《管理世界》2022年第2期。

[338] 沈能、赵增耀：《集聚动态外部性与企业创新能力》，《科研管理》2014年第4期。

[339] 沈清基：《论基于生态文明的新型城镇化》，《城市规划学刊》2013年第1期。

[340] 沈世铭、许睿、陈非儿：《我国绿色低碳循环经济高质量发展的空间非均衡性及收敛性》，《中国流通经济》2023年第2期。

[341] 沈钊、屈小娥：《我国环境规制的污染减排效应研究》，《统计与决策》2022年第20期。

[342] 沈智扬、邵安琪、陈雪丽：《中国区域绿色经济增长与资源错配》，《北京理工大学学报》（社会科学版）2023年第1期。

[343] 盛斌、赵文涛：《地区全球价值链、市场分割与产业升级——基于空间溢出视角的分析》，《财贸经济》2020年第9期。

[344] 盛丹、张国峰：《两控区环境管制与企业全要素生产率增长》，《管理世界》2019年第2期。

[345] 师晓娟、肖志杨：《环保事权改革、产业结构动态变迁与绿色全要素生产率——基于2009—2019年省级面板数据的实证检验》，《宏观经济研究》2022年第11期。

［346］《"十二五"生态环境建设展望：让绿色在中华大地铺展》，中国政府网，2010 年 11 月 4 日，https：//www.gov.cn/jrzg/2010 - 11/04/content_ 17 37586.htm。

［347］《"十三五"规划纲要全文发布 绿色理念成未来 5 年发展主基调》，中华人民共和国生态环境部网站，2016 年 3 月 21 日，https：//www.mee.gov.cn/xxgk/hjyw/201603/t20160321_ 333874.shtml。

［348］《"十三五"期间，一批突出生态环境问题得到解决——生态文明建设踏上新征程》，中国政府网，2021 年 1 月 9 日，http：//www.gov.cn/xinwen/2021 - 01/09/content_ 5578365.html。

［349］《"十一五"能源建设成就综述："绿色能源"历史跨越》，中国政府网，2011 年 1 月 24 日，https：//www.gov.cn/jrzg/2011 - 01/24/content_ 1 791567.htm。

［350］《"十一五"我国污染减排成效显著 绿色发展动力强》，中国政府网，2011 年 2 月 17 日，https：//www.gov.cn/jrzg/2011 - 02/17/content_ 18 05031.htm。

［351］《"十一五"我国污染减排成效显著 绿色发展动力强》，中国政府网，2011 年 2 月 17 日，https：//www.gov.cn/jrzg/2011 - 02/17/content_ 18 05031.htm。

［352］石大千、丁海、卫平、刘建江：《智慧城市建设能否降低环境污染》，《中国工业经济》2018 年第 6 期。

［353］时朋飞、李星明、熊元斌：《区域美丽中国建设与旅游业发展耦合关联性测度及前景预测——以长江经济带 11 省市为例》，《中国软科学》2018 年第 2 期。

［354］时朋飞、熊元斌、邓志伟等：《长江经济带"美丽中国"建设水平动态研究——基于生态位理论视角》，《资源开发与市场》2017 年第 11 期。

［355］史丹、李鹏：《"双碳"目标下工业碳排放结构模拟与政策冲击》，《改革》2021 年第 12 期。

［356］史丹：《绿色发展与全球工业化的新阶段：中国的进展与比较》，《中国工业经济》2018 年第 10 期。

［357］史丹：《我国经济增长过程中能源利用效率的改进》，《经济研究》2002 年第 9 期。

［358］世界环境与发展委员会：《我们共同的未来》，王之佳等译，吉林人民出版社，1997。

［359］《世界能源统计年鉴 2021》，英国石油公司，2021。

［360］《世界能源统计年鉴 2022》，英国石油公司，2022。

［361］《市发展改革委 市统计局 市环保局 市委组织部关于印发北京市绿色发展指标体系及北京市生态文明建设考核目标体系的通知》，北京市人民政府网，2017 年 12 月 8 日，https：//www. beijing. gov. cn/zhengce/zheng cefa gui/201905/t20190522_ 60672. html。

［362］《（受权发布）习近平：高举中国特色社会主义伟大旗帜 为全面建设社会主义现代化国家而团结奋斗——在中国共产党第二十次全国代表大会上的报告》，新华网，2022 年 10 月 16 日，https：//www. news. cn/politics/cpc20/2022-10/25/c_ 1129079429. htm。

［363］《书写全面建设社会主义现代化江西的精彩华章——中国共产党江西省第十五次代表大会报告诞生记》，人民网，2021 年 11 月 29 日，http：//jx. people. com. cn/n2/2021/1129/c190181-35026314. html。

［364］舒成、朱沛阳、许波：《江西省绿色发展水平测度与空间分异分析》，《经济地理》2021 年第 6 期。

［365］《数研院与中科院协作完成美丽福建建设评估》，数字中国研究院（福建）网站，2021 年 1 月 9 日，https：//adc. fzu. edu. cn/info/1013/1198. htm。

［366］帅志强、蔡尚伟：《〈美丽乡村建设指南〉国家标准颁布实施的意义、作用及执行》，《生态经济》2016 年第 3 期。

［367］宋德勇、邓捷、弓媛媛：《我国环境规制对绿色经济效率的影响分析》，

《学习与实践》2017 年第 3 期。

[368] 宋冬林、王林辉、董直庆：《技能偏向型技术进步存在吗？——来自中国的经验证据》，《经济研究》2010 年第 5 期。

[369] 宋国新、董雪：《我国"双碳"目标实现的主要挑战与路径选择》，《东北亚经济研究》2022 年第 6 期。

[370] 宋建波等：《建设绿色绩效评价体系 促进全面绿色转型发展》，《光明日报》2022 年 4 月 18 日。

[371] 宋琳琳：《完善城市绿色发展政策的有效路径——基于政策网络理论的分析》，《沈阳干部学刊》2018 年第 4 期。

[372] 宋马林、金培振：《地方保护、资源错配与环境福利绩效》，《经济研究》2016 年第 12 期。

[373] 宋马林、王舒鸿：《环境规制、技术进步与经济增长》，《经济研究》2013 年第 3 期。

[374] 宋志秀、葛翔宇：《金融集聚、政府干预、对外开放与地区经济发展》，《统计与决策》2022 年第 19 期。

[375] 宋周莺、康蕾、刘毅：《中国区域投入产出效率的综合测度与时空格局》，《地理研究》2019 年第 2 期。

[376] 苏科、周超：《人力资本、科技创新与绿色全要素生产率——基于长江经济带城市数据分析》，《经济问题》2021 年第 5 期。

[377] 孙博文、张友国：《中国绿色创新指数的分布动态演进与区域差异》，《数量经济技术经济研究》2022 年第 1 期。

[378] 孙传谆、李鹏、邓羽、张昌顺：《基于生态系统空间异质性的美丽中国生态建设分区》，《地理学报》2022 年第 11 期。

[379] 孙豪、桂河清、杨冬：《中国省域经济高质量发展的测度与评价》，《浙江社会科学》2020 年第 8 期。

[380] 孙浩、郭劲光：《环境规制和产业集聚对能源效率的影响与作用机制：基于空间效应的视角》，《自然资源学报》2022 年第 12 期。

［381］孙金龙：《我国生态文明建设发生历史性转折性全局性变化（人民要论·"十三五"辉煌成就·生态文明建设）》，《人民日报》2020 年 11 月 20 日。

［382］孙瑾、刘文革、周钰迪：《中国对外开放、产业结构与绿色经济增长——基于省际面板数据的实证检验》，《管理世界》2014 年第 6 期。

［383］孙逊：《绿色金融路径下环保企业融资现状、问题及对策》，《科技经济市场》2020 年第 7 期。

［384］孙毅、景普秋：《资源型区域绿色转型模式及其路径研究》，《中国软科学》2012 年第 12 期。

［385］孙振清、成晓斐、谷文姗：《异质性环境规制对工业绿色发展绩效的影响》，《华东经济管理》2021 年第 8 期。

［386］孙正聿：《从大历史观看中国式现代化》，《哲学研究》2022 年第 1 期。

［387］孙中伟、路紫：《流空间基本性质的地理学透视》，《地理与地理信息科学》2005 年第 1 期。

［388］唐德才：《工业化进程、产业结构与环境污染——基于制造业行业和区域的面板数据模型》，《软科学》2009 年第 10 期。

［389］陶锋、赵锦瑜、周浩：《环境规制实现了绿色技术创新的"增量提质"吗——来自环保目标责任制的证据》，《中国工业经济》2021 年第 2 期。

［390］陶良虎等主编《美丽城市：生态城市建设的理论实践与案例》，人民出版社，2014。

［391］田光辉、李江苏、苗长虹、杜萍萍：《基于非期望产出的中国城市绿色发展效率及影响因素分析》，《经济地理》2022 年第 6 期。

［392］田光明：《情景分析法》，《晋图学刊》2008 年第 3 期。

［393］童莉霞：《完善中国绿色发展政策的方向》，《经济》2018 年第 8 期。

［394］万军、路路、张晓婧等：《美丽中国建设地方实践评估与展望》，《中国环境管理》2022 年第 6 期。

［395］万军、王金南、李新等：《2035 年美丽中国建设目标及路径机制研究》，《中国环境管理》2021 年第 5 期。

［396］万军、王倩、李新等：《基于美丽中国的生态环境保护战略初步研究》，《环境保护》2018 年第 22 期。

［397］万俊人：《美丽中国的哲学智慧与行动意义》，《中国社会科学》2013 年第 5 期。

［398］万媛媛、毕惠敏、郑重：《广东省绿色发展能否优化能源消费结构》，《生态经济》2021 年第 3 期。

［399］汪劲：《环保法治 30 年：中国的成就与问题》，《环境保护》2008 年第 21 期。

［400］汪劲主编《中国环境法原理》，北京大学出版社，2006。

［401］汪克亮、许如玉、张福琴等：《生态文明先行示范区建设对碳排放强度的影响》，《中国人口·资源与环境》2022 年第 7 期。

［402］汪克亮、赵斌、丁黎黎：《经济赶超、结构转型与绿色全要素生产率》，《山西财经大学学报》2021 年第 1 期。

［403］汪青松、佘超：《人类共同价值的历史演进、现实依据与实践进路》，《毛泽东邓小平理论研究》2021 年第 5 期。

［404］汪晓文、陈明月、陈南旭：《数字经济、绿色技术创新与产业结构升级》，《经济问题》2023 年第 1 期。

［405］王宾、于法稳：《"十四五"时期推进农村人居环境整治提升的战略任务》，《改革》2021 年第 3 期。

［406］王冰、杨虎涛：《论正外部性内在化的途径与绩效——庇古和科斯的正外部性内在化理论比较》，《东南学术》2002 年第 6 期。

［407］王兵、侯冰清：《中国区域绿色发展绩效实证研究：1998—2013——基于全局非径向方向性距离函数》，《中国地质大学学报》（社会科学版）2017 年第 6 期。

［408］王德智：《货币政策支持农业绿色发展的路径研究》，《宏观经济管理》

2022 年第 4 期。

[409] 王迪、和维、聂锐：《中国 2030 年 CO$_2$ 排放情景预测与减排潜力分析》，《系统工程学报》2019 年第 6 期。

[410] 王海芳、祖楠楠、张笑愚：《绿色 IS 战略、绿色动态能力和融资绩效关系研究——一个理论框架》，《湖北经济学院学报》（人文社会科学版）2020 年第 4 期。

[411] 王佳元：《现代供应链：演变特征与发展战略》，《宏观经济研究》2019 年第 7 期。

[412] 王家庭、梁栋：《中国文化产业效率的时空分异与影响因素》，《经济地理》2021 年第 4 期。

[413] 王杰、刘斌：《环境规制与企业全要素生产率——基于中国工业企业数据的经验分析》，《中国工业经济》2014 年第 3 期。

[414] 王金南、蒋洪强、张惠远等：《推进生态文明　建设美丽中国——迈向美丽中国的生态文明建设战略框架设计》，《环境保护》2012 年第 23 期。

[415] 王金南、逯元堂、吴舜泽等：《环保投资与宏观经济关联分析》，《中国人口·资源与环境》2009 年第 4 期。

[416] 王金南、秦昌波、苏洁琼等：《美丽中国建设目标指标体系设计与应用》，《环境保护》2022 年第 8 期。

[417] 王金南、秦昌波、万军等：《国家生态环境保护规划发展历程及展望》，《中国环境管理》2021 年第 5 期。

[418] 王金南：《全面开启人与自然和谐共生的美丽中国建设新征程——为美丽中国建设专题作序》，《中国环境管理》2022 年第 6 期。

[419] 王金南、苏洁琼、万军：《"绿水青山就是金山银山"的理论内涵及其实现机制创新》，《环境保护》2017 年第 11 期。

[420] 王军、郁智文：《环境分权如何影响城市的碳排放强度——基于城市异质性分析》，《北京理工大学学报》（社会科学版）2023 年第 3 期。

［421］ 王军、钟莉娜：《生态系统服务理论与山水林田湖草生态保护修复的应用》，《生态学报》2019年第23期。

［422］ 王克：《牢记绿色发展使命 推动经济高质量发展》，人民论坛网，2019年9月20日，http：//www.rmlt.com.cn/2019/0920/557345.shtml。

［423］ 王立彦：《环境成本与GDP有效性》，《会计研究》2015年第3期。

［424］ 王丽霞、陈新国、姚西龙：《环境规制政策对工业企业绿色发展绩效影响的门限效应研究》，《经济问题》2018年第1期。

［425］ 王连芳、吴文春：《绿色发展——建设美丽中国的重要途径》，《河北科技师范学院学报》（社会科学版）2016年第3期。

［426］ 王林辉、王辉、董直庆：《经济增长和环境质量相容性政策条件——环境技术进步方向视角下的政策偏向效应检验》，《管理世界》2020年第3期。

［427］ 王灵桂、洪银兴、史丹等：《阐释党的十九届六中全会精神笔谈》，《中国工业经济》2021年第12期。

［428］ 王玲玲、张艳国：《"绿色发展"内涵探微》，《社会主义研究》2012年第5期。

［429］ 王倩、储成君：《全面绿色转型，实现人与自然和谐共生的现代化》，《光明日报》2020年11月7日。

［430］ 王巧、佘硕、曾婧婧：《国家高新区提升城市绿色创新效率的作用机制与效果识别——基于双重差分法的检验》，《中国人口·资源与环境》2020年第2期。

［431］ 王如松、欧阳志云：《社会-经济-自然复合生态系统与可持续发展》，《中国科学院院刊》2012年第3期。

［432］ 王文军、刘丹：《绿色发展思想在中国70年的演进及其实践》，《陕西师范大学学报》（哲学社会科学版）2019年第6期。

［433］ 王文平：《以绿色创新推动绿色发展：绩效、路径及政策选择》，《中国特色社会主义发展研究院研究报告》2016年第23期。

[434] 王文、孙早：《制造业需求与中国生产性服务业效率——经济发展水平的门槛效应》，《财贸经济》2017 年第 7 期。

[435] 王晓广：《生态文明视域下的美丽中国建设》，《北京师范大学学报》（社会科学版）2013 年第 2 期。

[436] 王晓亮、杨裕钦、曾春媛：《生态环境利益相关者的界定与分类——基于环境外部性视角》，《环境科学导刊》2013 年第 3 期。

[437] 王心：《绿色发展理念下生态文明的建设原则与方式——评〈新时代生态文明建设与绿色发展〉》，《世界林业研究》2022 年第 3 期。

[438] 王兴文、高兴国：《国内外绿色经济发展理论和实践研究综述》，《生产力研究》2016 年第 9 期。

[439] 王学栋、张定安：《我国区域协同治理的现实困局与实现途径》，《中国行政管理》2019 年第 6 期。

[440] 王一鸣：《中国的绿色转型：进程和展望》，《中国经济报告》2019 年第 6 期。

[441] 王懿祥、周国模、白尚斌：《森林可持续发展指标选择》，《世界林业研究》2006 年第 4 期。

[442] 王永超、吴晓舜、刘洋、王士君：《基于可达性的沈阳经济区中心地空间结构演变》，《地域研究与开发》2013 年第 1 期。

[443] 王永中：《碳达峰、碳中和目标与中国的新能源革命》，《人民论坛·学术前沿》2021 年第 14 期。

[444] 王勇、李海英、俞海：《中国省域绿色发展的空间格局及其演变特征》，《中国人口·资源与环境》2018 年第 10 期。

[445] 王勇、王恩东、毕莹：《不同情景下碳排放达峰对中国经济的影响——基于 CGE 模型的分析》，《资源科学》2017 年第 10 期。

[446] 王宇、李海洋：《管理学研究中的内生性问题及修正方法》，《管理学季刊》2017 年第 3 期。

[447] 王宇：《习近平建设美丽中国重要论述的内涵阐析》，《中国人口·资源

与环境》2022 年第 3 期。

［448］王玉婧、刘学敏、张宏武：《重新认识绿色壁垒——基于循环经济发展模式的思考》，《特区经济》2007 年第 10 期。

［449］王育宝、刘鑫磊、胡芳肖：《绿色低碳发展背景下中国特色社会主义现代化环境治理体系构建研究》，《北京工业大学学报》（社会科学版）2021 年第 6 期。

［450］王裕瑾、李梦玉：《中国数字经济与高质量发展的耦合协调研究》，《经济与管理评论》2023 年第 1 期。

［451］王智涵：《基于能源消费结构调整的中国绿色经济发展水平研究》，辽宁大学硕士学位论文，2022。

［452］魏后凯、年猛、李玏：《"十四五"时期中国区域发展战略与政策》，《中国工业经济》2020 年第 5 期。

［453］魏卫、刘娴娴、王晓宇、张红喜：《美丽中国系统耦合协调度的空间异质性探索》，《经济地理》2021 年第 6 期。

［454］魏彦强、李新、高峰等：《联合国 2030 年可持续发展目标框架及中国应对策略》，《地球科学进展》2018 年第 10 期。

［455］魏子谦、徐增让、毛世平：《西藏自治区生态空间的分类与范围及人类活动影响》，《自然资源学报》2019 年第 10 期。

［456］温忠麟、叶宝娟：《中介效应分析：方法和模型发展》，《心理科学进展》2014 年第 5 期。

［457］温忠麟、张雷、侯杰泰：《有中介的调节变量和有调节的中介变量》，《心理学报》2006 年第 3 期。

［458］闻言：《推进美丽中国建设的根本遵循》，《人民日报》2022 年 4 月 7 日。

［459］邬彩霞：《中国低碳经济发展的协同效应研究》，《管理世界》2021 年第 8 期。

［460］吴超鹏、吴世农、程静雅、王璐：《风险投资对上市公司投融资行为影

响的实证研究》，《经济研究》2012 年第 1 期。

［461］吴传清、黄磊：《长江经济带工业绿色发展绩效评估及其协同效应研究》，《中国地质大学学报》（社会科学版）2018 年第 3 期。

［462］吴春玲、尹静章：《基于情景分析的农业非点源污染最佳管理模式研究——以太湖流域为例》，《人民珠江》2014 年第 6 期。

［463］吴道友、廖中举：《出版产业环境创新驱动要素及实施路径研究》，《中国出版》2014 年第 8 期。

［464］吴福象、沈浩平：《新型城镇化、基础设施空间溢出与地区产业结构升级——基于长三角城市群 16 个核心城市的实证分析》，《财经科学》2013 年第 7 期。

［465］吴江华、郝永平：《"美丽中国"的生态战略研究》，《经济研究导刊》2018 年第 7 期。

［466］吴磊、贾晓燕、吴超等：《异质型环境规制对中国绿色全要素生产率的影响》，《中国人口·资源与环境》2020 年第 10 期。

［467］吴丽娟、黄莹：《碳中和背景下我国流通业绿色全要素生产率研究》，《商业经济研究》2022 年第 14 期。

［468］吴晓华、王继源：《推动长江经济带高质量发展系列宣传文章 | 推动长江经济带成为引领经济高质量发展主力军》，中华人民共和国国家发展和改革委员会网站，2021 年 12 月 17 日，https：//www.ndrc.gov.cn/wsdwhfz/202112/t20211217_ 1308268.html。

［469］吴茵茵：《"美丽中国"视野下的绿色发展研究》，西南石油大学硕士学位论文，2015。

［470］吴玉鸣、张燕：《中国区域经济增长与环境的耦合协调发展研究》，《资源科学》2008 年第 1 期。

［471］武云亮、钱嘉兢、张廷海：《环境规制、绿色技术创新与长三角经济高质量发展》，《华东经济管理》2021 年第 12 期。

［472］《习近平：决胜全面建成小康社会 夺取新时代中国特色社会主义伟大

胜利——在中国共产党第十九次全国代表大会上的报告》，中国政府网，2017 年 10 月 18 日，https：//www. gov. cn/xinwen/2017 - 10/27/content_ 5234876. htm。

［473］《习近平：决胜全面建成小康社会 夺取新时代中国特色社会主义伟大胜利——在中国共产党第十九次全国代表大会上的报告》，中国政府网，2017 年 10 月 18 日，https：//www. gov. cn/xinwen/2017 - 10/27/content_ 5234876. htm。

［474］习近平：《推动我国生态文明建设迈上新台阶》，《求是》2019 年第 3 期。

［475］《习近平：推进合作共赢 共促亚太繁荣》，中国政府网，2015 年 11 月 19 日，https：//www. gov. cn/xinwen/2015-11/19/content_ 2968635. htm。

［476］《习近平：携手推进亚洲绿色发展和可持续发展》，中国政府网，2010 年 4 月 10 日，https：//www. gov. cn/ldhd/2010-04/10/content_ 1577863. htm。

［477］《习近平：在纪念马克思诞辰 200 周年大会上的讲话》，新华网，2018 年 5 月 4 日，https：//www. xinhuanet. com/politics/leaders/2018-05/04/c_ 1122783997. htm。

［478］《习近平在 2019 年中国北京世界园艺博览会开幕式上的讲话（全文）》，中国政府网，2019 年 4 月 28 日，https：//www. gov. cn/xinwen/2019-04/28/content_ 5387249. htm。

［479］《习近平主持召开中央全面深化改革委员会第四次会议》，中国政府网，2018 年 9 月 20 日，https：//www. gov. cn/xinwen/2018 - 09/20/content_ 5324033. htm。

［480］《习近平主持中共中央政治局第三十六次集体学习并发表重要讲话》，中国政府网，2022 年 1 月 25 日，https：//www. gov. cn/xinwen/2022-01/25/content_ 5670359. htm。

［481］《习近平主持中共中央政治局第四十一次集体学习》，中国政府网，2017 年 5 月 27 日，https：//www. gov. cn/xinwen/2017-05/27/content_ 519

7606. htm。

[482] 席鹏辉：《财政激励、环境偏好与垂直式环境管理——纳税大户议价能力的视角》，《中国工业经济》2017 年第 11 期。

[483] 夏东民、罗健：《"美丽中国"内涵的哲学思考》，《河南社会科学》2014 年第 6 期。

[484] 夏杰长、刘慧：《加快发展低碳绿色消费：贯彻新发展理念的重要方略》，《国外社会科学》2022 年第 6 期。

[485] 夏青：《让美丽中国建设评估指标体系更美丽》，《水资源保护》2020 年第 3 期。

[486] 向宝惠：《加强旅游业生态文明建设，实现美丽中国》，《旅游学刊》2016 年第 10 期。

[487] 向书坚、郑瑞坤：《中国绿色经济发展指数研究》，《统计研究》2013 年第 3 期。

[488] 项目综合报告编写组：《〈中国长期低碳发展战略与转型路径研究〉综合报告》，《中国人口·资源与环境》2020 年第 11 期。

[489] 肖华堂、薛蕾：《我国农业绿色发展水平与效率耦合协调性研究》，《农村经济》2021 年第 3 期。

[490] 肖静、曾萍、任鸽：《如何提升制造业绿色转型绩效？——基于 TOE 框架的组态研究》，《科学学研究》2022 年第 12 期。

[491] 肖黎明、李秀清：《资源利用对长江经济带高质量发展的影响——基于生态足迹的检验》，《地理与地理信息科学》2022 年第 4 期。

[492] 肖平：《新时代美丽中国的实现路径探析》，《贵阳市委党校学报》2018 年第 2 期。

[493] 谢炳庚、陈永林、李晓青：《基于生态位理论的"美丽中国"评价体系》，《经济地理》2015 年第 12 期。

[494] 谢炳庚、向云波：《美丽中国建设水平评价指标体系构建与应用》，《经济地理》2017 年第 4 期。

［495］谢兰云、王维国：《我国科技创新体系产出机制的门槛效应研究》，《统计研究》2016 年第 2 期。

［496］谢里、王瑾瑾：《中国农村绿色发展绩效的空间差异》，《中国人口·资源与环境》2016 年第 6 期。

［497］谢婷婷、黄雨薇：《绿色金融如何影响能源消费转型？》，《江南大学学报》（人文社会科学版）2022 年第 6 期。

［498］谢贤君、王晓芳、雷明：《金融结构创新水平匹配、资源配置效率与绿色全要素生产率》，《财经论丛》（浙江财经学院学报）2020 年第 7 期。

［499］谢欣圆、朱婧：《区域可持续发展管理政策试点研究进展与展望》，《当代经济》2022 年第 9 期。

［500］谢漾、洪正：《金融集聚的地理结构及演进规律：虹吸还是辐射——基于城市群的研究视角》，《山西财经大学学报》2022 年第 11 期。

［501］谢依娜、刘云根、赵乐静：《中国美丽乡村建设的复合生态系统理念探析》，《西南林业大学学报》（社会科学版）2017 年第 6 期。

［502］辛宝贵、高菲菲：《生态文明试点有助于生态全要素生产率提升吗？》，《中国人口·资源与环境》2021 年第 5 期。

［503］熊建新、陈端吕、彭保发等：《洞庭湖区生态承载力系统耦合协调度时空分异》，《地理科学》2014 年第 9 期。

［504］熊瑶：《环境规制、绿色发展绩效与经济高质量发展——基于中国省级面板数据的分析》，南昌大学硕士学位论文，2020。

［505］熊瑛：《我国工业化中的能源问题与生态文明建设》，《宏观经济管理》2021 年第 2 期。

［506］熊颖、郭守亭：《数字经济发展对中国居民消费结构升级的空间效应与作用机制》，《华中农业大学学报》（社会科学版）2023 年第 1 期。

［507］熊元斌、时朋飞、李星明：《长江经济带"美丽中国"建设水平动态研究》，《华东经济管理》2017 年第 9 期。

［508］徐成龙、庄贵阳：《供给侧改革驱动中国工业绿色发展的动力结构及时

空效应》，《地理科学》2018 年第 6 期。

[509] 徐春华、龚维进：《中国区域经济增长的动态关联与时空分异——马克思主义政治经济学视角》，《经济问题探索》2022 年第 6 期。

[510] 徐凤增、袭威、徐月华：《乡村走向共同富裕过程中的治理机制及其作用——一项双案例研究》，《管理世界》2021 年第 12 期。

[511] 徐佳、崔静波：《低碳城市和企业绿色技术创新》，《中国工业经济》2020 年第 12 期。

[512] 徐建中、王曼曼：《制造业集聚、技术进步与绿色创新绩效——对我国省际面板数据的实证分析》，《科技进步与对策》2019 年第 12 期。

[513] 徐倩、陈红敏：《城镇化对绿色发展效率的影响》，《科技管理研究》2022 年第 16 期。

[514] 徐淑红：《中国科技进步对居民福利影响的实证研究》，《云南财经大学学报》2020 年第 5 期。

[515] 徐维祥、黄明均、李露等：《财政补贴、企业研发对企业创新绩效的影响》，《华东经济管理》2018 年第 8 期。

[516] 徐勇：《乡村文化振兴与文化供给侧改革》，《东南学术》2018 年第 5 期。

[517] 许标文、王海平、林国华：《欧美农业绿色发展政策工具的应用及其启示》，《福建农林大学学报》（哲学社会科学版）2019 年第 1 期。

[518] 许广月：《从黑色发展到绿色发展的范式转型》，《西部论坛》2014 年第 1 期。

[519] 许娟、陈英葵：《我国绿色经济发展现状与展望》，《可持续发展》2021 年第 3 期。

[520] 许玲燕、张端端、杜建国：《环境规制与新型农业经营主体绿色发展绩效——来自江苏 315 个样本新型农业经营主体的证据》，《中国农业资源与区划》2023 年第 2 期。

[521] 许宪春、雷泽坤、窦园园等：《中国南北平衡发展差距研究——基于

"中国平衡发展指数"的综合分析》，《中国工业经济》2021年第2期。

[522] 许瑛：《"美丽中国"的内涵、制约因素及实现途径》，《理论参考》2013年第2期。

[523] 许正森、徐永明：《整合DMSP/OLS和NPP/VIIRS夜间灯光遥感数据的长江三角洲城市格局时空演化研究》，《地球信息科学学报》2021年第5期。

[524] 颜鹏飞、王兵：《技术效率、技术进步与生产率增长：基于DEA的实证分析》，《经济研究》2004年第12期。

[525] 杨得前、刘仁济：《地方财政支出对产业生态化的空间溢出效应研究》，《财贸经济》2018年第7期。

[526] 杨冬民、王婷婷：《陕西省绿色发展综合水平及路径研究——基于碳达峰目标》，《生产力研究》2022年第3期。

[527] 杨华：《环境经济核算体系介绍及我国实施环境经济核算的思考》，《调研世界》2017年第11期。

[528] 杨建毅：《马克思人本思想中的生态学意义及其我国实践》，《重庆社会科学》2015年第1期。

[529] 杨角：《中国绿色城镇化发展水平评价及实现路径研究》，西北大学博士学位论文，2020。

[530] 杨开忠：《习近平生态文明思想实践模式》，《城市与环境研究》2021年第1期。

[531] 杨莉莎、朱俊鹏、贾智杰：《中国碳减排实现的影响因素和当前挑战——基于技术进步的视角》，《经济研究》2019年第11期。

[532] 杨立成、周正、张芸芸：《知识溢出与企业绿色创新——制度压力与吸收能力的调节作用》，《软科学》2023年第9期。

[533] 杨丽君、邵军：《中国区域产业结构优化的再估算》，《数量经济技术经济研究》2018年第10期。

[534] 杨骞、刘鑫鹏：《中国区域创新效率的南北差异格局：2001-2016》，

《中国软科学》2021 年第 12 期。

[535] 杨上广、倪泽睿、张全：《上海开发开放与高质量发展研究》，《中国名城》2021 年第 1 期。

[536] 杨舒涵、刘铮：《习近平生态文明思想的"上海实践"》，《改革与战略》2019 年第 10 期。

[537] 杨卫军：《从可持续发展到建设美丽中国：党的生态文明建设思想的演进与实现路径》，《探索》2013 年第 4 期。

[538] 杨志江、文超祥：《中国绿色发展效率的评价与区域差异》，《经济地理》2017 年第 3 期。

[539] 姚常成、吴康：《集聚外部性、网络外部性与城市创新发展》，《地理研究》2022 年第 9 期。

[540] 姚蕾、王延彦：《绿色信贷政策能否改善环境信息披露与债务成本之间的关系——基于重污染行业的经验数据》，《财会通讯》2016 年第 15 期。

[541] 姚镕波、张婵：《"美丽中国"语境下城乡污染转移问题之浅谈》，《上海商业》2020 年第 5 期。

[542] 姚士谋：《以产业集聚高质量发展助推美丽中国建设——评〈产业集聚、环境污染与环境规制研究〉》，《南京理工大学学报》（社会科学版）2022 年第 2 期。

[543] 姚树荣、周诗雨：《乡村振兴的共建共治共享路径研究》，《中国农村经济》2020 年第 2 期。

[544] 〔印度〕索尼·卡普尔：《绿色新政：欧洲走出危机的长期性、可持续计划》，申森译，《南京林业大学学报》（人文社会科学版）2014 年第 3 期。

[545] 于贵瑞、郝天象、朱剑兴：《中国碳达峰、碳中和行动方略之探讨》，《中国科学院院刊》2022 年第 4 期。

[546] 于贵瑞、王永生、杨萌：《生态系统质量及其状态演变的生态学理论和

评估方法之探索》,《应用生态学报》2022 年第 4 期。

[547] 于贵瑞、王永生、杨萌:《提升生态系统质量和稳定性的生态学原理及技术途径之探讨》,《应用生态学报》2023 年第 1 期。

[548] 于善波、张军涛:《长江经济带省域绿色全要素生产率测算与收敛性分析》,《改革》2021 年第 4 期。

[549] 于爽:《中国绿色能源行业现状与发展前景分析》,《中外企业家》2018 年第 31 期。

[550] 余璐:《绿色发展描绘美丽中国新画卷》,《中国环境监察》2021 年第 1 期。

[551] 余威震、罗小锋、薛龙飞等:《中国农村绿色发展水平的时空差异及驱动因素分析》,《中国农业大学学报》2018 年第 9 期。

[552] 余艳春、邵春福、董威:《情景分析法在交通规划中的应用研究》,《武汉理工大学学报》(交通科学与工程版) 2007 年第 2 期。

[553] 余永琦、王长松、彭柳林等:《基于熵权 TOPSIS 模型的农业绿色发展水平评价与障碍因素分析——以江西省为例》,《中国农业资源与区划》2022 年第 2 期。

[554] 余泳泽、杨晓章:《技术进步的原因及性质——基于分工和外部性的理论分析框架》,《产业经济评论》2016 年第 3 期。

[555] 余泳泽、杨晓章、张少辉:《中国经济由高速增长向高质量发展的时空转换特征研究》,《数量经济技术经济研究》2019 年第 6 期。

[556] 俞海、王勇、李继峰等:《中国"十四五"绿色消费衡量指标体系构建与战略展望》,《中国环境管理》2020 年第 6 期。

[557] 俞海:《"中国式现代化"为何强调"人与自然和谐共生"》,《光明日报》2022 年 12 月 27 日。

[558] 袁华锡、封亦代、罗翔勇等:《制造业集聚如何影响区域绿色发展福利?》,《中国人口·资源与环境》2022 年第 5 期。

[559] 袁华锡、封亦代、余泳泽:《制造业集聚促进抑或阻碍绿色发展绩

效？——来自长江经济带的证据》，《经济地理》2022 年第 6 期。

[560] 袁华锡、刘耀彬：《金融集聚与绿色发展——基于水平与效率的双维视角》，《科研管理》2019 年第 12 期。

[561] 袁礼、欧阳峣：《发展中大国提升全要素生产率的关键》，《中国工业经济》2018 年第 6 期。

[562] 袁渊、于凡：《文化产业高质量发展水平测度与评价》，《统计与决策》2020 年第 21 期。

[563] 原嫄、李国平、孙铁山等：《中国制造业各行业大类的区域转移特征与聚类研究》，《经济地理》2015 年第 10 期。

[564] 岳立、任婉瑜、曹雨暄：《异质型环境规制对绿色经济的影响研究——基于绿色创新的中介效应分析》，《软科学》2022 年第 12 期。

[565] 岳立、闫慧贞：《黄河流域技术进步对资源型城市绿色发展影响》，《科学学研究》2023 年第 9 期。

[566] 岳良文、李孟刚、武春友：《工业化、信息化和绿色化：互动评价模型及实证分析》，《经济与管理研究》2017 年第 5 期。

[567] 岳书敬、高鹏：《城市群空间网络结构对绿色发展绩效的影响研究——基于长江经济带城市群的分析》，《学术论坛》2022 年第 4 期。

[568] 岳婷、龙如银：《基于 LMDI 的江苏省能源消费总量增长效应分析》，《资源科学》2010 年第 7 期。

[569] 岳珍、赖茂生：《国外"情景分析"方法的进展》，《情报杂志》2006 年第 7 期。

[570]《在第七十五届联合国大会一般性辩论上的讲话》，中国政府网，2020 年 9 月 22 日，https：//www.gov.cn/gongbao/content/2020/content_ 55 49875.htm。

[571] 曾惠芝：《绿色金融、碳减排与企业融资成本》，《内蒙古财经大学学报》2022 年第 1 期。

[572] 曾鹏：《绿色发展理念视阈下美丽中国建设研究》，武汉大学硕士学位论文，2017。

［573］曾胜、高嫒：《绿色低碳能源开发技术进展与模式研究》，《世界科技研究与发展》2019 年第 6 期。

［574］翟坤周、侯守杰：《"十四五"时期我国城乡融合高质量发展的绿色框架、意蕴及推进方案》，《改革》2020 年第 11 期。

［575］张翔祥、邓荣荣：《中部六省碳排放效率与产业结构优化的耦合协调度及影响因素分析》，《生态经济》2021 年第 3 期。

［576］张波、温旭新：《我国工业绿色低碳发展水平的省际测度及比较》，《经济问题》2018 年第 5 期。

［577］张彩玲、王鸿：《"美丽中国"建设视域下绿色发展理念研究》，《东北财经大学学报》2017 年第 6 期。

［578］张成、陆旸、郭路等：《环境规制强度和生产技术进步》，《经济研究》2011 年第 2 期。

［579］张芳：《西安市城市化进程对生态系统服务功能的影响研究》，陕西师范大学硕士学位论文，2010。

［580］张海滨：《全球气候治理的历程与可持续发展的路径》，《当代世界》2022 年第 6 期。

［581］张洪潮、王素芳、张凌晓、李银柱：《中国能源结构生态化的演化轨迹研究——基于 2002~2011 年的面板数据》，《工业技术经济》2014 年第 5 期。

［582］张欢、罗畅、成金华等：《湖北省绿色发展水平测度及其空间关系》，《经济地理》2016 年第 9 期。

［583］张辉、徐越：《坚持和加强党的领导推动生态文明建设取得历史性转折性全局性变化》，《管理世界》2022 年第 8 期。

［584］张辉、闫强明、黄昊：《国际视野下中国结构转型的问题、影响与应对》，《中国工业经济》2019 年第 6 期。

［585］张惠远：《加快打造美丽中国的"绿腰带"——〈长江经济带生态环境保护规划〉解读》，《环境保护》2017 年第 15 期。

［586］张杰、周晓艳、李勇：《要素市场扭曲抑制了中国企业 R&D?》，《经济研究》2011 年第 8 期。

［587］张瑾华、陈强远：《碳中和目标下中国制造业绿色转型路径分析》，《企业经济》2021 年第 8 期。

［588］张居营：《工业化进程中技术创新对环境污染的门槛效应——基于中国283 个城市的实证分析》，《云南财经大学学报》2019 年第 8 期。

［589］张可：《经济集聚与区域创新的交互影响及空间溢出》，《金融研究》2019 年第 5 期。

［590］张可云、张江：《城市群多中心性与绿色发展效率——基于异质性的城镇化空间布局分析》，《中国人口·资源与环境》2022 年第 2 期。

［591］张宽、邓鑫、沈倩岭等：《农业技术进步、农村劳动力转移与农民收入——基于农业劳动生产率的分组 PVAR 模型分析》，《农业技术经济》2017 年第 6 期。

［592］张蔾蔾：《持续推进环境质量改善加快"美丽浙江"建设——访第十三届全国人民代表大会代表、浙江省环境保护厅厅长方敏》，《环境保护》2018 年第 6 期。

［593］张楠、郭昕、杨玉川：《欧洲绿色新政实施进程》，《世界环境》2022年第 4 期。

［594］张楠：《生态文明视角下绿色发展对城乡居民消费结构的影响——基于省域面板数据的计量分析》，《商业经济研究》2022 年第 9 期。

［595］张倩、曲世友：《环境规制对企业绿色技术创新的影响研究及政策启示》，《中国科技论坛》2013 年第 7 期。

［596］张荣光、邱启文、鄂宇昊：《西部资源型地区产业发展与溢出效应：一个时空双维度研究》，《科技进步与对策》2022 年第 16 期。

［597］张瑞才、李达：《论习近平生态文明思想的理论体系》，《当代世界社会主义问题》2022 年第 1 期。

［598］张瑞才：《学习和阐释习近平生态文明思想的八个向度》，《思想战线》

2021 年第 4 期。

[599] 张涛、武金爽：《中国文化产业绿色发展效率的空间网络结构及影响机理研究》，《地理科学》2021 年第 4 期。

[600] 张腾飞、杨俊：《绿色发展绩效的环境保护财政支出效应评价及政策匹配》，《改革》2019 年第 5 期。

[601] 张同斌：《从数量型"人口红利"到质量型"人力资本红利"——兼论中国经济增长的动力转换机制》，《经济科学》2016 年第 5 期。

[602] 张威、张丽花：《美国能源政策的变化及中美新能源合作的前景》，《国际经济合作》2009 年第 11 期。

[603] 张伟：《美丽中国战略的内涵、缘起及实施路径探讨》，《济南大学学报》（社会科学版）2013 年第 3 期。

[604] 张学才、郭瑞雪：《情景分析方法综述》，《理论月刊》2005 年第 8 期。

[605] 张艳：《新时代中国特色绿色发展的经济机理、效率评价与路径选择研究》，西北大学博士学位论文，2018。

[606] 张野、赵新生：《美丽乡村建设对乡村旅游转型升级的作用力研究》，《农业经济》2018 年第 9 期。

[607] 张蕴萍、栾菁：《数字经济赋能乡村振兴：理论机制、制约因素与推进路径》，《改革》2022 年第 5 期。

[608] 张振、陈思锦：《深入推进长江经济带发展"1+N"规划政策体系实施》，《中国经贸导刊》2021 年第 22 期。

[609] 张卓群、张涛、宋梦迪、刘宽斌：《新发展理念指标评价研究综述》，《城市与环境研究》2019 年第 4 期。

[610] 章雅纯、陈树勇、刘道伟等：《基于映射广义弹性系数的电网静态稳定快速评估判据》，《中国电机工程学报》2015 年第 16 期。

[611] 赵斌、李宇辰：《后巴黎时代法国气候政治新变化》，《法国研究》2022 年第 3 期。

[612] 赵斌、谢淑敏：《"气候新政 2.0"：拜登执政以来中美气候政治竞合》，

《西安交通大学学报》（社会科学版）2022 年第 4 期。

［613］赵长太、张磊：《"美丽中国"建设视域下的绿色发展问题》，《濮阳职业技术学院学报》2020 年第 5 期。

［614］赵春明、潘细牙、李宏兵、梁龙武：《私人交通、城市扩张与雾霾污染——基于 65 个大中城市面板数据的实证分析》，《财贸研究》2020 年第 10 期。

［615］赵国龙、殷晨曦：《碳达峰碳中和目标背景下大气污染内生治理模式》，《企业经济》2021 年第 8 期。

［616］赵静：《锚定"双碳"调结构追逐"绿色"向未来》，《辽宁日报》2022 年 3 月 10 日。

［617］赵奎、后青松、李巍：《省会城市经济发展的溢出效应——基于工业企业数据的分析》，《经济研究》2021 年第 3 期。

［618］赵领娣、袁田、赵志博：《城镇化对绿色发展绩效的门槛效应研究——以大西北、黄河中游两大经济区城市为例》，《干旱区资源与环境》2019 年第 9 期。

［619］赵领娣、张磊、徐乐等：《人力资本、产业结构调整与绿色发展效率的作用机制》，《中国人口·资源与环境》2016 年第 11 期。

［620］赵庆海、费利群、马兆龙：《世界城市发展的未来趋势及对我国的昭示》，《开发研究》2008 年第 2 期。

［621］赵武生、石培基：《基于 InVEST 模型的复合生态系统耦合协调关系研究——以兰西城市群为例》，《中国环境科学》2023 年第 4 期。

［622］赵永利：《我国生态文明建设视野下的绿色发展研究》，吉林大学硕士学位论文，2017。

［623］赵永双、孙瑜、张帆等：《中国农业绿色发展绩效测度与提升路径研究》，《湖北农业科学》2022 年第 11 期。

［624］《浙江发布美丽城镇建设评价办法》，中国政府网，2020 年 5 月 26 日，https://www.gov.cn/xinwen/2020-05-26/content_ 5515134. htm。

［625］郑德凤、徐文瑾、姜俊超等：《中国水资源承载力与城镇化质量演化趋势及协调发展分析》，《经济地理》2021年第2期。

［626］郑慧、贾珊、赵昕：《新型城镇化背景下中国区域生态效率分析》，《资源科学》2017年第7期。

［627］郑挺颖：《绿水青山就是金山银山》，《环境与生活》2021年第11期。

［628］郑新业、吴悠：《促进能源体系绿色发展的价格机制创新》，《价格理论与实践》2018年第4期。

［629］《中共上海市委 上海市人民政府关于深入打好污染防治攻坚战 迈向建设美丽上海新征程的实施意见》，上海市人民政府网站，2022年9月5日，https：//www. shanghai. gov. cn/nw12344/20221010/d5b793bf920d4fa3aaddc8d233a015b7. html。

［630］《中共中央办公厅 国务院办公厅印发〈生态文明建设目标评价考核办法〉》，中国政府网，2016年12月22日，https：//www. gov. cn/gongbao/content/2017/content_ 5160203. htm。

［631］《中共中央关于党的百年奋斗重大成就和历史经验的决议（全文）》，中国政府网，2021年11月11日，https：//www. gov. cn/zhengce/2021-11/16/content_ 5651269. htm。

［632］《中共中央关于完善社会主义市场经济体制若干问题的决定》，中国政府网，2003年10月14日，https：//www. gov. cn/gongbao/content/2003/content_ 62494. htm。

［633］《中共中央关于制定国民经济和社会发展第十三个五年规划的建议》，中国政府网，2015年10月29日，https：//www. gov. cn/xinwen/2015-11/03/content_ 5004093. htm。

［634］《中共中央 国务院关于新时代推动中部地区高质量发展的意见》，中国政府网，2021年4月23日，https：//www. gov. cn/zhengce/2021-07/22/content_ 5626642. htm。

［635］《中共中央 国务院关于新时代推进西部大开发形成新格局的指导意

见》，中国政府网，2020 年 5 月 17 日，https：//www. gov. cn/zhengce/2020-05/17/content_ 5512456. htm。

[636]《中共中央　国务院印发〈生态文明体制改革总体方案〉》，中国政府网，2015 年 9 月 21 日，http：//www. gov. cn/gongbao/content/2015/content_ 2941157. htm。

[637]《中国共产党第十九届中央委员会第五次全体会议公报》，中国政府网，2020 年 10 月 29 日，https：//www. gov. cn/xinwen/2020-10/29/content_ 5555877. htm。

[638] 中国气象局气候变化中心编著《中国气候变化蓝皮书（2020）》，科学出版社，2020。

[639]《中国应对气候变化的政策与行动》，中国政府网，2021 年 10 月 27 日，https：//www. gov. cn/zhengce/2021-10/27/content_ 5646697. htm。

[640]《中华人民共和国国家发展和改革委员会令第 42 号》，中国政府网，2021 年 3 月 27 日，https：//www. gov. cn/zhengce/zhengceku/2021-04/01/content_ 5597344. htm。

[641]《中华人民共和国国民经济和社会发展第十四个五年规划和 2035 年远景目标纲要》，中国政府网，2021 年 3 月 12 日，https：//www. gov. cn/xinwen/2021-03/13/content_ 5592681. htm。

[642]《中央关于国民经济和社会发展十二五规划的建议》，中国政府网，2010 年 10 月 18 日，https：//www. gov. cn/jrzg/2010-10/27/content_ 1731694_ 2. htm。

[643]《中央经济工作会议在北京举行 习近平李克强作重要讲话》，中国政府网，2015 年 12 月 21 日，https：//www. gov. cn/xinwen/2015-12/21/content_ 50 26332. htm。

[644]《中组部印发〈关于改进推动高质量发展的政绩考核的通知〉》，中国政府网，2020 年 11 月 5 日，https：//www. gov. cn/xinwen/2020-11/05/content_ 5557591. htm。

[645] 钟海媛：《绿色发展绩效对美丽中国建设水平的影响效应——基于不同技术进步的比较分析》，南昌大学硕士学位论文，2021。

[646] 钟少芬、郭晓娟、刘煜平、莫健文：《基于 STRPAT 模型的碳排放情景分析》，《科技管理研究》2019 年第 17 期。

[647] 钟水映、冯英杰：《中国省际绿色发展福利测量与评价》，《中国人口·资源与环境》2017 年第 9 期。

[648] 仲云云：《基于低碳发展的中国区域碳排放情景分析与路径选择》，《生态经济》2016 年第 11 期。

[649] 周波、苏佳：《财政教育支出与代际收入流动性》，《世界经济》2012 年第 12 期。

[650] 周代数、朱明亮：《R&D 投入强度、R&D 人员规模对创新绩效的影响》，《技术经济与管理研究》2017 年第 5 期。

[651] 周宏春、季曦：《改革开放三十年中国环境保护政策演变》，《南京大学学报》（哲学·人文科学·社会科学版）2009 年第 1 期。

[652] 周宏春：《开创人与自然和谐共生的中国式现代化新范式》，《中国党政干部论坛》2022 年第 11 期。

[653] 周洁红、韩飞、魏珂、鄢贞：《居民绿色消费研究综述》，《浙江大学学报》（人文社会科学版）2022 年第 9 期。

[654] 周静：《长江经济带农业绿色发展评价、区域差异分析及优化路径》，《农村经济》2021 年第 12 期。

[655] 周俊姗：《基于 SBM 超效率模型对绿色发展绩效的评估——以湖北省各地级市环境支出为例》，《改革与开放》2020 年第 7 期。

[656] 周亮、车磊、周成虎：《中国城市绿色发展效率时空演变特征及影响因素》，《地理学报》2019 年第 10 期。

[657] 周鹏飞、沈洋：《环境规制、绿色技术创新与工业绿色发展》，《河北大学学报》（哲学社会科学版）2022 年第 4 期。

[658] 周五七：《效率增进与技术进步对绿色生产率增长的影响——来自中国

36 个两位数工业行业的实证》，《统计与信息论坛》2014 年第 4 期。

[659]　周笑非：《内蒙古城市化与技术创新关联性分析》，《科学管理研究》
2011 年第 3 期。

[660]　周英男、侯慧、周学飞等：《中国绿色增长政策评估指标体系研究》，
《管理现代化》2018 年第 3 期。

[661]　朱佩誉、凌文：《不同碳排放达峰情景对产业结构的影响——基于动态
CGE 模型的分析》，《财经理论与实践》2020 年第 5 期。

[662]　朱彤：《以绿色发展为导向的内蒙古沿黄济带高质量发展研究》，内蒙
古师范大学硕士学位论文，2022。

[663]　朱延忠、周娟、赵艳民等：《长江流域生态环境保护的成效与建议》，
《环境保护》2022 年第 17 期。

[664]　朱智翔：《浙江深入打造生态文明高地绿水青山带笑颜》，《世界环境》
2022 年第 5 期。

[665]　诸大建：《绿色消费：基于物质流和消费效率的研究》，《中国科学院院
刊》2017 年第 6 期。

[666]　《专访重庆社科院李春艳副研究员：绿色发展评价与测度的演变——学
理与实践的思考》，视界网，2021 年 4 月 8 日，https：//www.cbg.cn/
show/5501-662542.html。

[667]　庄贵阳：《我国实现“双碳”目标面临的挑战及对策》，《人民论坛》
2021 年第 18 期。

[668]　《资本市场助推绿色产业发展》，第一财经，2021 年 8 月 16 日，https：//
www.yicai.com/news/101142172.html。

[669]　《自然资源部办公厅关于印发〈生态产品价值实现典型案例〉（第一
批）的通知》，中华人民共和国自然资源部网站，2020 年 4 月 23 日，
http：//gi.mnr.gov.cn/202004/t20200427_2510189.html。

[670]　《自然资源部推出第二批生态产品价值实现典型案例》，中华人民共和
国自然资源部网站，2020 年 11 月 3 日，https：//www.mnr.gov.cn/dt/

ywbb/202011/t20201103_ 2581686. html。

[671] 邹博清：《绿色发展、生态经济、低碳经济、循环经济关系探究》，《当代经济》2018 年第 23 期。

[672] 邹磊、刘慧媛、王飞宇、陈婷、董怡：《长江中游城市群绿色发展水平的地区差异及其影响因素》，《中国科学：地球科学》2022 年第 8 期。

[673] A. F. Hayes, *Introduction to Mediation, Moderation, and Conditional Process Analysis: A Regression-based Approach* (New York: Guilford Publications, 2017).

[674] A. Kokko, "Technology, Market Characteristics, and Spillovers," *Journal of Development Economics* 43 (2), 1994.

[675] B. E. Hansen, "Threshold Effects in Non-dynamic Panels: Estimation, Testing and Inference," *Journal of Econometrics* (2), 1999.

[676] B. Jin, G. Li, "Green Economic Growth from a Developmental Perspective," *China Finance and Economic Review* 1 (1), 2013.

[677] B. R. Copeland, M. S. Taylor, "Trade, Growth, and the Environment," *Journal of Economics Literature* 42, 2004.

[678] C. Feng, M. Wang, G. C. Liu, J. B. Huang, "Green evelopment Performance and Its Influencing Factors: A Global Perspective," *Journal of Cleaner Production* 144, 2017.

[679] Climate Change 2022: Impacts, Adaptation and Vulnerability, IPCC, February 28 , 2022, https://www. ipcc. ch/report/sixth – assessment – report–working–group–ii/.

[680] Climate Change 2022: Mitigation of Climate Change, IPCC, April 4 , 2022, https://www. ipcc. ch/report/sixth – assessment – report – working – group–3/.

[681] X. L. Cui et al. , "Spatiotemporal Evolutions and Driving Factors of Green Development Performance of Cities in the Yangtze River Economic Belt,"

Ecological Informatics 66 （7）, 2021.

[682] D. Hou et al. , "Evaluation and Analysis on the Green Development of China's Industrial Parks Using the Long-tail Effect Model," *Journal of Environmental Management* 248, 2019.

[683] E. A. Ostrom, "General Framework for Analyzing Sustainability of Social-ecological System," *Science* 325 （5939）, 2009.

[684] E. Bezin, "The Economics of Green Consumption, Cultural Transmission and Sustainable Technological Change," *Journal of Economic Theory* （181）, 2019.

[685] E. J. Mishan, "The Postwar Literature on Externalities: An Interpretative Essay," *Journal of Economic Literature* 9 （1）, 1971.

[686] European Commission, Communication from the Commission to the European Parliament, the European Council, the European Economic and Social Committee and the Committee of the Regions, 640 Final （ Brussels: COM, 2019）.

[687] F. Fan et al. , "Can Environmental Regulation Promote Urban Green Innovation Efficiency? An Empirical Study Based on Chinese Cities," *Journal of Cleaner Production* 287, 2021.

[688] Global Warming of 1.5℃ , IPCC, Oct. , 2018, https: //www. ipcc. ch/sr15/.

[689] G. M. Grossman, A. B. Krueger, "Environmental Impact of a North American Free Trade Agreement," NBER Working Paper 3914, 1991.

[690] Isljamovic et al. , "Colouring the Socio-economic Development into Green: I-distance Framework for Countries' Welfare Evaluation," *Quality & Quantity: International Journal of Methodology* 49 （2）, 2015.

[691] J. Abdul, F. Mete, "The Impact of Growth, Energy and Financial Development on the Environment in China: A Cointegration Analysis," *Energy Economics* 33 （2）, 2011.

[692] Jalil Abdul, Feridun Mete, "The Impact of Growth, Energy and Financial Development on the Environment in China: A Cointegration Analysis," *Energy Economics* 33 (2), 2010.

[693] J. D. Angrist, J. S. Pischke, *Mostly Harmless Econometrics: An Empiricist's Companion* (Princeton, NJ: Princeton University Press, 2009).

[694] J. G. et al., "Complexity of Coupled Human and Natural Systems," *Science* 317, 2007.

[695] Jin Peizhen, C. Peng, M. L. Song, "Macroeconomic Uncertainty, High-level Innovation, and Urban Green Development Performance in China," *China Economic Review* 55, 2019.

[696] J. R. Wan, "The Philosophical Wisdom and Action Implications of 'Beautiful China'," *Social Sciences in China* 34 (4), 2013.

[697] L. Y. He et al., "Construction of a Green Development Performance Index of Industrial Enterprises: Based on the Empirical Study of 458 Listed Industrial Enterprises in China," *Ecological Indicators* 132 (5), 2021.

[698] Ma Lindong, Hong Yuanxiao, Chen Xihui, "Can Green Economy and Ecological Welfare Achieve Synergistic Development? The Perspective of the 'Two Mountains' Theory," *International Journal of Environmental Research and Public Health* 19 (11), 2022.

[699] M. Arellano, O. Bover, "Another Look at the Instrumental Variable Estimation of Error-components Models," *Journal of Econometrics* 68 (1), 1995.

[700] Markus Pasche, "Technical Progress, Structural Change, and the Environmental Kuznets Curve," *Ecological Economics* 42 (2), 2002.

[701] M. E. Porter, C. V. D. Linde, "Toward a New Conception of the Environment-competitiveness Relationship," *Journal of Economic Perspectives* 9 (4), 1995.

[702] M. Marinelli, "How to Build a 'Beautiful China' in the Anthropocene: The

Political Discourse and the Intellectual Debate on Ecological Civilization," *Journal of Chinese Political Science* 23 （3）, 2018.

[703] National Institute of Statistics and Geography of Mexico （INEGI）, "Green Growth Indicators for Mexico, " 2011.

[704] N. G. Roegen, *The Entropy Law and the Economic Process* （Cambridge, MA, US: Harvard University Press, 1971）.

[705] N. Stern, *The Econometrics of Climate Change: The Stern Review* （Cambridge, England, UK: Cambridge University Press, 2007）.

[706] Pier Luigi Sacco, "The Beautiful Country: Tourism and the Impossible State of Destination Italy," *Annals of Tourism Research* 58, 2016.

[707] P. M. Vitousek, H. A. Mooney, J. Lubchenco et al. , "Human Domination of Earth's Ecosystems," *Science* 277 （5325）, 1997.

[708] R. U. Ayres, A. V. Kneese, "Production, Consumption, and Externalities," *The American Economic Review* 59 （3）, 1969.

[709] Sa – Bum Seo, "The Importance of Landscape Design that Contribute to the Formation of Beautiful Country and City-Based on Public Transportation Systems Design," *Jouran of the Korean Society of Civil Engineers* 60 （5）, 2012.

[710] S. Cutter et al. , "Social Vulnerability to Environmental Hazards," *Hazards, Vulnerability, and Environmental Justice*, 2006.

[711] S. Dinda, "A Theoretical Basis for the Environmental Kuznets Curve ," *Ecological Economics* 53, 2005.

[712] S. Naeem, J. E. Duffy, E. Zavaleta, "The Functions of Biological Diversity in an Age of Extinction," *Science* 336 （6087）, 2012.

[713] S. Peng, X. Z. Sun, "Research on Challenges and Strategies for China's Green Economy Development," *Chinese Journal of Population Resources and Environment* 13 （2）, 2015.

[714] T. Panayotou, "Empirical Tests and Policy Analysis of Environmental

Degradation at Different Stages of Economic Development," *Technology and Employment Programme Working Paper* WP238, 1993.

[715] Wang JinNan, "Beautiful China, Green Olympics," *Environmental Science and Ecotechnology* 11, 2022.

[716] Wang Xiping, Li Yanmei, "Research on Measurement and Improvement Path of Industrial Green Development in China: A Perspective of Environmental Welfare Efficiency," *Environmental Science and Pollution Research International* 27, 2020.

[717] W. Li et al., "Green Development Performance of Water Resources and Its Economic-related Determinants," *Journal of Cleaner Production* 239 (C), 2019.

[718] W. W. Li et al., "Does Producer Services Agglomeration Improve Urban Green Development Performance of the Yangtze River Economic Belt in China?" *Ecological Indicators* 145 (3), 2022.

[719] Y. D. Hua et al., "Exploring the Interaction Relationship between Beautiful China – SciTech Innovation Using Coupling Coordination and Predictive Analysis: A Case Study of Zhejiang," *Environment, Development and Sustainability* 24 (10), 2021.

[720] Y. T. Liang, Y. F. Hu, "Beautiful China Construction Evaluation Method Based on POIs: Case Study of the Inner Mongolia Autonomous Region," *ISPRS International Journal of Geo-Information* 10 (8), 2021.

[721] Z. Chen et al., "Quantitative Prediction and Evaluation of Geothermal Resource Areas in the Southwest Section of the Mid−Spine Belt of Beautiful China," *International Journal of Digital Earth* 15 (1), 2022.

[722] Z. Tao, G. Hewings, K. Donaghy, "An Economic Analysis of Midwestern US Criteria Pollutant Emissions Trends from 1970 to 2000," *Ecological Economics* 69 (8), 2010.

［723］Z. Y. Zhang et al. , "Spatio－Temporal Evolution and Influencing Factors of High Quality Development in the Yunnan－Guizhou, Region Based on the Perspective of a Beautiful China and SDGs," *Land* 11 (6), 2022.

附　录

[1]《中共中央 国务院关于完整准确全面贯彻新发展理念做好碳达峰碳中和工作的意见》，2021 年 9 月 22 日。

[2]《关于印发建立健全碳达峰碳中和标准计量体系实施方案的通知》（国市监计量发〔2022〕92 号），2022 年 10 月 18 日 。

[3]《重庆市人民政府关于印发以实现碳达峰碳中和目标为引领深入推进制造业高质量绿色发展行动计划（2022—2025 年）的通知》（渝府发〔2022〕34 号），2022 年 7 月 9 日。

[4]《科技部等九部门关于印发〈科技支撑碳达峰碳中和实施方案（2022—2030 年）〉的通知》（国科发社〔2022〕157 号），2022 年 6 月 24 日。

[5]《交通运输部 国家铁路局 中国民用航空局 国家邮政局贯彻落实〈中共中央 国务院关于完整准确全面贯彻新发展理念做好碳达峰碳中和工作的意见〉的实施意见》，2022 年 4 月 18 日。

[6]《关于印发〈关于推进中央企业高质量发展做好碳达峰碳中和工作的指导意见〉的通知》（国资发科创〔2021〕93 号），2021 年 11 月 27 日。

[7]《国家能源局关于印发〈能源碳达峰碳中和标准化提升行动计划〉的通知》，2022 年 9 月 20 日。

[8]《工业和信息化部 国家发展改革委 生态环境部关于印发工业领域碳达峰实施方案的通知》（工信部联节〔2022〕88 号），2022 年 7 月 7 日。

[9]《关于印发〈财政支持做好碳达峰碳中和工作的意见〉的通知》（财资环〔2022〕53 号），2022 年 5 月 25 日。

[10]《工业和信息化部关于印发〈"十四五"工业绿色发展规划〉的通知》（工信部规〔2021〕178号），2021年11月15日。

[11]《工业和信息化部关于印发〈工业绿色发展规划（2016-2020年）〉的通知》（工信部规〔2016〕225号），2016年6月30日。

[12]《国家发展改革委等部门关于推进共建"一带一路"绿色发展的意见》（发改开放〔2022〕408号），2022年3月16日。

[13]《农业农村部 国家发展改革委 科技部等关于印发〈"十四五"全国农业绿色发展规划〉的通知》（农规发〔2021〕8号），2021年8月23日。

[14]《农业农村部办公厅关于开展第三批国家农业绿色发展先行区创建工作的通知》（农办规〔2022〕6号），2022年4月10日。

[15]《农业农村部办公厅关于印发推进长江经济带农业农村绿色发展2019年工作要点的通知》（农办规〔2019〕5号），2019年3月19日。

[16]《生态环境部 全国工商联关于支持服务民营企业绿色发展的意见》（环综合〔2019〕6号），2019年1月11日。

[17]《中共中央 国务院关于深入推进农业供给侧结构性改革 加快培育农业农村发展新动能的若干意见》，2016年12月31日。

[18]《中共杭州市委 杭州市人民政府关于深化美丽中国样本建设坚决打好污染防治攻坚战的实施意见》，2018年12月24日。

[19]《中共湖南省委农村工作领导小组关于印发〈湖南省美丽乡村建设村级评价指标体系（试行）〉和〈湖南省乡（镇、街道）整域美丽乡村建设主要评价指标（试行）〉的通知》，2017年4月16日。

[20]《国务院关于推进资源型地区高质量发展"十四五"实施方案的批复》（国函〔2021〕93号），2021年9月14日。

[21]《文化和旅游部 国家发展改革委 财政部关于推动公共文化服务高质量发展的意见》（文旅公共发〔2021〕21号），2021年3月8日。

[22]《文化和旅游部关于推动国家级文化产业园区高质量发展的意见》（文旅产业发〔2021〕131号），2021年12月21日。

[23]《中共中央办公厅 国务院办公厅印发〈关于建立健全生态产品价值实现机制的意见〉》，2021 年 4 月 26 日。

[24]《自然资源部办公厅关于印发〈生态产品价值实现典型案例〉（第一批）的通知》，2020 年 4 月 23 日。

[25]《自然资源部办公厅关于印发〈生态产品价值实现典型案例〉（第二批）的通知》，2020 年 10 月 27 日。

[26]《自然资源部办公厅关于印发〈生态产品价值实现典型案例〉（第三批）的通知》，2021 年 12 月 16 日。

中英文缩略词

英文缩写	英文名与中文名
NQPF	New Quality Productive Forces, 新质生产力
GDP	Green Development Performance, 绿色发展绩效
LGD	Level of Green Development, 绿色发展水平
GDE	Green Development Efficiency, 绿色发展效率
GDS	Green Development Structure, 绿色发展结构
BC	Beautiful China, 美丽中国
PS	Production Space, 生产空间
LS	Living Space, 生存空间
ES	Ecological Space, 生态空间
IPCC	Intergovernmental Panel on Climate Change, 联合国政府间气候变化专门委员会
UN	United Nations, 联合国
GGVA	Green GDP Value Accounting, 绿色 GDP 价值核算
SD	Sustainable Development, 可持续发展
HCMN	Harmonious Coexistence between Man and Nature, 人与自然和谐共生
CPM	Chinese Path to Modernization, 中国式现代化
ECS	System of Ecological Civilization, 生态文明制度
HD	High-quality Development, 高质量发展
CE	Carbon Emission, 碳排放
CP	Peak Carbon Dioxide Emissions, 碳达峰
CN	Carbon Neutrality, 碳中和
LCE	Low-Carbon Economy, 低碳经济
CGT	Comprehensive Green Transformation, 全面绿色转型
CET	Complex Ecosystem Theory, 复合生态系统理论
TIT	Technology Innovation Theory, 技术创新理论

英文缩写	英文名与中文名
XTEC	Xi Jinping Thought on Ecoo Civilization，习近平生态文明思想
DAEC	Ecological Civization Demonstration Area，生态文明示范区
GW	Green Wealth，绿色财富
GG	Green Growth，绿色增长
GW	Green Welfare，绿色福利
PH	Porter Hypothesis，波特假说
PVH	Profound View of History，深邃历史观
SVN	Scientific View of Nature，科学自然观
GDC	Green Development Concept，绿色发展理念
BVPL	Basic View of People's Livelihood，基本民生观
HSV	Holistic System View，整体系统观
SRL	Strict Rule of Law，严密法治观
UVA	Universal View of Action，全民行动观
WGC	Win-win Global Concept，共赢全球观
GTI	Green Technology Innovation，绿色技术创新
GTI	Greening of Industry，产业绿色化
GI	Green Industrialization，绿色产业化
NDP	New Pattern of Development，新发展格局
GHD	High-quality Green Development，绿色高质量发展
PGDP	Provincial Green Development Performance，省域绿色发展绩效
UGDP	Urban Green Development Performance，城市绿色发展绩效
RGDP	Rural Green Development Performance，农村绿色发展绩效
AGDP	Agricultural Green Development Performance，农业绿色发展绩效
GDPMI	Green Development Performance of Manufacturing Industry，制造业绿色发展绩效
GDPCI	Green Development Performance of Cultural Industry，文化产业绿色发展绩效
RA	Resource Allocation，资源配置
ER	Environmental Regulation，环境规制
IU	Industrial Upgrading，产业升级
CA	Carbon Absorption，碳吸纳
WMO	World Meteorological Organization，世界气象组织
UNEP	United Nations Environment Programme，联合国环境规划署
PCCC	the Paris Climate Change Conference，巴黎气候变化会议
GND	Green New Deal，绿色新政
GE	Clean Energy，绿色能源
GTFP	Green Total Factor Productivity，绿色全要素生产率

后　记

习近平总书记指出，"牢固树立和践行绿水青山就是金山银山的理念，把建设美丽中国摆在强国建设、民族复兴的突出位置，推动城乡人居环境明显改善、美丽中国建设取得显著成效，以高品质生态环境支撑高质量发展"。党的二十大报告提出，"推动绿色发展，促进人与自然和谐共生"，亟待加快发展方式绿色转型。习近平在中共中央政治局第十一次集体学习时强调，"绿色发展是高质量发展的底色，新质生产力本身就是绿色生产力"。《中共中央关于进一步全面深化改革　推进中国式现代化的决定》提出，"聚焦建设美丽中国，推进生态优先、节约集约、绿色低碳发展"。绿色发展与美丽中国建设是发展绿色生产力的内在要求，也是促进经济社会全面绿色转型的必由之路，还是实现高质量发展和推进人与自然和谐共生的现代化的重要途径，更是我国应对全球气候变化和落实联合国《2030 年可持续发展议程》的重要举措。因此，研究绿色发展绩效与美丽中国建设道路的经验与理论，不仅有利于构建绿色发展绩效与美丽中国建设道路的理论分析框架，为生态文明建设提供"中国理论"；也有助于科学、准确评估绿色发展绩效与美丽中国建设水平，为经济社会全面绿色转型、推动高质量发展提供"中国方案"；还有利于设计"双碳"和中国式现代化目标下不同政策发展情景，为应对全球气候变化和促进绿色低碳发展提供"中国道路"。

团队历经 20 年，形成了从"资源约束"到"绿色发展"再到"美丽中国"的研究主线。团队紧密围绕"绿色发展"领域，立足中国生态文明建设的伟大实践，坚持问题导向，扎根本土研究，先后得到国家社科基金项目资助 10 次，其中涉及重大项目 2 项、重点项目 3 项；先后获省部级领导批示 20 余次，其中 2 项成果被国家发改委采用，10 项成果获得省委、省政府主要领导的批示。研究成果既为革命老区生态振兴相关文件制定提供参考，也为长江经济带最美岸线打造提供参考，还为美丽中国建设"江西样板"规划提供依据；在国内外学术期刊上发表论文 188 篇，出版学术著作 9 部，相关成果入选《国家哲学社会科学成果文库》，获第九届高等学校科学研究优秀成果奖二等奖、国家级教学成果奖二等奖，为中国生态文明建设提供了理论与实践素材。

本书依托国家社科基金重大项目（项目编号：18ZDA041）出版，项目组成员曾贤刚教授、文传浩教授、何筼教授、曾刚教授、谷树忠教授不仅提供了丰富的撰写素材和经典案例，还向项目结题报告的撰写提供了慷慨帮助，做出无私奉献！在本书的撰写过程中，我们邀请国内知名专家参与研讨，复旦大学王桂新教授、武汉大学吴传清教授、华中科技大学宋德勇教授、中国地质大学成金华教授、湖北大学马勇教授、江西财经大学徐斌教授、江西师范大学黄新建教授等为本书修改提供了很大帮助。我们还广泛地参考了同行专家和学者的研究成果，在此对所有引用作者及专家致以诚挚的谢意！社会科学文献出版社领导精心策划了本书，责任编辑为本书付出辛苦劳动，做出了重大贡献，在此深表感谢，并希望在未来能够继续得到你们的指导和支持！

本书由刘耀彬设计总体框架和写作提纲，夏海波、王晨晨等博士与舒立斌、傅如毅、丁宇、郭燕等硕士参加了本书的写作。写作期间，他们进行了百余次的研讨、修改与校对，每一步都凝聚了团队的智慧与汗水。在研讨会上，他们积极发言，碰撞出思想的火花，对本书的完善提出了宝贵的建议。对于每一次修改，他们高度负责，追求极致，确保内容准确无误，感谢大家的辛勤付出和无私奉献！感谢团队成员李汝资、田西、熊欢欢、郑博福、刘廷宇、肖小东等老师对本书撰写提出的宝贵建议！展望未来，希望能够继续保持这种良好的团队合作精神，共同应对和迎接更多的挑战和机遇！